001pr Foto: ws

Stefan Brandenburg
Ines Mache
Provence

Le soleil
n'est jamais si beau
qu'un jour
où l'on se met en route.

Jean Giono

Die Sonne
ist niemals so schön
wie an dem Tag,
an dem man sich auf den Weg macht.

007pr Foto: ws

Impressum

Stefan Brandenburg, Ines Mache
Provence

erschienen im
Reise Know-How Verlag Peter Rump GmbH
Osnabrücker Str. 79
33649 Bielefeld

5., komplett aktualisierte Auflage 2005

Gestaltung
Umschlag: M. Schömann, P. Rump (Layout);
Günter Pawlak (Realisierung)
Inhalt: Günter Pawlak (Layout und Realisierung)
Fotos: die Autoren (bm, sb), Wolfram Schwieder (ws)
Titelfoto: Stefan Brandenburg
Karten: Catherine Raisin, der Verlag

Lektorat (Aktualisierung): Andrea Hesse

Druck und Bindung: Wilhelm & Adam, Heusenstamm

ISBN 3-8317-1349-9

Printed in Germany

Dieses Buch ist erhältlich in jeder Buchhandlung Deutschlands, der Schweiz, Österreichs, Belgiens und der Niederlande. Bitte informieren Sie Ihren Buchhändler über folgende Bezugsadressen:

Deutschland
Prolit GmbH, Postfach 9, D-35461 Fernwald (Annerod) sowie alle Barsortimente

Schweiz
AVA-buch 2000
Postfach, CH-8910 Affoltern

Österreich
Mohr Morawa Buchvertrieb GmbH
Sulzengasse 2, A-1230 Wien

Niederlande, Belgien
Willems Adventure
Postbus 403, NL-3140 AK Maassluis

Wer im Buchhandel trotzdem kein Glück hat, bekommt unsere Bücher auch direkt über unseren **Büchershop im Internet:**
www.reise-know-how.de

Wir freuen uns über Kritik, Kommentare und Verbesserungsvorschläge.

Alle Informationen in diesem Buch sind von den Autoren mit größter Sorgfalt gesammelt und vom Lektorat des Verlages gewissenhaft bearbeitet und überprüft worden.

Da inhaltliche und sachliche Fehler nicht ausgeschlossen werden können, erklärt der Verlag, dass alle Angaben im Sinne der Produkthaftung ohne Garantie erfolgen und dass Verlag wie Autoren keinerlei Verantwortung und Haftung für inhaltliche und sachliche Fehler übernehmen.

*Die Nennung von Firmen und ihren Produkten und ihre Reihenfolge sind als Beispiel ohne Wertung gegenüber anderen anzusehen.
Qualitäts- und Quantitätsangaben sind rein subjekti-ve Einschätzungen der Autoren und dienen keinesfa der Bewerbung von Firmen oder Produkten.*

Stefan Brandenburg
Ines Mache

Provence

Vorwort

Wenn es wahr ist, dass jeder wirklichen Reise eine Fantasiereise vorangeht, wenn die Reise im Kopf gar die schönste Reise überhaupt ist, dann sind Sie, liebe Leserin, lieber Leser, vielleicht schon unterwegs in der Provence, sehen sich unter Platanen sitzen, Lavendelfelder durchqueren, den Duft des Südens atmen. Dieses Buch will helfen, Ihre Vorstellungen und Träume zu verwirklichen. Es begleitet Sie nicht nur zu Kunstschätzen und Monumenten, in Museen, Kirchen, Klöster und Schlösser, es führt Sie immer wieder auch zu jenen verwunschenen Orten, an denen der Traum vom Süden lebt.

Was ist sehenswert, was ist lohnend? Wir haben versucht, eine zweifache Antwort zu finden. An klassischen Sehenswürdigkeiten ist die Provence reich, überreich: Die **Römer** haben Bauten hinterlassen, die zu den großartigsten der Antike zählen – fast vergisst man darüber, dass vor ihnen schon die **Griechen** eine ganze Zivilisation prägten. Das Mittelalter erscheint so dunkel nicht in der Provence: Immer wieder lebt der Geist der **Romanik** auf in Gestalt wunderbar schlichter Sakralbauten. Ihre Bildersprache zu entschlüsseln, ist eine Wissenschaft für sich. Zu den klassischen Sehenswürdigkeiten zählen auch Naturwunder wie die atemberaubenden Schluchten des Verdon oder die Camargue, in der Wasser und Land bis heute nicht geschieden sind.

All das zu finden, wird Ihnen nicht schwer fallen, aber vielleicht führt Ihre Reise im Kopf auch in entrückte Bergdörfer, auf verwunschene Hochebenen, durch schier endlose Alleen, kräuterduftende Garrigue, in charmante Cafés und auf schattige Boulevards. Auch dies gehört zum Reichtum der Provence, weniger offen angepriesen, doch etwa nicht genauso lohnend?

„Die" Provence gibt es ohnehin nicht, es gibt eine historische, eine für die Verwaltung geschaffene und hundert verschiedene, die ihre Bewohner jeweils für sich definieren. Wir haben hier unsere eigene zusammengestellt, springen, wo es sich anbietet, auch auf die andere Seite der Rhône, meiden dafür die ausgetretenen Pfade zur Côte d'Azur und folgen umso mehr dem Ruf des Hochlandes.

Die geometrische Figur, die so entsteht, hat als Eckpunkte Orange und La Ciotat, Aigues Mortes und Sisteron, Nîmes und die Schluchten des Verdon. Eingeteilt haben wir das Gebiet, wie es Landschaft und Lebensgefühl der Menschen nahe legen, in Einheiten, die als solche empfunden werden und erkennbar sind.

Die meisten Reisenden betreten unser Land des Lichts bei Orange. Wer hier bleibt, im **Comtat Venaissin,** findet eine sanfte, von Weinanbau geprägte Natur, die im Norden übergeht in wunderbare Gebirgslandschaft und hinaufreicht bis zum Gipfel des Ventoux. Die Dörfer an dessen Hängen zählen zu den typischsten der Provence, und die Städte – Orange, Carpentras oder Vaison-la-Romaine mit seinem großartigen antiken Erbe – stehen ihnen kaum nach.

Das Reiseziel schlechthin sind die **Alpilles,** einerseits, weil Landschaft, Kultur und Ortsbild als Inbegriff des Provenzalischen erscheinen, andererseits, weil sie so zentral liegen, dass sie Exkursionen in die gesamte Provence ermöglichen. So zum Beispiel ins Département **Gard.** Dorthin, auf die andere Seite der Rhône, locken vor allem römische Monumente, der Pont du Gard oder die Arena von Nîmes. Zum Gard gehört auch ein Teil der **Camargue,** jener grandiosen Sumpflandschaft am Rhônedelta, die so gar nichts mit der übrigen Provence gemein hat. Man besucht sie allein wegen des Landschafts- und Naturerlebnisses, erkundet sie daher am besten zu Fuß oder zu Pferde.

In direkter Nachbarschaft liegt der **Etang de Berre,** ein Industriegebiet, das Provence-Kennern noch manche Entdeckung eröffnet, Neulingen jedoch nicht zu empfehlen ist. Weiter östlich, in der **Umgebung von Marseille,** warten Fischerdörfer, herrliche Küsten wie die **Calanques** und verwunschene Wälder im Ste.-Baume-Massiv. Eine Gegend für Naturfreunde, zum Baden und zum Wandern.

Im **Land von Aix** entschädigen die berühmten, von *Cézanne* verewigten Berge der Ste. Victoire und prachtvolle Landsitze, die Bastiden, für eher reizlose Städtchen. Anders der **Luberon,** dessen Berglandschaft zum Schönsten zählt, was die Provence zu bieten hat: Um seine Dörfer und Kunstschätze zu erkunden, braucht es Zeit.

Solche Dörfer gibt es auch im Süden der **Vaucluse-Berge,** wo sie allerdings weit mehr vom Tourismus eingenommen worden sind, allen voran Gordes und Roussillon. Erst weiter im Osten wird die Landschaft einsam und unberührt, da, wo sie in die **Hochprovence** übergeht. Dieses entlegene Land eignet sich kaum für Tourismus im gewohnten Sinne, es zieht Menschen an, die Einsamkeit suchen, stundenlang wandern möchten, vergessene Kapellen und verfallene Dörfer aufspüren wollen. Ein Teil dieses Landes allerdings, die gewaltigen **Schluchten des Verdon,** zählt zum klassischen Programm einer Provence-Reise.

Es bleiben die größeren Städte, vier an der Zahl. Es sind vier ganz eigene Charaktere: Mächtig und imposant erscheint **Avignon** hoch über der Rhône, mit seinem Papstpalast, den ungezählten Kirchen und der Stadtmauer. Verwinkelt-malerisch gibt sich **Arles,** das zwei Jahrtausende Geschichte auf engstem Raum vorstellt, und aristokratisch-versnobt **Aix,** als Verkörperung provenzalischer Lebensart und Inbegriff der schönen Stadt. Schließlich zeigt sich **Marseille** vielleicht am faszinierendsten von allen, abweisend auf den ersten, eine Offenbarung aber auf den zweiten Blick.

Es bleibt uns, Ihnen viel Freude zu wünschen, wohin auch immer sie in der Provence reisen mögen.

Ines Mache und
Stefan Brandenburg

Inhalt

Exkurse

Hinweise zur Benutzung

Das Kapitel **Praktische Reisetipps von A bis Z** am Anfang des Buches enthält allgemein nützliche Informationen, um das Reisen in der Provence zu erleichtern.

Die **Ortsbeschreibungen** richten sich nach folgendem Schema: Zuerst charakterisiert ein allgemeiner Überblick den Ort, um dem Reisenden die Entscheidung zu erleichtern, ob er ihn besuchen soll oder nicht. Darauf folgt eine Beschreibung des Sehenswerten; Museen erhalten dabei meist eine eigene Rubrik. Hieran schließen sich spezielle, **ortsbezogene praktische Hinweise** an. Die Tourist-Informationen werden im Buch unter dem französischen Begriff *Office de Tourisme* aufgeführt; in kleineren Orten heißen sie oft auch *Syndicat d'Initiative*.

Im **Anhang** findet der Leser ein Register mit Ortsnamen, Sehenswürdigkeiten und wichtigen Stichwörtern sowie eine Literaturliste und das Kartenverzeichnis. Im Text befinden sich außerdem an verschiedenen Stellen

009pr Foto: ws

Exkurse, die Hintergrundinformationen zu bestimmten Themen geben.

Für die im Buch angegebenen **Preise** kann selbstverständlich keine Garantie übernommen werden.

Kartenatlas

Die ganze Provence ist am Ende des Buches in einem Kartenatlas im Maßstab 1:275.000 dargestellt. In den Ortsbeschreibungen wird in den Überschriften mit einem **Pfeil** ⇗ auf den Atlas verwiesen, damit sich die entsprechende Seite schnell finden lässt, z.B. ⇗ **XX/A2.** Dabei verweist die römische Zahl auf die Atlasseite, Buchstaben und arabische Ziffern geben das Planquadrat an.

Parade in der Arena
von Nîmes vor einem Stierkampf

Häufig benutzte französische Begriffe

Abbaye	Abtei
Arc	Bogen
Beffroi	Glockenturm oder Bergfried
Campanile	frei stehender Glockenturm
Château	Schloss
Clocher	Glockenturm
Cloître	Kloster
Domaine	Besitzung
Eglise	Kirche
Etang	Teich
Fête	Fest
Gare routière	Busbahnhof
Grande randonnée (GR)	Fernwanderweg
Gorge	Schlucht
Hôtel de ville	Rathaus
Hôtel particulier	nobles Stadthaus
Ile	Insel
Lac	See
Mairie	Gemeindeamt
Marché	Markt
Mas	provenzalisches Landhaus, Hof
Mont	Berg
Montagne	Bergmassiv, -kette
Musée	Museum
Office de Tourisme	Tourist-Information
Palais	Palast
Pays	Land
Place	Platz
Plage	Strand
Plaine	Ebene
Plateau	Hochebene
Port	Hafen
Remparts	Stadtmauer
Rue	Straße
S.N.C.F.	Staatliche Eisenbahngesellschaft
Tour de l'horloge	Uhrturm
Vallée	Tal
Village	Dorf
Village perché	auf dem Gipfel thronendes Bergdorf
Ville	Stadt

003pr Foto: ws

Praktische Reisetipps von A bis Z

471pr Foto: bm

423pr Foto: bm

Ausrüstung und Bekleidung

Natürlich, die Provence ist die sonnenverwöhnteste Region Frankreichs. Doch sollte man nicht vergessen, dass die Landschaften um das Rhônebecken auch vom Mistralwind gegeißelt werden, und das 100 bis 150 Tage im Jahr. Der grausame Wind erreicht Geschwindigkeiten von bis zu 150 Kilometern in der Stunde und ruft ein rapides Absinken der Temperaturen hervor. Dann hilft nur warme und vor allem **vor Wind schützende Kleidung.** Selbst im Sommer kann man Shorts und T-Shirts an solchen Tagen getrost zu Hause lassen.

Mistral bedeutet aber auch: Strahlend blauer Himmel und Sonne, womit in der Provence ohnehin nicht gegeizt wird. **Sonnenbrille** und **Kopfbedeckung** sind daher unerlässlich. Luftige Kleidung ist für die Sommermonate selbstverständlich, kann aber manchmal schon ab April und bis hinein in den Oktober getragen werden. Am besten informiert man sich vorher über die aktuelle Wetterlage.

Ins Reisegepäck gehören ebenfalls **Sonnenschutzmittel** und **Mückenabwehr.** Vor allem im Herbst in der Camargue können die lästigen *Moustiques* zu einer wahren Plage werden.

Zum Spazierengehen und Wandern, auch wenn man keinen ausgesprochenen Wanderurlaub plant, sollte man **festes Schuhwerk –** nicht zuletzt wegen Schlangen, Skorpionen und Dornengestrüpp – einpacken.

Falls man die prinzipiell gut markierten Wanderwege trotzdem verfehlen sollte, ist ein Kompass hilfreich. **Wanderkarten** gibt es in Hülle und Fülle vor Ort.

Egal, ob Spaziergang oder Wanderung – das Mitführen eines **Fernglases** lohnt sich eigentlich immer. Einerseits tut man sich selbst einen Gefallen, weil sich die Fauna so erheblich besser beobachten lässt, andererseits kommt man den Tieren auf diese Weise nicht zu nahe oder schreckt sie gar auf.

Autofahren

Was die **Fahrweise** betrifft, so pflegt der Südfranzose einen originellen, durchaus intelligenten Fahrstil. Jeder handelt unmittelbar nicht zum Besten der Regeln, sondern zu seinem eigenen Besten, in der Hoffnung, dass sich daraus ein funktionierender Gesamtverkehr ergebe.

Dies heißt für den Neuling: Höfliche Gesten, so etwa das „Hereinwinken", sind nicht zu erwarten. Auf Landstraßen, insbesondere im Gebirge, ist mit fantasievollen **Überholmanövern** zu rechnen, wobei das anspruchsvolle Überholen vor oder in einer Kurve jederzeit der langweiligen Fahrschul-Variante vorgezogen wird.

Auf die Spitze getrieben findet man die hiesige Verkehrsphilosophie in den allgegenwärtigen **Kreisverkehren,** die, wenn sie eine gewisse Größe erreichen, anarchische Zustände hervorbringen.

Dem in Frankreich weilenden Autofahrer bieten sich zwei Alternativen. Entweder er passt sich an, was, entsprechendes Fahrkönnen vorausgesetzt, zügiges Fortkommen gewährleistet, oder aber er fährt defensiv.

Das Auto als „heiliges Blechle", diese Vorstellung ist dem Franzosen fern. Beim **Ein- und Ausparken** scheint, selbst wenn Platz genug ist, ein kleiner Rempler zum Ritual zu gehören. Wem jeder Kratzer am Wagen zum Kratzer am Ego wird, lebt gefährlich in Südfrankreich.

Die **Autobahnen** (A) sind kostenpflichtig *(péage)* und daher meist wenig frequentiert. Eine Ausnahme bilden die kostenlosen Teilstücke der Ballungsgebiete, etwa um Lyon herum. Die Gebühren können sowohl bar als auch per Kreditkarte bezahlt werden. Die genauen Tarife findet man unter www.autoroutes.fr.

Der Überlandverkehr verlagert sich daher auf die **Nationalstraßen** (N), die teilweise vierspurig ausgebaut sind und außerhalb der Ortsdurchfahrten meist auch ein zügiges Vorankommen ermöglichen. Gelegentlich gibt es dreispurige Nationalstraßen, deren mittlere Spur beiden Seiten zum Überholen dient – Vorsicht ist geboten, wenn zwei entgegenkommende Fahrzeuge gleichzeitig ausscheren.

Die **Departementstraßen** (D) sind in einem recht unterschiedlichen Zustand. Während manche davon, etwa in dünn besiedelten Regionen, eine Alternative auch bei weiten Strecken bilden, ermöglichen andere nur ein langsames Fortkommen.

Benzin ist in Frankreich etwa so teuer wie in Deutschland. Die Versorgung mit bleifreiem Benzin *(essence sans plomb)* ist flächendeckend. Diesel wird auch unter der Bezeichnung *Gasoile* verkauft. Tipp: Wer über Luxemburg anreist, sollte dort noch volltanken, denn dort ist Benzin deutlich billiger.

Bei der Ausführung kleinerer **Reparaturen** und Wartungsarbeiten sind die großen Filialen der Tankstellenketten eine zuverlässige und meist sehr preisgünstige Alternative zu Markenwerkstätten. Gleiches gilt für einige riesige Einkaufszentren an den Stadträndern, wie etwa *Géant Casino,* die eigene Autozentren unterhalten und Pannen auch noch am Samstagabend beheben.

Die **Verkehrsregeln und -zeichen** entsprechen weitestgehend denen in Deutschland, es gibt jedoch einige besondere Verkehrsschilder, auf die man immer wieder trifft (siehe Kasten).

Als **Geschwindigkeitsbegrenzung** gilt in Orten 60 km/h, auf Landstraßen 90 km/h, auf vierspurigen Landstraßen 110 km/h, auf den Autobahnen 130 km/h, bei Nässe 110 km/h. Wer seinen Führerschein erst seit weniger als einem Jahr besitzt, darf höchstens 90 km/h fahren.

Geschwindigkeitskontrollen kommen sehr häufig auf Nationalstraßen vor; Verstöße werden auch für Ausländer teuer. Üblicherweise warnen die Franzosen den Gegenverkehr durch mehrmaliges Aufblenden der Scheinwerfer vor Kontrollen.

Die **Promillegrenze** in Frankreich beträgt 0,5. Es ist jedoch wenig rat-

16pr Foto: bm

Das Schönste, was einem auf Frankreichs Straßen passieren kann: la DS

sam, diese Maßgabe bis auf das Letzte auszureizen: Auch tagsüber finden häufiger Kontrollen statt, und Alkoholverstöße werden rigoros geahndet.

Auf Frankreichs Straßen sterben im Jahr mehr Menschen als in den meisten anderen Ländern Europas. Viele Franzosen wollen jedoch nicht mehr hinnehmen, dass ihre Straßen so gefährlich sind. Die Regierung versprach vor einiger Zeit, künftig stärker durchzugreifen - gegen Tempoverstöße, aber auch gegen und die verbreitete Unsitte, sich auch nach ein paar Gläsern Wein noch ans Steuer zu setzen.

Verkehrszeichen

• *Arret interdit*	*Halten verboten*
• *Attention*	*Achtung!*
• *Centre Ville*	*Stadtzentrum*
• *Chaussée déformée*	*Fahrbahnschäden*
• *Danger*	*Gefahr*
• *Déviation*	*Umleitung*
• *Passage interdit*	*Durchfahrt verboten*
• *Ralentir*	*Langsam fahren!*
• *Sens interdit*	*Einbahnstraße*
• *Toutes Directions*	*Alle Richtungen*

Bei hereinbrechender Dämmerung ist es üblich, nur das **Standlicht** einzuschalten.

Einige Probleme bereitet das **Parken** in den größeren Städten; es ist vielfach unmöglich, einen kostenlosen Platz zu ergattern. In der Nähe der gebührenpflichtigen Parkplätze steht immer ein Automat, aus dem man ein Ticket zieht, das hinter die Windschutzscheibe gelegt werden muss. Parksünder werden in Frankreich ordentlich zur Kasse gebeten!

Die **Notrufnummer** der Polizei lautet übrigens 17.

In Frankreich kann die **Pannenhilfe** rund um die Uhr über die Notrufsäulen (an Autobahnen) angefordert werden. Dies sind **die wichtigsten Automobilclubs** und ihre 24-Stunden-Notrufnummern im Ausland:

- **ADAC,** www.adac.de; Notruf in Frankreich Tel. 04.72.17.12.22, in Deutschland Tel. 0049-89-222222.
- **ÖAMTC,** www.oeamtc.at; Notruf in Frankreich Tel. 07.74.12.11.223, in Österreich Tel. 0043-1-2512000.
- **TCS,** www.tcs.ch; Notruf-Tel. 0041-22-4172220.

Buchtipp

- **Bordbuch Südeuropa für Unfall, Panne und Verkehr,** Friedrich Köthe und Michael Nissen. Der bei Reise Know-How erschienene Praxis-Ratgeber informiert u.a. über spezielle Verkehrsregeln, Strafen und hilft, im Falle eines Unfalls seine Rechtsansprüche durchzusetzen.

An Flughäfen und in größeren Städten können **Autos gemietet** werden, Adressen der Vermieter sind bei den Touristeninformationen erhältlich. Wer einen Wagen mieten möchte, muss mindestens 21 Jahre alt sein und den Führerschein schon ein Jahr lang besitzen. Eventuell ist es günstiger, schon vorab in Deutschland zu buchen. Auf jeden Fall ist es angebracht, mit **Kreditkarte** zu bezahlen, da man so keine hohe Kaution hinterlegen muss.

Diplomatische Vertretungen

Vertretungen in Frankreich

- **Konsulat der Bundesrepublik Deutschland,** 338, Avenue du Prado, Marseille, Tel. 04.91.16.75.20, im Notfall 06.15.09.41.03.
- **Konsulat der Republik Österreich,** 27, Cours Pierre Puget, Marseille, Tel. 04.91.53.02.08.
- **Konsulat der Schweiz,** 7, Rue d'Arcole, Marseille, Tel. 04.96.10.14.10.

Französische Vertretungen

- **Deutschland:** Französische Botschaft, Pariser Platz 5, 10117 Berlin, Tel. 030-590039000.
- **Österreich:** Französische Botschaft, Technikerstr. 2, 1040 Wien, Tel. 01-502750.
- **Schweiz:** Französische Botschaft, Schlosshaldenstr. 46, 3006 Bern, Tel. 031-3592111.

Ein- und Ausreisebestimmungen

Reisedokumente

Deutsche benötigen zur Einreise nach Frankreich einen gültigen **Reisepass** oder **Personalausweis.** Kinder unter 16 Jahren müssen entweder im Pass eines Elternteils eingetragen sein oder einen **Kinderausweis** mitführen.

Wer sich länger als drei Monate in Frankreich aufhalten möchte, benötigt eine spezielle **Aufenthaltsgenehmigung** *(Carte de séjour),* die von den französischen Botschaften und Konsulaten im Heimatland ausgestellt wird.

Für Autofahrer ist das Mitführen von **Führerschein und Fahrzeugschein** Pflicht, zudem verlangen die Polizeibeamten bei einem Unfall meist die **Grüne Versicherungskarte.**

Zoll

Als Mitgliedsstaaten der Europäischen Union gelten im privaten Reiseverkehr zwischen **Deutschland und Frankreich** die üblichen **EU-Richtlinien.** Abgabenfrei sind alle Dinge, die für den persönlichen Bedarf bestimmt sind, sofern bestimmte Höchstmengen nicht überschritten werden:

- **Alkohol:** 90 l Wein (davon höchstens 60 l Schaumwein), 110 l Bier, 10 l Spirituosen über 22 % Vol. und 20 l unter 22 % Vol.; für Schweizer 2 l bis 15 % Vol. und 1 l über 15 % Vol.
- **Tabakwaren:** 800 Zigaretten, 400 Zigarillos, 200 Zigarren, 1 kg Tabak; für Schweizer jedoch nur 200 Zigaretten oder 50 Zigarren oder 250 g Pfeifentabak.

Darüber hinaus gelten in allen EU- und EFTA-Mitgliedstaaten weiterhin **nationale Ein-, Aus- oder Durchfuhrbeschränkungen,** z.B. für Tiere, Waffen, starke Medikamente und Drogen. **Nähere Informationen** gibt es hier:

- **Deutschland:** www.zoll.de oder beim Zoll-Infocenter, Tel. 069-46997600.
- **Österreich:** www.bmf.gv.at oder beim Zollamt Villach, Tel. 04242-33233.
- **Schweiz:** www.zoll.admin.ch oder bei der Zollkreisdirektion in Basel, Tel. 061-2871111.
- **Hauptzollamt in Paris:** Direction Générale des Douanes, Tel. 01.42.60.35.90.

Haustiere

Wer Hund oder Katze mitnehmen will, muss seit Oktober 2004 für das Tier eine ordnungsgemäße **Tollwutschutzimpfung** vorweisen und einen EU-Heimtierausweis *(Pet Passport)* oder übergangsweise den bisherigen Impfausweis vorlegen. Auch muss das Tier neuerdings mit einem **Mikrochip** oder übergangsweise (bis 2011) mit einer Tätowierung gekennzeichnet sein.

Weitere **Informationen** auf der Website www.verbraucherministerium.de oder auf den unter „Zoll" aufgeführten Seiten.

Einkaufen

Souvenirs

19pr Foto: bm

Das wohl typischste Mitbringsel aus der Provence ist der **Lavendel:** Ob getrocknet, im Duftbeutel, als Duftessenz, aufgemalt, fotografiert oder in Form von Lavendelhonig – die betörend duftende Pflanze gilt als eines der Sinnbilder der Provence. Beliebt sind auch die bunt bedruckten **Baumwollstoffe,** die *Indiennes* oder *Arabesques,* die man als Meterware oder auch schon fertig verarbeitet als Bekleidung und Tischwäsche erstehen kann. Hübsch und dekorativ sind rustikale **Töpferwaren** mit farbiger Glasur sowie bunte **Körbe,** angefüllt z.B. mit Zierkürbissen.

Das Angebot an Kulinarischem ist schier unerschöpflich: Edles **Olivenöl,** das kaum exportiert wird (natürlich *première pression à froid,* die erste Kaltpressung), **Tapenade** (Olivenpaste), bestimmte **Knoblauchsorten,** die bis zu einem Jahr halten, **Konfitüren** (zum Beispiel aus Melonen und Feigen), **lokale Spezialitäten** wie die Aixoiser *Calissons,* kandierte Früchte aus Apt, Marseillaiser Pastis, Muscat aus Beaumes-de-Venise, Wein aus Châteauneuf-du-Pape oder Gigondas, *Pieds et Paquets* aus Sisteron etc. Diese Produkte kauft man am besten direkt beim Erzeuger oder auf dem Markt.

Der Markt

Der Marktbesuch ist eine Tradition, die in der Provence ausgesprochen lebendig ist und sicherlich einen großen Teil der **Identität der Region** ausmacht (siehe dazu auch „Die Küche der Provence"). Von der großen Stadt bis zum kleinen Felsdorf - jeder hat seinen Marché und hält den eigenen, wie sollte es anders sein, für den schönsten der ganzen Provence. Man möchte meinen, ein unbefangener Nicht-Provenzale käme da vielleicht zu einem objektiveren Urteil, doch tatsächlich mussten wir bei unserer Suche nach dem schönsten Markt der Provence feststellen, dass uns immer genau der am besten gefiel, auf dem wir gerade waren ...

Er ist **nichts für Schlafmützen:** ab mittags kann man bestenfalls den Aufräumarbeiten beiwohnen und durch die von den allgegenwärtigen Reinigungsmaschinen verursachten Wasserlachen waten. Doch auch um zehn oder elf Uhr bekommt man nicht mehr unbedingt das allerfrischeste und allerschönste Obst und Gemüse.

Konditorei

Auf dem **Bauernmarkt,** dem *Marché Paysan,* bekommt man „nur" Obst, Gemüse, Käse, Fleisch und Fisch sowie Kräuter, Gewürze, Oliven und Olivenöl. Auf dem **provenzalischen Markt,** dem *Marché Provençal,* gibt es zudem Bekleidung, Stoffe, Tischwäsche, Töpferwaren, Körbe, Blumen, Geschenkartikel und vieles mehr. Daneben gibt es spezielle Märkte wie Antiquitäten- und Trödelmärkte (große in L'Isle-sur-la-Sorgue und Avignon), Blumenmärkte (sehr schön in Aix) oder Töpfermärkte (zum Beispiel in Apt).

Supermärkte

Die großen Supermärkte liegen fast immer in den Gewerbegebieten am **Stadtrand.** Zunehmend sind sie als **riesige Konsumtempel** nach amerikanischem Muster gestaltet mit angegliederten Boutiquen, Schnellrestaurant, Apotheke, Bäckerei, Fotogeschäft, Schuster usw. sowie einer Tankstelle und immer öfter auch einer Autowerkstatt. Deshalb heißen sie kaum mehr *Supermarché,* sondern *Hypermarché.* Weitere große Kaufhäuser aller Art sind meist um sie herum angesiedelt. Kleine, meist etwas teurere Supermärkte finden sich auch in den Stadtzentren.

„Le Petit Commerce" – die Tante-Emma-Läden

Es gibt sie noch, die kleinen Tante-Emma-Läden. Sie heißen **Alimentation Générale** oder **Epicerie,** und man fin-

Die wichtigsten Lebensmittelgeschäfte

Alimentation générale/ Epicerie	kleiner Lebensmittelladen
Boulangerie	Bäckerei
Patisserie	Konditorei
Confiserie	Konfiserie
Boucherie	Metzgerei
Charcuterie	Wurstwaren
Poissonerie	Fischgeschäft
Crèmerie	Käsehandlung
Marchand de Vin	Weinhändler
Débit de Vin	Weinhandlung
Supermarché	Supermarkt
Hypermarché	großer Supermarkt

det sie sowohl in den Stadtvierteln als auch in fast jedem kleinen Dorf. Auf der einen Seite ist das Angebot an Lebensmitteln hier sicherlich begrenzt und recht teuer, doch haben diese Geschäfte andererseits ihren ganz eigenen Charme, sind schnell erreichbar und bieten eine persönliche Bedienung meist von den Ladenbesitzern selbst. Zu beachten ist, dass vor allem auf dem Land ausführlich Siesta gehalten wird. Am Mittag und frühen Nachmittag sind alle Läden zu. Wer ein Picknick plant, sollte also rechtzeitig einkaufen.

Einkaufsbummel

Für einen gemütlichen Einkaufsbummel oder einen Boutiquenstreifzug bieten sich vor allem **Aix, Avignon** und **Nîmes** an, da diese Städte über ein besonders reiches Angebot an netten und teils auch exquisiten Geschäften in schöner Altstadtatmosphäre verfügen. Für Großstadtpflanzen oder unverbesserliche Romantiker hat aber auch die einst prächtige, heute leider nicht mehr allzu charmante **Canebière in Marseille** ihren Reiz. Wer es lieber beschaulicher mag, dem sind **Apt, Carpentras** oder das schöne **Uzès** (im Gard) zu empfehlen.

Elektrizität

Steckdosen gibt es vereinzelt noch mit 110 Volt, außerdem solche, auf die zwar Euro-Stecker, nicht aber Schuko-Stecker passen. In beiden Fällen benötigt man einen Adapter, der aber auch in französischen Elektrogeschäften gekauft werden kann.

Essen und Trinken

Das Frühstück

Die Franzosen, und so auch die Provenzalen, beginnen ihren Tag eher sparsam: Das klassische **Petit Déjeuner** besteht aus Café (Tee oder Schokolade), Croissant, Baguette, Butter und Konfitüre. Auch in den Hotels ist ein Frühstücksbuffet eher die Ausnahme, Extrawünsche muss man teuer bezahlen.

Im Restaurant

In den Restaurants kann man etwa zwischen 12 und 14 Uhr *(déjeuner),*

21pr Foto: bm

Ein Fest für alle Sinne: Menü von Jean-Jacques Prévot aus Cavaillon

abends etwa zwischen 19.30 und 22 Uhr *(dîner)* speisen. Im Allgemeinen, doch vor allem im Sommer, isst man abends um einiges **später als bei uns.**

Da es bekanntermaßen in Frankreich Sitte ist, in mehreren Gängen zu essen, bieten die Restaurants neben ihrer Karte **Menüs** an (zumeist drei) mit Festpreisen. Generell sind diese Menüs billiger als das Essen **à la carte,** und Mittagsmenüs sind günstiger als jene am Abend. Obwohl solche Menüs in einfachen Gaststätten teilweise schon für ca. 18 € zu bekommen sind (meist aber eher um ca. 25 € kosten), beinhalten sie immer eine Vorspeise, ein Hauptgericht und ein Dessert. Zuweilen gehört sogar ein Viertelliter Wein dazu. Ebenfalls preiswert ist die **Plat du jour,** ein festgelegtes **Tagesgericht,** das mittags angeboten wird. Abends wird in der Regel erwartet, dass man ein vollständiges Menü zu sich nimmt; Ausnahmen bilden u.a. die Pizzerien, wo man durchaus nur eine Pizza, einen Teller Pasta oder Salat essen darf.

Beim Betreten eines Restaurants fragt die Bedienung nach der Anzahl der Personen und schlägt daraufhin einen Tisch vor. Die vorherige **Reservierung** ist erwünscht und bei den Franzosen selbst eher die Regel. Einen **Apéritif** kann man im Restaurant einnehmen oder aber vorher auf der Terrasse eines benachbarten Cafés.

Normalerweise sind die Restauranttische mit zwei Gläsern bestückt. Das größere ist für das **Wasser,** das - wie auch das **Brot** - kostenlos gereicht wird. In Frankreich ist es durchaus üblich, statt Mineralwasser Leitungswasser zu trinken.

Das Menü wird ohnehin in erster Linie vom **Wein** begleitet, für den das kleinere Glas bestimmt ist und der als *un quart* (Viertelliter), *un demi-litre* (halber Liter) oder als *carafe* (ein Liter) bestellt werden kann. Was die Weinauswahl anbetrifft, so kann man entweder die Weinkarte bestaunen und selbst auswählen oder sich etwas empfehlen lassen, zum Beispiel eine Hausmarke oder lokale Geheimtipps. In der Provence wird die schwierige Wahl zwischen Rot- und Weißwein, vor allem, wenn an einem Tisch verschiedene Menüs gewählt werden, oft mit einem kühlen Rosé gelöst. Die Weinflaschen werden am Tisch entkorkt und in guten Restaurants vom Gast probiert, bevor dann endgültig eingeschenkt wird.

Bei der **Bestellung** werden zunächst nur Entrée und Hauptgang geordert. Das Dessert bestellt man später, außer wenn es eine spezielle Zubereitung erfordert. Zum Abschluss kommt die Frage nach einem **Digestif** und **Kaffee.**

Snacks und kleine Mahlzeiten

Da man nicht unbedingt zweimal täglich so aufwendig essen kann oder es einfach zu teuer ist, hier ein paar Tipps für Imbisse: Vor allem **Sandwiches** kann man sowohl im Stehen als auch in Bars und Cafés gut und preiswert essen. Eine Sandwich-Spezialität ist das *Pain Bagna,* bei dem das Brot vorher mit Olivenöl eingerieben wird. Vor allem die Bäcker bieten Süßes und Salziges in Hülle und Fülle an.

Auf dem Land stehen zuweilen Wagen, die sehr gute **Pizza** *au feu de bois,* aus dem Holzofen im Wagen, anbieten. Mittags isst man auch oft einen leichten **Salat,** vor allem den aus Nizza, *Salade Niçoise.*

Für ein **Picknick** im Grünen deckt man sich am besten auf den Märkten und in den kleinen Dorfläden ein.

Für ein kleines Frühstück oder einen Snack ist es durchaus möglich, in **Bars und Cafés** nur ein Getränk zu bestellen und sich Backwaren selbst mitzubringen. Allerdings nur, sofern das Lokal nichts dagegen einzuwenden hat oder selbst keine derartigen Dinge anbietet. Die billigste Art, lange Zeit in einem schönen Café zu verbringen, ist, sich einen *Petit Noir,* einen kleinen schwarzen Kaffee zu bestellen, zu dem man, wie immer, kostenlos Wasser ordern kann.

Worauf man bei den Restaurants achten sollte

Viele provenzalische Küchenchefs halten die **Tradition** sehr hoch. Sie stützen sich auf die **regionalen Produkte** und die alten Rezepte aus Großmutters Kochbuch und verfeinern sie auf ihre eigene Art, drücken ihnen ihr persönliches Gepräge auf und erfinden neue Rezepte auf der Basis der alten. Unsere Restaurantempfehlungen beziehen sich meist auf Restaurants, die nach diesen Prinzipien arbeiten.

Ein **gutes provenzalisches Menü** kostet rund 25 €, dafür bekommt man drei Gänge guter Qualität. Wenn man marktfrische Küche mit Raffinesse erwartet, sollte man das auf jeden Fall investieren, um Enttäuschung zu vermeiden (Ausnahmen gibt es sicherlich).

In einer Region, die in hohem Maße vom Tourismus lebt, wird naturgemäß auch Schindluder getrieben. Vor allem in den touristischen Ballungszentren, zum Beispiel auf der Place de l'Horloge in Avignon und am alten Hafen von Marseille; um mehrsprachige, auf der Straße angebrachte Menükarten sollte man einen großen Bogen machen. Doch generell kann man sagen, dass in der Provence Essen in guter Qualität zu einem reellen Preis angeboten wird. Am besten und billigsten isst man, wenn man in einem guten Restaurant das kleine oder mittlere Menü und einen regionalen Wein bestellt.

Provenzalische Restaurants, die einen Besuch wert sind

- **L'Amphitryon** in Aix-en-Provence
- **Le Prévot** in Cavaillon
- **Christian Etienne** in Avignon
- **La Fourchette** in Avignon
- **Auberge de la Loube** in Buoux, Luberon
- **Auberge de la Bartavelle** in Goult, Vaucluse-Berge
- **Le Relais Ste. Victoire** in Beaurecueil, Pays d'Aix
- **L'Étape Lani** in Bouc-Bel-Air, Pays d'Aix

22pr Foto: bm

Feste und Feiertage

Feste und Festivals

Die Provence nennt sich selbst **Terre de Festivals,** Land der Festivals. Dies ist auch der Titel eines informativen Buches, das die Region alljährlich herausgibt. Es liegt an vielen Stellen aus, zum Beispiel in den örtlichen Touristenbüros, kann aber auch angefordert werden beim:

- **Office régional de la Culture, „Terre de Festivals",** Bureau 306, 3, Place Pierre-Bertas, 13001 Marseille, www.crt-paca.fr

Die größten, auch überregional bedeutenden Festivals sind das Opernfestival von Aix-en-Provence und das Theaterfestival von Avignon. Hinweise zu allen anderen Veranstaltungen – zu lokalen Volksfesten, Märkten oder Stierspielen – finden sich am Ende der jeweiligen Ortsbeschreibungen.

Restaurant im italienisch beschwingten Digne

Feiertage

- 1. Januar: **Jour de l'An** (Neujahr)
- 1. Mai: **Fête du Travail** (Tag der Arbeit)
- 8. Mai: **Armistice** (Waffenstillstand 1945)
- 14. Juli: **Fête Nationale** (Sturm auf die Bastille 1789)
- 15. August: **Assomption** (Mariä Himmelfahrt)
- 1. November: **Toussaint** (Allerheiligen)
- 11. November: **Armistice** (Waffenstillstand 1918)
- 25. Dezember: **Noël** (Weihnachten)

Bewegliche Feste

- **Pâques** (Ostern, So und Mo)
- **Ascension** (Christi Himmelfahrt)
- **Pentecôte** (Pfingsten, So und Mo)

Fotografieren

Filme sind in Frankreich zum Teil erheblich teurer, so dass es sich unbedingt empfiehlt, zu Hause schon Fotomaterial einzukaufen. Einige Geschäfte an touristisch interessanten Stellen verlangen wahre Wucherpreise. Eigenartigerweise ist die **Entwicklung** oft nicht teurer als in Deutschland.

Auch mit **Ersatzbatterien** sollte man sich besser vor der Reise eindecken.

Wegen des harten, hellen Lichtes haben sich bei Freiluft-Aufnahmen Filme der Empfindlichkeit 100 ISO bewährt.

In Museen ist mitunter das Fotografieren, oft aber auch nur das Blitzlicht verboten.

Buchtipps

- **Reisefotografie,** Helmut Herrmann
- **Reisefotografie digital,** Volker Heinrich

Beide Bände sind in der Praxis-Reihe des Reise Know-How Verlags erschienen.

Geld

Der **Euro** spricht sich in Frankreich *öro* aus. Auf den 1-, 2- und 5-Cent-Münzen ist Marianne, das französische Nationalsymbol, abgebildet, die 10-, 20- und 50-Cent-Münze zeigen eine Säerin vor der aufgehenden Sonne, und auf der 1- und 2-Euro-Münze steht „Liberté, Égalité, Fraternité".

Die französischen **Banken** öffnen ihre Pforten montags bis freitags von 9 bis 12 Uhr und von 14 bis 16 Uhr. Für Schweizer interessant ist, dass nicht alle Geldinstitute Fremdwährungen eintauschen. Fast immer muss man beim **Geldwechsel** Personalausweis oder Pass vorzeigen.

Geldautomaten befinden sich auch in Frankreich auf dem Vormarsch: Die meisten Banken und zahlreiche Supermärkte verfügen heute über eine solche Einrichtung, an der man häufig auch mit der **Maestro-Karte** (EC-Karte) Geld bekommt. Es ist die preiswerteste Art der Geldbeschaffung. Je nach Hausbank wird dafür pro Abhebung eine Gebühr von ca. 3–4 € bzw. 5–6 SFr berechnet.

Von Barabhebungen per **Kreditkarte** ist abzuraten, weil dabei bis zu 5,5 % an Gebühr einbehalten werden. Aber für das **bargeldlose Zahlen** berechnet der Kreditkartenaussteller nur eine Gebühr für den Auslandseinsatz in Höhe von ca. 1–2 %.

Wer eine der gängigen **Kreditkarten** sein Eigen nennt, dürfte auf keinerlei Schwierigkeiten stoßen: Das „Plastikgeld" erfreut sich in Frankreich großer Beliebtheit und wird von den meisten Banken und Geldautomaten sowie von einem Großteil der Hotels, Restaurants und Geschäfte akzeptiert.

Bei **Verlust oder Diebstahl der Geldkarte** sollte man diese sofort sperren lassen. Einige Banken haben eigene Sperrnummern. Die unten stehenden Kontakte können diese in der Regel jedoch auch nennen.

- **Maestro-Karte,** D: Tel. 0049-1805-021021; A: Tel. 0043-1-2048800; CH: Tel. 0041-1-2712230; *UBS:* 0041-8488-88601; *Credit Suisse:* 0041-8008-00488.
- **MasterCard und VISA,** D: Tel. 0049-69-79331910; A: Tel. 0043-1-717014500 *(Euro/MasterCard)* bzw. Tel. 0043-1-71111770 *(VISA);* CH: Tel. 0041-44-2008383 für alle Banken außer *Credit Suisse, Corner Bank Lugano* und *UBS.*
- **American Express,** D/A: Tel. 0049-69-97971000; CH: Tel. 0041-1-6596666.
- **Diners Club,** D: Tel. 0049-69-66166123; A: Tel. 0043-1-501350; CH: Tel. 0041-1-8354545.

Preisniveau

Das Preisniveau in Frankreich unterscheidet sich nicht großartig von dem hierzulande. Während einige **Lebensmittel** wie Konserven und Schokolade teurer sind, bezahlt man beispielsweise für Obst (auf dem Markt) oder Wein meist weniger als in der Heimat. Einfache **Hotels** sind – zumindest in ländlichen Gegenden – preiswerter als bei uns.

In beinahe allen Museen und bei vielen Freizeitaktivitäten erhalten Kinder sowie **Schüler (IYTC), Studenten (ISIC) und auch Lehrer (ITIC)** mit internationalem Ausweis erhebliche Vergünstigungen.

- **ISIC/ITIC/IYTC,** zum Kauf (9,20 € bzw. 20 sFr.) geht man zum AStA, ins Reisebüro oder zum Studentenwerk; man muss Immatrikulationsbescheinigung bzw. Schüler- oder Lehrerausweis, Personalausweis und Passbild vorlegen. Den nächsten Verkaufspunkt findet man unter www.isic.org oder www.isic.de.

Gesundheit

Die medizinische Versorgung in Frankreich ist gut, das Netz an Ärzten, Krankenhäusern und Apotheken dicht. Frankreich ist dem EU-Abkommen über soziale Sicherheit beigetreten, was bedeutet, dass man grundsätzlich auch dort den Schutz der gesetzlichen Krankenkasse in Anspruch nehmen kann (siehe „Versicherungen").

Mit der Nummer von *S.O.S. Médecin* erreicht man Ärzte zu jeder Tageszeit (Rufnummer vorn in den örtlichen Telefonbüchern). Den **Notarzt** ruft man unter der Nummer 15. **Unfallhilfe und Polizei** erreicht man unter der 17. **Apotheken** *(pharmacies)* kennzeichnet ein grünes Kreuz. Auch hier zahlt man bar und erhält eine Bescheinigung, die man bei seiner Kasse einreichen kann.

Die **Adressen von niedergelassenen Ärzten, Krankenhäusern und Apotheken** erfragt man am besten in der Touristeninformation, auf dem Campingplatz oder im Hotel.

Beim **ADAC** (www.adac.de; Notruf in Frankreich Tel. 04.72.17.12.22, in Deutschland Tel. 0049-89767676) erfährt man, wo in der Nähe des Urlaubsortes ein Deutsch sprechender Arzt praktiziert; die Liste kann man auch vorab anfordern.

Hin- und Rückreise

Von West- und Norddeutschland bietet sich die **Autobahn** über Metz, Nancy und Dijon an, dann weiter durchs Rhônetal über Lyon.

Die Autobahn über Lyon erreicht man auch via Strasbourg und Mulhouse. Südlich von Lyon bleibt man, je nach Zielort, entweder auf der Autobahn Richtung Spanien bis Orange, Nîmes oder Avignon, oder man biegt ab Richtung Grenoble und erreicht seinen Urlaubsort in der östlichen Provence über Nationalstraßen.

Von Osten werden auch Reisende aus Süddeutschland anreisen, vorzugsweise durch die Schweiz, vielleicht auch über Italien und die Côte d'Azur.

Von den deutschen Grenzen ist die Provence in der Regel problemlos in einem Tag erreichbar, nur wer Nationalstraßen wählt, sollte vielleicht eine Übernachtung einplanen.

Anreise per Bahn

Für Bahn-Reisende aus dem **Norden Deutschlands** bietet sich eine Anreise über Brüssel an, von wo aus es mit dem *Thalys* oder TGV weitergeht. So spart man sich den Umweg über Paris, der nicht nur viel Zeit kostet, sondern auch unbequem ist. In Paris muss man nämlich mit dem Zug auch den Bahnhof wechseln. Dafür geht es ab Paris sehr schnell weiter. Der TGV *Méditerranée* erreicht Avignon in zweieinhalb und Marseille in drei Stunden.

Aus dem **süddeutschen Raum** hingegen bietet sich eher die Anreise über Luxemburg, Metz oder Straßburg an (Nachtzug-Verbindungen der *Deutschen Bahn),* und aus der Schweiz gelangt man am schnellsten mit dem TGV aus Genf nach Avignon und Marseille.

Tickets bekommt man jedem größeren Bahnhof. Es geht aber auch ohne Warteschlangen online oder telefonisch; die Tickets erhält man per Post:

- **DB,** www.bahn.de oder in Deutschland Tel. 11861 (0,06 Euro/7,3 Sek.).
- **ÖBB,** www.oebb.at oder in Österreich Tel. 05-1717 (zum Ortstarif).
- **SBB,** www.sbb.ch oder in der Schweiz Tel. 0900-300300 (1,19 SFr/Min.).
- **DB NachtZug,** www.nachtzugreise.de oder über die obigen Bahngesellschaften.
- **SNCF,** www.voyages-sncf.com, Homepage der SNCF-Repräsentanz mit gut aufgegliederten Infos zum französischen Streckennetz.
- **Thalys,** www.thalys.com/de/de. Alles über den *Thalys.*

Es gibt bei den Bahngesellschaften regelmäßig **attraktive Angebote.** Damit man keines davon verpasst, kann man bei der DB oder SBB den **Newsletter** auf der Website abonnieren.

Ermäßigungen gibt es häufig auch für die Besitzer einer **Kundenkarte der Bahngesellschaft.** Überdies gibt es mitunter Frühbucher-Rabatte und Ermäßigungen für Online-Buchungen.

Eine Erwägung wert ist auch die Anreise mit dem eigenen PKW per **Auto-Zug.** Von April bis Oktober gibt es mittwochs ab Berlin, Düsseldorf, Frankfurt, Hamburg und Hildesheim eine Verbindung nach Avignon (ab 181 € für PKW zzl. ab 75 € p.P. im Liegewagen; Schnellbucherpreis nur 9,90 € für den PKW). Man spart die Übernachtung unterwegs und die französiche Autobahnmaut.

27pr Foto: bm

Anreise per Flugzeug

Der Flughafen von Nizza ist das Tor zur Provence, er wird nicht nur von Linienfluggesellschaften angeflogen, sondern auch von einigen Billigairlines:

- **DBA,** www.flydba.com oder Tel. 01805-359322. Von Köln/Bonn, München, Stuttgart, Hamburg und Berlin-Tegel.
- **Easy Jet,** www.easyjet.com oder Tel. 01803-654321. Von Dortmund und Berlin-Schönefeld.
- **Germanwings,** www.germanwings.com oder Tel. 01805-955855. Von Köln/Bonn.
- **Helvetic,** www.helvetic.com oder Tel. in D: 069-50985509 oder CH: 043-5579099. Von Zürich.

Bei der Anreise durchs Rhônetal lohnt ein Abstecher zur Ardèche

- **InterSky,** www.intersky.biz oder Tel. in A: 05574-4880046. Von April/Mai bis Mitte Oktober ab Friedrichshafen.

Direkt nach Marseille geht es mit nur einer Billigairline:

- **Hapag-Lloyd Express,** www.hlx.com oder Tel. 0180-5093509. Ab Köln/Bonn.

Die **Billigairline-Tickets** kann man auf der jeweiligen Website **buchen** sowie über das jeweilige Callcenter (allerdings ist dann oft eine Zusatzgebühr fällig; der Anruf selbst ist meist auch teurer).

Für die Tickets der Linienairlines bieten die folgenden **zuverlässigen Reisebüros** meist günstigere Preise als viele andere Reisebüros:

● **Jet-Travel,** Buchholzstr. 35, D-53127 Bonn, Tel. 0228-284315, Fax 284086, info@jet-travel.de, www.jet-travel.de. Auch für Jugend- und Studententickets. Sonderangebote auf der Website unter „Schnäppchenflüge".
● **Globetrotter Travel Service,** Löwenstrasse 61, CH-8023 Zürich, Tel. 01-2286666, zh-loewenstrasse@globetrotter.ch, www.globe trotter.ch. Weitere Filialen gibt es in Baden, Basel, Bern, Biel, Chur, Freiburg, Luzern, Olten, St. Gallen, Thun, Winterthur und Zug.

Information

Fremdenverkehrsämter

Bei den französischen Fremdenverkehrsämtern *(Maison de la France)* erhält man allgemeine Informationen sowie Hotel-, Restaurant- und Campingverzeichnisse.

● **www.franceguide.com.**
● Westendstraße 47, 60325 **Frankfurt,** Tel. 0190-570025, Fax 0190-599061, info.de@ franceguide.com.
● Argentinierstraße 41a, 1040 **Wien,** Tel. 0900-250015, Fax 01-5032871, info.at@ franceguide.com.
● Rennweg 42, 8023 **Zürich,** Tel. 0900-900699, Fax 01-2174617, info.zrh@france guide.com.

In Frankreich

Informationsstelle für die gesamte Region:
● **Comité Régional de Tourisme Provence-Alpes-Côte d'Azur,** 14, Rue Ste. Barbe, 13231 Marseille, Tel. 04.91.39.38.00, Fax 04.91.56. 66.61, www.crt-paca.fr.

Informationsstellen der Départements
(Chambres Départementales de Tourisme):
● **Alpes-de-Haute-Provence,** 19, Rue du Docteur Honorat, B.P. 170, 04005 Digne-les-Bains Cédex, Tel. 04.92.31.57.29, Fax 04.92. 32.24.94, www.alpes-haute-provence.com.
● **Bouches-du-Rhône,** 13, Rue Roux-de-Brignoles, 13006 Marseille, Tel. 04.91.13. 84.13, Fax 04.91.33.01.82, www.bouches-du-rhone. com und www.visitprovence.com.
● **Gard,** 3, Place des Arènes, B.P. 122, 30011 Nîmes Cédex, Tel. 04.66.36.96.30, Fax 04.66. 36.13.14, www.gard-provencal.com.
● **Vaucluse,** 12, Rue Collège-de-la-Croix, BP 147, 84008 Avignon Cédex 1, Tel. 04.90.80. 47.00, Fax 04.90.86.86.08, www.vaucluse.fr und www.provenceguide.com.

Die Adressen der **örtlichen Touristenbüros** (*Office de Tourisme* oder *Syndicat d'Initiative*) finden sich in den Ortsbeschreibungen.

Internet

Webadressen zu Frankreich:

● **www.botschaft-frankreich.de**
Website der Französischen Botschaft in deutscher Sprache.
● **www.franceguide.com/de**
Offizielle Tourismus-Seite der *Maison de la France* in deutscher Sprache.
● **www.frankreich-info.de**
Internet-Magazin über Frankreich, natürlich mit einem Provence-Kapitel.

Webadressen zur Provence:

Für die Reiseplanung zu empfehlen sind die **Webseiten der Fremdenverkehrsämter** der Departements; Adressen siehe oben. Dort gibt es alle wichtigen Links, z.B. zu den Gästezimmern des jeweiligen Departements der Organisation *Gîtes des France* u.v.m.

Kartenmaterial

Für **Autofahrer** ist die Straßenkarte Nr. 245 von Michelin im Maßstab 1:200.000 uneingeschränkt zu empfehlen; sie umfasst das gesamte Gebiet, ist detailliert und präzise und sowohl in Deutschland als auch in Frankreich problemlos erhältlich.

Für **Wanderer** und **Radfahrer** gibt es noch detailliertere Karten vom französischen Landesvermessungsamt *IGN:* zum einen eine Kartenserie im Maßstab 1:100.000, zum anderen, ebenfalls flächendeckend, teure, aber gute Karten im Maßstab 1:25.000. Diese Karten sind in Deutschland in spezialisierten Buchhandlungen, in Frankreich meist im jeweiligen Gebiet erhältlich.

Bei REISE KNOW-HOW ist im world mapping project eine gps-taugliche Karte von Südfrankreich mit Höhenlinien, einheitlich klassifiziertem Straßennetz, ausführlichem Ortsindex und durch einprägsame Symbole dargestellten Sehenswürdigkeiten im Maßstab 1:425.000 erschienen.

Buchtipp

- **Richtig Kartenlesen** von Wolfram Schwieder, erschienen in der Praxis-Reihe des REISE KNOW-HOW Verlags.

Kinder

Für einen Urlaub mit Kindern sind die *Gîtes,* die Ferienhäuser und die unzähligen Campingplätze ideal. Einige Restaurants bieten Extra-Menüs für den Nachwuchs.

Zum Kennenlernen der Sprache und des Landlebens hat *Gîtes de France* (Adresse siehe „Unterkunft") so genannte **Kinder-Gîtes** *(Gîtes d'Enfants)* entwickelt. Kinder von 4 bis 16 Jahren können ihre Schulferien gemeinsam mit Gastfamilien verbringen. Es gibt drei Altersgruppen, Mini-Gîtes (4–10 Jahre), Junior-Gîtes (6–13 Jahre) und Jugendklubs (11–16 Jahre), denen entsprechend das Freizeitangebot gestaltet wird.

Besondere Attraktionen

Damit sich die Kleinen auf Reisen nicht langweilen, muss manchmal einfach ein Besuch im Freizeitpark sein. Der **Parc Zoologique La Barben** (13330 Pelissanne, zwischen Aix und Salon, Öffnungszeiten: täglich 10–18 Uhr) bietet neben seinem Tierpark auch einen Spiel- und einen Picknickplatz.

Im **Village des Automates** (13760 Saint Cannat, in der Nähe von Aix, Öffnungszeiten: April bis September 10–18 Uhr, Oktober bis März nur Mittwoch, Samstag, Sonntag und an Feiertagen) können etwa 500 Motorpuppen des Automatenbauers *Bernard Bremont* für ein paar Minuten zum Leben erweckt werden.

An der Autobahn Aix–Marseille liegt der **Aquacity-Park** mit Attraktionen rund ums nasse Element (13240 Septemes-les-Vallons, Ausfahrt Plan-de-Campagne).

Schließlich gibt es noch **Eldorado City,** eine Westernstadt mit Animationen in der Nähe von Carry-le-Rouet; 13220 Châteauneuf-les-Martigues, Tel. 04.42.79.86.90, Öffnungszeiten: Juni bis Mitte September: täglich geöffnet, Mitte März bis Mai und Mitte September bis Mitte November: nur sonn-

und feiertags und in den Schulferien; Eintritt für Erwachsene ca. 8 €, für Kinder bis 12 Jahre ca. 7 €.

Sehr schön auch für die „Großen" ist das **Santon-Museum von Le Paradou** in den Alpilles. Handgearbeitete *Santons* sind ursprünglich die Figuren der traditionellen provenzalischen Weihnachtskrippe. In dieser Ausstellung sind sie jedoch an Orten und in Szenen des Alltagslebens und der Tradition der Provence zu sehen.

Öffnungszeiten

Banken: Montags bis freitags 9–12 Uhr und 14–16.30 Uhr.

Geschäfte: In Frankreich sind die Ladenschlusszeiten nicht gesetzlich geregelt und können daher variieren. Die großen Supermärkte an den Stadträndern haben jedoch in der Regel durchgehend und mitunter bis 21 oder 22 Uhr geöffnet. Bis 19.30 Uhr kann man aber auch in den kleineren Supermärkten noch einkaufen. Die kleinen Läden auf dem Land schließen zur Zeit der Siesta (bis 15 Uhr, im Extremfall bis 16 Uhr), öffnen dafür abends länger (bis 19 oder 20 Uhr) und oft auch am Sonntagmorgen. Viele Ladenbesitzer legen den wöchentlichen Ruhetag auf Montag. Weil ein Franzose ohne seine frischen Baguettes nicht auskommt, arbeiten die meisten Bäcker auch am Sonntag.

Museen und andere **Sehenswürdigkeiten** sind im Allgemeinen montags oder dienstags geschlossen, Ausnahmen bestätigen die Regel. Die Öffnungszeiten variieren, liegen im Winter jedoch etwa bei 10–17/18 Uhr, im Sommer bei 9–18/19 Uhr. Meist gibt es eine Mittagspause zwischen 12 und 14 Uhr.

Es kommt vor, dass man bei **Kirchen,** manchmal auch **Klöstern,** vor verschlossener Tür steht. In diesem Fall ist manchmal die Telefonnummer der zuständigen Person an der Tür angeschlagen. Ansonsten wendet man sich am besten an die örtliche *Mairie* oder – in kleinen Dörfern – einfach an ei-

29pr Foto: bm

Santons, provenzalische Krippenfiguren, sind auch in Museen zu bewundern

nen Passanten. Normalerweise kommt man dank der Hilfsbereitschaft der Provenzalen recht schnell zum Ziel und erhält zuweilen die Führung noch gratis dazu.

Restaurants: Oft sonntagabends und montags geschlossen. Meistens stimmen die ortsansässigen Restaurantbesitzer die Ruhetage jedoch so ab, dass man auch an diesen Tagen mehrere geöffnete Restaurants findet.

Touristenbüros: In größeren Städten 9–18 Uhr, in kleineren meist Mittagspause von 12 bis 15 Uhr. In Dörfern haben die kleinen Büros oft nur während der Saison und zu eingeschränkten Zeiten geöffnet.

Post

Das leidige Problem mit den Briefmarken besteht in Frankreich nicht: Standardmarken für Briefe und Postkarten verkauft jeder *Tabac*-Laden. Die Postämter in größeren Städten haben meist von 8–19 Uhr, in kleineren Orten von 9–11.30 Uhr und von 14–17.30 Uhr geöffnet. Samstags gilt für beide: 8–12 Uhr.

Die gelben **Briefkästen** besitzen meist zwei Schlitze: In den mit der Aufschrift *Région* gehört die Post für die Umgebung, andere Karten und Briefe – also auch die für das Ausland bestimmten – werden in den Schlitz mit der Aufschrift *Autres Destinations* geworfen. Post muss die Landesangabe *(Allemagne, Autriche, Suisse)* tragen.

Das **Porto** beträgt für Postkarten wie für Briefe 0,46 €.

Radfahren

Frankreich ist zwar eine große Radsportnation, nichtsdestotrotz dient das Fahrrad noch weniger als hierzulande als alltägliches Fortbewegungsmittel. **Radwege** sind also eher selten.

Allerdings eignen sich vielfach die **Départementstraßen** zum Radfahren. Sie sind zwar mitunter recht eng, dafür aber auch wenig befahren, wenn man die richtigen Flecken wählt. Unter diesem Gesichtspunkt sind besonders geeignet: die Alpilles, der Luberon und die Region südlich des Ventoux, aber auch die Vaucluse-Berge und die Hochprovence.

Unsere entsprechenden Routen im Reiseteil führen meist über solche landschaftlich reizvollen Départementstraßen und sind somit auch für Radfahrer empfehlenswert. Allerdings stellen die oben genannten Gebiete wegen der Steigungen gewisse Anforderungen an die **Kondition,** besonders während der Sommermonate.

Weil die französischen Autofahrer nicht unbedingt auf Radfahrer eingestellt sind, empfiehlt sich eine defensive Fahrweise, das Tragen auffälliger Kleidung und selbstverständlich auch ein Helm.

Rauchen

Durch das restriktive **Raucher-Gesetz** von 1992 wollte sich Frankreich als Vorreiter im Kampf gegen den blauen Dunst gebärden: Rauchverbot in öffentlichen Räumen sowie spezielle

31pr Foto: bm

Signal für Raucher: die rote Säule

Raucherzonen in Bars und Restaurants galt und gilt es durchzusetzen. Der Haken an der Sache ist nur, dass sich im Land der *Gitanes-* und *Gauloises*-Mundwinkel-Qualmer (da hat *Belmondo* wirklich sein Bestes gegeben!) keiner daran hält. So ist, zumindest in den Lokalen, alles beim Alten geblieben.

Verkaufsstellen von Zigaretten gibt es allerdings nur sehr eingeschränkt: In Supermärkten und an Tankstellen sucht man vergeblich, Automaten existieren nicht. Bleiben die *Tabac*-Geschäfte, zu erkennen an der roten Raute mit weißer Schrift, die abends geschlossen sind, es sei denn, sie sind an eine Bar gekoppelt. Auch in relativ vielen Lokalen kann man Zigaretten kaufen, meist aber zu überhöhtem Preis.

Reisezeit

Wie überall auf der Welt begrenzen zwei Kriterien die ideale Reisezeit: das Wetter und der touristische Andrang.

Sonniges und warmes **Wetter** ist in den Monaten Juli und August praktisch garantiert. Dabei kann es häufig über 35 C° heiß werden, was allerdings im Allgemeinen noch als erträglich empfunden wird, da die Nächte deutliche Abkühlung bringen und die Hitze selten schwül wird. Dennoch mögen viele die Temperaturen im Früh- und Spätsommer angenehmer finden, wenngleich gerade im September mit Unwettern gerechnet werden muss. Im Frühjahr und Herbst, aber nicht nur dann, kann der Mistral die Urlaubsfreude hinwegfegen. Er ist in der Planung nicht vorhersehbar, hier muss man sich auf sein Glück verlassen. Was den Winter betrifft, so erlebt die Provence in der Weihnachtszeit nicht selten eine sonnige Periode (siehe auch „Klima").

Wer ein besonderes Naturerlebnis sucht, findet zwischen Ende Juni und Anfang August die **Lavendelblüte.** Weite Felder im Vaucluse und der Hochprovence leuchten dann in tiefem Blauviolett. Reizvoll ist aber auch die **Blüte der Obstbäume** im Frühjahr, etwa im Luberon mit Mandel- und Kirschbäumen. Im November schließlich verfärben sich die **Blätter der Weinstöcke.**

Vom touristischen Gesichtspunkt her sind die Monate Juli und August weniger günstig. Die Preise für Unterkünfte erreichen ihren Höchststand, die besten Quartiere sind oft seit Monaten ausgebucht, Ferienhäuser mitunter seit einem Jahr. Sehenswürdigkeiten jeglicher Art können überlaufen sein. Das gilt besonders für den August, den traditionellen **Reisemonat der Franzosen.** Wer auf Juli oder August angewiesen ist, sollte also frühzeitig reservieren.

Die Deutschen, sofern sie ohne schulpflichtige Kinder verreisen, haben als Reisezeit Mai/Juni und September/Oktober entdeckt. Wer flexibel ist und ein wenig Suchen in Kauf nimmt, kann in diesen Monaten auch spontan das Land erkunden und abends erst eine Unterkunft wählen.

Sicherheit

Hier sind vor allem **Autoaufbrüche** zu nennen. Sie gehören in der Provence zur Tagesordnung, und zwar schlichtweg überall und keineswegs nur in berüchtigten Vierteln oder Gegenden. Es passiert in einsamen Bergdörfern und in den feinen Ecken der Städte ebenso wie auf Touristenparkplätzen.

Fast immer geht es um das tatsächliche oder vermutete **Gepäck,** seltener um das Radio, noch seltener um das ganze Auto, Letzteres meist nur bei besonders gefährdeten Autotypen.

Was kann man tun? Nach unserer Erfahrung besteht der vernünftigste Schutz darin, nicht nur nichts im parkenden Wagen aufzubewahren, sondern dies auch überdeutlich zu zeigen. So sollte das leere Handschuhfach geöffnet werden, und bei Autos mit Heckklappe empfiehlt es sich, die Hutablage zu entfernen, um einen Blick in den ebenfalls leeren Kofferraum zu ermöglichen. Viele Franzosen, die ein Modell mit Stufenheck fahren, lassen die Kofferraumklappe nur angelehnt oder gleich den ganzen Wagen unverschlossen. So vermeidet man zerstörte Schlösser und/oder eingeschlagene Scheiben.

Eine weitere Möglichkeit, allerdings nur in Städten, ist das Parken in einer bewachten **Tiefgarage.** Hier kommt es auf den persönlichen Eindruck an – die Erfahrung lehrt, dass demonstrativ aufgehängte Videokameras nichts nützen, wenn sichtbar niemand den Monitor bewacht. Wer in einem Stadthotel der gehobenen Klasse wohnt, muss sich meist keine Sorgen machen, diese Häuser verfügen in der Regel selbst über eine Garage oder vermitteln den sicheren Unterstand.

Schließlich kann man in Kleinstädten oder Dörfern versuchen, einen Tankwart oder Kellner um ein waches Auge zu bitten, natürlich gegen ein gutes Trinkgeld.

Die französische **Polizei** unterteilt sich in die *Police Nationale* und die *Gendarmerie Nationale,* wobei sich deren Aufgabengebiete weitestgehend überschneiden. Bei Problemen oder Fragen kann man sich deshalb an Beamte beider Polizeiformen wenden.

Niemand sollte sich allerdings in der Provence allzusehr auf die Polizei verlassen. Wir wissen nicht, ob sie dem Problem gegenüber unfähig ist oder vielmehr unwillig. Letzteres legt folgender Fall aus Arles nahe: Am Stadtrand wurde ein deutsches Wohnmobil mit zahlreichen Wertsachen ausgeräumt. Eine Anwohnerin verfolgte alles, notierte sich die Autonummer der Diebe und begleitete die Urlauber zur Polizei. Nach längerer Überredungszeit (!) bequemte sich der Beamte, in der Computerdatei nachzusehen. Als Halter des Wagens fand er einen einschlägig vorbestraften Mann, auf den die Beschreibung der Zeugin passte. Jede weitere Tätigkeit in diesem Fall lehnte die Polizei ab. Die deutschen Urlauber, nur wenig Französisch sprechend, zogen resigniert ab. In solchen haarsträubenden Fällen kann es sinnvoll sein, etwa bei der Stadtverwaltung zu protestieren.

Bargeld, Papiere, Kreditkarten, Schecks etc. trägt man am besten am Körper – aber nur, wenn das absolut nötig ist. Sämtliche Wertgegenstände, die für einen Tagesausflug nicht benötigt werden, sind am sichersten im Safe des Hotels oder des Campingplatzes untergebracht. Pralle **Brustbeutel,** offen sichtbar getragen, sind für Langfinger ein sicherer Hinweis auf den Sitz des Geldes. Sie sollten diskret getragen und zusätzlich durch ein Band um den Körper gesichert werden. Auch in Geldgürteln, Wadentaschen oder Bauchgurten lässt sich ein Teil der Urlaubskasse verstauen. Dass **Reiseschecks** bei Verlust, Diebstahl oder Raub ersetzt werden, Bargeld aber nicht, sollte man auch bedenken.

Außerdem bietet es sich an, **Kopien** von Ausweisen und anderen Papieren an einem gesonderten Platz aufzubewahren, da so erheblich schneller Ersatz beschafft werden kann.

Buchtipp

- **Schutz vor Gewalt und Kriminalität,** Matthias Faermann, erschienen in der Praxis-Reihe des Reise Know-How Verlags.

Sport

Das Klima und die unterschiedlichen Landschaften machen die Provence zu einem idealen Reiseziel für Sportfreunde fast jeden Geschmacks. Wandern und Radfahren ist fast überall möglich (siehe je eigenes Kapitel). Die Berge (Verdon, Ventoux, Luberon usw.) laden ein zum Bergwandern, Klettern, Skifahren, Drachenfliegen, Mountainbiken und Bungee-Jumping.

Die beliebtesten und schönsten Ziele für **Steilwandkletterer** sind die Verdon-Schluchten, das Tal des Aigebrun im Luberon (Buoux), die Calanques, die Alpilles und die Dentelles de Montmirail. Detaillierte Informationen erteilt:

- **Club Alpin Français de Marseille-Provence,** 12, Rue Fort-Notre-Dame, 13007 Marseille.

In den Verdon-Schluchten kann man sich den Freuden des **Wildwassersports** hingeben. Im dem entsprechenden Kapitel sind viele Adressen zu Kanu, Kajak, Rafting und Hydrospeed (Wildwasserschwimmen auf einem aufblasbaren Schild) zu finden.

34pr Foto: bm

Nervenkitzel:
Bungee-Jumping über dem Verdon

Wassersportler finden an der 280 Meter langen Küste von La Ciotat bis Les Stes-Maries-de-la-Mer gute Voraussetzungen zum Schwimmen, Tauchen, Angeln, Segeln, Windsurfen und Wasserskifahren.

Diverse **Aeroclubs** (Fallschirmspringen, Sportfliegen und Segelfliegen) gibt es zum Beispiel in Aix, Marseille, La Ciotat und St. Rémy.

Vielerorts kann man **Golf** spielen (Bouc Bel Air bei Aix, Marseille, Avignon, Fontaine-de-Vaucluse) und **reiten** (ca. 60 Reitzentren, vor allem in Aix und Umgebung, im Luberon und den Alpilles und natürlich in der Camargue). Nähere Informationen für Reitferien bei der:

- **Association Régionale de Tourisme Equestre de Provence (ATEP),** 28, Place Roger Salengro, 84300 Cavaillon, Tel. 04.90.78.04.49.

Sprache

Obwohl man sich mit **Englisch** oder manchmal auch mit **Deutsch** vielerorts verständigen kann, kommt es durchaus vor, dass selbst in einem Touristenbüro nur Französisch gesprochen wird. Wer in solchen Situationen ausschließlich „Bahnhof" versteht, muss sich eben mit Händen und Füßen verständlich machen.

Die Alternative kann aber auch einer der **Sprechführer** aus der Reihe „Kauderwelsch" sein, die ebenfalls im REISE KNOW-HOW Verlag erscheinen. Diese Büchlein sind speziell auf Reisende zugeschnitten und bieten neben Grundwortschatz und -grammatik zahlreiche Beispielsätze für alle reisetypischen Situationen. Für Frankreich gibt es die Kauderwelsch-Bände „Französisch", „Französisch Slang" und „Französisch kulinarisch". Zu diesen Büchern gibt es jeweils begleitendes Tonmaterial.

- **Französisch – Wort für Wort,** Kauderwelsch Band 40;
- **AusspracheTrainer Französisch.** Die wichtigsten Sätze und Redewendungen des Konversationsteils des Kauderwelsch-Buches auf Audio-CD;
- **Kauderwelsch digital Französisch.** Das komplette Buch plus AusspracheTrainer auf CD-Rom für den heimischen PC;
- **Französisch Slang,** Kauderwelsch Band 42;
- **Französisch kulinarisch,** Kauderwelsch Band 134.

Eine kleine Sprachhilfe und viele Informationen zum **Provenzalischen** folgt im Kapitel „Sprache und Literatur".

Strände

- **Camargue:** Saintes-Maries-de-la-Mer, Plage d'Arles = Plage de Piemanson bei Salin-de-Giraud;
- **Côte Bleue:** Plage du Verdon in Carro, Plage de Figuerolles westlich von Niolon, felsig, Zugang von der Calanque de la Vesse aus;
- **Marseille:** Plage du Prado;
- Entlang der **Calanques:** Plage de Sugiton östlich von Marseille, am besten zu erreichen zu Fuß von Luminy aus;
- **Cassis** und **La Ciotat;**
- Zwar kein Meeresstrand, aber trotzdem schön ist es am **Lac de Ste. Croix** bei den Verdon-Schluchten;
- **FKK-Strände:** Plage de Bonnieu bei Martigues, Plage d'Arles, Plage de Sugiton.

Telefonieren

In Frankreich

In Frankreich wird vor die eigentliche achtstellige Nummer jeweils eine 0 und eine Ziffer für den Landesteil gestellt; für die Provence bedeutet dies, dass die **zehnstellige Nummer** immer mit 04 beginnt.

Die meisten **öffentlichen Fernsprecher** Frankreichs können auch angerufen werden, die jeweilige Nummer steht auf einem Schild in der Zelle.

Fast alle öffentlichen Telefone funktionieren mit **Telefonkarten,** die in Postämtern und *Tabac*-Läden erhältlich sind (50 oder 120 Einheiten). Gleichwohl gibt es in entlegeneren Gebieten noch Münzfernsprecher. Auch viele Restaurants und Bars haben Münztelefone aufgestellt, hierfür benötigt man nicht selten *jetons,* die man an der Theke bekommt.

Billigtarifzeiten in Frankreich: täglich 21.30–8 Uhr sowie samstags 14 bis montags 8 Uhr und an Feiertagen.

Von Frankreich

Die **Vorwahl fürs Ausland** ist 00, danach folgt die Landeskennzahl, für Deutschland die 49, für Österreich die 43, für die Schweiz die 41. Die 0 der deutschen Vorwahl entfällt. Beispiel Köln: 00-49-221-Teilnehmeranschluss.

Nach Frankreich

Die Vorwahl von Deutschland, Österreich und der Schweiz nach Frankreich lautet 00-33, danach folgt die **Landesteilziffer** (für die Provence immer 04) sowie die achtstellige Durchwahl des jeweiligen Anschlusses. Es gibt in Frankreich keine Ortsvorwahl; die Nummer ist immer zehnstellig.

Wichtige Rufnummern

- **Notruf Polizei:** 17
- **Feuerwehr:** 18
- **Auskunft:** 12
- **Autopanne:** 13

Mobiltelefone

Mobiltelefone der deutschen, österreichischen und schweizer Provider funktionieren in der Provence fast überall problemlos. Die Gesprächsgebühren ins heimische Fest- oder Mobilfunknetz können jedoch stark ins Geld gehen. Am preiswertesten ist es, wenn man bei seinem Provider gezielt nach Roamingpartnern nachfragt bzw. auf der Website nachschaut, und diesen dann per **manueller Netzauswahl** bei den Telefonaten voreinstellt.

Nicht zu vergessen sind auch die **passiven Kosten,** wenn man von zu Hause angerufen wird. Der Anrufer zahlt lediglich die Gebühr ins inländische Mobilnetz; die Rufweiterleitung nach Frankreich zahlt man selbst.

Wesentlich preiswerter ist es, sich von vornherein auf das Versenden von **SMS** zu beschränken.

Diebstahl und Verlust

Sollte das Mobiltelefon **verloren gehen oder gestohlen werden,** sollte man bei einem Laufzeitvertrag, aber auch bei bestimmten Prepaid-Abonnements die Nutzung der SIM umgehend beim Provider sperren lassen (nicht immer kostenfrei!).

Dazu muss man in der Regel folgende Angaben machen können (diese sollte man sich besser **vorab notieren**): Rufnummer, SIM-Kartennummer (auf SIM vermerkt), Kundennummer oder Kundenkennwort und IMEI-Nummer (das ist die elektronische Zulassungsnummer), die nach Eingabe des Tastencodes Stern-Raute-null-sechs-Raute auf dem Display erscheint – diese muss man auch bei der Polizei bei der Diebstahl- oder Verlustmeldung angeben.

Trinkgeld

Im Restaurant wird die Rechnung – meist auf einem kleinen Tablett – diskret auf den Tisch gestellt. Nachdem der Gast seinerseits sein Geld darauf gelegt hat, holt die Bedienung das Tablett ab und bringt kurze Zeit darauf das Wechselgeld wieder. Erst beim Verlassen des Restaurants lässt der Gast, ebenso diskret, das Trinkgeld auf dem Tablett oder Tisch zurück. Die Höhe liegt ganz im eigenen Ermessen.

Die früher üblichen 10–15% des Rechnungsbetrages gibt man heute meist nur noch bei aufwendigeren Menüs.

In Bars oder Cafés ist ein Trinkgeld ebenfalls nicht zwingend, vor allem, wenn man nur etwas trinkt. Umso größer aber ist die Freude, wenn man sich für guten Service erkenntlich zeigt.

Unterkunft

Hotels

Die meisten Hotels unterliegen der Kontrolle der *Direction du Tourisme,* welche die *Hôtels de Tourisme* in **vier Kategorien** einteilt:

* einfach (nicht alle Zi. mit Dusche/WC)
** recht komfortabel (fast alle Zi. mit D./WC)
*** sehr komfortabel
****/******L** (besonderer) Luxus und Tradition

Die Einstufung richtet sich nach der **Ausstattung** (zum Beispiel muss ein Drei-Sterne-Hotel einen Aufzug besitzen) und nicht nach Schönheit und Charme. Frappierende Unterschiede sind uns vor allem in der Drei-Sterne-Kategorie aufgefallen. Es gibt wundervolle Hotels, die durchaus dem Vier-Sterne-Standard gleichkommen, und daneben ein wenig heruntergekommene Häuser, die mit charmanten Zwei-Sterne-Hotels kaum konkurrieren können.

Das **Frühstück** wird extra berechnet (etwa 9 € pro Person, in Spitzenhäusern auch deutlich mehr), man ist aber keineswegs verpflichtet, es im Hotel einzunehmen. Oft ist ein Restaurant angeschlossen; es gibt dann Spezialtarife für **Halb- oder Vollpension.** Solche Angebote sind finanziell interessant, der Nachteil ist, dass man sich den kulinarischen Freuden anderer Restaurants nicht hingeben kann. Generell sind nämlich die eigenständigen Restaurants die besten.

Häuser höherer Preisklasse mit Charakter, oft Schlösser, Herrenhäuser oder alte Klöster in ländlicher Idylle, sind in der Vereinigung **Relais & Châteaux** zusammengeschlossen (15, Rue Galvani, 75017 Paris, Tel. 01.45. 72.90.00 oder 01.32.29.18.80, www.relaischateaux.com). Ähnlich verhält es sich mit der Organisation **Châteaux et Hôtels de France** (84, Avenue Victor Cresson, 92441 Issy-les-Moulineaux Cédex, Tel. 01.58.00.22.00, Fax 01.58.00.22.01, www.chateauxhotels.com).

Logis de France, erkennbar an dem gelben Kamin auf grünem Grund, vereinigt hübsche Hotels einfacherer Art, die zumeist auf dem Land liegen. Oft ist ein Restaurant angeschlossen, in dem regionale Küche angeboten wird. Adresse: 83, Avenue d'Italie, 75013 Paris, Tel. 01.45.84.70.00, www.logis-de-france.fr.

Gästezimmer und Ferienwohnungen

Vielen Hoteliers in Frankreich sind die **Chambres d'Hôtes,** die privaten Gästezimmer, ein Dorn im Auge. Der Reisende schätzt sie dafür umso mehr, bieten sie doch guten Komfort, ländliche Idylle und rustikalen Charme zu

36pr Foto: bm

einem günstigeren Preis als die Hotels. Zudem kann man leicht Kontakte mit den Menschen knüpfen. Nicht selten haben uns Bauern etwas von ihren eigenen Produkten geschenkt, oder wir sind zum Apéritif eingeladen worden. Ein kleiner Plausch ist, sofern man des Französischen mächtig ist und zudem den provenzalischen Akzent versteht, immer möglich. Informationen über die Umgebung geben die Gastgeber mit Vergnügen.

Die regelmäßige Kontrolle durch den nationalen Verband *Gîtes de France* garantiert das hohe Qualitätsniveau von etwa 17.000 *Chambres* und *Tables d'Hôtes* (Zimmer mit Halbpension, Zahlen für ganz Frankreich). Das Frühstück ist immer im Preis inbegriffen. Für gehobene Ansprüche gibt es aber auch einen Extra-Katalog mit Adressen von besonders schönen und komfortablen Gästezimmern *(Chambre d'Hôtes Prestige)*.

Doch *Gîtes de France* bietet noch mehr: *Gîte* bedeutet nämlich im eigentlichen Wortsinn **Ferienwohnung** auf dem Land, also kleines Landhaus, Häuschen im Dorf, Wohnung in einem Bauernhaus oder einem renovierten Nebengebäude desselben. Auch Landsitze, Mühlen oder Häuser in den Bergen findet man darunter. Die Preise variieren je nach Größe und Aus-

Oase der Ruhe: Luxushotel Villa Gallici in Aix-en-Provence

37pr Foto: bm

stattung (zum Beispiel Schwimmbad im Garten, Terrasse, Garten, Anzahl der Zimmer und Badezimmer etc.). Ein Haus für vier Personen mit Standardausstattung kostet in der Woche ab etwa 170 €. Kataloge gibt es für jedes einzelne Departement, oft auch in deutscher Sprache. Die Gästezimmer und Ferienwohnungen von *Gîtes de France* werden nicht nach Sternen, sondern nach Ähren klassifiziert.

Für Wintersportler und Angler existiert je ein Extra-Katalog mit Adressen von Ferienwohnungen und Zimmern in der Nähe von Skistationen, Gebirgsflüssen und Meeresarmen, außerdem gibt es einen Katalog für Reitferien (*Gîtes de Neige, Gîtes et Logis de Pêche, Gîtes et Cheval*).

Gîte in einem alten Bauernhaus beim Mont Ventoux

Gîtes d'Etapes und Fleurs de Soleil

Für Gruppen, Radfahrer, Reiter, Wanderer etc. sind die *Gîtes d'Etapes et de Groupes* ideal. Mehr als 1000 Gîtes d'Etapes (in ganz Frankreich) laden zum preiswerten Übernachten ab ca. 7,50 € in größeren Schlafräumen ein.

Eine Vertretung in Deutschland gibt es nicht; Kataloge und Buchungen bei:

- **Maison des Gîtes de France,** 59, Rue St. Lazare, 75009 Paris, Tel. 01.49.70.75.75, www.gites-de-france.fr.

Gîtes de France in den Départements der Provence:

- **Alpes-de-Haute-Provence,** Maison du Tourisme, Rond Point du 11 Novembre B.P. 201, 04001 Digne-les-Bains Cédex, Tel. 04.92.31. 52.39.
- **Bouches-du-Rhône,** Domaine du Vergon, 13370 Mallemort, Tel. 04.90.59.18.05.
- **Gard,** Comité Départemental du Tourisme, 3, Place des Arènes B.P.59, 30007 Nîmes Cédex 4, Tel. 04.66.21.02.51.
- **Vaucluse,** Place Campana, La Balance B.P. 164, 84008 Avignon Cédex, Tel. 04.90.85. 45.00.

Eine weitere Organisation, in der sich Franzosen, die Gästezimmer vermieten, zusammengeschlossen haben, ist **Fleurs de Soleil.** Sie ist etwas kleiner als *Gîtes des France,* dafür aber exklusiver (ca. Drei-Sterne-Hotelzimmer-Standard); www.fleurs-soleil.tm.fr.

Jugendherbergen

Für die Jugendherbergen (*Auberges de Jeunesse)* benötigt man einen internationalen Ausweis, erhältlich beim Jugendherbergswerk des Heimatlandes. Während der französischen Schulferien (Juli und August) ist vorheriges Reservieren notwendig. Besteht große Nachfrage, wird die Verweildauer auf maximal drei Tage begrenzt. Preiswerte Mahlzeiten und Sport- und Freizeitaktivitäten gehören oft zum Angebot. Die **Preise** für eine Übernachtung schwanken je nach Ausstattung zwischen etwa 6 und 8 €; für eine Übernachtung mit Frühstück muss man ungefähr 10 € einplanen. Jugendherbergsverzeichnisse mit Informationen zu den einzelnen Herbergen gibt es unter folgender Adresse:

- **Fédération Unie des Auberges de Jeunesse (FUAJ),** 27, Rue Pajol, 75018 Paris, Tel. 01.44.89.87.27, www.fuaj.org.

Den Jugendherbergsausweis muss man schon daheim anfordern (Tipp: kann man auch als Familie beantragen). Welche Jugendherbergen in der Provence der *Féderation Unie des Auberges de Jeunesse* angeschlossen sind, kann man über deren oben angeführte Website oder die europäischen Verbände erfahren:

- **Deutsches Jugendherbergswerk,** Bismarckstr. 8, 32657 Detmold, Tel. (05231) 74010, www.jugendherberge.de, 12–20 €.
- **Österreichischer Jugendherbergsverband,** Schottenring 28, 1010 Wien, Tel. 01-5335353, www.oejhv.or.at, 15–20 €.
- **Schweizer Jugendherbergen,** Schaffhauserstr. 14, 8042 Zürich, Tel. 01-3601414, www.youthhostel.ch, 22–33 SFr.

Camping

Frankreich, so auch die Provence, ist ein Camping-Land par excellence. Das Angebot ist dementsprechend groß. Wie die Hotels werden die Campingplätze je nach Komfort und Ausstattung mit einem bis vier Sternen ausgezeichnet. Fast jede Gemeinde verfügt über einen eigenen *Camping municipal.* Deren Preise sind moderat, die Ausstattung einfach. Größere und neuere Anlagen verfügen oft über Sportmöglichkeiten und Freizeitanlagen. In der Hochsaison sollte man vor allem in den touristischen Zentren vorher reservieren.

Wie die Ausstattungen, so variieren auch die **Preise** der Campingplätze gewaltig. Zahlt man auf einfachen Anlagen mit zwei Personen für einen Stellplatz oft kaum mehr als 9 €, verlangen die bestens ausgestatteten Plätze an der Küste vielfach über 25 € – immerhin der Preis für ein Doppelzimmer in einem einfachen Hotel. Verzeichnisse der Campingplätze gibt es unter folgender Adresse:

- **Fédération française de Camping et de Caravaning,** 78, Rue de Rivoli, 75004 Paris, Tel. 01.42.72.84.08, www.ffcc.fr.

Ländliche Idylle und persönliche Atmosphäre (maximal 25 Plätze), dafür aber recht einfache Austattung bietet **Camping à la Ferme,** das Campen auf dem Bauernhof. Kataloge sind erhältlich bei *Gîtes de France* (s.o.).

Wildes Campen ist offiziell verboten. Hartnäckige sollten auf jeden Fall vorher eine Genehmigung bei der zuständigen *Mairie,* dem Bürgermeisteramt, einholen. Wegen der stets akuten Waldbrandgefahr sollte man auf jeden Fall die Wälder der Provence zum Campen meiden.

Versicherungen

Die gesetzlichen Krankenkassen von Deutschland, Österreich und der Schweiz garantieren eine Behandlung auch im akuten Krankheitsfall in Frankreich, wenn die medizinische Versorgung nicht bis nach der Rückkehr warten kann. Als Anspruchsnachweis benötigt man seit Anfang 2005 eine von den Krankenkassen ausgestellte Ersatzbescheinigung (statt des bisherigen Auslandskrankenscheins E 111), bis 2006 die **Europäische Krankenversicherungskarte** eingeführt wird.

Im Krankheitsfall besteht ein Anspruch auf ambulante oder stationäre Behandlung bei jedem zugelassenen Arzt und in staatlichen Krankenhäusern. Da jedoch die Leistungen nach den gesetzlichen Vorschriften im Ausland abgerechnet werden, muss man in der Regel zunächst **die Kosten der Behandlung** selbst tragen. Obwohl bestimmte Beträge von der Krankenkasse hinterher rückerstattet werden, kann doch ein Teil der finanziellen Belastung beim Patienten bleiben, also zu Kosten in kaum vorhersagbarem Umfang führen.

Deshalb ist zusätzlich der Abschluss einer **privaten Auslandskrankenversicherung** dringend empfohlen. Diese sollte außerdem eine zuverlässige Reiserückholversicherung enthalten, denn der Krankenrücktransport wird von den gesetzlichen Krankenkassen nicht übernommen. Diese sind z.B. in Deutschland ab 5–10 Euro pro Jahr auch sehr günstig (für Empfehlungen siehe z.B. *FinanzTest* 01/05).

Zur Erstattung der Kosten benötigt man grundsätzlich ausführliche **Quittungen** (mit Datum, Namen, Bericht über Art und Umfang der Behandlung, Kosten der Behandlung und Medikamente).

Reiserücktrittskostenversicherung

Ob es sich lohnt, die 35–80 Euro auszugeben, hängt nicht zuletzt von der Höhe der **Stornogebühr** ab, die im Falle des Reiserücktritts fällig würde. Wie hoch die Stornogebühr sein wird und wann sie fällig wird, sollte man bei Buchung der Reise (Pauschalreise, Zugtickets, Mietwagen, Hotel etc.) genau klären.

In jedem Fall muss man eine solche Versicherung je nach Versicherer **binnen 8–14 Tagen nach Reisebuchung** abschließen, sonst ist es nicht mehr möglich, sich gegen den Reiserücktritt zu versichern. Bucht man weniger als 14 Tage vor Reiseantritt Last-minute, kann man diese Reise gar nicht versichern.

Reisegepäckversicherung

Der Abschluss einer Reisegepäckversicherung **lohnt sich noch seltener,** da die Policen zu viele Einschränkungen enthalten: Bei Flugreisen wird verlorenes Gepäck oft nur nach Kilopreis ersetzt. Wurde eine Wertsache nicht im Safe aufbewahrt, gibt es bei Diebstahl auch keinen Ersatz. **Kameraausrüstung und Laptop** dürfen beim Flug nicht als Gepäck aufgegeben worden sein. Gepäck im unbeaufsichtigt abgestellten Fahrzeug ist ebenfalls nicht versichert. Die Liste ist endlos ...

Überdies deckt häufig auch die **Hausratsversicherung** schon Einbruch, Raub und Beschädigung von Eigentum auch im Ausland.

Anbieterauswahl

Der Abschluss einer **Jahresversicherung** ist in der Regel kostengünstiger als mehrere Einzelversicherungen. Günstiger ist auch die **Versicherung als Familie,** statt als Einzelpersonen. Hier sollte man nur die Definition von „Familie" genau prüfen.

Eine Privathaftpflichtversicherung hat man in der Regel schon. Diese ist aber oft in **„Reiseversicherungspaketen"** enthalten, wodurch man unnötig doppelt – aber nicht besser – versichert ist. Hat man eine Unfallversicherung, sollte man prüfen, ob diese im Falle plötzlicher Arbeitsunfähigkeit aufgrund eines Unfalls im Urlaub zahlt.

Auch durch manche **Kreditkarten** oder **Automobilclubmitgliedschaft** ist man für bestimmte Fälle schon versichert. Das sollte man klären, bevor man sich unnötig doppelt versichert. Achtung: Die Versicherung über die Kreditkarte gilt immer nur für den Karteninhaber!

Die **Stiftung Warentest** in Deutschland und **Konsument.at** in Österreich testen regelmäßig verschiedene Versicherungsarten. Über ihre Websites kann man Testberichte herunterladen, Online-Abonnent werden oder Hefte zum Thema bestellen: www.warentest.de; www.konsument.at.

Weitere Informationen erhält man auch in Deutschland z.B. bei der **Verbraucherzentrale** (www.verbraucherzentrale.com) und in Österreich bei der **Arbeiterkammer** (www.arbeiterkammer.at).

Tipp: Für alle abgeschlossenen Versicherungen die Notfallnummern notieren und mit der Policenummer gut aufheben! Bei Eintreten eines Notfalles sollte die Versicherungsgesellschaft unverzüglich telefonisch verständigt werden.

004pr Foto: ws

Land und Natur

513pr Foto: bm

526pr Foto: bm

Geologie und Geographie

Eine Landschaft zwischen Meer und Bergen, das ist wie keine zweite Region Frankreichs die Provence. Und doch bestimmen weder die Küsten des Mittelmeeres noch die Gipfel der Südalpen wirklich den Charakter der Landschaft. Sie begrenzen die Provence mehr nach außen hin, als dass sie ihre Eigenart ausmachen würden. Die Landschaft der eigentlichen Provence prägen jene Bergketten geringer oder mittlerer Höhe, die ohne Ausnahme in west-östlicher Richtung verlaufen.

Das geologische Ensemble, das einmal die Provence werden sollte, begann sich in der Kreidezeit abzuzeichnen. Damals entstand jene gewaltige Untiefe in west-östlicher Richtung, die heute von der Durance durchflossen wird, eine ungefähre Scheidelinie zwischen den alpinen Sedimentgesteinen im Norden und dem Gewirr aus flachen Seen, Meeresbecken und Inseln im Süden, der späteren Provence. In diesem Ensemble aus Wasser und Land ging es, geologisch gesehen, recht turbulent zu. Riffartige Formationen aus Kalkstein bildeten sich, daneben jene Ablagerungen, welche die Erosion den schon aufgetauchten Landmassen abtrotzte.

Gibt dies schon einen Hinweis auf die heutige landschaftliche Vielfalt der Provence, so entstanden die eigentlichen **Bergketten** doch erst später. Zum Ende der Kreidezeit setzte die erste Phase einer Folge von Auffaltungen ein. Ausnahmslos in west-östlicher Richtung schoben sich die wichtigsten Höhenzüge auf: Alpilles, Luberon, Etoile, Ste. Victoire und Ste. Baume. Diese Verschiebungen vollzogen sich relativ dicht unter der Oberfläche, unabhängig vom Sockel der Landmasse. Denn zwischen den tief liegenden, harten Bereichen und der Oberfläche befand sich eine besonders leicht verformbare Schicht aus Kalkstein, eingebettet in lehmhaltige Schichten, was vielgestaltige und bizarre Auffaltungen begünstigte.

Der westliche Teil der Provence wird geprägt durch das zum Delta sich weitende **Tal der Rhône.** Eine Reihe wichtiger Städte säumt diesen gewaltigen Strom, in der Reihenfolge von Orange über Avignon und Beaucaire/Tarascon nach Arles.

Bei Arles teilt sich die Rhône in zwei Arme, Grand Rhône und Petit Rhône; zwischen den beiden breitet sich die **Plaine de Camargue** aus, jene ausgedehnte und topfebene Landschaft, deren Grenzen zum Meer buchstäblich fließend sind. Es ist die außergewöhnlichste und mit einem Alter von 10.000 Jahren übrigens auch die jüngste Landschaft der Provence. Um genau zu sein, besteht die Camargue aus zwei verschiedenen Landschaften: einem Teil, den die Verzweigungen der Rhône geschaffen haben, Anschwemmungen also, unterbrochen von Sümpfen und Teichen, und einem anderen Teil, den das Meer und der Wind geschaffen haben, extrem salzhaltige Böden an der Küste.

43pr Foto: bm

Östlich schließt sich die zweite große Ebene der Provence an, die **Crau.** Weit über 50.000 Hektar umfassend, öde und menschenleer, konnte sie ein Reservat für Vögel werden. Auch die Crau ist entstanden als Delta eines Flusses, nämlich des zweiten großen Stromes der Provence: der **Durance.** Zwar mündet diese bekanntlich in die Rhône, doch zu Urzeiten war das noch anders. Die Crau mit ihrem von Kieseln bedeckten Boden und spärlichem Graswuchs, fast steppenartig wirkend, diente seit jeher der Schafzucht. Erst große Bewässerungssysteme ermöglichen heute eine weitergehende Nutzung.

Mit den beiden Landstrichen Camargue und Crau ist das provenzalische Flachland auch schon beschrieben. In der gesamten übrigen Provence liegen die schon erwähnten Bergketten stets in Reichweite, und ist das Land doch einmal flach, dann einzig und allein zu dem Zwecke, die nächste Anhöhe, den nächsten Berg umso stärker hervortreten zu lassen.

Dabei wirken diese mitunter zerklüfteten Berge spektakulärer, als sie es bei näherer Betrachtung sind. Muster-

Camargue

beispiel dafür sind die **Alpilles,** fast lächerlich niedrig, doch von einer wilden Formenvielfalt. Das Kalksteinmassiv ist bedeckt von einer spärlichen, oft aber trotzdem unwegsamen Strauchvegetation (frz. *garrigue);* hingegen gedeihen in den kleinen Tälern und Becken am Fuße der Bergkette Oliven, Wein und andere Früchte.

Vielfalt von Vegetation und Bewirtschaftung kennzeichnet auch den angrenzenden Luberon. Allerdings ist dieses Gebirge mit über 1100 Metern Höhe schon von anderem Kaliber als die Alpilles. Auf immerhin 65 Kilometern Länge bietet es nur einen einzigen Durchgang von Norden nach Süden: Die Schlucht von Lourmarin.

Und weit mehr als in den Alpilles prägt die Bergkette hier eine ganze Landschaft, gliedert sie in eine Vielzahl kleiner Einheiten, die der Mensch je nach Höhe, Bodenbeschaffenheit, Ausrichtung zu Sonne und Mistral zu nutzen weiß. Melonenfelder am Fuße des Gebirges, sanft abfallende Weinfelder über den Ufern des Calavon oder der Durance, dazu Mandel- und Kirschbäume, dann, in steilerem Gelände, mit Trockenstein-Mauern angelegte Terrassen, die jeden Quadratmeter kostbaren Bodens nutzen, sonnendurchflutete Hochebenen mit Lavendelfeldern und wilden Kräutern, und schließlich, dicht bewaldet mit Zedern oder Eichen, der Kamm. Das eigentliche Gebirge ist trotz alledem ein wildes, unzugängliches und fast unberührtes Stück Natur geblieben.

Ganz anders mutet auf den ersten Blick die Gegend um Aix-en-Provence an. Die Stadt selbst liegt inmitten des großen **Beckens von Aix,** das begrenzt wird durch eine Reihe von Bergketten unterschiedlicher Höhe. Am markantesten sind die Montagne Ste. Victoire mit gut 1000 Metern und im Süden die Chaîne de l'Etoile mit 600 bis 700 Metern. Zwei Faktoren haben diese Landschaft in den letzten Jahrzehnten verändert: das Bevölkerungswachstum im Einzugsgebiet der Städte Aix und Marseille sowie die Eröffnung des Canal de Provence. Wurde das Becken von Aix lange Zeit, darin dem Luberon ähnlich, zur Schafzucht und zum Anbau von Öl- und Obstbäumen genutzt, so haben mit der Ankunft des Wassers Gemüseplantagen die traditionelle Mischkultur verdrängt.

Gemüsegarten der Provence, diese Bezeichnung verdient aber noch mehr das **Comtat Venaissin.** Dort und in der Nähe der Durance ist seit dem 19. Jh., als neue Transportwege einen schnellen Export frischen Gemüses ermöglichten, eine ganz landwirtschaftlich geprägte Landschaft entstanden: Hecken aus meterhohem Schilfrohr oder Zypressen schaffen windgeschützte Parzellen, die zu bewässern ein engmaschiges Netz aus Kanälen ermöglicht. Dieses System hat auch den Fluss selbst endgültig gezähmt.

Gleiches gilt für die Rhône im oberen Teil des Comtat. Eine Reihe von Deichen schützt diese Landschaft vor Überschwemmungen, und auf den Kalksteinhügeln wird neben Obstbäumen zunehmend Wein angebaut. Zu Füßen des Mont Ventoux geschieht

45pr Foto: bm

das häufig auf eigens angelegten Terrassen.

Das eigentliche **Plateau de Vaucluse** dagegen ist für eine solche Nutzung ungeeignet. Der Ventoux und, weiter östlich, die Montagne de Lure bilden mit etwa 1900 Metern Höhe eine Barriere, welche die Provence nach Norden deutlich abgrenzt. Südlich dieser Höhenzüge ruhen auf gewaltigen Kalksteinsockeln von bis zu 800 Metern Dicke die kargen Hochebenen des Vaucluse. In dieses karstige Massiv haben sich Wasserläufe eingegraben, viele von ihnen speisen über unterirdische Flüsse die Quelle der Sorgue, die in Fontaine de Vaucluse entspringt. Oliven oder Wein gedeihen hier nicht, so dass neben Wäldern, wilden Kräutern und Kornfeldern vor allem Lavendelanbau und Schafzucht das Bild bestimmen. Das Plateau de Vaucluse ist die am dünnsten besiedelte Region der Provence, zusammen mit der eigentlichen Hochprovence um Forcalquier.

Neben der Camargue sind die landschaftlich eigenartigsten Landstriche

Der Höhenzug des Luberon im Herzen der Provence

Bewässerungssysteme

Ein üppiger Garten tut sich auf, fruchtbar und überreich an natürlichen Schätzen, ein Schlaraffenland aus Früchten und Gemüse – das ist der erste Eindruck etwa von den Alpilles, dem Umland von Salon oder den Ebenen bei Cavaillon. Doch der Schein trügt: Was da blüht und gedeiht, ist nicht gottgegebener Reichtum, sondern Frucht menschlicher Planung, genauer: das Werk von Ingenieuren und Bauarbeitern. Denn die blühende Pracht hängt vom Wasser ab. Wasser, das es nicht gab, bis ein Netz von Kanälen es in jeden Winkel der provenzalischen Ebenen leitete.

Die frühesten Bewässerungskanäle stammen aus römischer Zeit, und manche davon sind noch heute in Gebrauch. Später, im 8. Jh., leiteten Landbesitzer in Châteaurenard und Eyrargues in den Alpilles Wasser aus der Durance über ihre Felder, gleichzeitig trieben sie damit Getreide- und Ölmühlen an. Dieser Kanal war immerhin zwölf Kilometer lang. Doch die Mühe, ihn zu graben, trat bald zurück hinter die Mühe, ihn zu betreiben: Jahrhundertelang blieb der Kanal Gegenstand von Prozessen.

Man könnte das als lokales Gezänk abtun, wenn es sich nicht dauernd und überall wiederholt hätte. Wasser ist in diesem Land zu kostbar, als dass man großzügig damit umgehen könnte. Als die großflächigen und weit verzweigten Bewässerungssysteme entstanden, die meisten erst nach Ende des Mittelalters, begann abermals eine lange Kette von Prozessen und Streitereien. Wer durfte Wasser entnehmen, wie viel und zu welchen Zeiten? Welcher Bedarf war überhaupt berechtigt, welcher verschwenderisch? Wie hoch sollten die Abgaben sein? Und wie die Kosten aufteilen, wenn die Kanäle ihrerseits von Nebenkanälen angezapft wurden?

Es ging um ein lukratives Geschäft. Viele Kanäle wurden von privaten Investoren finanziert, die von den späteren Wasserverbrauchern happige Gebühren kassierten. Es kann also nicht erstaunen, dass Besitzer und Gesellschafter in der Französischen Revolution erst einmal enteignet wurden.

Angezapft hat man meist die Durance, den einzigen großen Fluss, der die Provence in west-östlicher Richtung durchquert. Eines der kühnsten Projekte verwirklichte gegen Mitte des 16. Jh. *Adam de Craponne* aus Salon. Der Ingenieur, in Diensten des Königs stehend, erhielt von diesem die Erlaubnis, einen Kanal von der Durance bis zum Etang de Berre zu bauen, den später nach ihm benannten **Canal de Craponne.** Die Ankunft des Wassers in Salon versetzte die Stadt in einen Freudentaumel; bis heute wird der Ingenieur als die neben *Nostradamus* größte Persönlichkeit der Stadtgeschichte gesehen. Auffallend viele Brunnen symbolisieren den Wert des Wassers.

Craponne hatte noch größere Pläne: Auch Arles, Aix und Marseille sollten Wasser aus der Durance bekommen. Er selbst konnte das nicht mehr verwirklichen, doch bald nach seinem Tod grub man vom Canal de Craponne bei Salon einen **Seitenarm nach Arles.** 42 Kilometer lang und vier Meter breit, wurde er 1582 nach nur neun Monaten fertig. Der Aquädukt, der das letzte Stück zwischen Pont-de-Crau und Arles überbrückt, ist heute noch zu sehen, er orientiert sich, obwohl viel kleiner, vage an der Architektur des Pont du Gard, dem unerreichten Vorbild jedweder Wasserleitung.

Was den Kanal von der Durance nach Aix und Marseille betrifft, so konnten sich jene beide Städte natürlich nicht einigen. So baute Marseille seinen eigenen Kanal, den **Canal de Marseille,** 83 Kilometer lang, der 1848 nach neunjähriger Bauzeit fertig wurde. Eine Reihe kleinerer Gemeinden zwischen der Durance und Marseille erwarb sich Nutzungsrechte.

Aix dagegen zapfte nicht die Durance an, sondern plante den **Canal de Verdon,** dessen Hauptarm allein 80 Kilometer umfasste. Nach vielerlei Verzögerungen ging er 1877 in Betrieb. Doch schon in den 30er Jahren des letzten Jahrhunderts genügte seine Kapazität nicht mehr.

Der Einsicht folgend, dass die konkurrierenden Kanäle beide nicht ausreichten, begannen 1963 die Arbeiten zu einem gewaltigen neuen Kanal, dem **Canal de Provence.** Er sollte ebenfalls vom Verdon aus Aix versorgen, gleichzeitig aber über Nebenarme weitere Orte der Bouches-du-Rhône und des Var bis nach Marseille. Fertiggestellt wurde dieses Mammut-Unternehmen erst in den 1990er Jahren.

Der Canal de Provence, lange Zeit ein Mythos, an dessen Realisierung niemand glauben mochte, versorgt heute fast 90 Gemeinden, nahezu 400 Betriebe und Industriegebiete, 46.000 Hektar landwirtschaftlich genutzter Fläche. 62 Kilometer lang ist der offene Teil, 139 Kilometer führen durch Röhren und über Aquädukte, und die kleineren Zubringer machen noch einmal mehr als 3000 Kilometer aus. Mehrere Talsperren sichern den regelmäßigen Betrieb, an einigen Stellen wird mit der Wasserkraft auch Strom erzeugt. Längst ersetzt der Canal de Provence den Canal de Verdon.

Umgerechnet fast 1,3 Milliarden Euro hat das Werk gekostet, verwaltet wird es von der **Société du Canal de Provence.** Sie hat ihren Sitz im Schloss von Le Tholonet – ein mächtiges Domizil einer mächtigen Gesellschaft, sichtbar die Verwalterin des kostbarsten aller Güter in der Provence.

der Provence die Calanques an der Küste bei Marseille und die Schluchten des Verdon. Bei den **Calanques** handelt es sich um ein stark verkarstetes Massiv aus weißem Kalkstein, das abrupt und zum Teil mehrere hundert Meter tief ins Meer abfällt, durchschnitten von tiefen Erosionstälern, die heute nur nach starkem Regen Wasser führen. Sie sind entstanden durch ein beträchtliches Absinken des Meeresspiegels bei gleichzeitiger Anhebung des Massivs selbst. Taucher stoßen hier bisweilen auf Höhlen, die seit dem Wiederanstieg des Meeresspiegels nach der Eiszeit unter der Wasseroberfläche liegen. Das Zusammenspiel des tiefblau oder türkisfarben schillernden Meeres und der blendend hellen Steine mit tiefgrünen Kiefern darauf, dazu die bizarren Ausformungen des Massivs, dessen Klippen von schäumender Brandung umspült werden und die dramatisch abfallende Steilküste, all dies lässt die Calanques als wirklich einzigartige Naturschönheit erscheinen.

Die **Schluchten des Verdon,** bis zu 700 Meter tief abfallend und damit die tiefsten Europas, sind eine Folge tektonischer Verwerfungen: Während sich das gesamte Massiv allmählich anhob, grub sich der Wasserlauf tiefer und tiefer in den Kalkstein. Erkundet hat man dieses Naturwunder erst im 20. Jahrhundert, vorher war es eine unüberwindliche Grenze zwischen zwei menschenleeren Gebieten. Auch heute noch beschränken sich die Touristenströme auf die Schluchten selbst mit den beiden Panoramastraßen.

49pr Foto: bm

Terrassen – die Architektur des kleinen Mannes

Unwetter, Frost und Temperatursprünge, diese klimatischen Besonderheiten setzen auch dem Boden zu: Ausgetrocknet im Sommer, ausgewaschen im Herbst, eingefroren im Winter. Nur durch ständige Düngung wird ein ausgewogener Gehalt an Mineralien erreicht. Die Eisenoxide, die vielerorts die Erde so wunderbar rötlich verfärben, markieren für die Bauern schlechte, ertragsarme Böden. Hinzu kommt der oftmals zu hohe Kalkgehalt.

Sind schon die Flächen in der Ebene Sonne und Regen schutzlos ausgesetzt, so greift im Bergland die Erosion noch stärker an, auch dies ein Resultat des Klimas. Gute Böden sind also rar. Es gibt sie vor allem am Fuße der Hügel und in den Tälern von Rhône und Durance mit ihrem unverbrauchten Schwemmland.

Eine sehr alte Methode, neues und gutes Anbauland zu gewinnen, ist das Anlegen von Terrassen im Bergland. Viele davon bestehen noch heute, von anderen zeugen nur mehr Mauerreste. Man findet sie in der Umgebung des Ventoux und im Luberon, in den Bergen des Vaucluse und in der Hochprovence. Überall dort haben sie die Landschaft verändert.

Wer sich vergegenwärtigt, wie mühevoll der Bau solcher Terrassen gewesen sein muss, angefangen beim Sammeln der Steine und ihrem Transport in den Hang hinein, der bekommt einen Eindruck davon, wie hart das Leben der Bauern gewesen ist. Das Bild vom provenzalischen Bonvivant passt nicht auf diese Menschen, die der Natur Jahr für Jahr ein paar Quadratmeter mehr abtrotzten und so das Überleben ihrer Familien sicherten.

Tipp: Ein Besuch des Lehrpfads zu diesem Thema in Goult lohnt sich.

Klima

„Ein kaltes Land, auf das die Sonne heiß brennt" – besser als in diesem berühmt gewordenen Satz von *A. Siegfried* lässt sich die Eigentümlichkeit des Klimas der Provence nicht ausdrücken. Die Provence ist zwar das Sonnenland Frankreichs, doch irrt sich, wer glaubt, sie verfüge deshalb über ein ausgeglichenes Klima.

Jahresdurchschnittswerte führen nicht weiter, denn das Klima kennzeichnen Extreme: Die **Sommer** sind, typisch mediterran, heiß und trocken. Tropische Hochdruckgebiete verlagern sich dann nach Norden und bilden eine gewaltige Barriere gegen atlantische Tiefs. So kennt die Provence etwa zwischen Mitte Juni und Mitte September kaum Regen.

Im **Herbst** aber, wenn sich diese Hochdruckgebiete wieder nach Süden zurückziehen, ist der Weg frei für die atlantischen Regengebiete. Folglich fallen zwischen Mitte September und Mitte November die meisten Niederschläge. Sie konzentrieren sich aber auf wenige, dafür umso heftigere Unwetter, die ein apokalyptisch anmutendes Ausmaß erreichen können. Mehrfach schon kamen an einem einzigen Tag 20 bis 40 Prozent der Jahresniederschläge herunter. Die Provence weist annähernd die gleiche Niederschlagsmenge auf wie die besonders regenreiche Bretagne – mit dem entscheidenden Unterschied, dass die Bretagne dreimal mehr Regentage hat. So kommt es, dass der absolut gesehen regenreiche Herbst in der Provence dennoch alles andere als verregnet ist.

Der **Winter** wiederum bringt neue Trockenheit. Nun sind es die Hochdruckgebiete aus Sibirien, die Regen abhalten. Pünktlich zu Weihnachten und Neujahr genießen die Provenzalen so ein paar Wochen lang kaltes, aber trockenes und sonniges Wetter, meist zwischen Mitte Dezember und Mitte Januar.

Im **Frühjahr** schließlich, wenn die tropischen Luftmassen wieder nach Norden drängen, dort die Kaltluft aber noch nicht abzieht, strömen zwischen beiden Gebieten Regenwolken vom Atlantik ans Mittelmeer. Ins Frühjahr fällt somit die zweite, allerdings weniger ausgeprägte Regenzeit in der Provence.

So folgt das Klima jahreszeitlich einem klaren Rhythmus. Markanter noch als die saisonalen Schwankungen sind aber die **plötzlichen Wetter- und Temperatur-Änderungen.** Vor allem die Herbstunwetter ballen sich oft binnen kürzester Zeit zusammen, entladen sich mit erstaunlicher Wucht und verschwinden ebenso schnell wie sie kamen. Im Winter sind jähe Temperaturstürze mit für die Vegetation katastrophalen Folgen möglich. Im Februar 1985 etwa fiel das Thermometer binnen weniger Stunden um 20 Grad.

Dieses Phänomen ist wissenschaftlich noch nicht so recht geklärt. Jedenfalls scheint die Luft in der Provence eine besondere Qualität zu besitzen, die sie gewissermaßen durchlässiger macht für Temperaturschwankungen – Experten nennen das „diathermisch".

Der Mistral

Mistral ist okzitanisch und bedeutet *Maître,* Meister und Beherrscher. Und wer ihn jemals erlebt hat, sei es nur für ein paar Tage, dem wird die Bezeichnung einleuchten. Der Mistral ist herrschsüchtig, allgewaltig, grausam. Er gönnt keine Atempause, frischt nicht auf in Böen und lässt wieder nach, nein, er ist einfach immer da, Stunde um Stunde, Tag und Nacht, unermüdlich, unerbittlich.

Ganz oben im Rhônetal nimmt er Anlauf, rast zwischen Zentralmassiv und Alpen südwärts, um schließlich im Delta als ausgewachsener Orkan anzukommen, nicht mehr bloß Wind, sondern Naturereignis und rätselhaftes Phänomen.

Der Maître – er ist Herrscher zunächst über Mensch und Tier: Der Mistral kann depressiv, gar verrückt machen. Er verursacht Phantomschmerzen, Albträume und allerlei wunderliche Verhaltensweisen. Wer ist schuld daran, dass der schöne Vaucluse eine so hohe Rate von Selbsttötungen aufweist? Natürlich der Mistral.

Er ist Herrscher über die Natur: Die gesamte Vegetation muss seinen Attacken trotzen, wer nicht damit fertig wird, verkümmert, geht ein, stirbt aus.

Er ist Herrscher über die Landschaft: All die Hecken und Mäuerchen dienen einem Ziel: den Mistral zu bremsen, Obst, Gemüse, Ölbäume und Weinstöcke zu schützen.

Er ist Herrscher über die Architektur: Jedes Haus, wenn es weise gebaut ist, duckt sich vor dem Mistral, bietet ihm eine fensterlose Nordfassade dar. Ähnlich die Gassen und Plätze der Dörfer.

Natürlich hat er auch seinen Platz in der Kunst. Der leergefegte, tiefblaue Himmel, die unglaubliche Härte und Klarheit des Lichts auf Gemälden – da war vor dem Künstler schon der Mistral am Werke gewesen.

Den letzten meteorologischen Erklärungen entzieht sich der Mistral noch immer. Ein Ansatz lautet: Es gibt eigentlich zwei Mistrals. Der eine – dynamisch bedingte – entsteht aus einer gesamteuropäischen Wetterlage, wenn maritime Kaltluft von Nordwesten nach Südosten abfließt und diese Luftbewegung im engen Rhônetal zu einem heftigen Wind gebündelt wird, der andere – thermisch bedingte – entsteht vor Ort, wenn kleine, kalte Luftmassen aus den Cevennen oder den Voralpen die Täler der Rhône-Zuflüsse hinabwandern und in das Rhônetal selbst gelangen. Was aber ein echter Provenzale ist, der pfeift auf Erklärungen. Phänomene dieser Bedeutung, so sagt ihm seine Lebenserfahrung, lassen sich gar nicht erklären.

In mancher Hinsicht verhält es sich mit dem Mistral wie mit einem Choleriker: Man muss ihn zu nehmen wissen. Seine Anfälle folgen gewissen Regeln (der Mistral weht angeblich immer drei, sechs oder neun Tage), man kann sie nicht verhindern, nur in Deckung gehen und, wenn sie vorbei sind, darüber lachen. Außerdem hat man immer ein Gesprächsthema: Wie war das letzte Mal, und wann geht es aufs Neue los?

Woran immer das liegen mag, es macht sich im Sommer sehr angenehm bemerkbar. Ganz gleich, wie groß die Hitze am Tage war, die Nacht bringt deutliche Abkühlung. Im Unterschied zu anderen südlichen Regionen bleibt der Hochsommer in der Provence erträglich.

Die große Konstante des provenzalischen Klimas ist natürlich die **Sonne.** Die südlichen Ränder der Provence bekommen davon an die 3000 Stunden pro Jahr, die übrigen Gebiete im-

Lavendelanbau auf dem Plateau des Claparèdes

mer noch deutlich mehr als 2600 (zum Vergleich: in Deutschland sind es zwischen 1300 und 1800 Stunden).

Was den **Wind** betrifft, so bläst er fast nur aus zwei entgegengesetzten Richtungen: Der Ost- oder Süd-Ost-Wind bringt gewöhnlich Regen, weil über dem Golf von Genua Tiefdruckgebiete festsitzen. Der Wind aus dem Norden oder Nordwesten hingegen, der Mistral, hat den gegenteiligen Effekt: Er bläst den Himmel frei von allen Wolken (siehe Exkurs „Mistral").

Man versteht nun, warum in diesem Sonnenland die ganze **Landschaft** so gestaltet ist, dass sie Schutz zu bieten vermag vor dem Wetter – nicht nur vor dem Wind, sondern auch vor den brutalen Temperaturstürzen. Die auffällige Parzellierung, die etwas Gartenartiges hat, die kleinen Mauern und die Hecken, die steinernen Cabanons, all das zeugt vom Ringen der Bauern mit dem Klima.

446pr Foto: bm

Im Bergland ist das noch deutlicher erkennbar. Hier liegen unterschiedliche Mikroklimata dicht beieinander, und die Kunst der Menschen besteht seit jeher darin, die am besten geschützten Stellen auszumachen.

Weiße Pracht?

Schnee in der Provence, das passiert. Aber meist sind es nur ein paar Flocken. Anders im Februar 2001. Da gab es richtig viel Schnee, die Menschen verbrachten ein paar chaotische Tage. Stellenweise lag das Land unter 70 Zentimetern Schnee. Zypressen und Zedern, wie mit Zucker gepudert, verliehen dem Bild eine bizarre Note.

Als größtes Problem erwies sich, dass im Süden noch viele Stromleitungen oberirdisch verlaufen. Durch die Schneefälle wurden sie mancherorts gekappt, so entlang der Autobahn Aix-Nizza. Dort fielen die Mautstationen aus, und die Strecke war blockiert Hier wie auch auf etlichen Landstraßen saßen Fahrer stundenlang in ihren Autos fest. Die wenigen Räumdienste waren mit spiegelglatten oder blockierten Straßen überfordert, überall standen Fahrzeuge quer, denn Winterreifen sind hier unüblich.

Dörfer waren durch den Schnee abgeschnitten und mussten mit Hubschraubern versorgt werden. Die Stromausfälle trafen die Eingeschlossenen besonders hart, denn eine Zentralheizung haben die wenigsten. Die Hilfskräfte bauten deshalb Notstromaggregate auf, die wiederum in manchen Dörfern so falsch bedient wurden, dass Menschen mit Kohlenmonoxid-Vergiftungen in die Krankenhäuser kamen.

Enorm waren auch die Schäden für die Landwirtschaft. Aprikosen, Mandeln und Pfirsiche standen schon in der Blüte. Viele Provenzalen sprachen deshalb auch nicht von „weißer Pracht", sondern von „weißer Hölle".

Pflanzen und Tiere

Das mediterrane Klima hat in Frankreichs Süden, diesem *Pays du soleil,* eine vielfältige, vorwiegend immergrüne Pflanzenwelt geschaffen, die jedoch sehr zerbrechlich ist. In ihrem Charakter hat sie sich ganz der gebieterischen Trockenheit des Sommers angepasst, der – durchaus wüstenähnlich – nur sehr selten mit Regen gesegnet ist. Während dieser heißen, trockenen Sommer also und während der recht kalten Winter, die an die der gemäßigten Zone erinnern, legen die Pflanzen eine Wachstumspause ein. Im Frühjahr und ein zweites Mal im Herbst blüht die Flora der Provence, wächst und gedeiht – jedoch auch dann nur langsam und um wenige Zentimeter.

Die Pflanzen widerstehen zwar den Eskapaden des Klimas, doch nur mit Mühe, und deutlich sieht man, wie sie unter dem stetigen **Kampf um das überlebenswichtige Wasser** leiden. Zu Sommerhitze und Winterfrost kommt hinzu, dass Feuchtigkeit und Wärme niemals zusammen auftreten: Die starken Regenfälle des Herbstes – die Abhilfe schaffen könnten – begleitet relative Kälte; die Niederschläge des milden Frühjahrs fallen zu schwach und zu sporadisch aus. Alles Sinnen und Trachten der Pflanzen bleibt also das ganze Jahr über auf das Wasser ausgerichtet. Die Anpassungsformen bewirken, dass die Pflanze entweder leichter Wasser aufnehmen kann, oder dass das einmal aufgenommene nicht so schnell wieder verdunstet: Hierzu haben sie nicht nur ein ausgeprägtes Wurzelsystem entwickelt, sondern besitzen zusätzlich stark verdickte Blätter, die recht klein sind, lederartig hart und auf der Oberseite lackartig glänzend (Hartlaubgewächse). Manche Pflanzen sind in der Lage, ihre Blätter mit dem Sonnenstand zu drehen, andere rollen ihre Blattspreiten seitlich nach unten ein (Erika, Rosmarin, Lavendel), wieder andere haben Dornen (Stein- und Kermeseiche, Stechginster, Wacholder), und sogar die durch Drüsen abgesonderten aromatischen Öle dienen als Verdunstungsschutz.

Die für die Provence charakteristischen Bäume sind vor allem Steineiche *(chêne vert),* Kermeseiche *(chêne kermès),* Aleppo-Kiefer *(pin d'Alep),* Meer-, Strand- oder Seekiefer *(pin maritime),* Schirmkiefer oder Pinie *(pin parasol* oder *pignon),* gemeine Kiefer *(pin sylvestre),* Myrte *(myrte),* Lorbeerbaum *(laurier),* Wacholder *(genévrier)* und Zeder *(cèdre).* Doch wirklich dichte **Wälder** mit reichem Wildbestand – wie man sie bei uns kennt – sind in der Provence relativ selten anzutreffen, zum Beispiel im Luberon, auf der Nordseite der Montagne Ste. Victoire oder auf dem Mont Ventoux. Ausgerechnet die prachtvollen Bestände des Ventoux waren im 19. Jahrhundert fast völlig verschwunden, und wir verdanken es nur einem Ökologiebewusstsein neueren Datums, dass die Hänge des Giganten der Provence ab 1860 wieder aufgeforstet wurden und

Platane

53pr Foto: bm

52pr Foto: bm

heute über hundert Vogelarten eine Heimat bieten. Seit nämlich die Römer die höhere Zivilisation ins Land gebracht hatten, begannen die Menschen, die Wälder der Provence zügellos abzuholzen, denn sie brauchten Boden für Landwirtschaft und Viehzucht, gleichzeitig Unmengen an Holz zum Heizen, für Haus- und Schiffbau. Unvorstellbar ist heute, dass selbst das Sumpfland der Camargue dicht mit Bäumen bewachsen war, wovon nur noch ein kläglicher Rest im Naturreservat zeugt, der Bois des Rièges. Brände, ob gewollte oder unbeabsichtigte (wie zum Beispiel noch 1989 auf der Südseite der Ste. Victoire), waren und sind der größte Feind des Waldes, denn sie zerstören auch die für das Wachstum von Bäumen so wichtige Humusschicht.

Pestmauer

Auf solchen Flächen wächst nur noch **Garrigue,** die für die Provence (und das Languedoc) so typische Landschaftsform, die von weitem karg und monoton erscheint, sich aus der Nähe aber als eine eigentümliche und sehr reiche Welt entpuppt. In der Garrigue umfängt den Wanderer eine märchenhafte Ruhe, die er trotz oder gerade wegen des harmonischen Konzerts der **Insekten** empfindet. Eidechsen oder Geckos huschen erschreckt vor dem Eindringling davon, und die Schlangen verstecken sich ohnehin im Dickicht der Vegetation. Diese Tiere finden in der Einsamkeit der Garrigue einen idealen Lebensraum, werden sie doch höchstens von weidenden Schafen gestört. Verlassen, ja öde scheint das Land, doch birgt es in Wahrheit Erstaunliches; vor allem im zeitigen Frühjahr, wenn es seine Blütenpracht entfaltet mit Milchstern, Goldstern, Lilien, Iris, Traubenhyazinthen, Narzissen, Orchideen und Gladiolen. Etwa Ende Mai verdorrt dieser Pflanzenteppich, und die Landschaft wird wieder zu einer Ödnis – bis zu den Herbstregen. Im Oktober nämlich erwachen die einjährigen Pflanzen oder solche, die aus Erdsprossen, Zwiebeln und Knollen entstehen, wieder zu neuem Leben und erhalten sich als Winterteppich bis in das folgende Jahr hinein.

Die Garrigue besteht jedoch vor allem aus immergrünen Pflanzen, meist Hartlaubgewächsen: Strauchhohe Steineichen verteilen sich über die weiten Ebenen, und darunter legt sich das Gestrüpp der stacheligen Kermeseiche über das Land. Anderswo wachsen Wacholderbüsche, Lorbeerbäume, Stechginster und Zistrosen. Der Duft der Garrigue ist das Berauschendste: Er entsteigt den Aroma-Drüsen von kleinen Sträuchern und Kräutern, vor allem Thymian, Rosmarin und Lavendel, die sich ein Plätzchen auf dem Boden zwischen Bäumen und Sträuchern gesucht haben, ihn aber nur spärlich bedecken. Aus dieser kümmerlichen Pflanzendecke blitzt nicht selten weiß-graues Kalkgestein hervor, und der Boden ist an manchen Stellen gar so dünn, dass er nur noch die Gesteinsritzen durchädert.

Für den Namen Garrigue soll die Kermeseiche Pate gestanden haben, bzw. *Garigoula,* der provenzalische Ausdruck für diese Pflanze. Andere halten die Beziehung zu dem ursprünglich keltischen Wort *Garric* für wahrscheinlicher, das die Eiche schlechthin bezeichnet. Eine dritte Deutung geht davon aus, dass *Gari* sich auf einen keltischen Wortstamm zurückführen lässt, der einen ganzen Lebensraum bezeichnete, also hier ein trockenes, steiniges Gebiet mit Eichenbewuchs. Wie dem auch sei, von dem Wort Macchia *(Maquis)* lässt sich der Name nicht ableiten, obwohl die beiden eng verwandt sind bzw. die Garrigue eine Macchia ärmerer Ausprägung ist, denn die sonst ähnliche Macchia wird etwas höher (zwei bis vier Meter) als die Garrigue (bis zu zwei Meter).

Auf den Hochebenen der Provence, in der Nachbarschaft der Garrigues, wächst auch der **Lavendel** oder eine Abart dessen, der Lavandin, vor allem im Land von Sault und auf dem Plateau von Valensole, doch im Grunde überall in der Hochprovence (siehe Exkurs bei Valensole). Im Vaucluse (und im benachbarten Tricastin) sind die **Trüffeln** beheimatet, die sich mit Vorliebe Eichen als Wirt aussuchen (siehe Exkurs bei Carpentras).

Weinreben gibt es fast überall in der Provence, doch die edelsten Tropfen bringen sie im Rhônetal hervor (siehe

Die Frucht des Ölbaums – Sinnbild einer Lebensweise

Quiconque mange des olives
Chaque jour de chaque saison
Vient aussi vieux que les solives
De la plus solide maison

Knoblauch, Wein und vor allem Olivenöl – dies sind die Lebenselixiere jener steinalten, dabei kerngesunden Provenzalen. So alt wie die Balken der solidesten Häuser wird, verspricht der Vers, wer täglich die Frucht des Ölbaums genießt.

Das Öl, das aus dieser Frucht gepresst wird und der Küche des Midi ihre unverwechselbare Note gibt, ist ein wahres Wundermittel. Ein „Adernfeger", der vor Arteriosklerose bewahrt, dessen Kalziumgehalt dem der Milch gleichkommt und der viele wichtige Vitamine enthält. In der Provence kursieren ungezählte Hausrezepte mit Olivenöl, gegen Rheuma, Arthritis und Hexenschuss. Auf die Haut aufgetragen, lindert es Insektenstiche, im Gesicht beugt es Falten vor, kurz, es pflegt den Körper vom Scheitel bis zur Sohle. Eine Untersuchung über Finnland und Kreta, Länder mit gleichem Fettverbrauch, hat denn auch ergeben, dass die Zahl der Herzinfarkte in Finnland zehnmal höher liegt – dort werden tierische Fette verzehrt, auf Kreta hingegen meist Olivenöl.

Der Legende nach war es ein Grieche, Herkules, der in der Provence ein paar Ölbäume pflückte und sie in seine Heimat trug. Tatsächlich dürfte der Weg umgekehrt verlaufen sein. Der Ölbaum ist schon um 6000 vor Christus in Ägypten belegt und um 1500 in Griechenland. Seefahrer werden ihn ein paar Jahrhunderte später in die Provence gebracht haben, und die Kultur seiner Nutzung könnten die Gründer Massalias 600 v. Chr. eingeführt haben. Zur Römerzeit war das Olivenöl eine begehrte Handelsware, ein Status, den es erst wieder im 18. Jahrhundert erreichte. Als Rohstoff der Textilindustrie, auch als Hauptbestandteil von Seife und anderer Schönheitsmittel wurde es das Edelprodukt seiner Zeit und fand endgültig Eingang in die provenzalische Küche. Doch andere Öle, andere Seifen und schließlich die Reblaus setzten ihm im 19. Jahrhundert arg zu, nach dem Zweiten Weltkrieg zudem Landflucht und mangelnde Rentabilität.

Dann kam jene Nacht vom 2. auf den 3. Februar 1956, in der man die Olivenbäume weinen hörte – und tags darauf die Bauern. Als Folge eines extremen Temperatursturzes um über 20 Grad innerhalb weniger Stunden erfroren eine Million Ölbäume (von damals elf Millionen in

Frankreich). Doch was den Tod der Olivenwirtschaft zu besiegeln schien, leitete ihre Renaissance ein. Die Bauern erkämpften sich Zuschüsse und modernisierten Anbau und Vermarktung. Heute ernten in 13 Départements etwa 37.000 Betriebe von 3,7 Millionen Ölbäumen. Es ist dies zwar gerade ein halbes Prozent der weltweiten Erzeugung, aber die französischen Öle sind Qualitätsprodukte, die im Export hohe Preise erzielen.

Dennoch wird sich kein Bauer aus wirtschaftlichen Gründen zum Olivenanbau entschließen. Passion gehört dazu, wie stets übrigens, wenn es in der Provence um Ernährung geht. Das Traditionsbewusstsein findet sich auf die Spitze getrieben in diesem Metier, wo im Wesentlichen gearbeitet wird wie vor Jahrhunderten. Der immergrüne, der göttliche Baum, der die Landschaft des Midi prägt, ist ein zentrales Symbol der Bibel wie des Korans, und mit *Henri Bosco* glauben viele Bauern, von ihren Bäumen geliebt zu werden.

Fünf Kilo Oliven braucht es, um in der ersten, kalten Pressung einen Liter Öl zu produzieren. Innerhalb dieser „jungfräulichen" Öle gibt es Abstufungen: *Vierge courante* oder *semi-fine,* dann, hochwertiger, *Vierge fine,* schließlich das edle *Vierge extra.* In Nyons reifen sogar, wie beim Wein, Oliven einer *Appellation d'Origine controlée* entgegen. Olivenöl ist das einzige Öl, das direkt aus einer frischen, unveränderten Frucht entsteht – nicht wir machen das Öl, sagen deshalb manche Bauern, Gott und die Natur selbst machen es.

● **Lesetipp:** *Jacques Bonnadier,* „Cantate de l'Huile d'Olive", 1989, ein informatives Büchlein über die Olive.

Frucht, Blüte und Zweig des Ölbaums

Zikade pr

Kapitel über den Wein). Die schönen, silbrig-grün glitzernden **Ölbäume** sind ebenfalls weit verbreitet; das beste Olivenöl kommt aus den Alpilles. Für diese Gegend besonders typisch sind auch die züngelnden **Zypressen,** die *van Gogh* so liebte und immer wieder malte. Sie und die dichten Schilfrohrhecken der **Cannes** schützen die fruchtbaren Felder des Rhône-Beckens vor dem grausamen Mistral. Straßen, Wege und Plätze der Provence sind oft von mächtigen **Platanen** gesäumt, die nicht nur für Atmosphäre sorgen, sondern deren dichtes Blätterdach auch vor der gleißenden Sommerhitze schützt.

Völlig anderen Charakters als in der übrigen Provence sind Landschaft, Tier- und Pflanzenwelt der **Camargue.** Ihre Dünen und Steppen, ihre salzigen Seen und Sümpfe sind ein Vogelparadies, wie es in ganz Europa kein zweites gibt (siehe dazu im Kapitel „Camargue").

Kein Sommertag in der Provence ist vorstellbar ohne den Gesang der **Zikaden,** der *Cigales.* Mit rhythmischer Kraft und verwirrender Harmonie erfüllt er die heiße Luft – was anderes könnte er sein als ein Liebesgesang? Es sind die Männchen, die dieses Konzert anstimmen, um die Weibchen herbeizulocken. Zu allein diesem Zweck sitzt an ihrem Hinterleib ein hoch entwickelter Apparat, einzigartig in der Tierwelt. Er besteht vor allem aus zwei Membranen, den Zimbeln, von denen jede mit einem starken Muskel verbunden ist. Durch deren ungeheuer schnelle Bewegung – 300 bis 900 Mal in der Sekunde – verformen sich die Zimbeln, und es entsteht ein klackender Laut: Genau genommen ist der „Gesang" der Zikaden also nur ein akustisches Signal, da es kein regelrechtes Stimmorgan gibt.

Obgleich stets präsent durch seinen Klang, bekommt man dieses maximal 35 Millimeter große, scheue und gut getarnte Insekt kaum je zu Gesicht.

Zikade

Die Larven wachsen völlig allein, noch dazu blind und unter der Erde auf; eine Zeit, die mindestens zwei Jahre dauert. Das erwachsene Tier lebt nur ganze zwei bis drei Wochen zwischen Mitte Juni und Mitte August. Zikaden – es gibt in Frankreich übrigens 15 Arten – beginnen erst zu singen, wenn es mindestens 22°C warm ist, besonders lieben sie die heißesten Stunden des Tages und die ungeschützt der Sonne ausgesetzte Landschaft der Garrigue.

Die merkwürdigen, faszinierenden Tiere sind so zu einem Symbol geworden für Sonne, den Süden, die Provence. Doch schon in alten Zeiten zog die Zikade das Interesse der Menschen auf sich: Die Griechen zum Beispiel fingen Zikaden in Käfige ein, um ihrem Gesang zur Zerstreuung lauschen zu können. Und bei *Platon* heißt es, die Zikaden seien ursprünglich Menschen gewesen, die – als die Musen die Musik erfunden hatten – zu singen begannen, bis sie daran starben. Aus diesen Menschen erwuchs die Rasse der Zikaden, denen die Musen die Fähigkeit gaben, ohne Essen und Trinken zu leben. Wenn sie starben, kehrten sie zu den Musen zurück und berichteten ihnen, wer auf Erden sie ehrte. Die merkwürdige Eigenschaft, ohne Nahrung existieren zu können, geht auf das wirkliche Verhalten der Zikaden zurück: Sie ernähren sich von nichts als dem Saft der Pflanzen, den sie überall finden, weshalb ihnen viel Zeit für Gesang bleibt.

Leicht verständlich ist daher, dass die Griechen die Zikade zum Symbol der Musik machten, auch der Kunst und der Poesie, im Grunde allen künstlerischen Schaffens. Dieses Emblem übernahmen im 19. Jh. *Frédéric Mistral* und der Dichterbund des *Félibrige,* die Verfechter der provenzalischen Sprache und Tradition. Die Zikade wurde zu einer der Insignien der *Félibres,* und *Mistrals* Exlibris waren stets mit einer stilisierten Zikade geschmückt und dem schönen Satz: *Lou soulèu me fai canta* – Die Sonne lässt mich singen.

005pr Foto: ws

Kultur und Gesellschaft

417pr Foto: bm

438pr Foto: bm

Die Geschichte der Provence

Vor- und Frühgeschichte

Die Kultur der Provence ist sehr alt. Das Bild, das wir heute von diesen frühen Zeiten haben, liegt jedoch in einem merkwürdigen Dämmerlicht, da sich Entwicklungen überlagern, hier Funde erhalten sind, während sie anderswo fehlen, und es sich insgesamt um sehr lange Zeitspannen handelt, die nicht immer genau abzugrenzen sind.

Die älteste bekannte Wohnhöhle Europas ist die **Grotte von Vallonnet** bei Menton (ca. 950.000 v. Chr.). In ihr fand man die für diese Zeit typischen primitiven Werkzeuge aus bearbeitetem Stein (zum Beispiel Geröllgeräte), mit denen die Höhlenbewohner, so genannte Frühmenschen (Vorläufer des Homo Sapiens), Holz und Knochen bearbeiteten, ihre Jagdbeute zerteilten oder die sie als Waffen benutzten.

In die **Ältere Altsteinzeit** (Altpaläolithikum, ca. 600.000–100.000 v. Chr.) führt uns ein weiterer bemerkenswerter Fund: Die weltweit früheste bekannte Feuerstelle (ca. 600.000 v. Chr.) in der **Grotte von Escale** bei Saint-Estève-Janson belegt wahrscheinlich, dass ihre Bewohner bereits die Macht des Feuers für sich zu nutzen gelernt hatten. Noch besser erhaltene Feuerstellen befinden sich in der berühmten **Grotte von Terra Amata** bei Nizza (ca. 400.000 v. Chr.).

Während des gesamten **Mittelpaläolithikums** (Mittlere Altsteinzeit, 100.000–35.000 v. Chr.) nahm der **Neandertaler** die Flussbecken in den niedrigeren, waldreichen Gebieten und die Abhänge ihrer Hügel in Besitz. Er lebte sowohl in Höhlen (Lazaret bei Nizza) und unter Felsdächern als auch in Hütten oder Zelten im Freien (Ste. Anne-d'Evenos). Trotzdem darf man sich diese nicht als feste Wohnsitze vorstellen: Ackerbau und Viehzucht sollten noch lange auf sich warten lassen. Vielmehr lebten die Neandertaler als umherschweifende Horden zusammen und ernährten sich vorrangig durch Jagd mithilfe von Fallgruben und Fanggehegen. Spuren ihrer Existenz hat man östlich der Rhône (das Rhônedelta selbst mit seinen sich weit nach Norden hinaufziehenden Sümpfen war noch unbewohnbar), vor allem beim Mont Ventoux und im Luberon sowie in den Tälern der Ouvèze, der Durance und der Nesque gefunden. Dort verfügten sie über ihre wichtigsten Existenzgrundlagen: Material für die Faustkeile und einen reichen Wildbestand.

Gegen **Ende der Altsteinzeit** (ca. 35.000–10.000 v. Chr., auch Jungpaläolithikum) verdrängte der **Homo Sapiens** allmählich den Neandertaler. Man nennt diesen Typus auch den Cro-Magnon-Menschen. Er ist der Schöpfer der ersten menschlichen **Hochkultur** gewesen, die man nach den Stätten ihres häufigsten Vorkommens den „frankokantabrischen Kunstkreis" nennt. In der Nähe des Pont du Gard im heutigen Département Gard hat man in der **Grotte Baume-Latrone** Wandgemälde entdeckt – Darstellungen von Elefanten, einem Rhinozeros und einer Schlange, die mit lehmigen Fingern an die Wand gemalt wurden (ca. 30.000–20.000 v. Chr.). Weitere Funde aus dieser Epoche, die den Beginn der Steinzeitkunst markieren, wurden nördlich der Provence in den Schluchten der Ardèche gemacht.

In der **Mittelsteinzeit** (Mesolithikum, ca. 8000–5000 v. Chr.), also nach dem Eiszeitalter, herrschte ein wesentlich günstigeres Klima, und die Lebensbedingungen für den Menschen verbesserten sich. Zwar war er immer noch Jäger, daneben jedoch auch schon Fischer und Sammler wild wachsender Pflanzen. Immer noch streifte er an den Flussniederungen und auf den bewaldeten Höhenzügen herum, hatte jedoch seine Werkzeuge immer weiter perfektioniert: Mit ihnen tötete er Tiere, bearbeitete ihre Felle und Knochen.

Der Wandel bahnte sich jedoch am Ende dieses Zeitalters bereits an und fand seine Erfüllung in der darauffolgenden Epoche der **Jungsteinzeit** (Neolithikum, ca. 5000–2000 v. Chr.): Gemeint ist der Wandel von der reinen Jäger- und Sammlerkultur zur Bauern- und Hirtenkultur. Diese so genannte **„Neolithische Revolution"** ging nicht nur friedlich vonstatten. Die Träger der neuen Kultur lernten, Tiere zu domestizieren, das Land zu bebauen und Vorräte zu horten. Vor allem aber waren sie sesshaft und betrachteten ihr Land als unantastbares Eigentum. Und die Hirten waren zwar Nomaden, wollten aber ihre Herden von niemandem bedroht sehen. Die Jägerstämme, die dagegen bisher kein und zugleich alles Land besaßen, wichen vor den Vertretern der neuen Kultur zurück.

Die völlige Durchsetzung der neuen Kultur dauerte lange, etwa 4000 Jahre, schließlich erwies sie sich doch als überlegen. Die zahlreichen **Megalithgräber** (Grabbauten aus großen Steinblöcken) zeugen von einer differenzierten Kultur: Das größte von ihnen ist der Dolmen (ein tischförmiges Steingrab) **Pierre de la Fée** bei Draguignan. Daneben hat man zahlreiche Grabkammern und -gewölbe gefunden, unter ihnen die leider nicht zugängliche 42 Meter lange Feengrotte bei Arles. Bei Châteauneuf-lès-Martigues entdeckte man zudem die weltweit ältesten Überreste von domestizierten Schafen. Die Provence beherbergt auch die frühesten Keramikfunde Westeuropas, und man weiß, dass ihre Bewohner recht bald die Korbflechterei und die Technik des Webens erlernten.

Zeitlich an der Schwelle von der Jungsteinzeit zur **Kupfer- und Bronzezeit** (ca. 2000–800 v. Chr.) ist das Brunnengrab von Coustellet (bei Apt) anzusiedeln. In dieser an jungsteinzeitlichen Funden reichen Gegend entdeckte man in einem 6,5 Meter tiefen Brunnenschacht zwei Skelette, das eine in das andere eingebettet wie das Kind im Mutterleib, samt Opfer- und Grabbeigaben. Diese Haltung, ein Symbol für Fruchtbarkeit, sollte wahrscheinlich die Wiedergeburt oder das

59pr Foto: bm

Borie

Fortleben nach dem Tod günstig beeinflussen.

In die Jungsteinzeit gehören auch die **Menhire** (senkrecht stehende, roh behauene Felsblöcke), die meist bei Gräbern gefunden wurden; u.a. kann man sie im Musée Calvet in Avignon und im Musée d'Histoire Naturelle in Nîmes bewundern.

Auch die so genannten **Bories,** fensterlose Kuppelhäuschen, die aus flachen Steinen ohne jeden Mörtel aufgeschichtet sind, bewohnten die Menschen in jenem zweiten Jahrtausend v. Chr. Man findet sie vor allem auf dem Plateau de Vaucluse und im Luberon (siehe Gordes).

Bis Kupfer und Bronze sich allgemein in der Provence durchsetzten, vergingen mehrere Jahrhunderte. Wahrscheinlich lässt sich von daher der Name der **Ligurer** erklären. So nämlich nannten die Schriftsteller der Antike all jene Stämme westlich der Seealpen, die in ihren Augen Barbaren waren. Die Bezeichnung bezieht sich wohl weniger auf einen Stammesnamen als auf ihre Kulturstufe und soziale Ordnung, deutlich unterlegen gegenüber der Kultur der östlichen Mittelmeervölker, in der sich die Metalle bereits völlig durchgesetzt hatten.

Die Ligurer waren in der gesamtem Provence ansässig und richteten sich an geeigneten Stellen Zufluchtsorte ein. Diese waren notwendig geworden, weil der Handel mit Metallen auch die Gefahr von Raub und Krieg mit sich brachte. Ein solcher Zufluchtsort der Ligurer sind beispielsweise die **Grotten von Calès** bei Lamanon in der Nähe von Eyguières.

Nach diesen Ureinwohnern kamen die durch Europa ziehenden **Kelten** ins Land, die sich anscheinend friedlich mit ihnen vermischt haben. Die so seit etwa dem 6. Jh. v. Chr. und besonders im 4. Jh. v. Chr. entstandene Mischbevölkerung nennt man darum keltoligurisch. Die **Keltoligurer** organisierten sich in Konföderationen, und ihre von kriegerischen Idealen geprägte Gesellschaft war streng hierarchisch gegliedert: Ein (absetzbarer) König regierte mit Hilfe der Adels und der Druidenkaste. Besonders interessant ist der von ihnen praktizierte **Schädelkult:** Nach einer Schlacht nahmen sie die Köpfe ihrer getöteten Feinde mit, nagelten sie vor ihren Haustüren an, flankierten damit die Eingänge ihrer Heiligtümer und bewahrten sie einbalsamiert als Trophäen auf (siehe Aix).

In der **Eisenzeit** (ab ca. 800, besonders ab ca. 500 v. Chr.) errichteten die Bewohner der Provence zahlreiche befestigte **Oppida,** Wohn- und Handelszentren mit politischen, wirtschaftlichen, religiösen und auch militärischen Funktionen, zum Beispiel das Zentrum der Saluvier, das Oppidum Entremont bei Aix.

Die griechische Kolonisation

Die Keltoligurer sollten jedoch nicht für lange Zeit die einzigen Bewohner der Provence bleiben. Von Handelsreisenden war bereits im vorherigen Kapitel die Rede. So sind nicht nur Spuren der Etrusker aus Italien bezeugt, sondern sogar die von Phöniziern und Männern aus Rhodos. Gegen deren Kostbarkeiten hatten die Provence-Bewohner zum Tausch nichts als ihr Salz anzubieten – das zumindest war aber eine wertvolle Ware für die Händler aus dem Osten. Noch gründeten die Ankömmlinge keine festen Siedlungen, überwinterten im Notfall höchstens in provisorischen Hütten an der Küste, wagten sich aber bereits an Rhône, Durance und Loire entlang bis tief ins heutige Frankreich hinein.

Alles änderte sich jedoch mit der Gründung von **Massalia** (Marseille) durch junge, griechische Auswanderer, etwa um 600 v. Chr., das über Jahrhunderte eine rein **griechische Stadt** blieb.

60pr Foto: bm

Grotten von Calès

Kultur und Gesellschaft

Da die Griechen vor allem Handel treiben und nicht etwa das Land einnehmen und beherrschen wollten wie ihre römischen Nachfolger, waren die Beziehungen zu den Keltoligurern keineswegs schlecht. Dieser Umstand spiegelt sich in der griechischen **Gründungssage** Massalias wider: Sie besagt, dass die Griechen genau an dem Tage in der Provence landeten, an dem der keltische König *Nann* seine Tochter *Gyptis* verheiraten wollte. Es war bei ihnen Sitte, dass sich das Mädchen nach Ende des Festmahles unter den heiratsfähigen Adligen ihren Gatten auswählen durfte, indem sie ihm einen gefüllten Trinkbecher anbot. Es kam, wie es kommen musste: Prinzessin *Gyptis* verliebte sich in *Protis,* den schönen Anführer der Griechen, und reichte ihm den Kelch. Damit war sowohl ihre Hochzeit als auch die **Freundschaft** zwischen den Ureinwohnern und den Neuankömmlingen besiegelt. *Gyptis* brachte eine bedeutsame Mitgift mit in die Ehe, nämlich den Hügel, auf dem sich heute die Kirche Notre-Dame-de-la-Garde als Wahrzeichen über Marseille erhebt.

Ebenso spiegelt folgender Umstand die guten Beziehungen in Form einer Art politischer Willensbekundung der Griechen wider: Der **Name** des Keltenstammes der Salier (oder Saluvier) wurde mit dem alten, auch heute in der Provence noch gebräuchlichen Wort für Siedlung oder Haus, *Mas,* zu Massalia verschmolzen.

Die Stadt erlebte einen raschen Aufstieg und beeinflusste in hohem Maße das keltoligurische Umland. Die Massalioten gründeten in und bei keltoligurischen Siedlungen **weitere Niederlassungen,** um ihre Geschäfte einfacher abwickeln zu können und ihre Waren zu lagern. Eigene Orte, wie das seit ca. 550 v. Chr. bestehende Arelate (Arles) sicherten sie mittels starker Mauergürtel. Der sehr rege Warenaustausch erfolgte über die großen Handelsstraßen, zum Beispiel Arles–Tarascon–Avignon–Roquemaure. Bald entstanden entlang der Küste und auf dem Handelsweg nach Norden immer mehr Stützpunkte und Tochtergründungen, darunter Antipolis (Antibes), Nikäa (Nizza), Monoikos (Monaco) und Glanon (oder Glanum bei Saint-Rémy).

Im späten 2. Jh. v. Chr. beendete eine neue **keltische Invasion** das friedliche Zusammenleben von Griechen und Ureinwohnern. In zunehmende Bedrängnis geraten, rief Massalia die Römer zu Hilfe und eröffnete so das Zeitalter der römischen Besetzung in der Provence. Nichtsdestotrotz waren es die Griechen, die diesem Landstrich einen Großteil seiner Kultur brachten. Sie gründeten Städte, legten Handelswege an, ersetzten den Tauschhandel durch Geldhandel, brachten dem Land den (beschnittenen) Rebstock und den Olivenbaum (man stelle sich die provenzalische Küche ohne Wein und Olivenöl vor!) und verbreiteten schließlich das griechische Alphabet und das griechisch-humanistische Denken. Die Hellenisierung hatte freilich auch ihre Schattenseiten: Im ersten Jahrhundert v. Chr. war das Oppidum de la Cloche (etwa

62pr Foto: bm

15 Kilometer nördlich von Massalia) mit den Schädeln besiegter Massalioten dekoriert ...

Wie die Provincia Gallia Narbonensis entstand

Man darf sich das Auftauchen der Römer in der Provence nicht als abrupt vorstellen. Es ist im engen Zusammenhang mit der Rolle zu sehen, die Rom in der damaligen Weltordnung zu spielen begonnen hatte.

Massalia erwies sich im Zweiten Punischen Krieg (218–201 v. Chr.) gegen Karthago als treuer Bundesgenosse Roms. Dies bewirkte, dass *Hannibal* für seinen denkwürdigen Zug von Spanien nach Italien den beschwerlichen Weg über die Alpen einschlagen musste; er unterstützte die Römer in der siegreichen Schlacht am Ebro (217 v. Chr.). Rom erlitt zwar bei Cannae die empfindlichste Niederlage seiner Geschichte, gewann letztendlich aber doch den Krieg und richtete zwei neue Provinzen ein, Hispania citerior und ulterior.

Oppidum Entremont

Bereits im Zuge der Landnahme Spaniens kam es zu einem ersten **Konflikt zwischen den Römern und den Keltoligurern.** In der Nähe Massalias überfielen sie das Heer des Konsuls *Lucius Baebius,* der mit der Verwaltung der neuen spanischen Provinzen betraut war. In den Jahren 181 und 154 v. Chr. rief Massalia Rom zu Hilfe, weil die Kelten ihre Kolonien in Nizza und Antibes bedrohten. Rom griff erfolgreich ein.

125 v. Chr. geriet Massalia schließlich selbst in derartige Bedrängnis, dass es abermals die mächtigen Verbündeten ins Land rief. Und diese halfen nur zu gern, witterten sie doch neben der Sicherung des Landweges in ihre spanischen Provinzen auch die Möglichkeit des Landgewinns. Dem Konsul *Gaius Sextius Calvinus* gelang ein Jahr später der entscheidende Sieg: Er machte das Zentrum des Saluvier-Stammes, **das Oppidum Entremont,** dem Erdboden gleich. Und um zu zeigen, dass die Römer nicht vorhatten, das Land wieder zu verlassen, gründete er 122 v. Chr. in der Nähe die **Colonia Aquae Sextiae,** das zugleich seinen Namen und den der Thermalquellen trug, das heutige Aix.

Die Eroberungspolitik des Konsuls *Domitius Ahenobarbus, Sextius Calvinus'* Nachfolger, hatte nicht mehr viel mit der Beistandsleistung an Massalia zu tun: Die **Allobroger** hatten dem geschlagenen Saluvier-König *Tautomalius* Asyl gewährt. Und da sie ihn nicht ausliefern wollten, erklärte *Ahenobarbus* auch ihnen den Krieg und besiegte sie im Tal der Durance. Ihre Verbündeten, die **Averner,** bezwang er zusammen mit dem neu angerückten Heer des *Quintus Fabius Maximus.*

Im Jahre 118 v. Chr. herrschte Ruhe, zumindest vorerst, und die Römer richteten die **Provincia Gallia Narbonensis** ein, deren erster Teil der Provence bis heute als Name erhalten ist. Das einst stolze Massalia, das die Römer fortan Massilia nannten, sank rasch zur Bedeutungslosigkeit herab. Hauptstadt der Narbonensis wurde, wie der Begriff schon sagt, stattdessen die Colonia Narbo, das heutige Narbonne.

Nach *Domitius Ahenobarbus* ist die ab 120 v. Chr. angelegte, älteste Römerstraße der Provence benannt: Die so genannte **Via Domitia** führte auf dem kürzesten Weg vom Po über Susa (Segusio), den Col de Genèvre, Briançon (Brigantio), Gap (Vappincum), Sisteron (Segustero) und Apt (Apta Julia), von dort über den noch heute befahrbaren Pont Julien nach Cavaillon (Cabellio) und Glanum zur Rhône, welche zwischen Tarascon (Tarusco) und Beaucaire (Ugernum) überquert wurde, und weiter über Nîmes (Nemausus), Béziers (Besara) und Narbonne (Narbo) nach Spanien.

Römerbogen in Carpentras

66pr Foto: bm

Die Konsolidierung der römischen Herrschaft in Gallien

Die neue Provinz unterstand einem Militärbefehlshaber, da sie eine wichtige strategische Rolle als Barriere gegen die Barbaren spielte. Als solche betrachteten die Römer die Germanenstämme der **Cimbern und Teutonen,** die um 120 v. Chr. von ihrer Heimat Jütland (Dänemark) nach Süden aufbrachen. Auf der Suche nach neuen Siedlungsgebieten überschritten sie bald darauf den Rhein, rückten im Rhônetal südwärts vor und prallten 105 v. Chr. bei Arausio (Orange) auf römische Legionen; diese bezwangen sie mühelos.

In Rom wollte man für den nächsten Sturm gewappnet sein. Da die Germanen zunächst Richtung Spanien zogen, hatte der **Feldherr Marius** ganze zwei Jahre gewonnen, um gewaltige Truppenkontingente auszuheben, welche die Feinde bei ihrer Rückkehr erwarteten. In der Ebene südöstlich von Aix kam es 102 v. Chr. zur Entscheidungsschlacht, in der die Germanen völlig vernichtet wurden. Den Gebirgszug, an dessen Fuß sich das Drama ereignete, nennt man bis heute den „Berg des Sieges"; die späteren christlichen Zeiten umgaben ihn mit der Aura des Heiligen: **Montagne Ste. Victoire.**

In der ersten Hälfte des 1. Jh. v. Chr. akzeptierten die Gallier die römische Herrschaft noch längst nicht. Ihre Siedlungen genossen einen sehr unterschiedlichen Status, der an dem Verhalten gegenüber Rom in der Vergangenheit bemessen wurde; das verbündete Marseille zog aus den neuen Gegebenheiten naturgemäß den meisten Profit. Die Stämme der Provence durften ihre Institutionen und Gerichte beibehalten, sofern diese nicht das Misstrauen der Römer erweckten. Jedoch machte den Galliern die ihnen bisher unbekannte römische Militärpräsenz zu schaffen, gegen die sie sich schließlich auch zur Wehr setzten (90, 83 und 80 v. Chr.). Die fast völlige **Ausrottung der Saluvier** durch den ehrgeizigen *Pompeius* kann man mit Recht als Völkermord bezeichnen.

Die rüde Niederschlagung dieser Aufstände wurde jedoch zunehmend durch eine **kluge Politik** wettgemacht:

Rom setzte sich für die Beteiligung der Gallierfürsten an der Macht und deren Zugang zu den römischen Adelsschichten ein. Vertraut mit dem römischen Recht, konnten diese Fürsten so die Interessen ihrer Leute vor dem Senat und dem römischen Volk geltend machen, was ihren Machtanspruch befriedigte – und Rom seinen Einfluss sicherte.

Das System war schließlich so effizient, dass **Gaius Julius Caesar** die befriedete Provincia Gallia Narbonensis, die ihm seit 55 v. Chr. ein zweites Mal für fünf Jahre als Prokonsul (oberster römischer Provinzverwalter) unterstand, problemlos als Ausgangsbasis für die **Eroberung des übrigen Gallien** benutzen konnte (58–51 v. Chr.). Während er den letzten großen Gallieraufstand unter Führung des Avernerfürsten *Vercingetorix* niederschlug (52 v. Chr.), konnte er sich der Ruhe in der Narbonensis gewiss sein.

Auch sonst profitierte Rom von der Narbonensis, trieb dort Steuern ein, rekrutierte Hilfstruppen und legte der Bevölkerung Frondienste auf. Selbst in den römischen Bürgerkrieg wurde die Provinz involviert. Vor allem für Marseille hatte der **Machtkampf zwischen Caesar und Pompeius** (49–46 v. Chr.) verheerende Folgen. Leider hatte es sich in diesem Konflikt auf die falsche Seite geschlagen, auf die des Verlierers *Pompeius* nämlich. Fast ein halbes Jahr belagerte *Caesar* die Stadt, seine Strafe konnte härter kaum sein: Er ließ ihre Mauern schleifen, vernichtete die Flotte und konfiszierte fast alle Besitzungen.

Um seine Soldaten zu versorgen, die ihm zu seinem Sieg verholfen hatten, gründete er in den Provinzen neue, jetzt **militärische Kolonien** in Arles und Narbonne, ein politisch höchst kluges Vorgehen, das *Augustus* vollenden sollte.

Das 1. Jh. v. Chr. war gekennzeichnet durch die immer stärkere Einbindung der politischen Klasse Galliens in das **römische Klientelsystem.** Schon bald machten nicht wenige von ihnen Karriere in Rom: *Pompeius Paulinus,* Konsul und Legat in Germanien, stammte aus Arles, die Dichter *Cornelius Gallus* und *Agricola* waren aus Fréjus, und *Burrhus,* vielleicht sogar *Tacitus* nannten Vaison ihre Vaterstadt.

Im folgenden Jahrhundert dehnte sich diese **Romanisierung** tatsächlich auf die gesamte politische Elite Galliens aus, perfekt unterstützt von der kulturellen Durchdringung des Landes. Mittlerweile war Gallien durch und durch urbanisiert. Auf dieser Grundlage erweckte Rom eine alte Rechtspraxis wieder zum Leben: Es verlieh den lokalen Beamten und ihren Verwandten das **römische oder latinische Bürgerrecht**. In der augusteischen Ära bestanden insgesamt 37 Kolonien dieser Art, u.a. Aix, Avignon, Apt, Carpentras, Cavaillon und Vaison. Viele von ihnen wurden mit prächtigen römischen Bauwerken geschmückt, mit Triumphbögen (Orange), Tempeln (Nîmes) und Amphitheatern (Nîmes, Arles, Orange).

Die Pax Augusta

Im Jahr 22 v. Chr. organisierte **Augustus,** der Nachfolger *Cäsars,* die gallischen Provinzen neu. Ein Prokonsul verwaltete nun die Narbonensis, der in Narbonne residierte, was auch hieß, dass das heutige Languedoc den Kern der Provinz ausmachte. Wichtiger war aber die Tatsache, dass keine Truppenpräsenz mehr vonnöten war.

So konnte schon bald die ganze Aufmerksamkeit dem Ausbau der **Infrastruktur** geschenkt werden. *Augustus'* zeitweiliger Mitregent und Schwiegersohn *Marcus Vipsanius Agrippa* wurde 19 v. Chr. zum Statthalter ernannt und verewigte sich mit der Errichtung des Aquädukts **Pont du Gard** für die Wasserversorgung von Nîmes. Die bereits von Italien bis Aix bestehende **Via Aurelia** wurde bis nach Tarascon/Beaucaire und Arles fortgebaut, wodurch der Anschluss an die **Via Domitia** geknüpft wurde. Und mit dem Bau der **Via Agrippa,** die Arles mit dem Norden verband, war das römische Straßennetz der Provence noch in augustäischer Zeit fertiggestellt. Der Princeps ließ zudem Tausende von **Kriegsveteranen** in der Provence ansiedeln, womit er gleich zwei Dinge erreichte: Einerseits versorgte er die ausgedienten Soldaten mit Land, zum anderen trieb er so die Durchdringung der keltoligurischen Kultur mit römischer Zivilisation voran.

Die Narbonensis entwickelte sich zur **Musterprovinz** des Reiches, es bestand ein funktionierendes Bewässerungssystem, die Landwirtschaft blühte, und immer mehr Baudenkmäler schmückten die Städte. Diese vorbildliche Romanisierung hatte jedoch auch ihre **Kehrseite.** Der keltische Götterkult und die Lehrtätigkeit der Druiden wurden systematisch verdrängt, und die Heiligtümer der Urbevölkerung überbauten die Römer ohne Rücksicht mit eigenen Tempelanlagen. Unter *Augustus'* Nachfolger *Tiberius* erhoben sich daher noch einmal Wellen des Widerstandes in der Provence, die mit Nachdruck und Schärfe bekämpft wurden.

Die von *Trajan* (98–117 n. Chr.) und *Hadrian* (117–138 n. Chr.) eingeleitete Epoche des Friedens und Wohlstands fand ihre Vollendung in **Antoninus Pius** (138–161 n. Chr.). Dieser war seiner Herkunft nach Provenzale, sein Vater stammte aus Nîmes. Während seiner langen Regierungszeit gab es keine Kriege in dem gewaltigen Reich, und anstatt so freigesetztes Geld zu verprassen, hielt er sparsam Hof und ging klug mit den Finanzen um. Beträchtliche Mittel flossen darum zur Errichtung öffentlicher Bauten in die Provinzen, wobei er natürlich sein Vaterland, die Provincia Gallia Narbonensis, in besonderem Maße bedachte. Doch dieser lange, komplizierte Name war längst ungebräuchlich geworden, die simple Benennung Provincia reichte aus, und man verstand, dass damit die Musterprovinz in Gallien gemeint war.

Der Verfall der römischen Herrschaft in der Provence

Mit den **Soldatenkaisern** (235–305 n. Chr.) versank das bereits angeschlagene römische Reich vollends im Chaos und wurde an seinen Grenzen extrem verletzlich. Den **Alemannen** war es schon früh gelungen, sie zu durchbrechen, sie zogen 259 und zwischen 270 und 280 n. Chr. marodierend durch die Provence.

Der letzte Soldatenkaiser **Diocletian** (284–305 n. Chr.) versuchte noch einmal, das Ruder herumzureißen. Er führte eine große **Reichsreform** zur Dezentralisierung der Verwaltung durch. Er vierteilte Kaisermacht (Tetrarchie) und Reichsgebiet, schuf zudem zwölf kleinere Verwaltungseinheiten und machte auch vor den alten Provinzen nicht halt. Die Rhône teilte künftig die Narbonensis in zwei Teile. 375 n. Chr. erfolgte eine weitere Reichsteilung: Ab jetzt bestanden die Narbonensis Prima, die Narbonensis Secunda und die Viennoise nebeneinander.

Diocletians Nachfolger **Konstantin der Große** (306–337 n. Chr.) machte Arles zwischen 308 und 324 n. Chr. zu seiner Hauptstadt, was der Stadt die größte Blüte ihrer Geschichte bescherte. Auch als Konstantinopel neuer Reichsmittelpunkt wurde, verlor das „kleine Rom", wie **Arles** genannt wurde, nicht an Bedeutung. Der Präfekt *Vicentius* siedelte schließlich die Verwaltung ganz Galliens, Spaniens und Britanniens dort an, was die Stellung der Stadt bis ins Mittelalter hinein festigte.

Ende des 4. Jh. n. Chr. verließen die **Westgoten** unter ihrem König *Alarich* das ihnen zugewiesene Land zwischen Balkan und Donau, um neue Wohnsitze zu suchen. Auf ihrem Weg nach Afrika nahmen sie im Jahre 410 Rom ein und plünderten es völlig aus. Wegen immenser Schiffsverluste und dem Tod *Alarichs* zogen sie schließlich weiter nach Südfrankreich, um 415 n. Chr. das **Tolosanische Reich der Westgoten** zu gründen (Tolosa = Toulouse). Nominell waren sie hier lediglich als „Foederati" (Verbündete) angesiedelt, doch tatsächlich war dies der erste Germanenstaat auf dem Boden des Imperium Romanum. Obwohl ihnen ursprünglich nur Land westlich der Rhône zustand, versuchten sie alsbald ihr Glück auch auf der anderen Seite. Der Stein war ins Rollen gekommen, die Germanen nicht mehr zu bremsen. Die **Vandalen** hatten auf ihrem Weg nach Spanien und Afrika die Provence durchzogen, weit zerstörerischer noch als die **Alemannen** 150 Jahre zuvor; die **Burgunder** gründeten ein Reich in Savoyen und drangen bis zur Durance vor, die **Alanen** setzten sich im westlichen Gallien fest.

Schon 395 n. Chr. war das Imperium in ein Ostreich, das seine eigenen Wege ging, und ein Westreich geteilt worden. Letzteres bestand noch etwa acht Jahrzehnte, von Germanen und Hunnen bedroht, unter schwächlichen Kaisern. Den Letzten, **Romulus Augustulus,** setzte 476 n. Chr. der Germanenfürst *Odoaker* kurzerhand ab und beendete so ein bedeutendes Kapitel abendländischer Geschichte.

64pr Foto: bm

Stes.-Maries-de-la-Mer

Kultur und Gesellschaft

Das Christentum: Brücke zwischen Antike und Mittelalter

Zu dieser Zeit war die Provence bereits weitgehend christianisiert. Die Anfänge des Christentums in der Provence werden durch eine schöne **Legende** umschrieben. Danach sollen, kurz nach dem Tode Jesu Christi, einige seiner Freunde und Schüler vom Heiligen Land aus ins Meer gestoßen worden sein: Maria Magdalena und Maria Salome, die Mutter der Apostel Jakobus und Johannes, außerdem die Schwester der Gottesmutter Maria Jakobäa, der auferstandene Lazarus, seine Schwester Martha, ihre Dienerin, die dunkelhäutige Sara sowie der heilige Trophimus. Durch göttliche Lenkung gelangte das Boot ohne Steuer und Segel nach **Les Stes.-Maries-de-la-Mer,** das daher seinen Namen erhalten hat. Die Heiligen machten sich an ihr Werk zum Wohle der Provence; Martha bezwang das Ungeheuer Tarasque, heidnisches Bild für die Fluten der Rhône, Sara wurde zur Heiligen der Zigeuner, Lazarus bekehrte Marseille und Trophimus wurde erster Bischof von Arles. Nachweislich hat aber Letzterer erst im 4. Jh. n. Chr. gelebt, kann also unmöglich kurz nach Christi Auferstehung in der Provence gelandet sein.

Historisch völlig geklärt ist der tiefere Sinn dieser legendären Verklärung heute allerdings nicht. Sollte doch damit belegt werden, dass das Christentum über die Provence Eingang in Gallien fand. Gerade hierzu fehlen jedoch belegbare Tatsachen und schriftliche Quellen. Es ist möglich, dass sich erste christliche Gruppen allmählich im Umfeld orientalischer Händler gebildet haben, die sich im 2. Jh. n. Chr. in Arles und Marseille niedergelassen hatten. Andere Theorien behaupten jedoch, dass die ersten christlichen Kommunen Galliens gar nicht in der Provence, sondern in Lyon und Vienne waren.

Dennoch spiegelt die Legende die **frühe Christianisierung** der Provence wider. Mit Sicherheit weiß man nämlich, dass es bereits in der Mitte des 3. Jh. n. Chr. einen Bischof in Arles gab. Die Liste des Konzils von Arles (314) beweist zudem die Existenz christlicher Gemeinden in Narbonne, Marseille, Nizza, Apt, Orange und Vaison. Diese haben offensichtlich schadlos die Verfolgungen des 3. Jh. und am Anfang des 4. Jh. überstanden. Einige von ihnen waren bereits zu dieser Zeit reich und bedeutend, **Arles** im Besonderen. Und so ist es nicht verwunderlich, dass hier eines der ersten Regional-Konzile der Christenheit abgehalten wurde; im Jahre 353 folgte das zweite Konzil.

Um 400 entstanden zahlreiche weitere Bistümer, im 5. Jh. in Aix, Avignon, Antibes, Carpentras, Cavaillon, Riez. Aus dieser Zeit datieren auch die ersten christlichen **Klöster** Europas. 410 begründet *Honoratius* jenes auf den Lérins-Inseln vor Cannes, 416 *Johannes Cassius* St. Victor in Marseille. Nicht zu unterschätzen ist die geistliche und intellektuelle Ausstrahlung des Mönchtums. Es bildete den Rahmen für die Missionierung, und viele Bischöfe der überall entstehenden Bistümer waren ehemalige Mönche. Mehr und mehr lösten die Klöster die Städte als Träger der Kultur ab. Das Christentum mit seinem Festkalender, seinem dichten Gemeindenetz und seinen strikten Regeln erwuchs zu einem System, das sich als universeller erwies, als es die römische Kultur je zu sein vermochte.

Das Frühe Mittelalter: Die Provence im Umbruch

Zwar war der Untergang des mächtigen römischen Reiches unwiderruflich, doch seine hoch entwickelte Kultur lebte fort. Waren doch die Eroberer derartig überwältigt von den Errungenschaften der **antiken Kultur,** dass sie sie nahezu bedingunglos übernahmen. Jedoch gelang es ihnen nie wirklich, sie sich anzueignen und Neues entstehen zu lassen.

Es folgte eine Zeit der Stagnation und des Verfalls: Handel, Wirtschaft und das Wachstum der Städte litten unter den Okkupationen der Westgoten, Burgunder und Ostgoten. 536 schließlich bemächtigten sich die **Franken** der Provence. Zwar wurde sie nominell dem fränkischen Großreich einverleibt, doch da weitgehend unabhängige Patrizier die Verwaltung übernahmen, entwickelte sich die Provence zu einem quasi-autonomen Gebiet. *Karl Martell* musste dies schmerzlich erfahren: Nachdem er die von Spanien vordringenden Araber 732 bei Poitiers und Tours in ihre Schranken verwiesen hatte, setzten sie sich in der Provence fest. Anstatt sich auf die fränkische Seite zu schlagen, wandten die Provenzalen sich den Arabern zu. Mit Entschlossenheit unterdrückte *Karl Martell* 736–739 die Rebellion, wobei Arles, Avignon und Marseille nicht von heftigen Plünderungen verschont blieben.

Am Ende des 8. Jh. wurde die Provence, deren Name von nun an nur noch ein geographischer Ausdruck war, in das **Reich Karls des Großen** integriert. Der Frieden währte nicht lange, bedrängten die Araber doch wiederholt die Provence (838 Marseille, 842 Arles). Als die Enkel *Karls* das gewaltige Gebiet nach dessen Tod unter sich aufteilten (Vertrag von Verdun 843), fiel die Provence zunächst dem Mittelreich *Kaiser Lothars I.* zu. *Karl der Kahle,* Herrscher des Westfrankenreiches, bemächtigte sich seinerseits der Provence und vertraute 871 die Grafschaften von Lyon und Vienne inklusive der Provence **Boso von Vienne** an, einem seiner Vertrauten. Der erste Nicht-Karolinger – erst eine Heirat verband ihn später mit der Dynastie – auf einem europäischen Königsthron erwies sich als wegweisend für die mittelalterliche Provence: Nicht der ferne König oder Kaiser, sondern die ansässigen Adeligen übten jetzt die eigentliche Macht aus.

947 hinterließ *Hugo von Arles,* der letzte Bosonide, sein Reich den Königen von Burgund. Nach dem Tod *Rudolphs III. von Burgund* fiel sein Gebiet samt der Provence laut geltendem Erbfolgerecht an das **Heilige Römische Reich Deutscher Nation** (1033). Die Rhône bildete von nun an die Grenze zwischen dem französischen Königund dem deutschen Kaiserreich.

Die gräfliche Provence und die Blütezeit des 12. Jahrhunderts

Letztlich bestand der Anspruch der deutschen Krone nur nominell; faktisch wurde die Provence zu einem unabhängigen Fürstentum fern der Zentralgewalt. 972 gründet **Wilhelm, Graf von Arles,** das unabhängige so genannte erste Grafenhaus der Provence *(Comtes de la première race).* Um das Jahr 1000 gelang es den großen Adelsfamilien, die Provence unter sich aufzuteilen. Die Vicomtes von Marseille, Baux, Fos, Agoult oder Châteurenard bemächtigten sich der öffentlichen Ländereien und des Kirchenguts sowie der hohen kirchlichen Ämter. Zwischen 1010 und 1030 führten die Unabhängigkeitsbestrebungen der Châteaurenards, der Baux und der Fos zu Turbulenzen in der Provence, die von der Kirche geschlichtet wurden.

Um die Wende vom 11. zum 12. Jh. hinterließen die ersten Grafengeschlechter, die Familien *Bosos* und *Wilhelms,* bald nur noch Töchter. Diese Erbinnen übertrugen ihre Rechte durch Heirat an die **Grafen von**

Toulouse und Barcelona. 1125 kam es zu einem Teilungsvertrag; dieser sprach den Katalanen alle Gebiete zwischen Rhône, Durance, den Alpen und dem Meer (Comté de Provence), den Tolesanern die Länder nördlich der Durance und östlich der Rhône mit Orange, Vaison, Carpentras und Cavaillon (Marquisat de Provence) zu. Trotzdem bestimmte die Rivalität dieser beiden Häuser die Geschichte der Provence für mehr als ein Jahrhundert und erschütterte teilweise sogar das gesamte mediterrane Frankreich. Der Frieden von Jarnègues (1190) schließlich bestätigte nur den Vertag von 1125.

Die Machstreitigkeiten konnten der Provence zu dieser Zeit nicht wirklich etwas anhaben: Das 12. Jh. bescherte ihr eine **Blütezeit,** nur vergleichbar mit der der Antoninischen Ära im 2. Jh. n. Chr. Neue Erfindungen und Urbarmachungen entwickelten die Landwirtschaft entscheidend fort. Die Bevölkerung wuchs. Entsprechend vergrößerten sich auch die Städte, Wirtschaft, Handel und Kultur blühten. Vor allem die Dichtkunst: An den Höfen lauschte man der **Lyrik der Troubadoure,** einem Fundament der europäischen Dichtung, die vor allem vom **Rittertum** getragen wurde.

Ihm und dem aufstrebenden **Bürgertum** gab der Reichtum neues Selbstbewusstsein. Diese Entwicklung gipfelte in der Einrichtung kommunaler Selbstverwaltungen, deren Basis das römische Recht bildete. Das so genannte Konsulat ist belegt für: Avignon 1129, Arles 1131, Tarascon, Nizza und Grasse zwischen 1140 und 1155 und Marseille 1178.

Diese Emanzipation ist sicher auch als Gegenreaktion auf die **gregorianische Reform** zu sehen, die epochale Kirchenreform *Gregors VII.* Damit hatte sich die Kirche nicht nur von dem Einfluss der provenzalischen Grafen befreit, sondern verfocht mit Vehemenz ihre Rechte und trieb vor allem rigoros den unliebsamen Kirchenzehnt ein. Überhaupt war die Kirche zu dieser Zeit ungeheuer reich geworden, was sich in einem Bauboom niederschlug, der seinesgleichen sucht. Die romanischen Kirchen, Kreuzgänge und Klöster sind uns bis heute Zeugen dieser großen Blütezeit.

Eine neue **monastische Bewegung,** ausgehend von Cluny, führte zur Gründung des Klosters Montmajour bei Arles und zu einer Belebung von St. Victor in Marseille. Die zivilisatorische Leistung der Mönche ist nicht zu unterschätzen. Die Benediktiner von Montmajour bemühten sich zum Beispiel um die Trockenlegung der Sümpfe in der nördlichen Camargue.

Nicht nur das Mönchsdasein, sondern auch das Pilgern lag ganz im Geist der Zeit. Einerseits war die Provence selbst Ziel für Pilgerfahrten (Montmajour, Arles, St. Gilles), andererseits war sie Etappe auf der berühmten **Pilgerstraße nach Santiago de Compostela** im Nordwesten Spaniens. Tausende von Nord- und Südeuropäern machten auf ihrem Weg in der Provence Station, vor allem in Arles und St. Gilles. Die Provence wurde so wieder – wie in der Antike – zu einem Begegnungspunkt für die verschiedensten Völker und Kulturen, die zudem noch Geld ins Land brachten.

Dieser Geist des hohen Mittelalters gipfelte in den Kreuzzügen. Nicht nur der ferne Osten, sondern auch der Midi war das Ziel der Kämpfer für den rechten Glauben. Die Verketzerung und **Verfolgung der Katharer** wurde zum Vorwand für einen blutigen Eroberungsfeldzug der französischen Krone und des Papstes, der sich zwar auf das Gebiet des Grafen von Toulouse beschränkte, aber politisch auch die benachbarte Provence betraf. Das Heer *König Ludwigs VIII.* zog durch das Rhônetal gen Süden, und die am Weg liegenden provenzalischen Städte Orange, Tarascon, Nîmes, Arles und Marseille huldigten dem König in weiser Voraussicht. Nur Avignon verhielt sich aufmüpfig und musste erst drei Monate lang belagert werden, bevor es sich ergab.

Am Ende des Kreuzzugs 1229 steht die Zertrümmerung der Grafschaft von Toulouse, die 1271 endgültig französisches Kronland wurde. Die Grafschaft Venaissin mit den Städten Capentras und Cavaillon, also fast das gesamte heutige Département Vaucluse, fiel an den Papst und blieb sein Eigentum bis zur Revolution.

Die Provence unter dem Haus von Anjou

Mit **Raimond Bérenger V.** (1209–1245) waren der Provence Frieden und Ordnung beschieden, trotz des Katharerfeldzugs, der in seine Regierungszeit fiel. Er residierte permanent in der Provence, und es gelang ihm, sein Herrschaftsgebiet straff zu organisieren, mit Hilfe des römischen Rechts und einer kleinen Zahl von Vertauten. 1245 starb er ohne männlichen Erben.

Seine Nachfolge trat sein Schwiegersohn **Karl von Anjou** an, Bruder *Ludwigs IX.* Die *Anjous* herrschten in der Provence bis zum Ende des 15. Jh. Die Lichtgestalt unter ihnen und überhaupt unter allen Grafen der Provence war der **gute König René,** dessen Andenken bis heute lebendig ist. Ab 1434 erlebte das Land unter ihm eine glückliche Zeit, Frieden und Freiheit. Er förderte nicht nur Literatur und schöne Künste, sondern kümmerte sich auch um Handel, Landwirtschaft und Weinanbau. Er soll es auch gewesen sein, der die Muskatellertraube in der Provence eingeführt hat. Sein wirtschaftliches Interesse war allerdings nicht ganz uneigennützig: „Je reicher das Volk, desto größer der Königsschatz", soll er einmal gesagt haben. *Le bon Roi René* starb 1480 ohne männliche Nachkommen. Die Regierungszeit seines Nachfolgers, *Karl III. von Maine,* dauerte nur ein Jahr. Ebenfalls ohne Erben, vermachte er die Provence testamentarisch der **französischen Krone.**

In die Regierungszeit des Hauses Anjou fiel auch die babylonische Gefangenschaft der **Päpste in Avignon** (1309–1376, siehe Avignon).

Union oder Anschluss – die Provence wird französisch

Wie wir sehen, brauchte die Provence lange, um französisch zu werden. Ein halbes Jahrhundert verstrich noch, bis dieser Zustand manifestiert war, denn immer noch - seit 1033 - bestand die nominelle Herrschaft der deutschen Kaiser über die Provence. *Friedrich Barbarossa* (1178) und *Karl IV.* (1365) versuchten, ihre Machtansprüche durch Krönungsakte in Arles zu untermauern, doch dabei blieb es auch. Später versuchte *Karl V.* noch zweimal, 1524 und 1536, sich der Provence zu bemächtigen, doch er scheiterte nicht zuletzt an der Loyalität der Provenzalen zu ihrem König *Franz I. von Frankreich.*

Französisch geworden, verstanden es die Provenzalen gleichwohl, eine gewisse Selbstständigkeit zu erhalten, zunächst jedenfalls. In 52 Kapiteln, später hochtrabend, aber fälschlich als **„Verfassung der Provence"** bezeichnet, legten sie der Zentralgewalt dar, wie sie ihre Identität zu wahren gedachten. Tatsächlich errangen sie eine Reihe von Privilegien. So durften öffentliche Ämter nur von gebürtigen Provenzalen ausgeübt werden - eine Klausel, die aber schon 1486/87 verloren ging. Damals bestätigten die Stände die ausdrückliche und unverbrüchliche Bindung der Provence an Frankreich.

Faktisch gestaltete sich, was im Kleide einer Union daherkam, ohnehin als Anschluss an das Königreich. Die Geschichte der Provence sollte auf lange Zeit bestimmt werden von einem Ringen beider Seiten nach Vorherrschaft, was sich auf provenzalischer Seite in einem unermüdlichen Betonen der Unabhängigkeit äußerte, in dem nicht nachlassenden Versuch, sich dem Klammergriff des Zentralismus zu entziehen. Letzlich scheiterte dieser Versuch, der Zentralismus sollte die Geschicke der Provence lenken bis in unsere Tage.

Einen Vorgeschmack gab schon die Gründung des Parlamentes von Aix 1501/02. Nach dem Modell des Pariser Zentralismus entwickelte sich, eine Stufe darunter, ein Aixoiser Zentralismus, der die königliche Gewalt entscheidend stärkte. Bald war die **Amtssprache** für alle offiziellen Texte nicht mehr Lateinisch, sondern Französisch. Jahrhundertelang sollten nun das Französische und das Provenzalische nebeneinander bestehen, das eine die Schriftsprache und elitär geprägt, das andere die gesprochene, die volkstümliche Sprache.

Die Einheit mit Frankreich trug alsbald Konflikte in den Süden. Als Frankreichs Tor zur mediterranen Welt gewann die Provence in den Italien-Kriegen große strategische Bedeutung und hatte Invasionen und Schlachten auszustehen, etwa als *Franz I.* und *Karl V.* aneinander gerieten.

Für die **Juden,** die sich zuvor, wenn sie vom französischen König verfolgt wurden, auf provenzalischen Boden hatten flüchten können und dort in eigenen Stadtvierteln lebten, brach eine neue Zeit der Unsicherheit an. Man verfolgte sie und warf sie bald ganz

71pr Foto: bm

Kultur und Gesellschaft

hinaus, und sie wanderten ab ins Comtat Venaissin und nach Avignon, ins von der Krone unabhängige Papstland.

Aber auch gegenüber den Reformisten legte das Parlament von Aix eine härtere Gangart ein bis hin zu jenem denkwürdigen Beschluss des Jahres 1540, der ein wahres Gemetzel in den Waldenser-Dörfern des Luberon zur Folge hatte. Dieses **Massaker an den Waldensern** war aber nur schauerlicher Höhepunkt der allgemeinen Religionskriege, die in der zweiten Hälfte des 16. Jh. immer wieder aufflammten. Orte, in denen die Reformation Stützpunkte hatte, wurden belagert und, einmal eingenommen, mit Gewalt überzogen. Am Ende dieser blutigen Zeit stand der Sieg der Katholiken und damit ein weiterer Sieg der Zentralgewalt (siehe Exkurs im Kapitel Luberon.)

Wie sah die Provence aus in diesem beginnenden 17. Jh.? Zunächst einmal verzeichnete sie ein stetiges **Wachstum der Bevölkerung,** das allerdings immer wieder durch Pest-Epidemien gebremst wurde bis hin zu jener späten großen Pest von 1720, der fast 100.000 Menschen zum Opfer fielen

Das karge Hochland war stets ärmer als das fruchtbare Bas Pays

und die allein die Bevölkerung von Marseille auf die Hälfte dezimierte.

Die unterschiedliche Entwicklung in der Haute Provence und der **Basse Provence** zeichnete sich schon deutlich ab. In den küstennahen Landstrichen lebten die Provenzalen teilweise in den weit auseinanderliegenden Mas oder Bastiden, meist aber in jenen Siedlungen, von denen man auch heute kaum zu sagen weiß, ob es große Dörfer sind oder doch kleine Städte. Zieht man die soziale Zusammensetzung in Betracht, so mag man eher von Städten reden, denn wir finden nach *Maurice Agulhon* ein buntes Nebeneinander vor: Notablen, die vielleicht das Schloss oder Herrenhaus bewohnten, dann eine kleine, intellektuell gebildete Elite - etwa Pfarrer und Notare - dann die Händler und Handwerker, die wohlhabenden Bauern, schließlich die Masse der Armen, also die einfachen Bauern, die Arbeiter und Tagelöhner.

Eine Mischung, wie sie typisch war für die provenzalische Gesellschaft, wie sie aber anderswo nur in Städten bestand. Was die großen **provenzalischen Städte** betrifft, so wuchs dort allmählich eine Art Industrie heran, die schon die Wasserkraft von Kanälen und Flüssen für sich zu nutzen wusste: Gerbereien, Töpfereien, auch Hersteller von Tüchern und Stoffen, Seife oder Papier. Mit all dem handelten die Provenzalen weit über ihre Grenzen hinaus, sie nutzten zum Transport die Rhône und den Hafen von Marseille.

Der Dualismus zwischen Aix und Marseille hatte sich schon herausgebildet: Aix, die feine intellektuelle Hauptstadt, wo Adlige, Rechtsgelehrte und Verwaltungsbeamte saßen, Marseille die Handelsmetropole.

Ganz anders das **Haut Pays,** die Berge des Vaucluse und die Hochprovence, wo das Leben härter war, allein schon deshalb, weil Wein und Oliven, Obst und Gemüse dort nicht gediehen. Dementsprechend groß war die Anziehungskraft des Bas Pays. Immer mehr Menschen aus dem Hochland stiegen herab, wie man das nannte, und verdienten ihre Brot in den fruchtbaren Ebenen, zumindest saisonweise.

Im Ganzen erlebte die Provence eine friedliche Zeit nach all den Grausamkeiten der Religionskriege, eine Zeit, in der Konflikte lokal begrenzt blieben. Das politische Leben in den Dörfern und Städten blühte auf.

Gegenüber der französischen Krone blieben die Provenzalen indessen wachsam. **Kardinal Richelieu,** der für *Ludwig XIII.* die königliche Autorität stärken und höhere Steuern eintreiben wollte, löste 1630 eine Revolte des Parlamentes von Aix aus. Ihre militärischen Pflichten durchaus anerkennend, etwa wenn es gegen die Spanier ging, berief sich die Provence wieder stärker auf die Sonderrechte, die der Vertrag zur Einheit mit Frankreich seinerzeit garantiert hatte. Das Parlament spielte so eine ambivalente Rolle: einerseits als Organ der Zentralgewalt, andererseits, inoffiziell, als Hüter und Verteidiger provenzalischer Interessen.

Das führte zu ständig schwelenden Konflikten, die sich auch unter Minister *Mazarin* hinzogen, dem Nachfolger

Richelieus. **Mazarin** bekam es in dieser Sache mit seinem eigenen Bruder zu tun, der als Erzbischof von Aix amtierte. Über den Frieden wachte dann ein drittes Mitglied der Sippe, nämlich ein Neffe *Mazarins,* der als Gouverneur über die Provence eingesetzt wurde.

Nicht zufällig erhoben sich die letzten Aufstände im gewohnt rebellischen Marseille, sie fielen schon in die Amtszeit **Ludwigs XIV.** Der Sonnenkönig fackelte nicht lange und zog in einem symbolischen Akt gleich zu Beginn seiner Regentschaft 1660 selbst in die Stadt ein. Nicht zuletzt durch die Bauten, die er errichten ließ, demonstrierte er königliche Autorität und führte Marseille, wie auch die übrige Provence, künftig an der kurzen Leine.

Davon ausgenommen blieben nur Avignon und das Comtat Venaissin, nominell noch immer **Papstbesitz.** Hier, in Carpentras etwa oder in Cavaillon, lebten auch die Juden, der königlichen Verfolgung entzogen, doch eingesperrt in ihren Ghettos. Die französischen Könige hatten nicht versucht, die päpstlichen Gebiete zu kaufen, denn erstens genossen die Bewohner vielfältige, garantierte Privilegien, zweitens dienten diese Enklaven als Faustpfand bei Streitigkeiten mit Rom. 1662 bis 1664 aber und 1688 bis 1689 besetzte der König den päpstlichen Besitz, ein Vorgang, der sich 1768 bis 1774 wiederholen sollte. Orange hingegen, das noch unter der Herrschaft der Nassauer stand, gliederte *Ludwig XIV.* 1702 ein. Im Ganzen blieb es unter *Ludwig XIV.* friedlich in der Provence, das intellektuelle Leben und der Handel blühten auf im Geist der Renaissance.

Im Zeitalter der Revolutionen

Die Provence war seit jeher eine religiöse Gesellschaft, in welcher der katholische Glaube tief wurzelte. Jedem Reisenden leuchtet das schon aufgrund des Reichtums an Klöstern, Kirchen und Kapellen ein. Doch nach einer Blütezeit religiös-kirchlicher Betätigung im späten 17. und in der ersten Hälfte des 18. Jh. kam es etwa von 1760 an zu einer stärkeren Durchdringung der Gesellschaft mit aufklärerischen, modernen Ideen. Ein sicheres Indiz für die **abnehmende Frömmigkeit** im Volke ist beispielsweise die sinkende Zahl bestellter Messen. Es überrascht nicht, dass Marseille auch hier wieder eine Avantgarde-Rolle spielte.

Gleichzeitig erfuhr der nie ganz verschwundene Gedanke einer **Rückkehr zur alten provenzalischen „Verfassung"** neue Belebung, verbunden mit der weiter gefassten Forderung, die staatlichen Institutionen zu reformieren.

Zu den unmittelbaren Anlässen der Revolution muss in der Provence weniger das drastische Ansteigen des Getreidepreises gezählt werden als vielmehr die allgemein **desolate Situation der Armen,** einhergehend mit Problemen bei den urprovenzalischen Gütern Wein (dessen Absatz stockte) und Oliven (bei denen nach dem katastrophalen Frost von 1788/89 eine Missernte bevorstand).

Das alles kam also zusammen und entlud sich im **Frühjahr 1789** in einer Vielzahl von Querelen, Tumulten und zum Teil gewalttätigen Aufständen. Der Dritte Stand entsandte schließlich einen revolutionär gesinnten Adeligen, den Grafen *Mirabeau* von der Durance, als seinen Vertreter nach Versailles, wo die Generalstände tagten.

Die revolutionären Ausschreitungen gemahnten an das Vorbild der Hauptstadt. Wie in Paris die Bastille, so stürmten die Marseillaiser Massen die Forts als Symbole königlicher Macht. Überhaupt spielte sich die **beginnende Revolution** vor allem in den großen Städten ab: zuerst Marseille, daneben Aix, schließlich Arles und Avignon. In Avignon erhob sich rasch die Forderung nach einer Angliederung an Frankreich, was hier, wie auch im Comtat, zu Auseinandersetzungen mit der papsttreuen Konterrevolution führte. Überhaupt blieb das Gemunkel über eine konterrevolutionäre Verschwörung und deren bald bewiesene tatsächliche Existenz ein Antrieb für Gewalttätigkeiten auf den Straßen.

Was die ländliche Provence betrifft, so entstand vor allem ab 1792, dem dritten Jahr der Revolution, jene Vielfalt politischer Zusammenschlüsse, wie sie typisch werden sollte für das öffentliche Leben der Dörfer und Städte, mehr noch als in jeder anderen Region Frankreichs. Naturgemäß gingen die großen, küstennahen Orte darin den entlegenen Weilern des Hochlandes weit voran. Im Frühjahr 1792 entlud sich die geballte Wut über Privilegien der Aristokratie und das zögerliche Vorgehen der Autoritäten in einer Serie von Zerstörungen und Plünderungen. Vor allem Schlösser auf dem Land fielen diesen spontanen Erhebungen zum Opfer.

Damals wanderte auch ein Bataillon Freiwilliger nach Paris, um sich dort an der Einnahme der Tuilerien zu beteiligen. Dieses Bataillon trug sein Kampflied in die Hauptstadt, eben jene **Marseillaise,** die heute französische Nationalhymne ist.

Die augenfälligste unmittelbare Folge der Revolution in der Provence war die **neue Verwaltungsgliederung,** die wir im Wesentlichen heute noch vorfinden. Das Département Bouches-du-Rhône gründete sich, zunächst mit dem Hauptort Aix, später Marseille. Der Vaucluse kam 1793 hinzu. Damit dieses Département entstehen konnte, mussten 1791 die päpstlichen Gebiete annektiert werden: Avignon und das Comtat. Auch Orange kam später zum Vaucluse.

Nach einer Welle gegenrevolutionären Terrors, wiederum vor allem in Marseille, beruhigte sich das Land im fünften Jahr der Revolution allmählich. Weitere Unruhen verhinderte auch das rigide Durchgreifen der entsandten Präfekten. Überhaupt waren in der Provence während der gesamten Revolution die bewahrenden, teilweise royalistisch gesinnten Kräfte stark geblieben. Das änderte sich auch nicht in den kommenden Jahrzehnten.

Erst die **Revolution von 1848** drängte die Königstreuen zurück in einige wenige Viertel der Städte und die Gegend von Arles, die man deshalb auch die provenzalische Vendée genannt hat – nach jenem Département, das wie kein zweites den französischen Royalismus verkörpert. Im Ganzen markierte die Revolution von 1848 den Übergang zum „roten Midi".

In der zweiten Hälfte dieses 19. Jh. hielt allmählich auch die **Industrielle Revolution** in der Provence Einzug. 1849 schon verband eine Eisenbahnlinie Marseille und Avignon, weitere folgten in den kommenden Jahrzehnten. Mehr noch als die entstehenden Betriebe sollte dieser Ausbau der Verkehrswege, auch der Kanäle, die provenzalische Wirtschaft verändern, langsam, aber tiefgreifend. Die landwirtschaftlichen Erzeugnisse konnten nun schnell und vergleichsweise billig in andere Regionen Frankreichs und Europas exportiert werden, es entstanden jene großen Obst- und Gemüsegärten, die heute die Landschaft etwa des Comtat bestimmen. Der Hafen von Marseille gewann mit den französischen Kolonien in Übersee immer mehr an Bedeutung.

Die Provence im 20. Jahrhundert

Der **Erste Weltkrieg** berührte die Provence nicht direkt. Marseille sah natürlich Flüchtlinge und Soldaten in großer Zahl passieren und erlebte, weil die Lebenshaltungskosten kriegsbedingt sprunghaft angestiegen waren, 1917 auch Massenstreiks, die sich 1919 fortsetzten.

In der Zwischenkriegszeit betraten zwei Politiker provenzalischer Abstammung die nationale Bühne. Zunächst ein gewisser *Charles Maurras* aus Martigues, er sollte – wie auch *Alphonse Daudets* Sohn *Léon* – eine wichtige Rolle in der radikalen rechten Bewegung *L'Action Française* spielen, dann *Edouard Daladier,* Sohn eines Bäckers aus Carpentras, der 1938 französischer Ministerpräsident werden sollte.

Als 1936 die konservative Regierung von der Front Populaire abgelöst wurde, einem Zusammenschluss der Linksparteien, war der Stimmungsumschwung in der Provence besonders deutlich. Massenstreiks und Demonstrationen hatten sich 1935 vor allem in Marseille und Toulon gehäuft. Die traditionelle Links-Orientierung provenzalischer Bauern verband sich mit den Hoffnungen und Forderungen der Arbeiterstädte. Doch auch das Scheitern der Volksfront und den neuerlichen, nun konservativen Umschwung begleiteten Streiks und Proteste im Midi.

Die französische Poltik stand immer mehr im Zeichen der Bedrohung durch Hitler-Deutschland. Schon seit der Machtergreifung der **Nazis** war die Provence in besonderer Weise berührt worden. Von 1933 an zog es nämlich **Emigranten** aus Deutschland in die Provence, darunter bekannte Intellektuelle wie *Thomas Mann* oder *Bert Brecht*. Als dann der Zweite Weltkrieg begann, wurde es für diese Flüchtlinge gefährlich. Denn obgleich als Antifaschisten bekannt, behandelte man sie vornehmlich als Deutsche und steckte sie mitunter zusammen mit deutschen Nazis in Internierungslager wie jenes von Les Milles bei Aix, während im Norden schon die deutsche Wehrmacht vorrückte.

Als Frankreich dann 1940 geteilt wurde in eine nördliche, von Deutschland besetzte Zone und eine südliche, nur formell unabhängige und von Vichy aus verwaltete Zone, mussten die Emigranten in der Provence sogar mit ihrer Auslieferung an Deutschland rechnen. Marseille wurde zum Sammelbecken all jener, die das Land in letzter Minute zu verlassen versuchten. Viele von ihnen haben ihre dramatischen Erlebnisse aufgeschrieben in dieser Provence, die vom Land der Hoffnung zum Verhängnis wurde und manchem zum unentrinnbaren Gefängnis – etwa *Alma Mahler-Werfel:* „Diese Wochen in Marseille waren unerträglich. Täglich andere Gerüchte (...). Und hier war der Hunger unterdessen gestiegen, es war ein armes Marseille, das wir wiederfanden. Man bekam wenig und schlecht zu essen. (...) Und täglich wanderten wir zu den Konsuln, die uns ihre ganze Macht fühlen ließen. (...) Franz Werfel war äußerst erregt über die verwirrenden Gerüchte, die er täglich vom tschechischen Konsulat heimbrachte. Er stände zuoberst auf der Liste der Auszuliefernden ... Er warf sich täglich aufs Bett und weinte. (...) Neben uns wohnte die Gestapo. Wenn sie kamen, wurden wir vom Direktor des Hotels gewarnt. Er weigerte sich, die Besucherliste des Hotels auszuliefern (...) Wenn wir nicht auf einem der Konsulate herumstehen mussten, fuhren wir ans Meer hinaus, an den Strand. Die Möwen kreischten, der Dunst über den Wassern roch weit, gute Ideen kamen (...) es waren gesegnete Stunden (...) als wenn nichts Böses und Unheimliches auf der Welt wäre und auf uns lauerte."

Unterdessen organisierte sich auch in der Provence der Widerstand, die **Résistance,** und zwar nicht selten in den entlegenen Orten des Hochlandes. Der Reisende trifft immer wieder auf Spuren dieses Widerstandes, sei es in Form von Straßenschildern und Gedenktafeln, die an einzelne Märtyrer erinnern, sei es an versteckten Zufluchten der Résistance.

Die **Befreiung der Provence** begann am 15. August 1944, als die amerikanischen und freie französische Truppen an der Küste des Var landeten und in weniger als einer Woche das Rhônetal erreichten. Größere Kämpfe dagegen gab es vor allem in Marseille und Toulon. Gerade Marseille hatte besonders zu leiden, man denke nur an die Sprengung des Panier-Viertels durch deutsche Truppen.

In der über zwei Jahrtausende alten Geschichte der Provence haben die Deutschen so eines der bittersten Kapitel geschrieben. Dass unsere heutige Begegnung mit den Menschen im Midi nicht mehr im Zeichen alter Ressentiments steht, kann keinen Anlass zum Vergessen geben. Nur wer in Erinnerung bewahrt, was die Freundschaft beider Länder zu überwinden hatte, vermag ihren Wert zu erkennen.

Politik und Wirtschaft

Verwaltung

Seit 1970 vereint die Region Provence-Alpes-Côte d'Azur sechs **Départements:** In unserem Reisebereich die Bouches-du-Rhône (Präfektur Marseille), den Vaucluse (Avignon) und die Alpes-de-Haute-Provence (Digne), außerdem, über die Provence im engeren Sinn hinausgehend, die Alpes-Maritimes (Nizza), die Hautes-Alpes (Gap) und den Var (Toulon). Das Département Gard zählt schon zur Nachbarregion Languedoc-Roussillon.

Einheit ohne Einheitlichkeit

Wenn auch in ganz Frankreich die Regionen den bestehenden Départements gleichsam übergestülpt wurden, handelt es sich bei der **Region Provence-Alpes-Côte d'Azur** doch noch mehr als bei anderen um ein uneinheitliches Konstrukt. Schon der umständliche Name verrät, dass hier drei ganz unterschiedliche Landschaften mit entsprechend verschiedenen Mentalitäten und Lebensweisen vereint wurden, anders als etwa bei Normandie oder Bretagne. Vor allem die Gebiete in den Alpen wollen so gar nicht zu den noch relativ ähnlichen Partnern Provence und Côte d'Azur passen.

Selbstredend hat sich im abkürzungswütigen Frankreich eine Kurzformel für die komplizierte Region eingebürgert: PACA, ein Kunstwort zwar, aber eines mit unfreiwilligem Nebensinn: Ein *pacan* ist im Provenzalischen ein Mensch niederer Herkunft.

So schwingt nicht selten ein gewisser Spott mit, wenn von der Region die Rede ist, und auch im politischen Alltag funktioniert PACA nicht so, wie es wünschenswert wäre. Lange Zeit charakterisierten Rivalitäten einzelner Landstriche oder Städte das politische Leben. Marseille als größte Stadt und Sitz der Regionalverwaltung genießt einen zu schlechten Ruf, um von allen akzeptiert zu werden. Gerade die Bürgermeister der Côte d'Azur, vornehmlich der von Nizza, tanzen traditionell gern aus der Reihe.

Nationale Statistiken zeichnen die Zerrissenheit der Region nach: Provence-Alpes-Côte d'Azur erreicht selten Durchschnittswerte, wenn es etwa um Einkommen oder **soziale Struktur** geht. Das Nebeneinander armer, einsamer Berggegenden und bevölkerungsreicher, wohlhabender Küste bestimmt das Bild. So musste die Region gleichzeitig mit Landflucht in den entlegenen Gebieten und einem hohen Bevölkerungswachstum insgesamt fertig werden. Innerhalb von 30 Jahren verdoppelte sich die Bevölkerung.

Die da kamen, waren einerseits Arme, vielfach Ausländer, die sich etwa in Marseille niederließen, andererseits Wohlhabende, die den Süden als Arbeitsplatz oder Wohnsitz seiner Lebensqualität wegen wählten. Die **traditionelle Urbanität** der Provence hat dabei noch zugenommen: 80 Prozent leben in Städten, nur in der Ile de France sind es noch mehr.

Wirtschaft: Eine Region im Wandel

75pr Foto: bm

Viele der Neuankömmlinge hatten keine Schwierigkeiten, Arbeit zu finden: Die Region schuf und schafft überdurchschnittlich viele neue Arbeitsplätze, oft sehr qualifizierte und hochtechnisierte. Gleichzeitig liegt sie aber auch an der Spitze, was Firmenschließungen angeht und weist eine überdurchschnittlich hohe Arbeitslosigkeit auf. Kein Zweifel: Der **Strukturwandel** hat auch in der Provence viele Verlierer zurückgelassen – meist schlecht Ausgebildete, und das sind oft die Alteingesessenen, die zuschauen, wie Neuankömmlinge neue Arbeitsplätze besetzen, während sie selbst keine Chance haben.

Nach wie vor ist die **Landwirtschaft** ein wichtiger Arbeitgeber. Die Provence als Garten Frankreichs produziert Obst, Gemüse, Wein, Oliven, um nur das Wichtigste zu nennen. Doch die Großlandwirte im Rhônetal, in den fruchtbaren Ebenen des Comtat vor allem, bestreiten mit Schwarzarbeitern und raffinierter Technik – Bewässerungskanäle, Treibhäuser, Windschutz – einen schwierigen Kampf gegen die billige Konkurrenz, etwa aus Spanien.

Die entlegeneren Gebiete wie der Luberon, mit rauerem Klima und kleineren Betrieben, hängen längst am Tropf des **Tourismus.** Viele Landwirte überleben nur, weil sie damit ein zweites Standbein gefunden haben.

Entscheidend aber sind die Veränderungen am Küstenstreifen der Bouches-du-Rhône. Hier ballt sich die Bevölkerung zusammen, hier gibt es schnelle, gut ausgebaute Straßen, hier konzentrieren sich imposante **Industriegebiete.** Diese Gegend hat der Strukturwandel voll erfasst. Die traditionellen Produkte sind auf dem Rückzug, Schwerindustrie und Werften in der Krise.

Die Verlierer dieses Wandels leben in trostlosen Schlafstädten, die denen der Pariser Banlieue nicht nachstehen. Die Gewinner, das sind junge, ehrgeizige Aufsteiger, die oft gar nicht aus der Provence stammen. Als Computerspezialisten oder Naturwissenschaftler kommen sie aus dem ganzen Land, finden Arbeit in expandierenden Hochtechnologie-Betrieben und ge-

76pr Foto: bm

nießen mit ihren Familien das Leben in den neuen, wohlhabenden Orten des Hinterlandes. **Rurbains** hat man sie genannt, Menschen also, die eigentlich Städter sind *(urbains)*, aber, ökologischen Trends folgend, zu Landbewohnern *(rurals)* werden, ohne dass sie ihren bisherigen Lebensstil aufgeben würden. Rousset, Trets, Fuveau oder Gardanne in der Umgebung von Aix sind typische Wohnsitze der *Rurbains*. Provenzalischen Charakter wird man diesen Orten nicht nachsagen.

Gleichwohl zeitigt die „Silicon Road", welche die Provence in unbescheidener Anlehnung ans Silicon-Valley werden will, erste Erfolge und deutet an, wie die industrielle Zukunft der Region aussehen könnte. Im Ganzen aber leidet die Provence noch am Übergewicht des **Dienstleistungs-Sektors.** Das entspricht durchaus ihrem Image, eine lebenslustige Gegend zu sein, aber nicht unbedingt eine, in der hart gearbeitet wird – ein Klischee, das auch im Kopf manches potenziellen Investors spukt.

Enorm profitiert hat die Provence von der neuen Hochgeschwindigkeits-Verbindung **TGV Méditerranée.** Marseille und Paris trennen seit der Eröffnung 2001 nicht einmal mehr drei Stunden. Schon verlagern etwa Software-Firmen ihre Zentrale aus der Hauptstadt ans Mittelmeer und gewinnen damit gleich mehrfach: Die Kosten für Lebenshaltung und Mieten sind wesentlich niedriger, gleichzeitig ist die Lebensqualität für die Mitarbeiter viel höher. Geschäftliche Verabredungen in Paris sind dank TGV kein Problem, die Fahrzeit wird mit Laptop zum Arbeiten genutzt, und die Belegschaft verbringt nicht mehr täglich zwei Stunden in den Staus der Hauptstadt.

Auch der Tourismus boomt. Es ist kein Problem, freitags nach Büroschluss in den TGV zu steigen, das Wochenende in der Provence zu verbringen und montags wieder in Paris zu arbeiten. Die Immobilienpreise sind deutlich gestiegen, vor allem in den Gebieten, die nah an der TGV-Strecke liegen. Besonders attraktiv ist etwa die Umgebung von Avignon - die Stadt der Päpste wird von Paris aus in zweieinhalb Stunden erreicht.

Politik: Protest und Patriotismus

Seit 1848, als sich eine politische Geographie Frankreichs erstmals abzeichnete, gilt die Provence als Hochburg der Linken. In den vergangenen Jahrzehnten aber hat sich langsam und allmählich ein Umschwung angedeutet, der 1995 mit der Wahl *Jacques Chiracs* zum Präsidenten seinen vorläufigen Höhepunkt fand.

Einen Monat nach der Präsidentenkür wählte ganz Frankreich seine Bürgermeister. Aus dem Wust von Ergebnissen, die in Paris zusammenliefen, stachen drei hervor - und lösten Entsetzen aus. Drei große Städte hatten Angehörige des **Front National** an die Spitze gewählt - alle drei Städte lagen in der Provence: Orange, Marignane, Toulon.

Überraschen konnte das eigentlich nicht. Schon einmal war die Provence vorangegangen, 1989, bei der vorherigen Kommunalwahl. Da gelangte erstmals in Frankreich ein Rechtsradikaler an die Spitze einer mittelgroßen Stadt mit gut 15.000 Einwohnern - in St. Gilles in der Provence. Kein pöbelnder Prolet vom Schlage *Le Pens,* sondern ein Adliger mit besten Kontakten, dieser *Charles de Chambrun,* ehemals Gaullist, in den 1960er Jahren sogar jüngster Minister des Kabinetts von *Charles de Gaulle.* Sein Wahlprogramm: 30 Prozent Ausländer-Anteil, das sei mehr, als St. Gilles vertragen könne.

Nun aber große Städte. Marignane, sicher, eine Industriestadt am Etang de Berre. Und Toulon, nun gut, Hafenstadt in wirtschaftlichen Schwierigkeiten, mit vielen Einwanderern. Aber Orange? Ausgerechnet dieses Symbol lateinischer Zivilisation, dieses Wegkreuz der Völker?

Der neue Bürgermeister *Jacques Bompard,* ein Arzt, hatte sich vornehmlich mit Büchern hervorgetan, in denen er „Modernismus" verteufelte und eine neue „Ökologie" forderte, die eine „Verteidigung des Kulturellen, Sprachlichen und Ethnischen" zu leisten habe. Das moderne Leben drohe, „die besten Elemente der Rasse" auszulöschen. Dieser Mann also an der Spitze der Kulturstadt Orange.

Das Aufsehen war gewaltig. Der Zufall wollte es, dass kurz nach der Wahl die weltberühmten Chorégies von Orange stattfanden, Festspiele in der zwei Jahrtausende alten Arena mit Künstlern aus allen möglichen Ländern. Sofort hagelte es Boykottaufrufe. Und viele Kulturschaffende waren wenig geneigt, als Ausländer den Willkommens-Händedruck eines rechtsradikalen Bürgermeisters entgegenzunehmen. Rastatt, die deutsche Partnerstadt von Orange, legte alle Kontakte auf Eis.

Nur in Orange selbst schien niemand begreifen zu wollen, welches Zeugnis man sich mit dieser Wahl ausgestellt hatte. Die Fernsehteams aus Paris verwies man auf banlieu-artige Viertel, in denen angeblich kriminelle, arbeitsscheue Ausländer die Straßen unsicher machten. In bald rührender, bald erschreckender Naivität leugnete man den Zusammenhang mit Kultur und Tourismus.

Was bei der Wahl 1995 kaum jemand für möglich gehalten hätte, ist eingetreten: *Bompard* wurde 2001 mit 60% der Stimmen wiedergewählt und sitzt nun fester denn je im Sattel. Sein Erfolgsrezept: Dort Geld ausgeben, wo es sich unmittelbar im Stadtbild niederschlägt. Bei denen kürzen, die ohnehin keine Lobby haben. So wurden in der Altstadt Straßen neu gepflastert, gleichzeitig in den Problemvierteln Zuschüsse für Soziales zusammengestrichen. Mit dem Ergebnis, dass Orange da, wo viele hinsehen, sichtbar schöner geworden ist.

Verändert hat sich aber auch das Klima. Politische Gegner *Bompards* berichteten, dass sie keine Versammlungsräume mehr bekommen, weil die Gastronomen Angst haben vor Sanktionen ihres Bürgermeisters. Inzwischen hat *Bompard* ein neues Festival etabliert, die *Rencontres Classiques*. Sie bieten klassisches französisches Theater – ohne die heutigen gesellschaftlichen Probleme auch nur zu streifen. Auch wenn dieses Festival von Presse und Fernsehen weitgehend boykottiert wird, gefällt es dem Publikum. Und mehr will *Bompard* ja gar nicht. Nach sieben Jahren *Front National* wirkt Orange äußerlich wie eine ganz normale Kleinstadt. Dem Versuch, die äußerste Rechte zu dämonisieren, hat sie sich hier geschickt entzogen. So wie auch anderswo.

Die Provence als Stammland der äußersten Rechten – diese Entwicklung verschärfte sich bei den **Präsidentschaftswahlen 2002.** Das Ergebnis kam einem politischen Erdbeben gleich. Der Kandidat der Linken, Premierminister *Jospin,* schied im ersten Wahlgang aus, schon das ein beispielloser Vorgang. Doch dass ihn ausgerechnet *Jean-Marie Le Pen* geschlagen hatte und damit nun ein Rechtsextremer im zweiten Durchgang antrat gegen den konservativen Amtsinhaber *Chirac*, das traumatisierte die Franzosen, das hatten die meisten nicht gewollt.

Eine Schande für Frankreich, dachte eine übergroße Mehrheit, die nun auf die Straßen ging, die protestierte, die schließlich auch *Chirac* mit mehr als 80 Prozent in seine zweite Amtszeit wählte. Doch ein Tabu war verletzt: Ein notorischer Ausländerfeind, ein Demagoge vom rechten Rand hatte an die Tür des Elysée-Palastes geklopft. Und das hatte er, unter anderem, den Provenzalen zu verdanken.

Stimmten landesweit im zweiten Durchgang rund 18 Prozent für *Le Pen,* so fuhr er im Süden vielerorts Ergebnisse von mehr als 25 Prozent ein. Als besonders anfällig für die Parolen des Front National erwies sich das Departement Gard – Beispiele: Im beschaulichen Vers-Pont-du-Gard stimmten 27 Prozent für *Le Pen,* im mittelalterlichen Castillon 28 Prozent, in Remoulins direkt beim berühmten Pont-du-Gard 29 Prozent. Beaucaire, vor Jahrhunderten Schauplatz von Messen mit Kaufleuten aus aller Welt, besann sich auf das schlichte Motto „Frankreich den Franzosen" – 39 Prozent. Saint-Gilles, das Städtchen mit dem grandiosen romanischen Kirchenportal, war rekordverdächtig – 40,26 Prozent, mehr als irgendwo sonst in Frankreich.

Aber auch weite Teile des Vaucluse wurden auf den Landkarten der Wahlforscher braun eingefärbt. Im ganzen Departement erreichte *Le Pen* knapp 30 Prozent. Eine Pariser Zeitung unternahm gar eine Ortsbesichtigung unter dem Titel „Vaucluse. Voyage à Lepenland". Überraschend war das alles nicht. Der *Front National* ist im Süden traditionell sehr stark. Das große Thema des Wahlkampfs 2002, *l'insécurité,* die **Unsicherheit,** verfing hier besonders gut. Ein diffuses Gefühl des Bedrohtseins suchte sich seine Ursache und fand sie in den Fremden, den Anderen, den Armen, jenen nordafrikanischen Einwanderern, die in vielen Orten der Provence die Problemviertel bevölkern.

„Jeder hier", so schrieb das Magazin *Le Point,* „kennt seinen Rentner, der sich nach halb sieben nicht mehr auf die Straße traut". Kann Geschichten erzählen von einem Onkel, der bedroht wurde, fürchtet um das Wohl seiner Familie, hatte selbst schon mal ein komisches Gefühl beim Spazierengehen. Regt sich auf über den jungen Ausländer, der provozierend durch die Straßen schlendert mit seiner Baseball-Mütze, der Designer-Kleidung ausführt und der jeden Moment stehlen oder vergewaltigen könnte.

Nichts Neues also? Wahlforscher und Reporter haben für die Ergebnisse des Jahres 2002 noch eine andere Erklärung: Die starke regionale, zum Teil sogar lokale Identität. Das **Traditionsbewusstsein** der Provenzalen, das für den Tourismus so gewinnbringend ist. So hatte der *Front National* in Saint-Gilles gezielt die Bräuche und Feste der Camargue in seine Wahlkampf-Arbeit einbezogen. Funktionäre des *Front National* stützen sich auf regionale Mythen und Vorbilder, sie zitieren *Daudet* und *Mistral,* beschwören ihre Provence gegen ein Europa, das angeblich kulturelle Unterschiede plattbügelt. Und sie erwecken den Eindruck, das Land verkomme. Die Provence, wie sie so gern stilisiert wird, angegriffen von all dem Neuen, dem Anderen, dem Hässlichen. Die Wüste aus Hochhäusern, Schnellstraßen, Imbissketten, die sich ausbreitet rund um mittelalterliche Stadtkerne, das Elend

81pr Foto: bm

dieser Betonviertel, die Gewalt, all diese Dinge, die man früher nicht kannte.

Natürlich ist das der alte Graben zwischen arm und reich. Aber hier scheint er mehr als anderswo ein Lebensgefühl zu bedrohen, eine Idylle zu zerstören, die man so gern bewahrt hätte, eine Idylle auch, in der für Fremde kaum noch Platz bleibt.

Umweltschutz

Eine notwendige Voraussetzung für Umweltschutz ist, so hat es weltweit die Erfahrung gelehrt, ein ausreichender Grad an Umweltzerstörung. Man tut gut daran, dies im Hinterkopf zu behalten, wenn man die Franzosen ob ihres Umweltbewusstseins anklagt und sich fragt, warum ein Land mit einer derart begnadeten Natur so lässig damit umgeht. Gerade die Provence fängt erst allmählich an, aus bitteren Erfahrungen klug zu werden, aber immerhin, ein Anfang ist gemacht. Der Tourismus mag diesen Anfang durchaus beflügeln, denn er führt täglich vor Augen, dass Landschaft und Umwelt das Kapital des Landes ausmachen.

Besonders wertvolle und bedrohte Landschaften sind inzwischen unter Schutz gestellt worden. Das gilt z.B. für die regionalen **Naturparks** *(Parc Naturel Régional)* Camargue mit 85.000 Hektar und Luberon mit

Aufgegebenes Bauernhaus

Sommer 2002 – die große Flut

Es war der Sommer, in dem das Wetter verrückt spielte, überall in Europa. Die Jahrhundertflut im Erzgebirge war gerade vorüber, da wurden, im September 2002, Unwetter über Südfrankreich angekündigt. Das ist nichts Ungewöhnliches zu dieser Jahreszeit. Über dem warmen Mittelmeer können sich die Wolken regelrecht vollsaugen und werden dann vom Südwind gegen die schon kalten Cevennen gedrückt. Der Regen fällt auf ausgetrockneten Boden.

So war es auch diesmal – nur viel schlimmer. Mehr als 750 Liter pro Quadratmeter – die Regenmasse eines Jahres – fielen in 24 Stunden. Am Ende hatten 23 Menschen ihr Leben verloren. Darunter ein Vater, der sich mit seinen beiden Kindern zunächst auf einen Baum rettete, doch dann mit ihnen in den Fluten ertrank. Ein ums andere Mal flogen die Hubschrauber los, um Menschen von Dächern zu holen. Mehr als Tausend wurden so in Sicherheit gebracht.

Die Armee musste helfen mit schwerem Räumgerät, um die Massen von Schlamm zu beseitigen. In den Straßen lagen die Wracks von Autos, die wie Spielzeug weggerissen worden waren. Eingestürzte Brücken, geborstene Deiche, fortgespülte Gleise, zerstörte Straßen. Es war ein apokalyptisches Bild. 395 Gemeinden – überflutet. 300 Geschäfte und Industriebetriebe – ruiniert. 3000 Häuser – schwer beschädigt. 46 Campingplätze – verwüstet. 80 Prozent der Weinberge im Gard – zerstört. Die Versicherungswirtschaft bezifferte ihre Kosten auf rund 450 Millionen Euro. Doch vieles war gar nicht versichert. Premierminister *Raffarin* versprach der Region nationale Hilfe.

In der Provence, die an Unwetter gewöhnt ist, wird seitdem über die Ursachen diskutiert. Ist es der Klimawandel, die Boden-Versiegelung, beides zusammen? Wurde zu nah am Wasser gebaut, gibt es zu wenige Rückhalte-Becken, zu schwache Deiche? Inmitten einer Natur, die plötzlich existenzbedrohend wurde, ist Ökologie jetzt wieder ein Thema.

130.000 Hektar Fläche, wobei für die Camargue noch einmal 13.000 Hektar gänzlich unbewohntes Land in Form einer *Réserve Nationale* dazukommen. In der Haute Provence besteht eine 75.000 Hektar große *Réserve Géologique,* bei La Ciotat gibt es den *Parc Régional Marin de la Baie de Ciotat,* der die Küste und die Unterwasserlandschaft schützt.

Daneben existieren eine Reihe so genannter *Syndicats mixtes,* kommunale Organisationen, die gemeindeübergreifend arbeiten und vor allem dem Umweltschutz dienen. Es gibt sie etwa für den Mont Ventoux, die Domaine de la Palissade in der Camargue, für den Verdon und die Berge der Ste. Baume.

Doch zuerst die Erfahrungen, die bitteren: Naturgemäß ist die Provence ein Land, das wie seine Nachbarn im Mittelmeerraum besonders bedroht wird durch **Feuersbrünste.** Um diese Gefahr zu verstehen, muss man sich vergegenwärtigen, dass der Wald schon seit Jahrtausenden durch Abholzung dezimiert wird. Die Provence war immer relativ dicht besiedelt und sah eine Reihe von Kriegen; beides erhöhte den Bedarf an Holz. Fatalerweise ist der provenzalische Wald von Natur aus besonders fragil. Eine rasche Wiederaufforstung ist so gut wie unmöglich, denn in diesem ungünstigen Klima, wo Hitze und Feuchtigkeit nie zusammenfallen, wachsen die Bäume ohnehin nur sehr langsam, und wenn über den humusarmen Boden erst einmal ein Feuer hinweggegangen ist, gedeiht fast nur noch die Sonne und

Trockenheit liebendes Buschwerk, Garrigue also.

Und doch entstehen immer wieder Brände – durch Spaziergänger, die eine Zigarette wegwerfen, wilde Camper, die ihren Grill betreiben, durch Brandstifter, seien es Verrückte, seien es Grundstücks-Spekulanten. In der knochentrockenen Garrigue kann jeder Funken binnen kürzester Zeit zur Flammenhölle werden. Feuerfronten von fünfzehn Kilometern Breite sind über dieses Land schon hinweggerast, fauchend und prasselnd angefacht von jenem gewaltigen Blasebalg, den der Mistral bildet, der todbringende Wind, der jeden Brand in ein Inferno verwandelt. Am Ende eines solchen Feuers bleibt die apokalyptische Stille einer ganz und gar toten Landschaft zurück, nackte Karstwüsten, wie es sie in den Bergen von Marseille gibt, im Hinterland der Côte d'Azur oder in der Montagne de Lure.

Das zweite Problem der Provence ist das Wasser. Dieses Land, dessen Geschicke seit Menschengedenken vom Wasser abhängen, hat dessen nun manchmal zuviel. Regelmäßig im Herbst gehen **sintflutartige Regen** über dem Land nieder. Spektakulär etwa das Unwetter über Nîmes 1988 oder die große Flut im Jahr 2002 (siehe auch nebenstehenden Exkurs).

Das Wasser bedroht auch die Camargue, jenes einzigartige Ökosystem, das aus einem fragilen Zusammenspiel von Süß- und Salzwasser lebt. Marode, von Ratten und Kaninchen ausgehöhlte Deiche vermögen die Fluten oft nicht aufzuhalten. Dazu kommen die Abwässer aus der Rhône und die Pestizide der Landwirtschaft.

Das dritte Problem der Provence ist der **Zentralismus.** Ein Land, dessen gesamte politische, wirtschaftliche, kulturelle und intellektuelle Potenz sich in der Hauptstadt zusammenballt, schiebt naturgemäß alle Risiken und Gefahren fort von dieser Hauptstadt. Das soll nicht heißen, dass die Provence bewusst mit Zeitbomben vollgestellt worden wäre, doch die Dichte etwa der atomaren Anlagen aller Art ist frappierend. Von der Plutonium-Fabrik Marcoule, die die Felder um Avignon mit Cäsium 137 versorgt, über die Kernforschungszentrale bei Manosque bis hin zu den Militäranlagen in der Hochprovence (siehe Exkurs dort).

Das hängt eng zusammen mit einem vierten Problem, der **Entvölkerung ganzer Landstriche.** Natürlich wird solcherlei Planung als Strukturhilfe für unterentwickelte Räume verkauft, und ein wenig stimmt das ja auch. Doch die bedrückende Erkenntnis lautet, dass in diesem dicht besiedelten Mitteleuropa uraltes Kulturland, wenn es nicht mehr genug hergibt zum Leben, augenblicklich ein Reservoir wird, in dem sich Technokraten ausleben dürfen, denen jedes Bewusstsein für Natur und Geschichte abgeht. Ins Plateau d'Albion trieb man, kaum waren die Schafhirten und Lavendelbauern zu Industriearbeitern geworden, 500 Meter tiefe Schächte in die Erde. Darin lauerten dann Atomraketen, genug, um Mitteleuropa in eine atomare Hölle zu verwandeln.

Umweltzerstörung ist ein langsamer, schleichender Prozess, so unmerklich, dass die größte Gefahr in einer Abstumpfung liegt. Da braucht es dann Symbole, an denen sich schwelender Unmut festmachen kann, sei es um den Preis, dass der konkrete Fall so schlimm gar nicht ist. Für die Provence war der TGV ein solcher Fall, jener französische Superzug, dessen technische Brillanz gewiss einen Gegenakzent zum Autowahn gesetzt hat. Wie dem auch sei, der **TGV** sollte durch die Weinfelder von Châteauneuf-du-Pape fahren.

Dieser Plan, ein Plan aus Paris natürlich, markierte so etwas wie die Stunde Null der **provenzalischen Umweltbewegung.** Ökologie avancierte zum Wahlkampf-Thema, Bürgerinitiativen und Organisationen gründeten sich, der Widerstand wuchs auf breiter Front. Seine Parolen wurden sogleich, in einem notwendigen Akt optischer Umweltverschmutzung, ungelenk an alle in Frage kommenden Betonpfeiler gesprüht: „Non au TGV!"

Das Beispiel machte Schule: Als sich die Planer daran machten, den unerträglichen Archaismus einer Fährverbindung zwischen Marseille und der Camargue durch eine Brücke zu beseitigen, was für die große Verbindung zwischen Italien und Spanien eine Abkürzung durch die Camargue gebracht hätte, brachte unerbittlicher Bürgerprotest das Vorhaben zu Fall.

Der Fall TGV zeigt einiges über die Eigenart provenzalischer Ökobewegung. Da finden sich Menschen zusammen, die man wohl als Wertkonservative bezeichnen würde. Der Weinbauer, den die zu erwartenden Vibrationen um die Reife seines Rebensaftes fürchten lassen, dieser gewiss nicht sektiererische oder fanatische Weinbauer entdeckt urplötzlich seine widerständische Ader – und er protestiert.

Nachdenklich gemacht hat die Provenzalen auch die nicht bloß wirtschaftliche Bedeutung des Tourismus: Der ständige Austausch mit Menschen, die weit reisen bis in dieses Land, in dem sie Ursprünglichkeit und Naturschönheit suchen. **Wertkonservative Umweltschützer,** das sind somit auch diejenigen, die alte Höfe in den Bergen kaufen und Schafe züchten, das sind diejenigen, die in verfallenen Dörfern Ateliers und Töpfereien einrichten, die in alten Klöstern die Kräuter des Mittelalters züchten. Das sind Menschen, die *Jean Giono* gelesen haben, Romane, die sich festkrallen im Boden dieser Provence, Bücher, die der Auslöschung der Traditionen uralte Mythen und Weisheiten der Bauern entgegenhalten.

Jean Giono starb 1970, zu früh, als dass er die Renaissance seiner Werte hätte erleben können. Wer häufig in die Provence reist, kann den allmählichen Wandel verfolgen. Mehr und mehr sprechen die Provenzalen vom „Ursprünglichen", vom „Reinen", vom „Wahren". Die Traditionen erleben einen stetigen Aufschwung und damit auch die Ökologie, und sei es vordergründig nur, weil der Weinbauer entdeckt, dass er mit dem Etikett „Bio" ganz neue Käuferschichten erschließt.

Tourismus

Keinen Einfall zu haben, tagelang, monatelang, das ist der Albtraum eines jeden Schriftstellers. Den Engländer *Peter Mayle* verließ die Inspiration, noch bevor er seinen literarischen Erstling zu Papier bringen konnte. Doch in diesem Fall sollte die Schaffenskrise Auftakt sein zu einer ebenso merkwürdigen wie einzigartigen Erfolgsgeschichte.

Und das kam so: *Peter Mayle,* ein Werbefachmann, war in die Provence gezogen, auf dass die Umgebung ihn zu seinem ersten Roman beflügele. Das tat sie nicht – was, nebenbei bemerkt, nicht an der Umgebung lag, denn *Mayle* hatte sich immerhin im Luberon eingerichtet. So schrieb der verhinderte Autor Tagebuch. „Mein Jahr in der Provence", eine Sammlung beiläufig notierter Erlebnisse mit Menschen und Gebräuchen, nahm die Bestsellerlisten im Sturm, zunächst in England, aber auch den USA, Japan, Deutschland – das **„Phänomen Peter Mayle"** war geboren.

Nun ist sicher über die Provence ungleich Schöneres, Tiefsinnigeres, Wahreres geschrieben worden, ohne dass auch nur ein Bruchteil der Lesergemeinde aus Fantasie-Provenzalen es zur Kenntnis genommen hätte. *Peter Mayle* aber, das macht seinen Erfolg aus, verwirklicht gleichsam stellvertretend unser aller Traum vom Haus im Süden, und das Beste daran: Nie, nicht einen Augenblick lang, droht Erwachen, Ernüchterung, Enttäuschung. Jede Schwierigkeit entpuppt sich sogleich als liebenswerte Skurrilität, wie überhaupt Skurrilitäten die Wege des *Peter Mayle* pflastern – vom Eselsrennen in Bonnieux bis zu jenem Mann, der seinen Kröten das Musizieren beibringt.

Und stimmt es denn etwa nicht? Sind sie denn nicht wirklich alle Gourmets und Bonvivants, Traditionalisten aus Prinzip, im Einklang mit sich und ihrer Heimat und dem ganzen Leben? Muss man sich denn nicht den Provenzalen als einen glücklichen Menschen vorstellen?

Vielleicht darf man von einem solchen Buch nicht erwarten, dass es in den Gassen von Marseille erkundet, was soziale Realität des Gastlandes ist, dass es Sozialwohnungen am Dorfrand zur Kenntnis nimmt und Umweltzerstörung. Nein, die Kunst des selektiven Blicks hat etwas für sich, und wenn schon die Provenzalen nicht alle glücklich sind, so ist es jedenfalls der Leser. Vielleicht befremdet ihn, so er Land und Leute kennt, die penetrante Attitüde, Nachbarn und Bekannte als eine Art von schützenswerten Eingeborenen wahrzunehmen, vielleicht hält er das aber auch mit dem Verlag für „typisch britischen Humor".

Bemerkenswerter als das Buch selbst sind seine touristischen Folgen. Denn die Leser wollten nicht Leser bleiben. Sie verlangten nach eigenem Erleben, aber bitte exakt nach Beschreibung; nach eigenen Menüs, aber bitte im selben Restaurant; nach eigenen Knoblauchbroten, aber bitte aus derselben Bäckerei. Und der Autor hatte es ihnen so einfach gemacht: Keinen Namen erfunden oder nur verfälscht, jeden Ort beschrieben, die Nachbarn namentlich vorgestellt bis hin zum Haustier. So fielen sie dann ein in Ménèrbes, die Engländer vorneweg, inspizierten die *toilette à la turque* im Dorfcafé, bedrohten den guten *Faustin* auf seinem Traktor mit klobigen Teleobjektiven, bis sie zuletzt dem Autor selbst zu Leibe rückten.

„Sur les traces de Peter Mayle", auf *seinen* Spuren reisen, das wurde der touristische Megarenner im stillen Luberon. Die Wahl-Luberonesen, eine diskrete Gesellschaft aus Künstlern, Intellektuellen und Politikern, sahen die Katatrophe eingetreten. Vor allem den schon ansässigen Engländern graute es vor der Invasion hellhäutiger und kulinarisch rückständiger Landsleute. Sie hätten das Buch, dem alsbald ein zweites folgte, am liebsten verboten oder verbrannt gesehen.

Die echten Provenzalen taten das einzig Richtige, etwa Folgendes: Der Wirt des *Café du Progrès*, der den Autor wegen seiner despektierlichen Beschreibung der Örtlichkeiten zur Unperson verwünschte, präsentierte gleichwohl das Buch ganz vorn im Schaufenster. So verdiente er nicht schlecht, und was er von der ganzen Sache hielt, das konnte er immer noch englischen, japanischen oder sonstigen Fernsehteams anvertrauen.

Kein Provenzale, und lebt er auch nur nebenbei vom Tourismus, der nicht das Seine gelernt hätte aus dem „Phänomen Peter Mayle". Merke: Nichts entzückt den Urlauber mehr als **Authentizität.** Das ist nun wirklich ein wichtiges, ein zentrales Wort. Alles kann, alles muss authentisch sein, *vrai, véritable, typique, original, traditionel, à l'ancienne* – kurz: *authentique.*

Der provenzalische Tourismus darf so bleiben, was er eigentlich immer war. Die Provence verkauft nicht Sonne, nicht Berge, nicht Meer, nicht Museen, nicht Monumente, sie verkauft eine Lebensart. Man ist hier nicht eigentlich Tourist, sondern Privilegierter, eingeladen, für einige Tage oder Wochen das Vergnügen der Einheimischen zu teilen. Ein solcher Tourismus ist individuell – Urlaubersiedlungen im großen Stil gibt es kaum – und natürlich auch hochpreisig. Wer davon ausgeht, dass Massentourismus gewachsene Traditionen bedroht, kann sich darüber nur freuen. Denn gerade die gewachsenen Traditionen sind es ja, an die der Provence-Reisende assimiliert zu werden wünscht.

Diese Erwartung ist so alt wie der Provence-Tourismus selbst. Reisende aus dem Norden haben seit jeher ein Erweckungs-Erlebnis in Sachen Lebensqualität. In den 1930er Jahren, als in Frankreich unter der Volksfront-Regierung erstmals ein Tourismus größeren Ausmaßes einsetzte, als auch überall Jugendherbergen entstanden, da war die Provence à la mode vor allem bei den Jungen, die wenig Geld hatten, aber viele Träume. Manches davon trug Züge einer Stadtflucht, und nicht umsonst fand *Jean Giono* begeisterte Zuhörer, wenn er von den wahren Reichtümern sprach, den Reichtümern seiner Provence.

Nach dem Zweiten Weltkrieg kristallisierte sich dann eine weitere Eigentümlichkeit des Provence-Tourismus heraus: Die Menschen waren des Urlauber-Daseins überdrüssig – und sie begannen zu bleiben. Da traf es sich gut, dass die Landflucht pittoreske, entvölkerte Bergdörfer zurückgelassen hatte, in denen nun allmählich Ateliers und Wohnungen entstehen konnten. Nicht jeder wollte gleich das ganze Jahr bleiben. Und je besser es den Europäern ging, etwa von den 1960er Jahren an, desto mehr kamen sie darauf, sich einen Zweitwohnsitz in der Provence zuzulegen. Die *résidences sécondaires* schossen wie Pilze aus dem Boden.

Halbwegs war das noch eine Sache von Eingeweihten. Doch mit der Diskretion hatte es spätestens ein Ende, als die Prominenten unter den Zweitwohnern immer zahlreicher auftraten. *Mitterand* in Gordes, *Jack Lang* in Bonnieux, dazu eine ganze Armada von Schauspielern, Modemachern, Journalisten. Man sah sie nicht, aber man wusste: Sie sind da. Und das reichte.

Gleichwohl konnte die versammelte Elite mit blauem Blut nicht konkurrieren: Erst als *Caroline von Monaco* ein Mas in St. Rémy mietete, galt die Provence auch im Massenbewusstsein als *très chic*. Auch *Caroline* sah man nicht oder kaum. Aber man sah die Paparazzi, die den königlichen Kindern vor der Grundschule auflauerten und auf dem Wochenmarkt herumlungerten, und jedem war klar: Hier leben die, von denen man sagt, dass sie zu leben verstehen.

Auffallend unauffällig hat sich der Tourismus ausgebreitet. Die üblichen, aus aller Welt bekannten Exzesse sind fast überall verhindert worden, meist schon im Ansatz. Gleichwohl hat er ein erhebliches Volumen angenommen und das auch im Bewusstsein der Einheimischen. Wer die gebirgigen Landstriche als ursprünglich erlebt, der verkennt natürlich, dass immer noch junge Familien aus den entlegenen Dörfern fortziehen, weil ihre Arbeitsplätze oder die Schulen zu weit entfernt liegen. Ohne Touristen und ohne Zweitwohner wären viele Gegenden nicht ursprünglich, sondern schlicht aufgegeben ...

Es wäre interessant zu erforschen, welche Auswirkungen der sanfte, der „authentische" Tourismus à la provençale langfristig hat. Auch er dürfte die Mentalität beeinflussen. Denn in der Übererfüllung der ureigenen Gebote, in der Stilisierung der gewohnten Lebensweise ist natürlich auch eine Veränderung angelegt.

Im Luberon allerdings ist wieder Normalität eingekehrt. Von den Immobilienpreisen lässt sich das zwar nicht sagen, aber die waren auch vorher schon hoch. Besonders teuer stand übrigens ein altes Steingehöft oberhalb der Landstraße von Ménèrbes nach Bonnieux *à la vente:* Der Mas eines gewissen *Peter Mayle,* jener Mas, in dem er nach Auskunft gewisser Klappentexte sein Leben zu verbringen unumstößlich entschlossen war. Ja, die Touristen, entschuldigte sich dafür der Autor, es seien halt zu viele gekommen und sogar bis ins Wohnzimmer. *Mayle* entfloh dem von ihm selbst ausgelösten Rummel, verzog aus Ménèrbes auf die andere Seite des Atlantiks, nach Long Island. Vier Jahre blieben er und seine Frau, dann hielten sie es doch nicht mehr aus. 1999 kehrten sie zurück in die Provence. Dass seine Bücher dort inzwischen die Immobilienpreise gehörig nach oben getrieben hatten, musste *Peter Mayle* nicht wirklich stören – die Honorare aus diversen Ausgaben glichen das locker aus. So erstand er ein Bauernhaus aus dem 18. Jh., mit Pool und einem eigenem Flügel für Gäste. Dort will er nun weiterschreiben. Gelernt hat er allerdings eins: wo genau sein Haus liegt, verrät er so leicht niemandem mehr.

Kunst und Architektur

Kunst und Architektur der Provence erlebten im Wesentlichen drei große Blütezeiten: während der Antike, in romanischer Zeit und auf dem Gebiet der spätgotischen Malerei in der zweiten Hälfte des 15. Jh. Schon vom Ende des 14. Jh. an gab es in der Architektur keine herausragenden Leistungen mehr in der Provence, sieht man einmal ab von den schönen barocken Innenstädten etwa von Aix und Nîmes. Doch auch diese griffen vor allem auf die Ideen der Île de France und Italiens zurück, wie auch die Maler des 14. und 15. Jh. vor allem Italiener, Niederländer und Burgunder waren.

All dies konnte nicht mehr Ausdruck einer in sich geschlossenen Kulturlandschaft sein, welche die Provence einst war: Nirgendwo nämlich in ganz Frankreich findet man die römische Kultur derartig lebendig wie hier im Süden, und auch nirgendwo sonst konnte eine Romanik erstehen, deren Kennzeichen eben jener Rückgriff auf die römische Antike war. Die römischen Denkmäler – Tempel, Arenen, Theater und Wasserleitungen – stehen hier in solcher Dichte beisammen, die gesamte Landschaft bis in unsere Zeit prägend, dass sie geradezu als Aufforderung verstanden werden mussten, ihre Formen zu übernehmen, sie weiterzuentwickeln, ihnen den neuen christlichen Geist einzuhauchen, wie es die Romanik tat. So begegnet man nicht nur Rom bei jedem Schritt in der Provence, sondern auch der Kunst des 12. Jh., dieser Verkörperung der uns heute so schwer verständlichen Denkweise des romanischen Menschen.

Doch auch schon viel früher, lange vor den Römern, tat sich Bedeutendes in dem Land am Mittelmeer.

Griechen und Keltoligurer

Die Männer aus Phokäa, die um 600 v. Chr. **Marseille** gründeten, brachten mit ihren Handelsgütern auch die hohe griechische Kultur ins Land. Zwar trachteten sie nie danach, wie später die Römer, das Gebiet zu erobern, aber sie wollten Handel treiben, und auch das bedeutet einen engen Kontakt zu den Einheimischen. In Marseille, ihrem Hauptort, hinterließen sie naturgemäß die meisten Spuren, blieb es doch über Jahrhunderte eine rein griechische Stadt, stetig wachsend und sehr reich zudem. Die antike Siedlung erstreckte sich entlang der geschützten Nordseite des Hafens. Nicht nur Reste des Mauerrings und Keramik hat man gefunden, sondern auch ein riesiges ionisches Kapitell, das zu einem der zwei von *Strabo* erwähnten Tempel, dem des Apoll von Delphi, gehörte. Von dem anderen, dem Tempel der Artemis von Ephesos, sind mehrere Stelen erhalten.

Zeugen der mehr oder weniger friedlichen Koexistenz zwischen Griechen und Ureinwohnern sind die Ruinen von Mastramela, einer befestigten griechischen Handelsniederlassung bei **St. Blaise** am Étang de Berre und die frühen Bauten von **Glanum** bei St. Rémy.

Aufgrund dessen weist die Kunst der **Keltoligurer** deutlich einen griechischen Einfluss auf. Er zeigt sich in Form und Dekor der Handwerksgüter, in der verwendeten Technik und in dem Bemühen um eine realistische Darstellung. Dennoch kann man durchaus von einer eigenständigen Kunst sprechen. Besonders über das lange Überleben des **Schädelkultes** sind wir heute recht gut unterrichtet – ein Beispiel für den Widerstand und die Verteidigung der eigenen Kulte gegen die Hellenisierung (siehe Aix). Bei den Heiligtümern (Sanktuarien) von Entremont bei Aix und Roquepertuse bei Velaux entdeckte man Säulen mit eingelassenen Schädelnischen sowie zahlreiche Kopfskulpturen. In Entremont kann man darüber hinaus die Siedlungsstruktur einer befestigten Stadt studieren, eines der typischen keltischen **Oppida.**

Ausgestellt sind die keltoligurischen Funde in den Museen von Aix, Marseille, Nîmes und St. Rémy.

87pr Foto: bm

Keltische Kopfskulptur

88pr Foto: bm

Skulptur des Kaisers Hadrian

Römische Kunst und Architektur

Die Provincia Gallia Narbonensis erschien dem römischen Geschichtsschreiber *Plinius* weniger als eine Provinz denn als ein „anderes Italien" – so vorbildlich hatte sie sich die Romanisierung gefallen lassen. Zunächst einmal gab es überall **Städte,** die oft auf keltoligurische und teils griechische Vorgänger zurückgriffen. Am besten erhalten sind Glanum bei St. Rémy und große Ausgrabungsfelder in Vaison-la-Romaine. Doch auch an den Plänen moderner Städte wie Nîmes, Arles und Orange erkennt man noch heute das Gesicht der römischen Stadtanlage: Den Hauptachsen der Innenstädte entsprechen die beiden wichtigsten römischen Straßen, Decumanus und Cardo, die sich auf dem Forum kreuzten. In Orange hat man überdies drei in Marmorplatten eingravierte Katasterpläne gefunden, die zusätzlich genauen Aufschluss über die Einteilung und Nutzung des Umlandes geben.

Der zweite Segen lateinischer Kultur war der Ausbau der **Verkehrsverbindungen.** Schon unter *Augustus* waren die Hauptverkehrswege fertiggestellt, die Via Aurelia, Via Domitia und Via Agrippa. Der Straßenbelag bestand meist aus einer dicken Schotterschicht, die teilweise auf ein gründlich vorbereitetes Bett aus größeren Steinen aufgetragen wurde. Ein solcher Belag war zwar prinzipiell von guter Qualität, dennoch lief er im Winter und Frühjahr Gefahr zu verschlammen. In der Nähe der Städte und auf wichtigen Zufahrtsverbindungen befestigten die Römer ihre Straßen darum mit monumentalen Platten.

Zum Straßennetz gehörten zwingend **Brücken,** wie der Pont Julien bei Apt und der Pont Flavien bei St. Chamas am Etang de Berre. Die Wasserversorgung der Städte sicherte ein ausgereiftes Leitungssystem mit **Aquädukten** wie dem berühmten Pont du Gard bei Nîmes. Zudem entstanden zahlreiche Häfen, zum Beispiel in Orange, Avignon, Cavaillon, wahr-

Das römische Straßennetz

scheinlich auch in Vaison. Kurz, die Römer schufen eine Infrastruktur, die so vorher nicht bestanden hatte, obwohl sie natürlich auf prähistorische, keltoligurische und griechische Gründungen und Straßen aufbaute.

Vor allem aber beseelte der römische Geist das öffentliche Leben; viele **Monumente** in der Provence zeugen davon. Man denke nur an die Arenen von Nîmes und Arles, an den Triumphbogen in Orange, an den Nîmoiser Tempel Maison Carrée, *Konstantins* Thermen am arlesischen Rhôneufer sowie an das Juliergrabmal und das Stadttor vor St. Rémy. In den Stein gehauen waren oft Schlachtszenen, in denen Römer die eingeborenen Gallier besiegen oder gefangen nehmen – es handelte sich nicht etwa nur um ornamentalen Schmuck, sondern war Ausdruck des römischen Sieges und des Eroberungscharakters der „Einrichtung" von Provinzen.

Die **Museen** von Marseille, Arles, Avignon und Vaison-la-Romaine beherbergen neben bemerkenswerten Bodenmosaiken und Skulpturen auch Kunstgegenstände des Alltags wie Schmuck und Töpferarbeiten.

Diese schöne „römische Provence" befindet sich vor allem im **Rhônetal** von Orange bis Arles, aber auch in der Gegend von Riez und Apt. Vom römischen Leben in den Berggegenden weiß man weitaus weniger, vielleicht nur deshalb, weil dort bisher weniger Ausgrabungen unternommen wurden.

Frühes Christentum und fränkische Zeit (bis etwa 1000)

Der Übergang von der heidnischen Antike zum christlichen Frühmittelalter war die Zeit der wandernden Völker, der Unsicherheit und des Niedergangs. Die Städte, vielfach zerstört, verloren an Bedeutung. Als Kulturträger traten die **Klöster** an ihre Stelle: Schon zu Anfang des 5. Jh. entstanden St. Victor in Marseille und das Kloster auf den Lérins-Inseln vor Cannes.

Wenn auch die Anfänge des Christentums in der Provence etwas nebulös durch Legenden verklärt werden und historisch auf unsicheren Füßen stehen, so sind uns doch einige wenige Überreste aus dieser Zeit erhalten. Die recht schnelle Ausbreitung der neuen Religion ist vor allem dokumentiert durch die **Baptisterien** von Aix, Riez, Fréjus, Cimiez und Venasque (letzteres ist in der Forschung allerdings als Baptisterium umstritten). Beispiele für die frühchristliche **Sarkophagkunst** finden sich vor allem in Arles; die größten Schätze der beeindruckenden Gräberallee der Alyscamps stellt heute das Museum für antike und frühchristliche Kunst aus.

Während der Zeit der **Franken** lagen die Kunstzentren in Nordfrankreich; merowingische und karolingische Kunstwerke oder Bauten sind in der Provence so kaum vertreten. Noch hatte der Süden dem Primat des Nordens nichts entgegenzusetzen, lange sollte ein neuer Aufschwung jedoch nicht mehr auf sich warten lassen: In ottonischer und romanischer Zeit versanken nämlich ihrerseits weite Teile des Nordens in einen tiefen Schlaf – der Süden indes erwachte.

Romanik

Es war im 12. Jh., als die Provence ihre zweite große Blütezeit erlebte, und in eben diesem Jahrhundert setzte die Baukunst neue Höhepunkte – zum ersten Mal nach der Antike. Von ihr loslösen konnte und wollte sie sich nicht, diese provenzalische Romanik, die immer wieder an die Formen der so gegenwärtigen und übermächtigen Römerkunst anknüpfte. Dennoch leistete sie Beachtliches, brachte rückblickend das **architektonisch goldene Zeitalter** der Provence hervor. Langsam, noch mit unsicheren Schritten, setzte es im 11. Jh. ein und gipfelte schließlich zwischen 1125 und 1225. Um diese spezielle Richtung einer großen europäischen Kunst hervorzubringen, genügte es nicht, auf das reiche Repertoire antiker Kunst zurückzugreifen. Ohne den wirtschaftlichen Aufschwung seit dem Ende des 10. Jh., so *Georges Duby,* und ohne die besondere Qualität der Kirchenleute und ihren Willen zu Reformen wäre die proven-

zalische Romanik so sicherlich nicht entstanden.

Sie ist nicht leicht zu verstehen für uns „moderne" Menschen, diese romanische Kunst mit ihrer rätselhaften Symbolik fast ausschließlich sakralen Charakters. Sie entsprang dem **Denken des romanischen Menschen.** Darum ein paar Worte vorweg zum Zustand des damaligen Europa: Seit dem ausgehenden 10. Jh. hatte es sich zwar politisch regeneriert, doch an Nationalstaaten war noch lange nicht zu denken. Könige und Ritter vertrieben sich ihre Zeit mit „heiligen Kriegen" und Kreuzzügen, *Papst Gregor* reformierte die Kirche, und die Klöster erneuerten ihre eigene Organisation; der monastischen Reform folgte die Blüte auf dem Fuße.

Frühchristlicher Sarkophag

Mit diesem äußeren Rahmen verband sich der **Feudalismus,** ein System, welches das Leben sozial, militärisch und verwaltungstechnisch ordnete. Viel mehr noch als dieses war es das **Christentum,** das alles durchdrang. Abbild der Allgewalt Gottes war im Weltbild des romanischen Menschen der **Kaiser.** Selbst die Provence gehörte nominell zum Deutschen Reich, oberster Lehnsherr war der Kaiser. Doch nicht nur dieser hatte göttliche Züge, sondern Gott hatte umgekehrt auch mittelalterlich-monarchische Eigenschaften. *Georges Duby* spricht von einem **feudalen Gottesbild** (vgl. dazu die Richterszene des Portals von St. Trophime im Kapitel „Arles"). Die zwei gegensätzlichen und sich oft bekämpfenden Prinzipien trafen sogar so eng zusammen, dass auch die monumentalen Kirchen und Klöster den Ritterburgen sehr ähnlich wurden: Die „Gottesburgen" als Ausdruck der Konkurrenz zwischen Kirche und Weltlichkeit einerseits, der Durchdringung der Kirche durch den Feudalismus andererseits.

Von den zahlreichen **Burgen und Schlössern,** welche die Anhöhen der Provence in der romanischen Zeit schmückten, ist viel weniger erhalten als von den Sakralbauten, ganz einfach, weil sie öfter zerstört und überbaut wurden. Zum Beispiel reichen Reste des Château de l'Emperi in Salon ins 12. Jh. zurück, die Burgruine von Vaison stammt aus dieser Zeit wie auch die von St. Maime in der Hochprovence. Die gesamte Stadtanlage von Aigues-Mortes ist typisch für den damaligen Wehrbau. Auch einige wenige Bürgerhäuser sind auf uns gekommen wie in St. Gilles (Loge des Génois), Avignon (Vice-Gérance) und Arles (Palais des Podestats).

Übersät hingegen ist die Provence mit **Kirchen, Kapellen, Klöstern und Kreuzgängen.** Sie alle tragen das Gesicht Roms, jedoch eines, urteilt *Duby,* „das sich von all dem beleben ließ, was Rom in diesem Teil des Abendlandes derzeit noch an Modernität besitzen konnte". Sehr deutlich wird das Vorbild am Aufbau der **Portale** von St. Gilles, St. Gabriel und St. Trophime (Arles). Und in dem von Notre-Dame-des-Doms in Avignon sind die klassischen Proportionen derart nachempfunden, dass *Stendhal* ihn gar für den Rest eines antiken Tempels hielt. Ebenso mühelos herleiten lässt sich der sehr einfache romanische **Raumtyp** von dem tonnengewölbten Saal antiker Profanbauten. Grundplan für Kirchen und Kapellen in der Provence war ein einziges Schiff mit meist halbrunder Apsis (Avignon, Notre-Dame-de-Salagon, Ganagobie, Montmajour, Stes-Maries, Cavaillon, Digne). Es kommen jedoch auch dreischiffige Pläne vor, allerdings mit sehr schmalen, verkümmert wirkenden Seitenschiffen (St. Trophime, Sénanque, Silvacane, Vaison). Nicht nur bei der römischen Saalform blieb es, sondern auch bei der Überdachung mit einem schwer lastenden Tonnengewölbe, rund- oder spitzbogig. Gesamteuropäisch typisch für die Romanik waren überdies die blockhaften Formen der Baukörper und die Verwendung des Rundbogens. Die bestechende Schönheit der provenzalischen Bauten dieses Stils beruht vor allem auf der Harmonie der Proportionen, dem soliden oder kostbaren Baumaterial und der perfekten Ausübung des Handwerks.

Meisterhaft ausgeführte **Dekorationsdetails** voller Symbolik, dem christlich-feudalen Geist der Zeit entspringend, kann man bewundern etwa in den Kreuzgängen von St. Trophime, St. Paul-de-Maussole in St. Rémy,

92 Foto: bm

St. Saveur in Aix und in den Kathedralen von Vaison und Cavaillon.

Insgesamt ist das Bild der romanischen Provence-Bauten jedoch bestimmt durch **Schmucklosigkeit und Strenge,** Einfachheit, ja Funktionalität. Beispiele par excellence für schlichte Romanik sind die Zisterzienserklöster Sénanque bei Gordes, Silvacane im Tal der Durance und Le Thoronet in der Ostprovence.

Kreuzgang St. Trophime

Gotik

Im Vergleich zum Norden Frankreichs ist die Gotik in der Provence nahezu unbedeutend geblieben. Da das Land erst im 15. Jh. endgültig französisch wurde, hatte es kaum Anteil an der neuen Kunstform, die eng mit dem neuen Selbstverständnis des französischen Königtums zusammenhing. Dieses hatte sich seit dem Untergang der Staufer 1250 zur größten europäischen Macht aufgeschwungen. *Philippe le Bel* (1284–1314) spielte das geschickt aus und verschleppte das Papsttum in die „Babylonische Gefangenschaft" nach **Avignon,** das zum Kirchenstaat gehörte. Hier entstanden nicht nur der monumentale gotische Papstpalast und zahlreiche Kardinalslivrées (z.B. die heutige Mediathek Ceccano), sondern auch die bis heute vollständig erhaltene Stadtmauer und die Kirchen St. Agricol, St. Pierre und St. Didier. Den späteren Flamboyant-Stil des Nordens kann man an St. Martial und dem Couvent des Célestins beobachten.

Die Provence ist so arm an gotischen Kathedralen, dass hier lediglich noch St. Maximin, Digne, Aix und Carpentras zu erwähnen wären, alle nur zum Teil neuen Stils. Erstaunlich ist, wie sehr die romanischen Baugedanken auch in der Gotik weiterlebten. Denn die Kirchen des Südens waren mitnichten Kopien der zum Himmel strebenden, mehrschiffigen und lichtdurchfluteten Bauten des Nordens. Zwar verschwand die schwer lastende Steintonne, doch sonst blieb alles

beim Alten: An der Dominanz des Mittelschiffes wurde nicht gerührt, die Fenster blieben klein und der Innenraum recht dunkel; aufstrebend wirkte allenfalls das neue Kreuzrippengewölbe.

St. Didier

Malerei in Avignon

Als Sitz der Päpste und „zweites Rom“ entwickelte Avignon sich im 14. Jh. zu einem wirtschaftlichen und kulturellen Zentrum erster Güte. Künstler aus dem Norden und aus Italien zog es hierher, und natürlich riefen die Oberhirten ihrerseits bedeutende Meister an den Hof, um die neue Hauptstadt der Christenheit angemessen verschönern zu lassen. Die wichtigsten Vertreter dieser ersten Schule von Avignon sind der toskanische Maler **Simone Martini,** von dem wir nur die Ausmalung des Portalvorbaus von Notre-Dame-des-Doms kennen, und **Matteo Giovanetti** aus Viterbo, dessen Fresken den Papstpalast zieren.

Die zweite Schule von Avignon weist neben den italienischen auch burgundische und flämische Einflüsse auf, ganz einfach, weil ihre Vertreter oft aus diesen Regionen stammten. Meisterwerke aus dieser Zeit um die Mitte des 15. Jh. sind die „Marienkrönung“ von **Enguerrand Quarton** (im Museum von Villeneuve-lès-Avignon), sowie das Triptychon „Maria im brennenden Dornbusch“ von **Nicolas Froment** und das „Verkündigungs-Tryptichon“, das verschiedenen Künstlern zugeschrieben wird (beide in Aix).

Baukunst von der Renaissance bis in unsere Zeit

1486 wurde die Provence offiziell mit Frankreich vereinigt; im darauf folgenden Jahrhundert bildete sich die französische Form des Feudalismus heraus, und das Parlament von Aix entstand. Für die Bautätigkeit verhieß dies nichts Gutes, lag doch das Machtzentrum weit entfernt im Norden, und so hinterließ die große europäische Bewegung des Humanismus hier recht späte und nur wenige Spuren.

Dennoch ist dies die Zeit, in der auch in der Provence aus Burgen **Schlösser** wurden. Schöne Châteaux im Luberon (Lourmarin, An-souis, La Tour-d'Aigues), am Fuße der Vaucluse-Berge (Gordes) und der Montagne Ste. Victoire (Vauvenargues) sind Beispiele für das neue Lebensgefühl und die antikisierende Formgestaltung.

Die **Klassik,** die französische Form des europäischen Barock, ist der Baustil des Absolutismus und Ausdruck seines Lebensgefühls. Vor allem ging es dabei um unbeschränkte Macht und um das Bedürfnis, diese zur Schau zu stellen. Und womit ließe sich dies besser bewerkstelligen als mit riesigen Bauten, prunkvoll dekoriert und noch dazu verdoppelt mittels künstlicher Gewässer? Man wohnte, dachte, kleidete und amüsierte sich in barockem Stil, der Welt zugewandt. Doch gerade die Architektur bewahrte auch eine gewisse Strenge der Formen, die sich vor allem in der Symmetrie zeigte, einem Bild für die göttliche Ordnung.

Von dieser Lebenskunst des 17. und 18. Jh. zeugen in der Provence die vielen *Hôtels particuliers,* jene **Stadtpaläste** des Adels, die – bei aller Schönheit – einzeln nur wie ein schwacher Abglanz Versailles' wirken. Ihre Gesamtheit jedoch macht Aix-en-Provence zu einer Perle. Nur natürlich war es, dass sich der Sitz des mächtigen Parlaments herausputzte und sein goldenes Zeitalter erlebte. In der Altstadt und im seinerzeit neu enstandenen Quartier Mazarin finden sich wunderschöne Barockpaläste, teils nordfranzösischen, teils italienischen Stils. Ihre harmonischen Fassaden zieren schmucke Portale, schmiedeeiserne Tore, umrahmte Fenster, Attikageschosse, kunstvolle Säulen, Eckpilaster und Reliefs. Nicht selten tragen Atlanten oder Karyatiden die Balkone. Repräsentative Innenhöfe und Gärten vervollständigen das Bild. Ein Paradebeispiel ist der prächtige Pavillon Vendôme am Rand des Aixoiser Stadtkerns.

Auch Avignon zehrt nicht nur von der Papstzeit, es ist sogar noch italienisch-beschwingter als Aix, man denke nur an das Hôtel des Monnaies an der Place du Petit Palais. Dem französischen Stil setzten *Jean-Baptiste* und *François Franque* mit dem Hôtel de Villeneuve-Martignan, heute Musée Calvet, ein Denkmal.

Das Pendant dieser prächtigen Stadthäuser sind **Landsitze** und kleine Schlösser – wiederum in der Gegend von Aix. Die Besitzer der *Hôtels particuliers* und der so genannten **Bastiden** waren dieselben, schließlich wollte man im Sommer die Vorteile des Landlebens auskosten. Sehenswert sind vor allem das Wasserschloss in Le Tholonet sowie La Gaude und La Mignarde, benachbarte Anwesen nördlich von Aix.

Schließlich zeigte sich der klassische Stil auch in den **Rathäusern** von Tarascon, Salon, Aix und Marseille sowie den Jesuitenkollegien von Avignon, Aix, Arles und Carpentras. Schöne Beispiele sind auch die Kornhalle und die alte Universität von Aix. **Hospitäler** berühmter Baumeister befinden sich in Marseille (Vieille Charité von *Pierre Puget,* Hôtel Dieu von *Portal, Mansard* und *Brun),* Avignon (von *Franque)* und Carpentras (von *Allemand).* Ein Beispiel für den in der Provence sehr seltenen Stil *Louis' XV.,* den Rokoko, ist die Synagoge von Carpentras.

Bezeichnet man die Zeit des Barock noch als Blütezeit, obwohl ihre Formen gar nicht originär provenzalisch waren, so gab es danach kaum noch hervorragende Leistungen auf dem Gebiet der Architektur. In Marseille machten sich **neoklassische Gebäude** breit (Porte d'Aix, Justiz- und Börsenpalast, Präfektur und Bibliothek); und das 19. Jh. verewigte sich hier mit dem **Historismus:** Auf geschichtliche Vorbilder zurückgreifend entstanden Notre-Dame-de-la-Garde, das neobyzantinische Wahrzeichen der Stadt, die neoromanische Kathedrale Notre-Dame-de-la-Major und der Palais Longchamp in neobarockem Stil.

Was die Moderne angeht, so kann man natürlich erst recht nicht mehr von einer originär provenzalischen Architektur sprechen. Der Stil der Moderne ist ein internationaler, doch in der Provence hat sich ein wirklich großer Vertreter dieses Stils mit einem seiner wichtigsten Werke verewigt: *Le Corbusier.*

Le Corbusier (1887–1965), mit bürgerlichem Namen *Charles-Edouard Jeanneret,* gilt als der Wegbereiter moderner Architektur schlechthin. Sein lebenslanges Bemühen galt einer völlig neuen Bauweise, die der Ausdruck unserer Zeit sein sollte und nicht etwa Variation und Abklatsch vergangener Kulturen. Schon in seiner ersten grundlegenden Publikation „Vers une Architecture" (1923) thematisierte er die vordringlichste Aufgabe, die menschenwürdige Unterbringung der Massen nämlich. Möglich machen wollte er dies durch industriell und serienmäßig hergestellte Häuser und Wohnblocks. Nachdem er im Krieg Paris verlassen und sich in die freie Zone des Südens zurückgezogen hatte, rückte die Realisierung dieser Ideen näher und fand ihre Erfüllung in der *Unité d'habitation de grandeur conforme* (1945–52) in Marseille, ein Projekt im Auftrag des Ministeriums für Wiederaufbau. Jede Wohnung auf dem Terrain **La Madrague** am Hafen blickt direkt auf freie Landschaft, das Meer, die Ste. Baume und den Alten Hafen. Zusammen mit der berühmten Pilgerkapelle Notre-Dame-du-Haut in Ronchamp (Burgund) gehört die *Unité* zu den Schöpfungen, die den Namen *Le Corbusiers* weit über die Fachwelt hinaus bekannt gemacht haben.

In heutiger Zeit gilt Nîmes als Zentrum und Vorreiter **moderner Architektur** in der Provence: Internationale Berühmtheiten wie *Sir Norman Foster, Jean Nouvel* und *Philippe Starck* haben die Stadt im Gard aufgepäppelt und ihr einen Hauch von großer Welt verliehen (siehe Exkurs dort).

Das Licht der Provence

Das berühmte Licht der Provence lässt Landschaften, Dörfer und Städte in besonders ausdruckstarken Farben erscheinen. Mit ihm wechselt die Provence ihr Gesicht, erstrahlt klar unter Sonne und azurblauem Himmel oder dämpft ihre Töne bei Wolken. Fast nie aber verliert dieses Licht seine ungeheure Intensität und Leuchtkraft, weshalb es seit jeher Maler angezogen hat. Nicht nur *Picasso* verschlug es für einige Zeit nach Vauvenargues, sondern auch ungezählte weniger berühmte Künstler bevölkern die Villages perchés inmitten von Bergen und wilder Garrigue.

Der Provence wohl am stärksten verbunden war **Paul Cézanne** (1839–1906), nicht zuletzt, weil hier seine Heimat war. Für den Sohn eines wohlhabenden Aixoiser Bankiers war zunächst eine Juristenlaufbahn geplant, er aber brachte den Mut auf, das Studium abzubrechen, um sich ganz der Kunst zu widmen. Bald kam er durch seinen Jugendfreund *Émile Zola* in Kontakt mit der Impressionisten-Szene in Paris, mit *Monet, Manet, Sisley, Renoir* und *Pissarro*. 1874 nahm er an ihrer Gruppenausstellung teil – und erntete nichts als Hohn. Gekränkt zog er sich 1879 wieder nach Aix zurück. Das impressionistische Programm war seine Sache nicht, aber er fand durch diese Erfahrung zur Freilichtmalerei – und die sollte ein Meilenstein auf seinem eigenen Weg werden.

15pr Foto: sb

Ein Spiel von Licht und Schatten

Cézanne hatte mit kraftvollen Hell-Dunkel-Gemälden begonnen, die unter dem Einfluss seines Freundes *Pissarro* eine wesentliche Aufhellung erfuhren. Impressionistisch aber wurde seine Kunst nie, weil es ihm weniger auf die Zeichnung und auf Licht und Schatten ankam als auf die Farben – in feinster Relation aufeinander abgestimmt. Gewissermaßen übersprang er so den Impressionismus und war Vorreiter der zukünftigen Stile, vor allem der Fauves und des Kubismus. Seine großen Themen waren dabei Stilleben, Porträts und Selbstbildnisse. Charakteristisch für ihn ist aber vor allem die Form der Serienmalerei im Freien: Immer wieder malte er dasselbe Mo-

98Foto: bm

tiv, seine *Baigneuses,* badende Frauen im Tal des Arc, und die Montagne Sainte-Victoire (siehe Pays d'Aix). Verständlich wird so seine berühmte Maxime *La réflection modifie la vision,* „Die Überlegung verändert das Sein", die ihn als Vater der modernen Malerei ausweist. Das aber hat damals kaum jemand erkannt, weder die Pariser Bohème, und schon gar nicht *Cézannes* Heimatstadt Aix.

In noch stärkerem Gegensatz zum späteren Ruhm steht das Leben **Vincent van Goghs** (1853–1890): Alle Versuche des niederländischen Pfarrsohns, im bürgerlichen Leben Fuß zu fassen, scheiterten. Ohne seinen Bruder *Theo* hätte er sich kaum ernähren können; er trank und rauchte exzessiv – und seine Liebe zu Frauen blieb stets unerwidert.

Sein Genie und seine Manie war die Malerei, doch selbst diese verschmähten die Pariser Salons und sogar seine Kollegen. Der berühmteste Maler der Moderne ging 1888 von Paris in die Provence, in der seine Schaffenskraft, aber auch seine Geisteskrankheit voll ausbrechen sollten. So gilt uns das Jahr in Arles heute als das bedeutendste seines Lebens (siehe Arles).

Unter dem Einfluss der Sonne des Südens veränderte sich die Farbpalette *van Gogh*s weg von den Grau- und Brauntönen hin zu klaren, ausdrucksstarken Farben. Die berühmten „Sonnenblumen" entstanden hier. Nach dem berüchtigten Debakel mit seinem Malerkollegen *Gauguin,* in dessen Verlauf *van Gogh* sich ein Ohr abschnitt, erholte er sich nicht mehr und ging im Frühjahr 1889 freiwillig in die Heilanstalt von St. Rémy – aus Angst vor dem Wahnsinn. Trotz oder gerade wegen regelmäßiger epileptischer Anfälle und Halluzinationen war er äußerst kreativ, schuf rund 160 Gemälde, darunter die „Schwertlilien", die „Sternennacht" sowie viele Landschaftsbilder mit Zypressen. Das Motiv der Zypresse, die er flammenartig gen Himmel züngelnd darstellte, faszinierte ihn; immer expressiver wurden seine charakteristischen Pinselstriche, entwickelten sich schließlich zu wirbelnden Linien.

Der Hintergrund seines im September 1889 entstandenen letzten Selbst-

Espace Van Gogh

Indiennes – die provenzalischen Stoffe

Goldgelb wie die Sonne, tiefgrün wie Zypressen, leuchtend rot wie reife Tomaten und stechend blau wie der provenzalische Himmel: All diese Farben der Provence finden sich auf den Indiennes wieder, jenen charakteristisch bedruckten Baumwolltüchern der Region, die eine lange Tradition und ein unverwechselbares Lebensgefühl widerspiegeln.

Ursprünglich stammten sie aus Indien, später auch aus Persien und der Türkei. Eingang in die Provence fanden sie um 1650 über den Marseillaiser Hafen – und wurden prompt zu einem modischen Renner: Farbenfroh und originell gemustert, waren sie so ganz anders als die schweren Brokat- und Seidenkostüme der Zeit, welche die adligen Frauen trugen. Doch nicht nur diese, sondern auch Frauen aus dem Volk entwickelten eine wahre Leidenschaft für die exotischen Motive der Indiennes, die mit unbekannten Blumen und merkwürdigen Tieren geschmückt waren. Echte, handbemalte Tücher konnten sich nur die Reichen leisten, die anderen trugen mittels Druckplatten hergestellte Nachahmungen.

Es dauerte nicht lange, bis die Provenzalen selbst begannen, ihre Tücher zu bedrucken, und rasch breitete sich der Beruf des Indienneurs aus. Die traditionellen Manufakturen von Rouen, Lyon und Tours riefen um Hilfe, woraufhin Paris 1686 prompt die indische Stoffdruckerei in Frankreich untersagte. Das länger als 70 Jahre andauernde Verbot rief einen regen Schmuggelhandel hervor und animierte andere europäische Länder, ihrerseits Indiennes herzustellen. Das war fatal für die Provence: Auch als der Stoffdruck längst wieder erlaubt war, gab es kaum mehr als eine Handvoll Ateliers in der Region.

Die heute produzierten Indiennes, die seit etwa drei Jahrzehnten eine Renaissance in der Provence und anderswo erleben, stützen sich auf die alte Tradition. Durch modernes Design, noblen Anstrich (zum Beispiel Souleiado, Les Olivades) und unterschiedlichste Verwendungsmöglichkeiten (etwa als Tischdecken, Kissen, Taschen, Kleider, Schlafanzüge oder Krawatten) kommen die Stoffe des Südens zu neuen Ehren.

Museen

- Musée des Arts et Traditions populaires in Marseille
- Museon Arlaten in Arles
- Musée du Vieux Nîmes
- Musée Souleiado in Tarascon

bildnisses besteht aus ebensolchen blau-grün-grauen, wirbelnden Spiralen. Zusammen mit dem angestrengten Gesichtsausdruck und dem durchdringenden Blick des Malers strahlt das Bild eine große Erregung aus. Gegen Ende dieses Jahres scheint die Schaffenskraft *van Goghs* nachgelassen zu haben, so dass er sich entschloss, in die Künstlerkolonie Auvers-sur-Oise nordwestlich von Paris umzusiedeln. Nach einem Besuch bei seinem Bruder *Theo,* dessen kleinem Sohn es nicht gut ging und der zudem Geldsorgen hatte, machte *van Gogh* am 27. Juli 1890 einen langen Abendspaziergang. Er kehrte mit einer Schusswunde zurück, die er sich selbst zugefügt hatte, und starb zwei Tage später im Alter von 37 Jahren.

Das provenzalische Dorf

Bauen auf dem Land und im Dorf

Unterschiedlich wie die Landschaften der Provence sind ihre Siedlungsformen. Die große Grenzlinie scheidet auch hier die **Provence der Ebenen** mit verstreuter Siedlungsstruktur vom **Land der Hügel** mit konzentrierter Siedlungsweise.

Weit auseinanderliegende **Mas** der Camargue und enge Felsdörfer der Haute-Provence sind die extremen Beispiele. Die großen Höfe im Rhônedelta entstanden oft im 17. und 18. Jahrhundert. Weil die Urbarmachung dieses weiten Landes mit der Anlage von Bewässerungsgräben zu kostspielig war, als dass kleine Besitze sie hätten leisten können, liegen die Mas einsam inmitten riesiger Felder.

Dass viele von ihnen auf römische Besitzungen an der gleichen Stelle zurückgehen, weist auf eine zweite Vorbestimmung provenzalischer Siedlungsweise: neben der Anpassung an die Landschaft die **Anpassung** an Krieg oder Frieden, an Bedrohung oder Sicherheit, **an die Geschichte** eben. Die Stadt Vaison-la-Romaine etwa ist ein Musterbeispiel dafür. Zunächst siedelten die Keltoliguren auf dem Hügel, der ihnen Schutz gab und Überwachung ermöglichte. Dann, in der Sicherheit des römischen Landfriedens, verlagerte sich die Siedlung hinunter in die Ebene. Die vielfach gefährdeten Menschen des Mittelalters zogen zurück auf den Hügel, während in der Neuzeit wieder die Bequemlichkeit des Wohnens in der Ebene Vorrang hatte. Heute existieren in der engen Oberstadt billige, unsanierte Quartiere neben restaurierten Zweitwohnsitzen betuchter Städter.

Das **Village Perché** (zu deutsch etwa: Dorf, das wie ein Vogel auf seinem Nest sitzt), ist eine typisch mittelalterliche Siedlungsform vor allem des Vaucluse und der Haute-Provence. Auf einer Bergspitze oder in den Hang hinein angelegt, bietet dieser Standort zunächst einmal Schutz, darüber hinaus auch felsigen, einfach zu bebauenden Boden, der landwirtschaftlich ohnehin nicht nutzbar war. Allerdings war es auch notwendig, tiefe Brunnen zu graben.

Typisch für das *village perché* ist es, dass sich die Wände der außen an den Hang grenzenden Häuser zu einer Art Stadtmauer verbinden. Ab und zu kommt ein befestigtes Schloss hinzu, dies meist im Mittelpunkt des Dorfes. Dort, an einer zentralen Straße, liegen überhaupt die reichsten Gebäude, während sich am Rand die bescheidensten Häuser konzentrieren. Auffallend ist die für eine kleine Siedlung ganz ungewöhnliche Höhe der Häuser mit oft zwei übereinanderliegenden Kellern und vier oder fünf Etagen bei einer sehr bescheidenen Grundfläche. Im Erdgeschoss der ärmeren Häuser waren oft Ställe untergebracht.

Während die meisten dieser Dörfer ihren mittelalterlichen Standort auf einem Hügel behielten und damit auch

100pr Foto: bm

ihre recht abgelegene Situation, glichen doch einige gerade diesen Nachteil ihrer Lage aus und gründeten eine **Dependance an der nächsten Landstraße.** Mitunter verfiel das eigentliche Dorf später zugunsten des Ablegers. Extreme Beispiele finden sich am Etang de Berre, wo große Industrieorte auf fast vergessene Felsdörfer zurückgehen (etwa Miramas und Miramas-le-Vieux).

Trachtengruppe

Mit seinen hohen Fassaden und den engen, oft ringförmig verlaufenden Gassen, verbunden durch allerlei Treppen und Passagen, mutet ein solches Dorf fast städtisch an. Und in der Tat ist die größte Eigentümlichkeit des provenzalischen Dorfes nicht die Lage, sondern seine relative **Urbanität,** ja das Verschwimmen der Grenzen zur Stadt.

Schon die Einwohnerzahl, oft zwischen 2000 und 6000, deutet darauf hin, aber auch die wirtschaftliche Struktur mit einem hohen Anteil von Handwerkern und Händlern, schließlich die **soziale Struktur** mit einem tonangebenden Großbürgertum. Viele Dörfer gliedern sich, der Stadt gleich, in reichere und ärmere Viertel,

101pr Foto: bm

wobei sich im 19. Jahrhundert die mittelalterliche Aufteilung vielfach umzukehren begann: Die Reichen wohnten nun nicht mehr im oberen Teil des Dorfes, sondern in neuen, komfortableren Sitzen am Rand, so, wie es heute zu beobachten ist.

Reilhanette im Tal des Toulourenc

Platz in Bonnieux

Auch in ihrer **Selbstverwaltung** waren die provenzalischen Dörfer schon vor der Revolution weit eigenständiger als etwa im Norden Frankreichs. So gab es eine ganze Reihe kommunaler Bediensteter, etwa den *Campanié,* der für den Betrieb des Campanile zuständig war, oder den *Gardo-aigo,* der die Bewässerungssysteme überwachte.

Ganz allgemein drückt sich darin eine hohe Wertschätzung für den **öffentlichen Raum** aus. Das ist eine zutiefst mediterrane Besonderheit, die sich in der Provence selbst im Ortsbild kleinster Dörfer niedergeschlagen hat. Der gesamte öffentliche Raum mutet hier seltsam überproportioniert an. Im Zentrum jeder Siedlung findet sich der **Platz,** dies durchaus in der Tradition des römischen Forums als Ort von Begegnung, Austausch und Diskussion. Oft steht hier auch das Rathaus, das nicht umsonst *Hôtel de ville* heißt, mitunter aus dem 19. Jh., als die örtlichen Notablen der Landflucht steinerne Dokumentationen vermeintlicher Größe und Bedeutung entgegensetzten. Unverzichtbar für den Platz ist ferner der Brunnen, dann mindestens ein Schatten spendender Baum, etwa eine Platane, oft ein Uhrturm mit Campanile, ein Totenmal und natürlich ein Café. Die Kirche hingegen liegt selten an diesem Platz, auch nicht der Friedhof oder die Waschstätten.

Das **Baumaterial** schlechthin ist Stein. In der schwierigen Abgrenzung der Provence von benachbarten Regionen gilt dies als ein entscheidendes Merkmal: Wo vorwiegend mit Holz gebaut wird, beginnt bereits die Dauphiné. Felsen sind in der Provence schon der Standort vieler Siedlungen (s.o.). Selbst dort, wo Holz reichlich verfügbar ist, etwa in der Camargue, verwendet man es bestenfalls für minder wichtige Nebengebäude, nie für das Haus an sich.

Rohe, oft halbierte, selten grob behauene **Natursteine** sind das häufigste Baumaterial, allein schon deshalb, weil es an Ort und Stelle vorgefunden wurde. Gesammelt auf den umliegenden Feldern oder in nahen Steinbrüchen, oft aber auch auf dem felsigen Untergrund der entstehenden Siedlung, mussten diese Steine nicht erst über eine weite Strecke transportiert werden – so wie die teureren *Pierres de taille*.

103pr Foto: bm

Diese **Quadersteine** aus großen Steinbrüchen wie in Fontvieille blieben meist Herrenhäusern vorbehalten, fanden aber in einigen, vom Steinbruch nicht zu weit entfernten Gegenden auch für weniger aufwendige Bauten Verwendung. Für viele einfache Häuser, die ansonsten aus unbehauenem Stein errichtet wurden, griffen die Baumeister an den Ecken und den Öffnungen für Türen und Fenster auf Quadersteine oder grob behauene Bruchsteine zurück.

Das außergewöhnlichste Beispiel der Steinbauweise in der Provence sind die archaisch wirkenden **Trockensteinbauten** *(construction en pierre sèche)*. In den Feldern gefundene Bruchsteine und Steinplatten wurden ohne jeden Mörtel aufeinandergeschichtet, sowohl zu niedrigen Mauern, die etwa im Luberon die hügelige Landschaft in Terrassen gliedern, als auch zu Nutzbauten, Schäfereien und Ähnlichem. Die bekanntesten dieser *Cabanes* sind zweifellos die *Bories,* geheimnisvolle Kuppelbauten vor allem im Vaucluse (siehe Exkurs bei Gordes). Damit solche Konstruktionen gelingen konnten, mussten die einzelnen Steine wie Teile eines Puzzles zusammengesetzt werden.

Weniger verbreitet sind **Mauern aus Terre battue** (Erde in einer Holzverschalung), im Provenzalischen *Tapi* genannt. Diese eher billige Bauweise verschwand gegen Ende des vorletzten Jahrhunderts unter anderem, weil die Eisenbahn den Transport anderer Materialien vereinfachte.

Der Maurermeister leitet in der Provence traditionell den ganzen Bau, auch das Decken des Daches. Bevorzugtes Material sind die *Tuiles canals,* gebogene **Ziegel,** die abwechselnd nach oben und nach unten geöffnet gedeckt werden, so dass sie ineinandergreifen. Obgleich mit Mörtel befestigt, werden die unteren Reihen oft mit schweren Steinen belastet, um sie zusätzlich vor dem Mistral zu schützen. Häufig schließt das Dach bündig mit der Mauer ab; die Neigung bleibt mit etwa 20 Grad eher gering, mit Ausnahmen zum Beispiel im Rhônetal, wo sich deutlich stärker abfallende Dächer finden.

Um das Dach vor Windstößen und die Fassade vor Wasser zu schützen, findet man häufig ein eigenartiges Gesims, das im übrigen Frankreich kaum anzutreffen ist: Mehrere Reihen von übereinander gemauerten Ziegeln schließen die Wand nach oben hin ab. Diese **Genoise** genannte Konstruktion ist auch dekoratives Element; ihre Ausführung und Größe spiegelt den sozialen Rang und den Geldbeutel des Bauherrn wider.

Steingedeckte Häuser sind in der Provence sehr selten, sie finden sich höchstens an der Grenze zur Dauphiné. In der Camargue hingegen gibt es noch **Dächer mit Schilfrohr.**

Innerhalb der Provence gibt es eine ganze Reihe von Bezeichnungen für Häuser auf dem Land. Da ist zunächst der **Mas,** ganz allgemein der Name für einen einzeln liegenden Hof in der Provence der Ebenen. In der Camargue ist diese Bezeichnung aber nur für große und wichtige Anwesen üblich. Ein solcher Mas, errichtet aus Quadersteinen, besteht in der Regel aus einem imposanten Herrenhaus, im Sommer Wohnstätte des Besitzers, aus einem zweiten Gebäude für den Pächter sowie mehreren Nebengebäuden wie etwa der Schäferei, die wesentlich weniger aufwendig gebaut sind und in denen oft die Bediensteten schliefen.

Über den Dächern von Le Barroux

Die **Bastide,** vorrangig im Land von Aix zu finden, enthält ebenfalls ein Herrenhaus als Sommersitz reicher Aixoiser, dazu das Haus des Pächters und Nebengebäude.

Die Grenze zwischen Bastide und Schloss ist schwer zu ziehen, verfügen doch auch die Schlösser der Gegend über landwirtschaftliche Nebengebäude. In jedem Fall stehen die Bastiden für eine intensive Begegnung von urbaner und ländlicher Welt in der Provence: Reiche Städter sahen diese Landgüter, die ja oft in unmittelbarer Umgebung von Aix oder Marseille liegen, nicht bloß als Investition, sondern auch als Bestandteil ihrer Freizeit, ja als Zweitwohnsitz für die Sommermonate.

Stadt und Land durchdringen einander auch im Mas der Camargue, ganz sichtbar in der Architektur: Das Herrenhaus als zentraler Teil des Mas ist mit seiner symmetrischen, aufwendigen Fassade aus bestem Stein sozusagen ein aufs Land verpflanztes *Hôtel particulier,* hier eben mit schilfrohrgedeckten Schäfereien an seiner Seite.

Was nun die Masse der **Häuser auf dem Land** betrifft, also nicht die aufwendigen Mas und Bastiden, so unterscheiden sie sich bei einer weitgehenden Übereinstimmung in Bauweise und Baumaterial vor allem durch Form und Aussehen. Im Bergland wird höher gebaut, mit Dächern, die nur aus einer einzigen Schräge bestehen und Mauern, die unverputzten

Stein zeigen, während in der Ebene niedrigere Häuser mit zwei Dachschrägen und verputzten Mauren häufiger sind.

Typisch für die gesamte Region ist hingegen, dass ein rechteckiges Basisgebäude ergänzt wird um verschiedene weitere Baukörper. Sofern es sich um Häuser innerhalb eines Dorfes handelt, fällt generell die **geringe Grundfläche** von oft nicht mehr als 25 oder 30 Quadratmetern auf, die durch ungewöhnliche Höhe der Häuser ausgeglichen werden muss. Häufig beziehen Dorfhäuser Felsen mit ein, etwa als vierte Wand oder sogar, bei den *Maisons troglodytiques,* durch eine Bauweise in den Fels hinein.

Bei freistehenden Häusern gehören **Bäume** fast mit zur Architektur: Vor dem Haus ein Schatten spendender Baum, der aber seine Blätter im Winter verliert und dann Licht und Sonne durchlässt, also nie eine Zypresse, sondern meist eine Platane. Zypressen, aber auch Ebereschen oder Feigen pflanzte man an anderer Stelle; all diese Bäume haben eine rituelle, aber auch praktische Funktion zum Schutz des Hauses und seiner Bewohner. Die aufwendigen Häuser trennt manchmal eine eigene Allee von der Straße.

Die äußere Gestaltung des Hauses mit Fenstern und Türen, Treppe, Balkon oder Terrasse konzentriert sich ganz auf die **Hauptfassade,** die sich meist nach Süden öffnet. Hingegen sind die nach Norden oder Nordosten, also dem Mistral zugewandten Fassaden meist sehr einfach und entweder fensterlos oder nur mit sehr kleinen Fenstern versehen. Wie regelmäßig und symmetrisch Fenster und Türen angeordnet sind, spiegelt auch den sozialen Rang der Erbauer wider: Während die Herrenhäuser grundsätzlich sehr harmonische Fassaden aufweisen, wirken die der einfachsten Häuser oft willkürlich und ungeordnet.

Im Inneren steht die Küche traditionell ganz im Mittelpunkt, jedenfalls in den Wintermonaten. Diese Einschränkung ist wichtig, weil das Haus in der Provence stark dem Wechsel der Jahreszeiten unterworfen ist: Im Sommer dagegen dient es fast nur als Schlafstätte, während sich das Leben unter freiem Himmel abspielt. Der Sankt-Josefs-Tag am 19. März läutet diese Periode ein – oft mit einem großen Frühjahrsputz; sie währt traditionsgemäß bis zum Sankt-Michaels-Tag am 29. September.

Leben im provenzalischen Dorf

Die Eigenarten in der Bauweise sind vielfach Ausdruck provenzalischer Mentalität. So spiegelt die Enge der dicht aneinander stehenden Häuser und die Gliederung des Dorfes in Viertel ein ausgesprochenes **Kirchturmdenken.** Wenngleich es eine provenzalische Identität, ein Zusammengehörigkeitsgefühl gibt, so ist der Provenzale zunächst doch immer Bewohner nicht nur seines Landstriches, sondern seines Dorfes. Dieser eigenartige Lokalpatriotismus begegnet einem etwa in den Alpilles, einer doch recht kleinen landschaftlichen Einheit, wie

107pr Foto: bm

man glauben könnte, innerhalb derer aber mitunter schon die Bewohner des Nachbardorfes als „ganz anderer Menschenschlag" beschrieben werden. Der Fremde stößt auf unsichtbare Grenzen. Danach befragt, machen sich junge, weit gereiste Provenzalen dann plötzlich bewusst, dass auch sie sich, einer ganz selbstverständlichen Tradition folgend, etwa nur zu den nördlichen, nicht aber zu den südlichen Nachbarorten hin orientiert haben. Es verwundert daher nicht, dass viele Dörfer der Provence sogar über ein eigenes Wappen verfügen.

Die innere Aufteilung und Anlage des Dorfes ist so ein beredtes Zeugnis der provenzalischen Mentalität. Ein anderes Beispiel: Die **Trennung der Räume für Mann und Frau.** Der Platz ist in dieser Tradition fast ganz dem Mann vorbehalten, und zwar nicht nur in der Freizeit. Das ganze wirtschaftliche und politische Geschehen eines Dorfes spielte sich hier ab. Auf dem Platz informierte man sich über Preise für landwirtschaftliche Erzeugnisse oder über die neuesten technischen Errungenschaften, hier fanden die Märkte statt, hier destillierte man seinen Lavendel, versammelte sich aber auch, um politische Entscheidungen zu treffen und zu diskutieren.

Versammlung der Männer

Am Platz liegen schließlich die Versammlungsorte der Männer, allen voran das **Café,** dann **chambreto** und **cercle.** Letztere bezeichnen sowohl einen Verein als auch seinen Versammlungsort, der einem Café ähnelt. *Chambreto,* mehr bäuerlich-populär, und *cercle,* eher bürgerlich und politisch, entstanden im 19. Jh.; es schlossen sich in ihnen ausnahmslos einheimische Männer zusammen, die für würdig befunden worden waren und sich gewissen Einschränkungen unterwarfen: gegenseitige Hilfe in Wort und Tat, korrekte Lebensweise. Gleichwohl erschienen *chambreto* und *cercle* durchreisenden Fremden nicht selten als Horte von Ausschweifung von Faulheit. Verwaltet wurden sie meist von einem gewählten Rat. Sie dokumentieren damit eine gewisse Vorliebe für alles Politische, die sich auch in einer traditionell hohen Wahlbeteilung oder der Begeisterung für öffentliche Zeremonien spiegelt. Selbst die Straßennamen provenzalischer Dörfer sind häufig politischen Ursprungs.

Gleichzeitig geben diese Vereine, wie auch ganz allgemein der Platz als Stätte der Begegnung, eine Bühne ab für die große Leidenschaft jedes echten Provenzalen: das Spiel. An erster Stelle ist natürlich **Boule** zu nennen, das früher an allen möglichen Stellen des Dorfes gespielt wurde. Im 18. Jh. gab es so Anlass zu der Verordnung, während eines Gottesdienstes nicht näher als 300 Schritte von der Kirche entfernt zu spielen.

Heute verfügt jedes Dorf über mehr oder minder offizielle Plätze; durchgesetzt hat sich schon seit der Jahrhundertwende die Variante **Pétanque** *(à ped tanco,* mit fest stehenden Füßen).

Konkurrieren kann mit Boule allenfalls das **Kartenspiel** im Café. Beide Spiele werden öffentlich ausgetragen, beide geben Anlass zu immer neuen Kommentaren und Diskussionen. Beide auch sind den Männern vorbehalten, ihrem Ehrgefühl, ihrer Freude an List und Tricks, ihrem Sinn für den Wettbewerb, der eine regelrechte Gegenhierarchie im Dorf etablieren kann: der beste Spieler genießt enormes Ansehen.

So verbringt im traditionellen Dorfleben der Mann den größten Teil seiner Freizeit nicht zu Hause, sondern auf der Straße oder im Café. Und seine Frau? Auch sie besucht den Platz, aber nur, um dort frisches Wasser zu holen oder einzukaufen. Beides geschieht aber in aller Regel dann, wenn die Männer auf dem Feld oder sonstwie bei der Arbeit sind. So ist der Platz für sie kein Ort des Austausches, außer eben an den **Markttagen.** Neben Kirche und Friedhof als Versammlungsstätten bleiben die Frauen ungleich stärker ans Haus gebunden; sie treffen sich entweder hier oder unmittelbar in den Straßen ihres Viertels.

Als der Treffpunkt schlechthin galt früher aber der *Lavoir,* jenes oft überdachte Becken zum **Wäschewaschen** am Rand des Dorfes oder des Viertels. Das Wort vom „Schmutzige Wäsche waschen" drängt sich auf, wenn man liest, wie mancher Bürgermeister die waschenden Frauen in Erlassen zum Frieden untereinander mahnte: Sicher hätten sie das Recht, am Lavoir all ihrem Ärger über jedwede Obrigkeit Luft zu verschaffen; niemals aber sollten sie mit ihren Nachbarinnen in Streit geraten, und wenn doch, so dürften jedenfalls den Zungenschlägen zumindest keine anderen Schläge folgen.

Dieses starke Element der Öffentlichkeit im Leben jedes Einzelnen könnte nicht funktionieren, entspräche ihm nicht eine unbedingte **Achtung des Hauses als privatem Raum.** Das Übertreten der Schwelle bleibt ein Vorgang, der mit allen möglichen Ritualen behaftet ist. *Ho, de l'oustau* (soviel wie: „Hallo, die im Haus wohnen!") oder, gleich auf das Familienoberhaupt bezogen, *Ho, l'homme!* – das sind die Formeln, mit denen ein sich nähernder Besucher die Bewohner gewissermaßen vorwarnt und sich bemerkbar macht, oft heute noch. Man wird ihm dann einen Apéritif, einen Pastis etwa oder einen süßen Wein anbieten, was der Gast zunächst dankend ablehnt, dann aber doch akzeptiert.

Die Läden des Hauses – fast immer gibt es solche – werden früh geschlossen, etwas anderes würde als unschicklich gelten.

Religiosität und Volksglauben

Die Provenzalen sind ein ungemein gläubiges Volk. Das manifestiert sich zuerst in der allgegenwärtigen Heiligenverehrung. Mehr als anderswo ist in der Provence das Jahr gegliedert im **Rhythmus der Patronatsfeste und Gedenktage.** Zuallererst betraf und betrifft dies die Bauern, deren Arbeiten in den Feldern nicht selten durch die Namenstage der Heiligen bestimmt werden.

Mehr als anderswo vermischen sich Legende, Glaube und Mythos. Legenden und auch religiöse Überlieferung nehmen in der provenzalischen Kultur einen wichtigen Platz ein. Das entspringt einem zutiefst mediterranen Bedürfnis nach Ausschmückung.

So ranken sich fast alle besonders wichtigen und schönen **Legenden** um Heilige: etwa wie die im Gelobten Land ausgesetzten Frauen aus dem Umkreis Jesu, Maria Magdalena und Martha, im Schiff übers Meer trieben und dank göttlicher Fügung in der Camargue strandeten, von wo aus sich Maria Magdalena in die Ste.-Baume-Bergkette zurückzog und Martha nach Tarascon; wie Martha in Tarascon das Ungeheuer Tarasque bezwang, oder wie der einfache Schafshirte Bénézet nach einer göttlichen Weisung und dank göttlicher Hilfe in Avignon eine Brücke über die Rhône baute.

Sprache und Literatur

Der Kampf des Provenzalischen gegen das Französische

Bei einer Reise in den Süden Frankreichs gehen die meisten heute davon aus, dass dort französisch gesprochen wird. Bei einem Markt- oder Barbesuch kann es aber durchaus passieren, dass man Fetzen einer ganz anderen Sprache aufschnappt, der man anhört, dass sie romanischen Ursprungs ist, die Ähnlichkeit zum Französischen wie zum Italienischen hat, die aber trotzdem etwas ganz Eigenständiges ist: **das Provenzalische.**

Tatsächlich wird diese Regionalsprache eher gelegentlich als alltäglich, eher auf dem Land als in der Stadt und eher unter Alten als unter Jungen verwendet. Aber das Provenzalische ist auch nicht tot, wird es doch heute wieder in Sprachkursen – für manche wie eine Fremdsprache – gelehrt und mittels Büchern, Compact Discs, Radio- und Fernsehsendungen, kulturellen Revues und in der Schule verbreitet. Für die Pflege der provenzalischen Sprache setzt sich besonders der Bund des Félibrige ein (siehe unten).

Doch *die* provenzalische Sprache gibt es gar nicht, denn viele Dialekte bestehen nebeneinander, und in Marseille etwa parliert man anders als in der Hochprovence. Trotzdem versteht man sich untereinander, selbst mit Menschen aus Languedoc, Gascogne oder Katalanien: Denn sie alle sprechen okzitanischen Spachen, die zur **Langue d'Oc** des Südens gehören. Ihr steht die **Langue d'Oil** des Nordens gegenüber. Beide beerbten das spätantike Vulgärlatein, entwickelten sich aber sehr unterschiedlich aufgrund vorher existierender Sprachen und der Kontakte mit den Germanenvölkern. Es war *Dante,* der die Namen erfand; Pate standen die jeweiligen Wörter für das „Ja" – hier „oc", dort „oil", das heutige „oui". Das südliche Drittel Frankreichs, von den Pyrenäen bis zur italienischen Grenze, hatte also seine eigene Sprache, und selbstredend war es nicht gewillt, sie aufzugeben, jedenfalls nicht ohne Zwang.

Die **Geschichte der Durchsetzung des Französischen** in der Provence ist eng verbunden mit der Geschichte des Zentralismus, ist eine Geschichte, in der sich die Provenzalen oft genug gegen ihre „Belagerer" aus dem Norden aufgelehnt haben. Ende des 15. Jh. erst war die Provence per Schenkungsurkunde französisch geworden. Aber schon etwa fünfzig Jahre später erhob *Franz I.* die Sprache des Nordens zur offiziellen Amtssprache (im Edikt von Villers-Cotteret, 1539). Während der Revolution und unter *Napoleon* waren die Regionalsprachen gar als *Patois* (Mundart) verpönt. Trotz allem sprach um die Mitte des vergangenen Jahrhunderts das „einfache Volk" provenzalisch, zumindest im Alltag. Erst zwischen den Kriegen von 1870 und 1914–18 löste das Französische die Sprache des Südens mehr und mehr ab: Ab 1881/82 bestand nicht nur die allgemeine Schulpflicht, sondern es

110pr Foto: bm

ging das Verbot mit ihr einher, auf Provenzalisch zu lehren – sonst drohten Strafen. Ein Übriges taten die Erfordernisse des modernen Lebens im 20. Jahrhundert: Nicht nur Verkehr und Mobilität, Arbeitsmarkt und Militärdienst, sondern vor allem auch die zentrale Rolle von Paris, wo alle Fäden zusammenlaufen. Bedenkt man jedoch, dass vor dem Zweiten Weltkrieg noch viele das Provenzalische sprachen oder zumindest verstanden, hat es nicht weniger als 400 Jahre gedauert, bis sich das Französische als Hauptsprache wirklich durchsetzen konnte. Heute beleben nicht zuletzt die Versuche zur Dezentralisierung die alten, beinah vergessenen Regionalsprachen.

Zumindest aber lebt das Provenzalische im Französischen weiter, als dieser charakteristische **Akzent des Midi** mit seiner besonderen Aussprache und seinen eigenen regionalen Ausdrücken. Hört man zum Beispiel das Wort *Päng,* so ist damit bestimmt kein Knall gemeint, sondern *Pain,* das Brot, denn der Süden verzichtet fast vollständig auf Nasale. *Bjäng,* würde ein Provenzale jetzt sagen, „Gut ist's, kommen wir zum Schluss".

Die Provence ist zweisprachig

Einige provenzalische Ausdrücke

Bon Jour	Guten Tag
Adessias	Auf Wiedersehen
Nàni, noun	nein
Gramaci	danke
Se vous plais	bitte
Perdoun	Entschuldigung
Moussu, Mèste	Herr
Madamo, Dono	Frau
Madamisello	Fräulein
Vai bèn!	In Ordnung!
Coume vous dison?	Wie ist Ihr Name?
Coume anas, Coume vai lou biais?	Wie geht es Ihnen?
Acò vai!	Es geht mir gut!
E vous? (das S wird gesprochen)	Und Sie/Ihnen?
Coume ié disès en prouvençau?	Wie heißt das auf Provenzalisch?
Coumprène pas.	Ich verstehe nicht.
Acò m'agrado!	Das gefällt mir!
Quant cost?	Wieviel kostet das?
Es bèn carivènd!	Das ist zu teuer!
Coume es lou tèms?	Wie spät ist es?

Literatur in provenzalischer Sprache

Die höfische Lyrik der Troubadoure

Mit der Troubadour-Lyrik des 12. Jh. war das Okzitanische schon viel früher als das Französische eine Kultursprache ersten Ranges geworden, ja tatsächlich die erste Literatursprache des europäischen Mittelalters, die inhaltlich wie formal auf die Dichtung ganz Europas einwirkte. *Trobador* oder *Trobaire* (von prov. *trobar* = finden) war, wer als Dichter an die mittelalterlichen Höfe Südfrankreichs zog und seine Dichtung oft auch selbst vertonte und vortrug.

So ist diese Dichtung untrennbar mit dem höfischen Leben und den ritterlichen Idealen verbunden. Im Zentrum stand der **Dienst an einer Frau,** doch nicht etwa einer, die zu erreichen gewesen wäre. Es handelte sich vielmehr um die an strenge höfische Regeln gebundene, teils gar formelhafte Verherrlichung einer höher gestellten und noch dazu meist verheirateten Frau, welcher der Troubadour mit durchaus echter Zartheit und Innigkeit des Gefühls antrug, wie sehr er sie ob ihrer Schönheit und moralischen Vollkommenheit begehrte. Im Grunde ist das Thema mit dem Satz von *Lope de Vega* zusammenzufassen: *Amar sin saber a quien* – „Lieben, ohne zu wissen, wen“: Das ist die höfische Liebe.

Neben diesen kunstvoll komponierten *Cansos,* die sich um die Liebe drehten, gab es jedoch noch viele andere Formen. Die *Sirventès* zum Beispiel waren satirisch-polemische Gedichte über die politischen und religiösen Turbulenzen der Zeit; in den *Tensos* und *Jeux-Partis* wurde über eine bestimmte Streitfrage debattiert.

Der erste bekannte Troubadour war ein Grand Seigneur, *Herzog Wilhelm IX. von Aquitanien* (1071–1127). Von dort fand die neue Kunst Eingang im gesamten Sprachraum des Okzitanischen, so auch in der Provence. Hochburgen waren hier vor allem die **Cours d'Amour** (Liebeshöfe) von Les Baux, Aix und Orange.

So weit gestreut die geographische Herkunft der Troubadoure war, so unterschiedlich konnte auch die soziale sein: *Raimbaud* war Herzog von Orange, *Foulquet von Marseille* begann als Kaufmann, und *Bernard von Ventadour* war gar der Sohn eines Hofbäckers. Insgesamt wurde die Bewegung aber vom niederen Adel bzw. **Ritterstand** getragen. Kein Wunder, schließlich passte das in ihren Liedern ausgedrückte Streben nach Höherem sehr gut zu ihrem eigentlichen Sinnen und Trachten: dem sozialen und wirtschaftlichen Aufstieg.

Es war vor allem die Schuld der wüsten Feldzüge gegen die Katharer, dass die höfische Kultur und mit ihr die große Blüte weltlicher romanischer Lyrik unterging.

Der Félibrige

Die zweite große Bewegung, die mit der provenzalischen Sprache zusammenhängt, ist der Bund des Félibrige. Am 21. Mai 1854 gründeten ihn auf dem Schloss von Font-Ségugne in Châteauneuf-de-Gadagne (Vaucluse) *Paul Gièra, Joseph Roumanille, Théodore Aubanel, Anselme Mathieu, Jean Brunet, Alphonse Tavan* und *Frédéric Mistral* – allesamt Dichter. In Andenken an die Troubadoure wollten sie sich zuerst deren Namen geben, verwarfen ihn aber zugunsten des Félibre, den *Mistral* in einem alten Lied gehört hatte. Er enthielt die programmatischen Vokabeln *Fe* und *Libre:* freier Glaube. Der Bund trat vor allem für die **Pflege der okzitanischen Sprache und Kultur** ein, propagierte jedoch auch einen radikalen Regionalismus.

Zwischen 1891 und 1899 gaben die Félibres in Avignon die Zeitschrift **Aiòli** heraus und gründeten schon 1855 die

Salut, empèri dóu soulèu que bordo
Coume un orle d'argènt lou Rose bléuge!
Empèri dóu soulas, de l'alegrìo!
Empèri fantasti de la Prouvenço
Qu'emé toun noum soulet fas gau
au mounde!

Salut, empire du soleil, qui borde,
Comme un ourlet d'argent, le Rhône
éblouissant!
Empire de plaisance et d'allégresse,
Empire fantastique de Provence
Qui avec ton nom seul charmes le monde!

(Sei gegrüßt, Reich der Sonne,
Das, wie ein silberner Saum,
Die flimmernde Rhône einfasst!
Reich der Lust und der Leichtigkeit,
Wunderbares Reich der Provence,
Das du schon mit Deinem Namen
Die Welt bezauberst)

(Frédéric Mistral)

Armana prouvençau (provenzalischer Almanach), die unter dem Namen *Armana di Félibre* bis heute existiert. Neben unzähligen Veranstaltungen rund um die Provence stand die Sammlung von Objekten zur provenzalischen Kunst und Alltagskultur, die man heute im **Museon Arlaten** (Museum von Arles) bewundern kann. 1879 veröffentlichte *Mistral* den **Trésor dóu Félibrige,** ein monumentales und bis heute gültiges Wörterbuch samt Grammatik des modernen Provenzalisch. Einen weiteren wichtigen Schritt für die Erhaltung der Regionalsprache tat *Mistral,* indem er die Schreibweise systematisierte und vereinheitlichte.

Frédéric Mistral (1830–1914), der bekannteste der sieben Gründungsmitglieder, stammte aus Maillane in

Das Grab von Mistral

den Alpilles, wo man heute sein Wohnhaus besichtigen kann.

Für sein frühes Epos „Mirèio" („Mireille", 1859) erhielt er 1904 den Nobelpreis für Literatur. Es ist dies die Geschichte einer jungen, reichen Erbin aus der Petite Crau, die sich ganz unstandesgemäß in den Korbflechter Vincent verliebt. Am Ende zerbricht sie an dieser Liebe bzw. an der paternalistischen Gesellschaft, die diese nicht akzeptieren wollte. Weitere Werke des großen Provence-Dichters sind „Calendau" („Calendal", 1897), „Nerto" („Nerte", 1884) und „La Rèino Jano" („La Reine Jeanne", 1890). Das Grab der Letzteren stand sogar seinem eigenen, ein wenig prätentiösen Grabmal in Maillane Pate. Jedes Jahr pilgern **moderne Félibres** hierhin, berichten dem Dichterfürsten in direkter Anrede vom Erfolg ihrer Bemühungen um die provenzalische Sprache und Kultur und halten Plädoyers für den Regionalismus. Das schließt jedoch nicht aus, dass viele moderne Anhänger des „Mistralimus" sich heute als überzeugte Europäer sehen und ein Europa der Regionen favorisieren.

So weit waren die Félibres um *Mistral* damals noch nicht. Vielmehr kann man diesen durchaus einen rückwärtsgewandten, abgeschotteten Separatismus vorwerfen, ja sogar konservativ-royalistische Tendenzen. Und tatsächlich waren *Mistral* und nicht wenige seiner Anhänger in den Reihen der reaktionären *Action Française* zu finden.

Die Blüte provenzalischer Literatur von der Mitte des 19. bis zum Anfang des 20. Jahrhunderts ist auch untrennbar verbunden mit Namen wie **Théodore Aubanel** („La mióugrano entreduberto" – „La grenade entr'ouverte", 1860, „Li Fiho d'Avignon" – „Les Filles d'Avignon", 1885), **Folco de Baroncelli** („Blad de luno" – „Blé de lune", 1910), **Félix Gras** („Li Rouge dóu Miejour" – „Les Rouges du Midi", 1896) und **Joseph d'Arbaud** („Lou lausié d'Arle" – „Le laurier d'Arles", 1913, „La Caraco" – „La Gitiane", 1926, „La Bèstio dóu Vacarés" – „La Bête du Vaccarès", 1926). Der bekannteste Dichter provenzalischer Sprache unserer Zeit ist der 1920 in Marseille geborene **Max-Philippe Delavouët** („Quatre Cantico pèr l'Age d'Or" – „Quatre Cantiques pour l'Age d'Or", 1950, „Pouèmo 1–4" – „Poèmes 1–4", 1971, 1977 und 1983).

Provenzalische Literatur in französischer Sprache

Bei aller Betonung der Verdienste des Félibrige um die okzitanische Sprache und Kultur wird leicht vergessen, dass die Provence-Dichter ihre Werke oft selbst ins Französische übersetzten und damit Einfluss auf die französische Literatur gewannen. So übersetzte *Mistral* seine „Mireille", *Aubanel* seine „Filles d'Avignon", und selbst einige von *Alphonse Daudets* „Briefen aus meiner Mühle" („Lettres de mon Moulin") erschienen vorab in der Armana Prouvençau (1869 und 1870).

Alphonse Daudet

Ein Provenzale, der kaum je in der Provence gelebt hat, das ist *Alphonse Daudet*. 1840 wurde er in Nîmes geboren, wo sein Vater eine Tuchfabrik betrieb. Als die vor der Pleite stand, in der Zeit der Februarrevolution von 1848, zog die verarmte Familie nach Lyon – für den Jungen aus dem Midi schon der Norden mit seinem „ewigen Nebel".

Aus der Tristesse seiner Jugend flüchtete sich *Alphonse Daudet* in Träume und Fantasien, entwickelte eine starke Einbildungskraft und verfasste **erste Gedichte.** Doch musste erst der Versuch, Lehrer zu werden, unter Spott und Gejohle der Schüler scheitern, ehe *Daudet* die Schriftstellerei zu seinem Berufswunsch erklärte. Mittellos und ohne Beziehungen, nur mit diesem einen Ziel vor Augen, ging der 18-Jährige nach Paris, führte dort, was man ein bohèmisches Leben zu nennen gewohnt ist: den ewig gleichen Existenzkampf des armen Künstlers in der Metropole.

Erste Erfolge hatten Geschichten, die er für Pariser Zeitungen schrieb, und genau dies, das **Erzählen von Geschichten,** entsprach auch seiner Begabung – weit mehr als die Gedichte und Theaterstücke, an denen er sich ebenfalls versuchte. Eine Stellung als Privatsekretär eines Herzogs erlaubte ihm zu reisen, und mit dem Reisen fand er auch zu seinem ersten großen Thema: der alten Heimat.

Sein Blick auf die Provence ist zum einen der auf ein verlorenes Paradies, gleichzeitig aber der des staunenden, verwunderten, manchmal befremdeten Besuchers, ja des Touristen. Denn was war *Daudet* anderes als ein Tourist, Hauptstädter wie alle anderen, die nur ihre Ferien im Midi verbrachten?

In Fontvieille, wo Verwandte ein Schloss besaßen, lockten ihn bei seinen sommerlichen Streifzügen die Windmühlen der Gegend an, vor allem die Mühle Tissot. Gewohnt hat er freilich nie darin. Wohl träumte er davon, eine zu kaufen, doch die **„Briefe aus meiner Mühle“** entstanden am Schreibtisch in Paris. Der Journalist und Geschichtenerzähler *Daudet* spielte darin seine Beobachtungsgabe, sein feines Gespür für Stimmungen aus, und natürlich schärfte sich diese Wahrnehmung noch aus der Distanz. Die Briefe leben von dieser genauen und dabei doch überzeichneten, bald verklärenden, bald spöttelnden Sicht auf die Idylle von Fontvieille.

Obwohl Bewunderer *Mistrals* und in Kontakt stehend mit den Felibres, schrieb *Daudet* also ganz für ein Pariser Publikum. In manchem erinnert das an *Pagnol:* Beide trieb der unbedingte Wille, erfolgreich zu sein mit ihrer Kunst, beiden gelang es nicht zuletzt, indem sie ihre Heimat stilisierten, beiden trug genau dies nicht wenig Kritik ein. Gerade mit dem **„Tartarin von Tarascon“** zog *Daudet* den Ärger vieler Provenzalen auf sich. In dieser Figur hatte er in satirischer Übersteigerung vereint, was er als Eigenart des provenzalischen Menschenschlags ansah: Tartarin, aufschneiderischer Fantast und doch biederer Kleinbürger. Das verübelte man ihm so, wie man *Pagnol* den „Marius“ verübeln würde. Denn die Tartarins und Marius' waren es, die im übrigen Frankreich das Klischee, oder besser, das Zerrbild des Provenzalen mitzeichneten – und unerhörten Erfolg ernteten. Ebenso wie *Pagnols* Kindheitserinnerungen, zählen *Daudets* „Briefe“ bis heute zu den Klassikern großer und doch leichter Literatur und damit auch zur Pflichtlektüre jedes Schulkindes.

Doch man täte *Daudet* Unrecht, reduzierte man ihn auf diesen Aspekt. Die provenzalische Phase seines Werkes war ohnehin bald abgeschlossen. Die Originalität des *Alphonse Daudet* liegt darin, ganz Realist zu sein in der Beobachtung des Lebens, in der Schilderung eines Milieus, des „peuple de Paris“ etwa, sich aber nie der naturalistischen Schule so weit zu unterwerfen, dass Kälte und Distanz seinen Stil hätten prägen können. *Daudet* ist der Mitfühlende, mehr noch, der Mitleidende seiner Figuren. Die vordergründige Heiterkeit seiner Geschichten wechselt allzu oft in leise Melancholie. Dann kaschiert allein die Fähigkeit zur Selbstironie den tiefen Pessimismus *Daudets.*

Der Schriftsteller selbst sollte bis zu seinem Tod 1897 nicht mehr in der Provence ansässig werden. Ein halbes Jahrhundert später, 1942, starb aber in St. Rémy sein Sohn: **Léon Daudet.** Auch er hatte sich als Schriftsteller versucht, zunächst mit literarischen Porträts der Größen aus dem Umfeld seines Vaters. Bekannt wurde *Leon Daudet,* anfangs ein Anhänger deutscher Philosophie und Bewunderer *Wagners,* durch seine politischen Ambitionen. Unter dem Eindruck der Dreyfus-Affäre entwickelte er sich zum Nationalisten und als Mitherausgeber der Zeitung *L'Action Française* zu einem bekannten Polemiker nicht zuletzt gegen Deutschland.

Henri Bosco

Des Provenzalen Heimat ist nicht die Provence, nein, es ist nur jener spezielle Teil der Provence, in dem er geboren ist: die Camargue, die Alpilles oder das Comtat.

Henri Bosco wurde in Avignon im Jahre 1888 geboren, und er wuchs auf in der unmittelbaren Umgebung der Stadt. Doch schon dem Kind *Henri Bosco* bedeutete dieser flache, gleichförmige Landstrich nichts. Jenseits der Durance aber, wo die gezackte Silhouette der Alpilles in den Himmel ragte und weit dahinter, bläulich schimmernd, das Gebirge des Luberon, da lag versteckt das Land seiner Träume. Ein, wie er es empfand, verbotenes Land – und darum umso reizvoller.

Bis *Henri Bosco* es endgültig eroberte, dieses geheimnisvolle Land am Horizont, sollte sehr viel Zeit vergehen. 1955 zog der Dichter nach Lourmarin im Luberon – da war er 67 Jahre alt und endlich ganz angekommen – an seinem Ort, aber auch bei seiner Kunst.

Besucht hatte er den Luberon regelmäßig, gelebt hatte er weit weg davon: Studium in Grenoble und Florenz, Lehrer in Avignon, in Nordafrika, dann im Ersten Weltkrieg Soldat im Orient, danach Belgrad, wieder Florenz, Rom, Neapel, schließlich Marokko.

Auch sein **Weg zur Schriftstellerei** glich einer langen Suche, ausgehend nur von einer Berufung, die er seit seiner Kindheit spürte. Es kam der Krieg, über den zu schreiben *Bosco* sich übrigens verbat, es kam die Karriere als Lehrer – und es fehlte der literarische Stoff. Erste Versuche mündeten in einer prätentiösen und allzu erhabenen Lyrik.

Beides, das rastlose Leben und die Suche nach dem einen, dem entscheidenden Bezugspunkt seines Künstlertums, beides vollendet sich erst mit dem Luberon – für *Bosco* eine Landschaft, deren Mythos täglich neu entsteht aus ihren Spannungen: bald Garten Eden, bald wilde, unzugängliche Natur, heiter und zugleich melancholisch, maßvoll und freundlich mancherorts, doch schroff und abgründig anderswo.

So, wie in „L'Ane Culotte", **„Der Esel mit der Samthose".** Ein Junge lebt in einem Dorf, behütet von seinen Großeltern. Bei seinen Streifzügen durch die Natur ist ihm eine Grenze gesetzt, hinter der er Geheimnisse, verborgene Schönheit und Gefahr vermutet. Einziger Bote aus dieser Welt ist eben der Esel mit der Hose, ein Fabeltier, oder besser, ein Bindeglied zwischen der Natur in ihrem Urzustand und dem daraus vertriebenen Menschen. Er führt den Jungen schließlich zu einem verborgenen Garten Eden hoch oben im Bergland, wo die Tiere, bewacht von einer riesigen schwarzen Schlange, in Eintracht zusammenleben. Schöpfer dieses Gartens ist ein alter Mann, der allein die Beschwörungsformeln kennt, denen diese Welt gehorcht. Der Mann hat den Jungen schon erwartet. Doch der bricht einen blühenden Mandelzweig ab und begeht so unbewusst das Sakrileg, das den Garten zerstört.

Man hat *Bosco* den Vorwurf gemacht, er beschreibe „Unwahres", „Unwahrscheinliches" oder „Unrealistisches". Dabei greift er nur jene **Mythen und Geheimnisse** auf, die gerade in der Provence noch durchaus lebendig sind. Nicht nur, dass der bekleidete Esel mit sanftem, wissenden Blick auf ein Kindheitserlebnis *Boscos* in einem Dorf der Provence zurückgeht; die Provence, mehr noch aber der Luberon, zeigt sich im Ganzen als ein Land, in dem das Mystische real ist. Die heidnischen Elemente uralter griechisch-römischer Zivilisation verschmelzen mit christlichen, oft biblischen Motiven. Nur hier konnte ein *Henri Bosco* seinen Stoff finden, den äußersten Bezugspunkt für jene philosophisch-poetischen Erzählungen. „Henri Bosco", so schreibt die Literaturwissenschaftlerin *B. Rambeck*, „hat sein poetisches Universum in Gegenreaktion auf eine total mechanisierte und nivellierte Welt auf den großen Leitideen des christlichen Denkens errichtet: auf Glaube, Liebe und Hoffnung", oder, wie er selbst einmal sagte, „es ist schon wahr, dass ich meine Zeit nicht sonderlich liebe. Aber es muss schon jemanden geben, der vom Paradies spricht, in der Hölle ..."

Marcel Pagnol

Sie nannten ihn „Ehre der Nation". „Held der Wissenschaft". „Ruhmesblatt der Intelligenz". Und dann setzten sie ihn vor die Tür. *Marcel Pagnol*, Anfang der 1930er Jahre einer der erfolgreichsten Theaterautoren in Paris, erntete nur Hohn und Spott, als er eine Lehre beim Kino antreten wollte. Der Tonfilm war gerade erfunden, und im Tonfilm liege, so hatte er den Herren Produzenten erklärt, die Zukunft der dramatischen Kunst überhaupt. Er selbst, der gestandene Autor von „Marius" und „Topaze", werde als Regie führender Drehbuchschreiber an dieser Zukunft teilnehmen.

Eine unerhörte Anmaßung. Und doch wurde aus *Marcel Pagnol*, dem Dramatiker, dem späteren Mitglied der Académie Française, dem Schriftsteller der Provence, auch einer der erfolgreichsten Filmproduzenten Frankreichs.

Pagnol und das Kino – sie wurden geboren zur selben Zeit und fast am gleichen Ort. Von Aubagne, einem Nest in den Bergen bei Marseille, wo *Pagnol* am 28. Februar 1895 zur Welt kam, sind es nur ein paar Kilometer bis zu jenem Bahnhof in La Ciotat, wo die Brüder *Auguste* und *Louis Lumière* wenig später die „Ankunft eines Zuges" drehten.

So wenig die Erfinder des Cinematographen ihrer Entdeckung eine große Zukunft voraussagten, so wenig reizte den Theaterautor *Pagnol* der Film. Bis zu jenem Frühlingstag des Jahres 1930, als *Pagnol* in einem Londoner Lichtspieltheater saß und hörte, „wie das Bild von Fräulein Bessy Love sprach und sprach". Vier Mal sah er sich die „Broadway Melody" an, dann war seine **„Theorie des Tonfilms"** geboren.

Mit der ganzen ihm eigenen Unbekümmertheit verhieß *Pagnol* den Eintritt ins Zeitalter des Tonfilms – und setzte sich damit zwischen alle Stühle. Nicht nur, dass die Theaterszene ihn des Verrats zieh, ihn, den das Theater zu einem geachteten Autor und zu einem reichen Mann gemacht hatte. Empörter noch reagierte das Lager des Films, des Stummfilms also: Die europäischen Filmproduzenten, die Schauspieler, die Kameraleute, sie sahen im Tonfilm eine wirtschaftliche wie künstlerische Bedrohung. Von neuen Chancen wollte niemand etwas hören. Der Tonfilm war eine Modeerscheinung, bestenfalls ein perfektionierter Stummfilm.

Pagnol stellte sich etwas ganz anderes vor. Im Tonfilm sollte die Sprache dominieren – eine Theorie, die in der Kritik nahezu einhellig als „abgefilmtes Theater" verpönt war. Ausgerechnet die *Paramount,* die Verkörperung des „Tonfilms wider Willen", gab nach einer Reihe spektakulärer Misserfolge in Europa *Pagnol* seine Chance. Nach der Vorlage seines Theatererfolgs entstand mit eben jenen Schauspielern der Film **„Marius",** ein Stoff aus dem Marseillaiser Hafenmilieu voller Sprachwitz und Schlagfertigkeit. Das Werk spielte gewaltige Summen ein und bestätigte *Pagnol* in seiner Philosophie vom Dialogfilm, der auch ein Autorenfilm sein musste.

In der Zusammenarbeit mit dem Regisseur *Alexander Korda* hatte *Pagnol* seine Lehrzeit beim Kino bekommen. Die *Paramount* verließ er bald darauf. Er verachtete den Geist von Hollywood und spürte seinerseits, trotz des Erfolgs, weiter die Herablassung der Filmoberen gegenüber einem Autor, dem notwendigen Übel am unteren Ende der Werteskala.

Und es lockte ihn, der schon als Schüler seinen Kameraden Liebesgedichte verkauft hatte, auch das große Geld. Die Einnahmen aus „Marius" investierte er in eine eigene Produktionsgesellschaft, die **Auteurs Associés** (in Anspielung auf *Chaplins United Artists),* später die *Société des films Marcel Pagnol. Pagnol* kontrollierte den gesamten Produktionsprozess und organisierte ihn, wie *Jean Renoir* bemerkte, ganz im Stile eines mittelalterlichen Handwerkerbetriebes. Er schrieb die Texte, wählte die Schauspieler aus, führte Regie, drehte mit eigenen Kameras in eigenen Studios vor Kulissen, die seine Werkstätten gebaut hatten, entwickelte in eigenen Labors, schnitt an eigenen Geräten, um den fertigen Film dann in sein Verteilernetz einzuspeisen, ihn sogar in eigenen Kinos aufzuführen. Ein einmaliger Vorgang in der Geschichte des französischen Films.

Frei in allen Entschlüssen, fand *Pagnol* auch zu seinem Stoff. Er entdeckte seine Heimat neu, dieses unvergleichbare Licht der Provence, das wilde Bergland seiner Kindheit, die Mythen und Sagen. Und *Jean Giono,* den Poeten der Provence. „Das Universelle erlebt man nur, wenn man beim Alltäglichen bleibt", war *Pagnol* überzeugt. **Gionos Erzählungen** von einer mystischen Provence, deren Menschen sich an die einfachen, echten Reichtümer halten, wurden zur Vorlage mehrerer Filme: „Jofroi" über einen alten, verschrobenen Bauern, „Angèle", nach dem „Berg der Stummen", eine poetische Liebesgeschichte, „Régain", Epos über das Sterben eines Bergdorfes.

Der verklärende Blick auf das Alltägliche verlieh den Filmen ihre Atmosphäre. „Es gibt keine Kunst außerhalb der gewöhnlichen Stoffe. Was uns bleibt, ist, alles neu zu sehen", so *Pagnol,* dem oft eine besondere **Begabung zum Glück** nachgesagt wurde. *Pagnol,* der die Menschen liebte. Pagnol, der Charmeur, der fünf Kinder hatte – mit vier Frauen. Die Leichtigkeit, das Sonnige und Einfache seines Charakters und seiner Heimat spiegelten sich in seinen Werken. Wer einen seiner Filme gesehen hatte, der war glücklich.

Dreharbeiten gestalteten sich als Landpartie unter Freunden. „Wir brachen zu den Hügeln auf", erinnert sich *Pagnol* an „Régain", „in drei Autos und dem Trosswagen, der einen großen Kochherd, Stühle, Essgeschirr, eine ganze Sippe von Kochtöpfen, einen Bratspieß und den dicken *Léon* transportierte; Letzterer kam mit, um seine Küche einzurichten".

Als erster Filmemacher wurde *Marcel Pagnol* 1946 in die **Académie Française** aufgenommen. *Roberto Rossellini,* der Schöpfer des italienischen Neorealismus, nannte *Pagnol* sein Vorbild, ebenso *Claude Chabrol* und *François Truffaut,* die Regisseure der Nouvelle Vague.

Und doch begegnen die französischen Intellektuellen dem Namen *Pagnol* bis heute mit einer gewissen Herablassung. Vor allem dem Dramatiker *Pagnol.* Er, der humanistisch Gebildete, der junge Autor klassischer Versdramen, Übersetzer *Vergils* und *Shakespeares,* hatte sich schon früh entschieden, kein „Bücherschranktheater" zu schreiben, für ihn „der Höhepunkt alles Trostlosen". „Was Pagnol zu einem bedeutenden Dramatiker macht", so bemerkte ein Freund, „ist, dass er eher das Publikum repräsentiert als die Zunft der Autoren." „Marius", „Fanny" und „César", der „Marseillaiser Trilogie", haftet ein **folkloristisch-sentimentaler Beigeschmack** an, der mystifizierte Midi zum Pariser Plaisir. Selbst die satirischen, gesellschaftskritischen Stücke wie „Jazz" oder „Kriegsgewinnler" schöpften eher aus *Pagnols* Sinn für die Komik des Alltags denn aus politischer Motivation.

Als er, gut 60 Jahre alt, eine Rückkehr zum Theater versuchte, erlebte er mehrere Enttäuschungen. *Pagnol,* der einmal eine Abhandlung über das Lachen verfasst hatte, suchte den Grund seiner Misserfolge in der zu düsteren Atmosphäre seiner neuen Stücke. Er ließ Zählungen anstellen und war verblüfft: In den Vorkriegsstücken lachten die Zuschauer seltener, und doch gefiel es ihnen besser.

Pagnol, der Dramatiker, wandte sich ab vom Kino und vom Theater. Und schrieb, als alter Mann schon, seine **Kindheitserinnerungen** auf. „Die Ehre meines Vaters" und „Das Schloss meiner Mutter" wurden Welterfolge, die sich, neben *La Fontaine, Daudet* und *Victor Hugo,* bis heute in allen französischen Schulbüchern abgedruckt finden. Sie sind es, die bleiben werden von *Pagnol.* Der liebevoll ironisch geschilderte Vater, ein Schulmeister, der voll heiligem Ernst seine antiklerikale Mission ausübte, die Ferien in der wilden Garrigue der Provence, die Bartavellen-Jagd in den Bergen von La Treille. Die Verklärung einer Kindheit in Aubagne, wo alles begann und wohin ihn die Erinnerung zurückführte, *sous le Garlaban couronné de chèvres, au temps des dernier chevriers*, „unter den von Ziegen gekrönten Berg, zur Zeit der letzten Ziegenhirten".

Jean Giono

Etwa in der Mitte seines Lebens, als er schon eine ganze Reihe von Romanen geschrieben hatte und eine ebensolche noch schreiben sollte, sah sich *Jean Giono* mit einem Mal zum Nichtstun verdammt. Tag um Tag, Monat um Monat verstrich, ohne dass der Vielschreiber an den kleinen Holztisch im obersten Stockwerk seines Hauses hätte hinaufsteigen können. *Jean Giono* saß **im Gefängnis.** Ausgerechnet dieser *Jean Giono,* der Träumer, der Pazifist, der in der stillen Hochprovence ein stilles Künstlerdasein führte, er war ins Gefängnis geraten. Nicht in irgendeines, nein, in das Fort von Marseille, jenen düsteren Festungsbau, der den Alten Hafen bewacht, da, wo er ins offene Meer übergeht, am Tor zu seiner geliebten Provence, aber mitten im verhassten Marseille. Da saß *Giono* also in seiner Zelle, die eher ein Kerker war, und ging einem eigenartigen Zeitvertreib nach: Die Maserungen des rohen Steins, der sein Verlies bildete, las er wie eine Landkarte. Tag für Tag entstanden so neue Berge und Flüsse, Länder, ja Kontinente und Ozeane vor seinen Augen. Tag für Tag erschuf er sich eine ganze Welt.

Nichts charakterisiert *Jean Giono* besser: Ein **immobiler Reisender** blieb er sein ganzes Leben lang. Kaum je hat er die Provence verlassen, doch auch seinen Lesern eröffnet er eine ganze Welt neu – *l'univers de Giono,* wie die Franzosen sagen.

Doch zurück zum Verlies in Marseille. Man schrieb das Jahr 1945, und *Giono* war verurteilt worden als Kollaborateur, als einer jener Intellektuellen, die mit den deutschen Besatzern zusammengearbeitet hatten. *Giono* also ein politischer Autor? Während des Krieges hatte die Presse des Vichy-Regimes in der Tat Texte *Gionos* veröffentlicht – aber nicht mit seinem Einverständnis, schon gar nicht auf seine Initiative hin. Doch danach fragte in den Tagen der intellektuellen Säuberung niemand so genau. Ein halbes Jahr saß *Giono* ein, drei Jahre hatte er **Publikationsverbot.** Eine Episode, gewiss, und dennoch markanter Einschnitt in diesem Leben, das äußerlich in so geregelter Bahn begonnen hatte.

1895 kam *Giono* in Manosque zur Welt, Sohn eines italienischen Schuhmachers und einer Büglerin aus Paris. Ein paar Denkwürdigkeiten aus der **Jugend** erfahren wir: dass der Vater belesen war und ein Freigeist, die Mutter dagegen tief katholisch, dass der Junge nach der Erstkommunion definitiv vom Glauben abfiel, dass er ein begabter Geschichtenerzähler war, sich für *Homer* und *Vergil* begeisterte und stolz war auf seine italienischen Ahnen, schließlich, dass ihn die Krankheit des Vaters aus der Schule in eine **Banklehre** zwang. Dass dieser *Jean Giono* nun bis nahe an sein 35. Lebensjahr hinter dem Bankschalter stehen sollte, man mag es nicht glauben. Eher schon, dass der Lehrling, mit der Karteiführung betraut, sein eigenes Kundenverzeichnis anlegte, bereichert um Lebensdaten, Profile und manche Skurrilitäten – ein Fundus, aus dem später der Schriftsteller schöpfte.

Den Absprung ins Autoren-Dasein wagte *Giono* 1929, in dem Jahr, als sich nach **ersten Veröffentlichungen** mit „Colline" der Erfolg einstellte. „Der Hügel" bildet den Auftakt der Pan-Trilogie, in der *Giono* die karge Welt der Hochprovence-Bauern schildert, ihre tiefe Verbundenheit mit einer Natur, die beseelt ist vom Geist des antiken Hirtengottes. Der Aberglaube dieser in ihrem Boden verwurzelten Menschen ist nur Oberfläche eines tieferen, magischen Wissens um die Geheimnisse der bald idyllischen, bald abgründig gefährlichen, entfesselten Natur.

„Es gibt wohl eine ‚klassische' Provence", schrieb *Giono,* „ich habe sie nie gesehen; seit 30 Jahren wohne ich in Manosque. Ich kenne nur ein wildes Land. Die Naturgesetze, die Form, Farbe, Charakter seiner Landschaft bestimmen, bestimmen auch den Charakter ihrer Bewohner." Die Provence *Gionos,* das ist das raue Hochland vom Plateau de Valensole bis hinauf in die Montagne de Lure, das sind herbe Landschaften voller Weite und Größe, das sind Menschen, die als Teil dieser mythologischen Schöpfung leben – eine „kosmische Einheit".

Manche werfen *Giono* vor, er habe dieses Land gar nicht wirklich gekannt oder es jedenfalls nicht wahrheitsgetreu beschrieben. Das trifft zu, will man seine Literatur als Reiseführer nutzen. *Gionos* Provence ist eine fiktive Landschaft, die Ortsnamen sind bald echt, bald verändert oder erfunden, was existiert, ist durcheinandergewürfelt und neu zusammengestellt. Unwahr wird es deshalb nicht. Im Gegenteil: *Giono,* der allem Oberflächlichen misstraute, hat die Provence mit schärferem Blick gesehen als die meisten. Deshalb kann seine Literatur kein Album des Pittoresken sein.

Ein Ort jedenfalls ist ganz real: **Le Contadour,** ein, wie die Franzosen sagen würden, *haut lieu de Giono* und doch nur ein abseitiger, in der Wildnis vergessener Weiler, hinter dem sich die schmale Straße alsbald verläuft. Kaum etwas hat sich verändert, seit sich *Jean Giono* hier in den 1930er Jahren in eine Mühle zurückzog, umgeben von einer Gemeinde junger Stadtflüchtlinge. Er tat, was eben zu tun ist im Kreise solcher Jünger – er predigte. Ein Irrweg, ein belangloser, von ihm selbst bald belächelter Fehler, der doch, und das sagt viel über die damalige Zeit, Auftakt wurde zu einer Reihe von Missverständnissen, an deren Ende besagte Verhaftung stand.

Was *Giono* wirklich am Herzen lag, war eine Art ganzheitlicher **Pazifismus,** gewiss mit einer zivilisationsfeindlichen Note, doch wer wollte ihm das verübeln in dieser Zwischenkriegszeit. Pazifist war *Giono,* seit er den Ersten Weltkrieg erlebt und Verdun überlebt hatte. „Der Krieg ist keine Katastrophe", urteilte er, „der Krieg ist ein Mittel zum Regieren. Der kapitalistische Staat kennt keine Menschen aus Fleisch und Blut, er kennt nichts anderes als Rohmaterial für die Produktion von Kapital, und um Kapital zu produzieren, braucht er gelegentlich den Krieg."

In seinem Roman „Die große Herde" von 1931 hatte er Soldaten auf dem Weg zum Schlachtfeld mit dem letzten Abtrieb einer Schafherde in den Bergen seiner Heimat verglichen, in „Die wahren Reichtümer" setzte er 1936 dem scheinbar zivilisierten Großstädter den im Einklang mit der Schöpfung lebenden Bauern oder Handwerker entgegen.

Als dann 1939 wieder Mobilisierungsplakate geklebt wurden, auch in der Hochprovence, da riss *Giono* sie in Fetzen – der erste, kurze Gefängnisaufenthalt war fällig. Man rückte ihn bald in die Nähe deutscher Blut- und Bodenmystiker, und das Vichy-Regime schien das zu bestätigen, als es sich seiner Texte bediente. Beides führte nach dem Krieg wieder ins Gefängnis. Dabei machen nicht nur *Gionos* Pazifismus, auch seine fast anarchische Lust an der Freiheit und sein Abscheu vor jeglicher Massenbewegung ihn der Sympathie für den Nationalsozialismus gänzlich unverdächtig.

Das dreijährige Publikationsverbot ließ *Giono* mit stoischer Ruhe verstreichen. Der Autor, der sich danach zu Wort meldete, war nicht mehr derselbe. Sein Vertrauen in den Menschen und die Natur hatte einen bitteren Beigeschmack angenommen. Thematisch kehrte er den Zeitläufen gänzlich den Rücken und wandte sich **historischen Stoffen** zu wie in „Der Husar auf dem Dach".

Seine Sprache verlor einiges von ihrem lyrischen Überschwung, wurde trockener, lapidarer, ohne deshalb weniger kraftvoll zu sein. Ein Realismus zeichnete sich ab, der oft mit *Stendhal* verglichen wird. *Giono* rückte den Menschen in den Mittelpunkt, und zwar nicht mehr nur als Teil seiner Landschaft, sondern als Individuum. Sein Blickwinkel war ein nüchterner, oft auch skeptischer bis misstrauischer. *Giono* erwarb sich mit diesen Romanen großen Respekt, er blieb aber, obgleich er in die *Académie Goncourt* aufgenommen wurde, ein literarischer Außenseiter.

Und er blieb auch weiterhin ein Kritiker jener Militärstützpunkte, Schnellstraßen und Hochhäuser, die seiner stillen Hochprovence als zivilisatorische Errungenschaft präsentiert wurden. *Jean Giono* starb 1970, zu früh, als dass er hätte miterleben können, wie seine als eigenbrötlerisch abqualifizierte Kritik mehr und mehr als berechtigte Warnung erkannt wurde. Dass die Aktualität des *Jean Giono* eher noch zunehmen wird, ist eine so leicht vorauszusehende wie traurige Gewissheit.

Die Küche der Provence

Manche behaupten, dass in Frankreich die regionale Küche wieder in Mode komme. Die Provenzalen setzen dagegen, dass ihre Küche überhaupt nie aus der Mode gekommen sei. Eine regionale Küche basiert naturgemäß auf regionalen Produkten, und so empfahl *Frédéric Mistral* seinen Landsleuten schon 1855 in der *Armana Prouvençau*: „Marseillaiser, pflanzt Feigen, Leute von Aix, pflügt die Olivenhaine, (...) Salonnaiser, beschneidet die Mandelbäume, (...) Leute von St. Rémy, gießt die Auberginen, Cavaillonaiser, sät Melonen, (...) Leute vom Ventoux, grabt eure Trüffeln aus."

Jede einzelne Gegend und so manche Stadt hat ihre eigenen Spezialitäten, zum Beispiel Marseille seine berühmte Fischsuppe, die *Bouillabaisse,* Aix seine *Calissons* (Mandelkonfekt), Sisteron die *Pieds et Paquets,* Füße und gefüllte Magenlappen vom Hammel, und der Vaucluse ist mit Trüffeln gesegnet.

So ergibt sich auf den ersten Blick nicht unbedingt ein geschlossenes Bild, zumal die Provence als Wegkreuz der Völker im Verlauf der Jahrhunderte immer neuen Einflüssen ausgesetzt war. Griechen, Römer und spanische Mauren hinterließen ihre Spuren in den provenzalischen Kochtöpfen, in jüngerer Zeit auch die Italiener und der Norden Frankreichs. Neue Kenntnisse sind mit den alten, bodenständigen zusammengeflossen und haben eine mediterran geprägte Küche hervorgebracht, die abwechslungsreich ist, sehr aromatisch schmeckt und in allen Farben des Landes leuchtet.

Die Märkte

Das Fest für die Sinne beginnt schon auf dem Markt, dem *Marché*. Hier kauft nicht nur der Provenzale für den Hausgebrauch ein, sondern auch der qualitätsbewusste Restaurantbesitzer. „Chez moi, on peut se regaler!", preisen die Händler ihre Waren an: „Bei mir kann man es sich schmecken lassen!" Schwarz-violett schimmernde Auberginen, sattgrüne *Courgettes* (wie man in Frankreich die Zucchini nennt) und tiefrote Tomaten, denen man ihr Aroma regelrecht ansehen kann, liegen neben Bergen von Cavaillon-Melonen und Früchten aller Art. Von den Ständen baumeln Knoblauchzöpfe herab, es duftet nach frischen Kräutern und getrockneten Gewürzen. Aus großen Holzfässern werden mit Kellen marinierte grüne, braune und schwarze Oliven geschöpft. Gleich nebenan findet man *Frômages de chèvre,* die kleinen, runden Ziegenkäse, cremigweiß und frisch oder in Würde gealtert, oder Lavendel- und Akazienhonig, erstklassiges Olivenöl und *Tapenade*-Paste aus der nächsten Ölmühle. Je nach Gegend gibt es mehr Fleisch- oder mehr Fischstände. In all dem Trubel nehmen sich die Provenzalen Zeit, Neuigkeiten auszutauschen, einen Café oder Pastis zu trinken und das Angebot genau zu überprüfen. Die schönsten Tomaten kauft man am bes-

122pr Foto: bm

ten bei Madame X, dafür bietet Monsieur Y garantiert den knackigsten Salat. Ein Ritual, dieser Marktbesuch! Vor einer solchen Pracht steht der Nordländer mit einem lachenden und einem weinenden Auge: Denn was für ihn seltene kulinarische Köstlichkeit bedeutet, gehört für den Provenzalen zum täglichen Leben. Und da nimmt das Essen eben einen wichtigen Platz ein.

„À la provençale"

Auf Speisekarten begegnet einem oft der Zusatz *à la provençale,* was soviel bedeutet wie „zubereitet auf typisch provenzalische Art". Auch ohne diesen Hinweis und trotz der regionalen Unterschiede gibt es einige Konstanten, welche die provenzalische Küche unverwechselbar machen. Immer wird, anstelle von Butter, **Olivenöl** verwendet: kalt als Salatsoße, zum Marinieren von Chèvre und Oliven, zum Braten und Dünsten von Gemüse, Fleisch und Fisch.

Man spricht von der provenzalischen Küche als einer sehr aromatischen Küche, einer *cuisine très parfumée.* Durch den wohldosierten Einsatz der berühmten **Kräuter der Provence** *(Herbes de Provence)* und das feine Abschmecken mit **Knoblauch** entsteht dieses *Parfum,* dieser unvergleichliche Geschmack. Die Kräuter der Provence aus der Garrigue – Thymian, Rosmarin, Lorbeer, Bohnenkraut, Majoran und Oregano – verwendet man getrocknet, da ihr Aroma in der konzentrierten Form feiner und weniger aggressiv schmeckt. Basilikum dagegen wird frisch beigefügt.

Gemüse

Die provenzalische Küche ist seit jeher eine fleischarme Küche, aus dem einfachen Grund, weil sich das Landvolk lange kein Fleisch leisten konnte. Aus der Not wurde eine Tugend, so dass die Speisekarte der Provence reich an Gemüsegerichten aller Art ist, ganz im Trend der Zeit.

Tapenade, eine Paste aus Oliven und Anchovis, und **Aïoli,** eine Knoblauchmayonnaise, auf geröstete Baguettescheibchen gestrichen, sowie marinierte Oliven werden gerne zum Apéritif gereicht.

Provenzalische Rezepte

Tapenade (Olivenpaste)

200 g entkernte schwarze Oliven
100 g Anchovis-Filets
100 g Thunfisch (ohne Öl)
200 g Kapern
1 Knoblauchzehe

Zutaten passieren und zu einer Paste vermengen. Ein bisschen Senf hinzufügen, danach ganz langsam zehn Esslöffel Olivenöl unterrühren. Mit Pfeffer und Thymian abschmecken.

Ratatouille (Provenzalischer Gemüsetopf)

500 g Auberginen
500 g Zucchini
3 gelbe Paprikschoten
5 (Fleisch-)Tomaten
2 Zwiebeln
4 Knoblauchzehen

Gemüse grob würfeln und nacheinander in Olivenöl anbraten (Auberginen vorher mit Salz bestreuen und ziehen lassen, abspülen). Tomaten überbrühen und abziehen. Zwiebeln und Knoblauch glasig dünsten, Tomaten, zwei Lorbeerblätter, einen halben Teelöffel getrockneten Thymian und frisch gemahlenen Pfeffer hinzugeben. Etwa zwanzig Minuten bei kleiner Hitze dünsten, Gemüse dazugeben und nochmal zehn Minuten schmoren lassen. Mit Salz abschmecken und mit gehackten Kräutern (Basilikum und Petersilie) bestreuen. Wird sowohl heiß als auch kalt gegessen.

Aïoli (Knoblauchmayonnaise)

Sieben bis acht Knoblauchzehen in einem Mörser zerstampfen. Ein bis zwei Eigelb und tröpfenchenweise – unter ständigem Rühren – gutes Olivenöl hinzugeben, bis eine Mayonnaise entsteht. Mit Salz abschmecken, oft wird auch Zitronensaft untergerührt. Sollte sich das Öl an der Oberfläche absetzen, was die Provenzalen *l'aïoli tombe* nennen, wird die Masse aus dem Mörser genommen und ein weiteres Eigelb hineingegeben. Unter nochmaligem ständigen Rühren wird die Mayonnaise mit dem Eigelb verbunden, der Aïoli wird *relevé*, wiederaufgerichtet.

Goldbrassen à la provençale

3 Goldbrassen
1 Zwiebel
1 Knoblauchzehe
1 rote Paprikaschote
4 Esslöffel Olivenöl
1 Dose geschälte Tomaten (500 g)
½ Teelöffel Oregano
100 g schwarze Oliven
1 Teelöffel Zucker

Fische vorbereiten. Zwiebel und Knoblauch fein würfeln und in Olivenöl anbraten. Kleingeschnittene Paprika, Tomaten, Oregano, Salz, Pfeffer und Zucker dazugeben und zwanzig Minuten bei kleiner Hitze köcheln lassen. Fische mit Olivenöl bepinseln, in eine Form legen und bei 200 °C backen. Nach etwa zwanzig Minuten Tomatensoße und Oliven darübergeben und zehn Minuten weiterbacken.

Die besten **Oliven** kommen aus einer Stadt, die schon fast nicht mehr zur Provence gehört, aus dem 15 Kilometer nördlich von Vaison-la-Romaine liegenden Nyons.

Gemischte Vorspeisenplatten *(Hors d'œuvres variés)* bestehen aus Salaten und kalten Gemüsen aller Art, auch Fleisch- und Fischgerichte sind meist von Gemüse begleitet. Besonders wichtig sind **Tomaten, Zucchini und Auberginen.** Sie werden gefüllt und überbacken, geschmort und zerstampft und zu der berühmten *Ratatouille* (Gemüseeintopf) verarbeitet. Aus Auberginen entsteht zum Beispiel eine feine *Mousse,* und aus Tomaten quillt eine Mischung aus Bröseln, Olivenöl, Knoblauch und Kräutern heraus *(Tomates provençales).* Eine besonders köstliche Spezialität sind gefüllte Zucchiniblüten *(Fleurs de Courgette farcies).*

Traditionell, in ihrem Charakter jedoch sehr unterschiedlich, sind zwei **Gemüsesuppen.** *Aigo Boulido* heißt eine leichte Knoblauchsuppe mit feinen Kräutern. Die *Soupe au Pistou,* vor allem aus Bohnen, anderen Gemüsen und Nudeln bestehend, schmeckt dagegen herzhaft-kräftig. Kennzeichnend ist hierbei, dass der *Pistou,* eine Paste aus Knoblauch, Basilikum, Olivenöl und Parmesan, niemals mitgekocht und erst in letzter Minute in die Suppe gegeben werden darf.

Fleischgerichte

Die traditionelle Fleischarmut der Provence hat bis heute ihre Konsequenzen. Schweinefleisch sucht man vergebens auf dem Speiseplan. **Rindfleisch** wird, wenn überhaupt, als *Bœuf en daube* (Rinderragout) zubereitet. Ursprünglich stammt das Rezept aus der einzigen fleischreichen Gegend der Provence, der Camargue. Heute variieren die Zubereitungsarten sehr stark, ihnen gemeinsam ist, dass das vorher marinierte Fleisch stundenlang bei kleiner Hitze garen muss.

Beim **Lammfleisch** *(Agneau)* entwickeln die Povenzalen wesentlich mehr Einfallsreichtum, vor allem gibt es sehr gute Lammkeulen *(Gigot d'agneau).* Daneben werden bisweilen **Kalbfleisch** *(Veau),* **Kaninchen** *(Lapin)* und recht viel **Geflügel** *(Volaille)* angeboten. Letzteres ist besonders köstlich mit einer Kruste aus Akazienhonig.

Fischgerichte

Die Provence ist, außer in den Küstengegenden, keine ursprüngliche Fischgegend. Dennoch gehört er heute in jede Menükarte. Man findet sehr oft Kabeljau *(Morue)* und Seezungenfilets *(Filets de Sole)* sowie Seebarsch *(Loup),* Goldbrassen *(Dorade),* Drachenkopf *(Rascasse),* Seeteufel *(Lotte),* Rotbarbe *(Rouget)* und Lachs *(Saumon).* Gerne werden die Fische mit Safransoßen oder einer Tomatensoße mit Knoblauch und schwarzen Oliven zubereitet.

Die **Brandade de Morue,** ein recht schwer im Magen liegendes Stockfischpüree mit heißer Milch und Olivenöl, ist vor allem typisch für den Südwesten der Provence. Von dort, genauer aus der Camargue, stammen auch die **Tellines,** eine köstliche, jedoch winzige Muschelart, für deren Genuss man etwas Geduld aufbringen muss.

An der gesamten Küste werden natürlich alle Arten von **Meeresfrüchten** verzehrt: Seeigel, Krabben, Taschenkrebse, Hummer, Muscheln usw.

Das berühmteste und zugleich umstrittenste Fischgericht der Provence ist die Marseillaiser **Bouillabaisse.** Der Name kommt wahrscheinlich von *boui abaisso,* was bedeutet: Sobald die Bouillon kocht, nehme man sie vom Feuer. Eine nicht geringe Anzahl der Marseillaiser Restaurants wirbt mit dem Versprechen, bei ihnen könne man die *Vraie Bouillabaisse,* die echte Bouillabaisse, genießen. Hier ist Vorsicht angeraten, denn es wird viel Schindluder getrieben, vor allem in den Lokalitäten rund um den alten Hafen. Einige Restaurants haben sich daher zu einer Charta zusammengeschlossen, womit sie sich zu erstklassiger Qualität und dem Originalrezept verpflichten. Meist sind folgende Fische in einer Bouillabaisse zu finden: Drachenkopf *(Rascasse),* Petermännchen *(Vive),* Petersfisch *(Saint-Pierre)* und Seeteufel *(Baudroie),* oft auch Seeaal *(Congre),* Knurrhahn (*Grondin*) und Seebarsch *(Loup).* Ihren unvergleichlichen Geschmack erhält die Bouillabaisse durch Knoblauch, Safran und einen Schuss Pastis. Die echte Bouillabaisse erkennt man vor allem daran, dass Suppe und Fisch getrennt serviert werden. Dazu gereicht bekommt man Croutons, geraspelten Käse (Parmesan oder Gruyère), *Aïoli* oder eine Abart dieser, die *Rouille* (mit Safran und scharfer Paprika). Aus der Suppe der kleinen Leute – die Fischer verwerteten so ihre Reste – ist heute eine sehr teure, weltberühmte Delikatesse geworden, die allerdings, wenn sie gut ist, ihren stolzen Preis von etwa 30 € pro Person auch rechtfertigt.

124pr Foto: bm

Käsestand auf dem Markt von St. Rémy

Käse

Die Provence hat keine wirklich große Käsesorte hervorgebracht, die kleinen Ziegenkäse, die **Fromages de Chèvre** oder kurz *Chèvres,* gehören jedoch praktisch zu jedem Menü. Entweder nimmt man sie nach dem Hauptgang ein oder sie werden heiß, manchmal paniert, auf einem Salatbett als Vorspeise gereicht. Eine besondere Spezialität gibt es in der Hochprovence, genauer in Banon, wo der **Ziegenkäse in Eau de Vie** mariniert, in ein Kastanienblatt eingewickelt und mit Bast verschnürt wird.

Desserts

Die berühmten **Treize Desserts** gehören zum altprovenzalischen Weihnachtsessen, und sollen mit ihrer Zahl Christus und die zwölf Apostel symbolisieren. Dreizehn Desserts – das hört sich sehr reichlich an, war aber in alten Zeiten doch eher bescheiden. Besonders in den armen Familien der Provence gab es nichts weiter als getrocknete Früchte und Nüsse der Region, eine Tradition, die heute in den **Quatre Mendiants** (den „Vier Bettelorden") fortbesteht. Das ist eine Mischung aus getrockneten Feigen, Rosinen, Mandeln und Nüssen, die so genannt werden, weil ihre Farben an die Kutten der Karmeliter, Dominikaner, Franziskaner und Kapuziner erinnern. Darüber hinaus gehören im Allgemeinen eine **Pompe à l'Huile** (Brioche mit Olivenöl), weißer und schwarzer **Nougat,** kandierte und frische Früchte, Konfitüren und Quitten im Teigmantel zu den *Treize Desserts.* Zusätzlich hat jede Gegend eigene Spezialitäten, Aix zum Beispiel seine **Calissons** (Mandelkonfekt) und Vaison seine **Panade aux Pommes** (Apfelkuchen).

Verschiedene **Tartes** und **Kuchen** *(Gâteaux)* werden immer zum Nachtisch angeboten. Sehr typisch sind auch die **Île Flottante,** eine in Vanillesoße schwimmende Eischneeinsel, und der **Nougat Glacé,** eine köstliche Eiscreme mit kandierten Früchten, Nüssen, Mandeln, Pistazien und Honig, dazu wird eine Fruchtsoße *(Coulis)* gereicht. Gewöhnungsbedürftiger sind da schon Maronenkompott *(Compote de Marrons)* und Eis mit Lavendelaroma *(Glace à la Lavande).*

Von großen und kleinen Weinen

Geschichte

Wie immer, wenn es um Lebenskunst und Genuss geht, können die Provenzalen auf eine uralte Tradition zurückblicken, auch und erst recht beim Wein. Schon die Ureinwohner kannten ihn, wussten aber noch nicht so recht damit umzugehen. Auf die Beschneidung des Weinstocks kommt es an, eine Kunst, die erst die kultivierten Griechen mitbrachten. Als die Römer kamen, fanden sie üppige Weinberge vor und pflanzten munter weiter, vor allem an der Küste. Das Kriegsgetöse der einfallenden Germanen, unbedarft in Sachen Wein, eben „barbarisch“, leitete den Niedergang auch dieses Teils der mediterranen Zivilisation ein. Das änderte sich erst, als die Zeiten wieder sicherer waren, und vor allem, als mit den Päpsten eine Clique wahrer Bonvivants an die Rhône kam. Enthaltsamkeit war ihre Sache nicht, und den berühmten Vignoble von Châteauneuf nahm der Pontifex maximus sogar persönlich in Beschlag, indem er nämlich hier seinen Landsitz aufschlug.

König René, René d'Anjou – er trägt den Wein sogar im Namen – verdiente sich bei den Provenzalen den Zusatz „der Gute“ nicht zuletzt deshalb, weil er großer Freund und Förderer des Weins war. Er hegte nicht nur ein Weingut in der Nähe seiner Residenz Aix, sondern förderte auch Weinhandel und -produktion und führte die Muskatellertraube in die Provence ein. Als einziger Gegner trat ihm später die Reblaus entgegen, die sich gewaltig vermehrte und noch gewaltiger fraß, bis die kostbare Traube schließlich vom Boden der Provence wieder verschwunden war.

Heute sind es vor allem die provenzalischen Winzer mit ihrem neuen Qualitätsbewusstsein, die der 2600 Jahre alten Tradition wieder Zukunft geben. Lohn der Mühe sind immer neue *Appellations d'Origine Controlées (A.O.C.)*, Qualitätsweine bestimmter Anbaugebiete, die strenger staatlicher Kontrolle unterliegen.

Qualitätsweine (A.O.C.s)

Côtes de Provence

Klassifiziert als A.O.C. seit dem 24. Oktober 1977, verteilen sich diese Weine auf 18.000 Hektar Fläche in den Départements Bouches-du-Rhône, Var und Alpes-Maritimes. Obwohl die Côtes de Provence vor allem als frische, kühl zu trinkende Rosé-Weine bekannt geworden sind (60 %), gibt es heute auch lagerfähige, schwerere Rote (35 %) und trockene, fruchtige Weißweine (5 %).

Côteaux d'Aix-en-Provence

Zwischen Durance und Mittelmeer verstreuen sich die Weinfelder dieses Anbaugebietes. Dem Kerngebiet rund um Aix gesellen sich die Hügel am Étang de Berre hinzu und die wunderschöne Umgebung von Les Baux – ein lieblicher, duftender Garten hier; felsige, beinah dürre Hügel dort. Im Nordosten, Richtung Luberon, gelingen den Winzern edle, ja berühmte Tropfen; in den Alpilles kämpft der Wein an gegen die Vorherrschaft der Olive. Die Roten der Gegend haben ein feines Bouquet, sind meist fruchtig und blumig; die selteneren Weißen schmecken frisch und aromatisch.

Côtes du Ventoux

Sie wachsen im Becken von Malaucène und Carpentras sowie an den Südhängen der Vaucluse-Berge. Der Ventoux und das Plateau de Vaucluse mildern die Exzesse des meditarranen Klimas: Die Hitze der Sommertage, ohnehin schon weniger trocken als an-

127pr Foto: bm

Kultur und Gesellschaft

derswo, gleichen kühle Nächte aus; die Winter jedoch sind recht streng und feucht. Der Anbau beschränkt sich fast ganz auf Rotweine und Rosés, weitaus weniger schwer als die Côtes du Rhône, sehr fruchtig, elegant und frisch, vor allem jung getrunken.

• **Côtes du Luberon:** Wie die Gegend um den Ventoux ist der Luberon kein traditionelles Weinbaugebiet, klassifiziert als A.O.C. erst seit 1988. Trotzdem bringt der sandige Kiesel-Boden hier und da bemerkenswerte Rotweine hervor, sehr blumig und fruchtig. Wichtiger noch sind die Rosés und die Weißweine, hier besser vertreten als in der übrigen Region: Blumig-leichte und elegante Tropfen, sehr hell und klar in der Farbe.

Côtes du Rhône und Côtes du Rhône villages

Im Rhônetal ist die zweitgrößte *Apellation d'Origine Controlée* Frankreichs angesiedelt, gleich nach Bordeaux. Sie erstreckt sich über mehr als 160 Kommunen und sechs Départements, ein riesiges, inhomogenes Anbaugebiet auf 200 Kilometern Flusslänge zwischen Vienne und Avignon. Es ist jedoch der meridionale Teil, der fast die ganze Produktion der Côtes du Rhône vereinnahmt. Dies sind nun auch genau die Gebiete, die in unse-

Côteaux Bas bei Vernègues

129pr Foto: bm

rem Reisegebiet liegen (Gard und Vaucluse). Hier an der südlichen Rhône regiert der Wein wie ein Souverän über das Leben der Menschen wie über das Gesicht der Landschaft. Plant man einen ausgesprochenen Wein-Urlaub in der Provence, dann mit Sicherheit hier, in diesem Mosaik lokaler Appellationen; davon jedoch später.

Im Gard wächst der Wein auf Kalksteinplateaus mit sandigen Böden, auf der anderen Seite des Flusses in weiten Ebenen, allenfalls leicht hügelig. Die Reben scheinen sich hier am wohlsten zu fühlen, auf lockeren Sandböden oft mit großen Mengen Kieselsteinen, welche die Rhône im Laufe der Zeit aus den Alpen mitgebracht hat. Doch es gedeihen auch einige Spitzenweine an den Hängen der Dentelles de Montmirail.

Neben den herkömmlichen Côtes du Rhône-Weinen gibt es seit 1966 die Côtes du Rhône Villages, hochwertige und lagerfähige Weine, zu denen u.a. Beaumes-de-Venise, Rasteau, Sablet, Séguret, Vinsobres und Valréas (Drôme) zählen. Vielfach sind sie berühmte Weine von deutlich schwererem, würzigerem Charakter, die schneller zu Kopf steigen.

Châteauneuf-du-Pape

Während bisher von großflächigen Gebieten die Rede war, bei denen die Qualität des einzelnen Weines ganz von der Sorgfalt und den Möglichkeiten des Winzers abhängt, gibt es auch eine Reihe fast winziger, gerade deshalb aber berühmter A.O.C.-Gebiete. Eben weil diese Anbaugebiete so extrem klein sind, stehen sie im Rang eines regelrechten Gütesiegels: Hohe Qualität, markanter Charakter und keine so extremen Schwankungen zwischen den einzelnen Winzern.

Als Vorbild für alle A.O.C.-Weine Frankreichs rangiert der Châteauneuf-du-Pape gleich hinter Bordeaux und Burgund. Das prestigeträchtigste Anbaugebiet der Mittelmeerregion trohnt in 120 m Höhe über der Ebene des Comtat Venaissin. Der „Vignoble de Châteauneuf-du-Pape“ mit seiner außergewöhnlich schönen, leicht gewellten Landschaft geht tatsächlich mindestens auf die Zeit der Päpste (14. Jh.) zurück, bestand aber wohl schon früher. Die hohen Herren richteten hier nicht nur ihren Landsitz ein, sondern brachten auch das nötige Geld für den kostspieligen Weinanbau mit.

Die Qualität des päpstlichen Tropfens beruht vor allem auf dem Boden, einem Gemisch aus runden Kieselsteinen mit Sand und Lehm in charakteristischem Rot. Auch der Wein ist von schöner dunkelroter Farbe, schmeckt sehr kräftig bis muskulös und sollte erst nach einem gewissen Reifungsprozess genossen werden. Der Weißwein, von den Päpsten bevorzugt, hat sich rar gemacht, dennoch ist sein Reichtum an Aromen bemerkenswert. Wie wertvoll der Boden ist und wie teuer sich dieser Wein verkaufen lässt, zeigt eine Fahrt durch den Vignoble, wo jeder Zentimeter mit Reben bepflanzt ist.

Lirac und Tavel

Der Rosé von Tavel steht in dem Ruf, der beste Frankreichs zu sein; schon *Louis XIV.* berauschte sich an ihm, im 18. Jh. exportierte man ihn nach ganz Europa. Von einer verheerenden Reblaus-Plage im Jahrhundert darauf erholte sich das Gebiet nur sehr langsam, erst nach dem Zweiten Weltkrieg ging es wieder aufwärts. Heute umfasst es, wie vor der Plage, die Kommune Tavel und einen Teil von Roquemaure. Einzig und allein Rosé darf auf dem sandigen Kieselstein-Boden angebaut werden, aber was für einer: von ungemein glitzernder Farbe, fruchtig und sehr rund! Für den Lirac gelten im Wesentlichen die gleichen Bedingungen wie für den Tavel, der Unterschied: alle drei Weinfarben werden produziert. Sehr fein schmecken die graziösen Weißen; dennoch ist auch hier der Rosé am bekanntesten, im Allgemeinen ein etwas schwererer Wein als der Tavel.

Gigondas und Vacqueyras

Die Anbaugebiete ziehen sich über die Hänge des Kalksteinmassivs der Dentelles de Montmirail mit jenen fein ziselierten Kämmen, die wie Zähne aussehen. Die Gigondas-Weine, fast nur rote, kaum Rosés und keine weißen, sind sehr runde und oft schwere Tropfen, die reich nach Gewürzen und reifen Früchten schmecken. Mit der Zeit – und lagern sollte man sie – gewinnen sie an Komplexität, manche erinnern gar an schweren, tanninhaltigen Bordeaux. Das sehr junge Anbaugebiet Vacqueyras (seit 1990) umfasst die namengebende Kommune und das benachbarte Sarrians. Alle drei Weinfarben existieren, doch wieder dominiert der Rote, geschmacklich vergleichbar mit dem Gigondas.

Cassis

Der Badeort hat ein eigenes Anbaugebiet, und das schon seit 1936. Bekannt ist der Wein, der auf den harten, weißen Kalkfelsen an der Küste gedeiht, bereits seit dem Mittelalter: Die Abtei St. Victor und das Kathedralskapitel von Marseille stritten im 12. Jh. erbittert um die kostbaren Weinberge. Das Renommée des Cassis rührt heute von seinem trockenen, sehr aromatischen Weißwein her, angenehm frisch im Geschmack und von brillierender Farbe.

006pr Foto: ws

Orts-beschrei-bungen

493pr Foto: bm

351pr Foto: bm

Grafschaft Venaissin

Überblick

Noch heute sehen sich die Provenzalen des Nordwestens als Bewohner des Comtat Venaissin, kurz **Comtat,** obwohl die alte Grafschaft längst nicht mehr existiert.

Das liegt an der Sonderrolle, die das Comtat nach dem Ausgang der Katharerkriege (1229) zu spielen begonnen hatte: Seither war es **Besitz des Papstes** – zunächst als Nachbar der gräflichen Provence, schließlich als Enklave inmitten des französischen Königreiches (ab dem Ende des 15. Jh.). Wäre die Revolution nicht gewesen, würde dieses schöne Fleckchen Land vielleicht noch immer dem Papst gehören, denn erst 1791 gelang es Frankreich, das Comtat zu annektieren. Die damalige Verwaltungsreform machte es zum Département Vaucluse, zusammen mit dem Land von Apt, dem Plateau de Vaucluse und dem Luberon-Gebirge.

Das alte Papstland erstreckte sich von Vaison-la-Romaine im Norden bis nach Cavaillon im Süden und von der Rhône bis an die Westausläufer der Vaucluse-Berge. Seit jeher gehörte auch die Enklave von Valréas dazu, die jedoch – im Drôme gelegen – nicht zu unseren Reisezielen zählt. Orange dagegen, die alte Römerstadt mit ihrem berühmten Theater und dem imposanten Triumphbogen, war niemals Teil der Grafschaft. Geographisch gehört Orange jedoch in dieses Kapitel, schon allein, weil es als klassisches Tor zur Provence gilt.

134pr Foto: bm

Dem Reisenden hat das Comtat sehr viel zu bieten. Es ist ein Land mit außergewöhnlichen **Bergreliefs:** Hier erhebt sich der Gigant der Provence, der Mont Ventoux; zwischen ihm und den Vaucluse-Bergen bahnt sich die Nesque ihren Weg durch spektakuläre Schluchten, und im Westen recken die Dentelles de Montmirail ihre skurrilen Spitzen in den Himmel. Es ist aber auch eine Gegend fruchtbarer Ebenen und ein **Land des Weines;** berühmte Tropfen wie der *Châteauneuf-du-Pape* und der *Muscat* von Beaumes-de-Venise entstehen ebenso auf seinem Boden wie die *Côtes du Ventoux*. Schließlich ist das Comtat die Heimat *Francesco Petrarcas,* jenes großen Humanisten und Dichters, dessen Vater mit den Päpsten nach Avignon geflohen war, wie es überhaupt ein Land der Kultur ist: Vaison-la-Romaine mit seinen bedeutenden **antiken Ausgrabungen** gilt es zu erkunden oder Carpentras, das bis zur Revolution Hauptstadt der Grafschaft war. Nicht zu vergessen sind die unzähligen kleinen Dörfer, auf Felsen wie in der Ebene, die jedes für sich Schätze und Überraschungen bereithalten. Eines der schönsten unter ihnen, Venasque, war im 6. Jh. Hauptort der Diözese und gab dem Comtat seinen Namen.

Die Dentelles im Gegenlicht

135pr Foto: bm

Orange – das Tor zur Provence

↗ II/A2

Orange ist kleiner als sein Ruf. Eigentlich ist es sogar provinziell, und an kühlen Tagen kann es sich als ausgestorbene Kleinstadt entpuppen, die nichts mehr gemein hat mit der blühenden Römersiedlung von einst. Wer die Provence nicht kennt, nennt Orange oft in einem Atemzug mit Aix oder Avignon. Das hat es nun doch nicht verdient.

Das römische Theater

Dennoch gilt Orange als Tor nicht nur zur Provence, sondern zur **mediterranen Zivilisation.** Das liegt einerseits an seiner Lage im Rhônetal, wo es den Reisenden aus dem Norden als erster bekannter Ort der Provence erwartet, andererseits an den beiden Monumenten, die von der glanzvollen antiken Vergangenheit des Landes zeugen: das Theater, dessen Wand die einzige erhaltene ihrer Art ist, und der Triumphbogen. Dazu kommen bedeutende archäologische Funde, ausgestellt im Stadtmuseum. Der Boden unter Orange ist so überreich an Resten aus der Antike, dass über jedem noch so kleinen Bauvorhaben das Damoklesschwert langwieriger archäologischer Recherchen schwebt.

Orange ist eine viel besuchte Stadt, bleibt aber wegen der Konkurrenz der weit belebteren Nachbarn Avignon und Arles mehr kunsthistorische Station als echtes Ziel einer Provencereise.

Geschichte

Was es wurde, verdankt Orange seiner Lage. Mit dem Hügel, der Schutz bot, mit den fruchtbaren Ebenen der Umgebung, den Flüssen Rhône und Meyne (früher *Aurus* genannt) war es für eine frühe Besiedlung geradezu vorbestimmt. Auf dem Hügel St. Eutrope finden sich denn auch Spuren vor- und frühgeschichtlicher Besiedlung. Die Keltoliguren, genauer die **Cavarer,** nannten den Platz *Arausio,* eine Bezeichnung, in der nicht nur der Name des Flusses steckt, sondern auch *äolisch,* „vom Winde umweht".

Die verkehrsgünstige Lage des Oppidums blieb natürlich den **Römern** nicht verborgen. Obgleich 105 v. Chr. von den Cimbern und Teutonen geschlagen, bemächtigte sich *Marius* drei Jahre später der Stadt.

Um 35 v. Chr. konnte Rom so die **Colonia Julia Secundanorum Arausio** gründen und unter die Verwaltung der zweiten gallischen Legion stellen. Kriegsveteranen siedelten sich an und errichteten auf dem Hügel einen Tempel, während sie die eigentliche Siedlung in die Ebene verlegten. Arausio wurde gewissermaßen auf dem Reißbrett entworfen. Man folgte dabei dem üblichen Muster mit zwei Hauptstraßen, dem Cardo in nordsüdlicher und dem Decumanus in ostwestlicher Richtung (entsprechend heute ungefähr der Rue Victor-Hugo und der Rue du Pont-Neuf).

Arausio war bedeutend, das zeigen seine Bauwerke. Es gab neben dem Tempel auch Thermen und eine Arena sowie Theater und Triumphbogen, beide erhalten. Arausio war auch mächtig, das zeigen die Grundbücher, in denen die Römer das umliegende Land erfassten.

In der Spätantike bewahrte Orange seine Stellung und wurde im 4. Jh. **Bischofssitz.** Mehrfach war es Schauplatz von Konzilien.

Doch im beginnenden Mittelalter wandelte sich die exponierte Lage an der Rhône vom Vorteil zur Bedrohung. Immer wieder fielen **Barbarenstämme** ein und zerstörten Teile der Stadt bis hin zur zeitweiligen Vertreibung der Bewohner im Jahre 509.

Im 9. Jh. soll der Sage nach **Wilhelm mit der kurzen Nase** aufgetreten sein, als Held verehrter Bezwinger der Sarazenen. Im Sprachgebrauch hat sich angeblich die kurze Nase – *court nez* – in *cornet* (Horn) verwandelt, weshalb ein solches bis heute das Stadtwappen schmückt.

Historisch gesichert ist jedenfalls, dass Orange Grafschaft wurde, dann Fürstentum, an die Herren von Baux fiel und schließlich 1544 an *Wilhelm I. von Nassau,* den Begründer von **Nassau-Oranien.** Unter diesem Statthalter der Niederlande blühte Orange noch einmal auf, errang weit reichende Privilegien und vergrößerte seine bedeutende Universität, die von 1365 bis 1791 bestand.

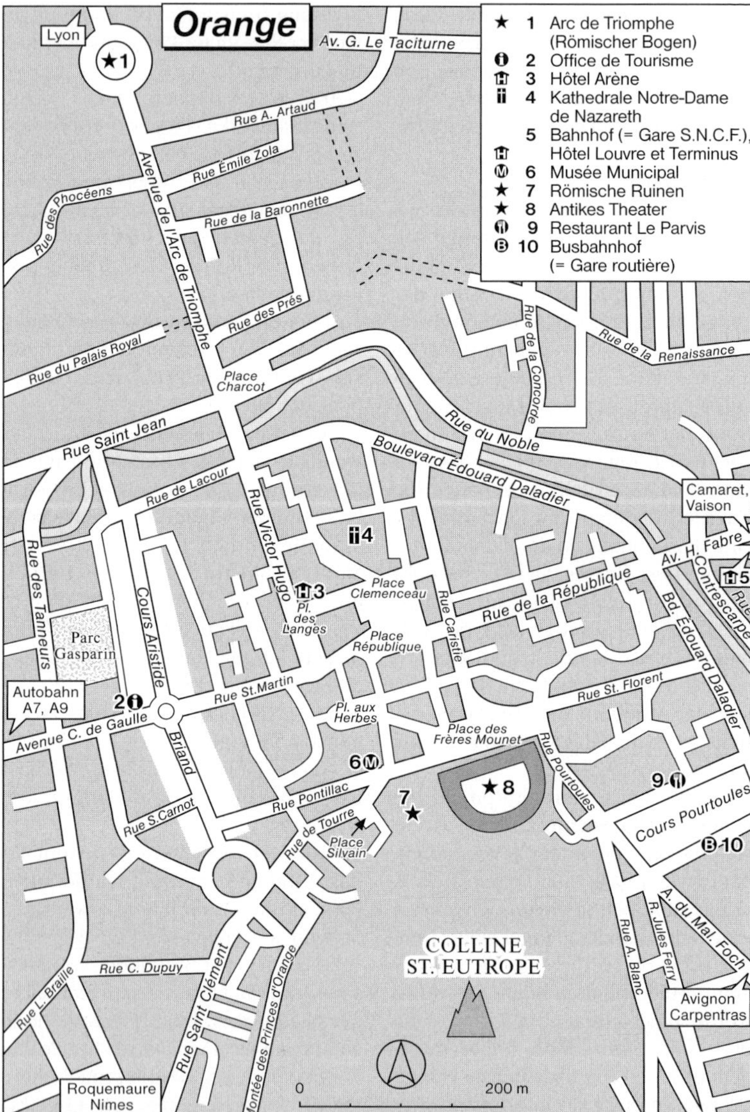
Orange
★ 1 Arc de Triomphe (Römischer Bogen)
2 Office de Tourisme
3 Hôtel Arène
4 Kathedrale Notre-Dame de Nazareth
5 Bahnhof (= Gare S.N.C.F.), Hôtel Louvre et Terminus
6 Musée Municipal
★ 7 Römische Ruinen
★ 8 Antikes Theater
9 Restaurant Le Parvis
10 Busbahnhof (= Gare routière)
Lyon
Av. G. Le Taciturne
Rue A. Artaud
Rue Émile Zola
Rue des Phocéens
Avenue de l'Arc de Triomphe
Rue de la Baronnette
Rue des Prés
Rue du Palais Royal
Place Charcot
Rue de la Concorde
Rue de la Renaissance
Rue du Noble
Rue Saint Jean
Boulevard Édouard Daladier
Rue de Lacour
Rue Victor Hugo
Camaret, Vaison
Av. H. Fabre
Rue Contrescarpe
Rue des Tanneurs
Cours Aristide Briand
Place Clemenceau
Pl. des Langes
Rue Caristie
Rue de la République
Bd. Édouard Daladier
Parc Gasparin
Place République
Autobahn A7, A9
Rue St.Martin
Rue St. Florent
Avenue C. de Gaulle
Pl. aux Herbes
Place des Frères Mounet
Rue Pourtoules
Cours Pourtoules
Rue Pontillac
Rue S.Carnot
Rue de Tourre
Place Silvain
A. du Mal. Foch
R. Jules Ferry
Rue A. Blanc
COLLINE ST. EUTROPE
Rue C. Dupuy
Rue L. Braille
Rue Saint Clément
Montée des Princes d'Orange
Avignon Carpentras
Roquemaure Nimes
0
200 m

Allerdings waren die Nassauer Protestanten. Orange entwickelte sich so zur Zuflucht der Abtrünningen und wurde in die **Religionskriege** hineingezogen.

Der Nachfolger *Wilhelms* errichtete eine Zitadelle auf dem Hügel, wobei er römische Ruinen einbezog. Der nächste Prinz von Orange aber, *Wilhelm III.,* späterer König von England, geriet in Konflikt mit dem *Sonnenkönig,* der diese Festung 1673 zerstörte. Der preußische König, dem die Stadt danach zufiel, musste sie im **Vertrag von Utrecht** 1713 endgültig an Frankreich übergeben.

Im 20. Jahrhundert kehrte Orange zu seiner ursprünglichen Bestimmung zurück und wurde **Garnisonsstadt,** unter anderem mit einem Militärflugplatz. Das ließ die Bevölkerungszahl erheblich anschwellen; Orange hat längst seine Vorstädte, seine „Zone industrielle" und seine „Zone commerciale". Die Stadt lebt aber auch vom **Tourismus** und vom Weinhandel sowie, damit zusammenhängend, von Rhône und Autobahn in unmittelbarer Nähe.

Den vorläufigen Tiefpunkt seiner Geschichte erreichte Orange 1995, als ein Mitglied der rechtsradikalen **Front National** Bürgermeister wurde und bei den Wahlen 2001 im Amt bestätigt wurde.

Sehenswertes

Theater

Von allen römischen Theatern ist dies das einzige, dessen Szenenwand vollständig erhalten blieb. *Ludwig XIV.* ließ zwar, als er in Orange einzog, die darüber liegende Festung schleifen, nannte aber die Mauer des Theaters „die schönste meines Königreiches" und verschonte sie. Beim Bau des Theaters, vermutlich in der Ära des *Augustus,* also um die Zeitenwende herum, erkannten die Römer den steil abfallenden Hang des Hügels St. Eutrope als naturgeschaffene Basis für die Zuschauerränge und bezogen ihn mit ein.

Die gewaltige **Außenmauer,** 36 Meter hoch und 103 Meter lang, ist deutlich erkennbar in fünf Etagen unterteilt. Sie war ursprünglich zumindest teilweise mit Marmorplatten verkleidet, und die bogenförmigen Eingangstore – einige davon blind, also zugemauert – bildeten die Rückwand einer Säulenhalle, die dem Theater vorangestellt war. Allein die westliche Seitenmauer dieser Halle blieb erhalten.

Von den drei rechteckigen Toren diente die Porte Royale in der Mitte den hochgestellten Gästen als Eingang, die beiden kleineren den Stadtbewohnern (rechts) und Fremden (links). Die übrigen Rundbogenöffnungen führen in die Innenräume.

Im ersten Stockwerk erkennt man die Löcher mit Stützsteinen, die das Dach der Säulenhalle trugen. Über der mittleren Etage mit vollständig blinden Arkaden liegen zwei Geschosse mit weiteren Löchern für das Sonnendach, das zeitweilig über dem Theater aufgezogen wurde.

Im oberen Teil der **Szenenwand** finden sich ebensolche Vorrichtungen: 19 große Vertiefungen, in denen die

Balken für das feste Bühnendach ruhten. Die drei unteren der fünf Etagen waren mit verschiedenfarbigen Marmorsäulen geschmückt und durch Gesimse voneinander getrennt, wie man sich überhaupt die gesamte Wand sehr viel reicher dekoriert vorstellen muss. Wie bei der Außenmauer finden sich auch hier drei große Tore, deren mittleres, das erwähnte Königstor, sich auf eine Treppe hin öffnet. Durch vielfältige Verzierungen war dieses Zentrum der Bühne optisch in den Mittelpunkt gerückt – mehr, als es heute noch sichtbar ist.

In der dritten Etage bietet eine Nische Platz für die mehr als dreieinhalb Meter messende **Statue des Augustus** mit dem Zepter in der Hand. Sie wurde in den 1930er Jahren ohne Kopf bei Grabungen unter der Bühne gefunden und später restauriert.

Zwischen Szenenwand und Außenmauer befanden sich sowohl Lagerräume und Logen der Akteure als auch Säle für das Publikum, das sich bei schlechtem Wetter in den Pausen dort aufhielt. Die seitlichen Säle *(parascenia)* in den kurzen Flügeln links und rechts der Bühne dienten dem gleichen Zweck.

Die eigentliche **Bühne** *(proscenium),* 61 Meter lang und 13 Meter breit, verfügte über einen erhöhten, von Balken getragenen Fußboden. Darin waren Klappen eingelassen, die ein Verschwinden der Akteure im Boden ermöglichten. Das alles war durch ein heute nicht mehr bestehendes Mäuerchen *(pulpitum)* verdeckt und vom 1,20 Meter tiefer liegenden Orchester getrennt. Eine Rinne und zwei Gruben sind noch zu sehen; sie dienten der Aufnahme des Vorhangs und der ihn bewegenden Mechanismen. Das feste Dach, das die Bühne ursprünglich schützte, muss die Akustik weiter verbessert haben, wie übrigens auch die Mehrschichtigkeit der Szenenwand.

Der **Orchesterraum** selbst in Form eines fast 20 Meter messenden Halbkreises war für die Chöre bestimmt, mitunter aber auch für Ehrengäste. Dahinter erheben sich die **Zuschauerränge** *(cavea)* in einem riesigen Halbkreis, angelegt an den Hängen des Hügels St. Eutrope und zu erreichen über mehrere Gänge und Treppen. Bis zu 9000 Zuschauer fasste das Theater. In der Antike wurden die Plätze entsprechend der sozialen Stellung zugewiesen. Auf den niederen Rängen, also ganz oben, saß das gemeine Volk bis hin zu den *Pullati,* den Eingeborenen, übrigens einschließlich der Prostituierten; in der Mitte fanden sich Handwerker und Priester ein und unten die Ritterschaft, erkennbar auch an einer erhaltenen Inschrift: „EQ GRADVS III" – der dritte Rang der Ritter. Besonders hochgestellte Persönlichkeiten nahmen vor den Rängen im Orchesterbereich Platz.

Zu sehen bekamen sie Theateraufführungen, darunter Satiren, aber auch Striptease-Schauen. Dank der ungewöhnlich guten **Akustik,** die sich bis heute trotz fehlendem Bühnendach und mit einer nur unvollständig erhaltenen Szenenwand bewahrt hat, war selbst von den schlechtesten Plätzen aus jedes Wort zu verstehen.

Die antike Gesellschaft war der unsrigen übrigens nicht unähnlich, was den Starkult betrifft. Im Theater von Orange finden wir eingeritzte Namen von Akteuren namens *Nico Parthenopaee* und *Nico Apolauste;* und die Atmosphäre einer Aufführung bei vollem Haus dürfte neuzeitlichen Spektakeln in nichts nachgestanden haben.

Das zeitlich nähere Mittelalter ist uns in dieser Hinsicht viel ferner. So wundert es nicht, dass im Zeichen der beginnenden Christianisierung der römische Kulturtempel bald als Stätte von Sünde und Ausschweifung verpönt war. Über die Jahrhunderte kam es immer wieder zu Zerstörungen, vor allem während der Völkerwanderung. Das 13. Jh. sah noch einmal Aufführungen im Theater, und zwar in Form der Liebeshöfe mit Troubadour-Vorträgen für die Fürsten von Orange.

Im 16. Jh. aber, als die Religionskriege die Stadt verheerten, erlitt das Theater das gleiche Schicksal wie die Arenen von Arles und Nîmes: Auf den Zuschauerrängen bauten die Menschen, Schutz suchend, armselige Häuschen und kleine Befestigungen. Dass sie dafür nicht die Szenenwand als Steinbruch missbrauchten, verdanken wir vielleicht dem Mistral, den die gewaltige Mauer doch immer noch abhielt.

Erst im 19. Jh. entstand wieder ein Bewusstsein für den Wert eines derartigen Monuments. Von Forschern angeleitet, restaurierte Orange das Theater und übergab es 1869 wieder seiner Bestimmung. Der Erfolg der nun beginnenden **Festspiele** ließ die Stadt allsommerlich zu einem Treffpunkt der Musikszene werden, vergleichbar etwa mit Salzburg oder Bayreuth. Die *Chorégies,* 1902 so genannt, konzentrierten sich zunächst auf ein klassisches Repertoire griechisch-römischer Stücke, was durchaus im Sinne der beteiligten *Félibres* um *Frédéric Mistral* war. Seit 1970 ziehen die *Nouvelles Chorégies* vor allem Opernfreunde an. Mehrmals trat etwa der Startenor *Luciano Pavarotti* auf.

Diese Wiederbelebung einer zwei Jahrtausende alten Stätte abendländischer Kultur ist ein Geschenk für Orange, das vom weltweiten Renommee seiner Festspiele zehrt. Dass eine solche Veranstaltung allein aber kleinstädtische Enge und Borniertheit nicht zu vertreiben vermag, zeigte sich 1995. Da empörte sich der halbe Ort, weil ausländische Künstler nicht unter der Schirmherrschaft des frisch gewählten rechtsradikalen Bürgermeisters singen mochten und einen Boykott der Festspiele anzettelten. Wer eine Wiege der Zivilisation zu sein beansprucht, aber gleichwohl im politischen Extremismus seine Führung erblickt, der offenbart eben, dass es ihm um Vermarktung geht, nicht um Kultur.

Westlich des Theaters finden sich die **Ruinen** eines ebenfalls römischen, halbkreisförmigen Gebäudes, dessen Bestimmung noch immer nicht eindeutig geklärt ist. Es könnte sich um eine Art Nymphenheiligtum handeln. Inmitten des Halbkreises stand wohl ein Tempel.

Auf dem Hügel St. Eutrope mit schönem Blick über Theater und Stadt lag das Kapitol, ein **römischer Tempel,** dessen Grundmauern noch erkennbar sind. An dieser Stelle befand sich später auch die Zitadelle von Orange; ihr Bau und die nachfolgende Zerstörung gingen auf Kosten des antiken Denkmals.

● **Öffnungszeiten:** April bis September 9–19 Uhr, Juni bis August 9–20 Uhr, März und Oktober 9–18 Uhr, November bis Februar 9–17 Uhr. Eintritt: 7,50 €, ermäßigt 5,50 €, Ticket gilt auch für das Musée municipal.

Triumphbogen

Als zweites wichtiges Monument neben dem Theater blieb der Triumphbogen, einer der schönsten seiner Art und noch besser erhalten als vergleichbare in St. Rémy, Cavaillon oder Carpentras. Heute inmitten eines Kreisverkehrs an der Rue de l'Arc de Triomphe gelegen, befand er sich in der Antike am Rande der Stadtbefestigung an der Via Agrippa und gleichzeitig an der Verlängerung des Cardo. Die Römer erbauten ihn im Jahrhundert vor der Zeitenwende, wohl kurz nach der Gründung der Kolonie, also um 25 v. Chr. Darauf deutet auch die **Ornamentik** hin, welche wahrscheinlich die Siege der zweiten gallischen Legion feiert. Dennoch ist die Be-

141pr Foto: bm

zeichnung als Triumphbogen etwas ungenau, denn triumphale Siege wurden in Rom gefeiert und mit Denkmälern bedacht. Der Bogen von Orange sollte sowohl an die Stadtgründung erinnern als auch römische Größe an einer wichtigen Straße des unterworfenen Landes dokumentieren; seine Bedeutung ist also nicht nur eine militärische.

Der Bogen wurde aus großen Sandsteinblöcken aufgeschichtet, er ist etwa 20 Meter hoch, ebenso breit und mehr als acht Meter tief. Die drei Durchgänge sind identisch gestaltet, nur der mittlere unterscheidet sich durch seine größere Höhe. Alle vier Seiten schmücken jeweils vier eingebundene korinthische Säulen mit einem dreieckigen Giebel darüber. Dieser wächst in ein Attikageschoss hinein, das den Bogen eigentlich nach oben abschließen könnte, aber durch ein zweites Geschoss darüber ergänzt wird. Diese Eigentümlichkeit trägt dazu bei, dass das Bauwerk im Ganzen sehr massiv, fast übermächtig wirkt, ohne dass die architektonische Aufteilung das wesentlich mildern würde.

Am besten erhalten zeigt sich die Nordseite, wo wir im oberen Teil die üblichen **Kampfszenen** und militärischen Symbole vorfinden: Helme, Säbel, allerdings auch Totenköpfe erinnern daran, dass die Unterwerfung Galliens kein Spaziergang war. Oben auf dem mittleren Sockel fällt die Skulptur eines Steinbocks auf, Symbol der zweiten Legion.

Auch auf der Südseite wird gekämpft; hier treten etwa ein bewaffneter Römer und ein nackter Gallier einander zum Zweikampf gegenüber. Darstellungen der Seestreitkräfte ähneln denen der Nordseite, beziehen sich aber nicht auf ein konkretes Ereignis, sondern dokumentieren allgemeine maritime Vorherrschaft. Die Ostseite zeigt Gefangene, die lange Haare und Bärte tragen, also als Barbaren stilisiert sind. Die Westseite ist großenteils rekonstruiert.

Die überaus reiche Bildersprache, künstlerisch fein gestaltet und von großer Ausdrucksstärke, vermittelt dank der sehr realistischen Darstellung nicht zuletzt den Historikern Erkenntnisse über die Waffen- und Kampftechnik der Zeit. Der Bogen dokumentiert darüber hinaus aber die römische Herrschaftsphilosophie gegenüber einem in ihren Augen unzivilisierten Land. Die Kampfszenen sind daher, wenn es um Sieg oder Niederlage geht, rein symbolisch und nicht etwa historisch zu verstehen. Römische Unterlegenheit, auch die gab es ja zeitweilig, wird natürlich ausgespart.

Der für das Mittelalter typische respektlose Gebrauch solcher Monumente ließ auf der Plattform dieses Bogens einen festungsartigen Aufbau entstehen. Darin hockten die Fürsten von Orange in engen und, wie man vermuten darf, unbequemen Räumen und blickten durch Schießscharten nach draußen.

Im 18. und 19. Jh. stellten erste Restaurierungen den ursprünglichen Zustand wieder her.

Kathedrale

In der **Altstadt**, heute eine blitzblanke Fußgängerzone, drängen sich die Häuser so dicht um die **Kathedrale Notre-Dame-de-Nazareth** herum, dass man sie fast übersehen könnte. Es handelt sich nicht um jene erste Bischofskirche aus dem 5. Jh., sondern um deren Nachfolgerin. Nachdem die Bischöfe für ein paar Jahrhunderte Orange verlassen hatten, entstand sie im 12. Jh. anlässlich der Wiederbegründung des Bistums und sank nach der Revolution mit dem neuerlichen Verlust des Bischofssitzes in den Rang einer Pfarrkirche. Sie ist romanischen Stils, der aber durch eine Reihe späterer Umbauten verwässert wurde. Das südliche Portal bewahrte seinen schönen romanischen Dekor.

Museum

In einem Hôtel particulier gegenüber dem Theater liegt das **Musée municipal,** dessen Funde nahezu gleichberechtigt neben Theater und Bogen die Bedeutung der römischen Stadt dokumentieren. Im Mittelpunkt stehen die **Kataster,** große Marmorplatten wohl aus dem ersten Jahrhundert unserer Zeit, auf denen die Römer im Maßstab von etwa 1:5000 die Aufteilung der umliegenden Gebiete verzeichneten. Man entdeckte sie im Jahre 1949 unter der Rue de la République. Sie sind die einzigen bekannten ihrer Art.

Man unterscheidet Kataster A für die Gegend von Châteaurenard, Kataster B mit dem größten Gebiet (im Norden bis Montélimar) sowie Kataster C für Orange und seine südliche Umgebung. Insgesamt wird ein Gebiet von mehr als 850 Quadratkilometern erfasst. Neben der geographischen Lage sind auch Beschaffenheit und Wert des Bodens registriert. Die Planquadrate, 50 Hektar groß, sind nummeriert und mit Abkürzungen versehen, ausgehend von Cardo (CK für *citra kardinem,* VK für *ultra kardinem)* und Decumanus (SD für *sinistra decumanum,* DD für *dextra decumanum).*

Vier Arten von Bodenbesitz wurden unterschieden: Erstens Böden, die direkt den Ureinwohnern entzogen und in Besitz der Veteranen gegeben worden waren, zweitens diejenigen, die der Kolonie gehörten und entweder verpachtet oder noch vergeben werden konnten, drittens solche, die den so genannten Eingeborenen zukamen und viertens Böden, die dauerhaft in Staatsbesitz bleiben sollten.

Neben weiteren Funden aus römischer Zeit gibt es Säle zu Vorgeschichte, Fürstentum, Bischofssitz und Chorégies, außerdem zur Politikerfamilie *Gasparin* und zum Bedrucken von Tüchern im 18. Jh.

● **Öffnungszeiten:** April bis September 9.30–19 Uhr, Oktober bis März 9.30–12 Uhr und 13.30–17.30 Uhr, Tel. 04.90.51.18.24, Eintritt: nur gemeinsames Ticket mit Theater, siehe dort.

Praktische Hinweise

Information

● **Office de Tourisme,** 5, Cours Aristide Briand, 84100 Orange, Tel. 04.90.34.70.88, Fax 04.90.34.99.62. www.provence-orange.com.

Hotels

● **Arène*****/€€€, Place de Langes, Tel. 04.90.11.40.40, Fax 04.90.11.40.45. Mitten im alten Zentrum mit 30 zum Teil kleinen, aber sehr hübsch eingerichteten Zimmern. Ein sehr korrekt geführtes Haus, die erste Wahl in Orange.

● **Louvre et Terminus*****/€€€, 89, Avenue Frédéric Mistral, Tel. 04.90.34.10.08, Fax 04.90.34.68.71. Für Bahnreisende bietet sich dieses Haus gegenüber der Station an. Es wurde vor einigen Jahren renoviert.

Camping

● **Le Jonquier*****, Rue A. Carrel, Tel. 04.90.34.49.48.

Restaurants

● **Le Parvis,** 3, Cours Pourtoules, Tel. 04.90.34.82.00. *Jean-Michel Berengier* ist der ehrgeizige und talentierte Patron dieses erstklassigen Restaurants. Ca. 20–30 €.

Märkte und Feste

- **Wochenmarkt,** donnerstagmorgens.
- **Festival des Chorégies** im Juli. Die im antiken Theater auftretenden Künstler – meist Opernsänger und andere klassische Musiker – sind durchweg hochkarätig. Die Kartenpreise entsprechen dem Ambiente und der künstlerischen Qualität. Allerdings gibt es interessante Ermäßigungen für Gruppen, Jugendliche, Studenten und Behinderte. Reservierung wird je nach Konzert mehrere Monate vorher empfohlen, der Verkauf beginnt meist im Februar. Schriftliche Anforderung des Programms und Bestellung über Chorégies d'Orange, B.P. 205, 84107 Orange, Tel. 04.90.34.24.24, Fax 04.90.11.00.85.
- **Tanz, Theater und Konzerte** im Theater auch im Juni und August.
- **Marché Provençal,** samstags von Juni bis Anfang September.

Autoverleih

- **Avis,** 160, Avenue Charles de Gaulle, Tel. 04.90.34.11.00.

Fahrradverleih

- **Cycles PICCA,** Tel. 04.90.51.69.53.

Anreise/Weiterreise

- **Mit dem Auto:** Von Norden und Süden über die N 7 oder die A 7.
- **Mit dem Bus:** Gare routière, Cours Pourtoules, Tel. 04.90.34.15.59. Verbindungen in alle wichtigen Nachbarstädte.
- **Mit der Bahn:** Gare SNCF, Avenue Frédéric Mistral, Tel. 04.90.11.88.64.

Die Weinrouten an der Rhône

Anreise

Ob über die Autoroute du Soleil oder gemächlicher über die Landstraße, ob per Eisenbahn oder gar auf dem Wasserweg – für Reisende aus dem Norden führen fast alle Wege in die Provence durchs Rhônetal. Ist man mit dem Auto unterwegs, lohnt es sich spätestens ab Lyon, die Autobahn zu verlassen und entweder der legendären N 7 zu folgen oder, ruhiger und fast noch schöner, der N 86.

Da begleitet man dann zwei, drei Stunden lang den mächtigen Strom auf seinem Weg gen Süden. Rechts erheben sich die Ausläufer des Zentralmassivs: bald milde, bald schroffe Berghänge, deren Spitzen sich meist irgendwo in Dunst und Wolken verlieren. Links, auf der anderen Seite des Flusses, ziehen gemütliche Städte vorbei, viele davon so einladend, dass man gleich bleiben möchte.

Allmählich wird die Landschaft weiter, flacher, das Licht intensiver; die Natur nimmt mediterranen Charakter an, und das so unmerklich, dass man mit den Autoren dieser Zeilen fragt: Wo lassen wir die Provence denn nun beginnen?

Willkürlich und doch nicht ganz grundlos entscheiden wir uns für **Mornas,** erstens, weil man es fast zwangsläufig passiert, zweitens, weil es mit seinem ganzen Flair, den Brunnen und Cafés schon einen Vorgeschmack gibt

144pr Foto: bm

Mornas, Blick ins Rhônetal

auf viele weitere, noch charmantere Dörfer und drittens, weil seine **Festungsruine** so mächtig über dem Rhônetal thront, dass sie sich durchaus zum Wächter über ein imaginäres Tor zur Provence erklären ließe.

Damit haben wir also auch etwas anzusehen, folgen deshalb einer Gasse bis zum Fuße des Kalkfelsens und verschmerzen nach der langen Fahrt den überaus steilen Aufstieg zum Festungsgemäuer. Seit Jahren wird es restauriert, mittlerweile finden allerlei historische Spektakel darin statt. Gegründet wurde die Burg von den Grafen von Toulouse im 12. Jh., als sie mit den Grafen von Barcelona im Streit um die Provence lagen, um schließlich gemeinsam gegen das Königtum im Norden zu verlieren.

Spektakulär ist der **Ausblick** vom senkrecht abfallenden Felsen. Man blickt ins Tal und überschaut mit einem Mal dieses Nadelöhr, durch das sich nebeneinander eine Landstraße, eine Nationalstraße, die Autobahn nach Spanien, die Eisenbahn und natürlich die Rhône selbst schlängeln. Noch spektakulärer wirkt diese Aussicht, versetzt man sich in die Lage einiger Katholiken zur Zeit der Glaubenskriege: Sie wurden hier in den Abgrund gestoßen.

• **Öffnungszeiten:** 10–12.30 und 14–19 Uhr (in der Hochsaison geführter Rundgang). Im Winter (etwa Dezember–Februar) ganz geschlossen. Eintritt: ca. 5,60 €, ermäßigt ca. 3 €, Tel. 04.90.37.01.26.

Caderousse

↗ II/A2

Am Ufer der Rhône gelegen, wurde Caderousse im Stil der provenzalischen Dörfer erbaut. Kein verschlafenes Nest mehr und noch keine Stadt, ist es so etwas wie der Hafen von Orange. Jahrhundertelang lebte und litt es im Rhythmus der Rhône, die immer wieder über die Ufer trat und den Ort mit schlammigen Wassermassen bedeckte. Am Rathaus sind die spektakulärsten Wasserstände des vergangenen Jahrhunderts mit einer Markierung verzeichnet. Nach der schlimmsten Flut 1856 entstand der kreisrunde **Wall,** hinter dem sich Caderousse heute versteckt.

Das Dorf mit seinen gewundenen Straßen und pastellfarbenen Häuserzeilen strahlt immer noch einen gewissen Reichtum aus, und in der Tat ist seine geschichtliche Rolle nicht ganz unbedeutend. Nicht nur, weil Historiker vermuten, dass es hier war, wo 218 v. Chr. *Hannibal* auf dem Weg über die Alpen nach Rom die Rhône überquerte und mit ihm drei Dutzend Elefanten und 50.000 Krieger. Vielmehr war Caderousse vorübergehende Zuflucht der Bischöfe von Orange, als diese während der Religionskriege von den Protestanten vertrieben wurden.

Dann gab es die Herren von Grammont-Caderousse, die hier ihre Burg hatten. Erhalten ist davon noch die Grabkapelle, die **Chapelle Seigneuriale** mit Anklängen an die Flamboyant-Gotik. Eine zweite Kapelle, **St. Martin,** ist aus dem 11. Jh. und zeugt außen wie innen von der typischen Schlichtheit romanischer Kapellen in der Provence; nur die ungewöhnlich reich dekorierte Westfassade sticht hervor.

Sehenswert an Caderousse ist vor allem die Lage an der Rhône, diesem überregulierten, gebändigten Strom, der gerade noch das Atomkraftwerk von Marcoule kühlen musste, hier aber seine einstige Schönheit erahnen lässt. Über eine schmale Straße, die nach Marcoule auf der anderen Flussseite führt, erreicht man die **Rhône-Insel Piboulette.** Unsere Strecke führt aber flussabwärts und dann Richtung Châteauneuf-du-Pape (D 237, D 976, D 17), nicht an der Rhône selbst entlang, sondern an einem abgestorbenen Seitenarm. Hohe Bäume säumen das Ufer, Angler blicken übers Wasser hinaus in eine satte grüne Landschaft.

Châteauneuf-du-Pape

↗ II/A3

Wenige Kilometer weiter beginnt die hügelige Landschaft des wertvollsten Weinbaugebietes der Provence: Châteauneuf-du-Pape.

Weinbau

Auf 3200 Hektar wächst hier ein **schwerer und alkoholreicher Rotwein** heran, ein, um in die Sprache der Weinkenner zu wechseln, muskulöser und breitschultriger Rebsaft. Nach den Spitzenabfüllungen des Bordelais und Burgunds wird er als einer der teuersten Weine Frankreichs gehandelt. Die Ausbeute ist beschränkt auf 35 Hektoliter pro Hektar, was ein Gesamtvolumen von 13 Millionen Flaschen ergibt – davon 700.000 für den weniger bekannten, sehr exklusiven Weißwein.

Nahezu jeder Quadratmeter ist von Reben bedeckt. Man erkennt, warum der Boden dieses Vignoble so außergewöhnlich und wertvoll ist: Die großen Kieselsteine speichern die Hitze des Tages und geben sie nachts wieder ab, das garantiert die hohe Reife der Trauben.

Seit Jahrhunderten setzen die Winzer auf Qualität und beschränken den Ertrag, lassen dafür aber **13 verschiedene Rebsorten** zu, so dass jeder Wein die Handschrift des Erzeugers trägt.

146pr Foto: bm

Geschichte

Der Weinbau in Châteauneuf lässt sich bis ins 14. Jh. zurückverfolgen. Damit kommen wir ins **Zeitalter der Päpste** in Avignon. Einer von ihnen, *Johannes XXII.,* Bonvivant ganz in der Tradition seines Amtes, war gleichermaßen empfänglich für den Wein wie für die Schönheit der Landschaft von *Castro Novo,* wie Châteauneuf damals genannt wurde. Er erkor es gewissermaßen zum Castel Gandolfo Frankreichs, zum **Sommersitz des Pontifex Maximus.** 1317 begannen die Bauarbeiten für das päpstliche Schloss, vervollständigt durch einen Park mit Reben, Öl- und Obstbäumen. Allsommerlich ruhten sich die Päpste nun hier aus vom anstrengenden Tagewerk in jenem Avignon, das unter klerikaler Fuchtel zum abendländischen Sündenbabel gedieh.

Doch die Päpste gingen, ihr Schloss verfiel, und es blieb allein das Renommee des Weins und die Erinnerung. Seit 1893 trägt der Ort seinen heutigen Namen.

Châteauneuf-du-Pape

Sehenswertes

Viel ist nicht erhalten vom Schloss, dem **Château des Papes;** fast trotzig wacht seine übergroße Ruine über Dorf und Weinberge. In den Religionskriegen setzten es die Protestanten in Brand, später wurde es restauriert, dann erneut dem Verfall preisgegeben, bis schließlich kaum mehr als der **Donjon** übrigblieb. Den nutzten im letzten Krieg die deutschen Besatzer als Ausguck, und als sie am Tag der Befreiung, jenem 20. August 1944, die Flucht antraten, sprengten sie eilends noch an der Ruine herum. Doch selbst das hohle Gemäuer vermittelt den Eindruck einstiger Größe. Der Blick über den Vignoble ist schön wie eh und je, und bei klarem Wetter fällt er weiter über das Panorama von Rhônetal und Provence bis nach Avignon und zu den Alpilles.

Der Ort selbst lebt ganz für durchreisende Weinliebhaber, die sich an jeder Ecke zur **Dégustation** aufgefordert sehen. Schweren Kopfes versäumt man dann womöglich einen Besuch der **Kapelle St. Theodoric** an der Place de la Renaissance. Dieses älteste Bauwerk des Ortes aus dem späten 10. oder frühen 11. Jh. bewahrt im Chorraum einige Fresken, die allerdings stark beschädigt sind.

Museum

- **Musée des outils de vignerons:** Caves Laurent Charles Brotte, Tel. 04.90.83.70.07. Öffnungszeiten: Täglich 9–12 und 14–18 Uhr, Eintritt frei. Historische Werkzeuge der Winzer, Informationen über den Weinbau, Dégustation und Verkauf.

Information

- **Office de Tourisme,** Place du Portail, 84230 Châteauneuf-du-Pape, Tel. 04.90. 83.71.08, Fax 04.90.83.50.34, http://perso. wanadoo.fr/ot-chato9-pape.

Hotels und Restaurants

- **Hostellerie du Château des Fines-Roches** ****/€€€€€, Route d'Avignon (2 km auf der D 17), Tel. 04.90.83.70.23, Fax 04.90. 83.78.42. Neogotisches Schloss inmitten der Weinberge, sehr ruhig und mit schönem Blick. Zimmer mit Antiquitäten. Mit Restaurant, aufwendige gastronomische Küche ab etwa 43 € (Menü).
- **Hostellerie de Varenne******/€€€€, 30150 Sauveterre, Tel. 66.82.59.45, Fax 66.82. 84.83. Wunderschönes Herrenhaus aus dem 18. Jh., das mitten im Grünen über der Rhône liegt. Renommiert und gut geführt. Menü ab etwa 27 €.
- **La Sommellerie*****/€€€, Route de Roquemaure, Tel. 04.90.83.50.00, Fax 04.90.83. 51.85. Ebenfalls ein nettes Landhotel mit Restaurant. Menü ab etwa 27 €.
- **La Mère Germaine**€€€, Place de la Fontaine, Tel. 04.90.83.54.37, Fax 04.90.83. 50.27. Hotel im Ortskern mit angenehmem Restaurant. Menü ab etwa 23 €.
- **La Garbure,** 3, Rue Joseph-Ducos, Tel. 04.90.83.75.08. Restaurant mit Speisesaal in einem alten Keller und auf der Terrasse. Das Entenfilet wird natürlich mit Châteauneuf-Wein bereitet. Menü ab etwa 20 €.

Camping

- **Islon St. Luc****, Chemin des Grandes Serres, Tel. 04.90.83.76.77. Schattig am Flussufer.

Feste

- **Fête de St. Marc** am 25. April. Prozession von der Kirche durch die Weinberge zu Ehren des Schutzpatrons der Winzer, und damit es nicht zu fromm wird, danach Dîner und Dégustation.
- **Fête Votive** in der ersten Juliwoche. Unter anderem Folklore und Pétanque.
- **Fête de la Véraison** am ersten Augustwochenende. Ausstellungen, Dégustation, histo-

risches Spektakel anlässlich der Traubenreifung.

- **Le Ban des Vendanges** zu Beginn der Weinlese im Herbst. Großes Essen zwecks Stärkung aller Beteiligten.

Anreise/Weiterreise

- **Mit dem Auto:** A 7 oder N 7 bis Orange, von dort D 68.
- **Mit dem Bus:** Mit *Rapides du Sud-Est* über die Linien Orange–Caderousse und (häufigere Verbindungen) Avignon–Camaret.

Zwischen Rhône und Weinbergen

Alle Straßen von und nach Châteauneuf führen durch eine hügelige, ganz vom Weinbau geprägte Landschaft. Westlich Richtung Roquemaure erreicht man nach wenigen Kilometern das **Château de l'Hers** oder vielmehr den Turm, der davon übriggeblieben ist. Von seinem Felsen über dem Fluss scheint er das Rhônetal zu kontrollieren, und in der Tat war dies auch die Aufgabe des Schlosses. Gegenüber liegt **Roquemaure,** das schon zum Département Gard gehört, und ebenfalls Ruinen eines Schlosses beherbergt.

Über **Bédarrides** östlich von Châteauneuf, dem Dorf der sieben Flüsse mit einer schönen barocken Kirche, geht es nach **Courthézon,** das noch Teile seiner Stadtmauern aus dem 12. Jh. bewahrt. Das Hôtel de Ville ist in einem verspielten Schlösschen aus dem 19. Jahrhundert untergebracht, und auch die engen Gassen im Ortskern zeugen von einer reichen Vergangenheit.

Über **Jonquières** mit mehreren (sämtlich nicht zugänglichen) Schlössern in seiner Umgebung und **Camaret-sur-Aigues** mit einem mittelalterlich wirkenden Ortskern gelangt man in das Weinbaugebiet der **Côtes-du-Rhône-Villages,** dem elitären Ableger der gewöhnlichen Côtes-du-Rhône-Abfüllungen. Seit Jahrtausenden ist diese fruchtbare Gegend von Menschen bewohnt. Bei Jonquières etwa hat man Spuren neolithischer Besiedlung gefunden (4650 v. Chr.), und auch die Römer bebauten den Ort.

Sérignan-du-Comtat ↗II/A2

Wie in so vielen malerischen Nestern der Provence haben sich auch im nahe gelegenen Sérignan-du-Comtat immer wieder Menschen niedergelassen, die berühmt waren oder es posthum wurden: *Diane de Poitiers,* die Maîtresse des Königs *Henri II., Jean-Henri Fabre,* der geniale Insektenforscher, oder auch *Werner Lichtner-Aix,* ein deutscher Maler.

Als Hauptort einer Baronie, reich ausgestattet mit einem Schloss, gelangte das Dorf über allerlei Erbfälle an die *Poitiers. Diane* bewohnte als *Baronesse de Sérignan* das Schloss, welches heute zusammen mit der italienisch inspirierten Kirche aus dem 18. Jh. und dem achteckigen Glockenturm ein stolzes Dorfzentrum bildet.

Sehenswertes

Das Schloss ist nicht zugänglich, wohl aber gleich um die Ecke das **Atelier von Werner Lichtner-Aix**, einem

Maler des 20. Jh. Der Wahlprovenzale aus München hat 20 Jahre lang seine Vision der Provence in Gemälden, Zeichnungen und Skulpturen dargelegt.

● **Öffnungszeiten:** Von April bis Mitte Oktober täglich außer dienstags und feiertags 14–17.30 Uhr, Tel. 04.90.70.01.40. Ausstellung und Verkauf. Eintritt frei.

Etwas außerhalb des Ortes an der D 976 liegt das Museum **Harmas – Musée Jean-Henri Fabre.** 1870, im Alter von 47 Jahren, kaufte der Naturwissenschaftler dieses Anwesen, das er *Harmas* nannte nach dem provenzalischen Wort *Hermès* für „unbebautes Land". Zeitlebens hatte der Lehrer und Professor in Carpentras, Ajaccio, Avignon und Orange von einem Landhaus geträumt, um sich ganz der **Insektenforschung** widmen zu können, zeitlebens kämpfte er aber auch gegen die Armut seiner Familie an.

Erst das Honorar seiner Bücher – insgesamt sollten es 95 werden – erlaubte ihm ein Forscherdasein in Sérignan. Die Universität Avignon hatte er vorher verlassen, weil seine Vorlesungen – unter anderem zur Befruchtung der Blumen – Eltern und Klerus erbosten.

Der Harmas, ein zweistöckiges, altrosa gestrichenes Haus, verschanzt sich mit einer hohen Mauer gegen die Landstraße, und dahinter tut sich ein kleines Paradies auf, ein verzauberter, scheinbar verwilderter **Garten.** „Dieses verwunschene Stück Land", so schrieb *Fabre,* „dem keiner auch nur eine Handvoll Rübensamen anvertrauen möchte, ist ein irdisches Paradies für die Hautflügler. Seine mächtige Vegetation von Disteln und Flockenblumen lockt sie weit aus der Runde herbei."

Zikaden und Frösche sind zu hören, Papageien gar, Schmetterlinge und Insekten fliegen auf, Käfer, Spinnen und Skorpione bevölkern diesen Garten Eden.

149pr Foto: bm

Jean-Henri Fabre

Venaissin

Fabre, Vater von zehn Kindern aus zwei Ehen, im übrigen aber ein besessener Arbeiter, schrieb hier neun weitere Bände seiner berühmt gewordenen „Souvenirs Entomologiques", ein Werk außergewöhnlicher intellektueller und stilistischer Brillanz, Frucht unermüdlicher Beobachtung und fast übermenschlicher Disziplin. Der „Homer der Insekten", wie *Victor Hugo* ihn nannte, war ein Universalgenie, Philosoph und Poet, Musiker und Maler zugleich.

Als Autodidakt, der sich universitären Prüfungen allein zum Zwecke des Broterwerbs unterwarf, kehrte er dem Wissenschaftsbetrieb bald gänzlich den Rücken, um im Garten seines Harmas ein eremitenhaftes Dasein zu führen. Für die „Werkstatt der Folter und Zerstückelung", die wissenschaftlichen Labors, hatte er nur Verachtung übrig. Seine Sache war die Beobachtung der lebenden Kreatur, und das nicht allein aus wissenschaftlichen Motiven, sondern auch im Sinne eines früh erkannten Naturschutzideals.

Von *Fabre* bleibt eine gewaltige Forschungsleistung wie auch ein grandioses schriftstellerisches Werk, das in viele Sprachen übersetzt worden ist. Ein Besuch seines Harmas lohnt nicht allein wegen des Parks, den übrigens ein deutsch sprechender Gärtner und kenntnisreicher Bewunderer *Fabres* wunderbar erklären kann. Das Arbeitszimmer ist vollgestopft mit Vitrinen, die außergewöhnliche **Sammlungen von Insekten,** Pflanzen, archäologischen Funden und vielen weiteren Objekten enthalten. Andere Räume zeigen Aquarelle, Briefe (unter anderem von *Darwin* und *Mistral)* sowie die Werke des Meisters. „Die Wissenschaft", so endet treffend die Museumsbroschüre, „dient fast nur dazu, uns eine Vorstellung unserer Unwissenheit zu geben."

- **Öffnungszeiten:** Täglich außer dienstags 9–11.30 Uhr sowie 14–18 Uhr, Tel. 04.90. 70.00.44. Eintritt ca. 2,25 €.

Hotel

- **Hostellerie du Vieux Château**€€€, Route Ste. Cécile, 84380 Sérignan, Tel. 04.90. 70.05.58, Fax 04.90.70.05.62. Angeschlossen das **Restaurant Le Pré du Moulin,** Menü ab etwa 23 €.

Camping

- **Aire naturelle de Camping,** La Ferme de Rameyron, Tel. 04.90.70.06.48. Einfacher Platz 800 Meter außerhalb des Dorfes.

Markt

- **Wochenmarkt,** mittwochmorgens auf der Place de la Mairie.

Vaison-la-Romaine

↗ II/B1

Am nördlichen Rand unseres Reisegebietes liegt Vaison-la-Romaine am Übergang von der Ebene des Comtat zu den Voralpen der Baronnies. Diese Zweiteilung findet sich auch in der Stadt selbst: Auf der einen Seite des Flüsschens Ouvèze erhebt sich auf einem steilen Felsen die **mittelalterliche Stadt,** gegenüber, am flacheren Ufer, siedelten vormals die **Römer.** Von beiden Stadtteilen ist erstaunlich viel erhalten: Wie ein Modell dokumentiert Vaison anschaulich die Geschichte von der Antike zum Mittelalter, führt das Leben der Römer vor Augen, die sich siegessicher in der Ebene breit machten, und das der mittelalterlichen Menschen, die sich angesichts ständiger Bedrohungen in luftige Höhen flüchteten. In derselben Lage war einst der **Keltenstamm der Voconiter,** deren Oppidum unter den mittelalterlichen Häusern, Gassen und Plätzen schlummert. Die neuzeitlichen und modernen Bewohner Vaisons folgten wiederum dem Vorbild der Römer und siedelten sich vorwiegend in der Ebene an; antike Überreste können dort praktisch unter jedem Haus zutage gefördert werden.

Vaison, die Stadt, die historisch gesehen eigentlich aus vier Städten besteht, spiegelt mit seinem reichen Erbe die Siedlungsstruktur der gesamten Provence wieder. Da ist es nur natürlich, dass sie in heutiger Zeit vor allem vom Tourismus lebt. Außerdem ist es Umschlagplatz für Obst, Gemüse, Wein und andere landwirtschaftliche Erzeugnisse seiner sehr fruchtbaren Umgebung.

Geschichte

Nachdem die Römer, von Marseille ins Land gerufen, 123 v. Chr. das Zentrum der Saluvier bei Aix zerstört hatten, unterwarfen sie wenig später auch kurzerhand die Voconiter. Da sich diese aber als gute Bundesgenossen erwiesen, gewährten die Eroberer ihrer Stadt große Selbstständigkeit und den Verbündeten-Status einer *Civitas foederata.* Bald schon zogen sie vom Felsen in die Ebene, und **Vasio Vocontiorum** (so lautete Vaisons römischer Name) entwickelte sich im 1. und 2. Jh. n. Chr. zu einer der reichsten Siedlungen der Narbonensis. Obwohl oder gerade weil sie abseits der wichtigen Verkehrswege lag, zog es auch viele Römer hierher, sei es zur Erholung, sei es, um sich niederzulassen. Die Reste der prächtigen Privathäuser dokumentieren nicht nur **typisch römische Architektur,** sondern auch immensen Wohlstand.

Im 3. Jh. entstand dann wohl die erste **christliche Gemeinde** Vaisons, spätestens am Anfang des 4. Jh. gab es einen Bischof. In den Zeiten der Germaneneinfälle schwand die Bedeutung der Stadt; einzig Macht und Einfluss des Bischofs blieben konstant und sicherten Vaison ein recht ruhiges Dasein. Damit sollte es aber vorbei sein, als sich der hohe Kirchenherr im 12. Jh. mit dem Grafen von Toulouse um das Städtchen mit seinem verteidigungstechnisch praktischen Hügel stritt. *Raymond V.* errichtete dort oben kurzerhand eine **Burg,** in deren Schutz sich die Bewohner seit dem 14. Jh. ansiedelten. Die längst zerstörte Römerstadt wurde ganz aufgegeben und erst im 18. und 19. Jh. wieder besiedelt. Danach verfiel wiederum die mittelalterliche Stadt. Erst seit neuester Zeit dient sie vor allem Städtern als Zweitwohnsitz.

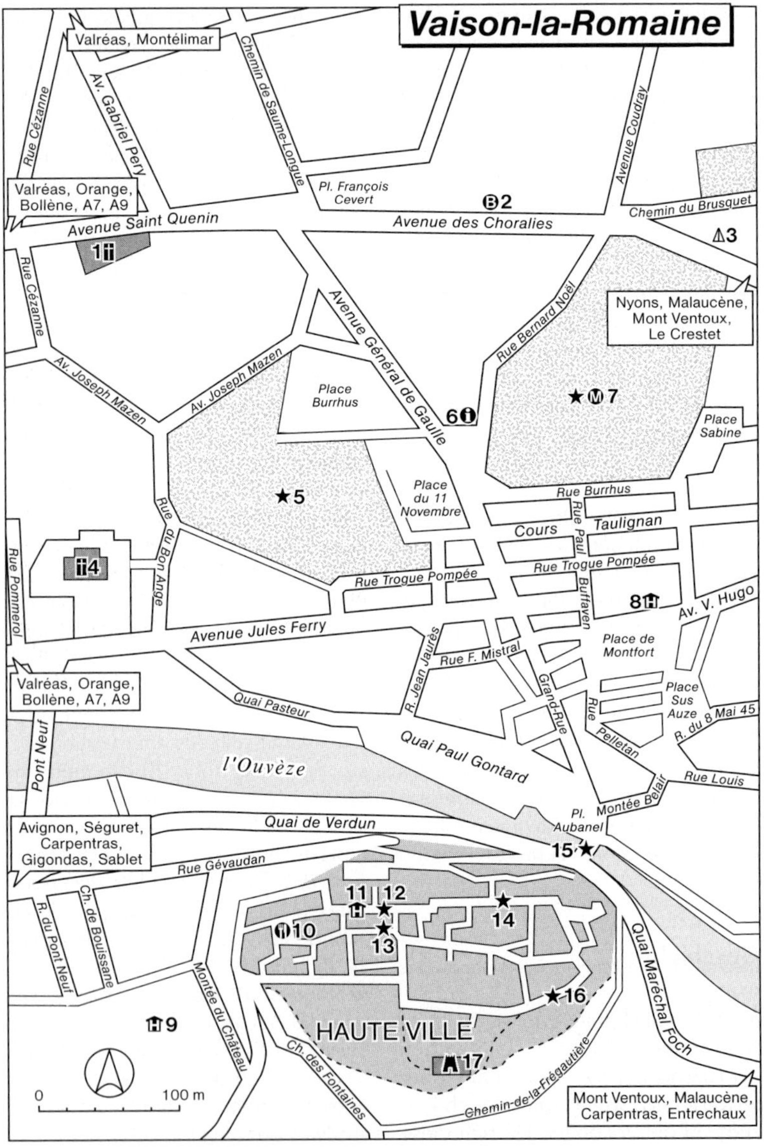
Vaison-la-Romaine
Valréas, Montélimar
Rue Cézanne
Av. Gabriel Pery
Chemin de Saume-Longue
Avenue Coudray
Valréas, Orange, Bollène, A7, A9
Pl. François Cevert
2
Chemin du Brusquet
Avenue Saint Quenin
Avenue des Choralies
3
1
Rue Cézanne
Nyons, Malaucène, Mont Ventoux, Le Crestet
Avenue Général de Gaulle
Rue Bernard Noël
Av. Joseph Mazen
Av. Joseph Mazen
Place Burrhus
6
7
Place Sabine
5
Place du 11 Novembre
Rue Burrhus
Rue du Bon Ange
Cours Taulignan
Rue Paul Buffaven
Rue Pommerol
4
Rue Trogue Pompée
Rue Trogue Pompée
8
Av. V. Hugo
Avenue Jules Ferry
R. Jean Jaurès
Place de Montfort
Rue F. Mistral
Grand-Rue
Valréas, Orange, Bollène, A7, A9
Place Sus Auze
Quai Pasteur
Rue Pelletan
R. du 8 Mai 45
Pont Neuf
Quai Paul Gontard
l'Ouvèze
Rue Louis
Montée Belair
Pl. Aubanel
Avignon, Séguret, Carpentras, Gigondas, Sablet
Quai de Verdun
15
Rue Gévaudan
11
12
14
13
10
Ch. de Bouissane
R. du Pont Neuf
Montée du Château
Quai Maréchal Foch
16
9
HAUTE VILLE
Ch. des Fontaines
Chemin-de-la-Frégautière
17
0
100 m
Mont Ventoux, Malaucène, Carpentras, Entrechaux

Sehenswertes

Ganz anders als das benachbarte Orange, das nach einem rasterartigen Grundriss gebaut wurde, entwickelte sich Vaison als eine Stadt ohne besondere Planung; nicht einmal eine Befestigung war notwendig. Die unregelmäßige Anordnung der Häuser und Straßen deutet auf eine eher anarchische Bauweise hin, vielleicht, weil die Stadt auf vorher bestehenden Häusern der Gallier aufbaute.

Ganz anders auch als in Orange muss der Geist gewesen sein, der in der Stadt wehte: Die Anlage der Veteranen-Kolonie Arausio war ganz von der Ideologie des Triumphes beseelt, während in Vaison niemals Veteranen angesiedelt wurden und die Römer sich offensichtlich gut mit den vorherigen Bewohnern einigen konnten.

Dennoch war auch Vaison reich an monumentalen Bauwerken und erstreckte sich auf immerhin 60 bis 70 Hektar, von denen seit Anfang unseres Jahrhunderts etwa 15 Hektar freigelegt wurden. Ausgerechnet aber das Stadtzentrum mit dem Forum und der Basilika liegen unter der modernen Stadt verborgen und werden es auch bis auf weiteres bleiben. Gefunden hat man aber immerhin das antike Theater, das so genannte Prätorium, die Säulenhalle des *Pompeius,* ein Nymphäum (Wasserverteiler), Mietshäuser, Geschäftsstraßen und vor allem **Wohnhäuser betuchter römischer Bürger.** Diese machen etwa zwei Drittel der für die Öffentlichkeit zugänglichen Ausgrabungsfelder aus und gehören in der westlichen Welt zu den größten Fundorten dieser Art.

Bevor wir uns den Ausgrabungsfeldern zuwenden, ein paar Worte zum Charakter dieser herrschaftlichen Domizile: Sie waren sehr luxuriöse Wohnkomplexe von großen Ausmaßen, die aus einer Aneinanderreihung von überdachten und offenen Räumen bestanden. Stets waren sie ausgestattet mit mehreren **Innenhöfen** und teils großzügigen Gärten mit Bassins, die von **Säulengängen** umgeben waren.

- 1 Chapelle St.Quenin
- 2 Busbahnhof (= Gare routière)
- 3 Camping du Théâtre Romain
- 4 Kathedrale Notre-Dame-de-Nazareth mit Kreuzgang
- ★ 5 Quartier de la Villasse mit der Maison du buste en argent und der Maison au dauphin
- 6 Office de Tourisme
- ★ 7 Quartier de Puymin mit der Maison des Messii, dem Porticus des Pompeius, dem antiken Theater und dem archäologischen Museum
- 8 Hôtel Le Burrhus
- 9 Hôtel Le Logis du Château
- 10 Restaurant La Fête en Provence
- 11 Hostellerie Le Beffroi
- ★ 12 Rue de l'Évèché
- ★ 13 Rue des Fours
- ★ 14 Rue de l'Église
- ★ 15 Römische Brücke
- ★ 16 Rue de la Charité
- 17 Château

Neben den ausgesprochenen Wohn- und Repräsentationsräumen (Speise- und Empfangssaal, Schlafzimmer, Büro und Bibliothek) nahmen die **Wirtschaftsräume** einen großen Teil des Hauses ein. Die Küche lag im Allgemeinen nach Norden, damit die Speisen besser konserviert werden konnten. Vor allem Reste von Nahrungsmitteln – wie große Mengen von Austernschalen – und die Anlage von Fischbecken geben uns Aufschluss über die **hohe Esskultur** und den Lebensluxus der Bewohner. Für die opulenten Festmahle waren meist gleich mehrere Herdfeuer nötig, dazu ein großer Holzofen und ein Becken, in welches das stetig laufende Wasser unter Druck aus einer Leitung lief. Das Schmutzwasser floss durch eine Rinne direkt in einen Kanal außerhalb des Hauses.

Häufig lagen die **Baderäume** und die Latrinen gleich nebenan, um die Ausgaben für die teuren Bleirohrleitungen und den Kanalanschluss niedrig zu halten. Diese **privaten Wasserleitungen** waren ein Privileg der Allerreichsten; der größte Teil der Bevölkerung musste sich mit Wasser aus dem Brunnen begnügen.

Der Komfort einer Heizung war auch in diesen Villen nicht zu verwirklichen, vor allem wegen der zahlreichen Höfe. Meist gab es nur kleine, tragbare Öfchen; einzig das Caldarium und das Tepidarium, die Warmbecken der Thermen, waren mit einer Heißluftheizung im Fußboden versehen. Auch dies spiegelt den immensen Reichtum der Hausherren wider, denn kaum jemand konnte sich **private Thermen** leisten.

Was wir heute von diesen Häusern sehen, gibt mitnichten ihren wahren Charakter wieder: Wände, Decken und Fußböden waren stets reich mit Mosaiken und Bemalungen dekoriert, dazu kamen wohl wertvolle Möbel, Teppiche, Vorhänge und Kunstgegenstände, von denen wir kaum eine Vorstellung haben.

Quartier de Puymin

Gleich am Eingang dieses älteren Ausgrabungsfeldes kann man den Aufbau eines römischen Bürgerhauses studieren: an der **Maison des Messii,** so genannt nach einer dort gefundenen Inschrift. Von der Straße führte ein schmaler Korridor zum Atrium, dem offenen Hauptraum und Mittelpunkt des Hauses, an ihn grenzten das Tablinum mit dem Büro und der Bibliothek des Hausherrn, sein Schlafzimmer und ein kleinerer Raum von ungeklärter Bestimmung mit einem Fußbodenmosaik. Ihm gegenüber lag ein Raum, von dem man annimmt, dass er das Esszimmer *(Triclinium)* war, weil er direkt an die Küche anschloss. Die Versorgung des Hauses, vor allem mit Lebensmitteln und Holz, erfolgte über einen angrenzenden Hof. Zwischen Küche und Eingangsbereich erstreckte sich die Thermenanlage mit den Latrinen. Ein langer Freistreifen an der gesamten Nordseite des Hauses sollte das Anwesen vor dem Gewicht und der Feuchtigkeit des Hügels schützen. Hier verlief auch der Abwasserkanal bis zu einem weiteren Abort auf der

anderen Seite des Gebäudekomplexes. Dieser Teil bestand aus dem Peristyl, einem von Säulenhallen umgebenen Garten mit Bassin, an den sich ein großer Raum mit Mosaik- und Marmorfußboden anschloss, offenbar der Festsaal *(Oecus)*.

Eine sehr breite Straße trennte die Maison des Messii vom so genannten **Porticus des Pompeius,** wiederum nach einer Inschrift benannt. Es war ein großzügiger Hof mit Wasserbecken und Säulengängen, in dessen Ziergarten alle Bürger der Stadt flanieren durften. Lediglich Reste der Nordgalerie und einen Teil des Bassins hat man freigelegt, weil die angrenzende Rue Burrhus weitergehende Ausgrabungen verbietet. Einige Nischen sind mit Kopien bedeutender Statuen geschmückt: Der echte Diadumenos, ein griechischer Wettkämpfer, gehört heute dem British Museum, doch die Originale der Hadrian-Statue und der seiner Gattin *Sabina* sind dem örtlichen Museum erhalten geblieben.

Auf der gleichen Achse wie der Porticus lag ein **Nymphäum,** in dem zwei Becken das Wasser eines nahen Brunnens sammelten, womit ein Teil der Stadt versorgt wurde.

Römisches Ausgrabungsfeld
Quartier de Puymin

- **Öffnungszeiten des Quartier de Puymin:** November bis Januar 10–12 Uhr und 14–16.30 Uhr; Februar und Oktober 10–12.30 Uhr und 14–17.30 Uhr; März bis Mai 10–12.30 Uhr und 14–18 Uhr; Juni und September 9.30–18.15 Uhr; Juli und August 9.30–18.45 Uhr.
- **Eintritt:** Kompakt-Billett für die Ausgrabungsfelder, das archäologische Museum und den Kreuzgang der Kathedrale: 7 €, ermäßigt 3,50 €, Kinder ab 13 Jahre 3 €. Führungen (auch auf Deutsch) sind im Preis inbegriffen; die Monumente können an verschiedenen Tagen besucht werden.

Theater

Um einiges schlechter erhalten als die berühmte Anlage in Orange, ist das Theater von Vaison jedoch seinerzeit kaum kleiner gewesen als sein Vorbild (96 Meter im Durchmesser). Sein Sitzreihenhalbrund ist gegen den abfallenden Puymin-Hügel gebaut und fasste etwa 4000 Zuschauer. Praktisch, wie die Römer stets dachten, gruben sie durch den Hügel einen Tunnel, der das Theater mit der Stadt auf der anderen Seite verband. Da der Bau in der **Zeit des Kaiser Tiberius** entstand (ca. 20 n. Chr.), war es wohl seine Statue, welche die zentrale Nische der Scena schmückte. Von der Bühnenfront selbst zeugen nur noch die Fundamente, doch die Statue wird zusammen mit anderen **Skulpturen** aus dem Theater im Museum verwahrt. Man weiß zumindest, was mit einem Teil der großen Quadersteine der Scena geschehen ist: In frühchristlicher Zeit höhlte man sie aus und funktionierte sie zu Sarkophagen für die nahegelegene **Gräberallee** um.

Unweit von hier erhob sich einst ein Haus, das man lange fälschlich für das Prätorium hielt. Heute nimmt man jedoch an, dass es nicht der Verwaltungssitz, sondern vielmehr ein nobles privates Wohnhaus war.

Archäologisches Museum

Es liegt im Ausgrabungsbereich des Quartier de Puymin und besitzt neben der schon erwähnten reichen **Sammlung an Statuen** und Skulpturen auch Grabsteine und -beigaben, Inschriften, Architekturfragmente, Töpferwaren sowie **Modelle des Theaters** und der Maison au Dauphin (Quartier de la Villasse). Im Eingangsbereich bedeckt das schöne „Mosaïque de la villa du Paon" den Boden, und in einem Glaskasten wird die kostbare Kopfskulptur des Apollon mit Lorbeerkranz verwahrt (Maison des Messii); da sie sehr androgynen Charakters ist, hielt man sie lange für das Haupt der Venus.

Am beeindruckendsten bleiben jedoch die **Kaiser-Statuen:** Neben *Claudius* (41–54 n. Chr) mit Toga und einer Krone aus Eichenlaub stehen *Domitian* (81–96 n. Chr.) und *Sabina* (gest. 137 n. Chr.), ebenfalls prächtig bekleidet; nur deren Gatte *Hadrian* (117–138 n. Chr.) ließ sich vollkommen nackt in weißem Marmor hauen. Doch tatsächlich stand der Kaiser nur für den Kopf Modell – der Körper ist dem Ideal eines griechischen Helden nachempfunden.

Beim Verlassen des Museums kommt man schließlich an der berühmten **Buste en argent** vorbei, der Silberbüste eines Adligen, gefunden im Quartier de la Villasse.

156pr Foto: bm

• **Öffnungszeiten** und Eintritt wie Quartier de Puymin.

Quartier de la Villasse

Auf dem zweiten Ausgrabungsfeld jenseits der Avenue du Général de Gaulle sind bisher eine einst von kleinen Läden gesäumte **Straße** (Rue des Boutiques), Reste der zentralen städtischen **Thermen** sowie abermals zwei große Bürgerhäuser gefunden worden. Die **Maison du buste en argent,** benannt nach der hier gefundenen Skulptur, und die **Maison au dauphin** sind in Anlage und Ausstattung vergleichbar mit der Maison des Messii im Puymin-Viertel. Im Süden schließt sich die **Maison à atrium** an, von der nur ein äußerst kleiner Zipfel ausgegraben werden konnte, weil moderne Wohnhäuser im Weg stehen.

• **Öffnungszeiten** und Eintritt wie Quartier de Puymin.

Reste des römischen Theaters

158pr Foto: bm

Römische Brücke

In einem einzigen eleganten Bogen überspannt sie seit dem 1. Jh. n. Chr. die Ouvèze. 17 m lang und 9 m breit, besteht sie aus fünf miteinander verklammerten Bogenstellungen. Wegen der sorgfältigen Bearbeitung der Quadersteine und der gekonnten Mauertechnik hat sie nicht umsonst 2000 Jahre überdauert; nur einmal, im 17. Jh., konnte der Fluss ihr etwas anhaben. Weitaus mehr Schaden jedoch richtete 1944 ein deutsches Wurfgeschoss an. Heute rollen wieder Autos über die Brücke, schöner ist es aber, man wandert zu Fuß hinüber ins mittelalterliche Vaison.

Die Ouvèze mit der römischen Brücke

Kathedrale Notre-Dame-de-Nazareth

Ville haute

Wie sehr die mittelalterliche Oberstadt des Schutzes durch Befestigung bedufte, verdeutlichen schon die dicken Stadtmauern und das Stadttor aus dem 14. Jh., die den Aufgang säumen. Die aufgegebene römische Stadt, in Trümmern seit den Germaneneinfällen, diente in jenen Zeiten als

Steinbruch; ein Frevel heute, damals bittere Notwendigkeit. Die stark befestigte Burg des Grafen von Toulouse auf der Felsspitze (Ende 12. Jh.), dürfte nicht leicht einzunehmen gewesen sein, musste doch nach dem einzigen Zugang ein zusätzlicher Wachturm mit Fallgitter (seit dem 16. Jh. Uhr- und Glockenturm) überwunden werden sowie ein undurchdringliches Gewirr enger Gassen, die sich steil den Berg heraufwinden.

Heute ist die Ville haute teilweise recht verfallen, wirkt dabei aber sehr malerisch und zählt zu den schönsten Villages perchés der Provence. Leider steht sie viel zu sehr im Schatten der berühmten Römerfunde, dabei birgt auch sie ihre Schätze und vor allem viel Atmosphäre.

Ganz unverhofft stößt man innerhalb der **mittelalterlichen Anlage** nicht nur auf prächtige Hôtels particuliers aus dem 16. bis 18. Jh., sondern auch auf das ehemalige Rathaus (18. Jh.) und den Bischofspalast (Rue de l'Évêché). Weil der Weg zur Notre-Dame-de-Nazareth auf der anderen Seite des Flusses zu beschwerlich war, entstand auf dem Ostzipfel des Felsens am Ende des 15. Jh. eine neue Kirche. Ihre elegante Fassade im jesuitischen Stil des Barock erhielt sie jedoch erst im 18. Jh.

Auf der entgegengesetzten Seite der Befestigungsstadt erhob sich einst die **Porte Neuve,** ein zweites Stadttor, das einen direkten Zugang zum Marktplatz und zum Judenviertel eröffnete, als die Zeiten wieder sicherer waren.

159pr Foto: bm

Zur **Schlossruine** führen die oberen Straßen. Eine Besichtigung von innen ist gefährlich und nur im Rahmen einer Führung des Office de Tourisme möglich (meist sonntags, genaue Termine sind dort zu erfragen).

Kathedrale Notre-Dame-de-Nazareth

Im Sinne der vier streng voneinander geschiedenen historischen Städte Vaisons liegt die Kathedrale nicht ganz korrekt, nämlich auf der Römerseite. Unter ihr befinden sich daher Reste eines großen römischen Gebäudes, vielleicht eines Tempels. Diese Lage ist auch Schuld daran, dass die Kirche im späteren Mittelalter kaum mehr benutzt wurde. Schade um dieses

Schmuckstück romanischer Baukunst, das wohl auf das 11. und 12. Jh. zurückgeht, vielleicht auch auf noch frühere Zeiten. Fest steht, dass der Chorraum der älteste Teil sein muss (6., 7. oder 11. Jh.). Er besteht aus einer Hauptapsis und zwei kleineren Nebenapsiden; außerdem ist der erhöhte Bischofsstuhl *(Kathedra)* erhalten. Von der dreischiffigen Ursprungskirche, die zu diesem Chor gehörte, blieben nur die Seitenschiffmauern erhalten. Aber auch die spätere, heute zu sehende Kirche weist neben dem Hauptschiff die für provenzalische Romanik so typischen schmalen und steilen Seitenschiffe auf, die wie Korridore wirken. Charakteristisch ist auch die Überwölbung durch Tonnen, doch ganz und gar außergewöhnlich erscheint die Helligkeit in der Kirche, vor allem durch Lichteinfall im Chor und die kleinen rundbogigen Fenster im Schiff.

Die Grundmauern des *Cloître* gehen auf das 11. Jh. zurück, die Galerien jedoch auf das folgende Jahrhundert. Lange Zeit völlig vernachlässigt und dem Verfall überlassen, musste der **Kreuzgang** im 19. Jh. von Grund auf renoviert werden. Man erkennt dies vor allem an den unterschiedlichen Gewölbeformen – im Nord- und Westflügel Gratgewölbe, sonst Tonnengewölbe – und an der Überarbeitung der Säulen und Kapitelle. Dennoch ist der romanische Charakter im Wesentlichen erhalten geblieben. Wie in Arles und Montmajour folgen die Arkaden einem bestimmten Rhythmus: Auf je zwei Doppelsäulen folgt ein schmaler Pfeiler, die Ecken betonen mächtige Pfeilerblöcke. Doch auch die Säulen innerhalb der Arkaden wirken massiv und gedrungen und unterstützen so die typisch höhlenartige Raumwirkung. Die Kapitelle sind reich verziert mit Blättern und Ornamenten; figürliche Darstellungen wie etwa in St. Trophime kommen dagegen überhaupt nicht vor.

- **Öffnungszeiten** und Eintritt wie Quartier de Puymin.

Einige hundert Meter nördlich der Kathedrale stößt man auf einen weiteren romanischen Bau, die **Chapelle St. Quenin** (12. Jh.) mit einem merkwürdigen Chorraum: Die fünfseitige Apsis ist außen von einem Dreieck umschlossen; innen ist eine Art Querschiff vorgelagert, das in schräggestellten Apsiden endet – kaum vergleichbar also mit der konventionellen Form der Romanik, der halbrunden Apsis. Durchaus klassisch romanischen Stils ist jedoch das einzige Schiff mit spitzbogigem Tonnengewölbe, obwohl es im 17. Jh. vollständig erneuert wurde.

Praktische Hinweise

Information

- **Office de Tourisme,** Place du Chanoine Sautel, 84110 Vaison-la-Romaine, Tel. 04.90.36.02.11, Fax 04.90.28.76.04, www.vaison-laromaine.com.

Darin untergebracht ist die **Maison des Vins,** die neben regionalen Weinen auch Olivenöl, Honigspezialitäten und Lavendelprodukte anbietet – zu Herstellerpreisen. Eine besondere Kuriosität ist der **römische Wein,** kein zweitausend Jahre alter Tropfen zwar, jedoch hergestellt nach antikem Rezept. Ob er auch für den modernen Gaumen eine Freude ist, wird an dieser Stelle nicht verraten ... Da sich das römische Erbe Vaisons gut mit Profit verbinden lässt, hat man gleich noch das passende römische **Menü** dazu ersonnen (um 25 €), freitags im Juli und August.

Hotels

- **Hostellerie Le Beffroi*****/€€€€, Rue de l'Évêché, Tel. 04.90.36.04.71, Fax 04.90.36.24.78, www.le-beffroi.com. Familiäres Hotel im Herzen der mittelalterlichen Stadt, untergebracht in einem schön möblierten Haus aus dem 16. Jh., mit Garten, Panorama-Blick und Restaurant. Menü um 25–40 €.
- **Le Burrhus****/€€-€€€, 2, place Montfort, Tel. 04.90.36.00.11, Fax 04.90.36.39.05, www.burrhus.com. Dieses Hotel ist untergebracht in einem Hôtel particulier im Ortskern und bietet renovierte, geschmackvoll eingerichtete Zimmer.
- **Le Logis du Château****/€€-€€€, Les Hauts de Vaison, Tel. 04.90.36.09.98, Fax 04.90.36.10.95, www.logis-du-chateau.com. *Logis-de-France*-Hotel, etwas außerhalb des Zentrums gelegen, mit Garten, Pinienwäldchen und schönem Blick auf das Ouvèze-Tal. Menü um 18-30 €.

Camping

- **Camping du Théâtre romain******, Quartier des Arts – Chemin du Brusquet, Tel. 04.90.28.78.66, Fax 04.90.28.78.76, www.camping-theatre.com. In der Nähe des antiken Theaters und der Ausgrabungen, mit Blick auf den Ventoux, mit Schwimmbad. Geöffnet von Mitte März bis Mitte November. 75 Stellplätze.
- **Le Carpe Diem*****, Route de St. Marcellin, Tel. 04.90.36.02.02, Fax 04.90.36.36.90, www.camping-carpe-diem.com. Teilweise schattiger Platz etwas außerhalb mit schönem Blick auf die mittelalterliche Stadt und den Mont Ventoux, mit zwei Schwimmbädern. Rund 230 Stellplätze, Freizeitprogramm, geöffnet von April bis Oktober.

Restaurants

- **La Fête en Provence,** Place du Vieux Marché, Tel. 04.90.36.36.43. Provenzalische Gerichte und Spezialitäten aus dem Südwesten Frankreichs wie Trüffel- und Gänseleber-Gerichte). Gespeist wird mitten auf dem Marktplatz der mittelalterlichen Stadt. Menü um 25–40 €.
- **Le Brin d'Olivier,** 4, Rue du Ventroux, Tel. 04.90.28.74.79. Regionale Küche, z.B. Lammfilet mit Oliven für ca. 25–50 € (Menü). Es werden auch drei Zimmer im provenzalischen Stil vermietet (ca. 75 €).

Sportmöglichkeiten

- **Schwimmen,** in der Ouvèze bei Entrechaux und im See Le Sagittaire in Vinsobres (D 938 nach Norden).
- **Fahrradverleih Ets Lacombe,** Avenue Jules-Ferry, Tel. 04.90.36.03.29. **Mag Deux Roues-Gitane,** Cours Taulignan, Tel. 04.90.28.80.46.

Autoverleih

- **Europcar,** Cours Taulignan, Tel. 04.90.96.01.50.

Märkte und Feste

- **Wochenmarkt,** provenzalischer Markt jeden Dienstag; zusätzlicher Markt in der Ville haute sonntags im Juli und August.
- **L'Été de Vaison,** Tanz-, Musik- und Theaterfestival von Mitte Juli bis Mitte August, Tel. 04.90.28.74.74, Infos im Internet unter www.vaison-festival.com.
- **Les Choralies,** alle drei Jahre findet im August das berühmte Festival rund um die Chormusik statt (das letzte Mal 2004). Veranstaltungsorte: Vaison (darunter auch das antike Theater) und umliegende Dörfer, Tel. 04.90.36.00.78.
- **Volksfest,** Corso und Fête votive Anfang Juni. Weitere Fête votive am 15. August.
- **Journées gourmandes,** Ende Oktober/Anfang November, Tel. 04.90.36.02.11.

Anreise

- **Mit dem Auto:** Autoroute du Soleil (A 7), Ausfahrt Bollène oder Orange.
- **Mit dem Bus:** Gare Routière, Avenue des Choralies, Tel. 04.90.36.09.90. Verbindungen nach Carpentras, Orange und Avignon.

Die Dentelles de Montmirail

↗ II/B1-2

Im Schatten des Giganten der Provence, des Ventoux, erstreckt sich eine kleine, bescheidene Bergkette quer durch die Landschaft zwischen Carpentras und Vaison. Doch bescheiden ist sie nur in ihrer Höhe: Bizarr, ja aufmüpfig weisen ihre **zerklüfteten Kalkspitzen** gen Himmel, erscheinen - ganz anders als ihr massiver Nachbar - wie ein Meer zu klein geratener Felsen, die nicht so recht zueinander gefunden haben. Mit Zähnchen, Dentelles eben, hat man den Kamm verglichen, gezackt wie das Gebiss eines Raubtieres, kahl und karstig wie Alpenhöhen. Bald darunter jedoch bevölkern mediterrane Pinien, Eichen und aromatische Kräuter den Boden.

Und an seinem Fuße zeigt sich der Berg noch einmal ganz anders: sanft gewellt und satt begrünt wie ein lieblicher Garten. Überall an den Hängen und auf weiten Terrassen wachsen **Früchte und Wein** - ein sehr guter zumeist, darunter Spitzenappellationen wie Gigondas und Beaumes-de-Venise.

Es liegen hier jedoch auch Orte, die man nicht nur wegen des edlen Rebsaftes aufsucht: Die verschwiegenen **Felsdörfer** der Dentelles gehören zu den anziehendsten der Region überhaupt wie auch zu denen, die am schmuckesten restauriert sind.

161pr Foto: bm

Wie gezackte Zähnchen - die Dentelles de Montmirail

Blick von Séguret

Rundfahrt

Von Vaison kommend (D 977), stoßen wir sogleich auf das Felsdorf **Séguret,** zu Recht betitelt als *L'un des plus beaux villages de France.* Selbstbewusst thront es über der Ebene des Comtat und blickt zur anderen auf den Kamm der Dentelles. Mit seinen vorbildlich erneuerten Häusern in hellem Gestein, der Schlossruine, dem Beffroi (14. Jh.) und der Porte de Reynier (12. Jh.) ist es nicht nur ein Schmuckstück, sondern bald auch zu seinem ausgesprochenen Künstlerdorf gewor-

163pr Foto: bm

den. Seine Schätze, darunter die Kirche aus dem 17. Jh. und das Waschhaus an der Place du Midi, sind ausschließlich zu Fuß zu erkunden – durch kopfsteingepflasterte Gassen voller Charme. Eine Pause sollte man sich gönnen bei einer guten Tasse Tee im *Lou Barri* mit weiter Sicht auf die Felder und Obstplantagen im Tal.

Das benachbarte **Sablet** sieht aus wie das Urbild eines provenzalischen Dorfes: In konzentrischen Kreisen reihen sich seine Häuser um eine Kuppe; in der Mitte ragt die Kirche (12.–14. Jh.) heraus. Sein Charakter ist jedoch ganz anders als der Ségurets: Sablet hat zwar dem Reisenden außer Wein und Resten seiner Stadtmauer nicht viel zu bieten, aber es ist ein Dorf, das lebt – keine Selbstverständlichkeit in der Provence, wo viele Dörfer zu schicken Zweitwohnsitzen „verkommen" sind.

Weite Weinfelder kündigen danach bereits an, dass wir uns einem Ort nähern, der von nichts anderem lebt: Die Appellation von **Gigondas** gehört zu den berühmtesten des Rhône-Gebietes. Wie in Châteauneuf-du-Pape nutzen die Winzer jedes Fleckchen Erde zum Anbau, laden auf großen Schildern: *Dégustation-Vente* zu Weinproben ein und preisen ihre Erzeugnisse an. Einige haben mitten im Ort kleine, gemütliche Stuben eingerichtet: Um zumindest eine *Dégustation* kommt man in Gigondas nicht herum – aber sie lohnt sich!

Bei soviel Aufhebens um den Wein wird man vielleicht vergessen, dem Dorf selbst Aufmerksamkeit zu schenken: neben der Schlossruine und Resten der Stadtmauer vor allem der romanischen Kapelle St. Cosme, von der aus ein Wanderweg zum **Col du Cayron** in den Dentelles führt.

Von **Vacqueyras,** ähnlich berühmt für seinen Wein wie der Nachbar, windet sich eine pittoreske Straße durch die Gartenlandschaft bis nach **Montmirail** hinauf, wo sie sich in den Weinbergen verliert. Der unscheinbare Weiler war im 19. Jahrhundert ein bedeutendes Thermalbad, selbst der Dichter *Mistral* kurte hier. Die Heilquelle entsprang einst in einer Grotte des Tals von Souïras, wo bis heute auch die **Tour des Sarrasins** (12. Jh.) ihr einsames Dasein fristet. Der Name des Turms erinnert an den Krieg *Karl Martels* gegen die Sarazenen, in dessen Verlauf vielleicht die Kapelle St. Hilaire zerstört wurde. Ihre Ruinen liegen in der Nähe der **Chapelle Notre-Dame-d'Aubune,** die majestätisch über den Feldern kurz vor **Beaumes-de-Venise** thront.

Die ersten Bewohner dieses Ortes müssen einst in den nahen Grotten *(Bauma)* gehaust haben; die heutigen kultivieren die einst von *König René* eingeführte, doch in der Provence selten gewordene Muskatellertraube auf weiten Terrassen. Der daraus gekelterte Muscat de Beaumes-de-Venise, schwer und lieblich und deshalb meist als Apéritif getrunken, ist weit über die Landesgrenzen hinaus bekannt.

Schloss Barroux

Ein Abstecher von der Route führt in das Felsdorf **Le Barroux:** Über seinen Gassen erhebt sich das Schloss der Herren von Les Baux aus dem 12. Jh., eine massige Festung, die im 16. Jh. in ein Renaissance-Schloss umgebaut wurde. 1944 setzten Deutsche es in Brand – fünfzehn Jahre zuvor war es gerade restauriert worden. Der Blick von der Terrasse schweift über die Ebene des Comtat bis hin zu den Alpilles.

Von Beaumes-de-Venise folgt die D 90 dem Lauf des Flüsschens Brégoux nach **Lafare.** Im Örtchen weist das Schild *Dentelles de Montmirail* hinein ins Bergmassiv. Ein Wanderweg führt vorbei an der romanischen Kapelle St. Christophe bis zum Col du Cayron.

Die Strecke zwischen Lafare und Malaucène windet sich um Bergfüße und durch schöne Weinterrassen, stets die skurrilen Zacken der Dentelles im Blick. Auf halber Strecke liegt das winzige **Suzette** (419 m) und eröffnet eine herrliche Aussicht auf den nahen Gipfel, den **Mont St. Amand** (734 m) (von Suzette auch Wanderweg zur Crète de St. Amand).

Mit **Crestet,** einem Village perché, das sehr reizvoll auf einem Kamm *(crète)* liegt, beschließen wir unsere Dentelles-Rundfahrt. Sein heute privates Schloss diente den Bischöfen des nahen Vaison als Refugium, als sie sich im 12. Jh. mit dem Grafen von Toulouse stritten.

164pr Foto: bm

Praktische Hinweise

Information

- **Maison des Dentelles,** Place du Marché, 84190 Beaumes-de-Venise, Tel. 04.90.62.94.39, Fax 04.90.62.93.25, ot-beaumes@wanadoo.fr.
- **Office de Tourisme,** Place du Portail, 84190 Gigondas, Tel. 04.90.65.85.46, ot-gigondas@axit.fr
- **Office de Tourisme,** Place de la Mairie, 84190 Vacqueyras, Tel. 04.90.12.39.02, Fax 04.90.65.83.28, tourisme.vacqueyras@wanadoo.fr.

Hotels/Restaurants

- **La Table du Comtat*****/€€€€, Le village, 84110 Séguret, Tel. 04.90.46.91.49, Fax 04.90.46.94.27. Gediegenes Hotel mit Garten, Panorama-Terrasse und vor allem hervorragender Cuisine du terroir. Menü mittags ca. 32 €, abends ca. 50 €.
- **Hostellerie François Joseph*****/€€€€, Chemin des Rabassières, 84330 Le Barroux, Tel. 04.90.62.52.78, Fax 04.90.62.33.54, www.hotel-francois-joseph.com. Und noch ein malerisches, ruhiges Landhotel *(Relais de Silence)* inmitten eines fünf Hektar großen Anwesens. Ohne Restaurant.
- **Les Florets****/€€€€, Route des Dentelles, Gigondas, Tel. 04.90.65.85.01, Fax 04.90.65.83.80. Charmantes Hotel am Fuße der Dentelles mit 15 Zimmern, von denen einige eine eigene Hofterrasse haben. Die Küche bietet regionale Spezialitäten und hauseigene Gigondas-Weine; Mittagsmenü ca. 24 €, à la carte ca. 45 €.
- **Les Géraniums****/€€, Place de la Croix, 84330 Le Barroux, Tel. 04.90.62.41.08, Fax 04.90.62.56.48. Ein charmantes, familiäres *Logis-de-France*-Hotel im Dorfzentrum. Von der Terrasse hat man einen wunderbaren Blick, im Restaurant kann man rustikale regionale Spezialitäten probieren. Menü um 20–45 €.

Restaurants

- **Le Mesclun,** Route de Sablet, 84110 Séguret, Tel. 04.90.46.93.43. Hübsches Restaurant mit Terrasse am Ende des Dorfes, das eine hervorragende Provence-Küche bietet. Menü um 25 €.

Camping

- **Camping des Favards****, Route d'Orange, Violes, Tel. 04.90.70.90.93. Mit Hecken parzellierter Platz, leider noch wenig schattig. Dafür gibt es einen Pool. Geöffnet von Mai bis Oktober.
- **Les Queyrades****, Route de Vaison, Vacqueyras, Tel. 04.90.65.84.24, Fax 04.90.65.83.28. Geöffnet von Ostern bis August.

Jugendherberge

- **Gîte d'Étape de Séguret,** Route de Sablet, Tel. 04.90.46.93.31.

Märkte und Feste

- **Wochenmarkt,** mittwochs im nahen Malaucène.
- **Festival provençal et vigneronne,** im August in Séguret, Tel. 04.90.46.91.08.
- **Fête des Vins,** Mitte Juli in Vacqueyras, Anfang September in Beaumes-de-Venise.
- **Antik- und Trödelmarkt,** zu Christi Himmelfahrt in Gigondas.

Klettern

- Die Nord- und Südwand der Dentelles sind mit Hilfsmitteln ausgestattet und das ganze Jahr über ideal zum Klettern. Informationen erteilt das Verkehrsamt von Gigondas.

Reiten

- **Ranch Pegase,** Quartier St. Côme, Gigondas, Tel. 04.90.65.82.08.

Carpentras

↗ II/B2-3

Das Städtchen liegt inmitten der fruchtbaren Ebene des Comtat, in einer Gartenlandschaft auf halbem Weg zwischen dem Mont Ventoux und Avignon. Mit seinen 30.000 Einwohnern ist es der Hauptort der Gegend und Umschlagplatz für Gemüse und Früchte, vor allem Kirschen, Erdbeeren und Trauben. Jedes Jahr im November findet die *Foire de la St. Siffrein* statt, ein bedeutender Landwirtschaftsmarkt. Zur selben Zeit beginnt auch die Trüffel-Saison, denn Carpentras ist der wichtigste Handelsort der Region für die unscheinbaren, schwarzen Pilzgewächse, die zu den teuersten Delikatessen der Welt gehören.

Für solche Märkte ist Carpentras ein idealer Schauplatz: Ein umtriebiger Boulevardring, gesäumt von Platanen und Cafés, umschließt die kleine Altstadt, wie geschaffen für einen gemütlichen Stadtbummel.

Geschichte

Das Markttreiben hat eine uralte Tradition in der Stadt: Ihre Lage am Scheidepunkt der Berge und des Flachlandes machte sie schon in keltischer und römischer Zeit zu einem wichtigen Ort des Handels, damals, als es noch Carpentoracte hieß.

Der wahre Aufstieg begann jedoch erst, als die Päpste ins Land kamen: Ab 1320 wurde Carpentras Hauptstadt der Grafschaft Venaissin und blieb es bis zum bitteren Ende 1791. Vor allem

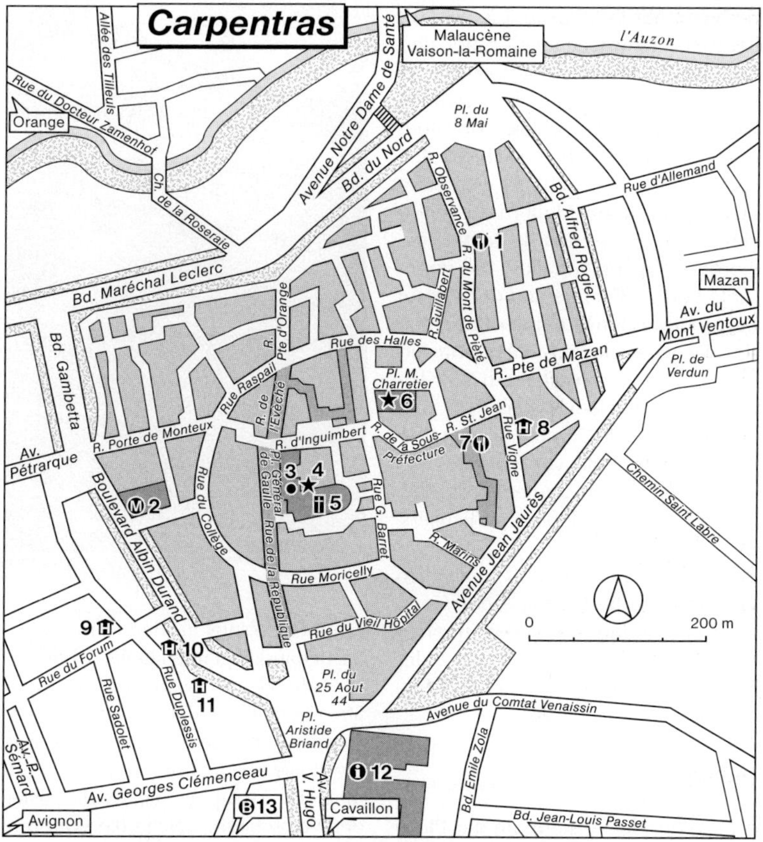

- 1 Restaurant Vert Galant
- 2 Bibliothèque Inguimbertine, Musée Comtadin und Musée Duplessis
- 3 Justizpalast
- 4 Römischer Triumphbogen
- 5 Kathedrale St-Siffrein
- 6 Synagoge
- 7 Restaurant Chez Serge
- 8 Hôtel Le Fiacre
- 9 Hôtel Le Forum
- 10 Hôtel Le Théâtre
- 11 Hôtel Le Comtadin
- 12 Office de Tourisme (Hôtel Dieu)
- 13 Busbahnhof (=Gare routière)

Fußgängerzone

der erste der Exil-Päpste, *Clemens V.*, hatte eine Schwäche für die Stadt, und weil er noch ein ausgesprochenes Wanderleben führte, hielt er sich oft hier und im nahen Schloss von Monteux auf. *Innozenz IV.* entschloss sich später, die immer wichtiger werdende Stadt durch hohe Mauern zu schützen. Im 19. Jh. wurden sie, unnütz geworden, abgerissen; allein die imposante Porte d'Orange und der Verlauf des Boulevardrings erinnern noch an sie. Nachdem die Päpste Avignon verlassen hatten, verwaltete ein Vize-Legat ihre Ländereien. Später, im 17. und 18. Jh., profitierte Carpentras vom Wirken seiner Bischöfe, vor allem des *Malachie d'Inguimbert,* und es entstanden zahlreiche schöne Hôtels particuliers. Der Bau des Kanals von Carpentras zwischen 1857 und 1860 schließlich verwandelte die Garrigue des Comtats auf wundersame Weise in einen fruchtbaren Garten und brachte der Stadt einen neuen wirtschaftlichen Aufschwung.

Sehenswertes

Im Herzen der Altstadt, an der Place du Général de Gaulle, erhebt sich die **Kirche St. Siffrein.** Sie gehört zu den wenigen gotischen Kathedralen der Provence und wirkt im Verhältnis zur Stadt überproportioniert. 1405 schon begannen die Bauarbeiten an der Stelle des früheren romanischen Gotteshauses, doch erst für 1519 ist die Weihe überliefert. Arbeiten an der Fassade zogen sich gar bis ins 17. Jh. Das Südportal (1470–80) dagegen ist ein

167prFoto: bm

schönes Beispiel für den Flamboyant-Stil der ausklingenden Gotik. Über ihm ist eine kleine Weltkugel aus dem Stein gemeißelt, an der Ratten nagen. Genau weiß man bis heute nicht, was die *Boule aux rats* uns sagen will: Sie mag eine Metapher sein für die Laster der Menschheit, welche die Welt zerfleischen. Andererseits waren Ratten jedoch auch ein Symbol für die Pest, die in jenem Jahrhundert besonders grausam wütete. Schließlich könnte die *Boule* auch eine Anspielung auf die Häresien sein, welche die Chris-

Kirche St. Siffrein

tenheit bedrohten, oder auch auf das Judentum.

Denn durch dieses Portal, man nannte es auch **Porte Juive,** zogen zum Christentum „bekehrte" Juden früher mit großem Zeremoniell in die Kirche ein. Jeden Samstag wurden die Juden zum *Sermon* an die *Porte* gezwungen, um Missionierungsreden zu lauschen. Dennoch kamen solche Konvertierungen höchst selten vor, war doch das Judentum ausgerechnet im Land des Papstes geduldet.

Eine weitere Kuriosität ist in einer der Seitenkapellen aufbewahrt: Der **St. Mors,** eine silberne Trense aus der Römerzeit. Der Legende nach soll er aus einem echten Nagel des Kreuzes Christi gefertigt worden sein, und zwar für das Pferd des Kaisers *Konstantin.* Wohl von Kreuzfahrern als Geschenk empfangen, gekauft oder gestohlen, verschwand es aus dem Schatz der heiligen Sophie von Konstantinopel, um dann – merkwürdigerweise – im Jahr 1226 in Carpentras aufzutauchen. Seit 1260 ist der St. Mors Wahrzeichen der Stadt.

An der Nordseite von St. Siffrein steht ein **Triumphbogen** aus dem 1. Jh. n. Chr., einziger Überrest der Stadt aus der Römerzeit. Er muss ein wirkliches Symbol des Sieges und der Macht der Eroberer gewesen sein: Dargestellt sind zwei Gefangene, offensichtlich ein Grieche und ein mit Fell bekleideter Gallier, die mit schweren Ketten an einen Trophäenbaum gefesselt sind.

Nördlich an die Fassade stößt auch der **Justizpalast** (seit 1810). In dem eleganten barocken Gebäude, errichtet zwischen 1640 und 1650 in italienischem Stil, residierte bis zur Revolution der Bischof. Einige der Prunkgemächer, so das ehemalige Bischofszimmer und der Sitzungssaal, können besichtigt werden.

Ganz in der Nähe, bei der Place de la Mairie, zeugt die älteste **Synagoge** Frankreichs von der jüdischen Kultur im Comtat. In Teilen stammt sie noch aus dem 14. Jh. Hinter der etwas unscheinbaren Fassade verbergen sich im mittelalterlichen Untergeschoss eine Bäckerei für koscheres Brot und die *Mikvé,* das von einer Quelle gespeiste rituelle Bad. Der Kultraum ist während des 18. Jh. im aufwendigen Rokoko-Stil neu hergerichtet worden. Neben dem Tabernakel, in dem die Thora-Rollen aufbewahrt werden, ist in einer Wandnische ein kleiner Sessel ausgestellt, der nach besonderer comtadinisch-jüdischer Tradition den Propheten Elias symbolisiert.

- **Synagoge,** Place Maurice Charretier, Tel. 04.90.63.39.97. Geöffnet Mo bis Do 10–12 Uhr und 15–17 Uhr, Fr 10–12 Uhr und 15–16 Uhr, am Wochenende geschlossen. Eintritt frei.

Die angrenzende Rue Juiverie erinnert daran, dass hier bis zum Ende des 18. Jh. die Juden eingepfercht in ihrer **Carrière** leben mussten (siehe Exkurs).

Am südlichen Rand des Stadtkerns, an der Place Aristide Briand, liegt das **Hôtel Dieu** (Hospital, 1751–1762) mit einer eleganten Barockfassade. Dahinter verbergen sich ein mit Brunnen geschmückter Innenhof und eine Original-Apotheke aus dem 18. Jh.

„Die Juden des Papstes“

Im 14. Jh. flüchteten viele Juden ins Comtat Venaissin. Seit *Philippe le Bel* ihnen das Recht abgesprochen hatte, auf französischem Boden zu leben, suchten sie nach einer neuen Bleibe und vor allem nach Schutz. Den boten ausgerechnet die Päpste von Avignon, die den Juden nicht nur Unterschlupf gewährten, sondern auch die Garantie der freien Ausübung ihrer Religion. Verglichen mit den Verfolgungen, welche die Juden anderswo erfuhren, war das großzügig, dennoch blieb ihr Leben auch im Comtat streng gemaßregelt.

Zunächst einmal waren sie ausgegrenzt in Ghettos: Diese so genannten **Carrières** (von prov. *Carriera* = Straße) bestanden aus einer einzigen Straße, die nachts hermetisch von außen abgeriegelt wurde. Wegen des fehlenden Platzes mussten die Juden stets in die Höhe bauen, so dass die *Carrières* überbevölkert und sehr ungesund waren. Im Mittelpunkt lag die Synagoge, die man mit dem Namen „Schule“ tarnte; und tatsächlich war sie Schule, Kult- und Versammlungsraum unter einem Dach. Schließlich hatten die Juden immer eine eigene Bäckerei für koscheres Brot und ein rituelles Bad *(Mikvé)*.

Selbst diese abgeschotteten *Carrières* gab es nur begrenzt, und zwar in den Innenstädten von Cavaillon, Carpentras, Avignon und L'Isle-sur-la-Sorgue.

Doch mit dieser Ausgrenzung war es längst nicht getan: Noch im 16. Jh. mussten die männlichen Juden eine gelbe Kopfbedeckung, die Frauen eine gelbe Kokarde tragen. Erst im 18. Jh. erlaubte ein Gesetz, dass die Juden wenigstens auf Reisen ihren traditionellen schwarzen Hut aufsetzen durften.

Während ihnen im Mittelalter noch die Ausübung einer ganzen Reihe von Berufen erlaubt war, darunter sogar Mediziner und Chirurg, kamen ausgerechnet in der Renaissance neue Verbote hinzu: Seither gab es keine jüdischen Ärzte und Apotheker mehr im Comtat. Die „Juden des Papstes“ hatten also stets unter Restriktionen zu leiden; für das 15. Jh. sind sogar massive antisemitische Ausschreitungen bezeugt.

Dagegen begann Frankreich gegen Ende des 18. Jh., Juden, vor allem Händler, zu tolerieren, die sich auf seinem Gebiet niederließen. Und ab der Revolution bekamen sie auch endlich politische Rechte. Die Juden des Midi waren die Ersten, die davon profitierten: Ein Dekret der verfassungsgebenden Nationalversammlung *(Assemblée constituante)* vom 28. Januar 1790 erkannte Juden portugiesischer, spanischer und avignonaiser Herkunft als französische Staatsbürger an. Die *Carrières* des Comtats, abgeschottet wie eh und je, öffneten sich erst 1791, als die Grafschaft an Frankreich fiel. Zu dieser Zeit vereinte die Judengasse von Carpentras auf 88 Metern Länge 168 Häuser von bis zu acht Etagen. Um die 900 Menschen lebten hier.

Die Leidensgeschichte der Juden des Midi gipfelte im Zweiten Weltkrieg, als das Vichy-Régime tausende Männer, Frauen und Kinder an die deutsche Besatzungsmacht auslieferte (siehe auch Aix-Les Milles).

Heute leben wieder einige – wenige – Juden in Carpentras, vor allem so genannte *Pieds noirs* aus den ehemaligen Kolonien. Als 1990 Unbekannte den jüdischen Friedhof der Stadt schändeten, stand Carpentras plötzlich im Zentrum einer landesweiten Diskussion um Rassismus und neuen Antisemitismus.

• **Hôtel Dieu,** Besichtigung nur mit Voranmeldung beim Office de Tourisme.

Der Bau des Hospitals geht auf Monseigneur *Malachie d'Inguimbert* zurück, Sohn, Bischof (1735–1757) und Wohltäter der Stadt, dessen Grab sich in der Kapelle befindet. Nachdem er am Hof des Papstes eine außergewöhnliche Karriere gemacht hatte, konnte er seiner Stadt eine kostbare, teilweise aus Italien stammende **Bibliothek** hinterlassen.

• **Bibliothèque Inguimbertine,** Boulevard Albin Durand, Tel. 04.90.63.04.92. Öffnungszeiten: Montags bis freitags 14–18 Uhr, samstags 9–12 Uhr, im Juli geschlossen.

In demselben Gebäudekomplex befinden sich zudem zwei kleinere Museen: Das **Musée Comtadin** mit volkskundlichen Sammlungen und das **Musée Duplessis** mit Werken von Malern aus der Region (z.B. *Duplessis, Rigaud, Vernet* und *Parrocel)*.

Praktische Hinweise

Information

• **Office de Tourisme,** Place Aristide Briand, 84200 Carpentras, Tel. 04.90.63.00.78, Fax 04.90.60.41.02, www.tourisme.fr/carpentras, www.ville-carpentras.fr.

Hotels

• **Le Comtadin*****/€€€€, 65, Boulevard Albin Durand, Tel. 04.90.67.75.00, Fax 04.90.67.75.01, www.le-comtadin.com. Restauriertes Hôtel particulier aus dem 18. Jh. mit angenehmer Atmosphäre und 19 komfortablen, provenzalisch eingerichteten Zimmern.

• **Safari*****/€€€€, 1, Avenue Fabre, Tel. 04.90.63.35.35, Fax 04.90.60.49.99, www.nid-provencal.com. Modernes, komfortables Haus etwas außerhalb.

• **Le Fiacre****/€€€, 153, Rue Vigne, Tel. 04.90.63.03.15, Fax 04.90.60.49.73, www.hotel-du-fiacre.com. Untergebracht in einem schönen Hôtel particulier aus dem 18. Jh., bietet dieses Hotel hübsche Zimmer und ein provenzalisches Patio.

• **Le Forum****/€€€, 24, Rue du Forum, Tel. 04.90.60.57.00, Fax 04.90.63.52.65. Nette, provenzalisch dekorierte Zimmer.

• **Le Théâtre****/€€€, 7, Boulevard Albin Durand, Tel. 04.90.63.02.90. Preiswertes, familiäres Hotel im Stadtzentrum.

Restaurants

• **Vert Galant,** 12, Rue Clapies, Tel. 04.90.67.15.50. Hervorragende provenzalische und französische Küche der gehobenen Klasse. Menü ab ca. 30 €.

• **Auberge du Beaucet,** Tel. 04.90.66.00.72. Dieser Landgasthof liegt im malerischen Weiler Beaucet etwa 10 km südöstlich vom Stadtzentrum (D 4, D 39). Menü um 35 €.

• **Chez Serge,** 90, Rue Cottier, Tel. 04.90.63.21.24. Internationale, günstige Gerichte in einem Restaurant im modernen Loft-Stil. Menü mittags ca. 13 €, abends ca. 25 €.

Märkte und Feste

• **Wochenmarkt,** freitagmorgens in der gesamten Stadt.

• **Foire de la St. Siffrein,** Landwirtschafts-, Handels- und Industriemesse am 27.11.

• **Trüffelmarkt,** Vom 27. November bis Anfang März, freitags von 9–10 Uhr.

• **Marché International des Plants de Vignes,** Weinrebenmarkt zur selben Zeit wie der Trüffelmarkt, allerdings bis 12 Uhr.

• **Festival des Saveurs de Provence,** Ausstellung und Verkauf lokaler Produkte im August.

• **Volksfest,** 14. Juli.

• **Les Estivales,** Festival mit Theater, Tanzvorführungen, Konzerten, Mitte bis Ende Juli.

• **Festival jüdischer Musik,** Anfang August.

• **Antiquitäten- und Trödelmarkt,** jeden Sonntagnachmittag.

Autoverleih

• **Europcar,** 32, Boulevard Albin Durand, Tel. 04.90.63.17.85.

- **Budget,** 432, Avenue du Frédéric Mistral, Tel. 04.90.60.56.46.

Fahrradverleih

- **Terzo Sports,** Avenue du Mont Ventoux, Tel. 04.32.80.26.72.
- **La Route du Ventoux,** 293, Avenue Victor Hugo, Tel. 04.90.67.07.40.

Spezialität

- **Die Berlingots de Carpentras,** Ursprünglich war der Berlingot eine kandierte Frucht, bei dessen Herstellung Sirup übrigblieb. 1851 kam der Konditor Gustave Eysséric darauf, dieses Abfallprodukt weiterzuverwenden. Er gab eine ganze Menge weiteren Zucker hinzu – und heraus kam eine transparente Masse, der er einen Hauch von Minzgeschmack zusetzte. Er entwickelte zusätzlich eine weiße Paste, mit der er seine dreieckigen Bonbons streifenförmig dekorierte. Heute stellen fast alle Konditoreien von Carpentras Berlingots in den verschiedensten Geschmacksrichtungen her.

Kino

- **Le Rivoli,** Avenue Victor Hugo, Tel. 04.90. 60.50.00.

Anreise/Weiterreise

- **Mit dem Auto:** Die D 942 führt nach Avignon (25 km), die D 950 nach Orange (25 km). Den Mont Ventoux erreicht man über die D 938.
- **Mit dem Bus:** Gare routière. Avenue Wilson, Tel. 04.90.67.20.25. Verbindungen nach Pernes, Velleron, Le Thor, L'Isle-sur-la-Sorgue, Cavaillon, Orange, Aix und Marseille.

Die Porte Notre-Dame-des-Graces, eines von drei Stadttoren in Pernes-les-Fontaines

Umgebung von Carpentras

Pernes-les-Fontaines ↗III/C3

Es war schon am Anfang des 14. Jh., als Pernes seine Vorherrschaft im Comtat an Carpentras abtreten musste. Seitdem ist es viel kleiner und unbedeutender als dieses, aber schöner allemal. Obwohl es den Kampf um die Macht verlor, hat es sich ein außergewöhnliches architektonisches Erbe bewahrt, und das vom Mittelalter bis ins 18. Jh. Über die charmante Altstadt verteilen sich zudem fast vierzig oft sehr schön skulpturierte Brunnen, daher der Beiname *les Fontaines.* Symbol für die Notwendigkeit des Wassers in einem trockenen, heißen Landstrich, machen sie die *Perle du Comtat* zu einer frischen Oase.

Geschichte

Obwohl Pernes schon eine der gallo-römischen Siedlungen der Region gewesen sein muss – sie hieß Paternae – weiß man kaum etwas über seine Geschichte bis zum Jahr 1000. 1125 fiel es an die Grafen von Toulouse, um ein Jahrhundert später mit dem Comtat Venaissin in den Besitz des Heiligen Stuhls überzugehen. 1274, als die Päpste die Regierung des Comtats übernahmen, wurde Pernes zur Hauptstadt, bis es 1320 von Carpentras abgelöst wurde. Durch nichts geschützt als seine Burg, war es ein willkommenes Opfer umherziehender Banden; im 15. und 16. Jh. endlich umzog ein Mauerring die Stadt.

172pr Foto: bm

Genau wie für Carpentras bedeutete der Bau des Kanals in der Mitte des 19. Jh. einen Aufschwung der Landwirtschaft, von der Pernes auch bis heute in erster Linie lebt. Neben Früchten ist vor allem Spargel wichtig, denn Pernes hat den weit und breit größten Markt für das feine Stangengemüse.

Sehenswertes

Wie so viele Orte trug auch Pernes seine mittelalterlichen **Stadtmauern** im 19. Jh. ab. Immerhin kreisen noch drei imposante Tore den Altstadtkern ein, die Porte Villeneuve (14. Jh.) nahe des Office de Tourisme, die Porte de St. Gilles (14. Jh.) am Canal de Carpentras und die Porte Notre-Dame (16. Jh.). Zu ihr führt (vom Office de Tourisme) der Quai de Verdun am hübschen Nesque-Ufer entlang. Das Tor selbst verbindet eine Brücke mit der **Kapelle Notre-Dame-des-Graces** (1510–1515) auf der anderen Flussseite, die im Zweiten Weltkrieg stark beschädigt, aber wieder aufgebaut wurde.

Von hier sieht man schon die ausgesprochen schlichte und strenge Fassade der **Kirche Notre-Dame-de-Nazareth,** ein typisches Beispiel provenzalischer Romanik und der Notre-Dame-des-Doms in Avignon sehr ähnlich. Von dem ersten Bau aus dem 11. Jh. ist lediglich die Apsis übriggeblieben; ihr fügte man im 12. Jh. ein Schiff mit spitzbogigem Tonnengewölbe hinzu.

Als die Kirche im 14. Jh. einzustürzen drohte, bekam die Westfront eine neue Gestalt, außerdem entstanden der Turm, ein Teil der Nordseite, die dortigen Kapellen sowie jene neben der Apsis. Während die Nordkapellen beinahe wie ein Seitenschiff wirken, haben die späteren aus dem 17. Jh. den romanischen Charakter der Südseite völlig verändert.

Das ehemalige Hauptportal, rundbogig, mit Halbsäulen, korinthischen Kapitellen und reich skulpturiertem Gesims, greift antike Vorbilder auf – wie für die hiesige Romanik üblich. Gleiches gilt für die tonnengewölbte Portalhalle (heute Kapelle) und den aktuellen Eingang, dekoriert mit kannelierten Säulen und Blatt-Kapitellen.

Das romanische Schiff muss vormals viel dunkler gewesen sein, Licht erhält es nur von den Kapellen. Das Innere, vor allem Gesimse und Friese, ist reich geschmückt mit antikisierenden Blättern, Ranken und Rosetten. An den Stirnseiten der Wandvorlagen finden sich auch Figurenreliefs, z. B. Daniel in der Löwengrube, die Verkündigung, Adam und Eva mit der Schlange und Kriegerszenen.

Nur einige Minuten von der Kirche stadtauswärts erhebt sich die **Croix couverte,** ein großes, überdachtes Kreuz aus dem 15. Jh.

Wir überqueren wieder den Fluss, passieren die prächtige **Fontaine du Cormoran** (Brunnen mit Kormoran von 1761) und die alte Markthalle (1622–27) und gelangen in die Altstadt. Der kastige **Uhrturm** aus dem 12. Jh. ragt über die Dächer heraus; er war einst der Donjon der Grafen von Toulouse und ist einziger Überrest der mittelalterlichen Burg.

Interessanter noch ist ein anderer Turm, die **Tour Ferrande,** ein Wohnturm des 13. Jh. Der Raum in der zweiten Etage ist vollständig dekoriert mit Wandmalereien derselben Epoche, teils religiöse, teils profane Darstellungen. So sieht man, wie *Charles d'Anjou* von *Papst Clemens IV.* mit dem Königreich Sizilien belehnt wird. Sizilien aber gehörte *Manfred,* dem Sohn des Staufer-Kaisers *Friedrich II. Charles* also musste sein neues Gebiet erst erobern: Dargestellt sind sein Feldlager, Ritter auf dem Weg zum Kampfe und die Schlacht um Sizilien selbst. Des Weiteren ist die Legende um *Wilhelm von Oranien* abgebildet, der im Zweikampf den Riesen *Isoré* bezwungen haben soll, schließlich der heilige Christophe mit dem Jesuskind und die Jungfrau zwischen zwei Heiligen. Man nimmt an, dass ein Ritter, der selbst an dem Krieg *Charles'* gegen die Staufer in Italien teilgenommen hatte, die Kunstwerke im Auftrag des Königs ausführte.

Wegen seiner zahlreichen Brunnen trägt Pernes den Beinamen „les Fontaines“

173pr Foto: bm

Am Fuße der Tour Ferrande plätschert Wasser aus den hübschen Speiern der **Fontaine de Guilhaumin** (1760). Einige Meter weiter ist das Hôtel de Vichet aus dem 14. Jh. erhalten. Weitere sehr sehenswerte **Stadtpalais** sind das Rathaus, ein schöner klassischer Bau des 17. Jh. auf der anderen Seite der Stadt, das Hôtel d'Anselme mit spätgotischer Fassade (15. Jh., am Quai) und das Hôtel de Villefranche aus dem 16. Jh., später Hospital.

Das winzige Dorf **St. Didier** zeigt sich als charmantes Nest mit einem denkmalgeschützten Kirchplatz, alten Brunnen und Waschhäusern. Sehenswert ist vor allem die Pforte des ehemaligen Schlosses.

Information

- **Office de Tourisme,** Place Gabriel Moutte, 84210 Pernes-les-Fontaines, Tel. 04.90.61.31.04, Fax 04.90.61.33.23.

Hotels

- **L'Hermitage*****/€€€€, Route de Carpentras, Tel. 04.90.66.51.41, Fax 04.90.61.36.41. Typisch provenzalisches, ruhiges Haus inmitten eines großen Parks, mit Schwimmbad, nur 20 Zimmer.
- **Mas La Bonoty**€€€€, Chemin de la Bonoty, Tel. 04.90.61.61.09, Fax 04.90.61.35.14, www.bonoty.com. Schön restauriertes altes Bauernhaus mit acht Zimmern und Schwimmbad. Es liegt inmitten eines Parks voller Obstbäume und Lavendel. Mittagsmenü 20 €, abends ca. 35 €.

Camping

- **Coucourelle****, Avenue René Char, Tel. 04.90.61.31.67. Geöffnet von Mitte April bis Mitte September. Städtischer Campingplatz mit 36 Plätzen.

Restaurant

- **Au Fil du Temps,** Place Giraud, Tel. 04.90.66.48.61. Schönes provenzalisch eingerichtetes Restaurant im Ortszentrum. Die in ihrer Basis traditionelle Küche integriert moderne Tendenzen. Mittagsmenü 28 €, abends ab ca. 45 €.

Märkte und Feste

- **Wochenmarkt,** samstags in Pernes.
- **Volksfest,** am Sonntag nach dem 14. Juli in Pernes.
- **Les Nuits de la Nesque,** Ende Juli in Pernes.

Le Thor ⇗X/A1

Einige Kilometer südlich von Pernes liegt bei Le Thor die Grotte de Thouzon, ein **Tropfstein-Universium,** das zu Anfang des 20. Jh. entdeckt wurde.

- **Grotte de Thouzon:** April bis Juni, September und Oktober 10–12 Uhr und 14–18 Uhr, Juli und August 10–19 Uhr, März und November nur sonntags 14–18 Uhr, Dezember bis Februar geschlossen. Tel. 04.90.33.93.65, Eintritt 6,50 €.

Im Ort Le Thor selbst blickt man von der Sorgue-Brücke aus auf die schöne romanische **Kirche Notre-Dame du-Lac** (12. Jh.). Ihr Äußeres ist schlicht, fast wehrhaft; im Kontrast dazu stehen die reich geschmückten Portale und im Inneren der Schmuck der Säulen, Kapitelle und Gesimse. Die antikisierende Formgestaltung des Dekors und der einschiffige Grundriss sind durchaus typisch für die provenzalische Romanik, in anderen Punkten weicht die Kirche jedoch wesentlich davon ab: Die Apsis ist sehr hoch, und jedes Joch des Schiffes ist einzeln mit einem Kreuzrippengewölbe abgeschlossen (statt mit der gängigen, durchgehenden Längstonne). Dadurch entsteht ein völlig anderes Raumgefühl als bei den romanischen, höhlenartigen Kirchenschiffen. Der Baumeister hatte das Kreuzrippengewölbe wahrscheinlich im Nordosten Frankreichs kennen gelernt und es dem Formenrepertoire des Südens hinzugefügt.

Information

- **Office de Tourisme,** Place du 11 Novembre, 84250 Le Thor, Tel. 04.90.33.92.31.

Markt

- **Wochenmarkt,** mittwochs und samstags in Le Thor.

Venasque und Umgebung ⇗III/C3

Westlich von Pernes in den Ausläufern der Vaucluse-Berge liegen Venasque, Le Beaucet und La Roque-sur-Pernes, allesamt schöne Villages perchés.

Von St. Didier geht es über die schmale D 210 in die Einsamkeit von **La Roque-sur-Pernes.** Das malerische Örtchen blickt von seinem Felsen auf ein grünes, märchenhaftes Tal. Dicht drängen sich die Häuschen aus hellem Gestein um die Kirche Sts-Pierre-et-Paul mit einem Glockenturm noch aus dem 11. Jh. Auf dieselbe Zeit gehen wohl auch die ältesten Teile des Schlosses zurück, das auf der Spitze sitzt und eher wie ein Wohnhaus anmutet.

Ebenso schön ist die Lage von **Le Beaucet:** Rund um sein dicht bewaldetes Tal erheben sich schroffe Felsen, in deren Höhlen schon Menschen der Steinzeit Zuflucht suchten. Auf einem von ihnen hockt seit dem Mittelalter Le Beaucet mit romanischer Kirche und einer Schlossruine (11./12. Jh.), die über Felstreppen zu erreichen ist.

Die Straße nach Venasque führt abwechselnd durch Obstplantagen, Weinfelder, Wald und Garrigue, schließlich hinab in ein tiefes Tal. Die Zufahrt zum Dorf bewacht ein markanter Felsen, weit über den Weg ragend. Gut geschützt breitet sich **Ve-**

nasque hoch oben auf seinem Felsplateau aus, blickt auf die Nesque und in der Ferne auf den Mont Ventoux. 1992 wurde es in den illustren Kreis der etwa 130 schönsten Dörfer Frankreichs aufgenommen.

Schon die Kelten wussten die zur Verteidigung günstige Lage zu schätzen; später errichteten die Römer hier ein Heiligtum. Das ehemalige Vindasca wurde zur Zeit der Germaneneinfälle immer wieder zur Zuflucht der Bischöfe von Carpentras (6.–11. Jh.). Aus jener stammen auch die drei massigen Türme, die **Tours Sarrazines,** welche die natürliche Verteidigung noch unterstützten.

Am anderen Dorfende thront die **Kirche Notre-Dame** auf dem steil abfallenden Felsen über dem Tal der Nesque. Vermutlich an der Stelle der ersten Bischofskirche erbaut, stammt der romanische Bau selbst aus dem 12. oder 13. Jh. Der einschiffige, schlichte Innenraum ist in drei Joche unterteilt und mit einer spitzbogigen Tonne überwölbt. Das letzte Joch vor dem Chor schließt jedoch eine schöne achtseitige Kuppel ab, wohl um die Würde des anschließenden Altarraums zu betonen.

Die halbrunde Apsis ist vermutlich älter als der übrige Teil und könnte zu jener Kirche gehören, die gleichzeitig mit dem so genannten **„Baptisterium"** entstand. Noch heute führt von der Apsis ein Gang zu diesem merkwürdigen Nebenbau der Kirche, der den Kunsthistorikern Kopfzerbrechen bereitet. Sein Grundriss entspricht der Form eines Kreuzes: An den fast viereckigen Mittelraum schließen sich vier überwölbte Apsiden unterschiedlicher Größe an, außen von rechteckigen Mauerblöcken umschlossen. Drei von ihnen sind innen etwa hufeisenförmig, während die östliche wegen ihrer Randlage am Plateau um einiges kürzer geriet. Das Kreuzgratgewölbe über der Kuppel ist erst in neuerer Zeit eingezogen worden; vielleicht war an seiner Stelle ursprünglich eine Kuppel. Einige der Apsissäulen stammen noch aus römischer Zeit, die großen Eckpfeiler des Mittelraums dagegen aus dem 12. Jh.

175pr Foto: bm

Gasse in La Roque-sur-Pernes

176pr Foto: bm

Insgesamt aber wird der Bau heute ins 11. Jh. datiert, wofür vor allem das Mauerwerk der Apsiden und der Stil der Kapitelle sprechen. Die Annahme, der Bau könne auf das 6. Jh. zurückgehen, gilt heute – aufgrund von Vergleichen mit anderen frühromanischen Bauten der Gegend – als widerlegt. Merkwürdig ist nur, dass man trotz solcher Forschungsergebnisse, die seit längerem bekannt sind, in Venasque an der alten Datierung festhält und auch daran, es handele sich um eine Taufkapelle. Touristisch ist das natürlich interessanter, zumal diese frühchristlichen Baptisterien in der Provence sehr rar sind (z.B. Aix-en-Provence). Außerdem beruft man sich auf eine Autorität, denn es war *Prosper Mérimée,* der 1835 erstmals von einem Baptisterium in Venasque sprach. Zu bedenken ist jedoch dabei, dass der Denkmalschutz, für den *Mérimée* arbeitete, damals noch in den Kinderschuhen steckte. Viele wichtige Monumente waren verfallen, die Revolution hatte zusätzlich vieles zerstört oder verschleppt. Vergleichsmöglichkeiten wie heute hatte *Mérimée* also kaum.

Selbst schriftliche Quellen bezeugen nie eine Taufkapelle, sondern eine Basilika oder ein Oratorium zu Ehren Johannes des Täufers. Dem waren aber nicht nur Baptisterien geweiht, zumal von einem Taufbecken ohnehin keine Spuren vorhanden sind.

Neueste Forschungen, darunter vom nationalen Denkmalschutz selbst, vermuten, dass der originelle Bau als Begräbniskirche der Bischöfe diente, zumal Ähnlichkeiten mit vergleichbaren Kirchen bestehen, zum Beispiel in Montmajour und auf den Lérins-Inseln vor Cannes.

- **Kirche Notre Dame,** 10–12 Uhr und 15–19 Uhr, sonntagmorgens und mittwochs geschlossen. Eintritt frei.

Information

- **Office de Tourisme,** Grand'rue, 84210 Venasque, Tel./Fax 04.90.66.11.66.

Hotels/Restaurant

- **Les Remparts**€€€, Rue Haute, Venasque, Tel. 04.90.66.02.79. Fax 04.90.66.61.67. Hübsches Hotel im Provence-Stil und Panorama-Restaurant mit regionaler Küche. Nur fünf Zimmer. Menü mittags ca. 18 €, abends ca. 25 €.
- **Hotel Garrigue**€€€, Tel. 04.90.66.03.40, Fax 04.90.66.61.43. Familiäres Hotel mit 14 Zimmern im rustikalen Stil am Dorfrand.

Wandern

- Von den drei Örtchen führen zahlreiche Wege hinein in die **Vaucluse-Berge,** z.B. von Venasque nach Murs (durch Schluchten), zur Abtei Sénanque oder nach Fontaine-de-Vaucluse.

Le Beaucet

Die Berge des Vaucluse ⇗IV/A3

Diese Bergkette zwischen Ventoux und Luberon ist viel weniger bekannt als ihre Nachbarn. Das liegt wohl auch daran, dass sie kaum besiedelt und im Wesentlichen nur durch zwei Straßen erschlossen ist: Die eine schlängelt sich durch den Forêt de Venasque und Schluchten und führt schließlich über den **Col de Murs** (627 m) bis zum gleichnamigen Örtchen in der Nähe von Gordes; die kurvige Strecke von St. Saturnin bei Apt zieht sich mitten durchs Gebirge bis hinauf nach Sault.

Die Monts de Vaucluse sind sehr trockene, einsame Hochplateaus, wo nur Garrigue blüht und Lavendel gedeiht. Sie erstrecken sich von Fontaine-de-Vaucluse im Westen, wo sich ihre Wasser sammeln, bis zum Plateau d'Albion und dem Land von Sault im Osten. Im Norden bahnt sich die Nesque ihren Weg durch eindrucksvolle Schluchten.

Von Carpentras zu den Gorges de la Nesque ⇗III/C–D2

Wir fahren nicht auf direktem Weg über die D 942 von Carpentras zu den Nesque-Schluchten, sondern machen vorher einige Schlenker zu reizvollen Dörfern und eindrucksvollen Aussichtspunkten.

Mazan breitet sich einige Kilometer östlich von Carpentras in der Ebene des Comtat aus, liegt am Ufer des Auzon und inmitten weiter Weinfelder, die fruchtige Côtes-du-Ventoux hervorbringen. Reste einer Stadtmauer

178pr Foto: bm

aus dem 14. Jh. mit der Porte de Mormoiron umschließen eine gemütliche Altstadt, die im Wesentlichen vom 16. und 17. Jh. geprägt ist. Unter den Hôtels particuliers des Ortes rangiert das Château de Sade vom Ende des 17. Jh. an erster Stelle. Zu Anfang des 18. Jh. muss das still daliegende Haus ein reger Ort gewesen sein, denn der Theaterliebhaber *Jean-Baptiste François de Sade,* Vater des berühmt-berüchtigten *Donatien Alphonse François* (siehe Lacoste), ließ hier regelmäßig Vorstellungen geben und bezog auch das gesamte Dorf mit ein. Er schuf so eine Art Vorläufer heutiger Theaterfestivals.

Das Château de Sade in Mazan

Weingut bei Blauvac

Berühmter noch ist Mazan für seine frühchristlichen Gräberalleen, die **Alyscamps du Comtat,** ein Vorgeschmack auf die „Elysischen Gefilde“ von Arles. Die Sarkophage umrunden den Friedhof der Stadt auf einer Anhöhe. Dort erhebt sich seit dem 11. Jh. die Chapelle Notre-Dame-de-Pare-Loup, so genannt, um streunende Wölfe abzuhalten. Der heutige Friedhof entstand im 17. Jh., wozu der Boden um etwa zwei Meter erhöht wurde. Seither führen Stufen hinunter in die Kapelle, wo man bei genauem Hinsehen Reste von Fresken entdecken kann (ihr Alter ist bisher nicht genau bestimmt worden).

Das **Museum** von Mazan stellt einige Funde zur lokalen Archäologie und Geologie aus.

- **Öffnungszeiten:** Juni bis September 15–18 Uhr, dienstags geschlossen. Eintritt frei.

Von der D 942 schlagen wir die Straße gegenüber der Zufahrt nach Mormoiron ein, die zur **Chapelle Notre-Dame-des-Anges** führt. Die Straße gibt wunderbare Blicke auf die Vaucluse-Berge und den Ventoux frei und windet sich durch weite Weinfelder. Inmitten solcher erhebt sich auch **St. Félix,** die heute etwas verwahrloste einstige Sommerresidenz der Bischöfe von Carpentras in der Nähe von **Malemort-du-Comtat.** Hier wurde 1844 der Provence-Dichter *Félix Gras* gebo-

179pr Foto: bm

ren, der lange zusammen mit *Frédéric Mistral* den Bund des Félibrige führte. Außer Resten der Stadtmauer und mehreren alten Türmen gibt es hier noch die Kirche Notre-Dame-de-l'Assomption aus dem 13. Jh. zu sehen.

Durch eine sanfte Berg- und Hügellandschaft geht es über die D 5 nach **Méthamis** in 380 m Höhe. Es ist ebenfalls von Resten seiner Stadtmauer umgeben; die Dorfkirche ist sogar noch ein wenig älter als die Malemorts. Hübsch ist die Windmühle von 1721.

Wälder, grüne Hügel und vor allem Weinfelder säumen den Weg nach **Blauvac** und die D 150, die an der **Chapelle Notre-Dame-des-Neiges** und dem kleinen Weiler St. Estève-de-Blauvac vorbei zurück ins Tal führt.

Villes-sur-Auzon, wie der Name besagt im Tal des Auzon gelegen, ist Ausgangspunkt für die Fahrt durch die Schluchten der Nesque.

Information

- **Office de Tourisme,** Place du 8 Mai, 84380 Mazan, Tel. 04.90.69.74.27, Fax 04.90.69.66.31, officetourisme-mazan@wanadoo.fr.

Hotel/Restaurant

- **Hotel Le Siècle***/€€€, 18, Place des Terreaux, Tel. 04.90.69.75.70, Fax 04.90.69.80.78, www.le-siecle.com. Einfaches Haus mit provenzalischem Charakter direkt hinter der Dorfkirche.
- **Restaurant L'Oulo,** 239, Avenue de l'Europe, Tel. 04.90.69.87.64. Bodenständige, regionale Gerichte, gekocht aus frischen Zutaten vom Markt. Mittagsmenü um 15 €, abends um 30 €.

Camping

- **Les Verguettes******, Route de Carpentras, 84570 Villes-sur-Auzon, Tel. 04.90.61.88.18, Fax 04.90.61.97.87, www.provence-camping.com. 80 Plätze, familiäre Atmosphäre, mit Bouleplatz, Schwimmbecken und Minigolfplatz. Geöffnet von Mitte Mai bis September.
- **Le Ventoux*****, 1348, Chemin de la Combe, Route de Caromb, Mazan, Tel. 04.90.69.70.94. Auf dem Land gelegen, das ganze Jahr über geöffnet; mit schönem Schwimmbad und knapp 50 Stellplätzen.

Märkte und Feste

- **Wochenmärkte,** montags in Mazan, mittwochs in Villes-sur-Auzon, donnerstags in Malemort-du-Comtat.
- **Volksfest,** Kirschfest im Mai in Malemort.
- **Kunst und Musik,** im Juni in den Straßen von Mazan.

Wandern

- Schöner, 12 Kilometer langer Weg von Mazan zur Chapelle Notre-Dame-des-Anges in den Ausläufern der Monts de Vaucluse.

Radtouren

- Die Rundfahrt Mazan – Villes-sur-Auzon – St. Estève de Blauvac – Méthamis – Malemort – Mazan dauert etwa eineinhalb Stunden.
- Für die Tour Mazan – Mormoiron – Bédoin – La Madeleine – Le Barroux – Caromb – Mazan braucht man etwa zwei Stunden.
- Knapp vierstündig ist der Weg durch die Nesque-Schluchten: Mazan – Villes-sur-Auzon – Gorges de la Nesque – Monieux – St. Hubert – Méthamis – Malemort – Mazan.

Gorges de la Nesque ↗ III/D2

Direkt hinter Villes-sur-Auzon beginnt sich die Straße den Berg hinaufzuwinden, und schon bald erblickt man die Schluchten des Flusses Nesque, die sich bis zu 400 Meter tief in das Kalkgestein eingegraben haben. Sie sind die Scheide zwischen den Gebirgsstöcken des Mont Ventoux und der Monts de Vaucluse. Der höchste Punkt, der **Rocher du Cire** (872 m), liegt auf der Vaucluse-Seite. Verglichen mit den Gorges du Verdon sind diese Schluchten – zumindest anfangs – regelrecht lieblich, fallen wesentlich sanfter ins Tal ab und sind zudem dicht bewaldet mit niedrigen Bäumen. Je mehr man sich jedoch Sault nähert, desto karger, schroffer und grandioser wird die Landschaft. Möchte man nicht so weit nach Osten bis zum Verdon fahren, so findet man hier ein ganz ähnliches Naturerlebnis.

In den Gorges de la Nesque müssen vor etwa 60.000 Jahren die ersten Bewohner der Region gehaust haben. Man hat menschliche Siedlungsorte gefunden, rund 5000 Objekte aus Feuerstein und gar 32.000 Zahn- und Knochenreste. Aber die Forschungen sind erst seit wenigen Jahren im Gange, so dass mit weiteren Überraschungen gerechnet werden kann.

Kurz vor **Monieux** öffnet sich die Schlucht zu einem weiten, lieblichen Tal mit Wiesen und Feldern, Hecken und verstreuten Höfen. Das Örtchen, das den Schluchten-Eingang bewacht, lehnt sich mit seinen mittelalterlichen Häusern und seiner romanischen Kirche gegen den Hang und ist bekrönt von einem Turm aus dem 12. Jh.

An der Kreuzung der D 942 mit der D 1 hat man die Wahl, weiter ins Land von Sault vorzudringen oder aber die Dörfer südlich des Ventoux zu erkunden, eine Rundfahrt, die vor allem der Blicke wegen lohnt.

Terrassen des Ventoux ⇗III/C2

Die Straße über **Flassan** und Bédoin nach Caromb ist sehr reizvoll, bietet sie doch gleichzeitig den Blick auf den Ventoux wie auch auf die Ebene darunter. In den welligen Weinhügeln entdeckt man immer wieder Weingüter und Bauernhäuser.

Inmitten dieser fruchtbaren Ebene liegt **Caromb.** Seine Kirche vom Anfang des 14. Jh. in spätromanischem Stil hat genau wie die Kathedrale von Carpentras eine Pforte, wodurch einst konvertierte Juden zur Taufe schritten. Sehr reich ist die Innenausstattung: So beherbergt die Chapelle des Hommes links neben dem Chor das Marmorgrab von *Étienne de Vesc,* dem Vize-König von Neapel, in einer anderen steht ein Teil des Altaraufsatzes von St. Georges (etwa 1480); die prächtige Orgel schließlich entstand 1701. Zu erwähnen ist auch der Glockenturm im Dorf aus dem 16. Jh., der einen besonders schön verzierten Gitterkäfig trägt. Etwa drei Kilometern nördlich des Ortes stößt man auf den Lac du Paty, angelegt um 1765.

Wir passieren die kleinen Weiler **Modène** und **St. Pierre de Vassols.** Die Straße, die von hier nach Mormoiron führt, bietet eine der schönsten Aussichten der Gegend: Im Norden der Gigant der Provence, der Mont Ventoux, und im Süden die Monts de Vaucluse; dazwischen erstreckt sich das Tal des Auzon. Darüber hockt **Mormoiron** auf einem Kalkplateau, ein nettes Dorf mit schmalen Straßen und Häusern in Ockerfarben.

Information

- **Office de Tourisme,** Place du Cabaret, 84330 Caromb, Tel. 04.90.62.36.21.
- **Office de Tourisme,** Le Clos, 84570 Mormoiron, Tel. 04.90.61.89.73.

Hotel/Restaurant

- **La Mirande****/€€, Place de l'Église, 84330 Caromb, Tel. 04.90.62.40.31, www.mirande caromb.com. Familiäres Hotel mit gepflegter regionaler Küche im Dorf. Menü mittags ca. 15 €, abends ca. 25 €.

Restaurant

- **Four à Chaux,** 2253, Avenue Charles de Gaulle, Caromb, Tel. 04.90.62.40.10. Landgasthof mit großer Terrasse, gelegen ca. 2 km von Caromb Richtung Malancène. Spezialität: Gefüllte Zucchini-Blüten. Mittagsmenü ab 17 €, abends ca. 30 €.

Märkte

- **Wochenmarkt,** dienstagmorgens in Caromb und Mormoiron.
- **Volksfeste,** Fête votive in der zweiten Septemberhälfte, Kirschfest im Juni in Caromb.
- **Trödelmarkt,** am 14. Juli in Caromb.
- **Spargelmarkt,** mit Trödel- und Kunsthandwerkermarkt im Mai in Mormoiron.

Sault ⇗IV/A3

Wir sind nun in einem Land, das – abgeschottet durch die Massive des Ventoux, des Vaucluse und der Lure – abseits der Wege liegt. Es ist ein ursprüngliches, wenig besiedeltes Land, wo das Leben hart ist und die Bauern alle Kraft einsetzen müssen, um dem Boden etwas abzuringen. Hier oben baut man vor allem Lavendel an, der genügsam ist und Kälte und Wind gut verträgt. Durch solche weiten Felder, im Juli in tiefes Violett getaucht, erreicht man Sault, das sich auf einem langgestreckten Plateau ausbreitet. Es ist vor allem diese Lage, die besticht; im Ort selbst sind nur die romanische Kirche **Notre Dame de Tour,** Reste der Stadtmauer und des Schlosses zu sehen, letztere zu Wohnungen rund um die Place du Château umgebaut.

Das kleine **Museum** beherbergt eine Sammlung prähistorischer, gallo-römischer und mittelalterlicher Funde der Gegend sowie Werke von *Diderot*. Öffnungszeiten: Juli und August täglich außer sonntags von 15–18 Uhr. Im übrigen Jahr auf Anmeldung, Tel. der Mairie 04.90.64.02.30. Eintritt frei.

Sault gilt zwar als Zentrum für Exkursionen zu Ventoux, Nesque-Schluchten und Montagne d'Albion, doch ist es beschaulich geblieben, und auf dem Wochenmarkt – er findet übrigens seit 1515 statt – sind die Leute der Region meist noch unter sich. In letzter Zeit versucht Sault jedoch, sich für Besucher attraktiver zu machen. Vor allem auf den Lavendel setzt man dabei: Überall werden wohlriechende Produkte angeboten wie Duftessenzen, bunte Wäsche-Säckchen oder Honig; und im Sommer feiert man Feste rund um die lilafarbene Pflanze.

Information

- **Office de Tourisme,** Avenue de la Promenade, 84390 Sault, Tel. 04.90.64.01.21, Fax 04.90.64.15.03, www.provenceguide.com.

Hotel/Restaurant

- **Hostellerie du Val de Sault*****/€€€€€, Route de St. Trinit, Sault, Tel. 04.90.64.01.41, Fax 04.90.64.12.74, www.valdesault.com. Hübsches Relais-du-Silence-France-Hotel mit 19 Zimmern, davon fünf Suiten, die meisten mit

Die Trüffel – der „schwarze Diamant" der Provence

Man nennt sie schwärmerisch *Diamant noir,* botanisch *Tuber melanosporum* oder auch *Truffe noire du Périgord* – vor allem Letzteres ärgert die Provenzalen, wächst die schwarze Trüffel doch nicht nur im *Sud-Ouest,* sondern auch bei ihnen reichlich. Auf provenzalisch heißt sie denn auch *Rabasse.* Ausgesprochene Trüffelregionen sind der Vaucluse und das nördlich angrenzende Tricastin mit seinem bedeutenden Markt von Richerenches.

Insgesamt muss es an die dreißig Trüffelarten geben, besonders begehrt ist die besagte schwarze: ein kleines, unscheinbares Etwas, rund und knollig, mit glitzernden Wölbungen und Mulden. In seinem Bestseller will Trüffel-Experte *Jean-Marie Rocchia* nichts wissen von „Duft" *(Odeur)* oder „Aroma" *(Arôme),* sondern lässt nur *Parfum* gelten: Süßlich soll er sein und warm, dabei eigensinnig und ganz und gar einzigartig, ja sehr kräftig und berauschend gar. Er wirkt beruhigend und hinterlässt ein Gefühl des *Bien-être* und *Bonheur* – des Wohlbefindens und des Glücks.

So etwas würde wohl kaum einem ordinären Champignon nachgesagt werden, obwohl doch beide zur selben Familie der Pilze gehören. Wie sie kann die Trüffel ohne anderes organisches Material nicht leben. Meist sind es Baumwurzeln, wo sie sich ansiedelt. Dennoch ist sie nicht etwa ein Schmarotzer, sondern lebt in symbiotischer Beziehung zu ihrem Wirt: Er versorgt sie mit Zucker, während sie ihm im Gegenzug bei der Aufnahme von Phosphor behilflich ist.

In der Provence sucht sich die *Rabasse* vorzugsweise Eichen aus, um sich einzunisten, daneben auch ab und zu Nussbäume,

Kiefern und Linden. Junge Eichen werden nach etwa acht Jahren trüffelträchtig und bleiben es für rund fünfzig Jahre.

Die Trüffelsuche

Kaum eine Pflanze ist so schwer zu ernten wie die Trüffel. Denn die Ernte gestaltet sich vielmehr als eine Suche nach etwas Unsichtbarem, das unter der Erde schlummert. In einem Punkt jedoch ist die Trüffel dem *Rabassier* oder *Truffier* behilflich: Sie strömt ihren unverkennbaren *Parfum* aus. Manch passionierter Trüffel-Sucher würde sich sicherlich gern auf alle Viere begeben, doch macht ihm dabei der menschliche Geruchssinn einen Strich durch die Rechnung. Eine Todsünde ist es, einfach hier und dort zu graben, wie ein Kaninchen, oder gar einen Stock in den Boden zu rammen, an dem Trüffel-Reste kleben könnten ... Welch ein Frevel!

Da muss also das berühmte Trüffelschwein her, so jedenfalls die landläufige Meinung. Doch diese Zeiten sind längst passé, fraß doch das heißhungrige Schwein stets einen guten Teil der Ernte schon vorher auf. Und seine knapp zehn Zentner an jeder Baumwurzel wieder neu bändigen zu müssen, dürfte keine leichte Sache gewesen sein ...

Zur natürlichen Nahrung eines Hundes dagegen gehört die Trüffel nicht, und deshalb hat sich die Suche mit ihm durchgesetzt. Der Vorteil ist aber zugleich ein Nachteil, denn er erschwert die Dressur erheblich. Angesichts dieser Mühe scheint die einfachste Lösung zu sein, ein bereits dressiertes Tier zu kaufen. Ein solcher Trüffel-Hund kostet zwischen ca. 750 und 2250 Euro, manchmal gar noch mehr. Doch das neue Herrchen hat leider nie die Garantie, ob sich der Hund bereitwillig mit ihm auf die Suche nach den süßen Knollen begeben wird.

Alles endet also doch damit, dass man sein Hündchen selbst züchten muss. Sonst wäre es auch zu einfach: Selbst 2.250 Euro hätte man nach einer guten Saison längst wettgemacht; bei einem mittleren Preis von ca. 150 Euro pro Kilo – und so viel kann man in einer Stunde finden – wären das lediglich fünfzehn Stunden Arbeit!

Die Dressur eines solchen Hundes aber ist geheimnisumwittert wie alles, was mit der Trüffel zu tun hat. Trotzdem ein paar Tipps: Teckel sollen sich besonders gut eignen, aber schon in diesem Punkt gehen die Meinungen weit auseinander. Für die eigentliche Dressur braucht man lediglich Unmengen frischer, duftender Trüffeln – schließlich muss der Hund eine Leidenschaft dafür entwickeln. Doch woher bekommt man diese vielen „schwarzen Diamanten“? Ganz einfach: Man dressiere einen Trüffel-Hund ...

Es ist also keineswegs leicht, in den illustren Kreis der „Bruderschaft des Schwarzen Diamanten“ vorzurücken, der *Confrérie des Chevaliers, Dignitaires et Vénérables du Diamant Noir Culinaire et de la Gastronomie*. Vielleicht aber hat man mehr Glück bei der *Université de la Truffe*, dem Zentrum für Schulung und Forschung in Carpentras (Tel. 04.90.63.00.96). Jedem erlaubt ist jedenfalls der Besuch des Museums im *Maison de la Truffe et du Tricastin* in St. Paul-Trois-Châteaux wie auch das Trüffeln-Probieren: Ganze Menüs sind selbstredend sehr teuer; preiswerter, dafür klassisch, sind getrüffelte Omelettes.

Die Trüffelsaison ist im Allgemeinen zwischen Mitte November und Mitte Februar. In der frühen Saison haben sie noch relativ wenig Geschmack, doch um Weihnachten herum sind sie schon ganz passabel. Der wahre Kenner aber genießt Trüffeln ausschließlich ab Mitte Januar.

Wer die Trüffelsaison verpasst, kann zumindest Konserven mit nach Hause tragen: Station de conservation CTIFL, Route de Mollèges, 13210 St. Rémy-de-Provence, Tel. 04.90.92.05.82.

Panorama-Blick. Das Restaurant bietet provenzalische Spezialitäten, Wild- und Trüffelgerichte. Mittagsmenü ca. 33 €, abends à la carte ca. 40 €.

Restaurant

- **Les Lavandes,** Place Léon Doux, Monieux, Tel. 04.90.64. 05.08. Rustikal eingerichtetes Restaurant mit schöner Terrasse unter Platanen, an deren plätscherndem Brunnen man so manchen schönen Sommerabend verbringen möchte. Spezialitäten: Lamm- und Trüffelgerichte. Menü um 23–30 €.

Camping

- **Le Défends,** Route de St. Trinit, Tel. 04.90. 64.07.18, Fax 04.90.64.02.30. 3 km vom Dorf im Pinienwald, 100 Plätze, Schwimmbad, Tennisplätze. Geöffnet von Mai bis September.

Spezialität

- **Confiserie André Boyer,** Tel. 04.90.64. 00.23. Monsieur *Boyer* ist Maître-nougatier und stellt wunderbaren Nougat blanc und noir aus Lavendelhonig und Mandeln der Region her.

Märkte und Feste

- **Wochenmarkt,** mittwochs.
- **Fête de la Lavande,** Lavendelfest im August.

Aurel

IV/A2

Im Norden von Sault entspringt die Nesque in der Nähe von Aurel, einem wunderbar einsamen Felsdörfchen zwischen Ventoux und Montagne d'Albion. Seine robusten Häuschen scharen sich um die Kirche und Reste eines Hospizes der Johanniter, die den Ort einst gründeten. (Beide stammen aus dem 12. Jh., das Hospiz ist Privatbesitz, doch den Schlüssel für die Kirche kann man bei Madame *Seignon* oder Madame *Foulque* erfragen.)

Einige Kilometer weiter kommen wir zum **Gour des Oules,** der engsten Stelle zwischen Ventoux und Albion-Gebirge. Ein Turm (12. Jh.) ist der einzige Rest des Château Raybaud, das früher die Passage zwischen dem Land von Sault und der Dauphiné bewachte; bis heute trennt diese historische Grenze zwei Regionen.

Montbrun-les-Bains

IV/A2

Obwohl Montbrun im Drôme und nicht mehr in der Provence liegt, können wir diesen Ort einfach nicht auslassen, zumal man sich auch den touristisch interessanten Namen *Drôme provençal* konstruiert hat. Wieder einmal handelt es sich um *L'un des plus beaux villages de France* und um ein Village perché, jedoch ein sehr ungewöhnliches: Montbruns hoch aufragende, mittelalterliche Häuser sind in einer geraden Reihe gegen den Hang gebaut, der darunter von Terrassen und Mauern aus Trockenstein gestützt wird. Wie eine Festung überblicken die strengen Fassaden und das Renaissance-Schloss ein grünes Tal und das benachbarte Felsdörfchen Reilhanette. In der **Kirche** (12. Jh.) von Montbrun sind vor kurzem mehrere Fresken gefunden und restauriert worden. Lange Zeit waren sie verschwunden, weil der *Seigneur von Montbrun* um 1560 zum Protestantismus konvertierte, alle Zeichen des Katholizismus aus der Kirche verbannen und die Wanddekorationen übermalen ließ. Montbrun ist, nach einer langen Pause ab dem Ersten Weltkrieg, seit 1987 wieder Thermalbad.

Der Mont Ventoux

↗III/C-D1

Man sieht ihn von den Weinhängen an der Rhône, von den Olivenhainen der Alpilles und von den Felsdörfern des Luberon – den windumtosten *lou Ventour,* wie ihn die Provenzalen nennen. Den Kelten war der *Ven top,* der weiße Berg, heilig, und die Hirten des Mittelalters sahen in ihm einen Zauberberg, weil im Frühjahr noch der Schnee um seinen Gipfel tobt, während im Tal schon die Blumen blühen.

Wie ein Gigant wacht er über sein Land, der *Géant de Provence,* und ragt mit seinen **1912 Metern** weit über seine Nachbarn hinaus: die nördlichen Hügel der Baronnies, die Hochebenen der Monts de Vaucluse und die sanften Wellen des Luberon. Einzig der östliche Gipfel der Lure ist mit seinen 1826 Metern fast ebenso hoch.

Selbst im Sommer kann man meinen, dass Schnee auf der sanften Kuppe des *Mont chauve* liege; in Wahrheit ist sie einfach „kahl" – eine riesige Fläche aus Kalkgeröll. Hier oben fährt der Sturm Rekorde, 250 Kilometer pro Stunde sind schon gemessen worden.

Doch das war nicht immer so. Ursprünglich bedeckten **dichte Wälder** das vor 70 Millionen Jahren aufgefaltete Kalksteinmassiv. Reiche Wildvorkommen und schützende Grotten bildeten den Lebensraum für Menschen des Paläolithikums etwa 80.000 Jahre vor unserer Zeit.

Doch seit die Römer die Zivilisation ins Land brachten, benötigten die Menschen immer mehr Holz zum Bau von Häusern und Schiffen. Über Jahrhunderte rodete man die Wälder des Ventoux, bis er schließlich am Anfang des 19. Jh. dastand als *Montage Pelée* (geschälter Berg), wie der Naturforscher *Jean-Henri Fabre* sehr treffend bemerkte. Der Ventoux lief Gefahr, ein einziger poröser Geröllhaufen zu werden, genau wie heute der Gipfel.

1860 endlich entschloss man sich zu umfangreichen Wiederaufforstungen, um die Erosion zu stoppen und das natürliche Gleichgewicht wieder herzustellen. Heute gibt es sie wieder, die märchenhaften Wälder mit Buchen, Kiefern, Pinien, Zedern, Eichen und Lärchen.

Die **extremen Höhenunterschiede** und die unterschiedliche Ausrichtung der Abhänge machen aus dem Ventoux ein Gebiet verschiedenster Mikroklimata; die Palette reicht von mediterran bis alpin. Fauna und Flora sind extrem reich, so dass es hier an die 1000 Pflanzenarten (innerhalb von 427 Gattungen) gibt. Man findet auf dem Gipfel zum Beispiel Mohn aus Grönland und beim Aufstieg wilde Narzissen, Flachs und Iris, überragt von Wacholdersträuchern und Buchsbäumchen. Außerdem bietet der Berg 100 Vogelarten eine Heimat und auch der sehr seltenen Orsini-Viper.

Am 16. November 1994 ist der Ventoux von der Unesco zu einer *Réserve de la Biosphère* erklärt worden und gehört seitdem zu einem weltweiten Netz von zur Zeit 408 besonders **schützenswerten Naturlandschaften** in 82 Ländern. Das ist sozusagen eine Garantie für die Erhaltung seiner Natur. Gleichzeitig wird hier geforscht, doch nicht etwa nur in der streng geschützten Zentralzone. Es geht auch um Probleme der Bodennutzung, was den Bewohnern direkt zugute kommen soll, die hier vor allem Lavendel und Trüffeleichen anbauen und Schafe züchten.

Zur Orientierung: Das Massiv des Ventoux faltet sich wie alle großen provenzalischen Gebirge in ost- westlicher Richtung auf und erstreckt sich über 24 Kilometer zwischen Aurel im Osten und Malaucène im Westen. Von der Montagne de Bluye im Norden trennt es das Tal des Toulourenc, ein 40 Kilometer langes Flüsschen, das nördlich von Montbrun-le-Bains entspringt und erst in der Nähe von Vaison-la-Romaine in die Ouvèze mündet.

Auf den Gipfel führen mittlerweile **drei Straßen** aus verschiedenen Richtungen: Die älteste, bereits 1882 eingeweiht, kommt südwestlich von Bédoin und führt dann über die Skistation Chalet Reynard und die Ligne de Crête zum Gipfel (D 974). Auf diese trifft beim Chalet Reynard seit 1950 die D 164 von Sault. 1931 weihte der damalige Premierminister *Eduard Daladier* die Strecke von Malaucène ein, die auf kürzestem Weg zum Gipfel führt (D 974).

Für eine Fahrt auf den Mont Ventoux sollte man sich warm anziehen oder zumindest **schützende Kleidung** mitnehmen, denn erstens ist es oben wesentlich kühler als im Tal, zweitens können die Temperaturschwankungen selbst innerhalb eines Tages erheblich sein. Bis in den Mai hinein muss man übrigens mit Schnee rechnen. Oftmals ist die Strecke zwischen dem Mont Sérein und dem Chalet Reynard – zwischen ihnen liegt der Gipfel – zu dieser Zeit gesperrt.

Meiden sollte man den Berg, wenn es bedeckt und regnerisch ist, denn dann wird man garantiert keinen Ausblick haben. Genauer gesagt: Oben auf dem Gipfel sieht man dann kaum mehr die Hand vor Augen. Ideal für die Fernsicht sind natürlich klare Tage, am besten beim Sonnenauf- oder Sonnenuntergang.

Malaucène ↗ III/C1

Malaucène ist der umtriebige Hauptort der Gegend und Ausgangspunkt für Reisende, die den Ventoux per Fahrrad, auf dem Rücken eines Pferdes, zu Fuß oder mit dem Auto erkunden wollen. In konzentrischen Kreisen winden sich seine Häuser um einen Hügel, von dem man heute von der Plattform einen schönen Panoramablick hat.

An seinem Fuß folgt der **Platanenboulevard** mit seinen Cafés, Restaurants und Geschäften der alten Stadtmauer. Zwei ihrer Tore, die Porte Soubeyran und die Porte du Roux, sind erhalten; ebenso der Uhrturm von 1539 und ein traditionelles Waschhaus (Lavoir) in ungewöhnlicher Rundform.

Die Kirche von Malaucène, **St. Michel-et-St. Pierre,** war einst Teil der Stadtmauer und mutet sehr schlicht, beinahe wie eine Festung an. Ihr einziger Schmuck ist das spitzbogige Portal. Ursprünglich ein Bauwerk des 14. Jh., wurde die Kirche im 15. und 16. Jh. stärker befestigt und im 18. Jh. vom Sohn des berühmten Malers *Nicolas Mignard* umgebaut. Eine weitere Verschönerungsaktion im 19. Jh. hinterließ die Trompe-l'oeil-Malereien in den Kapellen.

Ein Abstecher zu dem Weiler **Beaumont-du-Ventoux** mit seiner Chapelle St. Sépulcre (12. Jh.) lohnt vor allem während der Obstblüte; dann sieht die Landschaft aus wie ein einziger leuchtender Garten.

Information

- **Office de Tourisme,** Place de la Mairie, 84340 Malaucène, Tel./Fax 04.90.65.22.59, ot-malaucene@axit.fr. Das Fremdenverkehrsamt organisiert im Sommer geführte Wanderungen auf den Ventoux.

Restaurant

- **La Chevalerie,** Rue des Remparts, Tel. 04.90.65.11.19. Nettes Restaurant mit regionaler Küche direkt neben der Kirche. Menü etwa 17–25 €.

Camping

- **Aire Naturelle du Grozeau,** Malaucène, Tel. 04.90.65.10.26. Einfacher kommunaler Campingplatz mit 25 sehr preiswerten Plätzen, geöffnet von April bis September; bitte an das Office de Tourisme wenden.

Märkte und Feste

- **Wochenmarkt,** mittwochs.
- **Volksfeste,** Juli und August.

Reiten

- **Les Écuries du Ventoux,** Quartier des Grottes, Tel. 04.90.65.29.20. Mit einfacher Unterkunftsmöglichkeit (Gîte d'Étape) und Schwimmbad. Zimmer ca. 40 €, Bett im Schlafsaal ca. 15 €.

Wandern

- **Aufstieg auf den Ventoux:** Von Beaumont (Quartier des Jas) über den GR 4 in fünf bis sechs Stunden bis zum Gipfel.

Fahrradverleih

- **Ventourisme,** Tel. 04.90.65.14.10.

Hinauf zum Gipfel

Über die D 974 geht es von Malaucène in 21 Kilometern hinauf auf den Gipfel des Ventoux.

Schon bald erscheint die **Chapelle Notre-Dame-du-Groseau** am Wegesrand, ein Ort des Kultes seit etwa 3000 Jahren. Die Kapelle ist der einzige Rest eines frühchristlichen Klosters aus dem 7. Jh., das wohl schon bald nach seiner Entstehung von den Sarazenen zerstört wurde. Im 11. und 12. Jh. richteten sich Mönche aus St. Victor (Marseille) hier ein; nach ihnen war es *Papst Clemens V.* (1305–1314), der sich oft während des Sommers hier aufhielt (sein Wappen ist noch zu sehen). Der Innenraum ist fast quadratisch und schließt mit einer halbrunden Apsis ab; gegen Ende des 12. Jh. wurde an der Südseite eine Kapelle hinzugefügt, die wie der Arm eines Querschiffes wirkt.

Oberhalb entspringt die **Groseau-Quelle,** wo ein Teil der unterirdischen Wasser des Ventoux austritt. Schon die Römer leiteten von hier Wasser bis nach Vaison-la-Romaine über ein Aquädukt, von dem noch Reste bestehen.

Die D 974 schlängelt sich nun durch dichte Wälder die Nordseite des Massivs hinauf. Immer wieder muss man verweilen, um die **Aussichten** zu genießen. Besonders beeindruckend ist jene vom **Mont Sérein** (1445 m), eine der beiden Skistationen, auf die Montagne de Bluye und die Baronnies.

Dann wird die Vegetation allmählich niedriger und karger, bis sie sich rund um den **Gipfel** – bekrönt von seinem weiß-roten Turm – in die weiß-graue Mondlandschaft verwandelt, in der zwischen dem Geröll nur noch flache Büsche oder winzige Blumen wachsen. Kaum glaubt man, dass man noch in bewohnbarer Gegend weilt, würden nicht die Errungenschaften unserer Zivilisation nachdrücklich darauf hinweisen: das **Observatorium,** die **Wetterstation,** ein **Hotel** samt großem Parkplatz und die **Radarstation** der *Force de Frappe* mit ihrer futuristischen Silberkuppel. Sie alle haben sich im Lauf der Zeit der einst einsamen **Kapelle Ste. Croix** vom Ende des 15. Jh. zugesellt.

Sofern nicht Nebelbänke und Wolken um den Gipfel liegen (doch das passiert leider nur zu oft) ist die **Fernsicht** geradezu berauschend: An ganz klaren Tagen kann sie von Canigou bis zum Mont Blanc reichen; öfter jedoch wird man den Blick von der Umgebung Lyons bis zum Mittelmeer genießen können – genau wie **Francesco Petrarca,** der im April 1336 zusammen mit seinem Bruder den denkwürdigen Aufstieg auf den Ventoux unternahm. Seine mitunter philosophische Schilderung dieser Bergtour ist zwar nicht so berühmt geworden wie seine „Sonette an Laura", doch gilt sie immerhin als erstes europäisches Dokument dieser Art. Diese erste Bergbesteigung um ihrer selbst willen gilt heute als Symbol für das erwachende Naturgefühl eines neuen Zeitalters. Andere Berühmtheiten, darunter der Forscher *Jean-Henri Fabre* und die Félibrige-Dichter *Frédéric Mistral* und *Joseph Roumanille,* taten es *Petrarca* später nach.

Skigebiet

Der **Mont Sérein** liegt am Nordhang des Mont Ventoux und bietet sechs Abfahrtpisten mit acht Schleppliften sowie gespurte Langlaufloipen. Informationen: *Chalet d'accueil du Mont Sérein,* Tel. 04.90.63.42.02.

Vom Gipfel nach Bédoin ⇗ III/C2

Die Abfahrt führt über den **Col des Tempêtes** (1829 m), den Berg der Unwetter mit Blick auf das Tal des Toulourenc und das Felsdörfchen Brantes, durch Schluchten bis zur zweiten Skistation, dem **Chalet Reynard.** Hier teilt sich die Straße: Über die D 164 erreicht man Sault und von dort über Aurel und Montbrun-les-Bains das Tal des Toulourenc (siehe unten); wir folgen weiter der D 974 auf der Südseite des Massivs.

190pr Foto: bm

Venaissin

Nach dem Chalet Reynard windet sich die Straße in unzähligen Kurven durch weite Wälder den Berg hinunter. Der Boden jedoch bleibt noch einige Zeit mit dem weißen Geröll bedeckt – vor der Aufforstung sah es hier wohl ebenso kahl aus wie auf der Spitze. Nördlich und vor allem südlich der Straße liegen überall **Jas,** das sind kleine Schafhütten mit runden Dachziegeln – eine Gegend, in der man herrlich wandern kann.

Am Fuß wandelt sich die Landschaft sehr plötzlich: Weich wellen sich Weinfelder über die Bergstöcke, dazwischen glitzern immer wieder Lavendelflächen und Olivenhaine. Hinter dem Ort **Ste. Colombe** erscheint kurz vor Bédoin die schlichte romanische Kapelle Notre-Dame-du-Moustiers (11./12. Jh.) am Hang.

Das kleine **Bédoin** liegt immerhin noch auf 300 Metern Höhe und ist umgeben von Weinfeldern. Seine Dächer überragt eine große Kirche aus dem 17. Jh. im jesuitischen Stil des Barock. Die Menschen hier leben entweder vom Ventoux-Tourismus oder von der Landwirtschaft, vor allem von der Produktion der Côtes du Ventoux-Weine.

Drei Kilometer nordwestlich von Bédoin an der D 19 versteckt sich die kleine romanische Priorei **Ste. Madeleine** hinter Felsen, Bäumen und Gestrüpp. Seit 1971 hat sich wieder eine Mönchsgemeinschaft in dieser Einsamkeit eingerichtet.

Der Ventoux als Rennstrecke

Zu Anfang unseres Jahrhunderts wurde der Ventoux als Auto-Rennstrecke entdeckt, genauer die D 974 an der Südseite: Am 12. September 1900 machten drei Fahrzeuge der Marke Dion-Bouton den Anfang und knatterten in zweieinhalb Stunden hinauf bis zum Gipfel. Der erste organisierte *Concours de côte du mont Ventoux* fand 1902 statt; damals gewann mit durchschnittlich 47,5 Stundenkilometern ein Panhard-Levassor. 1957 brachten es zwei Porsche und ein Maserati auf etwa 100 Stundenkilometer, und 1976 schnellte der Sieger mit gar 150 Sachen durch Wälder und Geröll. Das blieb der Rekord, denn seit 1977 gibt es keine Rennen mehr. Nur manchmal noch quälen sich die Teilnehmer der **Tour de France** den Ventoux hinauf.

Crillon-le-Brave, ein schmuckes Village perché, war schon Siedlung der Römer, die es Crillonium oder Credullion tauften. Der Name besagt einfach „steiniger Ort", den Beinamen „der Tapfere" gab Crillon sich erst im 19. Jh. in Erinnerung an den Seigneur *Louis Berton Balbe de Crillon.* Er wurde im nicht weit entfernten Murs in den Vaucluse-Bergen geboren und machte eine glänzende Karriere unter *Henri IV.* Seine Statue aus massiver Bronze (1858) wacht heute über den Dorfplatz.

Die romanische Kirche des Ortes fiel in der Mitte des 19. Jh. einem Neubau zum Opfer. Die Chapelle Notre-Dame des-Accès dagegen ist eine der vielen Kapellen der Gegend, die man aus Angst vor der großen Pestwelle im Jahre 1720 errichtete. Schließlich das Schloss von Crillon: Es stammt in seiner heutigen Gestalt aus dem 18. Jh., integriert aber Reste eines früheren Baus aus dem 14. Jh.

Die Straße mit schönen Blicken auf Obsthaine und Felder im Tal windet sich von hier um die Bergausläufer zurück nach Malaucène.

Praktische Hinweise

Information

- **Office de Tourisme,** Espace M. L. Gravier, Place du Marché, 84410 Bédoin, Tel. 04.90. 65.63.95, Fax 04.90.12.81.55, ot-bedoin@ axit.fr.

Hotels/Restaurants

- **Hostellerie de Crillon-le-Brave**€€€€€, Place de l'Église, 84410 Crillon-le-Brave. Dieses äußerst stilvolle Nobelhotel liegt hoch oben in dem hübschen Village perché Crillon-le-Brave gegenüber dem Mont Ventoux. Das Gebäude aus hellem Ockergestein ist innen sehr schön mit Antiquitäten und provenzalischen Stoffen dekoriert. Das Schwimmbad liegt inmitten eines Blumengartens, und gespeist wird in einem überwölbten Saal. Menü um ca. 40 €.
- **Hotel des Pins****/€€, Chemin des Crans, 84410 Bédoin, Tel. 04.90.65.92.92, Fax 04.90.65.60.66. Komfortables Hotel, von Pinien umgeben, mit Blumengarten und Schwimmbad. Menü ab 25 €.
- **L'Escapade***/€€, Place Portail de l'Olivier, Tel. 04.90.65.60.21, Fax 04.90.12.80.73. Einfaches, preiswertes Hotel im Dorf mit dem Restaurant **Chez Colette,** wo es *Pieds et Paquets* und hausgemachte Lasagne gibt. Menü ca. 16–23 €.

Restaurant

- **Le Chalet Reynard,** Route du Mont Ventoux, Bédoin, Tel. 04.90.61.84.55. Rustikale

Gerichte, z.B. Wildschwein oder Lammspieße, aber auch feine, getrüffelte Omelettes. Mittagsmenü 17 €, abends ca. 25 €.

Camping

- **Domaine naturiste de Bélézy******, 84410 Bédoin, Tel. 04.90.65.60.18, Fax 04.90.65.94.45, www.belezy.com. FKK-Ferienzentrum mit 320 Plätzen, Vermietung von 150 Hütten oder Mobile Homes. Diverse Freizeitaktivitäten möglich, z.B. Schwimmen, Tennis und Fußball. Geöffnet vom 22.3. bis 10.10.
- **Pastory****, Route de Malaucène, 84410 Bédoin, Tel./Fax 04.90.12.85.83. Schönes, schattiges Gelände mit 100 Plätzen; Grillmöglichkeiten. Geöffnet von April bis September.

Märkte, Feste und Veranstaltungen

- **Wochenmärkte,** montags.
- **Volksfeste,** Honigfest im Juli, Weinfest im August. Weinerntefest Anfang Oktober.
- **Nächtlicher Aufstieg auf den Ventoux,** um den Sonnenaufgang zu sehen. Freitagabends von Mitte Juni bis Ende August. Treffpunkt: Office de Tourisme.

Fahrradverleih

- **Le Passe Montagne,** Tel. 04.90.65.60.25.

Reiten

- **Les Cavaliers de la Louvière,** La Talène, Route de Flassan, Tel. 06.72.72.18.20.

Schwimmen

- **Städtisches Freibad,** Tel. 04.90.65.94.06.

Wandern

- Klassische Tour vom Col des Tempêtes über den Kamm zum Chalet Reynard (GR 4).

Im Tal des Toulourenc

↗III/C-D1

Die Quelle des Flusses Toulourenc entspringt in 1242 Metern Höhe auf der Nordseite der Montagne de Buc, fließt vorbei an Aulan bis nach Montbrun-les-Bains weiter südlich, um dann nach Westen abzubiegen und sich ihren Weg zwischen den Massiven des Ventoux und der Montagne de Bluye zu bahnen und schließlich zwischen Mollans-sur-Ouvèze und Entrechaux in die Ouvèze zu münden. Während seines 45 Kilometer langen Laufes fließt der Toulourenc durch wundervolle Landschaften und vorbei an reizvollen Felsdörfchen.

Von Montbrun-les-Bains und **Reilhanette** aus (Pays de Sault) erreichen wir das winzige **Savoillan,** das weniger an ein Provence- denn an ein Alpendorf erinnert. Hier auf der Nordseite nämlich zeigt sich der Ventoux viel rauer und karstiger, und seine Abhänge fallen viel steiler ins Tal ab als auf der mediterran geprägten Südseite. Die Straße folgt nun dem Lauf des Toulourenc, und bald schon hockt nördlich am Hang **Brantes.** Spektakuläre Serpentinen winden sich hinauf bis auf 546 Meter Höhe. Der Blick von hier auf die Nordseite des Ventoux ist faszinierend: Der massige Koloss ist zum Greifen nah, und tief unten plätschert der Toulourenc durch sein liebliches Tal, wo im Frühjahr die Mandelbäume blühen. Das Dörfchen ist so entrückt, dass es hier keine einzige ausgebaute Straße gibt; seine Schlossruine, die Kir-

193pr Foto: bm

che aus dem 17. Jh. und die verwinkelten Gassen dürfen also zu Fuß erkundet werden.

Brantes und das benachbarte **St. Léger-du-Ventoux** sind ideale Ausgangspunkte für Wanderungen und Bergtouren. Hinter St. Léger steigt die Straße an und führt über den Fuß der Montagne de Bluye, deren höchster Punkt 1062 m erreicht. Das satte Tal des Toulourenc kann man von hier oben noch besser bewundern. Auch das Örtchen **Mollans-sur-Ouvèze** bietet wieder herrliche Aussichten, und zwar auf die Dentelles de Montmirail im Osten und die Baronnies im Norden. Mollans ist von einer Schlossruine aus dem 12. Jh. bekrönt, während sich auf der Bergspitze des benachbarten **Entrechaux** der 20 m hohe Donjon der Bischöfe von Vaison erhebt. Seine beiden Kapellen St. André und Notre-Dame-de-Nazareth gehen auf das 12. Jh. zurück. Vaison-la-Romaine ist von hier nur wenige Kilometer entfernt.

Brantes liegt malerisch
auf der Nordseite des Ventoux

Praktische Hinweise

Hotels/Restaurants

● **Hostellerie La Manescale**€€€€, Route de Faucon, D 205, Les Essareaux, 84340 Entrechaux, Tel. 04.90.46.03.80, Fax 04.90. 46.03.89. Traditionelles, sehr emfehlenswertes Hotel in der Nähe des Flusses. Restaurant nur für Gäste.

● **Restaurant St-Hubert,** Entrechaux, Tel. 04.90.46.00.05. Familien-Restaurant, besteht seit 1929, mit rustikalem Ambiente und mittlerweile zwei Michelin-Sternen. Menü ca. 30 €.

Camping

● **Le Puyseby****, 84340 Entrechaux, Tel. 04.90.46.03.78. Schattig, direkt am Flussufer gelegen und mit Blicken auf Ventoux und das Ouvèze-Tal. Geöffnet von April bis September.

Märkte und Feste

● **Foire aux métiers d'arts et de la terre,** Kunsthandwerker- und Spezialitätenmarkt am dritten Juli-Wochenende in Entrechaux.

● **Fête des vendanges,** Fest zur Weinernte am zweiten September-Wochenende in Entrechaux.

Reiten

● **Le Prayal du Moulin,** Entrechaux, Tel. 04.90.46.05.06.

Schwimmen

● Im Toulourenc.

Wandern

● Von Savoillan nach Sault in etwa zweieinhalb Stunden.

● Von Brantes oder St. Léger hinauf auf den Ventoux in fünf bis sechs Stunden.

Avignon und Villeneuve

Et le Rhône, où tant de cités,
Pour boire, viennent à la file,
En riant et chantant,
Plonger leurs lèvres, tout le long;
Le Rhône si fier dans ses bords,
Et qui, dès qu'il arrive à Avignon,
Consent pourtant à s'enfléchir,
Pour venir saluer Notre-Dame
des Doms.

Frédéric Mistral

Avignon – Kultur und Lebensart hinter ehrwürdigen Mauern

↗IX/D1

Blickt man von Villeneuve, von der anderen Flussseite auf Avignon, so wähnt man sich versetzt ins ferne Mittelalter. Ewige Mauern, Zinnen und Türme leuchten in der Sonne wie Gold, erstarren bisweilen zu strengem Grau, Ton in Ton mit dem Himmel.

Wie eine Trutzburg erhebt sich Avignon über den wilden Fluten der Rhône, und man ahnt, dass hier einst große Politik gemacht wurde: Im 14. Jh. war die Stadt Mittelpunkt der Christenheit, **Residenz von neun Päpsten.** Die Macht ist geschwunden, das Monumentale jedoch geblieben. Und so drängen sich rund um den Papstpalast Kirchen, Klöster und Kardinalslivrées – umschlossen von einer Stadtmauer, die all das die Jahrhunderte über zu bewahren wusste.

Eine Museumsstadt ist Avignon mit seinen 86.000 Einwohnern dennoch nicht. Vor der Erstarrung in musealer Würde bewahrt es seine Tradition der Offenheit, der Toleranz und der Internationalität. Unvergleichlich ist es, wenn im Juli das große **Festival** diese Tradition aufblühen lässt: Aus allen Ländern kommen dann Theaterleute, Musiker und Tänzer an die Rhône, erfüllen die ehrwürdigen Gebäude mit prickelndem Leben, verwandeln die Stadt in eine einzige Bühne.

195pr Foto: bm

Bei einem Spaziergang aber durch die alte Tuchfärbergasse, vorbei an bemoosten Wasserrädern entlang der Sorgue, zeigt sie noch ein ganz anderes Gesicht: Das einer charmanten Kleinstadt oder eines verschlafenen Dörfchens gar, wie sie überall im Vaucluse zu finden sind. Nicht umsonst ist Avignon die Hauptstadt dieses stillen und doch so lebendigen Landstrichs, dessen gelassene Lebensart hinter dicken Mauern kultiviert wird.

Der monumentale Papstpalast beherrscht das Stadtbild

So ist Avignon alles zugleich: Abweisend wie eine Festung, verträumt wie ein Dorf und beschwingt wie eine Kapitale.

Geschichte

Schon zu Urzeiten war der Rocher des Doms, Avignons hoch aufragender Felsen, ein natürlicher Fluchtort für die Menschen. Bot er doch nicht nur Schutz vor Feinden, sondern auch vor den regelmäßigen Überschwemmungen durch die Rhône. Die später dort siedelnden **Keltoligurer** nannten den Ort denn auch Aouennio, „Stadt des Wassers", oder anders, aber nicht weniger zutreffend übersetzt, „Stadt des grausamen Windes". Die günstige Lage an der Rhône zog bald Händler aus Marseille an, die einen Warenumschlagplatz gründeten und Münzen mit dem Namen der Stadt prägten. In römischer Zeit scheint Avenio seine natürlichen Standortvorteile nicht ausgenutzt zu haben, und ihm blieb nur ein schwacher Abglanz des Ruhmes von Nîmes, Orange und Arles.

Von der **römischen Stadt** sind uns heute kaum Ausgrabungen erhalten, entweder, weil es hier nur wenige antike Monumente gab oder aber, weil sie während der Zeit der Päpste zerstört und überbaut wurden. So sind die verzierten Arkaden der Rue de la Petite Fusterie die einzigen Zeugen einer weitläufigen, prächtigen Säulenhalle, die sich bis zum Ufer der Rhône erstreckte. In der Nähe, neben der Kirche St. Agricol, blieben Reste der Einfassung des Forums erhalten, und auch in der Rue Peyrolerie stehen noch einige römische Mauerreste.

Mehr oder weniger glücklich überstand Avignon die harten Zeiten der Invasionen und Epidemien; die Bevölkerung schrumpfte so sehr zusammen, dass die Stadt bald nur noch aus einem kleinen Bezirk rund um den Rocher des Doms bestand. Am Anfang des glücklichen 12. Jh. jedoch errang sie den Status einer Kommune mit **Selbstverwaltung** nach italienischem Muster. Sie umgab sich mit einem Mauerring und errichtete den berühmten Pont d'Avignon über die Rhône, der als einzige Brücke bis zum Meer Tausende von Reisenden anzog. Da Avignon sich aber im Katharerkreuzzug auf die Seite der Verfolgten und des Grafen von Toulouse schlug, ließ der französische König *Louis VIII.* die Stadt aushungern und die Mauern schleifen. Bald darauf, um 1250, schaffte *Charles d'Anjou,* Sohn *Louis'* und Graf der Provence, die kommunale Selbstverwaltung ab, um Avignon unter seine gräfliche Autorität zu zwingen.

Das 14. Jahrhundert war das **Jahrhundert der Päpste:** Avignon wurde zur Hauptstadt der Christenheit und erlebte sein goldenes Zeitalter, eine Blüte aber, die ihre Schattenseiten hatte und von der viele ausgeschlossen blieben (siehe Exkurs).

Im 15. Jh., nach dem Weggang des letzten Gegenpapstes, blieben Avignon und die Grafschaft Venaissin **päpstliches Gebiet,** verwaltet von einem Legaten. Ab 1481, als die Provence dem französischen König zufiel, spielte Avignon die Rolle einer ausländischen Enklave auf französischem Boden. Obwohl die **französische Krone** mehrere Male die Hand nach dem Papstbesitz ausstreckte, gelang es ihr erst 1791, Avignon und das Comtat Venaissin zu annektieren.

Der Aufschwung des 17. und 18. Jh. drückte sich – wie überall in der Region – in einem neuen Stadtbild aus, dessen schöne **Hôtels particuliers,** Adelspaläste oft italienischen Stils, Avignon bis heute prägen. In der Zeit des **Second Empire** enstand dann die breite Rue de la République, die Place Pie wurde vergrößert, und den Rocher des Doms schmückten alsbald hübsche Lustgärten. Oberhalb Avignons bändigte und begradigte man die

Rhône; dass daraufhin der Bahnhof am Flussufer gebaut werden sollte, konnte *Prosper Mérimée* gerade noch verhindern. Dieses verrückte Projekt hätte nämlich zur Folge gehabt, dass der Rocher des Doms für die Eisenbahn durchbohrt worden wäre.

Heute lebt die etwa 100.000 Einwohner zählende **Haupstadt des Vaucluse** (seit 1793) vor allem von Verwaltung, Agrar-Handel und ihrer Papier- und Lebensmittelindustrie. Günstig gelegen, versucht die Stadt mit vor allem mittelständischen Betrieben, ihre industriellen Aktivitäten auszuweiten, nicht zuletzt, indem sie sich auf ihren nationalen und internationalen Ruf als **Kulturstadt** stützt.

Sehenswertes

Einige Hinweise vorweg: Avignon ist so reich an Sehenswürdigkeiten, dass ein Besuch leicht in eine „Tour de Force" ausarten kann. Möchte man wirklich einen Eindruck von der Stadt erhalten, sollte man auf jeden Fall mehr als einen Tag einplanen und sich vorher überlegen, welches Viertel man sich anschauen wird. Dementsprechend ist dieses Kapitel auch unterteilt.

Tipp: Für ihre Monumente bietet die Stadt Avignon einen so genannten **Entdeckungspass** an: Nur für die erste Besichtigung zahlt man den vollen Preis, danach wird für den Eintritt aller Monumente und Museen zwei Wochen lang 20–50% Ermäßigung gewährt. Man bekommt den Pass kostenlos im Office de Tourisme. Neuerdings gehören auch die Monumente

197pr Foto: bm

von Villeneuve-lès-Avignon zum System des Entdeckungspasses.

Führungen auch in deutscher Sprache kann man unter folgender Telefonnummer buchen: 04.32.74.32.74.

Die Stadtmauer und der Pont d'Avignon

Bei der Ankunft in Avignon stellt der Reisende überrascht fest, dass der Innenstadtbereich von einer vollständig erhaltenen, etwa 5 km langen **Stadtmauer** umgeben ist. Nicht nur zum Schutz vor Feinden, sondern auch, um

Pont d'Avignon – die berühmte Brücke, auf der angeblich getanzt wurde

dem Fluss zu trotzen, wurde sie 1359–1370 unter *Innozenz VI.* erbaut. Ab 1860 betraute die Stadt *Viollet-le-Duc* mit ihrer Restaurierung. Er verstärkte die Mauern zum Schutz gegen Überschwemmungen und versah die Porte de la République am Bahnhof mit zwei Türmen. Im 19. Jh. wurden, zusätzlich zu den sieben bestehenden, mehrere Tore geöffnet, um den Verkehr zu erleichtern. (Trotzdem sollte man sich besser nicht mit dem Auto in den Verkehrsdschungel *intra muros* hineinwagen!)

Eines der Tore liegt an der berühmten **Brücke von Avignon,** dem Pont St. Bénézet. Das hübsche Liedchen aus dem 19. Jh. besagt zwar *„Sur le pont d'Avignon, l'on y danse tous en rond";* tatsächlich aber tanzte man niemals auf der Brücke, sondern immer nur unter ihr, *sous* le pont, auf der **Ile de la Barthelasse.** Bis zu dieser Insel reicht der Pont, der einst die beiden Rhônearme bis nach Villeneuve überspannte, längst nicht mehr, denn nur vier seiner 22 Brückenbögen sind erhalten. Auf der Seite Avignons grenzen sie an die Tour du Châtelet, und in Villeneuve stießen sie damals auf die Tour Philippe le Bel (beide 14. Jh.).

Wie so oft in der Provence, gibt es auch zum Pont eine **Legende:** Einst soll dem jungen Hirten *Bénézet* aus dem Vivarais ein Engel erschienen sein. Er trug ihm auf, eine Brücke über die Rhône zu bauen. Und wirklich entstand zu seinen Lebzeiten eine erste Brücke aus Holz (1177–1185), und der Heilige war, schenkt man den Chroniken Glauben, höchstselbst durch Spendensammlungen daran beteiligt. Nachdem *Ludwig VIII.* 1226 das Werk zerstört hatte, wurde sie bald darauf neu gebaut - diesmal aus Stein. Sie erwies sich jedoch kaum als solider, zumal ihr in der Folgezeit fortwährend Kriege und vor allem Überschwemmungen hart zusetzten. Im 17. Jh. gab man die ewige Baustelle schließlich auf und überließ sie den Fluten der Rhône.

Bis heute aber trotzt die kleine **Kapelle St. Nicolas** dem Fluss. Sie erhebt sich über der Mitte der übriggebliebenen Brückenbögen, ist im unteren Teil romanischen Stils, während die obere Etage mit einem Glockengiebel aus gotischer Zeit stammt.

•**Pont d'Avignon,** Rue Ferruce, Tel. 04.90. 27.51.16, Öffnungszeiten: Juli 9–21 Uhr, August und September 9–20 Uhr, Oktober und Mitte März bis Juni 9–19 Uhr, November bis Mitte März 9.30–17.45 Uhr, kein Ruhetag, Eintritt 4 €, ermäßigt 3,30 €.

Der Rocher und die Kathedrale Notre-Dame-des-Doms

Vom Eingang der Brücke spaziert man über die Stadtmauer hinauf auf den Domfelsen. „Der Blick, den man von der Spitze des **Rocher des Doms** hat, gehört zu den schönsten Frankreichs", schwärmte *Stendhal* im 19. Jh. Man überschaut den Flusslauf der Rhône, der auf den Schriftsteller „immer wie der Inbegriff des Kraftvollen" wirkte, mit der Brücke und der Ile de la Barthelasse bis nach Villeneuve. Im Nordosten kann man an klaren Tagen die Silhouette des Mont Ventoux ausmachen.

Nachdem man die anmutige Parkanlage auf der Spitze des Felsens durchquert hat, steigt man auf der anderen Seite hinab zur romanischen Kathedrale **Notre-Dame-des-Doms.** An ihrem Platz hat wahrscheinlich schon ein keltoligurisches Heiligtum gestanden. Ursprünglich mit nur einem Schiff um die Mitte des 12. Jh. errichtet, wurden ihr vom 14. bis 17. Jh. mehrere Kapellen angegliedert. Entsprechend dem Geschmack des 17. Jh. versah *François Delbène* den Innenraum zudem mit wuchtigen barocken Emporen, so dass kaum mehr ein Lichtstrahl in die Kirche fällt. Das 19. Jh. bescherte ihr schließlich die reichlich kitschige, vergoldete Madonna auf der Kuppel.

Sehr sehenswert sind jedoch das Grabmal *Johannes' XXII.* und ein marmorner Papstthron aus dem 12. Jh. Den Portalvorbau hatte *Simone Martini* im 14. Jh. mit **Fresken** ausgemalt, von denen hier nur noch die Skizzen zeugen; das Meisterwerk selbst zog um in den Papstpalast, wo es besser erhalten bleibt, denn es drohte zu zerfallen. Das Portal ist eines der besten Beispiele der Provence für die von der Antike inspirierte Romanik und mutet wie ein kleiner römischer Tempel an.

- **Öffnungszeiten:** täglich 7.30–19.30 Uhr.

Der Papstpalast

Geschichte

Von der Kathedrale sind es nur noch wenige Schritte zum Palais des Papes. Hochaufragend und von wehrhaften Türmen bekrönt, wirkt der monumentale gotische Bau weniger wie ein Palast als wie eine **Festung.** Auf den ersten Blick erscheint er wie eine Einheit, doch auf den zweiten kann man deutlich zwei Teile unterschiedlichen Stils ausmachen. Darum einige Anmerkungen zur Baugeschichte: Ursprünglich stand an der Stelle der Papstresidenz der Bischofspalast Avignons. *Johannes XXII.* (1316–1334) bewohnte ihn nicht nur als Bischof, sondern später auch als Papst, der Erste, der dauerhaft in Avignon residierte. Da er stets die Rückkehr nach Rom im Sinn behielt, kam ein neues Bauwerk nicht in Frage, und er ließ den Palast lediglich vergrößern, befestigen und modernisieren. *Benedikt XII.* (1334–1342) jedoch dachte weniger als sein Vorgänger an eine Rückkehr. Den umfunktionierten Bischofspalast empfand er als unzureichend, ließ ihn abreißen und an seiner Stelle ein bollwerkartiges Festungsgebäude durch *Pierre Poisson* errichten. Dieser **Alte Palast** entsprach in seiner Schlichtheit dem strengen Geschmack des ehemaligen Zisterziensermönches.

Seinem Nachfolger *Clemens VI.* (1342–1352), einem eher prachtliebenden Aristokraten, erschien wiederum dieser erste Palast nicht würdig genug als Domizil für den Oberhirten der Christenheit. Sein Hausarchitekt *Jean de Louvres* erweiterte ihn um den **Neuen Palast** mit seiner deutlich eleganteren Fassade. Der kunstliebende *Clemens* kümmerte sich auch um die Innenausstattung und ließ den italienischen Meister *Matteo Giovanetti* Säle und Kapellen mit Fresken ausmalen.

Der Papstpalast

Nach dem Weggang der Päpste aus Avignon begann eine lang andauernde **Ära des Verfalls.** Obwohl der Palast ab 1433 von den päpstlichen Legaten bewohnt und 1516 restauriert wurde, verschlechterte sich sein Zustand stetig. Zum Zeitpunkt der Französischen Revolution bot er einen beklagenswerten Anblick und wäre ohne Zweifel zerstört worden, hätte man ihn nicht als Gefängnis zweckentfremdet und im 19. Jh. dann als Kaserne. Erst 1906 wurde der Palast von seinen „Belagerern" befreit und dem *Service des Monuments Historiques* übergeben, der zusammen mit der Stadt die **Restaurierung** übernahm. Vor allem von der Inneneinrichtung ist denkbar wenig erhalten geblieben, vieles ging schon durch Plünderungen während der Revolution verloren. Noch die Gefängnisinsassen und die Soldaten machten sich mit Hammer und Meißel an den Fresken zu schaffen, um sie stückchenweise zu verhökern.

Das Jahrhundert der Päpste: Pomp in der Kurie – Pest und Plünderungen im Volk

Das „dramatische 14. Jahrhundert" *(Barbara Tuchman)* brachte in Avignon für die einen unermesslichen Reichtum, für die anderen unerträgliches Leid mit sich. Das Volk litt unter Pest, Hunger und den brutalen Plünderungen umherstreifender Söldnerheere aus dem Hundertjährigen Krieg. Prassen und prunken konnten nur wenige, nämlich die Päpste, die mit ihrer Kurie für ein knappes Jahrhundert von Rom nach Avignon zogen. Sündenbabel, „Sodom der Legaten" und „Gomorrha der Kardinäle" schimpfte es der französische Historiker *Michelet* später. Ganz plötzlich war aus der bescheidenen Stadt an der Rhône, die in der Antike stets im Schatten ihrer Nachbarn gestanden hatte, der Nabel der Welt geworden.

Was nur bewog die Oberhirten der Christenheit zum Weggang aus der Ewigen Stadt? Und warum wählten sie ausgerechnet Avignon zu ihrer Residenz?

Zunächst die **Vorgeschichte:** Der machthungrige Papst *Bonifatius VIII.* (1294–1303) hatte 1302 in der berühmten Bulle *Unam Sanctam* in schroffster Form den päpstlichen Weltherrschaftsanspruch formuliert und damit unweigerlich den Konflikt mit dem französischen König *Philipp dem Schönen* heraufbeschworen. Der hatte *Bonifatius* daraufhin 1303 von seinem Kanzler *Nogaret* in Anagni überfallen und festnehmen lassen. Kurz nach seiner Befreiung starb der Papst – wahrscheinlich an den Folgen.

Sein Nachfolger *Benedikt XI.,* wegen Guerilla-Kriegen unter den herrschenden römischen Familien nach Perugia entflohen, hatte während seiner kurzen Amtszeit (1303–1304) das Problem nicht lösen können. Und so war das Konklave in Perugia (1305), das nach seinem Tod den nächsten Papst zu wählen hatte, unerbittlich in zwei Lager gespalten: Pro oder contra die Lehre des *Bonifatius.* Keinem der anwesenden Kardinäle gelang es, eine Zweidrittel-Mehrheit auf sich zu vereinen. *Philipp der Schöne* nutzte diese Situation aus und drückte seinen Kandidaten durch: In Abwesenheit wurde *Bertrand de Got,* Bischof von Bordeaux und treuer Untertan *Philipps,* zum **Papst Clemens V.** (1305–1314) gewählt.

Unter den Augen des Königs erfolgte die feierliche Krönung in Lyon, also auf französischem Boden. *Clemens* beschloss, in Frankreich zu bleiben, um sich den Auseinandersetzungen unter den großen Familien Italiens zu entziehen und auf das wichtige Konzil in Vienne zu warten (1311/12), welches das drängende Problem um den Templerorden lösen sollte.

1309 kam er in Avignon an, das aus verschiedenen Gründen seinen Bedürfnissen entsprach: Zunächst gehörte die Stadt seit 1290 dem Grafen der Provence, *Karl II. von Anjou,* der als König von Neapel ein treuer Vasall der Kirche war und von dem der Papst im Zweifelsfall Schutz erwartete. Außerdem war sie verkehrstechnisch sehr günstig am Zusammenfluss von Rhône und Durance gelegen. Schließlich war die Grafschaft Venaissin, deren Länder an die Stadt grenzten, beim Ausgang der Katharerkriege 1229 den Päpsten zugefallen.

Clemens V. führte ein ausgesprochenes Wanderleben, hielt sich oft in Carpentras und Malaucène auf und betrachtete Avignon, wo er meist im Dominikanerkloster wohnte, nur als zeitweilige Residenz. Dennoch begann mit ihm die **„Babylonische Gefangenschaft“** der Kirche, deren Führer in eine weitgehende Abhängigkeit des französischen Königtums gerieten. Sie setzte sich fort unter *Johannes XXII.* (1316–1334), der – vorher Bischof von Avignon – hier dauerhaft im Bischofspalast seinen Sitz nahm. Ihm folgten der Zisterzienser *Benedikt XII.* (1334–1342), der den Alten Palast erbauen ließ, der prunk- und kunstliebende *Clemens VI.* (1342–1352), dessen Werk der Neue Palast ist und der 1348 die Stadt Avignon für 80.000 Goldgulden von der Königin *Jeanne von Neapel* kaufte, und *Innozenz VI.* (1352–1362), unter dem die Stadtmauer entstand. Schon der Benediktiner *Urban V.* (1362–1370) versuchte, die Residenz wieder nach Rom zu verlegen, doch erst *Gregor XI.* (1370–1378) gelang es, moralisch unterstützt von der heiligen *Katharina von Siena*, sich gegen den französischen König durchzusetzen: 1376 verlegte er den apostolischen Hof von der Rhône wieder an den Tiber und beendete so das Exil.

Eine Stadt mit krasseren Gegensätzen als **Avignon zur Zeit der Päpst**e kann man sich kaum vorstellen: Der Hof des Papstes (weniger die Päpste selbst als vielmehr die hohen kirchlichen Würdenträger um sie herum) entwickelte einen ungeheuren Prunk und Reichtum, der darauf fußte, dass er sich wie ein weltliches Wirtschaftsunternehmen gebärdete, wo alles für Geld zu haben war: Kirchliche Pfründen und Ablässe entwickelten sich zu schier unerschöpflichen Einnahmequellen, die Teilnahme an Kreuzzügen – auch wenn sie gar nicht stattfanden – kostete Gebühren, alle Arten von Rechten und jede Reliquie, ob echt oder unecht, wurden verschachert, und mit Selbstverständlichkeit beanspruchte die Kurie die Spolien, die persönlichen Nachlässe der Geistlichen, für sich.

Ganz nach dem Prinzip der Zeit „Dort, wo der Papst weilt, da ist Rom“ wurde Avignon zur **Hauptstadt der Christenheit** und entwickelte sich zu einem intellektuellen, künstlerischen und wirtschaftlichen Zentrum von ungeheurer Anziehungskraft. Die 1303 gegründete Universität und die päpstliche Bibliothek genossen Weltruhm. An die Höfe des Papstes und der Kardinäle strömten Reisende, Kaufleute und Kirchenmänner, Büßermönche, Pilger, Architekten, Bildhauer und Maler aus aller Herren Länder, z.B. die italienischen Maler *Matteo Giovanetti* und *Simone Martini* und der große *Francesco Petrarca* (1304–1374).

Die Bevölkerungszahl schnellte nach oben. Im Jahre 1376 zählte man etwa 30.000 Einwohner, was Avignon zu einer der größten Städte der westlichen Welt machte. Das **gemeine Volk** wich entweder auf das Umland aus oder hauste in den engen, übelriechenden Gassen, deren hygienische Zustände einen idealen Nährboden für den Schwarzen Tod bildeten. Der festungsartige Papstpalast, der Petit Palais, die schönen gotischen Kirchen, Klöster und Türme und die prunkvollen Kardinalslivrées müssen diese Elenden in verbittertes Staunen versetzt haben. Vor allem der **Dichter Petrarca** hatte einen scharfen Blick für die Kehrseiten dieser Entwicklung und schrieb: „Diese Stadt ist eine Abfallgrube, in der sich aller Unrat der Welt sammelt. Alles, was es auf Erden an Hinterhältigkeit, Gottlosigkeit und verabscheuungswürdigen Sitten gibt, findet sich dort angehäuft. Man verachtet Gott und betet statt dessen Geld an, man tritt die göttlichen und menschlichen Gesetze mit Füßen. Alles hier atmet Lüge: die Luft, die Erde und vor allem die Schlafzimmer.“

So hatte das „Exil" in Avignon das Papsttum auf den Tiefstand seiner Geschichte geführt und derartig geschwächt, dass es 1378, nach dem Tod von *Gregor XI.*, zum **Großen abendländischen Schisma** kam. Die französische Krone dachte nämlich nicht daran, den durch den Weggang des Papstes verursachten Einflussverlust hinzunehmen. Dem in Rom residierenden Papst *Urban VI.* (1378–1389), unterstützt von Italien, Flandern, dem Deutschen Reich und England, setzte sie den weiterhin in Avignon residierenden *Clemens VII.* (1378–1394) entgegen, der auch vom Königreich von Neapel und Spanien akzeptiert wurde.

Das kirchenpolitische Chaos wurde auf die Spitze getrieben, als neben *Benedikt XIII.* (1394–1417) in Avignon und *Gregor XII.* (1406–1415) in Rom 1409 auf dem Konzil zu Pisa von den Kardinälen ein dritter Papst, *Alexander V.*, gewählt wurde, auf den 1410–1415 *Johannes XXIII.* folgte. Die mit dieser Verwirrung an der Kirchenspitze einhergehende tiefgreifende Spaltung des mittelalterlichen Europa wurde erst mit dem **Konzil zu Konstanz** (1414–1418), das sich selbst zur obersten Kircheninstanz erklärte, und der Einigung auf den Papst *Martin V.* (1417–1431) überwunden.

Rundgang

Der Besucher mag sich in dem riesigen, kargen Gebäude leicht verloren vorkommen, daher ist es ratsam, vor einer Besichtigung des Papstpalastes den Grundrissplan zu studieren. Ein bisschen Fantasie kann auch nicht schaden, muss man sich doch die majestätische Leere angefüllt mit Mobilar und aufwendiger Ausschmückung vorstellen, mit einer großen Menge umhereilender Kardinäle, Prälaten, päpstlicher Richter, Pilgerer, Bittsteller, Wachen und Bediensteter.

Einziger Schmuck der strengen Palastfassade sind die beiden schlanken Türmchen der **Porte des Champeaux.** Im Mittelalter war dieser eigentümlich schlichte Eingang wahrscheinlich noch durch einen tiefen Graben und eine Zugbrücke gesichert. Zusätzlichen Schutz bot der Wächterbau (1), wo jeder der Kommenden und Gehenden streng kontrolliert wurde. Heute ist das nicht anders, denn hier kauft man sein Eintrittsbillett.

Der erste Raum des neuen Palastes ist der Kleine Audienzsaal (2), der Sitz des päpstlichen Gerichts, von dem man zu dem riesigen Innenhof gelangt. Im Juli 1947 sah der **Cours d'honneur** (3) die erste Aufführung des großen Theaterfestivals, *Shakespeares* „Richard II.", mit dem Festivalgründer *Jean Vilar* in der Titelrolle. Seither strömen jedes Jahr Tausende von Besuchern in den Papstpalast, um die ehrwürdige Atmosphäre des *Festival In* zu erleben.

Einige Stufen führen zur **Großen Schatzkammer** (4) im Alten Palast, wo

Papstpalast in Avignon

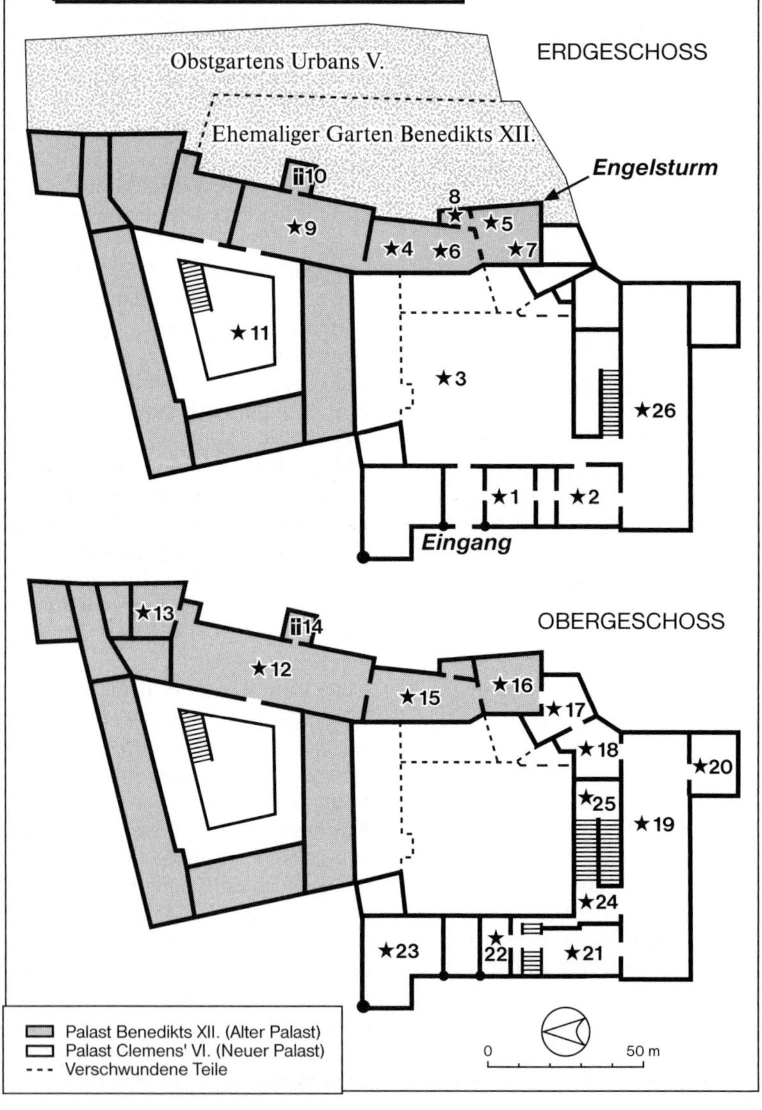

★	1	Wächterbau	★	13	Küche
★	2	Kleiner Audienzsaal	ⅱ	14	Kapelle St-Martial
★	3	Ehrenhof	★	15	Paramentenkammer
★	4	Große Schatzkammer (Untergeschoss)	★	16	Papstzimmer
★	5	Untere Schatzkammer (Untergeschoss)	★	17	Hirschzimmer
★	6	Jesussaal	★	18	Nord-Sakristei
★	7	Kämmererzimmer	★	19	Große Kapelle
★	8	Päpstlicher Umkleideraum	★	20	Kardinalsgarderobe
★	9	Konsistorium	★	21	Neues Kämmererzimmer
ⅱ	10	Kapelle St-Jean	★	22	Notarzimmer
★	11	Haupthof des Alten Palastes bzw. Kreuzgang Benedikts XII.	★	23	Terrasse
★	12	Großer Speisesaal	★	24	Loggia
			★	25	Ehrentreppe
			★	26	Großer Audienzsaal

die Finanzabteilung der päpstlichen Kurie untergebracht war. Das Versteck für den Notgroschen war gleich nebenan in der Unteren Schatzkammer (5, im Engelsturm), wo Geldsäcke in Gewölbe unter dem Fußboden versenkt wurden. Über diesen beiden Räumen lagen das Vorzimmer des Konsistoriums, der so genannte Jesussaal (6), und das **Kämmererzimmer** (7). Der Kämmerer, der zweite Mann der Kurie, wohnte direkt unter dem Zimmer des Papstes. Sein Gemach zeigt mehrere übereinander liegende Dekorationen unter einer schönen Decke aus dem 14. Jh. Er war verantwortlich für den Inhalt von acht gemauerten Verstecken unter seinem Steinfußboden.

Im päpstlichen Umkleideraum (8) legte der Papst den Mantel, die Stola und die goldene Mitra an, bevor er sich ins **Konsistorium** (9) begab. Hier nämlich wurde die große Politik gemacht: Der Papst empfing in diesem repräsentativen Saal Herrscher, Botschafter und Gesandte und verkündete zudem, wer künftig als Heiliger gelten sollte. An der Westwand sind jene Fresken *Simone Martinis* zu sehen, die das Portal der Kathedrale Notre-Dame-des-Doms zierten. Auch die **Kapelle St. Jean** (10) ist mit Fresken ausgemalt: Die Hauptszenen aus dem Leben Johannes' des Täufers und des Evangelisten Johannes schuf *Matteo Giovanetti* zwischen 1346 und 1348 – leider sind sie nur bis zur halben Wandhöhe erhalten.

Der **Haupthof des Alten Palastes** (11) war gleichzeitig der Kreuzgang des überzeugten Zisterziensers *Benedikt XII.* Mit massiven, schlichten Pfeilern und ohne jegliche Verzierung ist seine Gestaltung ganz dem schlichten Stil dieses Ordens verpflichtet. Umgeben vom Gästeflügel, dem Gefolgeflügel und der Benediktskapelle, beherbergt er seit nunmehr hundert Jahren die Départements-Archive.

Die Ausmaße des **Großen Speisesaales** (12) oder *Grand Tinels* im Obergeschoss überraschen nicht, wenn man sich die prunkvolle Hofhaltung der Päpste in Avignon vor Augen führt. Die holzgetäfelte Decke war ur-

204pr Foto: bm

sprünglich mit einem von goldenen Sternen übersäten Tuchhimmel bespannt, und unter *Clemens VI.*, war der Saal völlig ausgemalt mit Fresken. Bei einem Bankett stand der Tisch des Papstes erhöht unter einem prachtvollen Baldachin an der Südwand, die Gästetische waren entlang der Wände gruppiert. Der ganze hintere Teil des Saales diente zum Warmhalten der reichhaltigen Speisen vor dem Kamin. Natürlich lag die **Küche** (13) gleich nebenan. Diese entstand unter *Clemens' VI.* und ist die einzige noch erhaltene der insgesamt drei Palastküchen. Die **Kapelle St. Martial** (14) malte wiederum *Matteo Giovanetti* mit Episoden aus dem Leben des heiligen *Martial* (1344–45) aus. Doch nicht nur wegen ihrer Fresken ist die Kapelle von Bedeutung, sondern vor allem, weil hier die Kardinäle zu den Konklaven zusammenkamen, um einen neuen Papst zu wählen. Die hohen Herren und ihr Gefolge waren für diese Zeit im Grand Tinel untergebracht, genauer: sie wurden eingemauert, um jegliche Korruption und Beeinflussung von außen im Keim zu ersticken. Um ihnen etwas mehr Bewegungsfreiheit zu geben, wurde für diese Zeit ein Eingang zum Nebenraum aus der Mauer herausgebrochen.

An den Großen Speisesaal schloss sich die Paramentenkammer (15) für Privataudienzen an, leicht erreichbar vom **Papstzimmer** (16) aus in der Hauptetage des Engelsturms. Es ist dies der besterhaltene Raum des gesamten Palastes, er stammt wahrscheinlich wieder einmal aus der Zeit *Clemens' VI.* und zeigt mit Temperafarben gemalte Wein- und Eichenblattranken auf blauem Grund, zwischen denen sich Vögel und anderes Kleingetier tummeln. Der Fußboden ist mit Terrakotta-Fliesen nach Originalmodellen aus der Papstzeit ausgelegt.

Fast ebenso beeindruckend wirkt das **Hirschzimmer** (17), Studierzimmer und Bibliothek *Clemens' VI.* Die Fresken profanen Charakters zeigen Jagdszenen, darunter die namenge-

Im Inneren des Palais

bende Hirschjagd, und ein vielfältiges Lustgartenpanorama. Die bemalte Balkendecke stammt aus dem 14. Jh., und rekonstruierte Bodenfliesen wie im Schlafgemach vervollständigen das Ensemble.

Der Papst musste von hier die Nord-Sakristei (18) durchqueren, um in die **Große Kapelle** (19) zu gelangen. Ihre Ausmaße (52 Meter lang, 20 Meter hoch, 15 Meter breit) lassen jedoch eher den Eindruck einer prachtvollen Kirche entstehen. Als Sakristei während der päpstlichen Zeremonien diente die Kardinalsgarderobe (20), wo heute Figuren der Päpste *Clemens VI., Innozenz VI.* und *Urban V.* ausgestellt sind.

Nach dem Neuen Kämmererzimmer (21) und dem Notarzimmer (22) gelangt man zur **Terrasse** (23), die sich ursprünglich über den gesamten Palast erstreckte. Hier wird man, sofern der Mistral nicht weht, länger verweilen, um die Aussicht auf die Rhône und Villeneuve zu genießen. Von der **Loggia** (24) aus fällt der Blick auf das so genannte Ablassfenster. Von hier sprach der Papst all jene von ihren Sünden los, die teuer dafür bezahlen konnten, und spendete außerdem den traditionellen Segen „Urbi et Orbi" – den allerdings kostenlos.

Die Ehrentreppe (25) führt in den zweischiffigen **Großen Audienzsaal** (26) hinunter, wo sich in einem Gewölbe Reste eines Freskos von *Matteo Giovanetti* mit Prophetendarstellungen verstecken (1352).

Anschließen kann man noch einen Besuch in den **Gärten** *Benedikts XII.* und *Urbans V.* Es ist geplant, sie originalgetreu wiederherzustellen; bis dahin muss man sich Gemüse und Früchte, Heilkräuter und Zierpflanzen, die hier einst so reichlich sprossen, allerdings dazu denken.

● **Palais des Papes,** Place du Palais, Tel. 04.90.27.50.00, www.palais-des-papes.com. Öffnungszeiten wie Pont d'Avignon; Eintritt 9,50 €, ermäßigt 7,50 €. Ein Audio-Führer ist im Preis inbegriffen. Die Kassen schließen eine Stunde vor den angegebenen Zeiten.

Spaziergang rund um den Papstpalast

Die Harmonie und Eleganz der **Place du Palais** erweckt den Eindruck, als sei sie das Ergebnis wohlüberlegter Stadtplanung. Tatsächlich aber war der Platz zur Zeit der Päpste zugebaut mit engen Gassen und geduckten Häusern. Seine Existenz verdankt er dem Sicherheitsbedürfnis des Gegenpapstes *Benedikt XIII.,* der fürchtete, dass sich mögliche Belagerer in dem Gewirr verstecken könnten. Kurzerhand ließ er das gesamte Viertel einebnen, um ein ausgedehntes Glacis, etwa 140 Meter lang und 50 Meter breit, vor seiner Haustür zu errichten.

Die Nordseite nimmt der **Petit Palais** ein. Errichtet um 1320, war er zunächst Residenz der Bischöfe von Avignon und während des Schismas Zitadelle. Nach 1480 baute der Bischof *Julien de la Rovère* und spätere *Papst Julius II.* (1503–1513) ihn zu einem wirklichen Palast um. Kaum verändert, beherbergt er seit 1976 ein bedeutendes Museum.

Vom italienischen Barock inspiriert ist die Fassade des **Hôtel des Monnai-**

206pr Foto: bm

es. 1619 ließ es der Kardinal *Borghese* errichten; sein Wappen mit riesigen Drachen und Adlern wacht bis heute über dem Eingang, wo seit 1860 Musikstudenten ein und aus gehen.

Sehr lohnend ist ein Spaziergang rund um den Palais des Papes. Der Weg führt durch die **Rue Peyrolerie,** die alte Gasse der Kesselflicker, die etwas Höhlenartiges hat, da sie teilweise aus dem Fels gehauen ist. Über die hübsche Place de l'Amirande geht es zur **Rue Banasterie,** wo früher die Korbflechter ihrem Handwerk nachgingen. Gesäumt von schönen barocken Stadtpalästen, z.B. dem Hôtel de Palun (Nr. 13) und dem Hôtel de Cohorn (Nr. 25), windet sie sich leicht den Fels hinauf. Man steuert direkt zu auf die barocke **Chapelle des Pénitents Noirs** von 1739, deren elegantes Dekor sehr weltlich für einen Sakralbau erscheint. Die Schwarzen Büßer kümmerten sich um das Seelenheil der Insassen des benachbarten Gefängnisses.

Übrigens kann man auch von dieser Seite den Domfelsen besteigen. Schon seit dem 12. Jh. gab es hier eine Treppe, die heutigen Stufen der **Escaliers Ste. Anne** sind jedoch neueren Datums (18. Jh.).

Place du Palais

Place de l'Horloge und Rue de la République

Die Place de l'Horloge ist das **Zentrum** und die Pulsader Avignons. Mit dem ersten Sonnentag - und davon gibt es 300 im Jahr - füllen sich die platanenbeschatteten oder weiß überdachten Terrassen der Cafés und Restaurants mit Leben. Straßenmusikanten bevölkern den Platz, Bummelnde oder Geschäftsleute legen bei einem Café oder Apéritif eine Pause ein. Im Juli kann man sich von der prickelnden Atmosphäre des *Festivals Off* mitreißen lassen, das den Platz in eine einzige Freilichtbühne verwandelt. In diesem Sinne steht der Platz wahrhaft in der Tradition des antiken Forums, das sich aber etwas weiter westlich erstreckte. Seine heutige Gestalt nahm er um 1860 an, wenige Jahre nach dem Bau der Oper (mit Statuen von *Molière* und *Corneille)* und des **Hôtel de Ville.** Zuvor diente die Livrée des Kardinals *Giacomo Colonna* aus dem 14. Jh. als Rathaus, von der nur noch der gotische **Uhrturm** übrig ist. Er gab dem Platz seinen Namen.

Ganz in der Nähe liegt das **Maison Jean Vilar** mit vielerlei Zeugnissen zur Geschichte des Theaterfestivals und zu seinem Gründer.

● **Maison Jean Vilar,** 8, Rue de Mons, Tel. 04.90.86.59.64. Öffnungszeiten: Dienstags bis samstags 9–12 Uhr und 13.30–17.30 Uhr, während des Festivals täglich von 10–13 Uhr und 14.30-18.30 Uhr geöffnet, im August geschlossen, Eintritt frei (Ausnahme: temporäre Ausstellungen).

Geschichte wird auch im **Palais du Roure** dokumentiert, ebenso Literatur, Kunst und Landeskunde der Provence (siehe unter Museen). Das Gebäude aus dem 15. Jh. besitzt ein gotisches Portal, schön umrankt von steinernen Zweigen, und hat trotz vieler Umgestaltungen im 17. Jh. seine mittelalterlichen Züge bewahrt.

Die **Rue de la République** und ihre Verlängerung verbindet seit 1854 die Place de l'Horloge auf geradem Weg mit dem Bahnhof, eingeweiht im selben Jahr. Der neuen Verkehrsachse mussten viele der alten Hôtels particuliers weichen, weshalb nun größtenteils Fassaden vom Ende des 19. Jh. die Straße säumen. Verschont hat man allerdings die barocke **Kapelle des Jesuitenkollegiums** (1620–1645), heute Musée Lapidaire.

Am Cours Jean Jaurès, der Verlängerung der Rue de la République, liegen die Kirche und Reste des Benediktinerklosters **St. Martial** aus dem 14. Jh. In dem um 1700 restaurierten Teil sitzt heute das Office de Tourisme. Nur wenige Schritte von hier kann man zwei weitere Klöster bewundern: Der **Couvent des Célestins,** ein ehemaliges Zölestinerkloster vom Ende des 14. Jh., bietet heute Verwaltungsangestellten einen schönen Arbeitsplatz. Er ist zwar so nicht von innen zu besichtigen, doch ein Spaziergang dorthin lohnt schon allein wegen der pittoresken Place des Corps-Saints.

Auf der anderen Seite des Cours, in der Rue des Vieilles-Etudes, erhebt sich das imposante **Hospice St. Louis,** ehemaliges Noviziat der Jesuiten (gegründet 1589) und ab 1850 ziviles Hospital. Einen Teil okkupiert ein we-

208pr Foto: bm

nig gelungenes Vier-Sterne-Hotel, mit dessen Inneneinrichtung *Jean Nouvel* wohl an die asketische Lebensweise mancher Mönchsorden anknüpfen wollte. In einem anderen Teil des Hospices ist eine nationale Theaterschule untergebracht.

● **Institut des Techniques du Spectacle (ISTS),** 20, Rue Portail Boquier, Tel. 04.90. 14.14.17.

Im Herzen des Alten Avignon

Im Mittelalter war das Viertel zwischen der südlichen Place de l'Horloge und der Place Pie ein Ort reger, auch internationaler Handelstätigkeit. Alle seine kleinen Straßen und Gassen laufen auf die **Place du Change** zu, das damalige Zentrum des Geldumtauschs. Die Straßen erhielten ihre Namen je nach der Tätigkeit der dort ansässigen Händler. Zwar ist diese Spezialisierung verschwunden, doch kann man auch heute hier angenehm einkaufen, teilweise in Fußgängerzonen.

Über die Rue des Marchands mit Häusern noch aus dem 15. Jh. gelangt man zur Place Carnot und zur gotischen **Kirche St. Pierre.** Bereits um die Mitte des 14. Jh. gegründet, wurde sie jedoch erst im 15. Jh. fertiggestellt, und auch das gelang nur dank der finanziellen Unterstützung betuchter Anwohner. Sie bescherten ihr eine der reichverziertesten Fassaden Avignons und später die bemerkenswerten Türflügel von *Antoine Volard,* geschnitzt aus massivem Nussbaumholz (1551).

Die **Rue du Vieux Sextier** hat nur teilweise ihren mittelalterlichen Charakter bewahrt. Der engen Gassen überdrüssig, baute man sie nämlich in der Mitte des 18. Jh. zu einer breiten Verkehrsader aus, die direkt auf die **Place Pie** zuläuft. Auf diesem Platz gab es schon im Jahre 1560 eine erste Markthalle; die heutige, allerdings stark modernisierte Halle stammt von 1899. Gegenüber erhebt sich der Turm St. Jean aus dem 14. Jh., der einst die Kommandantur des Johanniterordens krönte, sowie der Justizpalast, in dessen Bau Reste eines Klosters integriert sind.

Von der Place Pie kann man über die Rue Carnot einen Abstecher zur **Eglise** und dem **Cloître des Carmes** (Karmeliterkirche und -kloster aus dem frühen 14. Jh.) machen. In dem nahe gelegenen **Hôpital St. Marthe** mit seiner sehr schönen barocken Fassade ist heute die **Universität** von Avignon untergebracht.

Ein absolutes Muss für jeden Avignon-Reisenden ist ein Spaziergang über die **Rue Bonneterie** zur Rue des Teinturiers. Auf dem Weg begegnet man der baufälligen **Chapelle des Cordeliers,** dem einzigen Überrest eines früher außerordentlich populären Franziskanerklosters. Sehr gut erhalten dagegen ist die **Chapelle des Pénitents Gris** vom Ende des 16. Jh. Von den Avignoneser Büßerbruderschaften, die nach den Farben ihrer Kutten - schwarz, weiß, blau, rot und violett - benannt wurden, haben die Grauen Büßer als einzige die Zeit überdauert.

Die **Rue des Teinturiers** ist eine Straße wie aus dem Bilderbuch: Kopfsteingepflastert und platanengesäumt folgt sie dem gewundenen Lauf der Sorgue, die leise vor sich hinplätschert, und mit der ihrem hohen Alter gebührenden Gemütlichkeit drehen Wasserräder ihre regelmäßigen Runden. Diese beschauliche dörfliche Idylle herrschte gewiss nicht im 18. Jh., als hier etwa 500 geschäftige **Tuchfärber** den Flusslauf zum Auswaschen ihrer Stoffe nutzten. Ihnen verdankt die Straße ihren Namen. An einem solch malerischen Ort ist heute die Kunst nicht weit: Neben einer Galerie hat sich das Café-Théâtre *Tache d'Encre* hier angesiedelt, daneben das schöne Café-Restaurant *Wooloomooloo*, dessen charmante, völlig abgeblätterte Fassade hoffentlich niemals restauriert wird.

209pr Foto: bm

Über die Rue du Roi René gelangt man zum hübschen Platz **St. Didier** und zur gleichnamigen, einschiffigen Kirche, einem perfekten Beispiel provenzalischer Gotik (1356–1359). Kaum vertreten in der Provence, zog sie auch in Avignon spät ein, nämlich mit

Benediktinerkloster St. Martial

In der Rue des Teinturiers

den Päpsten. Kennzeichnend ist, dass sie die nordfranzösischen Elemente des Hochaufstrebens und des großzügigen Lichteinfalls nicht übernahm.

●**Kirche St. Didier,** Place St. Didier, Tel. 04.90.86.20.17, Öffnungszeiten: täglich 8–18.30 Uhr.

Gegenüber liegt die Livrée Ceccano, der um 1330 errichtete Palast des gleichnamigen Kardinals. Gegen Ende des 16. Jh. in ein Jesuitenkolleg umfunktioniert, dient das schön restaurierte Gebäude seit 1982 als **städtische Mediathek.**

●**Livrée Ceccano,** 2 bis, Rue Laboureur, Tel. 04.90.85.15.59, Öffnungszeiten: montags 13–18 Uhr, dienstags bis samstags 10–18 Uhr.

Rue Joseph Vernet und Quartier de la Balance

Dieser Rundweg umfasst den Stadtteil westlich der Achse Rue de la République - Place de l'Horloge - Place du Palais.

Hinter dem Rathaus liegt **St. Agricol,** gleich nach Notre-Dame-des-Doms die älteste Kirche der Stadt, gegründet im 7. Jh. von dem gleichnamigen Heiligen und Bischof von Avignon. Schon einmal restauriert unter *Johannes XXII.* (1322), wurde die Kirche in der zweiten Hälfte des 15. Jh. nochmals stark umgebaut und mit der für die provenzalische Gotik charakteristischen Fassade versehen.

●**Kirche St. Agricol,** Rue St. Agricol, Tel. 04.90.82.14.79. Öffnungszeiten: samstags 16–17 Uhr.

Die Nummer 19 der Rue St. Agricol ist Sitz der ehrwürdigen **Librairie Roumanille:** 1855 von dem Freund *Mistrals* und Félibrige-Dichter *Joseph Roumanille* gegründet, ist sie bis heute eine Fundgrube für Provence-Literatur.

Nördlich von hier erstreckt sich zwischen Place du Palais und Rhône das **Quartier de la Balance.** Es ist eines der ältesten Viertel der Stadt und war schon in gallorömischer Zeit besiedelt. Zugleich zeigt es sich jedoch auch als eines der schönsten und vor allem gepflegtesten Viertel, da es in den 60er und 70er Jahren des 20. Jahrhunderts zum Objekt einer weit reichenden Stadtsanierung wurde: Moderne Gebäude stehen Seite an Seite mit bemerkenswert restaurierten Hôtels particuliers, vor allem in der Rue de la Grande Fusterie und der Rue de la Balance.

Die nahe gelegene **Rue Joseph Vernet** durchzieht das gesamte Viertel südlich von hier, dem Verlauf der alten Stadtmauer aus dem 13. Jh. folgend. Bis zum 17. Jh. war sie wenig bebaut, so dass viel Platz für die Konstruktion schöner Stadtpaläste blieb. Heute ist sie eine der nobelsten Straßen und die unbestrittene Flaniermeile der Stadt: Elegant angezogene Avignoneser vertreiben sich hier ihre Zeit in schicken Cafés, noblen Antiquitätenläden, Edelboutiquen und teuren Restaurants.

Der prächtigste Palast der Straße, das Hôtel de Villeneuve-Martignan mit Ehrenhof und hübschen Gärten (1742–1754), ist Sitz des **Kunstmuseums Calvet** und trägt die Handschrift der berühmten Architekten

Jean-Baptiste und *François Franque.* Deutlich kontrastiert sein französischer Stil mit der italienisch beeinflussten Bauweise älterer Hôtels der Stadt. Nur wenige Schritte von hier beherbergt das Hôtel de Raphélis de Soissans (18. Jh.) das **Naturkundemuseum Requien.** An der Rue Joseph Vernet Ecke Passage de l'Oratoire kann man schließlich die prachtvolle barocke Fassade der **Chapelle de l'Oratoire** (um 1730) bewundern.

Museen

● **Musée du Petit Palais:** Untergebracht in dem ehemaligen Palast der Bischöfe von Avignon aus dem 14. Jh., besitzt dieses Museum eine beeindruckende Gemäldekollektion: Seine Sammlung italienischer Malerei vom Mittelalter bis zum Beginn der Renaissance (u.a. Werke von *Botticelli, Giovanni di Paolo, Carpaccio,* Sammlung *Gian Pietro Campana*) ist die reichste dieser Art in Frankreich gleich nach der des Louvre. Das wohl kostbarste Gemälde ist die *Sacra Conversazione* des Venezianers *Vittore Carpaccio.* Allerdings macht nicht die Berühmtheit einzelner Gemälde, sondern die relativ lückenlose Dokumentation der frühen italienischen Malerei den Wert dieser Sammlung aus.

Darüberhinaus sind auch Gemälde und Skulpturen aus Avignon selbst zu sehen, besonders beeindruckend das Grabmal des Kardinals *Jean de Lagrange* (gestorben 1402). Die realistische Darstellung des erstarrten, ausgemergelten Körpers (der *Transi*) ist eines der frühesten Beispiele dieses Themas.

Place du Palais, Tel. 04.90.86.44.58. Öffnungszeiten: täglich außer dienstags 9.30–13 Uhr und 14–17.30 Uhr, Juni bis Sept. 10–13 Uhr und 14–18 Uhr. Eintritt 6 €, ermäßigt 3 €.

● **Musée Calvet:** Benannt nach seinem Gründer, dem Avignoneser Medizinprofessor und Humanisten *Esprit Calvet* (1728–1810), und untergebracht in dem wunderschönen, eleganten Adelspalast *Villeneuve-Martignan* aus dem 18. Jh., vereint das Museum sowohl Reichtümer aus der frühgeschichtlichen (vor allem außergewöhnliche menschenähnliche Stelen), ägyptischen, griechischen und römischen Zeit als auch Malerei und Skulpturen (*Auguste Rodin* und *Camille Claudel*) von der Renaissance bis zum Anfang des 20. Jahrhunderts, u.a. auch Werke des in Avignon geborenen *Joseph Vernet* (1714–1789).

65, Rue Joseph Vernet, Tel. 04.90.86.33.84. Öffnungszeiten: täglich außer dienstags 10–13 Uhr und 14–18 Uhr. Eintritt 6 €, ermäßigt 3 €.

● **Musée Lapidaire:** In der barocken ehemaligen Kapelle des Jesuitenkollegs (17. Jh.) befinden sich keltische, griechische, gallorömische und mittelalterliche Skulpturen und Architekturfragmente. Bemerkenswerte antike Statuen und Torsi, z.B. von Venus und Jupiter, Porträts des Kaisers *Tiberius* sowie Kopfskulpturen des *Trajan* und des jungen *Marc Aurel,* schmücken die einzelnen Kapellen. Das berühmteste Stück jedoch ist die Tarasque von Noves, eine keltoligurische Skulptur (2. Jh. v. Chr.) jenes Ungeheuers, das der Legende nach einen Rhôneübergang unsicher machte.

27, Rue de la République, Tel. 04.90.86.33.84. Öffnungszeiten: Täglich außer dienstags 10–13 Uhr und 14–18 Uhr. Eintritt 2 €, ermäßigt 1 €.

● **Musée Louis Vouland:** Möbel und dekorative Kunst vor allem des 17. und 18. Jh., die der Gründer des Museums der *Fondation de France* hinterlassen hat. Am Ende der ruhigen Rue Victor Hugo liegt das ehemalige Haus des Industriellen und Kunstmäzenen *Louis Vouland* aus der ersten Hälfte des 19. Jh., in dem das nach ihm benannte Museum untergebracht ist.

17, Rue Victor Hugo, Tel. 04.90.86.03.79. Öffnungszeiten: täglich außer montags, Mai bis Oktober 10–12 Uhr und 14–18 Uhr, sonntags nur 14–18 Uhr, November bis April 14–18 Uhr. Eintritt ca. 4 €, ermäßigt ca. 2,50 €.

● **Palais du Roure:** Die nötige telefonische Absprache sollte auf keinen Fall von einem Besuch dieses bemerkenswerten Museums zur Geschichte, Literatur, Landeskunde und Kunst der Provence abhalten. Das ehemalige

211pr Foto: bm

Antike Maske im Musée Lapidaire

Hôtel Baroncelli-Javon, umbenannt im 19. Jh. in Palais du Roure, wurde 1469 von dem florentinischen Bankier *Pierre Baroncelli* errichtet. Der letzte Abkömmling der Baroncellis, der *Marquis Folco de Baroncelli-Javon,* richtete hier zusammen mit *Frédéric Mistral* die Redaktion einer außergewöhnlichen Tageszeitung ein: *L'Aïoli* (wie die Knoblauchmayonnaise) – ausschließlich in provenzalischer Sprache geschrieben.

Im Jahre 1909 übergaben die *Baroncellis* ihr Haus einer Immobilienfirma, neun Jahre später kaufte *Jeanne de Flandreysy* das im Verfall begriffende Anwesen. Zusammen mit ihrem Ehemann *Emile Espérandieu* begründete sie die heute zu bewundernde Stiftung; 1944, an ihrem sechzigsten Geburtstag, schenkte sie alles der Stadt Avignon.

Eine bemerkenswerte Frau, diese *Jeanne Mellier,* wie sie ursprünglich hieß. Um die Jahrhundertwende war es für eine junge Frau, noch dazu Figaro-Journalistin, nicht schicklich, unverheiratet zu sein. Doch *Jeanne* wollte zunächst einmal ungebunden bleiben und unternahm kurzerhand eine Reise ins ferne Schottland, heiratete den mysteriösen Grafen *Aymar de Flandreysy,* dessen plötzliches Ableben sie kurz darauf bekanntgab. Sie hatte nun einen Gatten auf dem Papier – doch vor allem ihre Ruhe. Nach zahlreichen Publikationen über die Provence erfüllte sich die Bewundererin von *Frédéric Mistral* und *Folco de Baroncelli* einen Traum und schuf das provenzalisches Museum im Palais du Roure. Mit unermüdlichem Eifer und bis sie selbst völlig verarmte, sammelte sie bis an ihr Lebensende 1959 das, was wir heute sehen und was ihren Geist bis heute atmet: Dokumente aller Art zur provenzalischen Kultur, *Santons* (provenzalische Krippenfiguren), Möbel, Gemälde, Trachten aus Arles und dem Comtat sowie *Baroncellis* Souvenirs aus der Camargue, die er vor der Trockenlegung bewahrt hat. Besonders beeindruckend sind die Exponate zum Félibrige, der Vereinigung für provenzalische Mundartdichtung: Die Originalkutsche, die *Frédéric Mistral* für Reisen zwischen Maillane und dem Bahnhof von Graveson benutzte und mit der auch *Alphonse Daudet* und der Premierminister *Poincaré* gefahren sind, die *Mirèio*-Druckpresse sowie eine Statue *Mistrals* und zahlreiche Fotos zu der Dichtergruppe.

3, Rue Collège du Roure, Tel. 04.90.80. 80.88. Öffnungszeiten: Museum: Führungen nach Absprache, dienstags auch ohne Termin 15 Uhr, Informationszentrum: montags bis freitags 9–12 Uhr und 14–17.30 Uhr. Eintritt 4,60 €, ermäßigt 2,30 €.

● **Musée Requien:** Der Avignoneser Naturforscher *Esprit Requien* (1788–1851) begründete dieses Naturkundemuseum, dessen Forschungsabteilung später der berühmte Insektenforscher *Jean-Henri Fabre* leitete. In erster Linie ein Zentrum für Forschung und Lehre, stellt das Museum seine Sammlung vor allem zu dokumentarischen und didaktischen Zwecken aus: Fauna, Flora und Geologie des Vaucluse.

67, Rue Joseph Vernet, Tel. 04.90.14.68.56. Öffnungszeiten: täglich außer sonntags und montags 9–12 Uhr und 14–18 Uhr. Eintritt frei.

- **Collection Lambert:** Im Juni 2000 hat dieses Museum für zeitgenössische Kunst seine Tore geöffnet. Die rund 500 Exponate umfassende Sammlung des Galeristen *Yvon Lambert* ist sehr schön in einem Hôtel particulier aus dem 18. Jh. untergebracht. Zu sehen sind Gemälde, Skulpturen, Video-Installationen und Fotografien von den 1960er Jahren bis in die heutige Zeit, z.B. von *Laurence Weiner, On Kawara* und *Jean-Michel Basquiat.*

Hôtel de Caumont: 5, Rue Violette, Tel. 04.90.16.56.20. Öffnungszeiten: Juli und August täglich 11–19 Uhr, sonst 11–18 Uhr, montags geschlossen. Mit Buchhandlung, Kunstshop und Restaurant. Eintritt ca. 5,50 €, ermäßigt ca. 4 €.

- **Musée Angladon:** Wie die moderne Collection Lambert ist auch dieses Museum in einem repräsentativen Herrenhaus untergebracht. Ausgestellt sind Meisterwerke des 19. und 20. Jh. von *Degas, Daumier, Manet, Sisley, Van Gogh, Cézanne, Picasso, Foujita* und *Modigliani.* Zu sehen sind auch Salon-Einrichtungen aus dem 18. Jh.

5, Rue Laboureur, Tel. 04.90.82.29.03. Öffnungszeiten: mittwochs bis sonntags 13–18 Uhr, in der Hochsaison auch dienstags geöffnet. Eintritt 6 €, ermäßigt 4 €.

Die steinerne Stadt und ihr Theaterfestival

Avignon ist mit einem so reichen architektonischen Erbe gesegnet, dass es einfach zur Kulisse werden musste. Jedes Jahr im Juli nimmt der Trubel des Theaterfestivals die Stadt in Beschlag, nutzt ihre alten Paläste und Klöster, Plätze und Gassen als Bühne für die Kunst von heute. Am prestigeträchtigsten ist das **„Festival In“**, wenn also im Ehrenhof des Papstpalastes Theater gespielt wird, später diskutiert in allen Zeitungen der Welt.

Dabei handelte es sich anfangs doch bloß um ein Experiment, um den Versuch, „Architektur und dramatische Kunst zu versöhnen“. Der Theatermann **Jean Vilar** hatte den Papstpalast zunächst sogar als ungünstig für Bühnenstücke empfunden, „weil die Geschichte hier zu gegenwärtig ist“. Nach einigem Zögern entschloss er sich aber doch, *Shakespeares* „Richard II.“ hier auf die Bühne zu bringen. Das Festival war geboren, das heißt, zunächst nur das *Festival In.*

Zu einem *In* gehört naturgemäß auch ein *Off,* was auch immer die sprachpuristischen Franzosen zu diesen Amerikanismen bewogen hat. Das **„Festival Off“** entstand nach 1968 unter dem Druck von Theaterleuten, die dem Geist der Zeit entsprechend eine andere Kunst wollten, eine freiere, innovativere eben. Das hat sich dann so entwickelt, dass das „Off“ dem „In“ in Prestige heute kaum mehr nachsteht – die wirklich innovative Kunst findet auf der Straße statt, spontan, unorganisiert.

Wenn heute das Festival anläuft, stehen nicht nur die Organisatoren, sondern die gesamte Stadt unter Hochspannung. Bei den Hotels laufen die Telefondrähte heiß, der Preis für eine Tasse Kaffee auf der Place de l'Horloge erhöht sich rapide, die Taxifahrer stellen ihre Taxameter vorsorglich auf das Doppelte ein – und der städtische Reinigungsdienst bereitet sich auf Überstunden vor. 120.000 Besucher, die allein das „In" besuchen, sind eine hervorragende Einnahmequelle. Aus einem investierten Euro, so die Bürgermeisterin *Marie-Josée Roig*, werde ein Profit von drei Euro.

Und dann das Festival selbst: Klassische Stücke und hochkarätige Künstler Seite an Seite mit Kleinkunst, Experimenten, Gaukelei, Newcomern und jungen Schauspielschülern, vom Traum besessen, entdeckt zu werden. Gespielt, getanzt und musiziert wird im Prinzip überall: in und um den Palast, in Klöstern, Kirchen und Livrées, in Kneipen, Kellern und Schulen und nicht zuletzt auf der Straße.

Das Publikum stammt vor allem aus der Region selbst, aus Paris und der Ile de France, aber auch aus dem Ausland. Die Schauspieler kommen von überall her, weshalb das Spektakel sich zu recht „le Rendez-vous mondial du Spectacle vivant" nennt.

Praktische Hinweise

Information

● **Office de Tourisme,** 41, Cours Jean Jaurès, 84000 Avignon, Tel. 04.32.74.32.74, Fax 04.90.82.95.03. www.ot-avignon.fr.

Hotels

● **La Mirande******/€€€€€, Place de la Mirande, Tel. 04.90.85.93.93, Fax 04.90.86.26.85, www.la-mirande.fr. Dieses Hotel hat Geschichte – und es hat sie wieder zum Leben erweckt! Ausgerechnet ein deutscher Investor hat sich dieses alten Stadtpalais' aus dem 17. Jh. angenommen und es, obwohl es direkt zu Füßen des Papstpalastes liegt, in eine luxuriöse Insel der Ruhe verwandelt. Ursprünglich Livrée eines Kardinals, wurde das Gebäude im 17. Jh. in ein Hôtel particulier umgewandelt und mit der bis heute stehenden Fassade versehen. Im Innern ist das Hotel aufwendig nach historischen Prinzipien restauriert worden: Eleganz und Grazie des 17. und vor allem 18. Jh. gehen eine diskrete Verbindung mit modernem Komfort und ästhetischem Empfinden ein.

Der Gast wählt unter den prächtig möblierten und dennoch wohnlichen Zimmern, von denes keines dem anderen gleicht, eines nach seinem Geschmack aus (z.B. mit Blick auf den Papstpalast), schläft unter Seide, kann sich in einer Küche aus dem 19. Jh. in die provenzalische Kochkunst einführen lassen oder sich in dem romantischen Garten einer ruhigen Lektüre hingeben. Leider ist das Absteigen in diesem „Museum" nicht für jeden erschwinglich.

● **D'Europe******/€€€€€, 12, Place Crillon, Tel. 04.90.14.76.76, Fax 04.90.14.76.71, www.heurope.com. Das zweite Spitzenhotel in Avignon ist ebenfalls in einem Hôtel particulier (erbaut 1580) untergebracht. Seit 1799 hat es zum Beispiel *Chateaubriand, John Stuart Mill, Lamartine, Victor Hugo* oder *Ludwig II. von Bayern* als Gäste gesehen. Der große *Napoléon* nutzte es während der Zeit des Direktoriums als Refugium. Alle Zimmer haben ihren eigenen Charakter und sind mit wundervollen alten Möbeln ausstaffiert. Besonders schön und elegant ist der baumbestandene Innenhof.

● **Clarion Cloître Saint Louis******/€€€€€, 20, Rue du Portail Boquier, Tel. 04.90.27.55.55, Fax 04.90.82.24.01, www.cloitre-saint-louis.com. Vier-Sterne-Hotel in zentraler, jedoch ruhiger Lage, mit 80 Zimmern und Suiten, das in einem alten Jesuitenkloster untergebracht ist. Der moderne Anbau stammt vom französischen Star-Architekten *Jean Nouvel*.

●**Mercure Pont d'Avignon*****/€€€€, Rue Ferruce im Quartier de la Balance, Tel. 04.90.85.93.93, Fax 04.90.80.93.94, www.mercure.com. Großes Haus mit standardisierten, angenehmen Zimmern in der Nähe des Papstpalastes. Besonders zu empfehlen für Gruppen und Reisende, die ein reichliches Frühstücksbuffet dem französischen Standardfrühstück vorziehen.

●**De Blauvac****/€€€, 11, Rue de la Bancasse, Tel. 04.90.86.34.11, Fax 04.90.86.27.41, www. hotel-blauvac.com. Das ehemalige Domizil des *Marquis de Blauvac* aus dem 17. Jh. beherbergt ein charmantes, gut geführtes Hotel im Herzen der Altstadt mit einem außerordentlich schönen Treppenhaus. Vielfach können die Zimmer mit Mezzanin von mehr als zwei Personen belegt werden.

●**Citotel de Garlande****/€€€, 20, Rue Galante, Tel. 04.90.85.08.85, Fax 04.90.27.16.58. Ein kleines, einfaches Haus mit freundlicher und vor allem persönlicher Atmosphäre in der Nähe der Place de l'Horloge. Da die Besitzerin ebenfalls dort wohnt, kann man ihr Wohnzimmer mitbenutzen und dort mit ihr einen Plausch halten

Jugendherberge

●**Centre de rencontres internationales YMCA,** 7 bis, Chemin de la Justice, 30400 Villeneuve, Tel. 04.90.25.46.20, Fax 04.90.25.30.64. Ganzjährig geöffnet außer in den Weihnachtsferien.

Camping

Alle Campingplätze Avignons liegen auf der schönen Ile de la Barthelasse. Hier zwei Vorschläge:

●**Camping du Pont d'Avignon******, Tel. 04.90.80.63.50, Fax 04.90.85.22.12, www.camping-avignon.com. 300 Plätze, Bungalow-Vermietung, Restaurant, Schwimmbad, Fahrradverleih und Unterhaltungsprogramm. Geöffnet von Ostern bis Ende Oktober.

●**Les Deux Rhônes****, Tel. 04.90.85.49.70, Fax 04.90.85.91.75, www.camping2rhone.com. 100 Plätze, Mobil-Home- und Bungalow-Vermietung, mit Schwimmbad und Fahrradverleih. Ganzjährig geöffnet.

Restaurants

●**Christian Etienne,** 10, Rue Mons, Tel. 04.90.86.16.50. Das Restaurant dieses Spitzenkochs befindet sich in einem Nebengebäude des Papstpalastes aus dem 13./14. Jh. Es ist zweifellos eines der besten, aber auch teuersten Restaurants in der Provence und bietet eine raffinierte, ideenreiche Küche, die trotz allem sehr eng mit der Region und ihren Traditionen verbunden bleibt. Eine besondere Spezialität und Freude aller Vegetarier ist ein Menü, das ausschließlich auf provenzalischem Gemüse basiert. Im Sommer kann man auf der schönen Terrasse mit Blick auf den Papstpalast dinieren. Zuweilen bietet Monsieur *Etienne* Kochkurse in Zusammenarbeit mit dem Hotel La Mirande an. Mittagsmenü ca. 30 €, abends ab 50 €.

●**La Fourchette,** 17, Rue Racine, Tel. 04.90.85.20.93. In diesem Restaurant sollte man unbedingt vorher reservieren. Es ist ein Ableger des *Hiély-Lucullus* (5, Rue de la République, Tel. 04.90.86.17.07), das in Avignon längst eine Institution ist. In der Fourchette ist der Stil etwas bodenständiger, und man speist etwas preiswerter. Menü ca. 28 €.

●**Le Moutardier,** 15, Place du Palais-des-Papes, Tel. 04.90.85.34.76. Schönes Gebäude aus dem 18. Jh. gegenüber dem Papstpalast. Die Wände des Restaurants, das frische regionale Küche mit leichtem Lyonnaiser Einschlag anbietet, zieren Fresken mit der Lebensgeschichte des „Moutardiers", des päpstlichen Senflieferanten. Menü mittags ca. 23 €, abends um 30 €.

●**Le Vernet,** 58, Rue Joseph Vernet (gegenüber des Musées Calvet), Tel. 04.90.86.64.53. Sehr schönes Restaurant, untergebracht in dem Hôtel des Taillades aus dem 18. Jh., dekoriert mit moderner Kunst und Kostümen vom *Festival d'Avignon.* Ein großer, platanenbestandener Garten lädt zu langen Sommerabenden ein. Menü ca. 22–40 €.

Für kleinere Mahlzeiten

●**D'Ici et d'Ailleurs,** 4, Rue Galante, Tel. 04.90.14.63.65. D'ici bedeutet „von hier", d'ailleurs „von anderswo". Im Angebot dieses mitten in der Fußgängerzone gelegenen Restaurants sind also provenzalische Spezialitäten und Gerichte aus aller Welt, die man einfach nur als gut und günstig bezeichnen kann. Menü und à la carte um 10-20 €.

● **Tapalocas – La Bodega des Tapas,** 15, Rue Galante, Tel. 04.90.82.56.84. Spanische Tapas, kleine Portionen bestehend aus Salaten, Gemüse, Fisch oder Fleisch, haben zwar nichts mit der provenzalischen Küche zu tun, dafür bekommt man sie hier besonders preiswert - und nonstop von 12 Uhr mittags bis 1 Uhr nachts. Ideal als Snack.

Märkte und Feste

● **Flohmarkt,** sonntagmorgens auf der Place des Carmes.

● **Blumenmarkt,** samstagmorgens auf der Place des Carmes.

● **Jahrmarkt,** samstag- und sonntagmorgens am Rempart St. Michel.

● **Überdachter Frischmarkt,** dienstag- bis sonntagmorgens in den Halles der Place Pie.

● **Festival d'Avignon (oder Festival In) und Festival Off,** meist im Juli und in den ersten Augusttagen, Informationen und Programm für das *In:* Festival d'Avignon, Espace St. Luis, 20, Rue du Portail Boquier, Tel. 04.90.14.14.60, www.festival-avignon.com, Kartenvorverkauf ab Juni, Tel. 04.90.14.14.14. Für das *Off:* Avignon Public Off, B.P. 5, 75521 Paris Cédex 11, Tel. 01.48.05.01.19, www.avignon-off-org.

● **Tanzfestival Les Hivernales,** Ende Februar bis Anfang März.

● **Großer Antiquitäten- und Trödelmarkt,** Pfingsten und September.

● **Festival Provençal,** Juli.

Kinos

● **Utopia-Programmkinos,** La Manutention (mit sehr schönem Café, dort auch Jazzkonzerte), 4, Rue des Escaliers-Ste-Anne und République, 5, Rue Figuière, Tel. 04.90.82.65.36.

Autoverleih

● **Sixt,** 3, Boulevard St. Ruf, Tel. 04.90.86.06.61.

● **Veo,** 51, Avenue P. Sémard und am TGV-Bahnhof, Tel. 04.90.87.53.43.

Gebührenfrei Parken in Avignon

Die Stadt bietet kostenlos den **„Parking des Italiens"** auf der gleichnamigen Avenue an. 550 Plätze, bewacht von 7.30–20.30 Uhr (siehe Stadtplan).

Fahrradverleih

● **Provence Bike,** 52, Boulevard St. Roch (am Bahnhof), Tel. 04.90.27.92.61.

● **CM 84 Cycles,** 80, Rue Guillaume Puy, Tel. 04.90.86.32.49.

Anreise/Weiterreise

● **Mit dem Flugzeug:** Aéroport Avignon-Caumont. Acht Kilometer vom Zentrum, Tel. 04.90.81.51.51. Mehrmals täglich Direktflüge von Paris-Orly nach Avignon (und umgekehrt), Flugzeit 80 Minuten.

● **Mit dem Auto:** Avignon liegt direkt an der Autoroute du Soleil (A 7). Zu bevorzugen ist jedoch die Fahrt durch das Rhônetal auf der Landstraße (N 7). Arles ist zu erreichen über die N 570, Aix über die N 7 und Marseille am schnellsten über die Autobahn (wiederum A 7).

● **Mit der Bahn:** Avignon liegt auf der T.G.V.-Strecke von Paris in den Süden. Gare Avignon T.G.V., Quartier de Courtine. Regionale Verbindungen: Gare Avignon Centre, Boulevard St. Roch, Tel. 08.92.35.35.35, www.sncf.com.

● **Mit dem Bus:** Gare routière. 5, Avenue Monclar, Tel. 04.90.82.07.35. Regelmäßige Verbindung nach Aix, Apt, Arles, Carpentras, Digne, L'Isle sur Sorgue, Orange und Pont du Gard.

● **Kreuzfahrten** auf der Rhône durch das Comtat Venaissin oder in die Camargue bieten diverse Schifffahrtsunternehmen (die Anlegestellen sind beim oder in der Nähe des Pont St. Bénézet), zum Beispiel: **Les Grands Bateaux de Provence,** Allées de l'Oulle, 84000 Avignon, Tel. 04.90.85.62.25. Anlegestelle: Allées de l'Oulle.

Villeneuve-lès-Avignon

⇗ IX/D1

Nicht jeder, der Avignon kennt, weiß, dass es eine Schwesterstadt hat. Keine ebenbürtige, gewiss, doch auch keine bloße Vorstadt. Neben Avignon würde fast jeder Ort verblassen. Das Schicksal Villeneuves ist so stets das einer *kleinen* Schwester: Vieles verbindet sie mit der großen, doch was sie unterscheidet, macht ihren Charakter aus.

Ihr Name führt jedoch zunächst in die Irre. Unter einer Neustadt mag man sich bestenfalls eine Ansammlung gleichförmiger Häuser vorstellen, durchzogen von parallelen Straßen mit Einkaufszentren als einzigem Schmuck – eine Beton-Wucherung der alten. Wahr ist das Gegenteil. Villeneuve blieb wohl mittelalterlicher, als Avignon es je sein konnte. Da ist zunächst einmal seine typische Felslage: Häuser, Kirchen und Klöster drängen sich hier zusammen, beschützt von der mächtigen **Festung St. André** auf dem Mont Andaon. Die kleinen Straßen führen zu ungeahnten Schätzen: ins Kartäuserkloster des Val-de-Bénédiction, vorbei an prächtigen **Kardinalslivrées** oder zum Wehrturm *Philipps des Schönen.* Die Sehenswürdigkeiten Villeneuves erscheinen fast noch reicher als die Avignons, wenn man die Stadtgröße bedenkt.

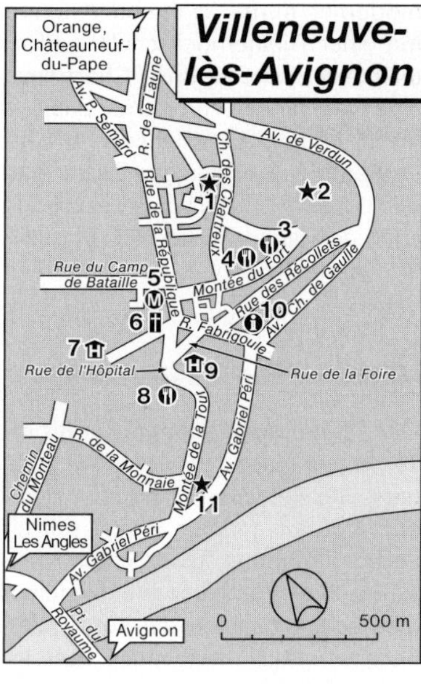

- ★ 1 Chartreuse du Val-de-Bénédiction
- ★ 2 Fort St-André
- 🍴 3 Restaurant La Maison
- 🍴 4 Restaurant Le St-André
- Ⓜ 5 Musée Pierre-de-Luxembourg
- ⛪ 6 Kirche Notre-Dame mit Kreuzgang
- 🏨 7 Hostellerie Le Prieuré
- 🍴 8 Restaurant Aubertin
- 🏨 9 Hôtel L'Atelier
- ℹ 10 Office de Tourisme
- ★ 11 Tour Philippe-le-Bel

218pr Foto: bm

Gasse in Villeneuve-lès-Avignon, der Schwesterstadt auf der anderen Seite der Rhône

Doch scheut man sich im Grunde, Villeneuve eine Stadt zu nennen. Es ist viel zu sehr großes Dorf geblieben, beschaulich, ja fast still. Beim Überqueren der Rhône überschreitet man nicht nur die Grenze der Avignoneser Weltoffenheit zur Ländlichkeit Villeneuves, sondern auch die zweier Départements. Villeneuve liegt schon im Gard, gehört also streng genommen gar nicht mehr zur Provence.

Das erscheint wie eine Fortführung der **historischen Grenze:** Im Mittelalter trennte die Rhône das französische Kronland auf der Seite Villeneuves von der Provence unter der nominellen Herrschaft des Deutschen Reiches. Kein Wunder, dass die französischen Könige diesen **Brückenkopf** in eine eiserne Festung verwandelten. Blickten die Päpste im 14. Jh. hinüber zur Neustadt, dann wurde ihnen sehr deutlich, dass sie ihre Machtgelüste gefälligst in eine andere Richtung zu lenken hatten.

Heute liegen sich die wehrhaften Silhouetten Avignons und Villeneuves indes friedlich gegenüber, inspirieren allenfalls Künstler während des **Theaterfestivals** zu Höchstleistungen. Denn selbstverständlich lässt Avignon seine hübsche Vorstadt am Festival teilhaben; genau wie in Avignon werden seine Denkmäler im Juli zur Bühne moderner Kunst. Während Avignon mit einer Theaterhochschule aufwartet, bietet Villeneuve in der **Chartreuse** eine Oase für die schreibende Zunft.

Was immer nun Villeneuve mit der großen Schwester gemeinsam hat, oder was sie unterscheidet, eins ist sicher: den fantastischen Blick über die Rhône auf Avignon – hat allein Villeneuve.

Geschichte

Der felsige **Mont Andaon** war bis ins 18. Jh. eine Insel; auf der einen Seite umspülte sie ein nun trockener Flussarm, auf der anderen strömt seit eh und je die Rhône selbst. Schon Menschen der Vorgeschichte siedelten hier, später nahmen die Römer den Berg ein. Auch weiß man, dass im

6. Jh. n. Chr. die heilige Casaria hier als Einsiedlerin lebte. Bei ihrem Grab gründeten bald Benediktiner das **Kloster St. André.** Ab dem 7. Jh. siedelten drumherum die Lehnsleute des Klosters. Und um 1000 hatte es sich zur wichtigsten Niederlassung des Ordens im ganzen Rhônetal entwickelt.

Nach den Katharerkriegen (1229) fiel das spätere **Villeneuve an Frankreich.** Der Fluss war nun die Grenze zum Deutschen Reich. Jedoch verlief sie nicht mitten durch das Gewässer, sondern entlang des Ufers von Avignon. Dieser Umstand animierte den französischen Fiskus später zu einer kuriosen Steuerpraxis: Bei Hochwasser ruderten die Beamten des Königs flugs nach Avignon hinüber, um Gelder einzutreiben; gehörte die Rhône doch zu Frankreich – und damit alles, was sie überschwemmte. Auf diese Weise ärgerten die Inspektoren die Avignoneser gar bis zur Revolution von 1789.

Die französischen Könige des 13. Jh., *Louis VIII.* und *Philipp der Schöne,* förderten St. André und bauten es als Vorposten ihres Reiches aus. Philipp ließ zwischen 1293 und 1307 eine Zitadelle bauen, von der noch heute der Turm zeugt. Ebenfalls 1293 gründete er im Einvernehmen mit dem Abt **Villeneuve St. André,** eine damals sehr moderne Stadt mit geraden Straßen, die auf einem Platz zusammenliefen. Zudem befreite er die Bewohner von allen Steuern und schenkte ihnen wichtige Privilegien.

Das **14. Jahrhundert** war nicht nur für Avignon das Jahrhundert der Päpste. Villeneuve profitierte mindestens ebenso von der Kurie. Um der Enge Avignons, und von Zeit zu Zeit auch der Kurie, zu entfliehen, residierten viele Kardinäle und Prälaten auf der anderen Rhôneseite, wo ein milderes Klima herrschte. Meist hatten sie jedoch gleich zwei Residenzen: ein Stadthaus in Avignon, einen Landsitz in Villeneuve. Von diesen so genannten **Kardinalslivrées** soll es etwa 15 gegeben haben, sehr prächtige, teils befestigt und oft mit schönen Gärten. Villeneuve wurde so zum schicken „Naherholungsgebiet" Avignons.

Die Livrées cardinalices

Die Päpste, die im 14. Jh. in Avignon residierten, brachten natürlich die gesamte Kurie mit. Es entstand eine Art Engpass auf dem Wohnungs- und Immobilienmarkt, der für die ganz hohen Herren in der Form gelöst wurde, dass andere ihnen ihr Haus abtreten mussten. So entstand aus dem Wort *livrer* die Bezeichnung für den Wohnsitz der Kardinäle in Avignon und Villeneuve: große, oft luxuriöse Residenzen mit zahlreichen Nebengebäuden. Meist waren sie um einen Hof herum angeordnet, den man durch ein betürmtes Portal erreichte. Von außen machten die Livrées durchaus den Eindruck einer Festung, nachts wurde zudem das Portal verbarrikadiert. Mittelpunkt war der Audienz- und Festsaal, der *Grand Tinel,* an den sich eine private Kapelle anschloss. Die meisten der Livrées Villeneuve sind heute verschwunden, die restlichen erfuhren im Laufe der Zeit so viele Veränderungen, dass keine originale Livrée mehr zu besichtigen ist (siehe dazu die Hinweise im Rundgang).

In dieser Zeit (1333) stiftete der Kardinal *Arnaud de Via* das Kollegiat Notre-Dame, dem er seine eigene Livrée zur Verfügung stellte. 1356 tat der ehemalige Kardinal *Pierre Aubert* dasselbe mit der seinen und gründete das Kartäuserkloster Val de Bénédiction, die **Chartreuse.** Als Papst *Innozenz VI.* ließ er sich hier später in einem prächtigen Grabmal bestatten.

Doch war das 14. Jahrhundert nicht nur ein goldenes Zeitalter. Auch Villeneuve musste sich vor Bedrohungen wie der Pest und den umherziehenden Söldnerheeren schützen. Dafür bot sich nichts besser als der Mont Andaon an. Ab 1362 entstand hier die **Festung St. André.** Auch das Kartäuserkloster umgab sich mit einer befestigten Mauer.

Trotz allem war die Stadt im **Aufschwung** begriffen, nicht einmal der Abzug der Päpste aus Avignon konnte das aufhalten. Selbst nach den Religionskriegen blühte Villeneuve schnell wieder auf, bis heute sichtbar an den schönen Privathäusern des 17. und 18. Jh. Villeneuve wurde abermals zum Refugium der hohen Avignoneser Gesellschaft.

Die **Revolution** ließ nicht nur die blühenden Klöster der Stadt verschwinden, sondern beraubte sie auch aller Vorrechte. Die hier stationierte königliche Garnison zog ab – und Villeneuve sank zu Bedeutungslosigkeit herab.

Heute folgen wieder viele betuchte Avignoneser dem Beispiel der Kardinäle oder Adligen und siedeln an den Hängen der hübschen Vorstadt.

220pr Foto: bm

Sehenswertes

Die Monumente Villeneuves gehören zum System eines **Entdeckerpasses,** mit dem die Eintrittspreise verbilligt werden. Näheres unter „Avignon, Sehenswertes". Erhältlich ist der Pass bei den Fremdenverkehrsämtern.

Die Chartreuse

Das beeindruckendste Monument Villeneuves ist zweifellos die Chartreuse du Val-de-Bénédiction. Doch kann man Gefahr laufen, sie zu verfehlen, versteckt sie doch ihre Pracht hinter den Häuserfassaden der Rue de la République. Von dort führt ein unscheinbarer Eingang zunächst auf den platanenbestandenen Cours des Femmes (so genannt, weil Frauen der weitere Zugang versagt blieb).

Fast wie ein Fremdkörper erhebt sich hier das tatsächliche **Portal** des Klosters in Gestalt eines aufwendigen Barocktors von *François Royers de la Valfenière* (1649). 1991 wurde es hervorragend restauriert. Nach den Originalplänen von 1644 kamen dabei Figuren der heiligen Jungfrau und des heiligen Bruno hinzu sowie des Gründers, *Innozenz' VI.* Sie wachen gestreng über dem Eingang des Klosters, während man beim Verlassen Fratzen ins Gesicht sieht neben steinernen Löwen, die gierig die Stoffdrapierung verschlingen ...

Es schließt sich die **Maulbeerbaumallee** an (Allée des Mûriers). Links davon lagen einst die Apotheke, einige Mönchszellen, die Bibliothek und die Zelle des Priors und seines Vertreters. Besuchen kann man sie heute nur, wenn man zur Verwaltung, dem Büro des Kulturzentrums, in die Buchhandlung oder zum Empfang möchte. Hier beginnt der eigentliche Rundgang.

Die gotische **Klosterkirche,** 1358 geweiht, ist sehr schlicht, vor allem von außen. Sie hat drei Joche, das westliche mit seinen Kapellen kam 1372 hinzu. Im Grunde ist sie einschiffig mit spitzbogigem Rippengewölbe. Jedoch wirken die drei Kapellen an der Südseite (ab 1360) wie ein zweites Schiff. In der letzten, der Dreifaltigkeitskapelle, ruht **Innozenz VI.** in seinem prächtigen **Grabmal.** Unter einem hohen Baldachin, der an gotische Kathedralen erinnert, liegt die gemeißelte Figur des Papstes. Bekrönt wird das Ganze von drei offenen Tabernakeln mit Figuren von Christus, Petrus und Paulus. Es gab ursprünglich noch viele weitere Figuren, heute alle zerstört oder verloren. Während der Revolution soll der Sockel des Papstgrabes gar zum Kaninchenstall geworden sein. *Prosper Mérimée* verdankt man, dass das Kunstwerk wenigstens in diesem Zustand erhalten ist.

221pr Foto: bm

Neben der Kapelle öffnet sich – an Stelle des Chores – nur noch ein großes Loch. Dafür entschädigt der schöne Blick auf das Fort St. André.

Das Portal des Klosters Chartreuse

Kleiner Kreuzgang

Auf der Nordseite der Kirche liegen nun zwei Kreuzgänge. Der fast quadratische **kleine Kreuzgang** (1353–56) war seinerzeit mit schönen Fresken ausgemalt, welche die Zeit leider nicht überdauert haben. Bewusst zerstört wurden im 18. Jh. dann auch die schönen Steinmetzarbeiten, welche die Sockel des Spitzbogengewölbes zierten. Die Mönche erlagen offensichtlich dem Geschmack der Zeit und ersetzten sie durch „moderne" Stuckornamente.

Der Kreuzgang ist umgeben vom ehemaligen Speisesaal *(Grand Tinel* oder Refektorium), der Sakristei, der Schatzkammer und dem Kapitelsaal. Dahinter, erreichbar über einen kleinen Hof, saß der Friseur, um den Mönchen die Tonsur zu schneiden.

Der **große Kreuzgang** ist nicht nur größer, sondern vor allem viel länger als der vorherige. Zwar stammt auch er aus der Anfangszeit des Klosters, wurde aber im 17. oder 18. Jh. erneuert. Rundherum (wie auch um den dritten Kreuzgang St. Jean) lebten die Mönche. Jeder für sich in einer eigenen Zelle. Hier wurde gebetet, gearbeitet und selbst gespeist, denn nur an Sonn- und Feiertagen aß man gemeinsam. Um die dauernde Einsamkeit oder zumindest das ständige Alleinsein zu ertragen und die zugeteilten Arbeiten zu meistern, hatte jeder Bruder ein privates Gärtchen, das er selbst bestellte. Eine dieser zweietagigen Zellen ist zu besichtigen.

In der an den Kreuzgang grenzenden **Kapelle des Grand Tinel** sind die Wandmalereien aus der Mitte des 14. Jh. zu einem großen Teil erhalten. Sie zeigen Szenen aus dem Leben Johannes des Täufers, die Kreuzigung und verschiedene Heilige. Wahrscheinlich stammen sie von *Matteo Giovanetti,* der auch den Papstpalast mit Fresken ausmalte.

Nach einem Brand des Klosters 1365 entstand der dritte **Kreuzgang St. Jean,** renoviert im 17. Jh. In seine schön renovierten Mönchszellen ziehen sich heute Künstler zum Arbeiten zurück.

Seit 1973 nämlich hat die Chartreuse zu einer neuen Bestimmung gefunden. Seitdem ist sie ein Kulturzentrum, verwaltet von dem *Centre International de Recherche, de Création et d'Animation (C.I.R.C.A.).* Und seit 1991 beherbergt sie das *Centre National des Écritures du Spectacle (C.N.E.S.),* ein Zentrum dramatischer Kunst in Theorie und Praxis.

● **La Chartreuse,** Tel. 04.90.15.24.24. Öffnungszeiten: Oktober bis März 9.30–17.30 Uhr, April bis September 9–18.30 Uhr, Führungen (eine Stunde) nach Vereinbarung. Eintritt 6,10 €, ermäßigt 4,10 €.

Weiteres Sehenswertes

Zurück auf der Rue de la République entdecken wir in der Nummer 53 die **Livrée des Kardinals Pierre de Thurry** oder de la Thurroye (Ende 14. Jh.). In ihrem Hof steht die **Chapelle des Pénitents Gris** (Kapelle der Grauen Büßer) aus dem 17. Jh., umgebaut in der Mitte des 18. Jh. von *Jean-Baptiste Franque.* Die Livrée selbst, stark verändert übrigens, kann man nur von außen bewundern.

Das Innere der ehemaligen Livrée des *Kardinals de Pampelune* (Nr. 3) ist jedoch zugänglich, da sie seit 1987 das **Musée Municipal Pierre de Luxembourg** beherbergt (der Namensgeber starb hier 1387). Das Museum besitzt eine bedeutende Sammlung von Werken der Avignoneser Schule und religiöser Malerei der Provence des 17. Jh. Tatsächlich ist hier sogar das Hauptwerk der Schule von Avignon zu sehen, die **„Marienkrönung" von Enguerrand Quarton.** Er malte es um 1453/54 für die Chartreuse, wo wiederum *Prosper Mérimée* es 1834 aufstöberte. Im Zentrum des symmetrisch angelegten Bildes steht die Muttergottes, die von der Dreieinigkeit gekrönt wird. Zu beiden Seiten sind Engel, Patriarchen, Propheten, Apostel, Märtyrer und Heilige versammelt. Am unteren Bildrand sieht man das Weltgericht, ein Fels trennt Erlöste und Verdammte. Darüber liegen in einer Landschaft zwei Städte, links Rom und rechts Jerusalem, ähnlich wie Avignon und Villeneuve einander gegenüber.

Bemerkenswert sind auch zwei **Elfenbeinmadonnen** aus dem 14. Jh. Zwar hat die eine gleich zwei Gesichter zu bieten, dennoch ist die andere kostbarer: Ihre zarte, fein bemalte Gestalt ist gekrümmt, da sie aus einem einzigen Elefantenstoßzahn geschnitzt wurde. Selbst heute besticht ihr inniger Ausdruck, man versteht, weshalb sie als ein Meisterwerk gotischer Bildschnitzerei gilt.

● **Musée Municipal Pierre de Luxembourg,** 3, Rue de la République, Tel. 04.90.27.49.66. Öffnungszeiten: Oktober bis März 10–12 Uhr und 14–17 Uhr, April bis September 10–12.30 und 14–18.30 Uhr. Montags geschlossen. Eintritt 3 €, ermäßigt 1,90 €.

Übrigens war die Elfenbeinmadonna ein Geschenk des Kardinals *Arnaud de Via* an das von ihm gegründete Kollegiat Notre-Dame. Es liegt gleich neben dem Museum in seiner ehemaligen Livrée, die er dafür umbauen ließ. Der Hof wurde zum Kreuzgang, daneben entstand die Kollegiatskirche (ab 1333), heute **Pfarrkirche Notre-Dame.** Die einschiffige Kirche im nüchternen, beinah schwerfälligen Stil der provenzalischen Gotik besitzt einen massiven, wehrhaften Turm. Ursprünglich gehörte er gar nicht zur Kirche und hatte unten einen Durchgang zu einem öffentlichen Platz. Gegen den Widerstand der Bürger erlangten die Kanoniker um 1350 das Recht, die Passage zu vermauern und hier den Chorraum ihrer Kirche anzulegen. In einer der Seitenkapellen steht das Grabmal *Arnaud de Vias.*

● **Kirche Notre Dame,** Rue de la République/Ecke Rue de l'Hôpital. Öffnungszeiten wie das Museum. Eintritt frei.

Ein kleiner Spaziergang über die Rue de l'Hôpital und die Montée de la Tour führen zu einem weiteren, jedoch viel bedeutenderen Wehrturm, dem **Tour Philippe le Bel** (1293–1307). Zinnenbekrönt erhob sich das massige, quadratische Bollwerk auf seinem Felsen, wo einst die Brücke von Avignon endete, direkt am Fuß des Turmes. Umgeben von einem Kastell, heute längst verschwunden, sollte es

223pr Foto: bm

Tour Philippe le Bel –
die Besteigung lohnt sich wegen
des schönen Ausblicks über Avignon

dem auf deutschem Reichsgebiet liegenden Avignon eine deutliche Warnung sein. Damals hatte es nur zwei Geschosse, wirkte also gedrungener als der heutige Bau (39 m hoch), dessen Obergeschoss und Wachturm wohl gleichzeitg mit der Festung St. André entstanden (um 1360). Heute besucht man in den schön überwölbten Räumen im Innern Ausstellungen, und von der Plattform hat man den klassischen Blick auf das längst nicht mehr feindliche Avignon.

•**Tour Philippe le Bel,** Montée de la Tour, Tel. 04.32.70.08.57. Öffnungszeiten wie das Museum. Eintritt 1,60 €, ermäßigt 0,90 €.

Nur ein paar Schritte von hier zeugt die **Livrée des Kardinals de Déaux** von einem einst blühenden Stadtviertel, das ebenfalls auf *Philipp den Schönen* zurückgeht. Im 15. Jh. schon wurde es zum Hôtel des Monnaies (Münzamt) umfunktioniert.

Auf dem Weg zur Festung (Montée du Fort) begegnet man einer weiteren, sehr gut erhaltenen Livrée, der des *Kardinals Rossi de Giffone,* mit einer gewaltigen Vorderfront und einem Turm.

Der 4 m breite und 10 m lange Eingang zum **Fort St. André** ist von zwei mächtigen Türmen (Zwillingstürmen) flankiert. Zusätzlich geschützt war er durch zwei Pforten und ein Fallgitter. Die Außenmauer des Forts mit mehreren Türmen beschrieb keine feste geometrische Form wie sonst üblich, sondern passte sich vielmehr dem Gelände an und konnte so den Felsen optimal zur Verteidigung nutzen. Die Südwest-Ecke schützt die massige Tour des Masques aus dem 16. Jh. mit einer Kanonenplattform. Für die damalige Zeit galt die Festung St. André als sehr modern und schwer einzunehmen. Im Grunde war das Bollwerk jedoch vergebens gebaut worden – nicht ein einziges Mal wurde es belagert. Als die Provence im 15. Jh. an Frankreich fiel, war seine militärische Funktion als Vorposten gegen das deutsche Reich ohnehin obsolet.

Von der mittelalterlichen **Abtei St. André** im Innern des Forts, vollständig erneuert im 17. Jh. und zerstört während der Revolution, ist kaum mehr etwas erhalten. Sehenswerter sind die 1960 von *Elsa Koeberlé* wiedererschaffenen **italienischen Gärten,** die sich weit und in Stufen den Berg heraufziehen. Nicht nur wegen ihres Blicks auf Avignon gilt diese Parkanlage als eine der schönsten der Provence.

• **Fort St. André,** Chemin Bourg St. André, Tel. 04.90.25.45.35 (Fort), 90.25.55.95 (Abtei). Öffnungszeiten des Forts: Oktober bis März 10–13 Uhr und 14–17 Uhr, April bis September 10–13 Uhr und 14–18 Uhr. Eintritt ca. 4 €, ermäßigt 2,50 €. Öffnungszeiten der Gärten: Oktober bis März 10–13 und 14–17 Uhr, April bis September 10–13 und 14–18 Uhr. Eintritt 4,60 €, ermäßigt 3,10 €.

Praktische Hinweise

Information

• **Office de Tourisme,** 1, Place Charles-David, 30400 Villeneuve-lès-Avignon, Tel. 04.90.25.61.33, Fax 04.90.25.91.55, www.villeneuvelezavignon.fr.

Hotels

• **Hostellerie Le Prieuré******/€€€€€, 7, Place du Chapître, Tel. 04.90.15.90.15, Fax 04.90.25.45.39, www.relaischateaux.fr. Teils untergebracht in der ehemaligen Livrée des Kardinals *Arnaud de Via,* teils in einem Neubau der 1980er Jahre (mit weniger schönen Zimmern), bietet dieses charmante Luxushotel eine entspannte Atmosphäre, italienische Gärten und einen weiten Park. Mit Schwimmbad und Tennisplätzen.

Im **Restaurant** genießt man klassisch-französische und provenzalische Küche der Spitzenklasse. Man speist in einem stilvollen Gewölbesaal oder auf der hübschen Gartenterrasse. Menü ab 36 € (mittags) bzw. 60 € (abends).

• **L'Atelier****/€€€, 5, Rue de la Foire, Tel. 04.90.25.01.84, Fax 04.90.25.80.06, www.hoteldelatelier.com. Komfortable, ruhige Zimmer in einem Gebäude des alten Villeneuve (16. Jh.). Mit sehr schönem, begrüntem Innenhof.

• **Hotel-Restaurant Les Cèdres****/€€€, 39, Avenue Pasteur, Tel. 04.90.25.43.92, Fax 04.90.25.14.66. Schönes, altes Bourgeois-Haus, ca. 2 km vom Stadtzentrum gelegen, mit großem Park und Schwimmbad. Menüs ab ca. 22 €.

Camping

• **Camping municipal de la Laune*****, Chemin St. Honoré (in der Nähe des Forts), Tel./Fax 04.90.25.76.06. Ruhig, schattig und sehr grün mit angenehm großen Stellplätzen. Die gut ausgestatteten sanitären Anlagen eignen sich für Behinderte. Mit Schwimmbad und Tennisplatz. In der Nähe Haltestelle für den Bus nach Avignon. Geöffnet von April bis Mitte Oktober.

• **L'Ile des Papes******, „Campéole", L'Islon Ile des Papes, Tel. 04.90.15.15.90, Fax 04.90.15.15.91. Auf einer privaten Rhône-Insel (zwanzig Hektar) vor Villeneuve wurde im Juni 1995 dieser hochmoderne, große (500 Stellplätze) Campingplatz eingerichtet. Auch Bungalows.

Jugendherbergen

• **Foyer International Y.M.C.A,** 7, Chemin de la Justice, Tel. 04.90.25.46.20. Die Jugendherberge ist in einem vollständig renovierten Gebäude untergebracht und bietet einen schönen Blick auf Avignon. Mit Schwimmbad. Ganzjährig geöffnet. Übernachtung mit Frühstück ca. 22–40 €.

Restaurants

• **Aubertin,** 1, Rue de l'Hôpital, Tel. 04.90.25.94.84. Französische und provenzalische Küche, zubereitet mit viel Ideenreichtum und besten Zutaten. Stilvoller Speiseraum und Terrasse unter alten Arkaden. Menü ab 35 € (mittags).

• **Le St. André,** 4 bis, Montée du Fort, Tel. 04.90.25.63.23. In ihrem rustikal-gemütlichen Restaurant bietet *Monsieur Charpin* traditionelle provenzalische Spezialitäten an. Menü ca. 17–23 €.

225pr Foto: bm

In den Italienischen
Gärten der Abtei St. André

- **La Maison,** 1, Rue Montée-du-Fort, Tel. 04.90.25.20.81. Dieses hübsch eingerichtete Restaurant bietet ein hervorragendes Preis-Leistungsverhältnis, jedoch keine typische Provence-Küche, sondern vor allem Spezialitäten des Südwestens. Menü ab ca. 20 €.

Märkte und Feste

- **Wochenmarkt,** donnerstags (Place Charles David); samstags (Place Jean Jaurès).
- **Antiquitäten- und Trödelmarkt,** samstagmorgens.
- **Villeneuve-en-scène,** Theater- und Musikfestival, Pendant zum Festival d'Avignon), im Juli/Anfang August.
- **Fête votive,** Volksfest mit Boule-Wettbewerb, Abrivado (siehe Exkurs Stierkampf) und Folklore. Ende Juli/Anfang August.

Kreuzfahrten auf der Rhône

- **Bâteau Odyssée,** Berge du Rhône, Quartier du Vieux Moulin, Tel. 04.90.49.86.08. Angeboten werden neben einer Vielzahl von Zielen (Roquemaure, Châteauneuf-du-Pape, Avignon, Arles, Tarascon, St. Gilles, Aigues-Mortes) auch Touren inklusive Menüs.

Anreise/Weiterreise

- **Mit dem Auto:** Autobahn: A 7 - Ausfahrt Avignon Süd, A 9 - Ausfahrt Roquemaure oder Remoulins. Landstraße: Die N 100 führt westlich nach Remoulins und zum Pont du Gard. Südlich über die D 2 geht es nach Tarascon und Beaucaire, nördlich (D 980, D 0976) nach Orange.
- **Mit der Bahn:** Linie Paris–Lyon–Montpellier, Linie Paris–Lyon–Marseille oder Linie Montpellier–Nîmes–Avignon.
- **Mit dem Bus:** Täglich sehr viele Verbindungen nach Avignon bis etwa 20 Uhr (Linie 11, Abfahrt vor dem Office de Tourisme).
- **Mit dem Boot:** Im Juli und August verkehrt sechsmal täglich ein Schiff zwischen Villeneuve (Tour Philippe-le-Bel) und Avignon (Allée de l'Oulle).

Die Alpilles

Überblick

Sie gelten als das Herz der Provence. Geographisch, weil sie in der Mitte liegen. Kulturell, weil sie die Heimat *Mistrals* sind und weil es hier war, wo *van Gogh* seiner Vorstellung von der Provence ewiggültigen Ausdruck verlieh. Landschaftlich, weil sie die Gegensätze der ganzen Region vereinen – schroffe Felsen und sanfte, durch Zypressenhecken gegliederte Felder. Touristisch, weil sie herrlich unauffällig Ursprünglichkeit bekunden, wo sie doch die beste Infrastruktur der Region bieten.

Markt in den Alpilles

226pr Foto: bm

249pr Foto: bm

Wer bei Tarascon die Rhône überquert, fühlt sich angekommen im Land seiner Träume. Neben unendlichen Alleen gleiten Ölbäume und Weinfelder vorbei, dazwischen immer wieder ein alter Mas unter riesigen Platanen. Saint-Rémy, der viel besuchte Hauptort, bewahrt ungerührt von allen Touristen den ganzen Charme einer provenzalischen Kleinstadt - ein Schauspiel, zum Teil, aber auch ein Stück echter Lebenskunst. Das Gebirge selbst, das dem Landstrich den Namen gab, ist mit 500 Metern Höhe maßvoll wie alles hier. Und doch entfaltet es sich so bizarr und zerklüftet und so bedeutungsvoll mit der gewaltigen Festung von Les Baux, als wolle es einen spannenden Kontrast inszenieren zu all der Lieblichkeit. Dass römische Monumente und romanische Kapellen nicht fehlen, dass das Olivenöl am besten ist und die Märkte am schönsten sind, sei am Rande vermerkt.

Tarascon

↗ IX/C2

Tarascon passiert man, um anderswo zu bleiben. Das Tor zu den Alpilles wirkt auf den ersten Blick nicht gerade einladend mit ständigem Stau auf der Durchgangsstraße und dem penetranten Gestank der benachbarten Papierfabrik. Und doch ist Tarascon eine Entdeckung wert.

Da sind zunächst die beiden Symbolfiguren, Tarasque und Tartarin. **Tarasque,** jener legendäre Drachen, der im Uferdickicht der Rhône hauste und harmlose Spaziergänger verschlang, ist eines der bekanntesten Fabelwesen der Provence – Symbol des Heidentums oder einfach der Vernichtungskraft der Rhône. Die heilige Martha soll es mit einem Kreuzzeichen gebannt und dann den Tarasconesern zur Steinigung vorgeführt haben. Tarasque ging ins Stadtwappen ein, und die Gebeine der Martha in die nach ihr benannte Kirche. Im 19. Jh., als der einst bedeutende Brückenkopf längst in Provinzialismus erstarrt war, schuf *Alphonse Daudet* seinen **Tartarin de Tarascon,** den Romanhelden, der die Tarasconeser in ganz Frankreich zum Urbild des provenzalischen Hinterwäldlers stilisierte.

Blick auf die Montagnette

Sehenswertes

Tarascon wird beherrscht von der hoch über der Rhône aufragenden **Burg.** Sie gilt als Schloss des guten Königs *René,* der aber nur den um 1400 von seinem Vater begonnenen Bau vollenden und reich dekorieren ließ. Von außen ganz mittelalterlicher Wehrbau, geschützt durch die Rhône und tiefe Wassergräben, mit strengen, hohen Fassaden und Türmen, zeigt sich im Inneren die Nähe zur Renaissance. Man passiert zunächst die Brücke, dann einen Vorhof mit drei Türmen und überwindet einen weiteren Graben, bevor man das eigentliche Schloss mit dem Ehrenhof erreicht. Begrenzt durch mehr als 45 Meter hohe Seitenflügel, überrascht er mit einer reichen Dekorierung. Bemerkenswert ist vor allem die prächtige Treppe und der Eingang zur unteren Kapelle im gotischen Flamboyant-Stil. Der Nordflügel, der Rhône zugewandt, besteht aus drei Stockwerken mit jeweils einem großen Saal. Darin befindet sich eine Sammlung wertvoller Wandteppiche aus dem 17. Jh. zu den Eroberungen *Scipios.* Im mittleren Geschoss sind „Graffiti" erkennbar, Wandkritzeleien von britischen Soldaten, die hier im 18. Jh. gefangen waren. Sie erinnern daran, dass das Schloss nach dem Anschluss der Provence an Frankreich zu einem Gefängnis verkam. In der Revolutionszeit saßen Jakobiner ein; sie wurden erdolcht und in die Rhône geworfen. Man mag sich daran erinnern, wenn man von der großen Panoramaterrasse den Blick auf die

228pr Foto: bm

Rhône zur einen Seite, über die Stadt und die Alpilles bis zum Luberon zur anderen Seite genießt.

● **Château de Tarascon,** Boulevard du Roi René, Tel. 04.90.91.01.93. Öffnungszeiten: April bis September: 9–19 Uhr. Oktober bis März: 10.30–17 Uhr. Eintritt 6 €.

Greifbar nah liegt das zweite große Monument Tarascons, die **Kirche Ste. Marthe.** Ursprünglich ein Wiederaufbau aus dem 12. Jh., wurde sie im gotischen Stil verändert, schließlich im Zweiten Weltkrieg beschädigt. Romanisch ist noch das südliche Portal. In der Krypta - auch sie stark verändert, diesmal im 17. Jh. - hat man noch römische Mauerreste entdeckt. In einem aufwendigen Marmorsarkophag aus dem 3. Jh. sollen sich die schon erwähnten Gebeine der heiligen Martha befinden.

Verschlafen, aber nicht ohne Reiz ist die **Altstadt.** Zwischen Kirche und Rue des Halles sind einige schöne Hôtels particuliers erhalten. Die malerische **Rue des Halles** selbst mit spätmittelalterlichen Arkaden, einst den Fleisch- und Fischverkäufern zugedacht, führt zum **Hôtel de Ville** aus dem Jahre 1648, dessen herrliche Fassade jüngst restauriert wurde.

Innenhof der Burg

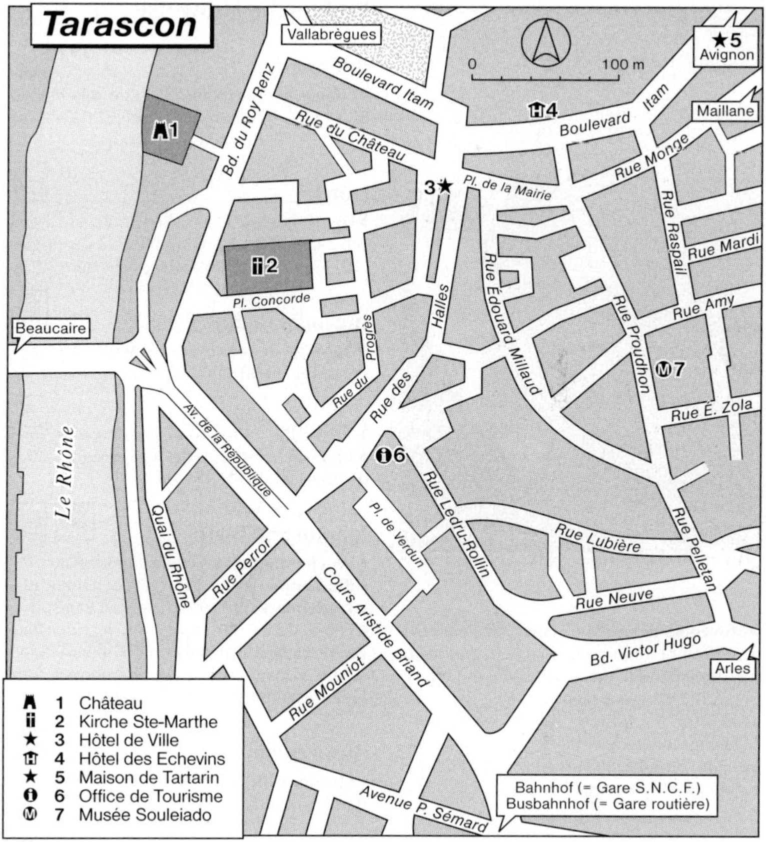

Museen

● **Maison de Tartarin:** Eigentlich kein richtiges Museum, sondern eine amüsante Nachbildung der Welt des Tartarin. Dabei hat das Haus nicht etwa *Daudet* zu seiner Figur des überdrehten Kleinbürgers inspiriert, es wurde einfach nach Tartarin benannt, nach dem Motto: Wenn *Daudet* uns schon den Spott bescherte, so wollen wir wenigstens den Profit einstecken. Wer *Daudets* Geschichte nicht kennt, wird das Ganze albern finden.

Maison de Tartarin, 55 bis, Boulevard Itam, Tel. 04.90.91.05.08. Öffnungszeiten: 15.4.–14.9. tägl. außer Mittwoch und Sonntag 9.30–12 und 14–19 Uhr, 15.9.–31.10. und 1.4.–14.4. tägl. außer Mittwoch, Samstag und Sonntag 9.30–12 und 14–18 Uhr. Eintritt ungefähr 2 €.

230pr Foto: bm

Blick von der Burg

- **Musée Souleiado:** Im Stammsitz der Firma, weltbekannt für ihre prachtvollen, teuren Tuche, befindet sich dieses Museum mit erlesenen Ausstellungsstücken.

39, Rue Proudhon, Tel. 04.90.91.50.11. Öffnungszeiten: Mai bis September täglich 10–18 Uhr. Oktober bis April täglich außer sonntags und montags 10–17 Uhr; Eintritt ca. 6 €.

Praktische Hinweise

Information

- **Office de Tourisme,** 59, Rue des Halles, BP8 13151 Tarascon, Tel. 04.90.91.03.52, Fax 04.90.91.22.96. www.tarascon.org.

Hotel

- **Des Echevins*****/€€€, 26, Boulevard Itam, Tel. 04.90.91.01.70. Gemütliches, gepflegtes Hotel in einem schönen Haus aus dem 17. Jh.

Jugendherberge

- **Auberge de Jeunesse,** 31, boulevard Gambetta, Tel. 04.90.91.04.08.

Camping

- **Tartarin****, Route de Vallabrègues, Tel. 04.90.91.01.46.

Märkte und Feste

- **Wochenmarkt,** am Dienstagmorgen.
- **Blumenmarkt,** am Pfingst-Wochenende.
- **Trödelmarkt,** an jedem zweiten Samstag.
- **Fêtes de la Tarasque,** am letzten Juni-Wochenende, Spektakel mit Folklore, Stierkampf, Konzerten und dem berühmten Straßenumzug mit dem Monster Tarasque.

Autoverleih

- **Eurorent Tourisme,** Route de Maillane, Tel. 04.90.91.05.15.

Fahrradverleih

- **Camping Tartarin,** Route de Vallabregues, Tel. 04.90.91.01.46.

Anreise/Weiterreise

- **Mit dem Bus:** Abfahrt der Busse vor dem Bahnhof, siehe dort. Verbindungen nach Avignon, Nîmes, Arles und St. Rémy.
- **Mit der Bahn:** Gare SNCF, place du Colonel Berrurier, Tel. 04.90.91.59.06.
- **Mit dem Boot:** Capitainerie, Tel. 04.66.59.02.17.

St. Rémy

⇗IX/D2

St. Rémy ist wie die Wirklichkeit gewordene Idealvorstellung eines Provenceortes. Ein Boulevardring mit hohen Platanen umschließt enge Gassen und malerische Plätze, ungezählte Cafés, Restaurants und Geschäfte dienen nur dem einen Zweck: den Mythos einer Provence voll alltäglicher Lebenskunst zu entfalten. Klein und überschaubar, inmitten blühender Natur, dabei mit fast städtischer Kultur, hebt dieser Hauptort der Alpilles die Grenzen von Dorf und Stadt in sich auf. St. Rémy ist ein Touristenort, gewiss, aber einer, der nur die Annehmlichkeiten und nicht die Auswüchse bietet, einer, der verkauft, was er selber lebt: den Traum von Ursprünglichkeit und Lebensgenuss.

Geschichte

St. Rémy selbst ist ein relativ junger Ort. Umso älter ist aber sein Vorgänger **Glanum.** Dieses zunächst keltische Quellheiligtum wurde im 3. Jh. v. Chr. zu einer keltisch-griechischen Handelsstadt, dann, ab ungefähr 120 v. Chr., zu einer römischen Provinzstadt. Diese wichtige Siedlung geriet, möglicherweise unter dem Einfluss der Völkerwanderung, in Vergessenheit und verschwand schließlich ganz. Gleich daneben entstand dann St. Rémy. (Zu Glanum siehe unter „Sehenswertes".)

232pr Foto: bm

Markt von St. Rémy

Sehenswertes

Der schöne **Boulevardring,** der im 18. Jh. die Stadtmauer ersetzte, ist wie die angrenzende **Place de la République** von Cafés und Geschäften gesäumt. Dem Platz gegenüber entdeckt man die **Kirche Saint-Martin** aus dem 19. Jh., die wie eine vage Imitation der römischen Peterskirche anmutet und entsprechend deplatziert wirkt. Umso mehr besticht die Altstadt, die sich hinter diesem kühlen Monument öffnet, durch ihre Atmosphäre. In der engen Rue Hoche kam 1503 **Nostradamus** zur Welt; das Haus selbst steht allerdings nicht mehr. An den Astrologen erinnert ein Brunnen an der Ecke von Rue Carnot und Rue Nostradamus.

Julierrmonument

Im Mittelpunkt der Altstadt liegt die **Place de la Mairie;** das Rathaus selbst ist in einem ehemaligen Kloster untergebracht. An der **Place Favier** finden sich zwei sehenswerte Hôtels particuliers: Das Hôtel de Sade aus dem 15. Jh. und das Renaissancegebäude Hôtel des Mistral de Mondragon aus dem 16. Jh., das um einen sehenswerten Innenhof mit schöner Treppe herum gebaut ist (beide Häuser beherbergen Museen, siehe dort).

Die großen kunsthistorischen Attraktionen von St. Rémy liegen südlich des Ortes an der Landstraße nach Les Baux: Die wunderbar erhaltenen römischen Monumente Les Antiques; gegenüber, auf der anderen Seite der Straße, die Reste der keltisch-griechisch-römischen Stadt Glanum und, wenige hundert Meter entfernt, das Kloster St. Paul-de-Mausole, in dem sich *Vincent van Gogh* behandeln ließ.

Les Antiques

Auf diesem schon sehr früh, wahrscheinlich um 500 v. Chr. besiedelten Plateau errichteten die römischen Eroberer zwei Denkmäler, die gleichsam den Zugang zur unmittelbar benachbarten Handelsstadt Glanum wiesen und jedem Reisenden – hier verlief die Via Domitia – römische Größe und Macht nachdrücklich in Erinnerung riefen: den Ehrenbogen und das Juliermonument, ein *Kenotaph* (Leergrab). Beide entstanden um 25 v. Chr. und sind so dem augustäischen Klassizismus zuzuordnen.

Dem eintorigen **Ehrenbogen** fehlt die so genannte Attika, ein brüstungsartiger Aufbau, mit der das Dach verdeckt werden sollte. Sie wurde im Laufe der Zeit zerstört; die Seiten hat man dann im 18. Jh. abgeschrägt. So wirkt dieses Monument seltsam unvollständig. Hinzu kommt, dass das Fundament teilweise bloßliegt.

Man entdeckt verschiedene Reliefs mit Darstellungen provenzalischer Motive wie Olivenzweige, Wein oder

Granatäpfel, außerdem gefesselte Figuren, die eingeborene Gallier darstellen, mithin vom Sieg *Caesars* künden.

Dem 18 Meter hohen **Juliermonument** fehlt dagegen nur ein Pinienzapfen auf der Kuppel; es ist damit das besterhaltene römische Denkmal in der ganzen Provence, vergleichbar allenfalls mit der Maison Carré in Nîmes. Wie diese ist das Juliermonument ein Leergrab und erinnert wohl ebenfalls an die früh gestorbenen Enkel des Kaisers *Augustus*. Sie sind dargestellt als Statuen in der Kolonnade, welche die Kuppel trägt. Auf dem Gesims der mittleren Etage ist die Inschrift *Sex. L.M. IVLIEI C.F. PARENTIBUS SUEIS* zu lesen, die es erlaubt, die Bestimmung des Gebäudes zu identifizieren.

Die drei Geschosse bestechen durch außerordentlich reichen und virtuos ausgeführten plastischen Dekor. Ausgehend von einem quadratischen Grundriss erkennt man zunächst den Sockel, dann einen Aufbau in der Art eines doppelten Triumphbogens, schließlich einen korinthischen Rundbau mit pyramidenförmigem Aufsatz. Im Sockel finden sich hellenistisch inspirierte Schlachtendarstellungen, so der Kampf der Amazonen auf der Ostseite. Der Fries zwischen mittlerem und oberem Teil stellt griechischen Totenkult dar, etwa mit Meerestieren, die, der antiken Mythologie entsprechend, Verstorbene auf dem Weg in den Hades begleiten.

Glanum

Dieses große Ausgrabungsfeld bezieht seine einzigartige Faszination daraus, dass es nicht die Reste einer, sondern dreier Städte zeigt, ihre Tempel und Heiligtümer, ihre Kultur und Lebensweise. Sie macht so entdeckbar, wie in der antiken Provence Siedlungskulturen aufeinander folgten, sich überlagerten und gegenseitig befruchteten.

Glanum war zunächst eine **keltische Siedlung** an einer Quelle aus den Alpilles, oder genauer, das Quellheiligtum des keltischen Gottes Glan.

Im 3. Jh. v. Chr. entdeckten von Marseille aus die **Griechen** diese im Schutz der Alpilles und nah an wichtigen Handelsverbindungen so günstig gelegene Siedlung. Glanum wurde zur keltisch-griechischen Handelsstadt.

Später, ab etwa 120 v. Chr., wussten auch die römischen Eroberer die Lage an der Via Domitia zu schätzen – Glanum war nun **römische Provinzstadt.** Ungewiss ist das Ende dieser Siedlung wohl irgendwann in den Wirren der Völkerwanderung.

Jedenfalls geriet Glanum in Vergessenheit und wurde schließlich unter Geröllmassen der Alpilles begraben. Ein gänzlich neuer Ort – St. Rémy – entstand. **Ausgrabungen** von den zwanziger und vierziger Jahren des letzten Jahrhunderts an legten dann die heute sichtbaren Reste Glanums frei.

Modelle im Eingangsbereich der Anlage vermitteln eine Vorstellung, wie Glanum in den verschiedenen Epochen seiner Besiedlung ausgesehen hat. Mittels eines Plans lässt sich das Gelände erkunden; stets muss man dabei die sich überlagernden Reste der hellenistischen und der römischen Zeit unterscheiden.

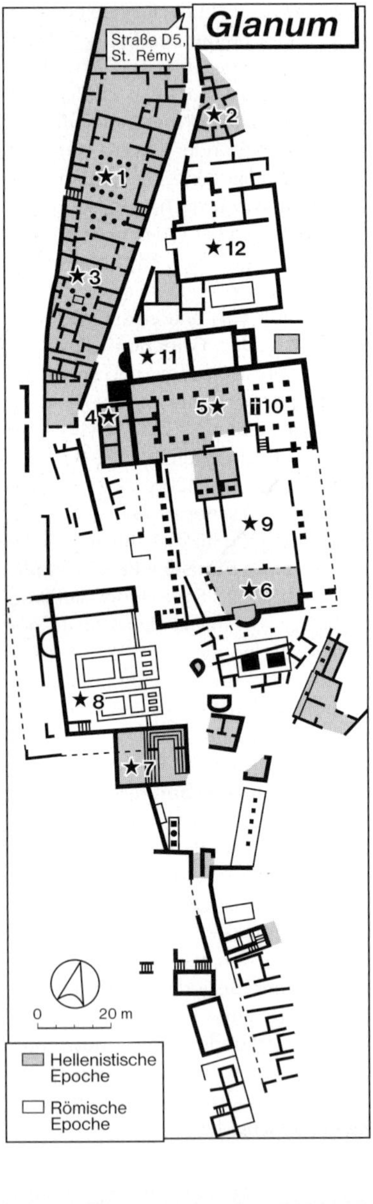

Hellenistische Epoche:

★ **1** Haus der Antes
★ **2** Haus der Epona
★ **3** Heiligtum von Cybèle und Atys
★ **4** Haus des Sulla
★ **5** Tempel
★ **6** Platz mit Steinplatten
★ **7** Bouleuterion

Römische Epoche:

★ **8** Gemini-Tempel
★ **9** Forum
10 Basilika
★ **11** Kurie
★ **12** Thermen

Eine Art Hauptstraße, **Rue des Thermes** genannt, durchquert das gesamte Gelände. Im unteren Bereich trennt sie eine Reihe von Wohnhäusern mit Atrium aus hellenistischer Zeit von den römischen Thermen, deren verschiedene Kammern gut erkennbar sind. Daran anschließend sind von den römischen Versammlungsorten, der Kurie und der Basilika, noch die Grundfesten erhalten, zwischen und unter denen nun wiederum griechische Reste auszumachen sind: das so genannte Sulla-Haus und ein Tempel. Diese Gebäudegruppe grenzt an das römische Forum, welches seinerseits einen älteren griechischen Platz teilweise überlagert.

Rechts der Hauptstraße finden sich Reste der **Gemini-Tempel,** teilweise rekonstruiert. Sie entstanden um 30 v. Chr. und ersetzten an dieser Stelle wohl einen griechischen Versammlungsraum.

Weiter südlich gab eine prächtige griechische Wehrpforte, die teilweise erhalten ist, den Zugang zum engen **oberen Teil Glanums** frei. Und hier findet sich das eigentliche Herz der Siedlung: die heilige Quelle der Kelten. Als solle dem Besucher die grandiose Begegnung der Kulturen in dieser antiken Provence noch einmal auf kleinstem Raum versinnbildlicht werden, liegt sie hinter einem römischen Tempel und ist zu erreichen über eine hellenistische Treppe. Gleich gegenüber erhebt sich der heilige Berg der Kelten, von dem aus sich das gesamte Glanum wunderbar betrachten lässt.

●**Öffnungszeiten:** April bis September: 9–19 Uhr, Oktober bis März: 9–12 Uhr und 14–17 Uhr. Eintritt 6 €.

Kloster St. Paul-de-Mausole

In diesem schon in karolingischer Zeit gegründeten Kloster wurde im 19. Jh. ein Irrenhaus eingerichtet, das heute noch besteht. Sein berühmtester Patient war 1889/90 **Vincent van Gogh.** Nachdem er sich in Arles ein Ohr abgeschnitten hatte, ließ er sich fast ein Jahr lang freiwillig hier behandeln. Glanum und Les Antiques gegenüber zeigte er völliges Desinteresse, umso mehr aber faszinierte ihn die Landschaft der Alpilles, die er in einer Reihe berühmter Bilder verewigte.

Sehenswert ist neben der **romanischen Kirche,** deren Fassade allerdings aus dem 18. Jh. stammt, vor allem der **romanische Kreuzgang.** Einige Kapitelle enthalten Figuren mit fantastischen Tieren. An *Vincent van Gogh* erinnert nur eine bronzene Büste.

236pr Foto: bm

●**Öffnungszeiten:** 8–12 Uhr und 14–18 Uhr. Eintritt 3,50 €.

Das Kloster ist Bestandteil der **Promenade sur les lieux peints par van Gogh,** eines Rundwegs, der zu Schaffensstätten des Malers führt – zu Olivenhainen, Felsen, Platanen.

Kloster St. Paul-de-Mausole

Museen

● **Dépot archéologique** (im Hôtel de Sade): Ein Besuch der Ausgrabungen von Glanum bleibt unvollständig ohne dieses Museum, dessen großartige Sammlung eine Fülle von Alltagsgegenständen und Kunstwerken aus Glanum enthält.

Place Favier, Tel. 04.90.92.64.04. Öffnungszeiten: Geführte Rundgänge von einer Stunde Dauer zu folgenden Zeiten: 26. März bis 30. Juni 10, 11, 14, 15, 16, 17 Uhr. Juli und August 10, 11, 14.30, 15.30, 16.30, 17.30, 18.30 Uhr. September und Oktober 10, 11, 14, 15, 16, 17 Uhr. November und Dezember 10, 11, 14, 15, 16 Uhr. Januar bis 25. März geschlossen. Eintritt: 2,50 €.

● **Musée des Alpilles Pierre-de-Brun** (im Hôtel Mistral de Montdragon): Dieses kleine Heimatmuseum ist besuchenswert schon wegen des schönen Gebäudes mit seinem Renaissance-Innenhof.

Place Favier, Tel. 04.90.92.08.10. Öffnungszeiten: 26. März bis 30. Juni 10–12 Uhr und 14–18 Uhr. Juli und August 10–12 Uhr und 15–20 Uhr. September und Oktober 10–12 Uhr und 14–18 Uhr. November und Dezember 10–12 Uhr und 14–17 Uhr. Januar bis 25. März geschlossen. Eintritt: 2,75 €.

● **Centre d'Art Présence Van Gogh** (im Hôtel Estrine): Ausstellungen und Dokumentationen zu Leben und Werk *Vincent van Goghs*. Rue Estrine, Tel. 04.90.92.34.72. Öffnungszeiten: Täglich außer montags 10.30–12.30 Uhr und 14.30–18.30 Uhr. Januar bis März geschlossen. Eintritt: ca. 3 €.

● **Donation Mario Prassinos** (Kapelle Notre-Dame-de-Pitié): Elf großformatige Bilder und eine Vielzahl weiterer Werke des griechischen Malers, der bis zu seinem Tod 1985 in Eygalières lebte. Avenue Durand-Maillane, Tel. 04.90.92.35.13. Öffnungszeiten: April bis Juni sowie September und Oktober: 14.30–18.30 Uhr. Juli und August: 10.30-12.30 Uhr und 15.30–19.30 Uhr. Im Januar geschlossen, sonst nach Vereinbarung. Eintritt: ca. 2,25 €.

Praktische Hinweise

Information

● **Office de Tourisme,** Place Jean Jaurès, 13210 St. Rémy-de-Provence, Tel. 04.90.92.05.22, Fax 04.90.92.38.52, www.saintremy-de-provence.com.

Unterkunft

Lage, Umgebung und der Ort selbst lassen St. Rémy als idealen Standort für Ausflüge in die gesamte Provence erscheinen, daher geben wir mehr Adressen an als gewöhnlich.

Hotels

● **Chateau des Alpilles******/€€€€€, Route départementale 31, BP 2, Tel. 04.90.92.03.33, Fax 04.90.92.45.17. Wenn Geld keine Rolle spielt ... dann ist dieses traumhafte Schloss erste Wahl. Ein richtiges Schloss aus dem 19. Jh., bei dessen Herren einst *Lamartine, Thiers* oder *Chateaubriand* zu Gast waren. Es liegt außerordentlich ruhig ein Stück außerhalb des Ortes in einem herrlichen Garten mit uraltem Baumbestand. Innen traditioneller Luxus à la française mit Stilmöbeln.

● **Hostellerie du Vallon-de-Valrugues******/€€€€€, Tel. 04.90.92.04.40, Fax 04.90.92.44.01. Der Konkurrent. Die Wahl ist Geschmackssache, und doch fühlen wir uns im Chateau des Alpilles besser aufgenommen: Wer intimere Gastfreundlichkeit kühlem Jet-Set-Gehabe vorzieht, diskreten Charme dem Vorzeigeluxus, das Edle dem bloß Teuren, dem wird es ebenso gehen. Schön ist dieses riesige, nobel umgebaute und ruhige Landhaus aber auch. Eine Frage des Stils.

● **Chateau de Roussan*****/€€€€, Route de Tarascon, Tel. 04.90.92.11.63, Fax 04.90.92.50.59. Noch ein Schloss, und aller Enthusiasmus für das Chateau des Alpilles sei, eine Kategorie niedriger, auf dieses Haus übertragen: Wunderbarer Park mit Zufahrts-Allee, schöne Zimmer, mitunter etwas abgeblättert. Der Service ist so gelassen wie alles hier. Nichts für Perfektionisten, aber überaus charmant.

●**Auberge Sant Roumierenco****/€€€, Route de Noves, Tel. 04.90.92.12.53, Fax 04.90. 92.45.83. Geschmackvolles, charmantes Hotel in einem alten Landhaus. Terrasse unter Platanen und Schwimmbad.
●**Villa Glanum****/€€, 46, Avenue Vincent van Gogh, Tel. 04.90.92.03.59, Fax 04.90.92. 00.08. Etwas außerhalb an der Straße nach Les Baux, mit Schwimmbad.
●**Auberge de la Reine Jeanne****/€€, 12, Boulevard Mirabeau, Tel. 04.90.92.15.33, Fax 04.90.92.49.65. Mitten im Ort, mit schönem Innenhof unter Blätterdach, gepflegte Zimmer in provenzalischem Dekor.
●**Ville Verte****/€, Place de la République, Tel. 04.90.92.06.14, Fax 04.90.92.56.54. Mitten im Ort, Zimmer teilweise schön möbliert, netter Service und kleines Schwimmbad.

Camping

●**Le Mas de Nicolas******, Avenue Théodore Aubanel, Tel. 04.90.92.27.05. Komfortabler, ruhiger Platz mit Schwimmbad.
●**Monplaisir****, Chemin de Monplaisir, Tel. 04.90.92.22.70 oder 04.90.92.12.91. Einfacher, teils schattiger Platz in ruhiger Lage.

Restaurants

●**La Maison Jaune,** 15, Rue Carnot, Tel. 04.90.92.56.14. Sehr schön eingerichtetes Restaurant mit provenzalischen Spezialitäten. Menu ab etwa 30 €.
●**La Gousse D'Ail,** 6, Boulevard Marceau, Tel. 04.90.92.16.87. Der Name verrät es: Provenzalische Küche, inklusive Bouillabaisse jeden Dienstag. Ab etwa 25 €.
●**Bistrot des Alpilles,** 15, Boulevard Mirabeau, Tel. 04.90.92.09.17. Typische Bistro-Küche und Atmosphäre – beides passt auf diesem Boulevard, der im Sommer zur Bühne wird. Ab etwa 24 €.

237pr Foto: bm

Heimatmuseum

Märkte und Feste

●**Wochenmarkt** am Mittwochmorgen; er zählt zu den schönsten der Provence.
●**Fête de la Transhumance** am Pfingstmontag: Schäfer durchqueren den Ort mit ihren Herden und stellen so den Aufbruch in die Berge nach.
●**Feria** am Wochenende um den 15. August, Stierkampf-Spektakel.

Fahrradverleih

●**Florélia,** M. Ferri, 35 Avenue de la Libération, Tel. 04.90.92.10.88.

Anreise/Weiterreise

●**Mit dem Auto:** Von Westen und Osten über die wunderschöne Alleenstraße D 99, von Avignon über die D 571.
●**Mit dem Bus:** Verbindungen von Tarascon und Avignon, siehe dort.

Les Baux ⇗IX/D3

„Man kommt von Saint-Rémy, wo die Provence-Erde lauter Felder von Blumen trägt, und auf einmal schlägt alles in Stein um" – treffender als *Rainer Maria Rilke* kann man den Kontrast zwischen der üppigen Ebene und der kargen Felslandschaft um Les Baux kaum charakterisieren. Eine riesige felsige Masse, ein gewaltiges Plateau, Häuser krallen sich fest darauf, Mauern, Tore, Kapellen, schließlich, am äußersten Rand, über allem, die Ruine der Burg. Ein Ort, unwirklich fast zwischen dem grünen, fruchtbaren Garten weit unten im Tal und dem harten, ungeheuren Blau des Himmels. Selbst der gewaltige Zustrom der Reisenden, der abschrecken mag, verblasst doch vor der Größe dieser Landschaft.

Geschichte

Es versteht sich fast von selbst, dass ein so ungewöhnliches Werk der Natur wie dieses Plateau in frühester Zeit schon besiedelt war. Der gewaltige Felsen ist reich an Grotten, in denen man Spuren vorgeschichtlicher Besiedlung gefunden hat. Die Festung am Rande des Plateaus entstand im 10. Jh.; sie ist das Werk der legendären Grafen *von Baux,* dieser ungeheuer mächtigen Familie, ebenso hochmütig wie streitlustig, die ihre Herkunft gern von einem der Weisen aus dem Morgenland ableitete. Der erste derer *von Baux* ist uns für das Jahr 950 bekannt. Jahrhundertelang blieb Les Baux nun im Besitz der Familie, bis 1372 *Raymond II.* als einzigen Erben die kleine Tochter *Alix* hinterließ. Ihr Vormund *Raymond de Turenne* riss das Erbe zeitweilig an sich und ging dank seiner Brutalität – Gefangene pflegte er vom Plateau aus in die Tiefe zu werfen – als „Geißel der Provence" in die Geschichte ein. Mit der kinderlosen *Alix* starb das Geschlecht von Baux 1426 aus. Der Besitz fiel kurz darauf an die Grafschaft der Provence und mit ihr dann an Frankreich. Die Festung, steinernes Symbol Jahrhunderte währender Macht, ließ *Ludwig XI.* vorsichtshalber schleifen.

Dennoch sollte Les Baux im 16. Jh. eine neue Blüte erleben. Adelsfamilien ließen sich nieder, die Siedlung wuchs weit über ihre mittelalterliche Größe hinaus, selbst die Festung wurde neu aufgebaut. Damals entstanden die prächtigen Renaissancehäuser in der Unterstadt.

Der zweiten Blüte folgte ein zweiter Verfall. Die Ideen der Reformation verbreiteten sich in Les Baux, protestantische und katholische Familien befehdeten einander. Und wieder kam es zum Konflikt mit der Zentralmacht: Les Baux unterstützte 1630 den Aufstand von Aix gegen den französischen König, und als es dann, nach 27 Tagen der Belagerung, eingenommen wurde, baten die Bewohner, aller Konflikte überdrüssig, den König selbst darum, die Festung erneut zu schleifen. Elf Jahre später schenkte *Ludwig XIII.* das Marquisat Les Baux den monegassischen *Grimaldis,* die es erst in der Revolution gegen eine Entschädigung verloren.

239pr Foto: bm

Nun, im 19. Jh., verfiel Les Baux zu einem aussterbenden Schäferdorf, das von den provenzalischen Dichtern mit einer Melancholie besungen wurde, die man heute nur mehr schwer verstehen mag. Dabei ist es gerade diese Faszination verfallener Größe, die eine Wiederentdeckung durch den Menschen der Moderne einleitete. 1945 eröffnete *Raymond Thuilier* das „Oustau de Baumanière", ein heute legendäres, fast mythisch verklärtes Restaurant, das in ganz Frankreich bekannt ist. *De Gaulle* speiste hier, auch die Queen und viele andere, und mit dem Restaurant stieg nach und nach auch Les Baux zur Attraktion auf. 1971 wurde eben dieser *Raymond Thuilier* Bürgermeister und blieb es, bis er 1992 hoch betagt starb. Selbstredend kümmerte sich der Hotelier um den Tourismus – mit gewaltigem Erfolg.

Und so sehr man den Rummel in den Sommermonaten als Persiflage auf die von Dichtern beschworene Erhabenheit und Stille zu sehen geneigt ist, so hat *Raymond Thuilier* doch auch die vorsichtige Restaurierung der verfallenen Monumente durchgesetzt oder, ein wichtiges Detail, das Verschwinden von Telefonkabeln und Fernsehantennen. Es galt ja wirklich, eine Ruine wieder bewohnbar zu machen und ihr Zukunft zu geben.

Sehenswertes

240pr Foto: bm

Man betritt Les Baux durch die Porte Mage. Die Hauptstraße, die Grand' Rue, macht mit ihren vielen Läden zwar einen recht touristischen Eindruck, weist aber dennoch neben *Maisons troglodytiques,* in den Felsen gebauten Häusern, auch sehenswerte Hôtels particuliers auf. Das schönste davon ist das **Hôtel de Manville,** das heute das Rathaus beherbergt. 1572 errichtet, gruppiert sich dieses Renaissancebauwerk um einen italienisch anmutenden Innenhof. An einem ehemaligen Nebengebäude (links in der Rue Neuve, hinter dem Office de Tourisme) findet sich über einem Fensterrahmen die **Inschrift** *Post Tenebras Lux* – „Nach der Finsternis das Licht", Parole der Reform in Les Baux.

Zur gleichen Zeit wie das heutige Rathaus entstand auch das **Hôtel des Porcelets,** ebenfalls restauriert (an der Ecke der Rue de l'Eglise zur Place de l'Eglise). Die Place de l'Eglise selbst eröffnet einen Blick hinunter ins Vallon de la Fontaine. Die **Kirche St. Vincent** ist teilweise in den Fels gehauen (die rechten Seitenkapellen). Das rechte Seitenschiff stammt aus dem 10. Jh., aus karolingischer Zeit also; das Hauptschiff aus dem 12. Jh. ist romanischen Stils, während das linke Seitenschiff, hoch- bis spätgotisch, im 15. Jh. entstand. *Rainier von Monaco,* Nachfahre der einstigen (monegassischen) Herren von Les Baux, stiftete 1962 die Fenster. Die **Chapelle des Pénitents Blancs** schräg gegenüber hat der provenzalische Künstler *Yves Brayer* 1974 mit Motiven aus der Welt der Schäfer vollständig ausgemalt.

In die **Oberstadt,** die *Ville morte,* gelangt man durch das Historische Museum im Herrschaftshaus der Familie *La Tour du Brau.* In typischer, auf einer Felsspitze sehr exponierten Lage, befindet sich zunächst der **Friedhof,** auf dem übrigens auch *Yves Brayer* begraben ist. Die romanische **Kapelle St. Blaise** gegenüber enthält heute eine kleine Ausstellung über den Ölbaum, der seit jeher in den Tälern unter Les Baux angebaut wird. Man nähert sich nun den Ruinen, zuerst denen des 1787 aufgegebenen Krankenhauses, dann der ehemaligen Windmühle, für die hier oben ideale Bedingungen herrschten. Höhepunkt des Rundgangs ist das **Panorama,** das sich bald von der Spitze des Plateaus aus bietet.

Von der **Festung** selbst sind in und auf den Felsen gebaute Reste erhalten, in erster Linie mehrere Türme, so die nach Süden blickende Tour Sarassine, der Bergfried, wohl aus dem 13. Jh., und die Tour Paravelle als Wachtturm auf der Spitze. Von der Burgkapelle ist noch ein Gewölbejoch erhalten. Von den Festungsruinen bietet sich ein herrlicher Blick über das gesamte Plateau mit Unter- und Oberstadt.

● **Öffnungszeiten der Oberstadt:** täglich bis zum Sonnenuntergang. Eintritt: 7 €, berechtigt auch zum Besuch des Historischen Museums, das man automatisch durchquert.

241pr Foto: bm

Umgebung von Les Baux ⇗ VIII/D2-3

Westlich unterhalb des Plateaus öffnen sich zwei sehenswerte Täler. Das sagenumwobene **Val d'Enfer,** zu deutsch Höllental, soll mit seinen Grotten schon im Neolithikum Menschen Zuflucht geboten haben. Der Legende nach hatte *Dante* hier seine höllischen Visionen. 1960 drehte *Jean Cocteau* in der bizarren Landschaft mit skurrilen Steinen seinen letzten Film „Le Testament d'Orphée".

Im **Vallon de la Fontaine** entdeckte *Frédéric Mistral* den Pavillon de la Reine Jeanne aus der Renaissance, dem er seine eigene Grabstätte nachempfinden ließ. Wer den Friedhof von Maillane besucht, wird die Ähnlichkeit feststellen.

Der schönste Blick auf Les Baux bietet sich vom **Plateau des Bringasses** (auf der D 27 nach Norden; nach etwa einem Kilometer rechts in einen kleinen, steil ansteigenden Weg abbiegen und bis zum Gipfel folgen).

Kirche St. Vincent

Felsen von Les Baux

Museen

- **Musée d'Histoire:** Diese Ausstellung zeichnet die Geschichte von Les Baux von der Prähistorie bis zum Wiederaufbau nach. Neben vorgeschichtlichen und antiken Resten sind vor allem die Modelle interessant, etwa zum Ortsbild im Mittelalter. (Hôtel de la Tour du Brau, gleichzeitig Eingang und Eintritt zur Oberstadt, siehe dort. Im Winter 10–18 Uhr geöffnet.)
- **Cathédrale d'Images:** In riesigen, unterirdischen Steinbrüchen werden Dias über die Provence auf bis zu 400 Meter messende Steinwände projiziert. Der Künstler *Albert Plécy* wollte damit das „totale Bild" schaffen, dessen Bestandteil der Betrachter wird. Wie immer man diesen Versuch bewerten mag, die musikalisch wirkungsvoll untermalte Schau ist schon allein wegen des Ortes sehr eindrucksvoll. Warm anziehen! Tel. 04.90.54.38.65. Öffnungszeiten: täglich 10–19 Uhr. Eintritt ca. 6,50 €.

Praktische Hinweise

Information

- **Office de Tourisme,** Hôtel de Manville (schräg gegenüber), 13520 Les Baux-de-Provence, Tel. 04.90.54.34.39, Fax 04.90.54.51.15.

Hotels/Restaurants

Les Baux bietet seinen Gästen fast nur Luxushotels, die wenigen anderen sind auch überlaufen. Mancher Franzose reist vor allem deshalb hierher, denn zu den Hôtels gehören Restaurants der gleichen Qualität. Eine Auswahl:

- **L'Oustau de Baumanière******/€€€€€, Tel. 04.90.54.33.07, Fax 04.90.54.40.46. Das schon erwähnte Hotel-Restaurant des verstorbenen Bürgermeisters. Komfort und Service sind hier tatsächlich zur Perfektion gebracht. Die Zimmer und Appartements erscheinen bei allem Luxus etwas kühl. Ab etwa 195 €. Eine Offenbarung aber ist das Restaurant – allerdings zu Preisen, die leicht 100 € übersteigen. Aber wer achtet bei einer Legende schon auf den Preis?
- **Le Cabro D'Or******/€€€€€, Tel. 04.90.54.33.21, Fax 04.90.54.45.98. Die kleine Schwester des *Oustau,* das zweite Hotel-Restaurant der Familie *Thuilier.* Das Hotel wirkt auf Anhieb sympathischer, wärmer, provenzalischer. Menü ab etwa 30 €.
- **Hostellerie de la Reine Jeanne****/€€€, Grand-Rue, Tel. 04.90.54.32.06. Kleines Hotel im Ort im Stil der 1920er Jahre, Zimmer teilweise mit Blick auf das Val d'Enfer. Menü ab ca. 15 €.
- **La Riboto de Taven,** (nur Restaurant). Tel. 04.90.54.34.23. Gewiss eines der besten Restaurants der Gegend, und für die halbe Rechnung des *Oustau* zu haben: Ab etwa 45 €.

Feste

- **Mitternachtsmesse** am Heiligabend in der alten Kirche. Traditionelle provenzalische Messe mit Schäfern und lebendiger Krippe, ein unvergleichliches Schauspiel, das trotz des ungeheuer großen Andrangs seine Würde gewahrt hat.

Anreise/Weiterreise

- **Mit dem Auto:** Von Norden und Süden über die D 5.
- **Mit dem Bus:** Verbindung von Arles in der Saison täglich außer sonntags, Information: siehe dort.

Südliche Alpilles ⇗ IX/D2

Wir verlassen Tarascon über die D 970. Während sich die Papierfabrik noch durch ihr unverwechselbares Aroma bemerkbar macht, gewahrt man links der Landstraße eine eigenartige, große Kapelle: **St. Gabriel.** Hier befand sich das antike Ernaginum an einem damals noch existierenden Flussarm mit einem Hafen, der durch Germaneneinfälle und später durch Austrocknung verschwand. Die antike Blütezeit scheint fortzuleben in diesem romanischen Bauwerk des späten 12. Jh.: Die aufwendige, antikisierende Fassade – unter einem Bogen ist das eigentliche Portal umgeben von zwei Säulen, die von einem dreieckigen Giebel gekrönt werden – steht in eigenartigem Kontrast zur Schlichtheit des Baukörpers selbst. Von den vielen romanischen Kapellen der Region ist St. Gabriel so eine der ungewöhnlichsten und interessantesten. (Um das Innere zu besuchen, muss man sich im Office de Tourisme von Tarascon um den Schlüssel bemühen.)

Fontvieille ist ein malerisches Dorf, das sich entschieden hat, vom Erbe *Alphonse Daudets* zu leben. Der verbrachte in seiner Jugend ein paar Jahre hier, was ihn zu den „Briefen aus meiner Mühle" inspirierte – in Frankreich Lektüre jedes Schulkindes, heilig wie *La Fontaine* und *Victor Hugo*. Die **„Mühle Daudets"** also ist touristischer Höhepunkt und doch nur Aufschneiderei. Der Schriftsteller hat diese Mühle nämlich nie besucht. Die Fontvieiller, ganz unfreiwillig dem Daudet'schen Klischee vom provenzalischen Flunkerer folgend, suchten einfach irgendeine Mühle aus und erklärten sie zur Attraktion.

243pr Foto: bm

Kapelle St. Gabriel

● **Moulin de Daudet,** Tel. 04.90.54.60.78, Öffnungszeiten in der Saison ca. 10–18 Uhr, Eintritt: 2,50 €.

Dabei ist das **Dorf** selbst viel interessanter. Einst lebte es von seinen Steinbrüchen, die das Baumaterial etwa für die Börse und den Palais Longchamp in Marseille lieferten. Einige Häuser in der Grand' Rue sind, obwohl man es ihrer Fassade nicht ansieht, in den Stein gebaut.

Wir verlassen den Ort über die D 33 Richtung Süden, vorbei an der Mühle mit den großen Busparkplätzen, und biegen hinter dem Dorf links in eine kleine Straße ein, die nach ein paar hundert Metern zum **Aqueduc de Barbegal** führt. Die Reste dieser römischen Wasserleitung enttäuschen natürlich, vergleicht man sie beispielsweise mit dem Pont du Gard. Eine Besonderheit bilden aber die Überbleibsel einer Art Wassermühle am felsigen Abhang, die diese Leitung nebenbei antrieb; es ist dies die einzige bekannte Anlage ihrer Art.

Man kann nun der schmalen Straße folgen, durchquert eine friedliche Landschaft mit Olivenhainen und Zypressenhecken und kommt schließlich in **Le Paradou** an, ein Dorf, idyllisch, wie es sein Name verspricht, das ganz in seinem eigenen ruhigen Rhythmus schlummert. Man glaubt gern, dass hier ein Dichter zur Welt kam, nämlich 1846 **Charloun Rieu.**

Wer mit Kindern reist, sollte nicht einen Besuch der **Petite Provence du Paradou** versäumen. Dieses neue Museum stellt ein typisches provenzalisches Dorf in Miniaturausführung vor, mit all seinen Eigenheiten.

• **Musée des Santons animés,** Route de Saint Rémy de Provence (D 5), Tel. 04.90.54.39.00. Öffnungszeiten: täglich 10–19 Uhr. Eintritt: ca. 2,50 €, ermäßigt ca. 1,50 €.

Das benachbarte **Maussane-les-Alpilles** ist ungleich belebter – und ungleich bekannter, zumindest bei jedem kulinarisch fortgeschrittenen Franzosen. Das hier abgefüllte Olivenöl hat einen legendären Ruf – wie eigentlich alle Öle des Tales von Les Baux, aber Maussane ist eben noch ein wenig besser. Selbstverständlich wird man nicht auf eine Kostprobe verzichten. Dazu gibt es drei Möglichkeiten:

244pr Foto: bm

• **Moulin Jean-Marie Cornille, Coopérative Oléicole de la Vallée des Baux,** Rue Charloun Rieu, Tel. 04.90.54.32.37. Dieser Direktverkauf bietet Besuchern mitunter auch die Möglichkeit, einmal einen Blick in die Ölmühle zu werfen.

• **Moulin René Quénin,** Mas des Barres, Tel. 04.90.54.44.32. Direktverkauf.

• **Jean Martin,** 8, Rue Charloun Rieu, Tel. 04.90.54.34.63. Eine Boutique, die hochwertige Produkte mit Olivenöl verkauft, alles eigene Kreationen.

Man kann nun über die D 27 nach **Saint-Martin-de-Crau** hinunterfahren, den unverstellten Blick zurück auf die Alpilles genießen und beim Durchqueren der weiten Ebene die Ödnis der Crau erahnen, oder aber gleich Mouriès besuchen (vielleicht mit einem kleinen Umweg über die schöne D 78 bis Le Destet). **Mouriès** ist eine hübsche Überraschung und mit Cafés unter Platanen auch für eine Pause gut.

Über **Aureille,** auch dies ein charmanter kleiner Ort, führt nun eine herrliche Strecke (D 25a, D 25, dann D 24) mitten durch die Alpilles nach **Eygalières.** Landschaft und Baustil könnten provenzalischer nicht sein. Das Dorf selbst ist eines der in diesem Landstrich eher seltenen Villages perchés und eines der schönsten noch dazu. Daran ändert selbst die kitschige Madonnenstatue nichts, die beim Bergfried kaum über den Verlust des vormaligen Schlosses hinwegzutrösten vermag.

Aber der Reisende muss das nicht bedauern, denn die nächste Kapelle ist fast schon in Sichtweite: Ein Stück östlich, an der Landstraße nach Orgon, steht auf einer felsigen Anhöhe **St. Sixte.** Bauwerk und Landschaft bilden eine Harmonie, die vollkommen erscheint. Die Kapelle, romanisch und von äußerster Schlichtheit, stammt aus dem 12. Jh. Wer einen Sinn für die besonderen Augenblicke des Reisens bewahrt hat, muss zum Sonnenuntergang hier ankommen, wenn ein Licht von unvergleichlicher Wärme die Kapelle mit den weihevollen Zypressen dahinter aufleuchten lässt.

245pr Foto: bm

Für die südlichen Alpilles sei zum Schluss ein Abstecher zu einer wenig bekannten Sehenswürdigkeit empfohlen. Was man neumodisch von einem Themen- und Erlebnispark in Sachen Vor- und Frühgeschichte erwarten würde, das bietet ein einfaches Waldstück beim Dorf **Lamanon** zwischen Sénas und Salon: Die **Grottes de Calès** bilden eine der größten und wichtigsten prähistorischen Höhlensiedlungen Frankreichs.

Muriès

Eygalières

246pr Foto: bm

Grotten von Calès

Man parkt am Kirchplatz von Lamanon und steigt dann hinter der Kirche den Weg Richtung Wald hinauf. Der Rundgang ist beschildert, die kleine Schleife in blauer, die große in grüner Farbe.

Nach kurzer Zeit stößt man auf einen gewaltigen Kalkstein-Block, in dem zunächst die Natur in Form von Auswaschungen, dann, daran anknüpfend, der Mensch Höhlen verschiedenster Größe gebildet hat. Man erkennt Eingänge und Fenster, Rinnen, die zu Rückhaltebecken führen, Stufen, Ausguckposten und Ähnliches mehr.

Wer das Gebiet weiter erkundet, entdeckt an der der Sonne zugewandten Seite des Berges eine Vielzahl noch erstaunlicherer Behausungen, die sämtlich in den bloßen Felsen gegraben wurden. Man findet verschiedene, mit Durchbrüchen verbundene „Zimmer", Vorratsnischen in den Wänden oder auch eine Terrasse.

Die Grotten von Calès waren auf jeden Fall in keltoligurischer Zeit bewohnt, wahrscheinlich auch schon im Neolithikum. Noch die Menschen des Mittelalters fanden hier Zuflucht. Der nachgiebige Stein, der dies alles erst möglich machte, hat über die Jahrtausende natürlich viele Spuren menschlicher Einwirkung wieder verschwinden lassen, auch überlagern sich Spuren aufeinander folgender Bewohner. Deshalb stellen die Grotten von Calès die Forscher immer noch vor einige Rätsel.

Praktische Hinweise

Information

- **Office de Tourisme,** Mairie de Fontvieille, 13990 Fontvieille, Tel. 04.90.54.67.49, Fax 04.90.54.69.82.
- **Office de Tourisme,** Place Laugier de Monblan, 13520 Maussane-les-Alpilles, Tel. 04.90.54.52.04. www.maussane.com.

Hotels/Restaurants

- **La Régalido******/€€€€€, Rue Frédéric Mistral, Fontvieille, Tel. 04.90.54.60.22, Fax 04.90.54.64.29. Eine ehemalige Ölmühle mit schönem Gewölbesaal im Ort. Die Küche ist folgerichtig eine einzige Hommage an das

Olivenöl, dabei überaus raffiniert und erfindungsreich. Menü ab ca. 40 €.

- **Le Mas de la Brune******/€€€€€, 13810 Eygalières, Tel. 04.90.95.90.77. Kleines Luxushotel in einem alten, unter Denkmalschutz stehenden Gebäude außerhalb des Ortes (an der D 74a). Geschmackvoll und charmant eingerichtet.
- **Auberge Lou Pantaï**€€, Route de la Vallée des Baux, Le Paradou, Tel. 04.90.54.39.27. Schöne, ruhig gelegene Herberge in sehr provenzalischem Stil mit Restaurant. Menü ab ca. 15 €.
- **Laetitia***/€, Rue du Lion, Fontvieille, Tel. 04.90.54.72.14. Ein einfaches *Logis-de-France*-Haus mit gutem Restaurant. Menü ab ca. 15 €.
- **La Cuisine au Planet** (Restaurant), 144, Grand Rue, Fontvieille, Tel. 04.90.54.63.97. Provenzalische Spezialitäten zum günstigen Preis. Menü ab ca. 20 €.
- **La Petite France** (Restaurant), 55, Avenue de la Vallée des Baux, Le Paradou, Tel. 04.90.54.41.91. Eine der empfehlenswertesten Küchen der Region, die sich in letzter Zeit sehr gesteigert hat. Vor allem das erstklassige Olivenöl der Gegend wird hier mit viel Phantasie und Raffinesse zur Geltung gebracht. Ab etwa 27 € – ein ausgesprochen gutes Preis-Leistungsverhältnis.

Camping

- **Les Romarins******, 13520 Maussane-les-Alpilles, Tel. 04.90.54.33.60. Schattiger, mit Hecken parzellierter Platz.

Märkte und Feste

- **Wochenmarkt** montags und freitags in Fontvieille, montags in St. Martin-de-Crau, donnerstags in Maussane-les-Alpilles, freitags in Eygalières.
- **Trödelmarkt** an den letzten Sonntagen der Monate März bis August in Maussane-les-Alpilles.

Anreise/Weiterreise

- **Mit dem Bus:** Nach Fontvieille von Arles, Salon, Aix und Marseille, Tel. 04.90. 93.74.90.

Rund um die Montagnette

⇗ IX/D2

Maillane, dieses unscheinbare Dorf, ist Ausgangspunkt und Wallfahrtsort einer der mächtigsten Regionalbewegungen Frankreichs. Hier wurde, im Mas du Juge an der Landstraße nach Saint-Rémy, am 8. September 1830 **Frédéric Mistral** geboren, der Gründer des Felibrige. Und in diesem Ort starb er 1914 auch. Das komfortable Bürgerhaus, das er nach seiner Heirat 1876 mitten im Ort für sich und seine Frau bauen ließ, ist heute ein Museum. Es zeigt die unveränderten Wohnräume und Erinnerungsstücke.

- **Musée Frédéric Mistral,** 11, Rue Lamartine, Tel. 04.90.95.74.06. Öffnungszeiten: tägl. außer montags April bis September 9.30–11.30 Uhr und 14.30–18.30 Uhr, Oktober bis März 10–11.30 Uhr und 14–16.30 Uhr. Eintritt: ca. 3 €.

Frédéric Mistral ist auf dem Friedhof von Maillane begraben; zweimal jährlich (am Todestag, 25. März, und am Sonntag nach dem Geburtstag, dem 8. September) pilgern die Menschen aus dem Ort zusammen mit der Spitze des Félibrige dorthin und berichten dem Dichter, was es so Neues gibt in der Provence. Wer die Ruhestätte aufsucht, stellt fest, dass sie nichts mit der Bescheidenheit anderer Schriftstellergräber gemein hat. *Mistral* ließ den Pavillon de la Reine Jeanne bei Les Baux nachbilden – prunkvolle Bleibe für einen Dichter, der sich seines Wertes bewusst war.

248pr Foto: bm

Prunkvoll ist auch das Schloss von **Barbentane,** 1674 erbaut und im 18. Jh. vollendet. In seiner Eleganz und der Harmonie der Proportionen erinnert es an Schlösser der Ile de France. Unverkennbar ist aber auch der italienische Einfluss - der Hausherr, *Marquis von Barbentane,* war Botschafter *Ludwigs XV.* in Florenz. Die Räume sind sehr aufwendig ausgestattet, mit Carrara-Marmor und wertvollem Mobiliar. Ein ebenfalls italienisch inspirierter Park mit Terrassen und Skulpturen sowie uralten Platanen umgibt diesen Herrensitz, in dem heute der aktuelle *Marquis von Barbentane* wohnt.

Schloss von Barbentane

- **Château de Barbentane,** Tel. 04.90.95. 51.07. Öffnungszeiten: Von Ostern bis Allerheiligen 10–12 Uhr und 14–18 Uhr. Mittwochs geschlossen, außer im Juli und August. Im Winter nur sonntags geöffnet. Eintritt: ca. 4 €.

Der Ort selbst windet sich in Straßen und Gassen bis zu einem flachen Hügel hinauf, den ein massiver Turm aus dem 14. Jh. markiert. Von hier aus blickt man auf die **Montagnette,** eine, wie die sprachliche Verkleinerung andeutet, winzige Bergkette, deren Gipfel ganze 200 Meter hoch aufragen.

Die kleine Straße (D 35e nach Süden) schlängelt sich malerisch durch kleine Waldstücke und Felder mit Ölbäumen. Wilder Thymian wächst hier, und nach dessen mittelalterlicher Bezeichnung – Ferigoulo – ist das kuriose Kloster benannt, das nun unversehens ins Blickfeld gerät: **Saint-Michel-de-Frigolet,** ein beliebtes Ausflugsziel gerade der Provenzalen mit seiner eigenartigen Mischung aus Tourismus und Frömmigkeit. Gegründet im 11. Jh., sah es im Laufe seiner turbulenten Geschichte verschiedene Orden kommen und gehen und war zwischendurch auch völlig aufgegeben. *Mistral* ging hier zur Schule, aber nur so lange, bis es infolge der Misswirtschaft nichts mehr zu essen gab. Die Prämonstratenser zogen 1858 ein, führten das Kloster zu einer neuen Blüte, bis sie sich um die Jahrhundertwende durch Gesetze über Ordensauflösung vertrieben sahen. Eine Maßnahme, gegen die *Mistral* und *Daudet* dann zum Widerstand aufriefen. Heute jedenfalls sind die Prämonstratenser wieder da, sie betreiben kleine Hotels und Restaurants innerhalb des Klosters, sie brennen einen als Magenmittel gerühmten Schnaps, der nach einer entsprechenden Gestalt Daudets *Père Gaucher* heißt, und sie wissen überhaupt Religiosität und Kommerz virtuos zu verbinden.

Die Klosterkirche St. Michel ist ein bescheidener, schlichter Bau der Romanik, allerdings im 19. Jh. leicht verändert, mit einem ebenfalls romanischen Kreuzgang. In die zweite Abteikirche, neogotisch aus dem 19. Jh., ist die romanische Kapelle Notre-Dame einbezogen, die im 17. Jh. ihren aufwendigen barocken Innenraum erhielt.

● **Abbaye Staint-Michel-de-Frigolet,** 13150 Tarascon, Tel. 04.90.95.70.07. Öffnungszeiten: 8–11 Uhr und 14–18 Uhr; Eintritt frei. Die Abtei unterhält ein eigenes Hotel und gibt mittags und abends kleine Menüs aus, beides zu günstigen Preisen.

Im Départe-ment Gard

Überblick

Im Westen endet die Provence an der Rhône. Avignon und Tarascon gehören dazu, die Schwesterstädte Villeneuve und Beaucaire schon nicht mehr. Sie liegen im Département Gard, und das wiederum zählt nicht mehr zum großen Verwaltungsgebiet Provence-Alpes-Côte-d'Azur, sondern zum Languedoc.

Der Reisende wird sich an diese Grenze nicht halten, zu Recht. So deutlich sich das Languedoc von der Provence unterscheiden mag, der Charakter der Landschaft ändert sich entscheidend erst weiter südlich. Der Gard steht sozusagen noch mit einem Fuß in der Provence. Deshalb sparen wir uns die einsamen Cevennen im Westen des Départements für eine eigene Reise auf, erkunden aber um so mehr den östlichen, den provenzalischen Teil.

Und da treffen wir auf fruchtbare, grüne Landschaft, vor allem aber auf Kunstschätze, die zu den großartigsten unseres ganzen Gebietes zählen.

Denn so verkehrsgünstig der Gard heute liegt, an der Rhône, am Rande des Zentralmassivs und an den großen Verbindungen nach Spanien, so verkehrsgünstig lag er auch schon vor zwei Jahrtausenden. Das zog die Römer an, und sie hinterließen uns neben allen anderen Schätzen das faszinierendste, unglaublichste Bauwerk überhaupt: den Pont du Gard. Er allein würde eine Reise rechtfertigen. Aber man wird ebenso Nîmes besuchen, mit der am besten erhaltenen römischen Arena und mit dem Tempel Maison Carré. Man wird Uzès sehen und natürlich Aigues Mortes, das sich ewig melancholisch in monumentaler Künstlichkeit über die „Toten Wasser" der Camargue erhebt. Dieser Teil des Départements ist nicht in unserer Gard-Rundfahrt, sondern in der durch die Camargue enthalten, ebenso wie Villeneuve zusammen mit Avignon beschrieben wird.

Nîmes

↗ VIII/A2

Nîmes, Hauptstadt des Gard, ist ein klassisches Ziel Provence-Reisender. Immer verband es einen ungewöhnlichen **Reichtum antiker Baudenkmäler** mit dem stillen Charme einer südfranzösischen Provinzstadt.

Bis Anfang der 1980er Jahre eine Mehrheit der Nîmoiser fand, dass es vorbei sein sollte mit der Beschaulichkeit. Sie wählten eine neue Stadtregierung, und seitdem gesellte sich zu Charme und Tradition eine – Lieblingswort des neuen Bürgermeisters – besondere „Dynamik". Nîmes stürzte sich in gewaltige Unkosten, putzte sich heraus und wurde binnen eines Jahrzehnts ein **Zentrum moderner Architektur.** Heute steht der antiken Maison Carré das Kulturzentrum Carré d'Art von *Norman Foster* gegenüber,

252pr Foto: bm

Blick über Nîmes und auf die Arena

heute wartet der Fahrgast an einer *Philippe-Starck*-Bushaltestelle, und der Sozialhilfeempfänger residiert im gläsernen Nemausus-Komplex. Der Bürgermeister allerdings, der all dies veranlasste, ist schon längst wieder abgewählt (siehe Exkurs).

Geschichte

Dass Nîmes eine Stadt des Wassers ist, sagt schon sein Name. *Nemoz*, so nannte der Keltenstamm der Volsker den Geist der Quelle, um die herum sie spätestens im 3. Jh. v. Chr. zu siedeln begannen und über weitere Oppida in der Umgebung geboten.

Bald schon, 121 v. Chr., unterwarfen sie sich dem ausgreifenden **Rom.** *Ne-*

mausus profitierte fortan von seiner Lage an der Via Domitia und von der besonderen Gunst des Kaisers *Augustus,* der es 27 v. Chr. zur *Colonia Augusta Nemausus* erhob. Es entstanden jene Repräsentativbauten, die besser erhalten sind als irgendwo sonst in Frankreich: die Maison Carré, später die Arena. Das antike Nemausus war von einer Stadtmauer umschlossen und besaß ein ausgeklügeltes System der Wasserverteilung. 138 n. Chr. trat ein Sohn der Stadt an die Spitze des Weltreichs: *Antoninus Pius* wurde Kaiser von Rom und begünstigte seinen Heimatort mannigfach.

Nemausus war zu dieser Zeit längst eine große Stadt. Veteranen, vor allem solche aus dem Feldzug *Octavians* gegen *Kleopatra* und *Marc Antonius,* hatten sich angesiedelt. Sie brachten auch das spätere Stadtwappen mit, ein an eine Palme gekettetes Krokodil: Auf einer Münze geprägt, erinnerte es an den siegreichen Ägypten-Feldzug des Kaisers *Augustus.*

Das **Mittelalter** hat in Nîmes kaum Spuren hinterlassen. Nichts veranschaulicht den Untergang der antiken Stadtkultur besser als die Umwandlung der Arena in eine Festung: Häuser und sogar zwei Kirchen drängten sich auf dem Gelände, auf dem einst Gladiatoren gekämpft hatten. Mehrfach wurde die Arena belagert. Verglichen mit der antiken Blütezeit, umschloss auch die mittelalterliche Stadtmauer nur mehr ein kleines Gebiet.

Weil sich ein beträchtlicher Teil seiner Bevölkerung zum Calvinismus bekannte, wurde Nîmes in die **Religions-**

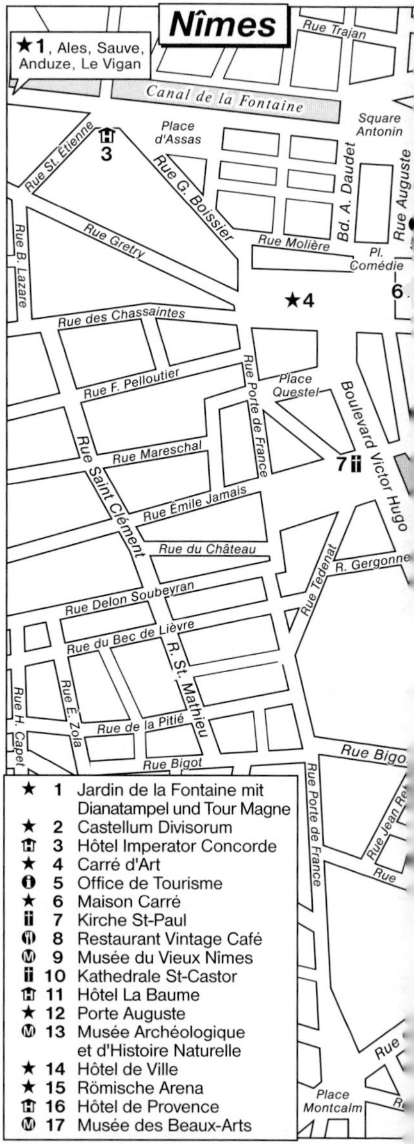

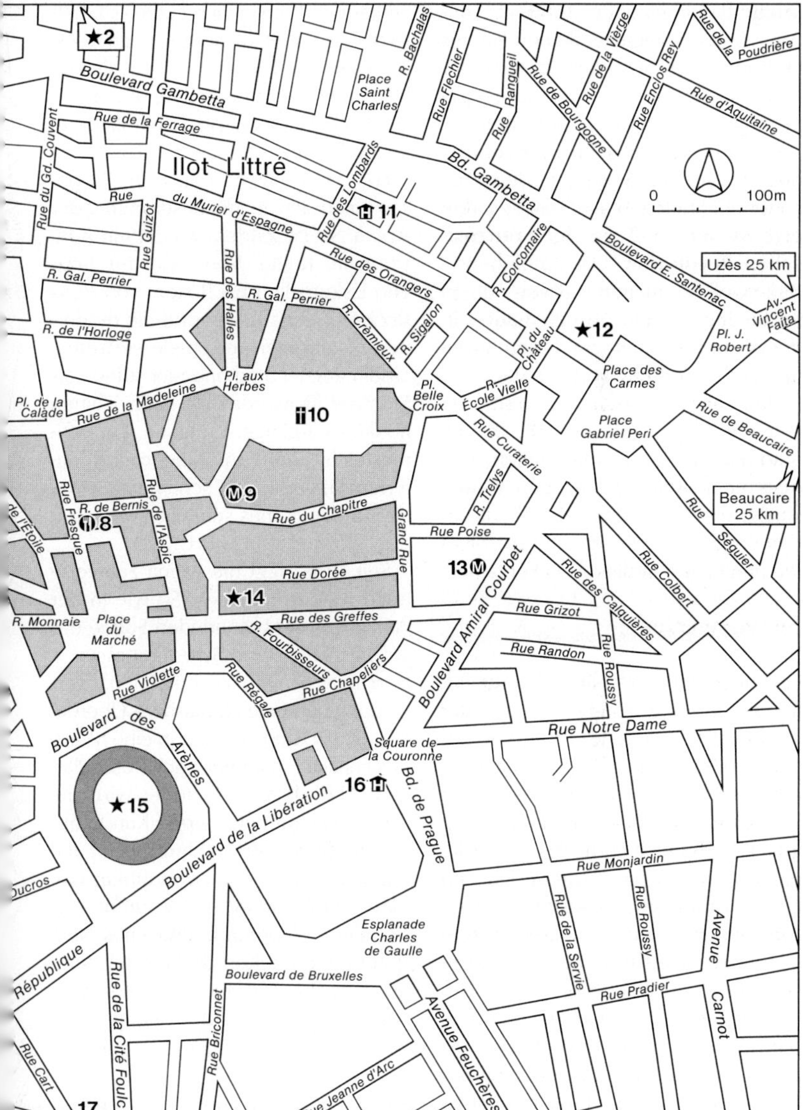
★2
Boulevard Gambetta
Rue de la Ferrage
Rue du Gd. Couvent
Ilot Littré
Rue du Murier d'Espagne
Rue Guizot
R. Gal. Perrier
Rue des Halles
R. Gal. Perrier
R. de l'Horloge
Pl. aux Herbes
Pl. de la Calade
Rue de la Madeleine
Place Saint Charles
R. Bachalas
Rue Flechier
Rue Rangueil
Rue de Bourgogne
Rue de la Vierge
Rue Enclos Rey
Rue de la Poudrière
Rue d'Aquitaine
Rue des Lombards
11
Bd. Gambetta
0
100m
Rue des Orangers
R. Crémieux
R. Sigalon
R. Corcomaire
Pl. du Château
Boulevard E. Santenac
Uzès 25 km
Av. Vincent Faïta
Pl. J. Robert
★12
Place des Carmes
Pl. Belle Croix
R. École Vielle
10
Place Gabriel Peri
Rue de Beaucaire
Rue Curaterie
R. Trelys
9
Rue du Chapitre
R. de Bernis
Rue de l'Aspic
Rue Fresque
8
de l'Étoile
Grand Rue
Rue Poise
13
Beaucaire 25 km
Rue Séguier
Rue Colbert
Rue des Calquières
Boulevard Amiral Courbet
Rue Dorée
★14
Rue Grizot
Rue Randon
Rue Roussy
R. Monnaie
Place du Marché
Rue des Greffes
R. Fourbisseurs
Rue Chapeliers
Rue Régale
Rue Violette
Boulevard des Arènes
Rue Notre Dame
Square de la Couronne
16
Bd. de Prague
★15
Boulevard de la Libération
Ducros
Rue Monjardin
Rue de la Servie
Rue Roussy
Avenue Carnot
Esplanade Charles de Gaulle
République
Rue de la Cité Foulc
Boulevard de Bruxelles
Rue Briconnet
Rue Pradier
Avenue Feuchères
Rue Jeanne d'Arc
Rue Cart
17
urdalque

kriege hineingezogen. 1685, als *Ludwig XIV.* das Toleranzedikt von Nantes aufhob, sahen sich viele gerade der wirtschaftlich erfolgreichen Bürger gezwungen, das Landes zu verlassen.

Diese protestantische Bourgeoisie, die eine gewisse Strenge in den Charakter der Stadt gebracht hat, erstarkte erst wieder im Zuge der **Französischen Revolution.** Die aufblühende Baumwoll-Produktion war von nun an ihr Betätigungsfeld. Patrizierhäuser in der Altstadt zeugen von diesem zweiten großen Aufschwung der Stadt.

Eine allgemeine Modernisierung setzte ein, der **Ende des 18. Jh.** die Stadtmauern zum Opfer fielen. Damals entstanden die großen Boulevards, die das historische Zentrum ringförmig umschließen, und vor allem die prächtigen Jardins de la Fontaine.

Sehenswertes

Ein Rundgang durch Nîmes könnte nirgends besser beginnen als an der **Arena:** Viele römische Amphitheater sind größer, wenige aber so makellos erhalten. Die Fassade mit zwei Etagen und jeweils 60 Arkaden scheint völlig intakt. Vermutlich Ende des ersten Jh. n. Chr. errichtet, bot die Arena den Nemausern das Spektrum antiken Amüsements von Tierhetzen bis zum Gladiatorenwettstreit. Ein Fassungsvermögen von 20.000 Menschen ließ fast die ganze Stadt darin Platz finden.

Im Mittelalter barg die Arena, festungsartig ausgebaut, ein eigenes Stadtviertel, das anfangs zwei Kirchen enthielt, dann aber mehr und mehr verkam und schließlich auch als Ghetto der Pestkranken diente. Noch *Rousseau* sah das Theater „von hässlichen kleinen Häusern umgeben, und andere, noch kleinere, noch hässlichere, füllen das Innere".

Erst an der Wende zum 19. Jh. besann man sich auf die Bestimmung der Arena. Sie ist seitdem wieder ein Zentrum der Kultur. Von Oper bis Jazz, von Eiskunstlauf bis Boxen, von *Boris Becker* bis *Tina Turner* sind die modernen Nachfolger der Spiele vertreten. Und mancher Stadionbauer stünde als Stümper da, würde man ihn an seinen antiken Vorgängern messen: Ein raffiniertes System von Gängen und Galerien lässt 24.000 Schaulustige die Arena von Nîmes schneller verlassen als viele moderne Sportstätten.

Seit 1988 trägt die Arena zeitweise auch wieder ein Dach. So wie in der Antike vor der brennenden Sonne das *velum* schützte (die Befestigungssteine sind außen noch zu erkennen), verwandelt nun eine aufblasbare Überdachung das Amphitheater in eine Mehrzweckhalle mit immer noch 7000 Plätzen. Alljährlich im Oktober wird die 4200 Quadratmeter große Kunststoff-Membran an 30 Stahlmasten in die Höhe gezogen, dann von einem Gebläse linsenförmig aufgepumpt, bis sich ein im Inneren befindliches Netz spannt und die Konstruktion selbsttragend macht. Zum Frühjahrsbeginn im März verschwindet das Ganze dann wieder diskret.

● **Arena,** im Sommer 9–19 Uhr, im Winter 9–12 und 14–17 Uhr. Eintritt ca. 4 €.

Nîmes bouge – in Nîmes tut sich was, das ist auch in der **Altstadt** überall zu spüren. Ehemals schwarze Fassaden sind gereinigt, Straßen neu gepflastert worden. Das typisch mediterrane Gewirr enger Gassen hat sich in eine adrette Einkaufszone mit Boutiquen und Restaurants verwandelt, Brunnen und Straßencafés verbreiten südliches Flair.

Über die **Place du Marché** mit ihrem Brunnen, der das Stadtwappen aufgreift, gelangt man in die Rue Fresque, okzitanisch etwa die „kühle Straße". Ein Delphinbrunnen weist in die Rue de Bernis, wo das Hotel de Bernis (Nr. 3–5), ein typisches Patrizierhaus, den Wohlstand des alten Nîmes spiegelt. Der Uhrturm auf der **Place de l'Horloge** wirkt allerdings etwas verloren ohne das Rathaus, das ihm im Mittelalter zur Seite stand. Von hier aus führt die Einkaufsstraße Rue de la Madeleine zur neoromanischen Kirche St. Paul aus dem 19. Jh. Am schattigen, mit Platanen bestandenen **Boulevard Victor Hugo,** der Hauptstraße der Stadt, findet sich auch das Geburtshaus von *Alphonse Daudet* und das nach ihm benannte Lycée, in welchem eine Reihe bekannter Intellektueller bis hin zum Staatspräsidenten *Gaston Doumergue* ihre Schulzeit verbracht haben.

Ein paar Schritte weiter aufwärts liegen das antike und das moderne Nîmes einander gegenüber – in Gestalt der Maison Carré und des Carré d'Art. Der römische Tempel spiegelt sich in der gläsernen Fassade des Kulturzentrums, dessen Architektur mit ihren Säulen sich am antiken Monument orientiert. Hier, an der Maison Carré, lag der Mittelpunkt des antiken Nemausus, hier kreuzte der Decumanus, jene die Via Domitia in die Stadt verlängernde Hauptstraße, in rechtem Winkel den Cardo, und an beider Schnittpunkt lag das **Forum.** Es ist dies das Prinzip römischer Stadtanlagen, das schon in den Heerlagern galt. Mit dem Carré d'Art hat dieser Platz ein wenig seine alte Bedeutung wiedererlangt.

Es lohnt sich, die wenigen Stufen hinunterzusteigen und die **Maison Carré** vom Niveau des einstigen Forums zu betrachten, aus antikem Blickwinkel. Die Perspektive wird zurechtgerückt, das in den Abmessungen zierliche Bauwerk enthüllt seine wahre Dimension, die Absicht seiner Erbauer tritt zutage: In ihrer erhöhten, dem Alltagsgeschehen entrückten Position und ihrer klassizistischen Architektur verkörpert die Maison Carré römische Größe, ja Überlegenheit. Betont wird dies auch durch die Säulen an den Längsseiten, die mit der Wand zusammenfallen und nicht, wie etwa beim griechischen Tempel, freien Zutritt erlauben. Nur an der Vorderseite führt eine Treppe auf den nahezu drei Meter hohen Sockel hinauf. An den drei übrigen Seiten war der Tempel ursprünglich von frei stehenden Säulenhallen umgeben (eingelassene Ringe sowie einige übriggebliebene Sockel erinnern daran) und so zusätzlich in Distanz gerückt. Sein Vorbild erklärt die reichliche Verwendung von Kolonnaden an späteren Nîmoiser Bauwerken, etwa dem Theater oder dem

Politik und Architektur – die Karriere des Jean Bousquet

Ein Milliardär, der bestechlich ist? Ein Witz, sagte *Jean Bousquet,* Generaldirektor und Hauptaktionär von *Cacharel* sowie Bürgermeister von Nîmes. Kein Witz, sagten die Wähler. Und wählten ihn ab, den Krösus, der nicht korrupt sein wollte, dem aber vielleicht ein paar Dinge durcheinandergeraten waren: Dass man Generaldirektor einer Firma sein kann und ihr Eigentümer. Aber nicht Bürgermeister einer Stadt und ihr Besitzer.

Als sich 1983 die Geschicke des über alle Maßen erfolgreichen Geschäftsmannes und seiner über alle Maßen verschlafenen Heimatstadt verbanden, da begann eines der bizarrsten Kapitel französischer Provinzgeschichte. *Philippe Starck, Jean Nouvel, Sir Norman Foster* und weitere Edelbaumeister eilten herbei, Brunnen, Plätze, Straßen, Wohnungen, Museen und Gewerbegebiete zu bauen. In groß angelegten Kampagnen rief *Bousquet* eine *révolution permanente* aus. Nicht umsonst hatte *François Mitterand* im fernen Paris vorexerziert, wie man sich mit Marmor und Stein in der Geschichte verewigt. Nîmes, das außer *Bousquet* nur einen römischen Kaiser hervorgebracht hatte und später die Jeans, war begeistert, die Wiederwahl 1988 eine Formalität. Zweifellos, so kommentierten die Nîmoiser in einer Umfrage, sei *Bousquet* größenwahnsinnig, aber zweifellos sei Größenwahn auch genau das richtige für ihre Stadt.

1995 aber nahm die „permanente Revolution" ein jähes Ende. *Bousquet* und die Moderne, sie scheiterten an der Wahlurne. Es siegte – ein Kommunist. Dass *Jean Bousquet* ein autoritärer, kommunikationsunfähiger Kapitalisten-Prototyp wäre, nun gut, aber daran hat es nicht gelegen. Auch dass mit dem immer brillanteren Stadtbild eine ebensolche Verschuldung einherging, war zu verschmerzen. Nein, den Niedergang des *Jean Bousquet* hatte, wen wundert's, ein Bauvorhaben eingeläutet. Der Schwäche französischer Politiker für kostspielige Landsitze nachgebend, waltete auch Bousquet als Schlossherr. Da gab es natürlich immer etwas zu reparieren: Wasserleitungen etwa, oder die repräsentative Zufahrt. Und wo ohnehin so viele Bauarbeiter in der Stadt waren, da soll Bousquet, so Zeugen, ein paar für seine Zwecke abgezweigt haben. Das affärengeplagte Frankreich vernahm zu diesem und einer Reihe weiterer Vorwürfe die originellste aller bisheriger Ausreden: Mein Vermögen, bedeutete *Bousquet* Journalisten, stellt mich über alle Versuchungen.

Die Wähler mögen sich da eines früheren Versprechens entsonnen haben: Die Stadt werde nun profitabel wie ein Unternehmen geführt. Vorsicht, so folgerten sie ganz im Sinne des neuen kommunistischen Bürgermeisters, wenn ein Unternehmer von Profit redet.

Was bleibt von *Bousquet?* Immerhin einige Denkmäler. *Philippe Starck* etwa durfte sich an der wenig aufregenden **Avenue Carnot** versuchen. Dort pflanzte er eine Palme, an der sich in der abstrahierten Linie eines Krokodils kleine Würfel aus dunklem Marmor entlangschlängeln. Dieses Ensemble, eine „Interpretation" des Stadtwappens, wird von einer marmornen Überdachung gekrönt – die teuerste Bushaltestelle der Stadt. *Starcks* Idee war auch der **Krokodilsbrunnen** auf der Place du Marché, den, ebenso wie den **Nemausus-Brunnen** auf der Place d'Assas, *Martial Raysse* verwirklichte.

Die kühne Überdachung der **Arena** blieb demgegenüber geradezu sparsam: Für umgerechnet 2,25 Millionen Euro bescherte sie der Stadt eine Mehrzweckhalle, 7000 Menschen fassend, beheizbar und von unvergleichlichem Ambiente. Weil sie indessen zum Fußball- und Rugbystadion wenig taugt, enstand ebenfalls 1989 das **Stade des Costières** von *Vittorio Gregotti* und *Marc Chausse.* Verglichen mit dem Projekt des **Carré d'Art** waren dies freilich nur Übungen: Mitten in der Stadt, am alten Forum Romanum, ersetzte ein Kulturzentrum nach Vorbild des Pariser Beaubourg die den Nîmoisern heiligen Ruinen des Theaters. Die Proteste gegen *Bousquets* Bauwut erreichten ihren Höhepunkt, als die ehrenwerten Mitglieder der 1682 gegründeten *Académie de Nîmes* im Jardin de la Fontaine zusammenkamen, um Nemausus um Beistand für die bedrohten Kolonnaden zu bitten.

Star-Architekt *Sir Norman Foster* blieb auch nach diesen Querelen in Nîmes tätig und änderte etwa die missliche Verkehrslage im Süden der Stadt, unter anderem durch die Verlängerung des **Boulevard Jean Jaurès.** Hier entstanden neue Gewerbegebiete und der *Parc scientifique et technique Georges Besse,* der Produktion und industrielle Forschung vereinen soll.

Und dann ist da noch **Nemausus.** Das Ding liegt, einem gestrandeten Ozeanriesen nicht unähnlich, im Süden der Stadt und vermittelt dort eine „neue Perspektive des Wohnens": Sozialer Wohnungsbau, wenn nicht schön, so doch eigenwillig.

Zum Bauen kam das Umbauen, Renovieren, Restaurieren und Sanieren. Die **Altstadt** ist heute eine einladende Fußgänger- und Einkaufszone mit altem Flair. **Illot Littré,** das Färberviertel, hat wieder eine Zukunft. Eine Reihe alter Gebäude wurden vom Innenarchitekten *Jean-Pierre Wilmotte* umgestaltet. Das **Rathaus,** die **Oper,** das **Musée des Beaux-Arts** und die **Hallen** tragen nun seine Handschrift: Moderne Akzente, mit dem Alten kontrastierend und diesem doch den Vorrang lassend.

Justizpalast, und hat auch Architekten in der übrigen Provence angeregt.

Unter Kaiser *Augustus,* also um die Zeitenwende herum, erbaut, war die Maison Carré den beiden Enkeln des Kaisers geweiht, *Caius* und *Lucius.* Seitdem hat das schlichte, zeitlos-erhabene Monument einer turbulenten Geschichte getrotzt. 1535 schon entrüstete sich *Franz I.* über die mangelnde Sorge, welche die Nîmoiser ihrem Tempel angedeihen ließen, und ordnete an, die Gebäude um die Maison Carré abzureißen, damit sie besser zur Geltung komme. Bevor *Ludwig XIV.* dann seine Idee verwirklichen konnte, das ganze Gemäuer mit nach Paris oder Versailles zu nehmen, kauften es die Augustiner. Sie errichteten im Innenraum eine Kapelle und gruben obendrein, angeregt durch einen Wünschelruten-Gänger, nach dem antiken Schatz, den sie darunter vermuteten. Es kam noch schlimmer: Mit einer Rampe versehen, diente das antike Heiligtum Anfang des 17. Jh. schließlich als Pferdestall. Und doch ist gerade diesem „Nutzwert" der verblüffend gute Zustand der Maison Carré zu verdanken.

● **Maison Carré,** im Sommer 9–19 Uhr, im Winter 9–17 Uhr. Eintritt frei.

Für lässigen Umgang mit Baudenkmälern haben die Nîmoiser indessen noch 1987 ein Beispiel gegeben: Zugunsten des **Carré d'Art** rissen sie die Ruinen des Theaters aus dem 19. Jh. ab (und schmückten damit eine Raststätte an der Autobahn nach Arles). Dieses Theater, in dem Generationen

255pr Foto: bm

von Opernfreunden dem Belcanto gelauscht hatten, war in den Abendstunden des 27. Oktober 1952 in Flammen aufgegangen – angezündet von der Sängerin *Eva Closset,* deren Neffen ein Vertrag verweigert worden war.

Maison Carré und Carré d'Art

Moderne Architektur bis hin zum Brunnen: Place d'Assas

30 Jahre lang blieben die Reste unangetastet. Still standen der leere Tempel aus der Antike und die mächtige Fassade eines einstigen Theaters einander gegenüber, säulenbewehrt, säulenhaft erstarrt. Eine Reliquie, fast mystisch verklärt. Als die neuen Stadtväter aber fanden, dass Nîmes ein Kulturzentrum im Stile des Pariser Centre Pompidou gebrauchen könne, war der Standort zu verlockend. Begleitet von Tumulten am Tag des Baubeginns wich die klassizistische Ruine einem hellen, klaren und eleganten Bau von *Sir Norman Foster,* dem Sieger eines Architekturwettbewerbes. Mit angedeuteten Säulen zitiert die neue Fassade des Carré d'Art in aller Bescheidenheit ihre Vorgängerin und spiegelt dabei den eigentlichen Mittelpunkt, die Maison Carré. Ob architektonischer Frevel oder stadtplanerischer Mut – darüber wird sich gleichwohl streiten lassen.

Die Ausstattung des Carré d'Art orientiert sich am Pariser Beaubourg als Mittelpunkt moderner Stadtkultur. Das Musée d'Art Contemporaine zählt zu den bedeutendsten seiner Art in Frankreich. Die Bibliothek ist auch Besuchern frei zugänglich, und auf der Dachterrasse lässt sich an sonnigen Tagen ein kühler Rosé genießen.

Vom Carré d'Art aus bietet sich eine Promenade zu den Ursprüngen der Stadt an, zum Wasser. Schon auf der nahen **Place d'Assas,** in einem von *Martial Raysse* entworfenen Brunnen, erinnern Nemausus und Nemausa an die ihnen geweihte Quelle in den benachbarten **Jardins de la Fontaine.**

258pr Foto: bm

Diese herrlichen Barockgärten beginnen, hinter schmiedeeisernen Toren verborgen, auf der anderen Seite des noblen Quai de la Fontaine. Im Schatten hoher Platanen erstreckt sich ein stimmungsvolles Ensemble aus Wasserbecken und Kanälen, geschmückt mit barocken Vasen, Putten und Statuen. Das Herz der Stadt liegt hier, im Bereich des einstigen keltischen Quellheiligtums.

Auch die Römer verehrten, nachdem sie die Kelten vertrieben hatten, ihr Quellheiligtum und ließen ein Nymphäum, fälschlich **„Dianatempel"** genannt, zurück. Der einschiffige Raum mit Tonnengewölbe ist kunsthistorisch ein Vorläufer romanischer Kirchen in der Provence.

Auf dem Mont Cavalier, der noch Bestandteil des Quellgartens ist, steht ein weiteres antikes Bauwerk: die **Tour Magne,** höchster Turm der alten Stadtmauer. Um 15 v. Chr. errichtet, bezieht der Wach- und Wehrturm mit seinem achteckigen Sockel keltische Bausubstanz ein. Der Blick von der Aussichtsplattform auf die Stadt lohnt den kleinen Aufstieg (etwa zehn Minuten).

●**Tour Magne,** im Sommer 9–19 Uhr, im Winter 9–17 Uhr. Eintritt ca. 2,50 €.

Straßen, die nach römischen Kaisern benannt sind, führen zu einem Zeugnis antiker Technik: Ins **Castellum Divisorum** (östlich des Quellgartens, Rue de la Lampèze) mündete das Frisch-

260pr Foto: bm

wasser, das in einem genialen System von der Eure-Quelle bei Uzès über den Pont du Gard nach Nîmes geleitet wurde. In dem vergleichsweise kleinen Becken sind noch gut die zehn Öffnungen zu erkennen, durch die das Wasser in die verschiedenen Stadtviertel verteilt wurde, zu Brunnen, Thermen und Villen.

Jardins de la Fontaine

Kathedrale St. Castor

Der Weg auf die andere Seite des Boulevard Gambetta führt zurück in die Neuzeit. **Illot Littré** war im 17. und 18. Jh. das Viertel der Färber und Weber, deren Stoffe die reichen Kaufleute vom nahen Quai de la Fontaine aus in alle Welt exportierten. Illot Littré ist heute ein städtisches Vorzeigeobjekt: Sorgfältig restauriert, lassen die Fassaden wieder ihre schlichte Schönheit erkennen. Antiquare und Antiquitätenhändler haben sich niedergelassen, aber auch edle Boutiquen, und das Zentrum **La Coupole des Halles** vereint quirliges Marktleben und gediegene Geschäfte.

Über die Geschäftsstraße Rue des Halles sind es nur ein paar Schritte zurück in den lebhaften Altstadtkern, zur Place aux Herbes mit der **Kathedrale St. Castor.** Die unteren Teile der hellen Fassade stammen noch aus dem 11. Jh., wohingegen der düstere, nur durch abendliche Sonnenstrahlen erhellte Innenraum Ende des 19. Jh. neu gestaltet wurde.

Von der Kathedrale lässt sich ein Abstecher zu den Resten der **Porte Auguste** (auch Porte d'Arles) unternehmen. Bestandteil der Stadtmauer und wie sie um 15 v. Chr. errichtet, wurde dieses wichtigste, Rom zugewandte Tor nach seinem Erbauer benannt. Der Abguss eines antiken Standbildes erinnert an *Augustus.* Schon in der Antike war diese Stelle eine der verkehrsreichsten: Hier stieß die Via Domitia an die Stadt, durchquerte sie in Form des Decumanus, um sie an der Porte d'Espagne in Richtung Spanien zu verlassen.

Ein Stück südlich der Place des Carmes, an der auch die Kirche St. Baudile steht, hat der Architekt *Philippe Starck* die **Avenue Carnot** umgestaltet, unter anderem mit einer Bushaltestelle *(Abribus Starck).*

Zurück in die Altstadt: Die **Jesuitenkapelle** in der Grand'Rue, zwischen 1673 und 1678 errichtet, wurde in den 1980er Jahren restauriert und dient heute als Ausstellungsraum. Auch das nahe gelegene **Hotel de Ville** ist in den letzten Jahren aufgefrischt worden, allerdings nicht von einem Kunsthistoriker: Der Innenarchitekt *Jean-Michel Wilmotte* hat, zusammen mit einer Reihe anderer öffentlicher Gebäude in Nîmes, das Innere des Rathauses in seinem klaren, unaufdringlich-modernen Stil verändert.

An der großzügigen **Esplanade Charles de Gaulle** schließt sich der Kreis: Nîmes, die Stadt des Wassers, erinnert mit einem monumentalen Brunnen an ihre Geschichte. Rhône und Gardon, Eure und Nemausus-Quelle umringen symbolisch die Stadt in Gestalt einer Frau.

Museen

Öffnungszeiten der Museen in Nîmes: Täglich außer montags, 11–18 Uhr. Eintritt ca. 4 €, ermäßigt ca. 3 €, Kinder unter 10 Jahren frei.

- **Musée d'Art Contemporain:** Der vielseitige Kulturtempel Carré d'Art beherbergt sowohl wechselnde Austellungen als auch eine sehenswerte Sammlung moderner und zeitgenössischer Kunst u.a. mit Werken von *Yves Klein, Christo* und *Niki de Saint-Phalle*. Boulevard Victor Hugo, Tel. 04.66.76.35.70
- **Musée du Vieux Nîmes:** Im stilvollen Rahmen des alten Bischofspalastes sind u.a. Antiquitäten aus dem Languedoc und der Provence zu sehen. Palais de l'Ancien Evêché, Tel. 04.66.76.73.30.

261pr Foto: bm

- **Musée Archéologique:** Hier ist ein Modell von Nîmes aus der Antike (1. Jh. n. Chr.) ausgestellt, mit dessen Hilfe man alle Überreste jener Epoche lokalisieren kann. Umfangreiche Sammlung von Säulenfragmenten, Büsten, Inschriften etc., untergebracht im Säulengang des ehemaligen Jesuitenkollegs (17.–18. Jh.). In der ersten Etage Sammlung vorrangig von Gegenständen des alltäglichen Lebens. 13 bis, Boulevard Amiral Courbet, Tel. 04.66.67.25.57.
- **Musée d'Histoire Naturelle et de Préhistoire:** Wie das Archäologiemuseum untergebracht im ehemaligen Jesuitenkolleg. Geologie, Zoologie und Vorgeschichte mit Stelen und Friesen, Säugetieren, Vögeln – die Sammlung ist umfangreich und wirklich sehenswert. 13 bis, Boulevard Amiral Courbet, Tel. 04.66.67.39.14.
- **Musée des Beaux Arts:** u.a. mit einem sehr schönen römischen Mosaik. Rue Cité Foulc, Tel. 04.66.67.38.21.

Denim – Jeans aus Nîmes

Es war gegen Mitte des 19. Jahrhunderts, als einem Textilfabrikanten in den Vereinigten Staaten die Stoffvorräte ausgingen. Das braune Tuch, aus dem seine Angestellten robuste Arbeitskleider fertigten, war bis auf den letzten Meter aufgebraucht. Glücklicherweise hatte der Mann Brüder in New York, und die wussten Rat. Nîmes, diese kleine Stadt in Europa, die schon lange exklusiv nach New York lieferte, hatte einen preiswerten und widerstandsfähigen Stoff im Angebot, allerdings in blauer Farbe. Der Fabrikant hieß *Levi Strauss,* das Tuch hieß, schlicht nach seiner Herkunft, Denim *(de Nîmes),* aus Nîmes.

Und es war gegen Mitte des 20. Jahrhunderts, als in einer schäbigen Lagerhalle irgendwo im Westen Europas Menschen in großen Ballen abgetragener Kleidung wühlten. Dazwischen drängelten ein paar Halbwüchsige, die genau wussten, was sie suchten: diese robusten, blauen Arbeitshosen, die neuerdings so oft im Kino zu sehen waren. Mit Second-Hand-Kleidern aus den USA, importiert im Zuge des Marshallplans, kamen sie nach Europa, und die Europäer verklärten, was sie selbst entwickelt hatten, zum Symbol des American way of life.

So ähnlich hat sie sich wohl zugetragen, die Geschichte der Jeans. Details liegen im Dunkeln, nicht zuletzt, seit 1906 die Archive der Firma Levi Strauss in San Francisco in Flammen aufgingen. Und in die Archive und Museen von Nîmes war die Jeans ohnehin nie so recht eingegangen. Schließlich hatte man ja feinere Stoffe produziert als diese billige Arbeitskleidung, die gegen Ruß, Fett und Staub schützte.

Dabei ist das *Bleu populaire,* der volkstümliche blaue Stoff, eine alte Tradition. Schon gegen Ende des 17. Jh. trieben Kaufleute aus Nîmes und auch Genua damit Handel. Die Bauern der Cevennen und Liguriens gingen in blauem Stoff aufs Feld, sie richteten ihre Häuser damit ein und kleideten die Figuren ihrer Weihnachtskrippen. Sogar als Segel oder Planen waren diese stabilen Stoffe aus Baumwolle, Wolle oder auch Hanf zu gebrauchen.

Indem es Wolle aus den Cevennen verarbeitete, entwickelte sich Nîmes schnell zum Spezialisten auch für „kleine", also billige Stoffe. Die Besonderheit des Denim lag in der sehr robusten Knüpfung des Garns. Die Herstellung verbilligte sich durch die blaue Färbung, denn dafür mussten nur die Farbbäder der teuren Stoffe aufgefrischt werden. Über Genua entstanden bald Handelsverbindungen bis in die USA. Dies wiederum erleichterte den Import von Baumwolle und Indigo. Die Bezeichnung „Nims" tauchte auch bei Stoffen auf, die gar nicht in Nîmes hergestellt waren – möglicherweise, weil die Aufhebung des Ediktes von Nantes protestantische Textilhändler zum Verlassen der Stadt gezwungen hatte.

Die Stoffe jedenfalls, aus denen *Levi Strauss* die erste Jeans schneiderte, waren gar nicht für Kleidung bestimmt gewesen. Doch die Männer, die im Westen der USA Eisenbahn-Linien bauten oder Farmen gründeten, die nach Gold schürften oder in Gruben schufteten, schätzten die unverwüstliche Qualität. 1873 kamen die Nieten dazu, 1897 die Messingknöpfe. Allmählich wurden Jeans in größerer Zahl produziert, und natürlich blieb es nicht bei der „501" von *Levi's.* 1911 begann auch *Henry David Lee,* gut 20 Jahre nach der Gründung seiner Firma, mit dem Verkauf von Jeans im mittleren Westen. *Levi's* hielt den Süden, während sich im Norden *Wrangler* etablierte.

Für die Jugendlichen Westeuropas, die von Amerika nur das Kino kannten, verkörperte die Jeans ein neues Lebensgefühl. Getragen von *James Dean, Marlon Brando* und *Elvis Presley,* verklärte sie sich zum Mythos. Dass sie auch den Protest gegen das „Establishment" symbolisierte, ist die Ironie dieser Geschichte. Denn am Anfang der Jeans stehen jene strengen protestantischen Händler, deren bourgeoises Wohlleben im Musée du Vieux Nîmes so schön dokumentiert ist.

Praktische Hinweise

Information

- **Office de Tourisme,** 6, Rue Auguste, 30000 Nîmes, Tel. 04.66.58.38.00, Fax 04.66.58. 38.01.
- **Comité Départemental du Tourisme, Gard,** 3, Place des Arènes B.P.122, 30011 Nîmes Cédex, Tel. 04.66.36.96.30, Fax 04.66. 36.13.14. www.ot-nimes.fr.

Hotels

- **Imperator Concorde******/€€€€€, Quai de la Fontaine, Tel. 04.66.21.90.30, Fax 04.66. 67.70.25. Die erste Adresse in Nîmes, ausgezeichnet gelegen in der Nähe des Parks.
- **New Hôtel La Baume*****/€€€€, 21, Rue Nationale, Tel. 04.66.76.28.42, Fax 04.66.76. 28.45.
- **De Provence****/€€, 5, Square de la Couronne, Tel. 04.66.36.83.56, Fax 04.66.36.77.99. Zentrale Lage, wohnliche Zimmer, traditionell eingerichtet und gut geführt.

Jugendherberge

- Chemin de la Cigale (Bus 2), Tel. 04.66.68. 03.20.

Camping

- **Camping Municipal de la Bastide*****, Route de Générac, Tel. 04.66.38.09.21.

Restaurants

- **Vintage Café,** 7, Rue de Bernis, Tel. 04.66.21.04.45. Die Karte dieses winzigen, nett geführten Restaurants verspricht nicht zuviel, das Preis-Leistungsverhältnis ist ausgezeichnet. Ab etwa 13 €.
- **Les Quatre Saisons,** 3, Rue des Greffes, Tel. 04.66.67.21.70. Fünfzig Sorten Crêpes und ein preiswertes Mittagsmenü bietet diese kleine Crêperie (Menu ab etwa 7,50 €).

Märkte und Feste

- **Blumen-, Trödel- und Kleidermarkt:** montagmorgens.
- **Gemüsemarkt:** freitags, Boulevard Jean Jaurès.
- **Feria:** im Februar (in der überdachten Arena), zu Pfingsten und im September. Informationen unter Tel. 04.66.67.28.02.

Autoverleih

- **Europcar,** 5, Boulevard de Prague, Esplanade Charles de Gaulle, Tel. 04.66. 21.31.35.
- **Hertz,** 5, Boulevard de Prague, Tel. 04.66. 76.25.91.

Fahrradverleih

- **Bahnhof,** Auskunft Tel. 04.66.23.50.50.

Anreise/Weiterreise

- **Mit dem Auto:** Von Norden über die A 9 oder N 86, von Arles über die A 54 oder N 113, von Tarascon über die D 999.
- **Mit dem Flugzeug:** Aéroport Nîmes – Arles – Camargue, Tel. 04.60.70.06.88.
- **Mit dem Bus:** Gare Routière, Boulevard Natoire, Tel. 04.66.29.52.00.
- **Mit der Bahn:** Gare SNCF, Boulevard Talabot, Tel. 04.66.23.50.50.

Beaucaire

↗ IX/C2

264pr Foto: bm

Das Schloss von Beaucaire

Beaucaire ist die Schwesterstadt von Tarascon. Und so wie Tarascon nur den Weg in die Alpilles weist, nicht Ziel ist, nur Station, so gibt auch Beaucaire bestenfalls Versprechen, die einzulösen dann anderen Orten vorbehalten bleibt. Und nicht einmal das wäre Beaucaire, hätte es nicht wie Tarascon ein Schloss über der Rhône, allerdings nicht so gut erhalten und auch nicht so schön.

Geschichte

Geschichte verschwindet, wenn sie keine Monumente hinterlässt, manchmal so gänzlich aus einem Ort, dass nicht einmal ihr Geist lebendig bleibt. Das scheint so in Beaucaire, das seit dem Mittelalter einer der wichtigsten Handelsplätze des Abendlandes war. Allein die Literatur bewahrt die Erinnerung, man lese nur *Stendhal* oder *Daudet*.

Zur **Foire de Beaucaire** (oder Foire de la Madeleine, nach der Eröffnung am 21. Juli, dem Vorabend des Tags der heiligen Madeleine) strömten Abertausende Kaufleute und feilschten um alles, womit sich handeln ließ, vor allem aber Tücher und Leder. Viele wohnten auf Schiffen, die in der Rhône ankerten, denn die Stadt bot bei weitem nicht allen Platz, und natürlich verlangten die gastfreundlichen Einwohner für jede erdenkliche Schlafstätte aparte Preise. Man stelle sich dazu die Schausteller vor, die für jede Zerstreuung gut waren, die Filous und Freudenmädchen, die exotischen Waren, die Händler und Kunden aus fernen Ländern, und gewinnt einen Eindruck vom Prestige Beaucaires. Auf 8000 Einwohner kamen an die 60.000 Besucher, der Umsatz einer einzigen Woche kam in der Blüte des 18. Jh. dem Jahresumsatz des Hafens von Marseille gleich.

Besiedelt war der Ort, genauer der Felsen des heutigen Schlosses, aber schon viel früher: ab etwa 900 v. Chr. ist es belegt. Als wichtiger Rhônehafen und nahe zum aufstrebenden Nîmes, dazu an der Via Domitia, war es Beaucaire vorbestimmt, Handelsort zu werden. Das antike **Ugernum** hat uns nur eine Mauer am heutigen Schloss hinterlassen.

Etwa zwischen 800 und 1000 n. Chr. entstand, unter dem Namen Beaucaire, eine neue Stadt, die mit der alten römischen nichts gemein hatte.

Der berühmte Markt von Beaucaire hielt sich in stark verkleinerter Form bis ins 19. Jh., eine Zeit, in der die Stadt zwar von der Eisenbahnlinie und dem 1811 fertiggestellten Kanal profitierte, mit den neuen Verkehrsmitteln aber auch endgültig ihren Rang einbüßte. Heute erinnert nur mehr ein jährliches Fest an die einstige Messe, und es ist kaum zu sagen, ob Beaucaire von seiner Vergangenheit zehrt oder ob die Historie die Gegenwart einer armen Kleinstadt erst traurig macht.

Sehenswertes

40 Meter hoch ist der Hügel von Beaucaire. Er schützt nicht nur die Stadt vor dem Mistral, er bewachte auch einst die Rhône als Grenze des französischen Königreiches. Das **Schloss** ließ *Ludwig der Heilige* zu einer der wichtigsten Festungen Südfrankreichs ausbauen. Doch der mittelalterliche Bau, im Wesentlichen zwischen dem 11. und dem 14. Jh. entstanden, hatte das Unglück, dass sich seine Herren einer protestantischen Rebellion anschlossen: 1632 wurden die Mauern auf Befehl *Richelieus* geschleift. Was erhalten blieb, vermittelt mehr als nur eine Ahnung einstiger Macht: Burgmauern und mehrere Türme drängen sich zu einer immer noch monumentalen Ruine zusammen. Zum Schloss gehört auch eine romanische Kapelle.

- **Öffnungszeiten:** März bis Oktober 10–12 Uhr und 14–19 Uhr, November bis Februar 10.15–12 Uhr und 14–17.15 Uhr. Dienstags geschlossen außer im Juli und August. Tel. 04.66.59.47.61. Eintritt ca. 3 €.
- Ein privater Veranstalter nutzt das Ambiente für eine **Schau mit freifliegenden Raubvögeln,** zu sehen zwischen Ostern und Allerheiligen nachmittags zur vollen Stunde, im Juli und August täglich, sonst außer mittwochs. Gepfefferter Eintritt: ca. 7,50 €, Kinder ca. 5 €.

Die **Altstadt** steht unter Denkmalschutz; *Jean-Paul Rappeneau* fand hier die Kulisse für Szenen seines Films „Le Hussard sur le toit" („Der Husar auf dem Dach"), die eigentlich im weniger gut erhaltenen Manosque spielen. Viele der engen Gassen machen einen eher ärmlichen Eindruck; gleichwohl stößt man auch immer wieder auf schöne Hôtels particuliers, die den Reichtum des 17. und 18. Jh. spiegeln.

So ist auch die **Kirche Notre-Dame-des-Pommiers** ein mächtiger Barockbau des 18. Jh. Vorher stand hier eine romanische Kirche, die dem Markt zum Opfer fiel: Zu Messezeiten bot sie nicht genügend Platz. Man riss es ab, dieses damals schon 500 Jahre alte Monument, nicht ahnend, dass der

Markt ein paar Jahrzehnte später selbst der Vergangenheit angehören sollte. Nur ein Relieffries an der östlichen Außenmauer ist noch romanisch; der Neubau dokumentiert in seinen Dimensionen die untergegangene Größe Beaucaires.

Das lässt sich auch vom **Hôtel de Ville** sagen, klassisch, mit einer imposanten Fassade, 1679 auf Geheiß des Prunk liebenden Sonnenkönigs gebaut. Zwei Flügel bilden eine Art Ehrenhof, den eine monumentale Treppe ziert. „Bekannt für ihren Markt, berühmt für ihre Treue" (zum König), prangte hier einst das Motto der Stadt.

Museen

- **Musée Municipal Auguste Jacquet** (auf dem Schlossgelände): Archäologie, Volkskunst und Traditionen. Es versucht, die Geschichte Beaucaires von der römischen Provinz- zur mittelalterlichen Handelsstadt zu dokumentieren. Tel. 04.66.59.47.61. Öffnungszeiten: April bis Oktober 10–12 und 14.15–18.45 Uhr, November bis März 10.15–12 und 14–17.15 Uhr. Dienstags und feiertags geschlossen. Eintritt 2,20 €.
- **Le Mas des Tourelles,** Weinerzeugung auf gallorömische Art wird hier nachgestellt, mit Degustation. 4294, Route de Bellegarde 30, 300 Beaucaire, Tel. 04.66.59.19.72. Öffnungszeiten: Montag bis Freitag 9–12 Uhr und 14–17 Uhr, Samstag 14–18 Uhr. Von April bis Oktober auch Sonntag 14–18 Uhr. Eintritt 4,60 €.
- **Le Vieux Mas,** Mas de Vegère, 30300 Vegère, Tel. und Fax 04.66.59.60.13. Ein alter Hof, der betrieben wird wie vor 100 Jahren – eine Mischung aus Freizeitpark und Heimatmuseum, beliebt bei Kindern. Eintritt 5 €, Kinder 3,50 €.

Praktische Hinweise

Information

- **Office de Tourisme,** 24, Cours Gambetta, BP 61, 30301 Beaucaire, Tel. 04.66. 59.26.57, Fax 04.66.59.68.51. www.ot-beaucaire.fr.

Hotel/ Restaurant

- **Le Robinson*****/€€€, Route de Remoulins, Tel. 04.66.59.21.32, Fax 04.66.59.00.03. Etwas außerhalb, mit Garten und Schwimmbad. Menü ab etwa 15 €.

Camping

- **Le Rhodanien****, Rue du Champ de Foire, Tel. 04.66.59.25.50.

Märkte und Feste

- **Wochenmarkt** donnerstags und sonntagmorgens auf der Place de la Mairie und am Cours Gambetta.
- **Festivales de Beaucaire** vom 21. Juli an. Dieses Festival unter anderem mit mittelalterlichem Markt, Feuerwerken, Musik, Folklore und Corrida beschwört die Tradition der berühmten Messe von Beaucaire herauf – das Ereignis des Jahres in der kleinen Stadt.
- **Drachenfest** am ersten Juniwochende: Straßenumzug mit dem Rhône-Ungeheuer.
- **Auskunft zu den Festivals** erteilt der *Service des Festivités* unter Tel. 04.66.59.71.34.

Autoverleih

- **Avis/Station Total,** Relais des Doctrinaires, Quai du Général-de-Gaulle, Tel. 04.66.59. 29.89.
- **VEO Station Service Le Mistral,** Route de Nîmes, Tel. 04.66.59.32.77.

Anreise/Weiterreise

- **Mit dem Auto:** Beaucaire liegt an einem Verkehrsknotenpunkt an der Rhône und ist von Nîmes, Arles oder Avignon günstig zu erreichen, etwa von Nîmes über die D 999.
- **Mit dem Bus:** Von Nîmes aus Verbindung über Beaucaire nach Tarascon und Avignon, Tel. 04.66.29.27.29.

• **Mit der Bahn:** Beaucaire hat zwar einen Bahnhof, doch halten hier keine Züge. Gut bedient wird dagegen der Bahnhof der Schwesterstadt Tarascon: Place du Colonel-Berrurier, Tarascon, Tel. 04.90.91.04.82.
• **Mit dem Boot:** Für Spazierfahrten: Peniche „Le Cygne", M. Couly, 15, Rue Circulaire, Tel. 04.66.59.35.62. Hausboote vermietet u.a. *Ancas Away,* Quai du Général de Gaulle, Tel. 04.66.58.66.71.

Abstecher

Die **Via Domitia** verband in der Antike die Rhône mit den Pyrenäen. Westlich von Beaucaire ist am meisten von dieser alten römischen Straße erhalten, so etwa Kilometersteine. Man folgt der D 999 Richtung Nîmes, die ungefähr parallel zur alten Römerstraße verläuft. Nach ein paar Kilometern biege man bei entsprechenden Hinweisschildern links ab.

Dörfer und Städte des Gard

Abbaye de St. Roman ⇗IX/C2

Unsere Route in Dörfer und Städtchen nordöstlich und nördlich von Nîmes folgt der Landstraße nach Remoulins, der D 986. Einige Kilometer hinter Beaucaire liegt die Abbaye de St. Roman auf einem Felsen über dem Rhônetal. (Auf der D 986 links abbiegen, bis zum Parkplatz hinauffahren, von dort 20 Minuten Fußweg.)

Man hat hier Lagerstellen urzeitlicher Jäger gefunden, die man auf etwa 60.000 Jahre vor unserer Zeit datiert. Im 5. Jh. n. Chr. zog sich ein Eremit in dieses Gelände zurück. Einzigartig an der Abtei ist außer ihrer außerordentlich frühen Gründung, dass sie ganz in den Fels gehauen wurde. Bis ins späte Mittelalter hinein von Mönchen bewohnt, wich sie dann einem Schloss, das auf den Felsen gebaut wurde. Seine Zerstörung im 19. Jh. hat die Abtei als solche wieder sichtbar werden lassen.

Zu sehen sind mehrere Säle und Zellen, vor allem aber eine Kapelle, deren Abtstuhl in den Fels gehauen ist. Am Rand des Plateaus mit schönem Blick über das Rhônetal liegen in den Stein geschlagene Gräber.

• **Öffnungszeiten:** Im Juli und August 10–18.30 Uhr, April bis Juni sowie September 10–18 Uhr, Oktober bis März samstags, sonntags und feiertags 14–17 Uhr, in den Weihnachts-, Februar- und Allerheiligenferien 14–17 Uhr. Eintritt ca. 4,50 €, Kinder bis 11 Jahre ca. 2,25 €, unter 6 Jahre frei.

Pont du Gard ⇗VIII/B1

Unweit von der Abtei mündet der Gard oder Gardon, der Namensgeber des Départements, in die Rhône. Ihm folgen wir flussaufwärts bis ins kleine, verkehrsgeplagte **Remoulins,** das am Rande eines der berühmtesten Monumente Europas sein touristisch angemessenes Dasein führt.

Unser Ziel ist der **Pont du Gard,** *das* Denkmal römischer Genialität. Man möchte es größenwahnsinnig nennen, so sehr macht es staunen, und doch war es keine bloße Manifestation von

267pr Foto: bm

Macht und Überlegenheit in diesem Gallien, das es zu zivilisieren galt.

Dabei ist der Pont du Gard zunächst nichts weiter als Bestandteil einer **Wasserleitung.** Sie versorgte die damals schon große Stadt Nîmes mit frischem Quellwasser des Flusses Eure bei Uzès. Das ergibt eine Distanz von 20 Kilometern – Luftlinie – oder einen Leitungsweg von 50 Kilometern, weil die Ausläufer der Cevennen in die Quere kamen. Der Höhenunterschied zwischen der Quelle und dem Verteiler in Nemausus betrug ganze 17 Meter. Das ergibt ein Gefälle von 34 Zentimetern pro Kilometer – und schon das erste Rätsel: Wie berechneten die Ingenieure diese überaus geringe Neigung, vor allem aber, wie setzten sie sie so exakt um? Zudem musste die Neigung in Kurvenstücken regelmäßig geringer sein als auf Geraden – bei einer geschätzten Kapazität von 20.000 Kubikmetern täglich wäre sonst der Druck zu hoch geworden.

Nicht alle Hindernisse ließen sich einfach umgehen. So durchbohrten die Römer einige Hügel mit Tunneln, und so überwanden sie Täler mit Aquädukten. Das Tal des Gard ist recht breit, der Pont du Gard deshalb 275 Meter lang. Fast unnötig zu sagen, dass er damit den größten römischen Aquädukt überhaupt darstellt.

So weit die technische Erklärung. Nun haben wir es aber offensichtlich nicht mit einem nüchternen Zweckbau zu tun, mehr mit einem Denkmal, dessen ästhetische Meisterschaft der technischen in nichts nachsteht. **Drei Reihen mit Bögen** bilden die gewaltige Brücke, sechs unten, elf in der Mitte, 35 oben. Die Bögen der beiden unteren Reihen sind verschieden breit, und zwar von der Mitte aus abnehmend. Erst dieser architektonische Kunstgriff schafft den Eindruck unvergleichlicher Harmonie der Proportionen.

Der Pont du Gard ist nicht zu verstehen ohne seinen **politischen Aspekt.** In einem unterworfenen Land dokumentierte er die Schöpfungskraft einer

Der Pont du Gard

überlegenen Zivilisation, so kraftvoll, so gewaltig trat er den Menschen entgegen, gleichzeitig unbestreitbar in seinem Nutzen wie kühn im Entwurf.

Man datiert den Pont du Gard auf die augustäische Zeit. In Betrieb muss er, berücksichtigt man die gefundenen Kalkablagerungen, mehrere Jahrhunderte lang gewesen sein; die Stilllegung könnte mit Germaneneinfällen zusammenhängen.

Jedenfalls gab es in Nîmes im 19. Jh., einer Zeit raschen Wachstums, ernsthafte Überlegungen, den Pont-du-Gard wieder als Wasserleitung einzusetzen – im nördlichen Hang sind noch Tunnel zu erkennen, die von den Vorarbeiten zeugen. Im Mittelalter legte man an der unteren Bogenreihe die schmale Straße an, die man heute noch in der Nebensaison mit dem Auto befahren kann.

Der beste **Blick auf das Aquädukt** bietet sich von den angrenzenden Hängen aus. Schwindelfreie konnten bis vor kurzem auch durch die etwa 1,80 Meter hohe Wasserleitung von einer Seite zur anderen gehen. Aus Sicherheitsgründen ist das inzwischen verboten worden. Doch auch vom Rand aus lassen sich interessante Details erkennen. Die Wasserleitung ist zum größten Teil bedeckt, damit das Frischwasser vor Verunreinigung geschützt blieb. Das ganze Bauwerk weist zudem eine leichte Krümmung auf. Die Architekten schützten ihr Werk damit vor zu großem Druck des Flusses, der nach der Schneeschmelze in den Cevennen gewaltig anschwellen kann.

Die Steine, die überall herausragen, dienten als Verankerungen des Baugerüstes, man entfernte sie nicht, um spätere Reparaturen leichter ausführen zu können.

Der Gard selbst ist im Sommer sehr gut **zum Baden geeignet,** das idyllische Tal entsprechend überlaufen.

Bis vor wenigen Jahren drohten die Auswüchse des Massentourismus den Pont du Gard förmlich zu erdrücken. Für hunderttausende von Reisenden gab es im einst stillen Tal des Gardon Andenkenläden und Imbissbuden, die kleinen Straßen links und rechts des Monuments waren chronisch zugeparkt von Reisebussen. Findigen Investoren war das alles noch nicht genug, sie träumten von einem Freizeitpark à la Disneyland mit Bimmelbahn und Ähnlichem. Bürgerinitiativen verhinderten das. Stattdessen wurde zwischen 1995 und 2000 eine „Rehabilitierung" des Bauwerks in Angriff genommen, um die Ansprüche von Tourismus, Denkmalschutz und Anwohnern unter einen Hut zu bringen. Jetzt gibt es auf jeder Seite ein **Besucherzentrum,** das neben Andenken und Restaurant auch vielfältige Informationen bereithält, und für Autos ist die Durchfahrt gesperrt. Die Parkplätze sind kostenpflichtig, ein Eintritt zum Pont du Gard selbst wird aber nicht erhoben – die Menschen in der Gegend wollten das nicht akzeptieren, denn auch für sie ist der Pont du Gard immer wieder ein Ziel.

Ganz neu ist eine Art gigantisches „Lichtspiel". Der amerikanische Künstler *James Turrell* hat mehr als tausend

Gasse in Castillon-du-Gard

Halogenstrahler installiert (nicht am Bauwerk selbst), um den Pont effektvoll ins rechte Licht zu setzen. Das Spektakel in den Farben Blau, Rot und Grün wird von einem Rechner gesteuert und ist an Sommerabenden nach Einbruch der Dunkelheit zu bewundern.

Camping

●**La Sousta*****, Avenue du Pont du Gard, 30210 Remoulins, Tel. 04.66.37.12.80, Fax 04.66.37.23.69. In direkter Nachbarschaft zum Pont du Gard liegt dieser wirklich schöne Campingplatz, immer noch recht ruhig, dazu herrlich unter Bäumen am Fluss mit Bademöglichkeit.

Castillon und Vers

↗VIII/B1

Wenn das Département doch Flecken aufweist, die es zu einem Geheimtipp machen, dann zum Beispiel in den nahen Dörfern Castillon oder Vers.

Castillon-du-Gard ist heute ein reicher Ort, das erkennt man, wenn man sich in seine Villenviertel verirrt. Viel reizvoller wirkt aber der alte Kern, und das liegt an den **Carrières** von Castillon und Vers. Diese Brüche liefern Stein von ausgezeichneter Qualität und wunderbar warmer Farbe. Das ganze Dorf, das alte jedenfalls, ist daraus gebaut, mit regelmäßigen Fassaden und fast einheitlichem Farbton. So zu bauen konnten sich in der Provence nur Städte leisten oder aber Dörfer, die den Steinbruch direkt vor der Tür hatten, eine Handvoll also, und sie alle vermitteln diesen Hauch von Noblesse inmitten idyllischer Natur. Castillon liegt dazu noch auf einem Felsen mit Blick über die Weinberge, Grund genug, mindestens zum Aperitif oder auf ein Glas Wein zu bleiben.

Nicht weniger charmant zeigt sich das benachbarte **Vers,** ursprünglicher noch und nicht so reich, mit einem ungewöhnlich aufwendigen runden Lavoir in der Mitte. Auf dem Platz nebenan verbummeln ganze Generationen ihre Nachmittage beim Boules.

Bildungszentrum

●**Bastide de Font d'Izières,** 30 210 Font d'Izières, Tel. 04.66.22.99.90, Fax 04.66. 22.91.44. Von einem deutschen Paar geführtes „Zentrum für Bildung und Begegnung", das Seminare zu Tanz, Selbsterfahrung oder

Malerei anbietet, außerdem Kurse in Französisch. Die Zimmer im alten Landhaus werden an Einzelreisende und Gruppen vermietet.

Hotels/Restaurants

- **Le Vieux Castillon******/€€€€€, 30210 Castillon-du-Gard, Tel. 04.66.37.61.61, Fax 04.66.37.28.17. Verschwiegenes Luxushotel in einer Gasse mitten im Dorf. Es gehört zur Kette *Relais & Chateaux*. Zimmer ab 75 € bis weit über 150 €. Mit Restaurant.
- **La Bégude St. Pierre****/€€€€, 30210 Vers-Pont du Gard, Tel. 04.66.63.63.63, Fax 04.66.22.73.73. Außerhalb des Ortes, an der Landstraße D 981, liegt diese ehemalige Poststation in einem schönen alten Gebäude. Zimmer ab etwa 45 € bis über 150 €. Mit Restaurant.

Collias

↗VIII/B1

Landschaft und Kunstgeschichte bietet Collias, ein Dorf zwischen Remoulins und Uzès. Die Schluchten des Gardon in wilder Garrigue-Landschaft mit Kalkfelsen, kleinen Sandstränden und ursprünglicher Vegetation ziehen Wassersportler und Wanderer an.

Wandern muss man auch zur **Ermitage Notre-Dame de Laval,** die zwei Kilometer zu Fuß in der Einsamkeit liegt, am Ende einer Schlucht. Schon in vorrömischer Zeit war dieser Platz ein Quellheiligtum, und in den Grotten hat man Spuren vorgeschichtlicher Menschen gefunden. Von der Ermitage, die wohl seit dem achten Jahrhundert bestanden hat, findet sich noch eine romanische Kapelle, dazu die Grotte des Eremiten mit einer Art natürlichem Kamin, die Quelle und eine römische Brücke. Im Sommer finden hier gelegentlich klassische Konzerte statt *(Association des Amis de l'Ermitage,* Tel. 04.66.22.80.85 oder 04.66.22.84.78).

- **Zufahrt:** Am Ortseingang (D 3) links Richtung Cabrières und Nîmes halten, die Brücke überqueren, dahinter links in eine kleine Straße, die am Gardon entlangführt. Kurz darauf Beschilderung.

Hotels/Restaurants

- **Le Castellas*****/€€€, Grand Rue, 30210 Collias, Tel. 04.66.22.88.88, Fax 04.66.22.84.28. Charmantes Hotel in einem schönen alten Gebäude. Menü ab etwa 25 €.
- **Auberge Le Gardon****/€€, 30210 Collias, Tel. 04.66.22.80.54. Auch ein malerisches Landhotel, am Fluss gelegen. Menü ab etwa 12 €.

Camping

- **Camping Le Barralet*****, 30210 Collias, Tel. 04.66.22.84.52.

Kanu/Kajak (Verleih)

Von Collias aus kann man den Gardon befahren bis hin zum Pont du Gard, ein landschaftlich besonders reizvoller Abschnitt (sechs Kilometer). Der Fluss ist im Sommer gefahrlos.

- **Marc Chamboredon,** Tel. 04.66.22.84.83 (Kanu, Kajak).
- **Le Tourbillon,** M. Houlière, Chemin de St. Privat, Tel. 04.66.22.85.54 (Paddeln, Kanu, Kajak). Beide verleihen auch Mountainbikes.

Uzès

↗VIII/A–B1

Ein Ort, der eigentlich außerhalb unseres Reisegebiets liegt, ein Ort aber auch, der einen Umweg verdient, das ist Uzès. Eine kleine Schatzkammer mit seinem Stadtbild, seinen Monumenten und dem Schloss, kunsthistorisch ein Muss, aber auch ein Ort zum

Wohlfühlen mit Straßencafés, belebten Boulevards und gemütlicher Altstadt. Der Vergleich mit St. Rémy liegt nahe. Die Altstadt mit dem Herzogsschloss, schönen Hôtels particuliers und malerischen Gassen und Plätzen wird von einem sehr belebten Boulevardring umschlossen.

Geschichte

Der Reichtum Uzès' kommt nicht von ungefähr. Nicht nur ist die Stadt sehr alt - auf ein Oppidum folgte das antike Ucetia - sie war auch Bischofssitz, und das vom 5. Jh. bis zur Revolution. Die frühe Christianisierung und der mächtige Klerus hinderte die Stadt aber nicht daran, im 16. Jh. mit dem Calvinismus zu flirten und fortan unter seinem Banner in den Religionskriegen mitzumischen. Bald aber kehrten die Herren von Uzès zum Katholizismus zurück, eine weise Entscheidung, denn sie heimsten dabei einen Titel ein: Uzès wurde Herzogtum. Auch die Bischöfe waren nicht untätig. Uzès stieg zu einem der wichtigsten Bistümer des Languedoc auf. Hugenottischer Kaufmannsgeist und eine blühende Tuchindustrie beflügelten das Handel treibende Bürgertum und die Aristokratie, heute noch sichtbar an den Stadtpalästen des 18. Jh.

Die Revolution brachte da zwar einiges Ungemach, beließ Uzès aber immerhin eine privilegierte Stellung als Unterpräfektur (bis 1926). 1962 von *Minister Malraux* zu einer der ganz wenigen „Kunststädte Frankreichs" erhoben, die mit einem Sonderprogramm

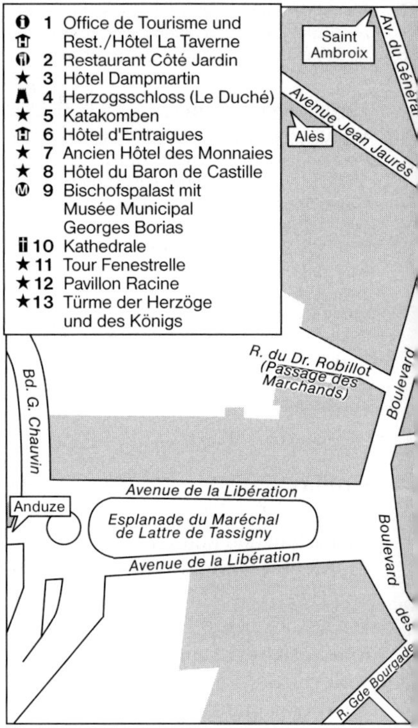

gefördert wurden, bekam Uzès die nötigen Mittel zur Erhaltung der Monumente.

Sehenswertes

Der gesamte Ort ist sehr reizvoll und entsprechend besucht. Neben dem historischen Stadtbild im Ganzen bietet Uzès viele kunsthistorische Juwelen. Zuerst muss man da die **Tour Fenestrelle** nennen, die aus einem Ensemble aus Bischofspalast und Kathe-

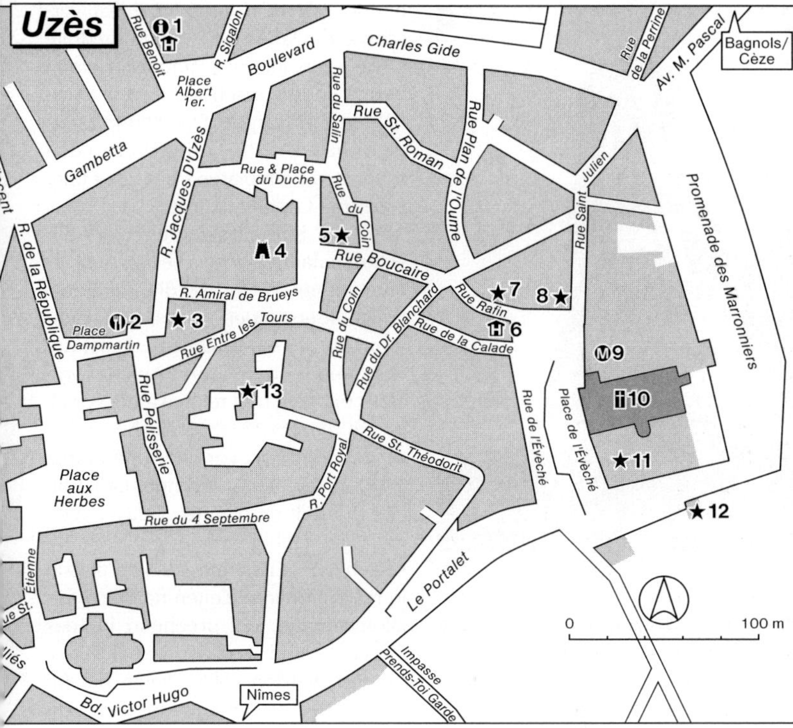

drale herausragt und weit über die Provence hinaus Bedeutung hat. Ein romanischer Turm, erbaut Ende des 11./Anfang des 12. Jh., rund und mit Fenstern, das ist schon an sich einzigartig, jedenfalls in Frankreich. Dazu kommt der lombardische Einschlag im Baustil. Nach Art italienischer Campanile gehört der Glockenturm zwar zur Kirche, steht aber davon unabhängig. Über einem quadratischen Sockel folgen sechs runde Etagen jeweils in Form von Bogengängen.

Bei genauer Betrachtung wird man erkennen, dass diese Etagen nicht gleich aussehen. Das liegt an der langen Bauzeit, während der die Entwürfe offensichtlich fortschritten, vom alten Teil ganz unten bis hin zu den beiden identischen oberen Etagen, die allerdings wohl im 17. Jh. erneuert worden sind. Besteigen lässt sich das 42 Meter hohe Wahrzeichen übrigens nicht: Seit jeher fehlt die Treppe.

Wo ein Turm, da auch eine Kathedrale. Doch die heutige Kirche führt in

272pr Foto: bm

Tour Fenestrelle

die Irre. Die Tour Fenestrelle gehörte zu einer älteren, ebenfalls romanischen Kirche und ist das einzige, was die zerstörerischen Religionskriege von ihr übrigließen.

Die heutige **Kathedrale** stammt aus der Mitte des 17. Jh.; allein ihre Fassade scheint noch den Vorgängerbau zu zitieren, sie ist neoromanisch und kam im 19. Jh. dazu. Da hatte das Gemäuer längst seine Umfunktionierung zum „Tempel der Vernunft" hinter sich – ein Akt der Revolution, bei dem nebenbei fast das ganze Mobiliar verschwand. Daher wirkt die Kathedrale etwas sparsam ausgestattet für einen bedeutenden Bischofssitz, mit Ausnahme der Orgel. Die stammt aus dem späten 17. Jh. und gehört zu den schönsten Exemplaren klassischer französischer Orgelbaukunst.

An die Kathedrale grenzt der **Bischofspalast,** *l'Ancien Evêché.* Auch er entstand im 17. Jh., als die Religionskriege überstanden waren, und erlebte im 18. Jh. einen Umbau. Es ist unverkennbar, dass die Bischöfe von Uzès mächtig und reich waren, vor allem in diesem 18. Jh. Freilich standen sie da schon kurz vor der Abberufung: 1790 wurde Nîmes Bischofsstadt, und in den frisch renovierten Palast zogen würdige Nachbewohner ein – die Insassen eines Gefängnisses. Das platzte in revolutionären Zeiten natürlich aus allen Nähten, entsprechend litt das Gebäude, und als es 1971 endlich restauriert werden sollte, fielen die Innenräume großenteils in sich zusammen. Gerade für das Heimatmuseum blieb noch Platz.

- **Musée Municipal Georges Borias,** im Bischofspalast, Place de l'Evêché, Tel. 04.66.22.40.23. Sammlung zur Archäologie, Kunst und Volkstradition, dazu Gemälde und vor allem Keramik (Uzès ist seit Urzeiten dafür bekannt aufgrund seiner geologischen Voraussetzungen). Öffnungszeiten: täglich außer montags 15–18 Uhr, von November bis Februar 14–17 Uhr, Juli und August 10–12 und 15–18 Uhr.

Hinter der Tour Fenestrelle versteckt sich in einem kleinen Garten noch der **Pavillon Racine.** Er wurde 1687 gebaut und ist nach dem Dichter benannt, der allerdings 25 Jahre vorher Uzès besucht hatte. Damals zog sich *Racine* in die Ruine eines alten Turms zurück und meditierte, oder, wie man in Uzès lieber sagt, er spürte seine Berufung zur Literatur in jugendlicher Brust knospen. Wie auch immer, die sicher romantische Ruine passte nicht mehr recht zum aufstrebenden Uzès, man ersetzte sie durch den heutigen Pavillon. Später, als *Racine* selbst Geschichte war, hätte man natürlich gern die Ruine vorgezeigt. Es blieb nur, den Nachfolger nach dem Dichter zu taufen.

Die **Place de l'Evêché,** an die all diese Monumente grenzen, ist so etwas wie die Visitenkarte von Uzès. Von der Terrasse hinter der Tour Fenestrelle fällt der Blick in die weite Ebene, und gegenüber, auf der anderen Straßenseite - auf noch mehr Prachtbauten. Die imposanten Kolonnaden des **Hôtel du Baron de Castille** gehen auf das Geltungsbedürfnis seines Erbauers zurück, eben des Barons, der dergleichen auf seinen Reisen stets bewundert hatte und es dann umsetzte, im Alter von 62 Jahren, frisch verheiratet mit einer 24-Jährigen, der noch fünffache Mutterfreuden bevorstanden. An beider Glück erinnern auf der Fassade die Initialen CR.

In unmittelbarer Nachbarschaft, in der kleinen Rue Rafin an der Ecke zur Rue Blanchard, findet sich ein weiteres Hôtel particulier, viel älter diesmal, noch aus dem Mittelalter: Das **Ancien Hôtel des Monnaies.** Einige Fenster und Fassadendekorationen sind aber unverkennbar im Stil der Renaissance erneuert worden. Die Bischöfe ließen hier, als sie dieses Privileg noch genossen, die Münzen von Uzès prägen - auch das Grundlage ihrer Jahrhunderte währenden Macht.

Noch viel älter sind die so genannten **Katakomben,** auch Krypten genannt (an der Place du Duché 5, um die Ecke Rue Boucaire). In vier Metern Tiefe sind Räume in den Fels gehauen, in denen die ganz frühen Christen ihre Gottesdienste abhielten - Schätzungen gehen vom 2. Jh. aus. Es handelt sich dabei um den Keller eines Privathauses, der über das Office de Tourisme oder mittels freundlicher Vorsprache beim Besitzer zugänglich ist. Die geheimnisvolle Stätte liegt mitten unter dem Zentrum von Uzès. Derzeit geschlossen.

Gleich gegenüber markiert das **Herzogsschloss** *(Le Duché)* den Sitz weltlicher Macht, auch sie dahingegangen zwar, vom jetzigen *Duc d'Uzès* aber symbolträchtig wieder heraufbeschworen: Wann immer der Herzog in seinem Gemäuer weilt, ist das Personal gehalten, auf den Zinnen darüber die Flagge zu hissen. Finanziert wird solcherlei Traditionspflege über Eintrittspreise, bei deren Kalkulation der Duc offenbar jegliches Augenmaß verloren hat. Weil das Sehenswerteste am Schloss ohnehin der Innenhof ist, kann man sich auch mit einem (kostenlosen) Blick dorthinein begnügen.

Das Schloss vermittelt mit seinen dicken Mauern und den drei Türmen einen mittelalterlich-wehrhaften Eindruck, und in der Tat wurde es zwar als Stadtschloss gebaut, aber auch im

274pr Foto: bm

Hinblick auf mögliche Belagerungen. Bewähren musste sich das nie, was die gute Erhaltung erklärt. Die Baugeschichte ist lang, sie reicht vom 11. bis ins 17. Jh.

Im Innenhof fällt vor allem die sehr schöne **Renaissance-Fassade** von 1565 auf (zwischen dem Donjon oder Tour Bermonde und der Kapelle, auch sie in Form eines kleineren Turms). Eine jüngst erfolgte Restaurierung lässt die reiche Dekoration mit Pilastern, Kolonnaden und Reliefs noch besser zur Geltung kommen. Ungewöhnlich ist die Verwendung dreier verschiedener Säulenarten: dorisch im Erdgeschoss, darüber ionisch und ganz oben korinthisch. Man schreibt diese Fassade dem Architekten *Delorme* zu, der in Paris den Tuilerien-Palast baute.

Fassade am Herzogsschloss

Fassade in Uzès

Seinen Namen trägt auch die **Tour Bermonde** aus dem 10. Jh. und damit ältester Teil des Schlosses. Ins Innere führt eine Renaissance-Treppe. Der Rundgang durch die wertvoll ausgestatteten Räume gleicht dem Besuch einer Ahnengalerie. Seit über einem Jahrtausend gehört das Schloss der gleichen Familie – an den Wänden ist

276pr Foto: bm

sie versammelt. Der Besuch endet in der gotischen Kapelle, die im 19. Jh. eine reichlich verkitschte Restaurierung erfuhr.

Lohnend ist der Aufstieg auf den 44 Meter hohen Turm des Schlosses.

● **Herzogsschloss,** stündlich Führungen. Öffnungszeiten: 10–12 Uhr und 14–18 Uhr, im Juli und August jeweils eine halbe Stunde länger. Eintritt 11 €, für Kinder (7–11) 4–8 €.

Der Donjon des Schlosses und die Tour Fenestrelle sind aber nicht die einzigen Türme von Bedeutung. Dass die Herzöge zwar mächtig waren, diese Macht aber teilen mussten, dafür stehen symbolisch die **drei Türme** von Uzès: der Turm der Herzöge, der des Königs und der des Bischofs, einträchtig nebeneinander überblicken sie die Dächer des Ortes.

Und auch die Renaissance hat nicht nur im Schloss eine typische Fassade hinterlassen. Ebenfalls im 16. Jh. entstand das nahe **Hôtel Dampmartin,** benannt nach seinem späteren Besitzer, dem Bürgermeister *Dampmartin.* Er fiel 1852 einem Mord zum Opfer – auf eben jener **Place Dampmartin,** die wir nun überqueren auf dem Weg zum schönsten Platz der Stadt, der **Place aux Herbes.** Die trug nicht immer diesen Namen, nannte sich, je nach den politischen Wechselfällen, bald Place Royale, bald Place de la Révolution. Weil in der Provence allein das Kulinarische ewig unbestritten bleibt, dürfte mit Place aux Herbes nun die dauerhafteste Lösung gefunden sein. Und Kräuter werden ja auch gehandelt auf diesem Platz, dem Marktplatz und wahren Herzen der Stadt. Die Arkadengänge, auch sie sorgfältig restauriert, wirken am schönsten abends, wenn eine geschickte Beleuchtung den Stein in warmen Farben erstrahlen lässt.

Von hier aus lohnt ein Bummel über den **Boulevardring** mit Straßencafés unter Platanen, vielleicht bis zum Hôtel de Ville, ein Beispiel der eleganten Architektur des 18. Jh. mit schattigem Innenhof. Oder zur Kirche St. Etienne, auch sie am Boulevardring gelegen, einem Beispiel später Barockarchitektur.

Praktische Hinweise

Information

- **Office de Tourisme,** Chapelle des Capucins, B.P. 129, 30700 Uzès, Tel. 04.66.22. 68.88, Fax 04.66.22.95.19, www.ville-uzes.fr.

Hotels/Restaurants

- **Château d'Arpaillargues*****/€€€€, Arpaillargues, Uzès, Tel. 04.66.22.14.48, Fax 04.66. 22.56.10. Ehemalige Residenz einer Adelsfamilie aus dem 17. und 18. Jh., nobles Anwesen mit Park. Menü ab ca. 18 €.
- **D'Entraigues*****/€€, 8, Place de l'Evêché, Tel. 04.66.22.32.68, Fax 04.66.22.57.01. Menü ab etwa 19 €.
- **La Taverne****/€, 4, Rue Sigalon, Tel. 04.66. 22.13.10, Fax 04.66.22.45.90. Menü ab etwa 20 €.
- **Coté Jardin,** 10, Place Dampmartin, Tel. 04.66.22.70.08. Ein gemütliches Restaurant mitten in der Altstadt. Menü ab etwa 10 €.

Märkte und Feste

- **Wochenmarkt** samstags um die Place aux Herbes, sehr schön.
- **Marchés agricoles:** Es gibt eine ganze Reihe je nach Saison, die recht bekannt sind, etwa den Trüffelmarkt (dritter Sonntag im Januar) – Uzès ist einer der Hauptproduzenten –, den Frühjahrsmarkt (zweiter Samstag im April), den prächtigen Knoblauchmarkt (24. Juni).
- **Trödelmarkt** sonntagmorgens auf dem Boulevard Gambetta.

Autoverleih

- **Azur Auto Europcar,** Z.I. Mas de Mèze, Tel. 04.66.22.68.07.

Fahrradverleih

- **Ets. Payan,** 16 bis, Avenue Général Vincent, Tel. 04.66.22.13.94.

Wandern

- Besonders reizvoll ist das Tal des Eure und des Alzon (vom Zentrum aus Richtung Bagnols fahren, dann rechts und am städtischen Campingplatz vorbei).

Anreise

- **Mit dem Auto:** Von Remoulins über die D 981.
- **Mit dem Bus:** Verbindungen von Avignon und Nîmes, siehe dort.

Arles

Arles – die ehrwürdige Stadt in den Sümpfen

↗IX/C3

Das Herz der Provence schlägt für so manchen nicht im aristokratisch-schicken Aix und ebensowenig im italienisch angehauchten Avignon, sondern in Arles, dieser ehrwürdigen, etwas mystischen Schönheit. Einst war sie völlig von Moor umgeben, und auch heute schließt sich nur noch die geheimnisvolle **Sumpflandschaft** der Camargue an. Hier in Arles teilt sich die Rhône in ihre zwei Arme, und eine letzte Brücke führt über den ehemals so gewaltigen Strom, bevor er sich ins Meer wirft.

Arles strahlt diese merkwürdige Melancholie einer Stadt aus, die eine überreiche Vergangenheit hat und zum Mythos geworden ist. Während andere Städte die eigene Attraktivität anpreisen müssen, hat Arles dies ganz und gar nicht nötig. Vielmehr ist ihr Erbe so reich, dass mancher schon gespottet hat, die heute nur mäßig bedeutsame Stadt sei der Reliquienschrein der Provence, vielleicht wie Aix im 19. Jh. in einen süßen Dornröschenschlaf versunken.

Sollte man eine der größeren Städte der Provence als **Museumsstadt** bezeichnen, so läge keine näher als Arles. Die ungeheure Schönheit und Fülle der Monumente zeigt nirgendwo besser die kulturelle Kontinuität des Abendlandes, macht ähnlich wie das

Kunstensemble Roms deutlich, dass die Antike nicht einfach unterging, sondern dass Wesentliches in der mittelalterlich-christlichen Tradition fortlebte.

So ist für Arles der Konflikt zwischen dem Erbe und der Modernität, zwischen dem Bewahren und dem Weiterentwickeln stets gegenwärtig. Doch wie soll man gleichzeitig in die Vergangenheit und in die Zukunft schauen? Dass das moderne Arles in hohem Maße vom **Kulturtourismus** lebt, erscheint da als logische Konsequenz. Viele der historischen Bauwerke sind funktionale Orte, beherbergen Museen und Ausstellungen, bilden die Kulisse für Schauspiele und Festivals. Dieser Kulturtourismus wird nach Kräften gefördert: Man denke nur an die *Rencontres Internationales de la Photographie,* die im antiken Theater stattfinden, sowie die gelungene Renovierung des Kulturzentrums Espace Van Gogh und an das 1995 eingeweihte Musée de l'Arles et de la Provence Antiques (Museum des antiken Arles und der antiken Provence). Die berühmte Kathedrale St. Trophime besuchen jährlich rund 10.000, die Arena gar 196.000 Menschen. Für eine Stadt dieser Größenordnung ein beträchtlicher Aufwand und ein immenser Besucherstrom.

Die Kehrseite der Medaille: Das reiche Erbe – nicht zuletzt vor den Kulturtouristen – zu schützen, ist von höchster Dringlichkeit. Anstatt die Innenstadt für Autos zuzulassen, wäre die Einrichtung von Fußgängerzonen wünschenswert. Die Befürworter einer Sperrung der Innenstadt Autos konn-

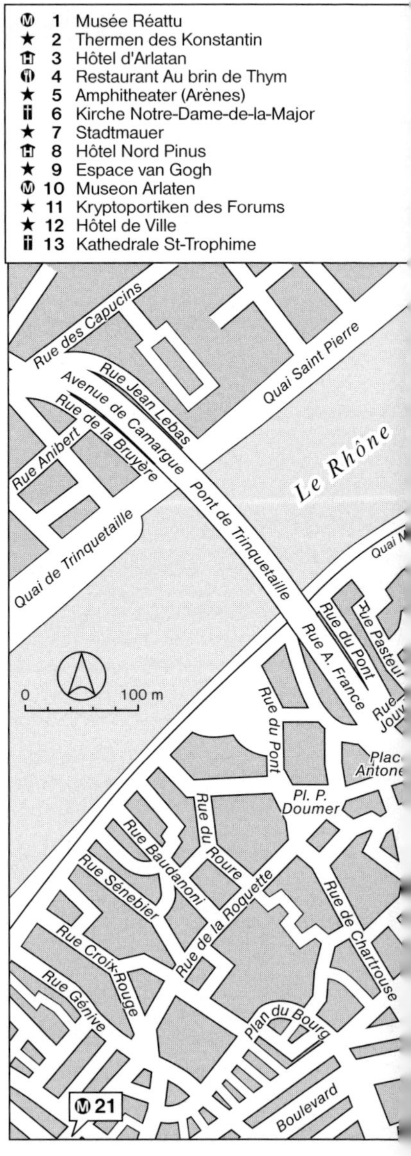

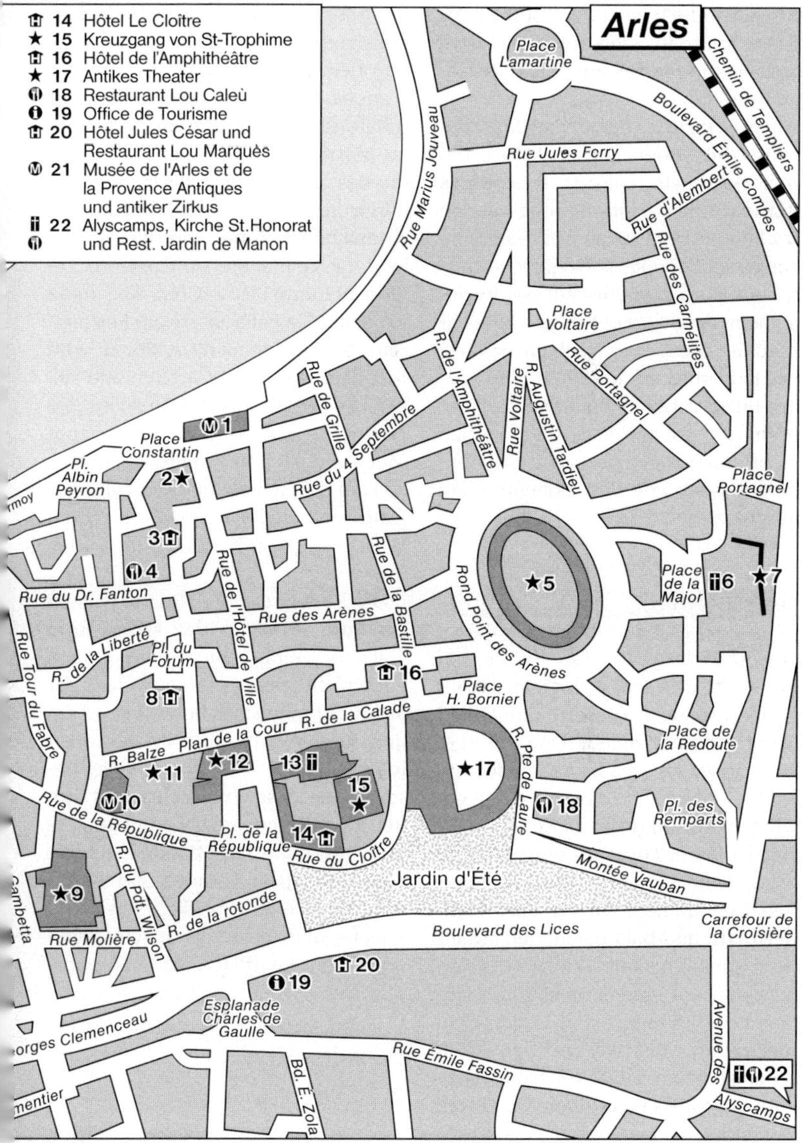
Arles
14 Hôtel Le Cloître
15 Kreuzgang von St-Trophime
16 Hôtel de l'Amphithéâtre
17 Antikes Theater
18 Restaurant Lou Caleù
19 Office de Tourisme
20 Hôtel Jules César und Restaurant Lou Marquès
21 Musée de l'Arles et de la Provence Antiques und antiker Zirkus
22 Alyscamps, Kirche St.Honorat und Rest. Jardin de Manon
Place Lamartine
Chemin de Templiers
Boulevard Émile Combes
Rue Marius Jouveau
Rue Jules Ferry
Rue d'Alembert
Rue des Carmélites
Place Voltaire
Rue Portagnel
R. de l'Amphithéâtre
Rue Voltaire
R. Augustin Tardieu
Rue de Grille
Rue du 4 Septembre
Place Constantin
Pl. Albin Peyron
Place Portagnel
Rue de la Bastille
Rue de l'Hôtel de Ville
Rond Point des Arènes
Place de la Major
Rue du Dr. Fanton
Rue des Arènes
R. de la Liberté
Pl. du Forum
Rue Tour du Fabre
Place H. Bornier
R. de la Calade
Plan de la Cour
R. Balze
Place de la Redoute
R. Pte de Laure
Rue de la République
Pl. de la République
Rue du Cloître
Pl. des Remparts
Montée Vauban
Jardin d'Été
R. du Pdt. Wilson
R. de la rotonde
Rue Molière
Boulevard des Lices
Carrefour de la Croisière
Esplanade Charles de Gaulle
Georges Clemenceau
Rue Émile Fassin
Bd. E. Zola
Avenue des Alyscamps

Arles

ten sich jedoch nicht durchsetzen. Als Besucher sollte man sein Auto dennoch auf jeden Fall außerhalb der Innenstadt parken.

Dieser Rolle als bewohntes Museum zum Trotz (oder gerade darum) hat sich Arles ein äußerst **lebendiges Brauchtum** bewahrt, das eng mit den Traditionen der Camargue zusammenhängt: Stierkämpfe, sowohl provenzalischer als auch spanischer Art in der antiken Arena, die Pflege der sehr schönen arlesischen Trachten, das Fest der Reisernte *(Feria du Riz),* das Salzfest und das Fest der Gardians mit der Wahl der Königin von Arles werden nicht nur von den Touristen, sondern gerade auch von den Einheimischen geschätzt.

Geschichte

Der Kalkfelsen über der Rhône, auf dem sich Arles erhebt, ragte in antiker Zeit aus einer endlosen Sumpf- und Moorlandschaft heraus. Eine außergewöhnliche Lage, die schon um die Mitte des 5. Jh. v. Chr. die strategisch gewieften **Keltoligurer** für sich zu nutzen wussten. Etwa um dieselbe Zeit entwickelte sich das Oppidum zu einem bedeutenden griechischen **Handelsplatz** und bald darauf, jetzt unter dem Namen **Arelate,** (die Stadt in den Sümpfen) zu einem wichtigen (Handels-) Verbindungsort zwischen dem blühenden Marseille und dem gallischen Hinterland. Das vor allem, nachdem der römische Feldherr *Marius* seine Soldaten einen Kanal bauen ließ, der Arles mit Fos und so auch mit Marseille verband (104 v. Chr.).

In dem Krieg zwischen *Caesar* und *Pompeius* um die römische Vorherrschaft schlug sich Arles im Gegensatz zu Marseille auf die „richtige" Seite, die des siegreichen *Caesars* nämlich, und wurde dafür mit der Erhebung zur **römischen Kolonie** und der Ansiedlung der Veteranen von *Caesars* 6. Legion belohnt (46 v. Chr.). Die neue Colonia Julia Paterna Arelate Sextanorum profitierte nicht schlecht vom Schicksal des hart bestraften und seiner Länder beraubten Marseilles: Sie erstreckte sich von nun an bis zum Meer und nach Aix-en-Provence. Hinzu kam die Lage an der Kreuzung des Landwegs Italien-Spanien mit dem Wasserweg von Norden zum Mittelmeer.

Die Zeiten, die Arelate den Namen **„Gallula Roma",** „das kleine Rom Galliens", einbrachten, ließen denn auch nicht lange auf sich warten. Vor allem die augustäische Zeit des Friedens und Wohlstandes im gesamten Imperium (27 v. bis 14 n. Chr.) bescherte der Stadt ihr **prachtvolles Antlitz:** Es entstanden das Forum und die beiden wichtigsten Straßen Decumanus (Rue de la Calade) und Cardo (Rue de l'Hôtel de Ville), sowie das Theater und die heute verschwundenen Thermen (Place de la Républi-

280pr Foto: bm

que). Ebenso sicherte man die Versorgung mit fließendem Wasser – nicht etwa Rhônewasser, wie man meinen könnte, für Arelate war kristallklares Bergwasser gerade gut genug, für dessen Transport ein 50 Kilometer langer Aquädukt von den Alpilles her gebaut wurde. Am Ende des 1. Jh. n. Chr. vervollständigten Zirkus und Arena das Stadtbild.

Sogar den gravierenden Problemen des Reichs im 3. und 4. Jh. n. Chr. konnte Arles trotzen und seine Bedeutung gar noch steigern: 254 n. Chr. wurde es **Bischofssitz** (als erster Bischof gilt der Legende nach der heilige Trophimus, tatsächlich dürfte es sich aber um den heiligen Marcianus gehandelt haben), wichtige Konzilien fanden statt (314, 393), zeitweilig residierte hier der **Kaiser Konstantin** (308–324 n. Chr.), und um die Wende vom 4. zum 5. Jh. verlegte *Kaiser Theodosius* den Sitz der **Regierung ganz Galliens** von Trier nach Arles.

Berühmt geworden sind die Worte des Kaisers *Honorius* (418 n. Chr.): „Die günstige Lage der Stadt Arles macht diese zu einem Platz, dessen Handel und Wandel so blühend ist, dass es keine andere Stadt gibt, in der man die Waren aller Gemeinden der Erde leichter kaufen, verkaufen oder tauschen könnte als in dieser. Man findet dort alle Schätze des Orients, die Wohlgerüche Arabiens, die Speisen Afrikas, die edlen Tiere Spaniens und die Waffen Galliens ...“

Die Unruhen der **Völkerwanderung** erschütterten jedoch ab dem 5. Jh. auch Arles. 480 nahmen es die Westgoten unter *Eurich* ein und errichten hier ihre Residenz. Ostgoten, Burgunder und schließlich die Franken folgten ihnen als Belagerer. Nicht nur äußerlich schrumpfte Arles auf seinen Kern zusammen und funktionierte seine antiken Prachtbauten zu Verteidigungsbauten um, auch die politischen und sozialen Strukturen zerfielen. Es dauerte bis ins 11. und 12. Jh., dass es seine geistige und wirtschaftliche Kraft zurückgewann.

Seit der zweiten Teilung des Reichs *Karls des Großen* (855) gehörte die Stadt zum **Königreich der Provence,** das 943 zum Königreich Burgund-Provence wurde. Bis 1032 war Arles dessen Hauptstadt. In der Zeit der gräflichen Provence unter der nominellen Vorherrschaft des Heiligen Römischen Reiches Deutscher Nation büßte es seine Austrahlung nicht ein. Seine Wichtigkeit beweist, dass sich **Kaiser Friedrich Barbarossa** 1178 in der Kathedrale St. Trophime zum König von Arles krönen ließ. Die Vertreibung des imperialen Stellvertreters durch *Raimond Bérenger* 1239 markiert das Ende einer eigenständigen Geschichte Arles (seine politische Vormachtstellung musste es schon bald an Aix abtreten) und den Beginn eines Schicksals, das sie unter dem **Haus Anjou** mit der übrigen Provence teilte.

Das **moderne Arles** ist mit etwa 76.000 Hektar die flächenmäßig größte Kommune Frankreichs, da weite Teile der Camargue zu ihrem Stadtgebiet zählen. Von den 51.000 Einwohnern wohnen 30.000 in der Stadt selbst. Obwohl Arles natürlich seine Rolle in der Antike als großes Handelszentrum verloren hat, ist es dennoch als **regionaler Umschlagplatz** der landwirtschaftlichen Produkte von einiger Bedeutung, lebt vom Salzabbau, der Schaf-, Rinder- und Pferdezucht in der Camargue und gilt als die „europäische Reis-Hauptstadt". Die **Industrie** (Metallurgie, Chemie, Papier) leidet vor allem unter der Konkurrenz der nahe gelegenen Industriezentren rund um den Etang de Berre.

Sehenswertes

Place de la République

Ein auf den ersten Blick vielleicht nicht offensichtlicher, aber auf den zweiten umso überzeugenderer Ort, sich der Stadt zu nähern, ist die Place de la République. Zwar baumlos und kühl und selbst erst im 17. Jh. in italienischem Stil angelegt, vereinigt sie doch auf erstaunliche Weise Bauten verschiedenster Epochen der Stadtgeschichte und erscheint wie eine Reise durch eine bewegte Vergangenheit.

An die hohe Blüte der Stadt in antiker Zeit erinnert ein hoch aufragender **Obelisk** in der Mitte des Platzes, der einst den römischen Zirkus schmückte. Man entdeckte ihn im 14. Jh. und plazierte ihn 1675/76 direkt gegenüber dem gerade neu gebauten **Hôtel de Ville**. Der arlesische Künstler *Jacques Peytret* errichtete das barocke Gebäude von 1673–75 nach Plänen von *Jacques Hardouin Mansart,* seiner-

zeit der berühmteste Architekt Frankreichs. Das Gewölbe in der Halle gilt nicht nur als architektonische, sondern auch als handwerkliche Meisterleistung.

Bevor alles, was Arles an antiken und frühchristlichen Schätzen sein Eigen nennen kann, in das neue Musée de l'Arles et de la Provence Antiques umzog, waren in der links vom Rathaus liegenden gotischen Kirche **Ste. Anne** (1621–1629) römische Skulpturen zu sehen; heute dient sie temporären Ausstellungen.

Der ästhetische Höhepunkt des Platzes ist jedoch die berühmte romanische **Kathedrale St. Trophime** (1078–1152), von der Unesco zum Weltkulturgut erklärt. St. Trophime lag gleich auf drei Pilgerrouten, jenen per Land nach St. Gilles und Santiago de Compostela und jener per Schiff nach Jerusalem. Vor ihrem **Portal** (2. Hälfte des 12. Jh.), dem bedeutendsten romanischen Kirchenportal der Provence neben dem von St. Gilles, sollte man etwas länger verweilen, um die Bildersprache auf sich wirken zu lassen und um zu erahnen, wieviel Mühe und künstlerisches Geschick es verbirgt. Nicht umsonst hat die im Januar 1995 abgeschlossene Restaurierung sieben

Place de la République

Jahre gedauert. Unverkennbar ist der gestalterische Einfluss der römischen Baukunst; dass man dabei für den Bau der Kirche mit großer Selbstverständlichkeit das antike Theater demontierte, erscheint dagegen aus heutiger Sicht umso verwunderlicher.

Das Thema des Portals ist das **Jüngste Gericht,** dem der im Zentrum des Tympanons dargestellte Christus vorsteht, die Hand zum Segen erhoben und von den Symbolen der vier Evangelisten umgeben. Zu seinen Füßen im Architrav sieht man die zwölf Apostel, links und rechts von diesen die Erlösten und die Verdammten, oben im Innern des Bogenrunds Scharen von Engeln. Der Allmächtige auf dem Richterstuhl hält – von seinen Vasallen umgeben – Gericht. Er straft und er belohnt. Der mittelalterliche Mensch war ihm ausgeliefert, meist wusste er nicht einmal, welche Taten zum Heil führen sollten, so dass er immer auf die Fürsprache der Heiligen angewiesen blieb. Die Szene und die Vorstellung von Gott sind so eng mit der vom Feudalwesen geprägten, mittelalterlichen Vorstellungswelt verbunden.

Der darunterliegende, kleinere Fries erzählt Szenen rund um die Geburt Christi, zum Beispiel den Traum der Heiligen Drei Könige. Die Friesgestaltung weist deutlich Anklänge an die frühchristliche Sarkophagkunst auf.

Zwischen den Säulen finden sich großfigurige Heilige und Apostel, Zeichen für die Sorge der Menschen um deren Wohlwollen, da beim Jüngsten Gericht ihre Meinung sicherlich angehört wurde und sie so den Zorn des Richters besänftigen konnten. Unter ihnen (als dritte von links) die Statue von St. Trophime, jenes Heiligen, welcher der Legende nach der erste Bischof von Arles war, angeblich aus Griechenland stammte und in der Kirche St. Honorat in den Alyscamps begraben sein soll. Historisch verbürgt ist jedoch nicht einmal, ob er überhaupt gelebt hat. Aber wie dem auch sei, er ist der Lieblingsheilige von Arles geworden, zog sehr viele Pilgerer an und gab der Kathedrale ihren Namen.

Unter diesen Darstellungen befinden sich die einzigen alttestamentarischen Szenen: Daniel in der Löwengrube und Samsons Kampf mit dem Löwen.

Verglichen mit diesem prunkvollen Portal ragt der eigentliche **Kirchenbau** dahinter seltsam schlicht und streng empor, überrascht aber durch sein Inneres: Der zwischen 1454 und 1465 errichtete schmale, gotische Chor strebt außergewöhnlich in die Höhe und schließt mit einem Spitztonnengewölbe ab. Die angrenzenden Seitenschiffe – von untergeordneter Bedeutung in der provenzalischen Romanik – sind nichts als schmale Gänge.

Den **Kreuzgang** von St. Trophime, der für die Kanoniker der Kathedrale bestimmt war, betritt man durch den ehemaligen Erzbischofspalast einige Schritte rechts von der Kirche. Trotz der, über das Jahr verteilt, vielen Besucher hat dieser charmante Ort vieles von seiner ursprünglichen Bestimmung als Oase der Ruhe und der inneren Einkehr bewahrt. Und um das genießen zu können, besucht man ihn am besten in aller Frühe (oder wählt als Reisetermin die Wintermonate). Alle Arkaden ruhen ohne große Entlastungsbögen auf schlanken Doppelsäulen, was dem Ort im Vergleich zu anderen Kreuzgängen eine gewisse Eleganz verleiht. Im Norden schließt sich der Kapitelsaal an, im Osten das Dormitorium (Schlafsaal, erste Etage) und im Westen das Refektorium (Speisesaal).

Aus romanischer Zeit, erkennbar an den Rundbögen, stammen nur die Nord- und Ostgalerie (Ende 12. Jh.), die Süd- und Westgalerie sind gotisch (Ende 13. bzw. Mitte 14. Jh., erkennbar an den Spitzbögen) und werden von den Kunsthistorikern im Allgemeinen als weniger wertvoll eingeschätzt als die beiden früheren Galerien, deren Bildsprache reicher und deren Skulpturen meisterhafter ausgeführt sind.

Die Nordgalerie zeigt die Wiedererweckung Jesu sowie die Verherrlichung der Stadtheiligen, während die Ostgalerie Szenen aus der Leidensgeschichte Christi und zur Verkündigung der christlichen Botschaft erzählt. Am Eckpfeiler dieser beiden Galerien sind die Heiligen Johannes, Petrus und Trophimus dargestellt.

In der Südgalerie sieht man die Legende des heiligen Trophimus, das heißt Episoden aus dem „Roman de St. Trophime", einem provenzalischen Gedicht aus dem 13. Jh. Neben verschiedenen Bibelszenen behandelt die Westgalerie ganz typisch provenzalische Themen, so zum Beispiel die heilige Martha im Kampf mit dem Ungeheuer Tarasque.

• **Öffnungszeiten für alle Monumente:** November bis Februar: 10–12 und 14–17 Uhr, St. Trophime und Arena: 10–17 Uhr. März, April und Oktober 9–12 und 14–18 Uhr, St. Trophime und Arena 9–18 Uhr. Mai bis September 9–18.30 Uhr, Kryptoportiken und Thermen 9–12.30 und 14–18.30 Uhr. Eintritt 4 €, ermäßigt 3 €. Tel. 04.90.18.41.20 (Fremdenverkehrsamt).

Das Bauensemble an der Place de la République wird vervollständigt durch mehrere Häuserfassaden aus dem 18. und 19. Jh. sowie durch den **Erzbischofspalast,** dessen Fassade, im Stil *Ludwigs XV.,* aus dem 18. Jh. stammt. Von 1900 ist die alte Post; das Gebäude der Sparkasse *(Caisse d'Epargne)* von 1984.

Antikes Theater und Arena

Über die Rue de la Calade erreicht man das **antike Theater** aus augustäischer Zeit (letztes Drittel des 1. Jh. v. Chr.). Kennt man das berühmte Theater von Orange, so mag man einerseits ob des schlechten Zustandes enttäuscht sein. Andererseits hat man so eine bessere Vorstellung vom ursprünglichen Aussehen der Anlage, die jener von Orange sehr ähnlich ist. Ab den Wirren der Völkerwanderung diente das arlesische Theater als Steinbruch (u.a. für die Stadtmauer und St. Trophime), bis seine Überreste völlig unter neuen Gebäuden und Gärten verschwanden, um dann erst im 19. Jh. wieder das Licht der Welt zu erblicken. Die Cavea, das Sitzreihenhalbrund, hatte ursprünglich einen Durchmesser von 102 Metern und fasste etwa 10.000 Zuschauer. Fünf große Treppen und ein einziger Bogen der drei

287pr Foto: bm

Arkadenetagen sind erhalten. Eine gute Vorstellung von den einstigen Dimensionen bekommt man durch die **Tour de Roland,** die, ursprünglich ein Teil der Galerie, als mittelalterlicher Verteidigungsturm die Zeiten überdauert hat. Von der **Scena,** der Theaterwand, sind zwei Marmorsäulen übriggeblieben. Deren zentrale Nische schmückte einst eine kolossale Augustusstatue aus Marmor, ebenso fand man eine marmorne Aphroditebüste (beide im Musée de l'Arles et de la Provence Antiques) sowie die berühmte Venus von Arles (im Louvre in Paris).

● Rue de la Calade, Tel. 04.90.49.36.25. Öffnungszeiten und Eintritt: wie Kloster St. Trophime.

Arena

Antikes Theater

Theater, Arena und Zirkus dienten der Unterhaltung des Volkes, jedoch in ganz unterschiedlicher Weise. Kulturelle Veranstaltungen wie Schauspiel und Gesang waren dem Theater vorbehalten, während in Zirkus und Arena vor allem sportliche, ja auch brutale Ereignisse stattfanden, im Zirkus typischerweise Wagenrennen, im Amphitheater blutige Gladiatorenkämpfe oder Kämpfe zwischen wilden Tieren. Denkt man an die heutigen

Stierkämpfe, so hat sich bis heute nicht viel daran geändert.

Die **Arènes,** so nennen die Franzosen ihr antikes Amphitheater, erreicht man vom Theater aus über die Place Bornier. Der Eingang war ursprünglich im Osten, etwa gegenüber der Kirche Notre-Dame-de-la-Major, jetzt befindet er sich gegenüber der Rue Voltaire. Das elliptische Bauwerk aus wahrscheinlich flavischer Zeit (Ende des 1. Jh. n. Chr.) ist mit einer Oberfläche von 11.500 Quadratmetern, einer Länge von 136 Metern und einer Breite von 107 Metern ein wenig größer als das Theater von Nîmes. Von den zwei Stockwerken mit je 60 Rundbogenarkaden ist das untere mit dorischen und das obere mit korinthischen Pilastern geschmückt. Um das reibungslose Kommen und Gehen von 20.000 Zuschauern zu gewährleisten, wurden beide Etagen mit einer Galerie umgeben, die gleichzeitig als Regenschutz und Flaniermeile diente.

Seit dem 8. Jh. mussten die Bewohner von Arles, durch die Einfälle der Sarazenen in Bedrängnis geraten, ihre Arena gezwungenermaßen zweckentfremden: Das mächtige Steinrund bot sich geradezu als schützende Stadtmauer an, sie musste nur noch um Türme ergänzt und – damit man in den Arkaden wohnen konnte – zugemauert werden. In der Mitte der **Festungsstadt** gab es einen öffentlichen Platz, für das Seelenheil der Festungsbewohner wurde durch zwei Kapellen gesorgt. In den Jahren 1823–44 wurde das Monument – beeinflusst durch den herrschenden Geist der Zeit, der

286pr Foto: bm

das Antike viel höher als alles Mittelalterliche schätzte – unter dem *Baron de Chartrouse* in seinen Originalzustand zurückversetzt und seinem ursprünglichen Zweck zugeführt. Glücklicherweise hat uns eine Gravur von 1686, die heute im Museon Arlaten ausgestellt ist, dieses durchaus malerische Ensemble mit seinen mehr als 200 geduckten Häuschen wenigstens im Bild erhalten. Drei der mittelalterlichen Festungstürme hat man zudem als Erinnerung stehengelassen. Vom Nordturm kann man seinen Blick über die Stadt sowie die Camargue, die Crau und die Alpilles schweifen lassen.

● Rond-Point des Arènes, Tel. 04.90.49.36.86 (Mairie). Öffnungszeiten und Eintritt: siehe Kloster St. Trophime.

288pr Foto: bm

Direkt nebenan, auf dem höchsten Punkt der Stadt (25 m), liegt die Kirche **Notre-Dame-de-la-Major** mit romanischem Schiff, gotischem Chor und einer Fassade aus dem 17. Jh. (erneuert im 19. Jh.). Von hier kann man über die Place Portagnel zu den Überresten der ursprünglich römischen, doch in ihrem heutigen Zustand mittelalterlichen **Stadtmauer** am Boulevard Emile Combes hinabsteigen, von deren Ostseite etwa 100 Meter erhalten sind. Durch die **Porte de la Redoute** oder Porte d'Auguste führte die antike Via Aurelia in die Stadt hinein.

Rund um die Place du Forum

Wieder von der Arena ausgehend, schlagen wir die malerische **Rue des Arènes** ein. Gesäumt von alten Stadtpalais, von denen eines seit 1982 die nationale Fotografiehochschule beherbergt, ist sie sicherlich eine der schönsten Straßen von Arles. Sie stößt auf die **Place du Forum.** Mit ihrem hohen Platanendach, ihren hübschen Cafés und Restaurants ist sie das heimliche Zentrum der Stadt. In Arles, so heißt es, trifft man sich nicht zu Hause, sondern auf der Place du Forum, diesem pulsierenden und gleichzeitig so gemütlichen Ort. Allzuviel Hektik mag zu Arles auch gar nicht so recht passen, und daher kommt es wohl, dass man bei jedem Wiedersehen mit der Stadt sich unweigerlich zuerst zu diesem Platz hingezogen fühlt ... Vor allem, wenn die Feria mit ihren großen Stierkampfspektakeln die Stadt vibrieren lässt, die Leute bis tief in die Nacht bei spanischen Klängen auf den Straßen tanzen, riesige, bunte Paellapfannen dampfen und duften – dann wird dieser Platz wirklich unvergesslich.

Über allem Treiben wacht die würdevolle Statue des provenzalischen Dichterfürsten **Frédéric Mistral,** 1909 von *Théodore Rivière* aus Stein geschaffen. Seit einigen Jahren tummeln sich auch wieder wie früher die Promis und Matadore hinter der schönen Fassade des **Hotels Nord Pinus** oder sitzen im Café davor. Links sieht man zwei echte römische Säulen in die Wand eingearbeitet, die einst zu einem kleineren Tempel aus der Zeit *Kaiser Konstantins* gehörten (4. Jh. n.Chr.).

Der Name „Forum" ist irreführend, da der antike Platz tatsächlich weiter südlich lag. Reste des römischen Forums finden sich unter dem ehemaligen Musée d'Art Chrétien, untergebracht in einer Jesuitenkirche aus dem 17. Jh. in der Rue Balze. Von dort führt eine Treppe hinunter in die Tiefe zu den **Kryptoportiken** (ca. 25 v. Chr.) des Forums: Völlige Stille, nur vom regelmäßigen Geräusch tropfenden Wassers durchbrochen, herrscht in den spärlich erleuchteten Gängen, deren tragende Säulen breite Schatten auf den Boden werfen. Schwere, feuchte Luft steckt in dem höhlenartigen Gemäuer. Man ist versucht, diesem Ort etwas Magisches anzudichten, wo doch seine ursprüngliche Bestimmung ganz anders, wesentlicher praktischer war. Die Kryptoportiken waren in antiker Zeit kein völlig unterirdischer Ort, sondern gegen den Hügel gebaute Säulenhallen, die eine riesige Terrasse von etwa 3000 Quadratmetern trugen, auf dem aller Wahrscheinlichkeit nach ein Heiligtum zu Ehren des *Augustus* oder der Stadt Rom stand. Die tragenden Gänge sind in der Form eines Hufeisens (89 Meter lang und 59 Meter breit) mit je zwei parallelen Arkadenreihen gebaut. Ihre Nutzung ist nicht vollständig geklärt. Zeitweilig dienten sie sicherlich als Kornspeicher, was aber nicht ihr eigentlicher Zweck gewesen sein dürfte. Vielmehr nimmt man an, dass sie überdachte Promenaden, sozusagen das Forum für schlechtes Wetter waren. Zumindest waren sie aber nötig, um die Geländeneigung auszugleichen und den Bau eines Markt- und Versammlungsplatzes überhaupt zu ermöglichen.

289pr Foto: bm

- Rue Balze, Tel. 04.90.49.32.82 (Mairie). Öffnungszeiten und Eintritt: siehe Kloster St. Trophime.

Notre-Dame-de-la-Major

Rue des Arènes

290pr Foto: bm

Von der Place du Forum ausgehend sind es nur wenige Schritte bis zur Rhône. Fast an deren Ufer stehen die **Thermen des Konstantin** aus dem 4. Jh. n. Chr. So nah am Wasser gelegen, konnten sie leicht von Schiffen mit Holz für die heißen Bäder beliefert werden. Die Anlage ist nur teilweise erhalten und erstreckte sich ursprünglich weiter nach Süden, wo sie vielleicht mit einer Basilika unter dem heutigen Hotel Arlatan verbunden war. Heute sieht man noch eine sehr schöne halbrunde Apsis aus hellem Stein und roten Ziegeln, sowie den Heißbadesaal, das so genannte Caldarium. Dessen Hypokausten, wie man die Fußbodenheizung nennt, sind teilweise sehr gut erhalten. Die Anlage entsprach ganz den Hygiene-, Bewegungs- und Geselligkeitsbedürfnissen der Bewohner des antiken Arelate: Am Anfang des Programms betätigte man sich sportlich, um – da die Seife noch nicht erfunden war – zu schwitzen und sich in heißem und lauem Wasser zu waschen. Um danach den Kreislauf wieder anzuregen, drehte man einige Runden im Kaltwasserbecken. Da nur sehr reiche Familien private Thermen besaßen, waren die öffentlichen gleichsam sportliches und kulturelles Zentrum der Stadt.

- Place Constantin, Tel. 04.90.49.31.32 (Mairie). Öffnungszeiten und Eintritt: siehe Kloster St. Trophime.

Wenige Fußminuten von hier steht die alte Priorei des Malteserordens aus dem 14. und 16. Jh., in dem das **Musée Réattu** untergebracht ist. Unter anderem sind einige Zeichnungen *Picassos* ausgestellt. Im zweiten Innenhof, der von zwei Fassaden aus dem 14. Jh. gesäumt ist, kann man eine elegante Treppe mit Loggia aus dem 17. Jh. bewundern. Sehenswert ist auch die zur **Rhône** hinzeigende gotische Fassade.

Ein Spaziergang am Fluss entlang bis zum **Pont de Trinquetaille** lohnt sich schon wegen des schönen Blicks auf die Stadtsilhouette. Von hier aus kann man den Weg in die Rue France einschlagen, die übergeht in die **Rue de la République,** die Haupteinkaufsmeile von Arles. Dort befindet sich auch das Museon Arlaten, das von *Frédéric Mistral* mit dem Geld seines Nobelpreises eingerichtete Heimat- und Volkskundemuseum. In dem grün überwucherten Innenhof des gotischen Hôtels de Laval-Castellane sind Überreste einer antiken Basilika zu sehen. Das Gebäude selbst stammt vom Anfang des 16. Jh., seine Fassade aus dem 18. Jh. Zunächst Adelspalast, diente es später als Jesuitenkolleg.

In Arles verfolgen die Monumente den Reisenden wirklich auf Schritt und Tritt. Sogar ein Schuhgeschäft (gegenüber vom Museum) ist in einer hervorragend restaurierten **gotischen Klosterkirche** untergebracht. Eine kleine Besichtigung ist auch ohne Einkauf möglich.

Um die Ecke liegt der **Espace van Gogh,** das zur modernen Mediathek

291pr Foto: bm

sehr schön umgebaute ehemalige Hospital von Arles, in dem *Vincent van Gogh* ärztliche Hilfe erhielt, als er sich sein Ohr abgeschnitten hatte.

Musik- und Literaturinteressierte sollten sich einen Besuch gegenüber im Geschäft der ortansässigen Firma **Harmonia Mundi** nicht entgehen lassen: In Hülle und Fülle findet man hier klassische CDs mit Barockmusik als Schwerpunkt, französische Literatur und Bücher über die Provence.

Thermen des Konstantin

Musée Réattu

292pr Foto: bm

Über die Rue du Président Wilson erreicht man die großen Boulevards: den **Boulevard des Lices,** der im Norden vom Jardin d'Eté, einer Parkanlage, gesäumt ist, und den **Boulevard Georges Clemenceau** mit Cafés, Bistros und südländisch-chaotischem Charme – keine schicke Flaniermeile wie der Cours Mirabeau in Aix-en-Provence.

Musée de l'Arles et de la Provence Antiques und Alyscamps

Den Fußweg zum Musée de l'Arles et de la Provence Antiques über die Place Paul Doumer und die Rue de la Roquette kann man nutzen, um ein ganz anderes Arles kennen zu lernen. Hier, in dem schmuddelig-romantischen Viertel **La Roquette,** haben sich neben Menschen aller möglichen Nationalitäten rund ums Mittelmeer vor allem Zigeuner niedergelassen. Eine kleine Gruppe hat es zu großer Berühmtheit gebracht: Die **Gipsy Kings,** deren Hit „Bamboleo" von 1987 wohl fast jedem ein Begriff ist. Inspiriert von den Flamenco-Klängen, die abends La Roquette erfüllen, haben die Zigeunerkönige jene schwungvoll-mitreißende Musik kreiert, die zwar auf Spanisch gesungen, jedoch von ganz eigenen, eben Zigeunerrhythmen lebt. Das hatte nicht nur den Effekt, dass sie die Charts in aller Welt stürmten und reich wurden, sondern auch, dass die französische Öffentlichkeit in bisher unbekannter Weise auf die Zigeuner aufmerksam wurde als eine in Frankreich lebende Minderheit.

Direkt beim Museum des antiken Arles haben Ausgrabungen auch Reste des **antiken Zirkusses** freigelegt. Wegen seiner Dimensionen befand sich der Zirkus immer außerhalb der Stadtmauern. Wagenrennen fanden auf einer langen, zweigeteilten Rundbahn statt, die durch eine Mauer, die Spina, geteilt war. Dort erhob sich jener Obelisk, der jetzt die Place de la République schmückt. Über die Breite von 101 Metern ist man sich recht sicher, während man eine Länge von etwa 450 Metern bisher nur schätzen kann.

Man sollte Arles auf keinen Fall verlassen, ohne die **Alyscamps,** die „Elysischen Gefilde", gesehen zu haben. Über die Rue Emile Fassin und die Avenue des Alyscamps erreicht man vom Zentrum in etwa zehn Minuten Fußmarsch diese romantische, von einem Blätterdach gekrönte Allee. In ihrer ganzen Länge ist sie gesäumt von frühchristlichen Sarkophagen. Die kostbarsten werden allerdings im Museum des antiken Arles verwahrt. Schon die Römer bestatteten hier an der Via Aurelia ihre Toten, doch erst, nachdem man die ersten – als heilig geltenden – Bischöfe von Arles hier beigesetzt hatte, wurde der Ort zu einer überregional geschätzten Nekropole. Die Nähe von Heiligen stellte Fürsprache und Milde beim Jüngsten Gericht in Aussicht, und so schickten zahlreiche Gläubige ihre toten Angehörigen mit einem Goldstück für die Bestattungskosten zwischen den Zähnen in schaukelnden Salzfässern die Rhône hinunter. Viele von ihnen kamen gar nicht oder zumindest ohne Goldstück an, trotzdem hat man sich den frühchristlichen Friedhof mit mehreren parallelen Alleen und etwa doppelter Länge sehr viel größer als den heutigen vorzustellen. Normalerweise wurden die Sarkophage nicht vergra-

293pr Foto: bm

ben, doch die ungeheure Nachfrage zwang bald zum Übereinanderstapeln, wie man es an den Ausgrabungen vor der Kirche **St. Honorat** beobachten kann.

Im Viertel La Roquette

St. Honorat

Diese steht heute am Ende der Allee und ist ein um 1170 begonnener romanischer Bau mit einem bemerkenswert schönen, achteckigen Glockenturm. Wegen der Katharerkriege blieb die Kirche unfertig; erst im 17. Jh. wurde die Westseite des Kirchenschiffes durch eine provisorische Wand geschlossen. Vorher soll an dieser Stelle St. Jean gestanden haben, die Kirche des ersten Frauenklosters der Provence unter der Äbtissin *Cäsaria,* der Schwester des Bischofs *Cäsarius* von Arles.

Chateaubriand soll über die Alyscamps gesagt haben: „Je n'ai jamais rencontré de lieu qui m'ait plus tenté d'y mourir". („Ich bin niemals einem Ort begegnet, der mich mehr verführt hat, dort zu sterben.")

- Tel. 04.90.49.36.87 (Mairie). Öffnungszeiten: siehe Kloster St. Trophime.

Auf den Spuren Vincent van Goghs

Weltberühmte Bilder wie die „Zwölf Sonnenblumen in einer Vase", „Der Landbote Joseph Roulin", „Das Schlafzimmer des Künstlers in Arles" oder das „Selbstbildnis mit verbundenem Ohr" hat *Vincent van Gogh* (1853–1890) während seines **Aufenthalts in Arles 1888/89** gemalt. Die Bewohner von Arles konnten mit dem keiner geregelten Arbeit nachgehenden Künstler, der viel trank, rauchte, leicht ausfällig wurde und sonst nur manisch bis zur Erschöpfung malte, nicht viel anfangen. Seine farbstarken Bilder mit ihrem kräftigen Pinselstrich und der dicken, reliefartig wirkenden Farbe stießen auf Unverständnis und Verwirrung. Heute wird der verschrobene, zu seinen Lebzeiten völlig verkannte Künstler als Genie angesehen und als Mythos verehrt.

Vor allem die Zeit in Arles gilt uns heute als **Höhepunkt in seinem künstlerischen Schaffen.** In wenigen Monaten hat er hier 150 Bilder gemalt, doch die Stadt – ein ähnlicher Fall wie *Cézanne* und Aix-en-Provence – besitzt kein einziges davon.

Trotzdem kann man sich auf die Spurensuche begeben, kann die Orte seines Schaffens erkunden. Da sei zunächst einmal hingewiesen auf den berühmten **Pont de Langlois,** jene Brücke von Arles, der *van Gogh* auf zweien seiner Gemälde zu Ewigkeit verholfen hat. Von der D 35 Richtung Port St. Louis zweigt nach etwa drei Kilometern links eine zum Pont ausgeschilderte Straße ab – doch dieser ist mitnichten der echte! Das Original wurde nämlich beim Bau der Umleitung des Kanals von Arles zerstört. Die heute zu besichtigende Brücke ist der gemalten jedoch täuschend ähnlich, da es sich hierbei um eine der zehn fast identischen Brücken handelt, die um 1825 am alten Kanal errichtet wurden. Trotz des touristischen Tricks strahlt der Ort überraschenderweise etwas von der Atmosphäre der Bilder *van Goghs* aus.

An der Place Lamartine im Norden der Stadt stand einst die **Maison jaune,** jenes „gelbe Haus", in dem *van Gogh* lebte. Das Haus beherbergte zu *van Goghs* Zeit Wohnungen und ein Lebensmittelgeschäft, später wurde es in eine Bar umfunktioniert; 1944 wurde es ausgebombt.

Der Künstler liebte sein gelbes Haus über alles. Gelb war schließlich in der damals neu entdeckten japanischen Kultur die Farbe der Freundschaft – und gerade die vermisste der einsame Künstler so sehr. Das Haus wurde schließlich zum **Schauplatz eines Dramas,** einer echten Grenzerfahrung, die *van Gogh* nur noch mehr in die geistige Umnachtung trieb.

Hier in Arles nämlich dachte der Maler an die Verwirklichung eines schon länger in ihm schwelenden Traumes: die Gründung einer Künstlerkolonie. So kam im Oktober 1888 sein Pariser Malerkollege **Paul Gauguin** in Arles an und zog mit ihm in sein gelbes Haus. Der häusliche Friede und auch die Einigkeit auf künstlerischem Terrain waren nur von kurzer Dauer. In dem sicheren Gefühl, bald verlassen zu werden, verlor *van Gogh* mehr und mehr die Selbstkontrolle. In einem Streit warf er ein Absinthglas nach dem Freund, bespitzelte ihn nachts, ob er nicht schon geflohen sei, und verfolgte ihn schließlich auf einem Abendspaziergang in der Vorweihnachtszeit 1888 und bedrohte ihn mit einem Rasiermesser. Von Halluzinationen und unbändigen Schmerzen getrieben, schnitt sich *van Gogh* mit diesem Rasiermesser selbst ein Ohr ab und gab es, eingewickelt in ein Taschentuch, einer Prostituierten – dann legte er sich, schwer blutend, schlafen. *Gauguin* floh nach Paris, wohl schockiert über diese Groteske, an der er keine Schuld trug, da *van Gogh* schon seit längerem an einer Form von Epilepsie litt. Jener wurde unter Schock stehend und an schwerem Blutverlust leidend ins Krankenhaus von Arles eingeliefert.

Das Gebäude dieses ehemaligen Krankenhauses aus dem 16. Jh. ist sehr schön renoviert worden und beherbergt seit einigen Jahren den **Espace van Gogh,** ein modernes Kulturzentrum mit Ausstellungsräumen, einer Mediathek, einem Annex der Universität Aix-Marseille sowie dem Collège International des Traducteurs Littéraires, einer Akademie für Übersetzer literarischer Texte. Und das alles *Vincent* zu Ehren, den die Stadt selbstverständlich heute genauso zu schätzen weiß wie alle Welt – nicht zuletzt finanziell.

- Place Félix Rey, Tel. 04.90.49.39.39. Öffnungszeiten der **Mediathek:** dienstags bis freitags 13–18.30 Uhr, samstags 10–12 und 13–17 Uhr. Die Benutzung ist kostenlos. Der Garten ist täglich zwischen 7.30 und 19.30 Uhr geöffnet.

Der Ton Gelb bestimmte vielfach auch die Farbgebung seiner Bilder und die Auswahl seiner Motive. Im September 1888 malte *van Gogh* das berühmte Bild „Nachts vor dem Café an der Place du Forum“. Dieses **Café la Nuit** oder **Café van Gogh** ist heute in dem gleichen strahlend-warmen Gelb wieder auferstanden, wie der Künstler es einst malte.

Zu verspäteten Ehren kam der Künstler auch durch die Gründung der **Fondation van Gogh.** *Yolande Clergue,* die Frau des berühmten Fotografen *Lucien Clergue,* wandte sich 1988, als sich die Begegnung zwischen Arles und dem Malergenie zum hundertsten Mal jährte, an verschiedene Künstler mit der Bitte, eines ihrer Werke zur Hommage an jenen Künstler beizusteuern, der wie kaum ein anderer die Malerei revolutionierte. Der Palais de Luppé gegenüber der Arena beherbergt so seit 1989 eine bedeutende Sammlung von Werken zeitgenössischer Maler wie *Francis Bacon, Fernan-*

do Botero, Olivier Debré, César, Jasper Johns, Antonio Saura usw. Um Missverständnisse zu vermeiden: Auch hier ist kein einziges Bild *van Goghs* zu sehen.

● 26, Rond-point des Arènes, Tel. 04.90.49. 94.04. Öffnungszeiten: Sommer: 10–19 Uhr, Winter: 10.30–12.30 und 14–17.30 Uhr. Eintritt 4,50 €, ermäßigt 3 €.

Das Touristenbüro bietet **Führungen** zum Thema **„Van Gogh in Arles"** an, die etwa zwei Stunden dauern. Vom 1. Juli bis zum 30. September, jeweils dienstags um 17 Uhr. Treffpunkt am Touristenbüro am Boulevard des Lices, Kosten: 4 €, ermäßigt 1,60 €.

Museen

● **Musée de l'Arles et de la Provence Antiques/Musée Archéologique d'Arles:** 1995 wurde dieses größte Museumsprojekt der Stadt Arles nach zwölf Jahren Bauarbeiten eingeweiht. Der Grundriss des von dem peruanischen Architekten *Henri Ciriani* gestalteten Gebäudes mit 12.000 Quadratmetern ist ein Dreieck, die einzige geometrische Form, welche die Römer in ihrer Architektur nicht benutzt haben. Das Äußere ist beherrscht von einem strahlenden Blau, das an den vom Mistral freigefegten Provence-Himmel erinnert. Das Innere ist sehr lichtdurchlässig; der Betrachter hat einen schönen Blick auf die Rhône.

Das Gebäude beherbergt gleichzeitg das Institut de Recherche sur la Provence Antique (IRPA, Forschungsinstitut über die antike Provence) sowie die antiken, spätantiken bzw. frühchristlichen Sammlungen der Stadt Arles. Den Eingang bewacht der monumentale Lion de l'Arcoule (1. Jh. v. Chr.) aus regionalem Kalkstein, Symbol der Stadt. Anhand von Modellen wird dem Besucher das ursprüngliche Aussehen der antiken Monumente sehr anschaulich nahe gebracht. Unter den Skulpturen stechen besonders die kolossale Augustus-Statue und die Büste der Aphrodite aus dem antiken Theater hervor. Neben Alltagsgegenständen wie Keramik und Schmuck sieht man sehr gut erhaltene Bodenmosaike, darunter das 1983 im Vorort Trinquetaille gefundene Mosaïque de l'Aion. Den Abschluss bildet eine Allee frühchristlicher Sarkophage, Zeugen der absterbenden und doch weiterlebenden Antike.

Presqu'île du Cirque Romain, Avenue de la 1ère D.F.L., Tel. 04.90.18.88.88. Öffnungszeiten: März bis Oktober: 9–19 Uhr, November bis Februar 10–17 Uhr. Eintritt 5,50 €, ermäßigt 4 €. Führungen Sonntag und Montag 14 Uhr, von Juli bis September 15 Uhr.

● **Museon Arlaten/Palais du Félibrige:** Das 1896 von *Frédéric Mistral* mit dem Geld seines Nobelpreises gegründete Museum mit angenehm verstaubter Atmosphäre zeigt Aspekte des traditionellen Lebens in der Provence: Kostüme, Mobiliar, Handwerksgegenstände und Gemälde u.v.m. illustrieren Sitten und Bräuche, Riten und Legenden. In großen Vitrinen sieht man, szenisch dargestellt, ein typisches provenzalisches Schlafzimmer und eine Wohnküche. Sehr schön ist die Cabane, eine Schäferhütte aus Salin-de-Giraud aus der Zeit des Second Empire.

Rue de la République, Tel. 04.90.93.58.11. Öffnungszeiten: Oktober bis März: 9.30–12.30 und 14–17 Uhr, April, Mai, September 9.30–12.30 und 14–18 Uhr, Juni bis August 9.30–13 und 14–18.30 Uhr, von Oktober bis März bleibt das Museum montags geschlossen. Eintritt 4 €, ermäßigt ca. 3 €.

● **Musée Réattu:** Das Museum besitzt vor allem einen Fundus von Werken arlesischer Maler aus dem 17. und 18. Jh., darunter das fast vollständige Werk von *Jacques Réattu*. Für Freunde moderner Kunst lohnt sich ein Besuch wegen der Donation Picasso, die 57 Zeichnungen des großen Meisters aus der Zeit zwischen dem 31. Dezember 1970 und dem 4. Februar 1971 umfasst.

Rue du Grand Prieuré, Tel. 04.90.49. 37.58. Öffnungszeiten und Eintritt: November bis Februar 13–17.30 Uhr, März/April/Oktober 10–12.30 und 14–17.30 Uhr, Mai bis September 10–12.30 und 14–19 Uhr. Eintritt: 4 €, ermäßigt 3 €.

296pr Foto: bm

Musée de l'Arles et de la Provence Antiques

Museums-Pass

- Der Pauschalpreis für alle Sehenswürdigkeiten und Museen in Arles beträgt 13,50 €, ermäßigt ca. 12 €.

Praktische Hinweise

Information

- **Office du Tourisme,** Boulevard des Lices, 13200 Arles, Tel. 04.90.18.41.20, Fax 04.90.18.41.29, www.tourisme.ville-arles.fr.

Hotels

- **Jules César******/€€€€€, Boulevard des Lices, Tel. 04.90.52.52.52, Fax 04.90.52.52.53. Untergebracht in einem ehemaligen Karmeliterkloster aus dem 17. Jh., bietet dieses großzügige, luxuriöse Hotel bourgeoise Zimmer (einige mit Gewölbe), Frühstück im Kreuzgang und ein Schwimmbad inmitten eines ruhigen Gartens. Selbst die barocke Klosterkapelle gehört zum Hotel, sie dient Ausstellungen und Tagungen. (Zugehörige Restaurants siehe unten).
- **Grand Hôtel Nord Pinus******/€€€€€, Place du Forum, Tel. 04.90.93.44.44, Fax 04.90.93.34.00, www.nord-pinus.com. Das Nord Pinus ist ein Hotel für Leute mit dem etwas besonderen Geschmack – und den haben schon viele gezeigt: die *Piaf, Yves Montand, Rex Harrison, Curd Jürgens, Sacha Guitry, Georges Brassens, Jean-Paul Sartre, Jacques Tati,* die Schauspieler *Raimu* und *Fernandel,* die Provence-Dichter *Jean Giono* und *Marcel Pagnol* – um nur die berühmtesten zu nennen. Am meisten wird jedoch das Zimmer vermietet, in dem *Picasso* einst logierte, als er sich dem Stierkampf widmete.

Doch das *Nord Pinus* zehrt beileibe nicht nur von dieser Schar an illustren Gästen. Das seit 1865 bestehende Haus war bis vor einigen Jahren völlig verkommen, sogar das Dach fehlte, so dass *Germaine,* ehemalige Nachtclubtänzerin und Besitzerin, in nur einem Zimmer hauste. In den Händen von *Anne Igou,* einer jungen Frau aus der Camargue, hat das Haus seinen alten Charme und bohemischen Glamour auf neue Weise wiedergefunden. Es trägt der Redensart Rechnung, dass Arles die spanischste aller provenzalischen Städte ist, bietet verspielten Luxus bis hin zur spartanischen Einfachheit eines Künstlerateliers.

●**D'Arlatan*****/€€€€€, 26, Rue du Sauvage (nahe Place du Forum), Tel. 04.90.93.56.66, Fax 04.90.49.68.45, www.hotel-arlatan.fr. Und noch eine besondere Unterkunft: Hier gehen Antike und Grafenzeit in der Provence anschaulich ineinander über. In dem das Hotel beherbergenden ehemaligen Herrenhaus der *Comtes d'Arlatan de Beaumont* (15. Jh.) sollte 1988 ein Fahrstuhl gebaut werden. Man stieß, wie so oft in Arles, auf römische Spuren. Durch eine große Glasscheibe erblickt man nun in der Tiefe den Sockel einer Statue aus dem 1. Jh. v. Chr. und einen Teil der Basilika des *Konstantin.* Die romantischen Zimmer (manche mit Betthimmel), das antike Mobiliar und der hübsche Garten machen den Charakter dieses Hauses aus.

●**Hotel de l'Amphithéâtre****/€€€, 5–7, Rue Diderot, Tel. 04.90.96.10.30, Fax 04.90.93.98.69, www.hotelamphitheatre.fr. Ein charmantes Hotel in einem Gebäude aus dem 17. Jh. unweit des Amphitheaters; knapp 30 Zimmer, eingerichtet im „modernisierten" Provence-Stil.

●**Le Cloître****/€€€, 18, Rue du Cloître, Tel. 04.90.96.29.50, Fax 04.90.96.02.88. Das rustikale Hotel zu erschwinglichen Preisen steht an der Stelle eines alten Klosters aus dem 13. Jh., von dem noch einige Reste, vor allem Bögen im Frühstücksraum, vorhanden sind.

Feria du Riz

Jugendherberge

●**Auberge de Jeunesse,** Avenue Maréchal Foch, Tel. 04.90.96.18.25, Fax 04.90.96. 31.26. Das ganze Jahr über geöffnet außer in den Weihnachtsferien. 100 Betten. ca. 15 € inklusive Bettwäsche und Frühstück, Mahlzeit im Restaurant etwa 9 € (nur abends).

Camping

●**Camping City****, 67, Route de Crau, Tel. 04.90.93.08.86, Fax 04.90.93.91.07, www. camping-city.com. Zwar schattig im Sommer, doch nicht sehr ruhig. Vorsicht vor Mücken, der Platz liegt schon bei den Sümpfen!

Restaurants

●**Lou Marquès.** Das elegante Restaurant des Hotels Jules César (Adresse siehe dort) ist ein teurer Spaß, aber die Küche ist raffiniert und verwendet nur beste Zutaten. Das Lammfilet ist eine wahre Offenbarung. Menüs um 30–56 €. Das Restaurant **du Cloître** bietet im Kreuzgang ein preiswerteres Mittagsmenü um 18 € an.

●**Lou Caleù,** 27, Rue Porte de Laure, Tel. 04.90.49.71.77. Bodenständige, deftige Provence-Küche in einem rustikalen Restaurant hinter dem antiken Theater. Menü um 20 €.

●**Jardin de Manon,** 14, Avenue des Alyscamps, Tel. 04.90.93.38.68. Kleines Restaurant etwas abseits des Zentrums, aber wegen der hübschen Terrasse und des guten Preis-Leistungsverhältnisses einen Abstecher wert. Menü ca. 18–30 €, mittags in der Woche ca. 15 €.

●**Au Brin de Thym,** 22, Rue Docteur Fanton, Tel. 04.90.49.95.96. Provenzalisches Restaurant mit angeschlossenem Shop. Menü ca. 25 €.

Märkte und Feste

●**Gemüsemarkt,** samstags auf den Boulevards des Lices und Clémenceau. Mittwochs auf dem Boulevard Émile Combes. Montags und freitags auf der Place Paul Doumer (jeweils nur morgens).

●**Antiquitäten- und Trödelmarkt,** jeden ersten Mittwoch im Monat auf dem Boulevard des Lices.

●**La Feria Pascale (Feria zu Ostern),** Stierkämpfe und sonstige Veranstaltungen rund um den Stier.

●**La Fête des Gardians (Fest der Gardians),** Messe in provenzalischer Sprache am Morgen, nachmittags Veranstaltungen in der Arena und viele schöne Arlesierinnen in der lokalen Tracht. Am 1. Mai.

●**Fête de la St. Jean,** religiöses Fest mit gesegnetem Brot und arlesischen Tänzen am 23. Juni auf der Place de l'Hôtel de Ville.

●**Pegoulado,** Festzüge (z.T. mit Fackeln) in traditioneller Tracht am ersten Juliwochenende.

●**Cocarde d'Or,** wichtigster provenzalischer, also unblutiger, Stierkampf des Jahres in der antiken Arena am ersten Juliwochenende.

●**Les Rencontres du Sud,** Musik aus den Mittelmeerländern, in der dritten Juliwoche im antiken Theater.

●**Rencontres Internationales de la Photographie,** das renommierte internationale Fotografie-Festival, 1970 von *Lucien Clergue* gegründet, findet Anfang Juli statt. Im antiken Theater können die Besucher die neuesten Ereignisse der modernen Fotografiekunst, projiziert auf eine riesige Leinwand, sehen und miterleben. Daneben laufen verschiedene Austellungen. Tel. 04.90.96.76.06.

●**Festival du Film Peplum,** Filmfestival im antiken Theater, Ende August.

●**Les Prémices du Riz,** beliebtes Volksfest vor der Reisernte. Corridas und Novilladas (spanischer Stierkampf) in der Arena, Straßenumzug (Corso), großes Paella-Essen, Monster-Aïoli und Saucissons d'Arles, die scharfen arlesischen Würstchen, dazu Straßenmusik und Party-Stimmung in der ganzen Stadt. Daneben laufen diverse andere Veranstaltungen wie die Wahl der Ambassadrice du Riz, einer Art Reiskönigin, Pétanque-Wettbewerbe u.v.m. Mitte September.

●**Internationale Krippenausstellung,** Kloster St. Trophime, Dezember bis Mitte Januar.

●**Karten für den Stierkampf,** Spectacles Tauromachie, Bureau de location, Rond Point des Arènes, Tel. 04.90.96.03.70, Fax 04.90.96.64.31.

●**Informationen zu Festlichkeiten** erteilt das Comité permanent des Fêtes d'Arles, 35, Place de la République, Tel. 04.90.96.47.00.

La Tauromachie oder der Kampf mit dem Stier

Von April bis September ist Stierkampfsaison in der Provence. Diese Tradition der „Tauromachie" macht an den Grenzen der Départements Gard und Bouches-du-Rhône abrupt halt. Leute aus dem Vaucluse oder den Alpes-de-Haute-Provence stehen dem Phänomen zuweilen ebenso skeptisch gegenüber wie Reisende aus dem Norden.

Viele wissen jedoch nicht, dass Stierkampf nicht gleich Stierkampf ist. In der Provence existieren zwei sehr unterschiedliche Formen nebeneinander.

Die **Course à la cocarde,** auch Course provençale, Course libre, und Course camarguaise genannt, entstand bereits um die Jahrhundertwende, konnte sich aber erst 1975 als „Sport français" durchsetzen. Mit der umstrittenen spanischen Corrida hat sie sehr wenig zu tun, ist vielmehr ein Spiel, das nie mit dem Tod des Stieres endet. Der Unterschied steht schon auf den Werbeplakaten geschrieben: Bei der Corrida Ankündigung der Toreros, bei der Course die der Stiere. Stolze Namen wie Duc, Ventadour, Goya oder Ringo zeigen deutlich die Hochachtung vor dem Stier, dem Cocardier, und die untergeordnete Bedeutung der so genannten Razeteurs.

Ziel des Spiels ist es, dem Stier Kokarde, Quasten *(Glands)* und Schnüre *(Ficelles),* aufgehängt zwischen seinen leierförmigen Hörnern, zu entreißen. Die ganz in weiß gekleideten Razeteurs haben als einziges Hilfsmittel einen Haken, den Razet, und gehen in den fünfzehn Minuten des Spiels ein großes Risiko ein. Oftmals rettet nur ein Hechtsprung über die Holzbarriere. Anreiz sind natürlich nicht nur Sport und Ansehen, sondern die öffentlichen oder privaten Geldpreise, die auf jedes einzelne der Abzeichen ausgesetzt sind und im Laufe des Kampfes erhöht werden können.

Der spanische Stierkampf dagegen, die **Corrida,** endet immer mit dem Tod des Taureaus, mit der *mise à mort*. Corrida-Anhänger sprechen immer gerne von einem gleichberechtigten Kampf, bei dem der Stier dieselbe Chance hat wie der Torero. Doch wie kann man von Chancengleicheit sprechen, wenn der Tod des Stieres von vornherein eine beschlossene Sache ist? Bevor der Kampf mit dem Torero beginnt, verletzt ein berittener Picador den Stier mit einem Lanzenstich zwischen die Schulterblätter und drei Banderilleros versuchen, je zwei Banderillas von vorn in den Nacken des Tieres zu stoßen. Das hat einerseits den Effekt, dass der Stier aufs Äußerste gereizt ist, andererseits aber, dass er immer schwächer wird und den Kopf tief genug hält, damit ihn der Torero mit einem Degenstich ins Herz töten kann. Einem guten Torero gelingt dies mit einem Mal, oft genug jedoch zielen Anfänger daneben, so dass der Stier lange leiden muss.

Wie dem auch sein, der spanische Stierkampf hat – was Nordlichter wohl nie so recht verstehen können – eine relativ große Anhängerschaft in Frankreichs Süden. Meist finden die Corridas im Rahmen eines größeren Volksfestes, der Feria, statt. Das prächtige Farbenspiel hat jedenfalls seine ästhetischen Reize.

Während der Zuschauer in der Arena nur um die Stierkämpfer zittern muss, nicht aber um sich selber, sollte er sich bei den **Abrivados** umso besser vorsehen. Bei diesen folkloristischen Spektakeln, bei denen Stiere durch die Straßen getrieben werden, stehen Touristen gerne in der ersten Reihe, damit man zu Hause spektakuläre Fotos vorzuzeigen hat. Als es dabei auch in der Provence (und nicht nur im fernen Spanien) zu Todesfällen kam – im Sommer 1994 in Les Stes. Maries und in St. Rémy – entbrannte eine heiße Diskussion um ein eventuelles Verbot der Abrivados. Die gibt es, wie man in allen Zeitungen lesen kann, immer noch, dafür hat die EU ein neues Warnschild ersonnen: ein schwarzer Stierkopf auf weißem Grund, so typisch mit dem roten Dreieck umgeben. Und damit auch wirklich jedes unerfahrene Nordlicht versteht, was gemeint ist, steht dort zusätzlich zu lesen: *Manifestation Taurine,* also: „Vorsicht! Stierische Veranstaltung!"

Sonstiges

- **Le Méjan-Actes Sud,** Quai Marx-Dormoy, Tel. 04.90.49.56.77. Kulturzentrum mit einer Buchhandlung, Konzertsälen, Kinos und einem Restaurant.

Autoverleih

- **Avis,** Avenue Talabot - Gare SNCF, Tel. 04.90.96.82.42.

Fahrradverleih

- **Peugeot,** 15, Rue du Pont, Tel. 04.90.96. 03.77.

Camargue-Reis

- **Centre Français du Riz,** Mas du Grand Sonnailler, Tel. 04.90.49.57.47.
- **Rizière du Petit Manusclat,** Société Bongran, Le Sambuc, Tel. 04.90.97.29.44.

Wein

- **Mas Baracan,** Coste Basse, Pont de Crau, Tel. 04.90.96.40.05.
- **Mas de Rey,** Route de St. Gilles, Tel. 04.90.96.11.84.

Anreise/Weiterreise

- **Mit dem Flugzeug:** Flughafen Nîmes - Arles - Camargue, Tel. 04.66.70.49.49. Busverbindung zum Boulevard Clémenceau.
- **Mit dem Auto:** Autobahn: A 8 bis Remoulins, von dort über Beaucaire/Tarascon weiter nach Arles. Landstraße: Die N 113 führt nach Nîmes im Osten und nach Salon im Westen. Über die N 570 geht es nach Avignon im Norden und nach Les Stes. Maries-de-la-Mer und die Camargue im Süden. In die östliche Camargue gelangt man über die D 36. Ganz nah liegen auch die Alpilles, man erreicht sie über die D 17. An derselben Straße liegt auch die Abtei Montmajour, etwa zehn Minuten von Arles.
- **Mit dem Bus:** Gare Routière, direkt neben dem Bahnhof, Tel. 04.90.49.38.01. Es gibt gute Verbindungen nach Avignon, Tarascon, Les Baux, Salon, Aix und Marseille. Die Linie Arles - Salin-de-Giraud wird im Sommer um die Station Plage de Piemanson erweitert.
- **Mit der Bahn:** Gare S.N.C.F. Avenue Paulin Talabot, Tel. 08.36.35.35.35 oder 04.90.99. 35.06. Arles liegt auf der Strecke Avignon - Tarascon - Marseille.

Die Abtei von Montmajour ⇗ IX/C3

Aus der Ebene des Landes von Arles ragt seit Urzeiten ein Hügel empor: der Mont Majour. Schon von weitem sieht man, wie sich hoch oben die strengen Mauern der ehemaligen **Benediktinerabtei** erheben, umgeben von tiefgrünen Pinienwäldchen und weiten Reisfeldern. Mit ihrem massiven Donjon mutet die Abbaye de Montmajour, obwohl zu einem guten Teil zerstört, immer noch eher wie eine Festung denn wie ein Kloster an. Und wirklich war sie einst sehr mächtig und bedeutend, wie ein Blick in die Geschichte beweist.

Geschichte

Einst war der Mont Majour von umwegsamen Sümpfen umgeben, eine Insel, nur mit Booten erreichbar. Das änderte sich erst, als die Mönche hierher kamen, das Moor nach und nach trockenlegten und es in Wirtschaftsland verwandelten - die letzten Gebiete erst im 17. Jh.

Für die vorgeschichtlichen Menschen, die Kelten und die Römer, die zuvor hier siedelten, mag die Sumpflage von Vorteil gewesen sein. Doch spätestens als im 10. Jh. der Fels zu einem Friedhof wurde, dürfte sie eher lästig als dienlich geworden sein. Zu jener Zeit war es auch, als sich erste Eremiten hier niederließen, die für den Friedhof sorgten.

Am Ende dieses Jahrhunderts soll eine Frau namens *Teucinde* die Felsinsel vom Domkapitel in Arles gekauft haben, um sie den Eremiten zwecks Gründung eines Klosters zu schenken. Die neue Abtei, deren Mönche nach der Benediktinerregel lebten, erhielt bald reiche Stiftungen und das seltene Privileg, direkt dem Papst unterstellt zu sein. Seit 1030 durfte es zudem den in der gesamten mittelalterlichen Christenheit berühmten **Pardon de Montmajour** erteilen, einen Ablass am 3. Mai, dem Gedenktag der Wiederauffindung des Kreuzes Christi.

Während die Mönche bis ins 13. Jh. ihren Abt selbst aus ihrer Mitte wählen durften, bestimmten danach die Päpste in Avignon den Obersten von Montmajour und beanspruchten zudem alle Einkünfte des Klosters für sich. Montmajour verkam zu einer Gewinnquelle und einem Spielball im Schacher um hohe Ämter.

Im 16. und 17. Jh. war es der französische König, der sich seinen Einfluss auf Montmajour sicherte, das er als Apanage an die Familie *d'Ornano* vergab. Um 1640 versuchte der Abt *Savary de Brèves,* der verkommenen Moral und Verweltlichung Einhalt zu gebieten, indem er Benediktiner aus St. Maure bestellte, die den Ordensgeist wiederbeleben sollten. Zum Programm der Reformer gehörte auch die Erneuerung der Klostergebäude. Die Arbeiten begannen Anfang des 18. Jh., wurden 1726 durch einen schweren Brand behindert, dann wieder aufgenommen – um nie zu einem Abschluss zu kommen. Denn diese letzte durch die Reformer hervorgerufene Blüte war nur von kurzer Dauer; noch vor der Revolution löste der französische König das Kloster auf. Bald darauf kauften es Privatleute. Die neuen Besitzer veräußerten nicht nur die Einrichtung, sondern selbst die Steinquader des neuen Barockbaus, die zum Bau von Quais und Hôtels particuliers in Arles verwendet wurden. Montmajour wird seit Anfang unseres Jahrhunderts bis heute restauriert.

Sehenswertes

Die **Abteikirche Notre-Dame** entstand um 1180 und ist sehr schmucklos und nüchtern; was sie so schön macht, sind ihre klaren Formen und ihre regelmäßig gefügten Mauern aus Quadersteinen. Außen ist zunächst der polygonale Chor zu bewundern, der auf einem etwas breiteren Untergeschoss ruht. Diese untere Kirche ist teilweise unterirdisch gebaut, um die Unebenheit des Hanges auszugleichen.

Im Innern fällt auf, dass das Schiff im Vergleich zu seiner Breite zu kurz geraten scheint. Und wirklich waren ursprünglich fünf Joche geplant, von denen lediglich zwei vollendet wurden. Lang- und Querhaus sind mit der typisch romanischen Rundbogentonne überwölbt. Über der Vierung ist ein Kreuzrippengewölbe zu sehen; sie muss jedoch vor ihrer Renovierung im 13. Jh. mit einer Kuppel bedeckt gewesen sein.

Die halbrunde Apsis dagegen weist die gängige romanische Halbkuppel auf, neben ihr schließen sich zwei kleinere Apsiden an. Zwischen Apsis und Vierung ist ein schmales Joch eingezogen, der Platz für den Hauptaltar.

Die **Église basse,** die untere Kirche, war sicherlich keine Krypta (wie früher oft behauptet), sondern eher die Vorgängerin der Abteikirche. Unter deren Langhaus erstreckt sich hier unten ein etwa drei Meter breiter Gang; das Querschiff hat denselben Grundriss wie oben. Dann jedoch wird der Bauplan ungleich origineller: Auf der Achse des Ganges liegt ein runder Mittelraum, wohl eine Kapelle. Sie ist mit einer Kuppel überwölbt und mit starken Mauern eingefasst, die sich durch rundbogige Fenster zu einem Umgang öffnen. Dieser beschreibt einen Halbkreis und ist mit einer bemerkenswerten Ringtonne bedeckt. Darum gruppieren sich mehrere hufeisenförmige Apsiden mit schmalen Fensterchen.

Der **Kreuzgang** mit den angrenzenden Sälen entstand etwa um dieselbe Zeit wie die Notre-Dame oder kaum später. In seinen Galerien mit Rundbogentonnen sieht man schöne Wandkonsolen, die mit fantastischen und grotesken Figuren geschmückt sind, zum Beispiel mit Tierköpfen oder Dämonenfratzen. Ähnlich wie in Arles fassen größere Pfeiler jeweils drei oder vier Rundbogenarkaden zusammen, die wiederum von Doppelsäulchen getragen werden.

Die Nordgalerie ist die älteste, doch leider sind all ihre Arkadenkapitelle später erneuert worden. Die Ostgalerie dagegen hat ihre romanischen Kapitelle bewahrt: Sie sind alle mit Blättern geschmückt, bis auf eines, das den vom Teufel versuchten Christus zeigt. Der Einfluss von St. Trophime wird hier wie auch am Schmuck der Südgalerie (14. Jh.) sehr deutlich: Die gotischen Kapitelle zeigen – genau wie in Arles – Figuren und Szenen, wie Saint Pierre, Pfingsten, die Verkündigung oder die Krönung der Jungfrau. Die Westgalerie wurde am Anfang des 18. Jh. (wegen des Neubaus) stark verändert, dennoch ist ihr romanischer Dekor teilweise erhalten.

Von der Ostgalerie geht der Kapitelsaal ab, von der Südgalerie das Refektorium (Speisesaal). Die Nordgalerie diente als Grablege bedeutender Persönlichkeiten: Davon zeugen Grabplatten im Boden, eingravierte Kreuze und das schöne gotische Wandgrab des Abts *Jean Hugolin* wie auch das romanische Grabmal der Grafen der Provence (in der Ostgalerie).

Einfache Mönche wurden auf dem Friedhof in Steingräbern beigesetzt, die aus der Zeit stammen, als das Kloster noch gar nicht bestand (10. Jh.). Von hier führen Stufen zur **Ermitage St. Pierre** aus dem 11. Jh. Diese erste Kirche von Montmajour von bescheidener Größe ist auf der Südseite in den Felsen hineingearbeitet. Besonders beeindruckend sind ihre zwölf

Kapitelle, keines im Dekor dem anderen gleich. An die Kapelle schließen sich zwei höhlenartige Einsiedlerzellen an. Hier zogen sich noch bis ins 15. Jh. Mönche des Klosters zur inneren Einkehr und Buße zurück.

Paradox erscheint, dass gerade die ältesten Teile der Abteianlage viel besser erhalten sind als die des 18. Jh. Die Profitgier der neuen Besitzer nach der Revolution machte vor den uralten Bauten halt, während sie die jüngeren in den Ruinenzustand versetzte.

Doch auch die wenigen Reste zeigen sehr deutlich, dass der Geist des 18. Jh. ein ganz anderer war als der des Mittelalters: Während die Mönche früherer Zeiten ihre Konventsgebäude sehr schlicht gestalteten, abweisend und oft burgähnlich, musste ein Kloster des 18. Jh. eher an prächtige barocke Herrensitze und Schlösser erinnern, die – mit vielen Fenstern ausgestattet – ihre Zugewandtheit zur Welt bekundeten.

Der Neubau wurde geplant, weil 1703 die Flügel auf der Westseite des Kreuzgangs mit Bibliothek, Schlafsaal und Küche einstürzten. Namhafte Architekten, *Pierre Mignard* und *Jean-Baptiste Franque* aus Avignon, zeichneten für das Projekt verantwortlich. Es wurde jedoch nie vollendet, weil das Kloster trotz der gerade durchgeführten Reform unaufhaltsam seinem Niedergang zustrebte.

Etwa 200 Meter von Montmajour entfernt hockt die **Chapelle Ste. Croix** (Ende 12. Jh.) auf einem Hügel, in den wie auf dem Klostergelände Gräber eingearbeitet sind. Mit der Abtei verband sie ein teils unterirdischer Gang, eine lange Gräberallee. Ste-Croix war eine Friedhofskapelle, errichtet für die von außerhalb hergebrachten Toten. Sie erinnert in ihrem Grundriss an die Grabkapelle von Venasque (Comtat Venaissin): Vier halbrunde Apsiden gruppieren sich um einen Mittelraum, dessen Seiten von dreieckigen Giebeln geschlossen sind. In der Laterne über dem Dach brannte einst das Totenlicht.

● Route de Fontvieille (D 17), von Arles aus nur mit dem Auto oder Fahrrad erreichbar, Tel. 04.90.54.64.17. Öffnungszeiten: Oktober bis März tägl. außer Montag 10–17 Uhr, April täglich außer Montag 9–19 Uhr, Mai bis September täglich 9–19 Uhr; geschlossen: 1. Januar, 1. Mai, 1. und 11. November, 25. Dezember. Eintritt: 6,10 €, bis 18 Jahre freier Eintritt, Gruppe (ab 20 Personen): 5,10 €, ermäßigt: 3,50 €.

Die Camargue

Überblick

Wilde Pferde galoppieren mit fliegenden Mähnen über weite Sandstrände, Flamingos staksen graziös durch hohes Schilf, und Herden tiefschwarzer Stiere weiden friedlich auf feuchten Wiesen. Dunkelblau schimmernd wellt sich das Wasser der *Étangs* und verschwimmt mit dem Sumpf. Eigentlich schon Land – und doch keines mehr. Hier, wo sich die Rhône aufs Meer zubewegt, teilt sie sich in zwei Arme, zögert und windet sich, als wollte sie mit aller List verhindern, dass das Meer sie verschlingt. Das Land, das sie so zerfurcht und durchwässert hat, ist die Camargue, eine amphibische, geheimnisvolle Welt: nicht Land, nicht Wasser, sondern gleichsam beides. Das mag an den ersten Schöpfungstag erinnern, als die Elemente noch nicht voneinander geschieden waren.

Das Delta der Rhône erscheint wie die Inkarnation eines Naturparadieses, wie die letzte Bastion ursprünglicher Landschaft am zugebauten Mittelmeer. Reisende suchen hier den Rausch der Einsamkeit, Ruhe, Freiheit und einen Hauch von Abenteuer.

In der Camargue treffen sich Jahr um Jahr die fahrenden Völker Europas, pilgern zu ihrer Heiligen, der schwarzen Sara, um danach wieder ihrer Wege zu ziehen. Und dann sind da noch die Gardians, raue Männer mit breitkrempigen, schwarzen Hüten, die vom Rücken ihrer Pferde aus ihre Herden zusammenhalten. Oder die Razeteurs in den Arenen, die den wilden Stieren mutig ihre Trophäen entreißen. Ein

306pr Foto: bm

Stückchen Wilder Westen und Cowboy-Romantik, das ist die Camargue anscheinend auch.

Nun die Ernüchterung: Erstens ist die Camargue schon längst keine natürliche Landschaft mehr, zweitens ist sie in höchstem Maße bedroht, und drittens sind Zigeunerwallfahrt und Gardian-Mythos mehr und mehr zu Touristen-Spektakeln verkommen.

Um sie zu bereisen, dürfen wir also keine Klischees im Kopf haben (die sich mitunter zwar bewahrheiten würden), sondern müssen verstehen, dass wir uns auf das Abenteuer einlassen, ein bedrohtes Land mit unserer bloßen Anwesenheit nur noch weiter zu bedrohen.

Dabei erscheint dieser flache Landstrich, der sich mit nichts in der Provence vergleichen lässt, auf den ersten Blick wenig spektakulär, ja beinah eintönig. Unwirtlich wie er nach wie vor ist, leben hier nur wenige Menschen, ganze 7500; einige davon in verstreuten Höfen, den Mas, die übrigen in Les Stes. Maries-de-la-Mer und Salin-de-Giraud, den einzigen Ortschaften. Das Ganze wurde 1970 zu einem regionalen Naturpark erklärt; und seit 1975 besteht die strenge Schutzzone rund um den Étang de Vaccarès. Diese Seite der Camargue ist ungleich entdeckenswerter als jene, welche die unzähligen Klischees inspiriert, doch sie erfordert auch viel mehr Rücksicht und Geduld.

Unser Kapitel umfasst das Delta im engeren Sinne, das sich auf 85.000 Hektar zwischen den beiden Armen der Rhône erstreckt, le Grand Rhône im Osten und le Petit Rhône im Westen; darüber hinaus auch die kleine Camargue weiter östlich im Département Gard und schließlich St. Gilles mit dem berühmten romanischen Portal seiner Kirche sowie die Retortenstädte Aigues-Mortes und La-Grande-Motte, die eine wehrhaft und aus dem 13. Jh, die andere eine moderne Touristenhochburg.

Am Strand der Camargue

Entstehung und Geschichte

Die Camargue ist ein Schwemmland, ein Sumpfgebiet, das im Laufe vieler tausend Jahre durch das Zusammenwirken der Rhône und des Meeres entstand. Die ungebändigten Fluten der Rhône führten alles mit, was sie zu fassen bekamen - Geröll, Erde, Steine, Baumstümpfe und Schlamm - und ließen es zurück, bevor sie sich ins Meer stürzten. Was gerade Land geworden war, konnte ebenso gut gleich wieder unter Wasser verschwinden, so dass die Camargue stets in Bewegung blieb durch das Spiel, das Fluss und Meer mit ihr trieben: Machte dieser dem anderen ein Stück Land abspenstig, hielt sich jener dafür schadlos und holte es sich an anderer Stelle zurück.

Später gesellte sich der Mensch diesem Wettstreit hinzu, wollte fischen, in den Wäldern jagen und später gar das Land bebauen und seine Tiere darauf weiden lassen. Vor allem die Römer müssen damit begonnen haben; kein leichtes Unterfangen, denn das Delta hatte mitnichten aufgehört, sich zu bewegen, und ohnehin war mit versalztem oder überschwemmtem Boden nicht viel anzufangen. Nach ihnen trauten es sich nur noch einige Zisterziensermönche und Johanniter zu, dem Boden etwas abzuringen. Sie beschränkten sich gezwungenermaßen auf Salzgewinnung und den Anbau auf sicheren Waldlichtungen, die das Wasser nicht erreichte.

Seit dem 16. und 17. Jh. entstanden hier und da erste Deiche, und das Land wurde leichter nutzbar. Die

308pr Foto: bm

großen Mas und Châteaux, die man bis heute inmitten immenser Domänen sieht, stammen aus dieser Zeit. Im 17. und vor allem 18. Jh. fiel der dichte Wald der Camargue dem Schiffbau von Arles zum Opfer; bis heute ist kaum wieder aufgeforstet worden. Trotz aller Bemühungen des Menschen schien die Camargue ihn immer noch nicht so recht dulden zu wollen und bewegte sich wie eh und je.

Die Umwälzung erfolgte in der Mitte des 19. Jh., als man genug technisches Wissen angesammelt hatte, um die beiden Rhône-Deiche und die vierzig Kilometer lange *Digue à la Mer* (Deich von 1860) zu bauen. Seither hat die Camargue diese uralte, ungeregelte Beziehung zum Wasser verloren, das sie einst schuf und in Bewegung hielt. Die Deiche isolierten die Camargue künstlich vom Meer und seinem Salzwasser, gleichzeitig aber auch von Süßwasser und Schlamm, mit denen die Rhône sie stets versorgt hatte.

Sumpf mit Schilfrohr

Warum die Camargue keine natürliche Landschaft mehr ist

Am Ende des vergangenen Jahrhunderts verwandelte sich das Feuchtgebiet der Camargue in eine Wüste: vertrocknet, versalzt und mit Rissen im Boden. Es verdunstete im Sommer viel mehr Wasser, als der Regen der Herbst- und Wintermonate auszugleichen vermochte: Auch heute stehen noch 1400 Millimeter Verdunstung pro Jahr 560 Millimetern Regen gegenüber. Eine Katastrophe für die Camargue, die zu über der Hälfte (45.000 Hektar) aus Teichen, Lagunen, Sümpfen, Reis- und Salzfeldern besteht!

Wie sollte man das Feuchtgebiet erhalten ohne die natürliche Hilfe der Rhône, die man ja seit der Eindeichung an ihrer Einwirkung hinderte, im Schlechten wie im Guten? Die Lösung war der Wasserbedarf der Landwirtschaft, vor allem des Reisanbaus. Die Wasser der Rhône sollten nun wieder durch die Camargue fließen, diesmal jedoch auf künstlichen Wegen: Ein Bewässerungsnetz mit mehreren Pumpstationen entstand, wurde erweitert und modernisiert, je mehr die Reiswirtschaft ihren Aufschwung nahm. Deren Wasserverbrauch ist so immens – 400 Millionen Hektoliter pro Jahr – dass nur wenig davon verdunstet. Das gebrauchte Wasser wird zu einem Teil in den Fluss zurückgeleitet, zu einem Teil in die Étangs, die ohne diesen Zufluss austrocknen würden. Die Salzwirtschaft wird ebenfalls durch Pumpstationen versorgt, jedoch natürlich mit salzigem Meerwasser.

Die Teiche, 10.000 Hektar Sumpf, 10.000 Hektar Salzfelder und 15.000 Hektar Reisfelder sind also absolut abhängig von diesem Bewässerungssystem. Ein relatives Gleichgewicht hat sich eingespielt, ein zerbrechliches jedoch. Gefahren für das künstlich erhaltene Ökosystem liegen vor allem in ökonomischen Schwankungen, welche die Fläche der Reis- und Salzfelder beeinflussen können und somit die Mengen an Süß- und Salzwasser. Schließlich bedrohen auch Klimaveränderungen die Camargue, Niederschlagsschwankungen im Besonderen.

Der Mythos einer wilden und unbezähmbaren Landschaft ist also schon längst dahin, das Rhônedelta in Wirklichkeit ein vom Menschen kontrolliertes Gebiet, das dieser Kontrolle heute mehr denn je bedarf.

Landschaften und Pflanzen

Das Delta der Rhône ist eine völlig flache Landschaft, deren höchster Punkt nur vier Meter über dem Meeresspiegel liegt, der niedrigste gar 1,50 Meter unter ihm. Das **Meer** war also stets eine Bedrohung für dieses Sumpfland, daran änderte auch der Bau der *Digue à la Mer* nichts. Seitdem das Meer nämlich keinen Sand, Schlick und Schlamm mehr von der Rhône erhält, an dem es sich austoben kann, nimmt es sich an den Stränden und Dünen der Camargue, was ihm gebührt. Am meisten bedroht von den Fluten, weil an exponiertester Stelle, sind die Salzindustrie im Osten und Les Stes. Maries. Im 17. Jh. lag es noch zwei Kilometer von der Küste entfernt, zu Beginn des 19. Jh. waren es nur noch 600 Meter, und seit dem letzten Jahrhundert grenzt die Stadt direkt ans Meer.

Die **Dünen** dienen als natürlicher Damm, sind jedoch sehr empfindlich und dürfen keinesfalls betreten werden. Um sie vor Meereswind und Mistral, dem grausamen Nordwind, zu schützen, befestigt man sie mit *Ganivelles*, einer großen Zahl eng nebeneinanderstehender Hölzpflöcke.

Drei verschiedene **Landschaftsformen** der Camargue sind zu unterscheiden:

Die Basse Camargue: Sie besteht zunächst aus den weiten Stränden zwischen dem Golf von Aigues-Mortes und der Mündung der Großen Rhône. Auf sie folgt diese so zerbrechliche Dünenlandschaft mit Gräsern, Krautbewuchs und flachen Wacholdersträuchern; schließlich die *Sansouïres*, die Steppen der Camargue, durchzogen von einem Netz an Lagunen und Brackwasserseen, nur 40 Zentimeter bis 1,80 Meter tief. *Salicorne*, das rote Salzkraut, bildet einen dichten Teppich auf diesem Boden; hier und da blitzt nackter Schlamm hervor, nicht selten salzverkrustet. Im Osten sind die *Sansouïres* weitgehend zerstört durch die Salzindustrie.

Die Moyenne Camargue: Den Übergang zwischen der unteren und dieser etwas nördlicher gelegenen Camargue bilden die Sümpfe, die *Marais*, und die *Enganes* mit dichterem *Salicorne*-Bewuchs als in den *Sansouïres*. Hier wächst auch die *Saladelle*, die kleine violette Blume der Camargue, die jede Braut in ihrem traditionellen Hochzeitsbouquet trägt. Die Sümpfe verschwinden ab März unter Schilfrohr, *Roseau*, auf provenzalisch *Sango*, mit dem man einst die Gardian- und Schäferhütten deckte.

Der Baumbestand ist karg; außer Tamarisken, die dem Wind gut widerstehen können, wächst hier kaum etwas. Und die Wäldchen an den Ufern der Rhône geben nur eine schwache Vorstellung davon, wie die dicht bewaldete Camargue einst ausgesehen haben mag.

Die Haute Camargue: Der Norden wird von der Landwirtschaft genutzt. Vor gar nicht langer Zeit gab es hier noch weite Wiesen, *Pelouses*, wo die Stiere und Pferde weideten. Doch die Reisbauern haben immer mehr Land okkupiert, so dass kaum noch natürliche Weiden bestehen und die Tiere sich mit den *Sansouïres* begnügen müssen.

Die Tierwelt der Camargue

Die Vielfalt der Lebensräume machen die Camargue zur Heimat von Tieren, die entweder sowohl zu Wasser als auch zu Land leben können, wie Libellen, Mücken und Amphibien, oder welche die Fähigkeit haben, sich schnell von einem Ort zum anderen zu bewegen, um sich vor den Eskapaden der Natur zu schützen, wie Vögel und Säugetiere. Letztere, obwohl nur selten sichtbar, sind vertreten durch Wildschweine, Füchse, Kaninchen und Biber.

Aber es sind die **Vögel,** welche die Berühmtheit der Camargue ausmachen: Es gibt nicht weniger als 356 Arten, manche darunter sind sehr selten. Viele von ihnen sind Wandervögel und so nur zu bestimmten Zeiten in der Camargue anzutreffen.

Von April bis September nisten hier Seeschwalben, Bienenfresser, Blauracken und Wiedehopfe; zwischen September und März sind es vor allem die Enten (mehr als zehn Unterarten, mehrere zehntausend Exemplare!). Im Herbst machen vor allem Singvögel aus Europa hier Halt auf ihrem Weg nach Afrika, im Frühjahr – auf dem Rückweg – steuern sie wieder die Camargue an. Das ganze Jahr über kann man am Étang de Vaccarès bzw. von der Capelière aus Mariskensänger, Seidensänger und Bartmeisen beobachten, von August bis März auch Schwarzhalstaucher und Beutelmeisen, von März bis Juli Stelzenläufer und Uferschnepfen.

Außerhalb der *Réserve* gibt es noch weitere Vogelbeoachtungsposten. Am Paty de Gouyère sieht man z.B. Brachschwalben, Lachseeschwalben, Rallenreiher und große Rohrdommeln und in Stes. Maries natürlich Seeschwalben und die verschiedensten Arten von Möwen, z.B. Schwarzkopf-, Herings- und Sturmmöwen.

Nicht zu vergessen sind natürlich die berühmten rosafarbenen **Flamingos,** hier oft *Becaruts* genannt. Meist leben sie in der von Seen durchzogenen *Sansouïre*-Landschaft, wo sie viele Insekten als Nahrung und Schilf zum Nisten finden. Sie sind daran gewöhnt, dass der Mensch aus gebührender Entfernung zusieht, wie sie mit ihren langen Beinen durch das seichte Wasser stelzen; nähert man sich jedoch, dann erheben sie sich sofort zum Formationsflug in die Lüfte.

Viele von ihnen verlassen die Camargue während des Winters, um sich

310pr Foto: bm

Flamingos

Camargue

im südlichen Mittelmeerraum zu verstreuen. Die Tiere, die auch während der kalten Monate hier bleiben, sind stets gefährdet, weil die Temperaturen rapide sinken können und die Étangs zufrieren lassen. Im Januar 1985 fielen 3500 *Flamants roses* dem strengen Frost zum Opfer; mittlerweile hat sich ihre Zahl jedoch wieder stabilisiert.

Die reiche Vogelwelt wird vor allem von der Landwirtschaft bedroht, durch Pestizide in Wasser und Boden, das Abbrennen von Stoppelfeldern, die Zerstörung von Hecken und schließlich auch durch die Jagd.

Wirtschaftsformen der Camargue

Den Boden der Camargue zu bebauen, war lange Zeit schwierig oder gar unmöglich, denn er enthielt nicht nur zuviel Salz, sondern wurde auch regelmäßig von den Wassern der Rhône und des Meeres überschwemmt.

Nach dem Bau der Rhône-Deiche und der Digue à la Mer erlebte die Landwirtschaft in der zweiten Hälfte des 19. Jh. eine erste goldene Zeit – ausgerechnet auf der Basis von **Wein,** der heute sicher nicht zu den besten Provence-Weinen zählt. Alles begann mit der Reblaus-Plage, die einen großen Teil der französischen Weinfelder zerstörte. Nur die Reben der Camargue hatten gesund überlebt, weil sie im Herbst stets unter Wasser standen – zunächst ein Glücksfall der Natur, später gewollte Anbaupraxis.

Im zweiten Weltkrieg hatte Frankreich seine Indochina-Kolonien verloren und damit seinen wichtigsten Reislieferanten. Die Camargue füllte diese Lücke prompt aus, und der **Reis** entwickelte sich zu ihrem wichtigsten Anbauprodukt. Eine folgenschwere Entscheidung, nahm doch der Reisanbau nicht nur immer mehr Lebensraum von Tieren und Pflanzen in Beschlag, sondern entsalzte durch seinen hohen Bedarf an Süßwasser auch den Boden und brachte so das ökologische Gleichgewicht der Camargue aus den Fugen.

Dabei ist der Anbau auch nicht so rentabel, denn die Camargue liegt an der Nordgrenze der Klimazone, wo Reis überhaupt gedeihen kann. Zudem ist der Markt großen Schwankungen ausgesetzt: Während 1960 noch 32.500 Hektar Land mit Reis bebaut wurden, waren es 1974 nur ganze 6000 Hektar. Seit 1989 hat sich die Fläche bei immerhin wieder 15.000 Hektar stabilisiert.

Die Landwirtschaft – darunter auch Wein-, Getreide- und Sonnenblumenanbau – sucht in ihrem engen Umkreis weiter nach neuen Anbauflächen, wird jedoch von der Natur selbst in ihre Schranken gewiesen: Salz, grausame Winde, die sintflutartigen Regenfälle und lange Dürreperioden machen ihr das Leben schwer, aber auch Verwüstungen durch wild lebende Tiere, wie die Flamingos, die immer wieder die Reissaat aufpicken.

Für die **Salzgewinnung** wird zwischen März und September Meerwasser aus dem Golf von Beauduc gepumpt; das Salz wird im Meerwasser (Salzgehalt ca. 36 g pro Liter) durch

311pr Foto: bm

Verdunstung angereichert, und zuletzt werden aus einem Liter Wasser 260 Gramm Salz herausgefiltert. Die „Landschaft" hier im Osten bestimmen 14.000 Hektar Salzfelder und -hügel, *Camelles* genannt. Pro Jahr produziert die Gesellschaft *Salins du Midi* 900.000 Tonnen Salz für die chemische Industrie, vor allem in Fos, denn Salz ist eines der Basiselemente für Plastikprodukte. Das Salz zum Verzehr macht nur einen kleinen Teil aus; es wird in den Fabriken von Aigues-Mortes verarbeitet.

Die **Fischer** haben es am schwersten von allen, sind sie doch abhängig von der Qualität des Wassers – und die ist schlechter denn je. In der Rhône gibt es nur noch an wenigen Stellen Karpfen, und auch das Mittelmeer wird immer ärmer an Fischen. Hier werden zum Beispiel noch Wolfsbarsche (*Loup*) und Muscheln gefangen, darunter die köstlichen, winzigen *Tellines*. Die Brackwasserteiche bieten immerhin noch Garnelen, Aale, Zander und Karpfen.

Salzfelder

Weiße Pferde und schwarze Stiere

Schon seit Urzeiten muss das Rhône-Delta ihre Heimat sein: Die *Crins blancs* und die *Taureaux* sind wie ein Wahrzeichen der Camargue und haben sich in ihrer Gestalt und ihrem Charakter ganz diesem unwegsamen Landstrich angepasst.

Die **Pferde** sind kleiner als andere Rassen, maximal 1,45 Meter hoch, dabei von robustem Körperbau, sehr trittsicher, zäh und von verblüffender Ausdauer. Die Fohlen kommen merkwürdigerweise mit schwarzem, dunkelgrauem oder braunem Fell zur Welt; erst nach drei oder vier Jahren erhalten sie die charakteristische weiße bis hellgraue Farbe.

Sie wachsen in Halbfreiheit auf, entweder unter sich in Herden oder zusammen mit den Stieren. Nach etwa sechs Jahren entscheidet der Züchter, welchen Pferden die ehrenvolle Aufgabe zugedacht ist, ein *Cheval de taureau* zu werden: Sie helfen den *Gardians,* die Herden zusammenzuhalten und Stiere für die *Courses* in der Arena einzufangen. Obwohl man immer das Bild vom ungebändigten Wildpferd vor Augen hat, ist es – genau wie die Stiere – bei Straßenfesten und Spielen in der Arena zu sehen. Nicht zu vergessen ist, dass dieses Pferd dem Reittourismus dient.

313pr Foto: bm

Crin blanc

Auch die **Stiere** mit dem typischen lyraförmigen Gehörn sind kleiner und leichter als ihre Artgenossen, etwa als die spanischen Kampfstiere. Sie erreichen kaum 1,40 Meter Höhe, ihr Gewicht liegt zwischen 300 und 450 Kilogramm. Sie leben in Herden zu etwa 150 Tieren, den *Manades,* die der *Gardian* vom Rücken seines Pferdes aus mit dem *Trident* dirigiert, einer Lanze mit dreigezackter Spitze.

Es haftet ihnen bis heute die Aura des uralten Mithraskults an, und so ist ihr Daseinszweck vor allem der provenzalische Stierkampf, die **Course camarguaise.** Nach drei Jahren wählt der Manadier aus, welche Stiere beim Schlachter landen und welchen eine Karriere als **Cocardier** zuzutrauen ist.

Der Bedarf ist hoch, finden doch in der Stierkampfsaison mehr als 800 Spiele statt. Nicht etwa nur in Arles, wo die berühmte *Trophée des As* veranstaltet wird, sondern überall in kleineren Arenen, z.B. in Stes. Maries, Beaucaire und selbst bei vielen Manaden. Schon der *Abrivado*, der Zug der Stiere und Kämpfer zur Arena, ist als *Spectacle* und Touristenattraktion ausgestaltet; genauso die **Ferrade,** wo der Züchter den einjährigen Stier am linken Oberschenkel kennzeichnet, und die **Escoussure,** bei der in eines oder in beide Ohren ein typisches Muster geschnitten wird.

Manche **Manadiers** züchten auch spanische Stiere für die Corridas. Es gibt zwar regelrechte Züchter-Dynastien, doch die wenigsten Manadiers können es sich heute noch leisten, sich ausschließlich mit der wenig rentablen Stierzucht zu beschäftigen. Sie haben meist noch andere Berufe.

Die Camargue wird in die Zange genommen

Der Intensivanbau der Landwirtschaft und die Salzindustrie bedrohen die Camargue von innen. Viel schlimmer ist jedoch, was von außen auf sie einstürmt: Da sind zunächst einmal mehr als eine Million **Touristen** pro Jahr, wovon ein guter Teil gewiss keine ökologisch gesinnten Naturschützer sind, sondern Badetouristen, wilde Camper und Fans von Traditions-Spektakeln. Allein zur Zigeunerwallfahrt erlebt Stes. Maries eine Invasion von mehreren zehntausend Menschen. Auch von den Rändern her wird die Camargue in die Zange genommen: Im Osten liegt Fos mit seinem Tiefwasserhafen und seinen **Industrieanlagen;** von Norden fließt die Rhône herbei und führt alle **Abwasser** ihres Weges mit, vor allem die der Gegend von Lyon; schließlich schossen in den vergangenen Jahrzehnten im nahen Languedoc die **Touristikzentren** wie Unkraut aus dem Boden: Städte wie Port-Camargue und La Grande-Motte bringen der Camargue zusätzliche Besucherströme.

Schutzmaßnahmen

1970, nach langen Verhandlungen, entstand der **Parc Naturel Régional de Camargue,** als erster regionaler Naturpark der Region Provence-Alpes-Côte d'Azur und als dritter Frankreichs. Er umfasst das Delta der Rhône zwischen ihren beiden Armen auf dem Gebiet der Kommune Les Stes. Maries-de-la-Mer (38.000 ha) und einem Teil der Kommune Arles (47.000 ha).

Die **Aufgaben des Parks** sind nicht nur der Naturschutz, also die Sicherung von Fauna, Flora und Landschaften, der Empfang und die Information von Besuchern, sondern auch, den Bewohnern der Camargue Hilfestellungen zu leisten, wie diese im Einklang mit ihrer zerbrechlichen Umwelt leben können und wie sie sie richtig, also naturverträglich, nutzen können.

Der Park versucht, ein Gleichgewicht zwischen den Bedürfnissen der

314pr Foto: bm

Natur und denen des Menschen zu finden. Eine solche Zielsetzung kann nicht ohne Kompromisse und Widersprüche bleiben, wie ein Blick auf die **Aktivitäten des Parks** zeigt:

- In den vergangenen Jahren gab er mit staatlicher, regionaler und départmentaler Hilfe mehr als umgerechnet 1,2 Millionen Euro aus für neue Kanäle und die Modernisierung von Pumpstationen (z.B. Albaron und Beaujeu). Das hatte zur Folge, dass sich die seit den 1970er Jahren stark angeschlagene Reiswirtschaft stabilisierte und der Salzgehalt im Vaccarès in kurzer Zeit um die Hälfte sank.
- Vor allem Besitzer von Domänen rund um die besondere Schutzzone des Étang de Vaccarès nimmt der Park stark in die Pflicht, erlegt ihnen Auflagen zum Naturschutz auf.
- Auch auf dem Gebiet der Bebauung hat der Park ein Wort mitzureden: Retortenstädte sind nicht zu erwarten, aber in Stes. Maries ist schließlich schon genug angerichtet worden ...
- Seit dem Verschwinden der Ulmen wegen einer Epidemie 1983/84 gibt es einen umfassenden Plan zur Wiederaufforstung: Der Park pflanzt einerseits selbst, andererseits verteilt er Setzlinge an Besitzer (120.000 in acht Jahren).
- Seit 1988 kümmert er sich auch um die Befestigung der Dünengürtel am Meer mit Holzpflöcken, den so genannten Ganivelles.
- Er sorgt dafür, dass alle elektrischen Leitungen nur unterirdisch verlaufen.
- Er bewacht den Bestand der rosa Flamingos wie auch die Reinheit der Pferde- und Stierrassen und deren artgemäße Aufzucht.
- Für Besucher schließlich bietet der Park Entdeckungspfade und Aussichtsposten, das Informationszentrum von Ginès sowie das Camargue-Museum, bei dem auch die Verwaltung sitzt: **Mas du Pont de Rousty.** D 570, 13200 Arles, Tel. 04. 90.97.10.82.

Innerhalb des Naturparks liegt die **Réserve Naturelle Camargue,** deren Vorläufer, die *Réserve zoologique et botanique de Camargue,* um einiges früher als der Park entstand und seit ihrer Gründung im Jahre 1927 von der *Société Nationale de Protection de la Nature* geführt wird. Ihrer Einrichtung ging jedoch zunächst keine staatliche Initiative voraus, sondern sie ist vor allem dem Marquis **Folco de Baroncelli** zu verdanken: Dieser Pionier des Umweltschutzes hat zu Anfang unseres Jahrhunderts eine große Bewegung zur Erhaltung des Feuchtgebiets, seiner traditionellen Lebensweisen und Wirtschaftsformen in Gang gesetzt.

Das Gebiet des Naturreservats erstreckt sich vom Étang de Vaccarès bis zum Meer und gehörte einst der Gesellschaft *Salins du Midi;* erst 1972 erwarb es der Staat. Hier liegt auch der einzige Rest der Camargue-Wälder, der Bois des Rièges.

Aufgabe des Reservats ist es seit 1975, die Fauna und Flora seiner 13.117 Hektar absolut strikt zu schützen: Außer einigen Forschern darf es kein Mensch mehr betreten; einzig die vorgeschriebenen Wege von **La Capelière** bilden eine Ausnahme. Hier ist auch der Sitz der Direktion mit einem Informationszentrum untergebracht (13200 Arles, Tel. 04.90.97.00.97).

Rundfahrten

Ein Hinweis vorweg: Die besten Reisezeiten für die Camargue sind Frühjahr oder Herbst, vor allem, weil dann weniger Besucher zu erwarten sind. Ab Mitte Mai und ganz besonders im Herbst kann ein Besuch wegen der vielen **Mücken** allerdings zur Qual werden. Oft sind es so viele, dass nur noch ein agressives Spray hilft (z.B. Autan, das man auch in Frankreich kaufen kann). Oder man vertraut auf ein Hausmittel der Camargue: Ein drei Tage vorher eingenommenes Gemisch aus Essig und Vitamin B 2 soll das Schlimmste verhindern.

Zu welcher Jahreszeit auch immer man die Camargue besucht, sie versteckt sich vor eiligen Besuchern, welche die Hauptstraßen und ihr Auto nicht verlassen. Ohne **Erkundungen** zu Fuß, zu Pferd oder mit dem Fahrrad wird man die Camargue nicht kennen lernen.

Um die Vögel beobachten und gegebenenfalls fotografieren zu können, sollte man nicht vergessen, ein **Fernglas** und ein Teleobjektiv einzupacken.

Information

- **Office de Tourisme Arles-Camargue,** Esplanade Charles-de-Gaulle, 13200 Arles, Tel. 04.90.18.41.20, Fax 04.90.18.41.29.

Von Arles nach Les Stes. Maries-de-la-Mer

Westlich des Étang de Vaccarès zeigt sich die Camargue von ihrer touristischen Seite: Hier gibt es überall Manaden, die Stierspektakel, Ausflüge zu Pferd und Camargue-Menüs mit Tänzen und Zigeuner-Musik anbieten; außerdem sehr viele Unterkünfte, schließlich die Möglichkeit zu Kreuzfahrten auf Rhône und Meer. Stes. Maries ist ein belebter Ort mit Strandpromenaden, Geschäftsstraßen und ungezählten Souvenirshops, Cafés und Restaurants.

Dennoch lohnt sich die Tour, denn auch hier kann man viel Überraschendes zu Natur und Leben in der Camargue entdecken.

Wir verlassen Arles über die D 570. Recht bald schon liegt ein überdimensional großes Silo am Wegrand, in dem seit 1985 der Reis für den Export lagert. Die Landschaft erscheint recht eintönig. Reis- und Weinfelder reihen sich aneinander, hier und da gibt es eine Weide, vereinzelte Bäume oder Obst- und Gemüseplantagen. Deutlich zu sehen sind die Kanäle, die das Land wie ein Gitter durchziehen. Seltener entdeckt man ein Gehöft, denn die Camargue ist seit jeher ein Gebiet sehr großer Domänen. Noch heute nehmen die Mas mit einem Besitz von durchschnittlich 200 ha sechzig Prozent der landwirtschaftlich genutzten Fläche ein.

In einem solchen ehemaligen Hof, dem **Mas du Pont de Rousty,** sitzt stilecht die Verwaltung des regionalen Naturparks. Ihr angeschlossen ist das **Musée Camarguais,** noch origineller untergebracht im alten Schafstall. Die Schafe waren einst sehr wichtig für die Camargue: Zu Anfang des 19. Jh. gab es noch 300.000 Tiere. Heute sind es weniger als die Hälfte, und die Schafzucht hat sich zur benachbarten Crau hin verlagert.

Das Museum zeigt auf sehr ansprechende Weise die Geschichte der Camargue von ihrer Entstehung bis in unsere Tage und hat dafür zu Recht 1979 den europäischen Museumspreis erhalten. Um sich intensiv die archäologischen Funde, Modelle, Diafolgen und Gegenstände des täglichen Lebens anzuschauen, braucht man etwa eine Stunde. Anschließend kann man das Umland eines solchen Mas erkunden, das sonst nur schwer zugänglich und Privatbesitz ist: Der *Sentier de découverte des paysages d'un mas de Camargue* führt etwa drei Kilometer lang durch Kulturen, Wiesen und Sümpfe.

● **Mas du Pont de Rousty,** D 570, 13200 Arles, Tel. 04.90.97.10.82. Öffnungszeiten: Oktober bis März: täglich außer dienstags 10–16.45 Uhr, April bis Juni und September: täglich 9.15–17.45 Uhr, Juli und August: 9.15–18.45 Uhr. Eintritt 4 €, ermäßigt 2,30 €.

Albaron, etwa 15 km von Arles, ist einer der wenigen Weiler der Camargue, er liegt an der Kleinen Rhône. Diesen Übergang bewachte seit dem Mittelalter ein Turm, der im 16. Jh. erneuert wurde. Schlägt man die D 37 in östlicher Richtung ein, nähert man sich, den Marais de la Grand Mar durchquerend, dem Étang de Vaccarès und der **Domaine de Méjanes.** Die zahlreichen Werbeschilder lassen keinen Zweifel darüber aufkommen, dass sie *Paul Ricard,* dem Pastis-Fabrikanten aus Marseille, gehört. Genau wie der Anis-Schnaps wird auch die Manade nach allen Regeln der Kunst vermarktet: Man kann mit einem Mini-Zug am Étang de Vaccarès entlang rattern, gelangweilte Pferde in langen Reihen, die nur noch entfernt an die *Crins blancs* erinnern, stieren den Besucher an, und große Tafeln verkünden, dass hier *Spectacles taurins* in der hauseigenen Arena feilgeboten werden und dass das Restaurant 600 Personen zu fassen vermag – jedes Menü gerät hier noch zum Erlebnis ... Genug der Abschreckung? Fahren Sie lieber ein Stückchen weiter zur nächsten Manade, da ist es nur halb so schlimm oder bisweilen gar richtig schön.

- **Méjanes en Camargue,** Domaine *Paul Ricard,* Stes. Maries, Tel. 04.90.97.10.10.

Kurz vor der Abzweigung nach Aigues-Mortes erhebt sich an der D 570 das **Château d'Avignon** am Wegrand, das einst über die größte Domaine der Camargue gebot, 23.000 Hektar inklusive des gesamten Étang de Vaccarès.

322pr Foto: bm

Mit der gleichnamigen Stadt hat das hochherrschaftliche und für diese Gegend sehr untypische Gebäude aus dem 18. Jh. nicht viel zu tun, vielmehr verdankt es den Namen *Joseph d'Avignon* aus Arles, seinem Erbauer. Die Fassade ist klassischen Stils, imposante 150 Meter lang, und an der Innenausstattung, darunter wertvolle Holzvertäfelungen und Wandteppiche, wurde erst recht nicht gespart. Von der Terrasse aus blickt man über einen 20 Hektar großen Park und die Plaine de la Camargue bis zum Horizont. Hier ließ es sich wahrlich leben.

● **Château d'Avignon,** Route d'Arles, Stes. Maries, Tel. 04.90.97.58.58. Führungen von April bis Oktober: 10–17 Uhr jeweils zur vollen Stunde. Eintritt 3 €, ermäßigt 1,50 €.

Wenig weiter südlich zweigt die Nebenstrecke nach Stes. Maries ab über den Mas de Cacharel und vorbei an dem Étang de Consécanière und dem Étang dit l'Impérial. Doch sparen Sie sich diese Strecke besser für die Rückfahrt auf, denn das **Centre d'Information de Ginès,** wieder zum Regionalpark gehörend, und vor allem der Vogelpark am Étang de Ginès lohnen einen Besuch. Das Zentrum bietet neben einer Ausstellung über die Schutzzonen, Tier- und Pflanzenwelt, Landwirtschaft und den Tourismus in der Camargue einen Saal mit Panorama-Blick auf die Sumpflandschaft.

● **Pont de Gau,** D 570, Stes. Maries, Tel. 04.90.97.86.32. Öffnungszeiten: April bis September: täglich 9–18 Uhr, Oktober bis März: 9.30–17 Uhr (außer freitags). Eintritt frei.

Im 60 Hektar großen **Parc ornithologique du Pont de Gau** kann ein Großteil der Camargue-Vogelarten beobachtet und durch Schilder identifiziert werden. Die Tiere leben zwar nur in Halbfreiheit, jedoch in ihrer natürlichen Umgebung.

● D 570, Stes. Maries, Tel. 04.90.97.82.62. April bis September: 9 Uhr bis zum Sonnenuntergang, Oktober bis März 10 Uhr bis zum Sonnenuntergang. Eintritt 6 €, ermäßigt 3 €, www.parcornitho.com, parc.pont-de-gau@provnet.fr.

Les Stes. Maries-de-la-Mer ⇗ XVIII/B–C3

Man mag heute kaum glauben, dass die Stadt der heiligen Marien in früheren Zeiten völlig isoliert am äußersten Rand des Deltas lag: Einfach zu erreichen über die Straße und seit dem Bau des Port Gardian (1984) auch per Schiff, erinnert Stes. Maries in nichts mehr an ein verwunschenes Örtchen im Sumpf, sondern die meiste Zeit des Jahres, vor allem im Juli und im August, an einen **überfüllten Badeort** am Mittelmeer. Dabei ist es erst seit dem 20. Jahrhundert ein Küstenort, seit sich das Meer immer näher herangeschoben hat und jetzt die Stadt bedroht. Davon wird der Reisende in all dem Trubel nicht viel bemerken, denn entweder schiebt er sich mit tausend anderen durch die von Andenkenläden, Snack-Bars und Restaurants gesäumten Fußgängerzonen, oder aber er besteigt im Gänsemarsch die Aussichtsterrasse der Wehrkirche, wiederum auf Massen auf der Strandpromenade blickend. Schließlich ist es auch möglich, dass man sich zur **Wallfahrt** der Zigeuner hierher verirrt: Dann ist es noch voller, aber wenigstens sehr folkloristisch, denn die *Pèlerinage* gestaltet sich nicht nur als religiöses Spektakel, sondern vor allem auch als eines für die Touristen.

Doch die Leute von Stes. Maries leben davon. Aufatmen können sie nur im **kurzen Winter,** wenn ihre Stadt in die solchen Orten eigene Lethargie versinkt, wenn die Terrassen leer sind und am Strand nur noch die Möwen kreischen. An solchen Tagen ist es bitterkalt, und der Mistral gerbt einem die Haut, aber man kann sich ungleich besser vorstellen, warum der Dichter *Mistral* seine Mireille ausgerechnet hier hat sterben lassen und warum die Entstehung Stes. Maries von einer der berühmtesten Legenden der Provence verklärt wird.

319pr Foto: bm

Geschichte

Der Küstenstrich von Stes. Maries muss bereits in antiker Zeit bewohnt gewesen sein, nacheinander unterhielten hier Griechen und Gallo-Römer ein Heiligtum. Das Testament des Arleser Bischofs *Caesarius* aus dem 6. Jh. erwähnt eine erste Kapelle in Stes. Maries namens Beata Maria de Ratis. Irgendwann in den folgenden, sehr unsicheren Jahrhunderten, wahrscheinlich erst im 10. Jh., entstand eine kleine Ansiedlung, deren Kiche unter dem Namen Notre-Dame-de-la-Mer damals an die Abtei von Montmajour fiel. Da aber die Piraten- und Barbareneinfälle auch in der Folgezeit nicht abrissen, wurde die Villo de la Mar im 13. Jh. befestigt, im Jahrhundert darauf sogar die Kirche. Ab 1448, also seit der „Erfindung" der Marien-Reliquien, entwickelte sich der Ort zu einer bedeutenden Pilgerstätte. Im Volksmund hieß die Kirche seither Stes. Maries-de-la-Mer; das Städtchen nahm den Namen erst um 1840 an.

Die Legende der heiligen Marien

Kurz nach dem Tod und der Auferstehung Jesu Christi sollen einige seiner Freunde und Anhänger vom Heiligen Land aus ins Meer gestoßen worden sein, und zwar auf einer Barke ohne Steuer und Segel. Es waren dies Maria Magdalena und Maria Salome,

320pr Foto: bm

Wehrkirche

die Mutter der Apostel Jakobus und Johannes, sowie Maria Jakobäa, die Schwester der Gottesmutter, schließlich der heilige Trophimus und Lazarus mit seiner Schwester Martha, die ihre Dienerin, die dunkelhäutige Sara aus Ägypten, mitbrachte. Das Schifflein irrte auf dem Meer herum, doch ging seine Besatzung nicht zugrunde, sondern erreichte – durch göttliche Lenkung – wohlbehalten die provenzalische Küste ausgerechnet in Les Stes. Maries-de-la-Mer. Während ihre Reisegefährten sich aufmachten, die Provence zu christianisieren, blieben die drei Marien, wohl schon recht betagt, an diesem Ort zurück und errichteten aus Dankbarkeit einen Altar, an dessen Stelle heute die Kirche steht. Auf Betreiben des Königs *René* „fand" man hier im 15. Jh. ihre Reliquien.

Der Kult um Sara dagegen ist erst für das folgende Jahrhundert bezeugt und blieb bis zum Ende des 19. Jh. sogar relativ unbedeutend und an den Rand gedrängt – wie die Zigeuner, die diesem Kult anhängen. Dank des Engagements des *Marquis de Baroncelli* wurde Sara in die große Wallfahrt eingebunden.

Die Wallfahrt

Es gibt im Grunde zwei Pèlerinages, die jedoch nach derselben Zeremonie ablaufen: Die größere und berühmtere findet am 24. und 25. Mai statt, die andere Ende Oktober. Der Tag vor der Maiwallfahrt gehört den Zigeunern: Mit der **Statue Saras** ziehen sie zum Meer und spielen eine andere Version der Legende nach, der gemäß Sara nicht selbst auf der Barke war, sondern am Kopf einer Zigeunersippe die heiligen Marien willkommen hieß.

Für die **Wallfahrt** selbst werden tags zuvor die Reliquien aus der oberen Kapelle an Schiffsseilen in die Kirche heruntergelassen. Nach der Messe am nächsten Morgen macht sich ein immenser Zug – Zigeuner, schön gekleidete Arlésiennes, Gardians und wer sich sonst noch anschließen mag – auf den Weg zum Meer, um dort die mitgeführte Barke vom Bischof segnen zu lassen. Und nach den religiösen Pflichten darf gefeiert werden: Die ganze Stadt tanzt zu Zigeunerklängen am Strand und in den Straßen.

Sehenswertes

Die Kirche, das Ziel der Pilger, war ursprünglich ein schlichter romanischer Bau vom Ende des 12. Jh. Erst ab dem 14. Jh. erhielt sie ihren Wehrcharakter durch Zinnenkränze, Wurfschächte, den donjonartigen Aufbau und den Wehrgang auf der Terrasse, der um die ganze Kirche herumführt. Auch die obere Kapelle, in der die Reliquien ruhen, und zwei der fünf Langhausjoche wurden erst im 15. Jh. hinzugefügt. Trotz dieser Umbauten sieht die Kirche keineswegs uneinheitlich aus, sondern geradezu harmonisch, schon wegen ihres goldig schimmernden Gesteins.

Was man dann sieht, ist ein einziges, 15 Meter hohes Schiff, auf das ein Chorjoch folgt, welches sich zur Apsis hin verjüngt. Sie ist typisch romanisch, also halbrund, mit Säulen geschmückt, deren Kapitelle schöne pflanzliche und figürliche Darstellungen zeigen.

In der **Krypta,** errichtet 1448 von *König René,* sind die Reliquien und die Statue Saras aufbewahrt. Da selbst in der Nebensaison die Kirche entsetzlich voll ist, sollten Leute mit Platzangst sich den Besuch des engen, stickigen Gewölbes sparen: Einige japsende Pilger lassen sich hier vor der mit kitschigem Schmuck behängten Sara und einem Kerzenmeer ablichten, das die ohnehin schon knappe Luft vollständig aufzehrt.

- Öffnungszeiten: Oktober bis Februar 10–11.30 Uhr und 14–16.30 Uhr, März bis April: 9–11.30 Uhr und 14.30–17.30 Uhr, Mai bis September 9–11.30 Uhr und 14–18.30 Uhr. Eintritt frei.

Einen Aufstieg auf die **Aussichtsterrasse** sollte man trotz des Eintrittsgeldes nicht versäumen: Man blickt über die weißgetünchten, rotbedachten Häuser von Stes. Maries, auf Strand, Dünen und Deiche, auf Segelboote, Fischkutter und weites Meer.

- Öffnungszeiten: 10–12.30 und 14–19 Uhr, Eintritt 2 €.

Das **Musée Baroncelli** ist nach dem *Marquis Folco de Baroncelli-Javon* (1849–1943) benannt. Er war der letzte Spross einer florentinischen Bankiersfamilie, die sich im 15. Jh. in Avignon eingerichtet hatte. Ihm gehörte der dortige Palais du Roure, wo er mit seinem Freund und Dichterkollegen *Frédéric Mistral* die Redaktion der provenzalischen Zeitschrift *Aïoli* einrichtete. Vor allem für die Camargue und ihre Traditionen machte sich *Baroncelli* stark, bewahrte das Land vor der Trockenlegung und seine Bräuche vor dem Aussterben. Seine Begeisterung ging sogar so weit, dass er das aristokratische Leben in Avignon gegen das raue Dasein in der Camargue eintauschte, sich einen Mas kaufte und Stiere und Pferde züchtete.

Das Museum zeigt Möbel, Bilder, Kleidung und Werkzeuge der Camargue und ausgestopfte heimische Tiere. Es ist jedoch klein und recht langweilig und wird den Leistungen *Baroncellis* für das Land kaum gerecht. Um wirklich etwas über den Marquis und die Camargue zu erfahren, sollte man lieber den Palais du Roure in Avignon, das Museon Arlaten in Arles oder das Musée Camarguais besuchen.

• Rue Victor Hugo, Öffnungszeiten: 10–12 Uhr und 14–18 Uhr. April bis September. Eintritt 2 €.

Das **Grab des Marquis** liegt übrigens an der Straße nach Aigues-Mortes, er soll aufrecht begraben sein wie die Pferde der Camargue ...

Praktische Hinweise

Information

• **Office de Tourisme,** 5, Avenue van Gogh, 13460 Les Stes. Maries-de-la-Mer, Tel. 04.90.97.82.55, Fax 04.90.97.71.15, www.saintesmaries.com.

Hotels/Restaurants

• **La Brise de Mer*****/€€€, 29, Avenue Gilbert Leroy, Tel. 04.90.97.81.27, Fax 04.90.97.71.10, Dauphin.Bleu@wanadoo.fr. Traditionelles Haus im Ort mit Meerblick und mediterraner Küche. Menü im Restaurant **Le Dauphin Bleu** um 15–30 €.

• **Mas des Rièges*****/€€€, Route de Cacharel, Tel. 04.90.97.85.07, Fax 04.90.97.72.26, hoteldesrieges@wanadoo.fr. Obwohl dieser Mas recht nah am Zentrum liegt, bietet er Ruhe und viel Natur. Besonders schön sind der Garten und die Dekoration der Zimmer. Mit Schwimmbad, kein Restaurant.

• **Hostellerie du Mas de Cacharel*****/€€€€, Route de Cacharel, Tel. 04.90.97.95.44, Fax 04.90.97.87.97. www.hotel-cacharel.com. Sehr schöne Zimmer in einem der ältesten Mas der Camargue. Er liegt einige Kilometer außerhalb des Stadtzentrums, bietet viel Ruhe und einen schönen Blick auf typische Camargue-Landschaft. Ohne Restaurant.

• **Le Mirage****/€€, 14, Rue Camille-Pelletan, Tel. 04.90.97.80.43, Fax 04.90.97.72.22, www.lemirage.camargue.fr. In dem Gebäude war in den 1950er Jahren ein Kino untergebracht. Ein Teil der 27 Zimmer ist modernisiert, andere warten noch auf eine Verschönerung. Mit nettem Garten und Restaurant, Menü um 20–30 €.

• **Hostellerie du Pont de Gau****/€€, Route d'Arles, Tel. 04.90.97.81.53, Fax 04.90.97.98.54. Hübscher Mas im Grünen in der Nähe des Vogelparks. Menü ca. 18–50 €. Preiswerte Zimmer um 50 €.

• **Restaurant L'Hippocampe,** Rue Camille Pelletan, Tel. 04.90.97.80.91. Klassiker unter den Restaurants, die in Stes. Maries regionale Küche anbieten. Menüs 22–35 €. Vier preiswerte Zimmer für ca. 55 €.

Jugendherberge

• **Auberge de Jeunesse,** Pioch Badet, Stes. Maries, Tel. 04.90.97.51.72, Fax 04.90.97.54.88. Etwa zehn Kilometer nördlich von Stes. Maries in einer alten Schule untergebracht, Busverbindung zum Stadtzentrum. Ganzjährig geöffnet; mit Fahrradverleih, Reitpferde in der Nähe. Halbpension ca. 20 €.

Camping

• **Le Clos du Rhône******, Route d'Aigues-Mortes, Tel. 04.90.97.85.99, Fax 04.90.97.78.85, leclos@laposte.net. Zwischen Petit Rhône und Meer gelegen. Schwimmbad, Vermietung von Bungalows und Mobile Homes; geöffnet von Ostern bis November.

• **La Brise*****, Rue Marcel-Carrière, Tel. 04.90.97.84.67, Fax 04.90.97.72.01, labrise@laposte.net. Mehr als 1000 Plätze, Schwimmbad, strandnah gelegen; im November und Dezember geschlossen.

Cabanes de Gardian

• Echte Stierhüter-Hütten kann man mieten bei **Mas Broussolle,** Route de Cacharel, Tel. 04.90.97.81.61, Fax 04.90.97.81.61 (mit Schwimmbad), und **La Cabanette,** Chemin Bas des Launes, Tel. 04.90.97.86.44, Fax 04.90.97.71.87.

Märkte und Feste

• **Wochenmarkt,** montags und freitags.

• **Antiquitäten- und Trödelmarkt,** von Juni bis September jeden ersten und letzten Dienstag im Monat.

• **Abrivado,** Stiertreiben in den Straßen im April, Mai und Juni jeweils sonntags; im September immer mittwochs.

•Pèlerinage de Sara, Pilgerfest zu Ehren der Zigeuner-Heiligen am 24. Mai.
•1. Pèlerinage des Saintes Maries Jacobé et Salomé, 25. Mai.
•Journée de la Mémoire du Marquis de Baroncelli, 26. Mai.
•2. Pèlerinage des Saintes Maries Jacobé et Salomé, am Sonntag nach dem 20. Oktober.
•Fête votive mit Stierspielen, drittes Juni-Wochenende.
•Fête du Cheval, 11.-14. Juli.
•Feria du Taureau, Stierkampf, 15. August.

Reiten

•In der Umgebung von Stes. Maries gibt es über dreißig Möglichkeiten, Ausritte zu unternehmen. Eine Anmeldung ist nicht nötig, meist ist zwischen 8 bzw. 9 und 19 Uhr geöffnet. Eine Stunde kostet ca. 14-16 €, ein halber Tag ca. 35-40 €.
•Eine der besten Adressen ist **Le Shériff,** Route de Cacharel, Tel. 04.90.97.71.22. Der Reithof bietet geführte Touren an, und zwar - nach Anmeldung - individuell zugeschnitten von einigen Stunden bis zu mehreren Tagen. Schon die kurzen Ausflüge vermitteln viel vom Landschaftscharakter. Man durchquert die Sümpfe und galoppiert an den Stränden entlang. Die Besitzer, *Patricia* und *Pascal Mailhan,* waren die Ersten, die solche Touren für Touristen angeboten haben.

Manadiers

•Viele Manaden-Besitzer bieten ihren Besuchern diverse Unterhaltungen an: Besichtigung der Stieraufzucht, private Stierkämpfe, Camargue-Menüs mit Zigeuner-Musik und Tänzen etc., zum Beispiel **Les Grandes Cabanes du Vaccarès,** Mas du Ménage, D 570, Stes. Maries, Tel. 04.90.97.50.14.

Bootfahren

•Tiki III, Route d'Aigues Mortes, Tel. 04.90.97.81.68, tiki3@wanadoo.fr. Die *Tiki* erinnert zwar mehr an ein Mississippi-Steamboat, ist aber trotzdem sehr romantisch anzusehen. Ihre Anlegestelle ist an der Mündung der Kleinen Rhône. Die einstündige Fahrt kostet 10 €.
•Les Quatre Maries, 36, Rue Théodore Aubanel, Tel. 04.90.97.70.10, www.lesquatremaries.com. Einstündige Fahrt für 10 €.

Fahrradverleih

•Le Vélociste, Place Mireille (gegenüber des Hôtel de Ville), Tel. 04.90.97.83.26.
•Le Vélo Santois, 19, Avenue de la République, Tel. 04.90.97.74.56.

Radtouren

•Von Stes. Maries nach Méjanes, Hin- und Rückfahrt sind ca. 30 Kilometer lang und dauern etwa sechs Stunden. Von Stes. Maries schlägt man die D 85 a ein, fährt etwa vier Kilometer auf der Straße. Am Mas de Cacharel führt parallel ein ländlicher Weg am Étang de Vaccarès entlang bis nach Méjanes.
•Von Stes. Maries bis zum Phare de la Gacholle, dieser schöne Weg über die Digue à la Mer dauert hin und zurück etwa drei Stunden (24 Kilometer).
•Für geübte Radfahrer bietet sich eine Rundfahrt um den gesamten **Étang de Vaccarès** an (70 Kilometer, sieben Stunden): Man fährt über die Digue à la Mer bis nach La Gacholle, von dort nacheinander Richtung Le Paradis, La Capelière, Villeneuve, Mas du Cabassolle, Méjanes, Mas de Cacharel, schließlich Stes. Maries.

Anreise

•Mit dem Flugzeug, Flughafen Nîmes - Arles - Camargue, Tel. 04.66.70.49.49.
•Mit dem Bus, täglich mehrere Verbindungen von Arles.

Von Arles nach Salin-de-Giraud ⇗XIX/D3

Nähert man sich der Camargue von Osten, von der endlosen Ebene der Crau her, so zeigt sie sich von ihrer natürlichsten Seite, wenn man von den Salzfeldern einmal absieht. Ortschaften gibt es hier außer Salin-de-Giraud und Port St. Louis jenseits des Grand Rhône nicht, dafür aber große landwirtschaftliche Domänen, den weiten Strand von Arles und die merkwürdige Outsider-Kolonie von Le Beauduc. Hier übernachtet man vorzugsweise nicht in einem Hotel, sondern in einem Mas, von dem aus man Touren zu Pferd oder zu Fuß unternehmen kann. Während sich die Massen auf der anderen Seite des Étang de Vaccarès über die Strandpromenade von Stes. Maries schieben, trifft man hier – zumindest in der Nebensaison – nicht seinen Nachbarn, sondern eher Flamingos und Tausende anderer Vögel. Schließlich bietet die Capelière die Möglichkeit, sich endlich der Welt des Naturreservats zu nähern.

Gleich zu Anfang unserer Tour jedoch wollen wir die Crau durchfahren, zusammen mit dem Étang de Berre das am schlimmsten missbrauchte Gebiet der Provence.

Von Arles schlagen wir die D 35 Richtung Port St. Louis ein. Die Straße verläuft zwischen der Rhône und dem Kanal und führt zunächst durch das typische, landwirtschaftlich genutzte Flachland des Pays d'Arles, das nur ab und zu durch schützende Baumreihen aufgelockert ist. Am Mas Thibert nehmen wir die D 24, um auf die N 568 zu stoßen und die riesige, eintönige Ebene der **Crau** kennen zu lernen. Sie erstreckt sich über 600 Quadratkilometer vom Fuße der Alpilles bis zum Étang de Berre; von der Camargue trennt sie der Lauf der Großen Rhône. Die nördliche Crau, die Crau verte, ist fruchtbar, während die südliche, die Crau séche, sich als eine trockene, mit Kieseln bedeckte Steppe ausbreitet. Doch gerade Letztere, ähnlich wie die Camargue Heimat unzähliger Vögel, wird seit unserem Jahrhundert in höchstem Maße bedroht: Es entstanden Militärzonen, Munitionsdepots, weite Industrieanlagen, und nicht zuletzt wurde die Crau zur Mülldeponie Marseilles.

Schön ist es hier gewiss nicht, aber es wird deutlich, das selbst ein solches Traumland wie die Provence seine Schattenseiten hat. Die vierspurige, autobahnähnliche Nationalstraße zieht sich quer durch das Land, verweist auf die nahen Industrieorte am Étang de Berre und darauf, dass Platz bei ihrem Bau keine Rolle gespielt hat, ganz zu schweigen von der Natur. Bald taucht die in grauen Dunst gehüllte Skyline der Industrien von Fos auf; doch bevor wir Fos erreichen, biegen wir ab auf die Straße Richtung Port St. Louis, im Süden gesäumt von Hochspannungsleitungen, Schornsteinen und Fabriken, im Norden von den endlosen Salzfeldern der Salin du Relai.

Port St. Louis ist nicht einmal einen Halt wert, es sei denn, man hat eine

325pr Foto: bm

Schwäche für Schiffswerften, leere Lagerhallen, Schrott und Morbides. Ein Turm aus dem 18. Jh., das einzige schöne Gebäude am Ort, erhebt sich wie verloren an einem überdimensionierten Hafen und beherbergt das Touristenbüro, das nicht sehr viel zu tun haben kann.

Nördlich des Ortes überqueren wir die Große Rhône, an dieser Stelle einen halben Kilometer breit, mit der Fähre **Bac de Barcarin** (Passage alle halbe Stunde in beiden Richtungen, ab 4.20 Uhr von der Seite Salin-de-Girauds bis 1.30 Uhr von der Seite Port St. Louis').

Salin-de-Giraud ist ein merkwürdiger, trister, dennoch interessanter Ort, der seine Entstehung der Salzwirtschaft verdankt, die hier vor etwa 150 Jahren in großem Maßstab begann. Um Arbeiter in diese gottverlassene Einsamkeit zu locken, bauten die Fabrikanten eine für damalige Zeiten moderne *Cité ouvrière* mit geraden, parallel verlaufenden Straßen und lauter identischen Häuschen nach dem Muster nordfranzösischer Bergarbeitersiedlungen.

Schafzucht – typisch für die Crau

Im Süden erstrecken sich die **Salzfelder** und die an eine schimmernde Schneelandschaft erinnernden Hügel der Salins du Midi, am besten zu sehen von der D 36 d aus.

Ein guter Ausgangspunkt für Erkundungen an den Ufern und der Einmündung der Großen Rhône ist die **Domaine de la Palissade.** Drei verschiedene Rundgänge stehen zur Auswahl, die zwischen eineinhalb und vier Stunden dauern. Vorher kann man einen Blick auf die Ausstellung zu Fauna und Flora des Gebietes werfen mit Aquarien, Film und Diafolgen.

● Route de la Mer, Salin-de-Giraud, Tel. 04.42. 86.81.28. Öffnungszeiten: September bis Mitte Juni: 9–17 Uhr (außer samstags und sonntags), Mitte Juni bis August: tgl. 9–19 Uhr. Eintritt 3 €, Kinder unter 12 Jahren frei.

Wir nähern uns nun dem Meer, durchqueren auf einfachen Pisten den äußersten Zipfel der Camargue, ein sumpfiges, brackiges und von unzähligen Étangs und Lagunen zerfranstes Schwemmgebiet, weder Land noch Wasser, sondern beides zugleich. Man wähnte sich weit ab von aller Zivilisation, würde nicht ein Blick Richtung Fos und Port St. Louis diese Illusion unsanft zerstören.

Manchmal endet die Straße abrupt im Meer, wo eigentlich die Plage de Piémanson (oder Piémançon) liegen sollte. Im Volksmund heißt dieser feinsandige Strand einfach **Plage d'Arles,** denn er ist so etwas wie das Seebad von Arles und im Sommer leider überfüllt wie die meisten Strände des Mittelmeers. Es wäre natürlich reizvoll, an den kilometerlangen Stränden bis nach Beauduc zu campen, doch aus gutem Grund – vor allem zum Schutz der fragilen Dünenlandschaft – ist dies strengstens verboten.

Im Norden von Salin-de-Giraud zweigt die D 36 c Richtung **Le Paradis** und zur **Digue à la Mer** ab. Wenn auch sonst viele Orte in der Camargue mit dem Auto zu erreichen sind, muss man hier am Deich endlich einmal sein Gefährt abstellen und zu Fuß weiterlaufen. Schöner noch ist es, man besorgt sich vorher beim **Mas St. Bertrand** ein Pferd oder ein Fahrrad und kräftigt sich nach der Tour mit einem deftigen Snack auf der Terrasse des gemütlichen Hofes.

Über eine Schotterstraße, die sich bald darauf in eine Schlaglochpiste verwandelt, geht es nach **Beauduc.** Eigenartigerweise ist der Weg durch dieses Niemandsland, zu beiden Seiten von Wasser gesäumt, nicht für Autos verboten. Doch wundert man sich gleich weniger, sobald man Beauduc erreicht: Als erstes sieht man von dieser Kolonie einen uralten, völlig überquellenden Müllcontainer, als zweites ein Schild mit dem Verbot, hier Abfall zu deponieren. Dabei sieht Beauduc genau so aus: wie eine einzige, riesige Müllhalde. Erst beim genaueren Hinsehen bemerkt man eine ausgedehnte Siedlung mit Bretterbuden, aus allerlei Schrott und Treibgut zusammengezimmerten Häusern, ausgebauten Autobussen oder Wohnwagen mit Nebengebäuden – eine Architektur des Morbiden. Hier gibt es zwar kein fließendes Wasser oder Strom, doch

327pr Foto: bm

schlecht geht es den Bewohnern von Beauduc nicht, denn sie leben hier freiwillig und meistens nur in den Ferien. Lediglich für einige Fischer und Hartgesottene ist Beauduc Hauptwohnsitz, darunter *Juju,* der als eine Art Bürgermeister fungiert und zudem ein nettes Restaurant führt, untergebracht in einem Wrack, versteht sich, genau wie die Konkurrenz *Marc et Mireille.*

In letzter Zeit haben sich immer mehr Leute ein „Ferienhaus“ in Beauduc eingerichtet, und es wächst und wuchert. Es ist ja auch zu schön, an einem Ort zu leben wie diesem – hier die Weite des Meeres, dort die Tiefgründigkeit der Sümpfe – und dabei noch den Kitzel des Verbotenen zu spüren.

Ob es wirklich reizvoll ist, in solchem Schrott zu leben, darüber mag man streiten; nicht aber darüber, dass er die wundervolle Landschaft bedroht. Das ist der Widerspruch von Beauduc.

Zurück an der Straßenkreuzung von Le Paradis, kann man einen Abstecher Richtung Le Sambuc zum **Reismuseum** unternehmen, um sich über Geschichte und Anbau zu informieren oder um echten Camargue-Reis zu kaufen.

• **Musée du Riz de Camargue,** D 36, Domaine Petit Manusclat, 13200 Le Sambuc, Tel. 04.90.97.20.29. Öffnungszeiten: Täglich 10–12 Uhr und 14–18 Uhr. Eintritt 4 €.

Kurz vor Le Sambuc schlagen wir den Weg zur Station biologique de la **Tour du Valat** ein, einem privaten Zentrum zur Erforschung der Ökosysteme und neuer Möglichkeiten zur Bewirtschaftung der Camargue (Le Sambuc, Tel. 04.90.97.20.13).

Den Abschluss unserer Camargue-Rundfahrten bildet **La Capelière,** die einzige Stelle, an der man sich dem eigentlichen Naturreservat nähern kann. Die 37 Hektar große Domäne entstand ein Jahr nach der offiziellen Klassifizierung der Réserve naturelle (1975), die ja nun außer Forschern niemand mehr betreten durfte, um Besuchern wenigstens einen kleinen Eindruck von der Schutzzone rund um den Étang de Vaccarès, ihrer Fauna und Flora zu geben. Interessanter noch als die Ausstellung ist es, sich selbst auf einen Beobachtungsposten zu begeben und, ausgerüstet mit einem Feldstecher, endlich die Tiere in natura zu sehen, von denen man bisher vielleicht kaum den Namen kannte. Ein Rundgang dauert etwa eineinhalb Stunden.

• D 36 b, Arles, Tel. 04.90.97.00.97. Öffnungszeiten: Täglich (außer sonntags) 9–13 Uhr und 14–17 Uhr. Eintritt 3 €, ermäßigt 1,50 €.

Praktische Hinweise

Information

• **Office de Tourisme,** Mairie annexe, 13129 Salin-de-Giraud, Tel. 04.42.86.80.87.

• **Office de Tourisme,** Quai Bonnardel, Tour St. Louis, 13230 Port St. Louis, Tel. 04.42.86.01.21, Fax 04.42.86.01.12.

Unterkunft/Essen und Trinken

• **Mas St. Bertrand,** Route du Vaccarès (D 36 c), Salin-de-Giraud, Tel. 04.42.48.80.69. Der Mas St. Bertrand bietet Ferienwohnungen und Mansardenzimmer, für das leibliche Wohl tagsüber kleine rustikale Snacks auf einer gemütlichen Terrasse, Freitag und Samstag abends gegrilltes Stierfleisch und Camargue-Menüs, oft mit Musik und Tanz (Anmeldung erwünscht). Man speist in dem riesigen, alten Schafstall, liebevoll dekoriert und mit Bildern der Besitzerin und diplomierten Malerin, *Madame Christiane Giran,* geschmückt. Der Empfang ist sehr freundlich, die Atmosphäre familiär. Menü ca. 15–20 €.

Camping

Nur in der Nähe von Arles:

• **Les Rosiers****, Pont de Crau, Arles, Tel. 04.90.96.02.12. Geöffnet März bis Oktober.

• **La Bienheureuse****, 13280 Raphèle-les-Arles, Tel. 04.90.98.48.06. Geöffnet von März bis Dezember.

Cabanes de Gardian

• Stierhüter-Hütten gibt es zu mieten bei **La Grand Mar,** Gageron, Arles, Tel. 04.90.97.07.18.

Hotels

Soll es doch lieber ein Hotel sein, hier zwei einfache Häuser im Zentrum von Salin-de-Giraud:

- **Les Saladelles**€-€€, 4, Rue des Arènes, Tel. 04.42.86.83.87, Fax 04.42.48.81.89. Landgasthof mit entsprechender Küche, z.B. Stierfleischgerichte. Menü ca. 15–25 €.
- **La Camargue**€-€€, 58, Boulevard de Camargue, Tel. 04.42.86.88.52, Fax 04.42.86.83.95. Das ehemalige Wohnhaus des Direktors der Salinen aus dem 19. Jh. ist heute ein hübsches Hotel, das in seinem Restaurant Fischgerichte als Spezialität anbietet. Menü ca. 15–20 €.

Märkte und Feste

- **Wochenmarkt,** Mittwochs und samstags in Port St. Louis.
- **Santon-Markt,** Anfang Dezember in Port St. Louis.
- **Volksfeste,** Fête votive in der Woche vom 14. Juli in Salin-de-Giraud. Fête votive im Juni und Fête des prémices du riz (Reiseernte-Fest) im September in Le Sambuc.
- **Stierfeste,** Mini-Feria Anfang August, Courses camarguaises (donnerstags) und komische Stierspiele (freitags) im Juli und August in Salin-de-Giraud.

Reiten

- **Mas St. Bertrand,** Route du Vaccarès, Salin-de-Giraud, Tel. 04.42.48.80.69. Eine Stunde kostet etwa 12 €.
- **Longo Mai,** Le Sambuc, Tel. 04.90.97.21.91.

Manaden

- **Mas Les Marquises,** Salin-de-Giraud, Tel. 04.42.86.86.12
- **Manade Jacques Bon,** Mas de Peint, Le Sambuc, Tel. 04.90.97.20.62.

Bootfahren

- **Le Grand Bleu,** Port St. Louis, Buchung beim Office de Tourisme, Tel.04.42.86.01.21. Nur im Sommer.

Fahrradverleih

- **Mas St. Bertrand,** Adresse siehe oben.

Anreise

- **Mit dem Bus:** Täglich mehrere Verbindungen von Arles nach Port St. Louis und nach Salin-de-Giraud über Villeneuve und Le Sambuc. Im Sommer gibt es zweimal täglich eine Verbindung zwischen Arles und der Plage de Piémanson/Plage d'Arles.

St. Gilles

↗XVIII/B1

Da, wo die Sümpfe enden und die Camargue endlich ins Festland übergeht, da liegt St. Gilles. Eine etwas ärmliche, heruntergekommene Kleinstadt, so scheint es, und in der Tat plagt sich der Ort mit Armut und mangelnder Integration der Ausländer. Das ließ St. Gilles 1989 für ein paar Wochen aus der Bedeutungslosigkeit heraustreten. Damals waren Kommunalwahlen, und als erste Kommune in ganz Frankreich wählte St. Gilles einen rechtsradikalen Bürgermeister aus den Reihen des Front National – damals noch ein Aufsehen erregender Akt, der später Schule machen sollte, auch und vor allem in der Provence.

Bis dahin war St. Gilles nur Kunstfreunden ein Begriff, denn das Städtchen, das so radikal mit der politischen Tradition brach, bewahrt einzigartige kunsthistorische Schätze. Die Fassade der Kirche ist das vielleicht bedeutendste Beispiel provenzalischer Romanik, mehr noch als St. Trophime in Arles.

Geschichte

Das Felsplateau des heutigen St. Gilles war wohl schon in antiker Zeit besiedelt, allerdings wissen wir kaum etwas darüber. Im frühen Mittelalter soll der Ort jedenfalls nicht mehr bestanden haben. So setzt die Geschichte des heutigen St. Gilles immer noch mit der sagenumwobenen Klostergründung im 8. Jh. ein. Die Legende ist eine der schönsten und bekanntesten der Provence: Der reiche Athener Kaufmann Ägidius verschenkte, einer göttlichen Eingebung folgend, seinen gesamten Besitz an die Armen, setzte sich in Athen in ein Boot und ließ es treiben. Er landete in der Camargue, auch dies natürlich dank höchster Fügung, blieb einige Zeit in bischöflicher Obhut und vollbrachte auch das eine oder andere Wunder. Doch begreifend, dass dies nicht das weltabgewandte Leben war, nach dem er suchte, zog sich Ägidius als Eremit in die Einsamkeit am Rand der großen Sümpfe zurück – ins heutige St. Gilles – und ließ sich von einer Hirschkuh ernähren. Als diese eines Tages gejagt wurde, vielleicht vom König der Westgoten, floh sie zu Ägidius, der den schon abgeschossenen Pfeil in der Luft anhielt. Der König, ergriffen und beeindruckt, beauftragte Ägidius mit der Gründung eines Klosters, die bald darauf der Papst genehmigte.

Selbstredend sprach man Ägidius später heilig. Sein Grab entwickelte sich zum Ziel von Pilgern, auch deshalb, weil es auf dem Weg zwischen Italien und Santiago de Compostela lag und der Hafen von Rom aus leicht erreichbar war. Das Kloster kam im 11. Jh. zu Cluny – ein Glücksfall, denn erst das reiche Mutterhaus ermöglichte die romanischen Prachtbauten, die wir heute in St. Gilles bewundern.

Im 13. Jh. soll St. Gilles auf eine Einwohnerzahl von etwa 40.000 gekommen sein – heute sind es 12.000. Als Handelsort mit wichtigem Hafen machte es Arles Konkurrenz. *Raimund IV.* („von St. Gilles") startete von hier aus zum ersten Kreuzzug. 1265 wurde gar ein gewisser *Guy Foulques* aus St. Gilles unter dem Namen *Clemens IV.* zum Oberhaupt der Christenheit bestimmt.

In die Blütezeit des 13. Jh. fällt auch eine legendäre Szene, die sich in der Kirche abgespielt haben soll: Weil *Raymond VI.* die Katharer, einen Teil seiner Untertanen, trotz päpstlicher Verfolgungen begünstigte – damals war St. Gilles noch ein Ort der Toleranz – schickte *Innozenz III.* ihm einen Legaten mit der Aufforderung, endlich gegen die Abtrünnigen vorzugehen. *Raymond* soll darauf befohlen haben, den Gesandten noch in St. Gilles zu ermorden. Dafür exkommunizierte ihn der Papst, und nicht nur das: Am 12. Juni 1209 ließ der Pontifex maximus den König nackt vor dem Portal von St. Gilles Abbitte leisten und ihn dann, vor den Augen einer gaffenden Menge, mit Rutenhieben in die Kirche treiben bis vor das Grab des Ermordeten. *Raymond* setzte später seinen Widerstand gegen die Katharer-Verfolgung fort, was ihm bald einen päpstlichen Kreuzzug gegen sich und den vollständigen Verlust seiner Macht einbrachte.

Teile des Klosters brannten im 16. Jh. die Hugenotten nieder; die Fassade blieb glücklicherweise erhalten. St. Gilles hatte da schon längst seine Bedeutung eingebüßt - aufgrund der blutigen Kreuzzüge gegen die Albigenser, durch nachlassende Pilgerfahrten, die Zugehörigkeit zu Frankreich und auch durch die Konkurrenz der Neugründung Aigues-Mortes.

Sehenswertes

An der Place de la République liegen die erhalten gebliebenen Teile des mittelalterlichen **Klosters,** also die Kirche mit der Krypta darunter und ihrer berühmten Fassade. (Die Fassade geht nach Westen; es ist daher ratsam, St. Gilles am späteren Nachmittag zu besuchen, wenn die Sonne alle Details ausleuchtet.) Vom eigentlichen Kloster des heiligen Ägidius, St. Pierre et St. Paul aus dem 8. Jh., ist nichts erhalten.

Die **Krypta** aus dem 11. und 12. Jh., eine eigene dreischiffige Unterkirche, beherbergt das Grab des heiligen Ägidius. Sie war also eine Pilgerkirche, was ihre Größe erklärt. Das nördliche Seitenschiff ist mit nur zwei Jochen am kleinsten; das Hauptschiff und das südliche Seitenschiff sind sechsjochig. Gut sichtbar ist die Entwicklung des Baus: Während sich in den ältesten Teilen (südliches Seitenschiff) Tonnen- und Kreuzgewölbe finden, bestehen das Haupt- und das nördliche Seitenschiff schon aus Spitzbogen-Gewölben. Am aufwendigsten ist die Dekoration im Mittelschiff mit seinen Pilastern und den Schlusssteinen des Gewölbes, die lächelnde Christusfiguren schmücken. Im südlichen Schiff steht auch der Sarg des *Pierre de Castelnau,* jenes päpstlichen Legaten, für dessen Ermordung *Raymond* Abbitte leisten musste.

Die **Oberkirche** entstand im 12. Jh. in grandiosen Dimensionen, der Bedeutung des Ortes entsprechend. Mit 98 Metern war sie außergewöhnlich lang. Im 16. und 17. Jh. wurde sie in den Religionskriegen teilweise zerstört und dann im späten 17. Jh. wieder aufgebaut. Wieviel St. Gilles da schon von seiner einstigen Bedeutung verloren hatte, zeigen die bescheidenen Ausmaße des Wiederaufbaus. Nicht nur wurden die Gewölbe des Hauptschiffes in 18 statt vorher 25 Metern Höhe angelegt, die gesamte Kirche erfuhr zudem eine Verkürzung auf gut die Hälfte ihrer früheren Länge. Die einstige Apsis, besonders prachtvoll mit fünf Kapellen und zwei Seitenkapellen, blieb so ganz außerhalb des Neubaus und verfiel; der neue Abschluss entstand im oberen Drittel der drei Schiffe. Am besten erhalten blieb die Mauer des nördlichen Seitenschiffes. Ihre Dekoration erinnert an die Fassade.

Diese **Westfassade** ist eines der großartigsten Zeugnisse romanischer Bildersprache. Sie stammt wohl aus der Zeit zwischen 1125 und 1150 und nimmt die gesamte Westseite der Oberkirche ein. Mit drei großen Bögen, deren mittlerer am höchsten ist, und Säulenreihen, deren Abschluss ein waagerechter Steinbalken bildet (Architrav), zeigt die Fassade eine kla-

331pr Foto: bm

re Gliederung. „Steinernes Buch" hat man es genannt, dieses imposante Werk, in dessen Skulpturen und Ornamenten den pilgernden Völkern, oft des Lesens nicht mächtig, die biblische Botschaft unmittelbar entgegentrat. Seine überreiche Bildersprache vermittelt Themen des Alten und Neuen Testaments – zum ersten Mal begegnet uns eine geschlossene Umsetzung der Passionsgeschichte in der Skulptur – und bleibt doch tief in der Provence verwurzelt. Ganz kennzeichnend gerade für die provenzalische Romanik ist ihre Nähe zur Antike, aber auch das Aufgreifen heidnischer Symbole. So entmachtet Christus einen menschenverschlingenden Löwen.

In die Nordmauer des alten Chores eingelassen war eine Wendeltreppe: **La Vis de St. Gilles.** Seit dem 17. Jh., als die Kirche verkleinert wieder aufgebaut wurde, steht sie frei. Ihre Stufen sind zugleich Teil der Tonnenwölbung. Dieses Meisterwerk der Steinmetzkunst aus dem 12. Jh. ist einzigartig und gilt als zweites großes Monument von St. Gilles neben der Fassade.

Westfassade der Kirche

• **Bureau Accueil-Monuments,** Place de l'Eglise, Tel. 04.66.87.41.31. Öffnungszeiten der Krypta und der Treppe: 9–12 und 14–17 Uhr. Eintritt ca. 3 €, Kinder ca. 1,50 €.

Von der einst blühenden mittelalterlichen Stadt zeugen im Ortskern noch einige Fassaden, deren bekannteste (mit Figurenschmuck an den Kapitellen) die **Maison romane** aus dem 12. Jh. aufweist. Es ist übrigens das Geburtshaus des Papstes *Clemens IV.* (Zu erreichen über die Rue romane gegenüber der Westfassade der Kirche).

Dazu gehört das **Musée de St. Gilles** mit hauptsächlich volkskundlicher Sammlung, aber auch Exponaten zur romanischen Kunst oder zur Ornithologie.

• Tel. 04.66.87.40.42. Öffnungszeiten: Im Sommer: 9–12 Uhr und 15–19 Uhr, im Winter 9–12 Uhr und 14–17 Uhr (außer sonn- und feiertags). Im Januar geschlossen. Eintritt frei.

Praktische Tipps

Information

• **Office de Tourisme,** 1, Place Frédéric Mistral, 30800 St. Gilles, Tel. 04.66.87.33.75, Fax 04.66.87.16.28, www.ot-saint-gilles.fr.

Hotels

• **Heraclée****/€€, Port de Plaisance, Tel. 04.66.87.44.10, Fax 04.66.87.13.65. Einfaches, ruhiges Haus.

Camping

• **La Chicanette*****, Tel. 04.66.87.28.32. Schattiger, mit Hecken parzellierter Platz im Ort.

Restaurants

• **La Rascasse,** 16, Avenue Griffeuille St. Gilles, Tel. 04.66.87.42.96. Menü um 15 €.

• **Le Clément IV,** 36, Quai du Canal, Port de Plaisance, Tel. 04.66.87.00.66. Traditionelle, bodenständige Küche und Fischspezialitäten. Menü ab etwa 15 €.

Märkte und Feste

• **Wochenmarkt,** donnerstags und sonntags jeweils am Morgen in der Avenue Emile Cazelles.

• **Pilgerung zum Grab des St. Gilles,** letztes Wochenende im August.

Anreise/Weiterreise

• **Mit dem Auto:** Von Nîmes über die D 42, noch schneller von Arles über die N 572.

• **Mit dem Bus:** Häufige Verbindungen vom Busbahnhof Nîmes oder Arles.

Fahrradverleih

• **Linsolas,** Quai du Canal, Tel. 04.66.37.23.12.

Ausflüge

• Etwa in die Camargue vom Port de Plaisance in St. Gilles per Boot, Fahrrad oder Pferd, jeweils geführt oder leihweise.

Wanderung

• **Mas Capellane,** 13200 Saliers Arles, Tel. 04.66.87.45.57.

Aigues-Mortes ↗XVIII/A2

Mittelalterliche Städte erleben wir für gewöhnlich als etwas ungeordnet Gewachsenes, als Gewirr enger Gassen, gewunden und unübersichtlich, unpraktisch und eng, gerade deshalb faszinierend. Aigues-Mortes ist zweifellos eine mittelalterliche Stadt, sogar eine der besterhaltenen überhaupt. Die auf voller Länge unversehrt gebliebene Stadtmauer kündigt das schon von weitem an.

Und doch ist sie keine mittelalterliche Stadt im Sinne unserer Vorstellung. Aigues-Mortes wurde im 13. Jh. geplant – wirklich geplant, heute würde man sagen: **am Reißbrett entworfen.** Ein Widerspruch in sich? Jedenfalls einzigartig in Frankreich. Rechtwinklig angelegte Straßen und Plätze, dazu eine ganz regelmäßige Ummauerung zeugen davon, dass diese Stadt historisch ist – aber nicht historisch gewachsen.

So ist das Erlebnis Aigues-Mortes ein ambivalentes: Einerseits die Unversehrtheit der mittelalterlichen Siedlung, andererseits der **Odem der Künstlichkeit,** der Eindruck seltsamer Unbelebtheit, ja der Melancholie eines Ortes, dem seine politisch-militärische Existenzberechtigung vor Jahrhunderten schon abhanden kam, der nie gelebt hat. Eine perfekte Ruine steht da, ein nutzlos gewordenes Monument seiner selbst.

Aigues-Mortes ist das Kind einer gescheiterten, ja verbrecherischen Idee, die man **Kreuzzüge** nannte. Es ist das Kind *Ludwigs des Heiligen,* der auf halbem Weg, in Tunis, an der Pest verrecken sollte. Und der Hafen, von dem aus die Kreuzritter aufbrachen zur blutigen Mission, die eigenen Särge als Koffer schon im Gepäck, der Hafen versandete noch im Mittelalter.

So ist nichts, aber auch gar nichts geblieben von der Utopie, derentwegen seinerzeit im Moder der Sümpfe die stolzen Mauern entstanden. Den Protestanten, die sich hierher flüchteten, wurde Aigues-Mortes zum unentrinnbaren Verlies. Das Land vor Augen durch schmale Scharten hindurch, doch selbst eingesperrt hinter meterdickem Stein.

Heute lebt Aigues-Mortes für den **Tourismus,** doch ersetzt der unverhofft neue Daseinszweck fehlende Identität? Es lebt sich nicht gut hinter diesen Mauern. Nicht gesund in der ewigen Feuchtigkeit der Sümpfe, nicht leicht so abgeschnitten am Rand der Camargue. Die Toten Wasser gaben der Stadt den Namen: Manchmal lasten sie wie ein Fluch auf ihr.

Geschichte

Als *Ludwig IX., der Heilige,* zu seinem ersten Kreuzzug aufbrechen wollte, fehlte ihm dazu ein Hafen am Mittelmeer. Land besaß er nicht in Südfrankreich, er musste es kaufen. Die Wahl fiel auf die Gegend des heutigen Aigues-Mortes. Den neuen königlichen Besitz markierte zunächst nur ein Wehrturm in den Sümpfen, die Tour Constance. Sie ist also die Keimzelle jener Stadt, die selbst erst unter den Nachfolgern *Ludwigs* entstand. Ende

334pr Foto: bm

des 13. Jh. war sie fertig, *Philipp der Schöne* ihr letzter Bauherr.

Aigues-Mortes diente tatsächlich als Hafen mehrerer Kreuzzüge. Auf 38 Schiffen legte das vieltausendköpfige „Heer der Christenheit" 1248 ab, der König in seinen Gemächern und mit eigener Kapelle auf dem Admiralsschiff. Sechs Jahre blieb Ludwig im Heiligen Land. Als er 1270 erneut von Aigues-Mortes aus aufbrach, kam er nur bis Tunis, wo ihn die Pest erwartete.

Schon im 14. Jh. versandete der Hafen; die künstliche Siedlung wurde daraufhin ganz aufgegeben.

Im 100-jährigen Krieg eroberten 1418 die Burgunder Aigues-Mortes. Sie wurden aber ihrerseits von den Armagnacs belagert und, als diese die Stadt erobert hatten, getötet und in den später so genannten Burgunderturm geworfen. Die Leichen hatte man vorher gesalzen, um die Seuchengefahr einzudämmen.

Blick auf Aigues-Mortes

Und Aigues-Mortes blieb seiner Bestimmung treu. Wehrhaft und in stolzer Einsamkeit der Sümpfe, wählten es in den Religionskriegen die Hugenotten als Zuflucht. Es erging ihnen kaum besser als den Burgundern: Die Zuflucht wurde, einmal vom Gegner erobert, zum Gefängnis. Nach der Aufhebung des Ediktes von Nantes saßen Hugenotten vor allem in der Tour Constance ein. Eine gewisse *Marie Durand* verschwand im Alter von 15 Jahren in diesem Verlies. 38 Jahre später erst, 1768, kam sie frei, starb aber kurz darauf an den Folgen des Gefängnisaufenthalts. Noch im Jahre 1815 saßen Offiziere *Napoleons* hinter den dicken Mauern ein.

Sehenswertes

Aigues-Mortes besaß einst nur einen einzigen Zugang, der von Norden her auf einem schmalen Damm die Sümpfe überquerte und drei Kilometer vor der Stadt durch einen Turm mit Fallgitter führte. An dieser **Tour Carbonnière** aus dem 14. Jh. führt heute die D 58 vorbei.

Beim Näherkommen gewahrt man schon die eigentliche Sehenswürdigkeit des Ortes, die über zwei Kilometer umfassende **Stadtmauer** aus dem 13. Jh. Sie blieb völlig unversehrt mit ihren 15 Türmen und zehnToren, deren größtes die **Porte de la Gardette** ist. Der wichtigste und älteste Turm steht frei außerhalb der Stadtmauer, getrennt durch einen Wassergraben, den eine Brücke überquert: die **Tour Constance.** Zweigeschossig, diente das obere Stockwerk als Gefängnis. An einer der sechs Meter dicken Wände ist das Wort *Recicter* eingeritzt – widerstehen. Es stammt von der schon erwähnten *Marie Durand,* die 38 Jahre lang durch die Schießscharten hindurch in die Camargue blickte.

Die Tour Constance mit dem feuchten Verlies ist auch Ausgangspunkt für den lohnenden Rundgang über die Stadtmauer.

●Tel. 04.66.53.61.55. Öffnungszeiten: März, April und Oktober 10–18 Uhr, Mai und September 9–19 Uhr, Juni und August 9–20 Uhr, November bis Januar 10–17 Uhr. Eintritt 5,50 €, ermäßigt 3,50 €.

336pr Foto: bm

Tour Constance

Die eigentliche **Altstadt** ist schnell durchquert. Man erkennt die ganz regelmäßige Anlage mit schnurgeraden Straßen, und früher oder später trifft man auf den Hauptplatz St. Louis. Ihn schmückt seit 1849 eine bronzene Statue des heiligen Ludwig, geschaffen von *Pradier*. Hier kulminiert im Sommer in Straßencafés und Restaurants auch das touristische Leben. Die **Kirche Notre-Dame des Sablons** im Stil der frühen Gotik erinnert an den Aufbruch *Ludwigs des Heiligen* zu den Kreuzzügen.

Die **Chapelle des Pénitents Gris** (Rue P. Bert) und **Chapelle des Pénitents Blancs** (Rue de la République), die Kapellen der grauen und weißen Büßer, sind prachtvoll ausgeschmückte Bauten des 17. Jh. (Besuch nur über das Office de Tourisme möglich.)

Praktische Tipps

Information

- **Office de Tourisme,** Porte de la Gardette, BP 32, 30220 Aigues-Mortes, Tel. 04.66.53.73.00, Fax 04.66.53.65.94, ot.aigues.mortes@wanadoo.fr, www.ot-aiguesmortes.fr, Öffnungszeiten: täglich 9–12 und 14–18 Uhr (im Sommer bis 20 Uhr).

Hotels

- **Les Remparts*****/€€€, 5, Place A. France, Tel. 04.66.53.82.77, Fax 04.66.53.73.77. Ruhig, unmittelbar an der Stadtmauer.
- **Les Templiers*****/€€€€, 23, Rue de la République, Tel. 04.66.53.66.56, Fax 04.66.53.69.61. Ebenfalls intra muros, mitten in der der Altstadt.
- **Carrière****/€€, 18, Rue Pasteur, Tel. 04.66.53.73.07, Fax 04.66.53.84.75. Einfacher, ein paar Schritte vom zentralen Platz der Altstadt.

Camping

- **La Petite Camargue******, BP 21, Route départementale 62, Tel. 04.66.53.98.98, Fax 04.66.53.98.80. Im Juli und August wirbt dieser gut ausgestattete Platz mit kostenlosem Bustransfer zum Strand.

Restaurants

- **Les Arcades,** 23, Boulevard Gambetta, Tel. 04.66.53.81.13, Fax 04.66.53.75.46. Regionale Spezialitäten, vor allem Meeresfrüchte. Menü ab etwa 20 €.

Märkte und Feste

- **Wochenmarkt** mittwochs und sonntags jeweils am Morgen.
- **Fest des heiligen Ludwig** in der zweiten Augusthälfte mit Darstellungen des Aufbruchs zu den Kreuzzügen.

Anreise

- **Mit dem Auto:** Von Nîmes über die N 113 und D 979, von Arles durch die kleine Camargue über die D 570, D 38 und D 58.

Ausflüge per Boot

- **Le Pescalune,** M. Griller, BP 76, Tel. 04.66.53.79.47.
- **Rive de France,** Tel. 04.66.53.81.21 (Verleih von Hausbooten).

Ausflüge zu Pferde

- **Le Gitan,** Tel. 04.66.53.04.99.
- **Birds in France,** Tel. 04.66.53.50.98.
- **Pierrot le Camarguais,** Tel. 04.66.51.90.90.

337pr Foto: bm

La Grande-Motte

Nein, das ist kein Tipp zur Besichtigung von La Grande-Motte. Es gibt nämlich nichts zu besichtigen dort. Nach La Grande-Motte fährt man des Spottes wegen oder, um sich zu entrüsten. Vielleicht auch, um eine Art Katharsis zu erleben: Denn La Grande-Motte bietet den Gegenentwurf zum eigenen provenzalischen Urlaubstraum, einen gebauten Alptraum gewissermaßen. Man durchlebt ihn im wohligen Gefühl, am Abend wieder wegzufahren, anstatt im 13. Stock eines keilförmigen Hotels den Blick auf den 13. Stock des keilförmigen Hotels nebenan zu genießen. Dabei ist es gar nicht mal so billig, in La Grande-Motte Urlaub zu machen, jedenfalls kaum billiger als andere Pauschaltrips auch. Was führt die Menschen hierher? Schlechter Geschmack oder Unwissenheit? Oder sind sie in diesem Land, an dem alles historisch und fast alles schön ist, einfach des Historischen und des Schönen überdrüssig?

Wir wissen es nicht.

Jedenfalls verzichten wir auf Praktische Tipps, von einem Stadtrundgang sehen wir ab, Sehenswertes entfällt. Wir notieren nur, dass La Grande-Motte hervorragend zu Aigues-Mortes passt als eine gebaute Utopie mit dem Fluidum der Sterilität und als Utopie auch, die gescheitert ist. Für Reisende mit kulturgeschichtlicher Neugier nur dies:

Geschichte

La Grande-Motte ist ein Kind des Zentralismus und der 1970er Jahre. Des Zentralismus, weil es den Pariser Planern gefiel, die Erholung des Volkes geballt zu organisieren und an einem Ort zu konzentrieren. Man stelle sich vor, wie die Herren mit dem Bleistift über ihre Landkarten glitten, immer an der Küstenlinie entlang, und hängenblieben an diesem noch unbesiedelten Flecken Erde. Strand musste es da ge-

Kirche von La Grande-Motte

ben, viel Sonne und genug Platz. Ja, so ist La Grande-Motte wohl geboren worden.

Als nächstes waren die Architekten dran. Einem von denen muss, während er sich in seinem klimatisierten Pariser Büro Strandszenen in Erinnerung rief, die Inspiration wie ein Blitz getroffen haben: Liegestuhl! Ein Hotel bauen wie einen Liegestuhl! Schräg in den Himmel wachsend, ausgerichtet zur Sonne. Voilà, die Ur-Idee, aus der prompt eine ganze Stadt schräg in den Himmel wachsender Hochhäuser entstand. Alle Terassen zur Sonne ausgerichtet.

Alles andere kam bald dazu. Etwa die roten, am Boden festgeschraubten Plastiktische in giftgelben Cafés oder die praktischen Fußgängerbrücken, die alle 200 Meter die zum Meer walzenden Massen über die zum Meer rollenden Automassen befördern. Für die schönsten Wochen des Jahres.

Rund um den Etang de Berre

Überblick

Wenn Frankreichs Süden vielen als ein einziges großes Ferienparadies erscheint, so gibt es zumindest eine Ausnahme: den Etang de Berre. Dieser flache See zwischen Arles, Aix und Marseille, der nahe den Bergen liegt und beinahe an die Küste grenzt, ist touristisch ein weißer Fleck. Der See wurde zum Synonym für ein riesiges **Industriegebiet,** scheint, Fluch seiner zentralen Lage, eingepfercht zwischen den Traumzielen Côte d'Azur im Osten und Camargue im Westen. Marignane, Vitrolles, Fos – diese Orte stehen für industriellen Aufschwung auf Kosten von Lebensqualität und Natur.

So einfach ist es freilich nicht. Man muss gar nicht einmal den ästhetischen Reiz rauchender Schornsteine vor untergehender Mittelmeersonne verspüren. In dieser Provence, die unsere Träume so perfekt zu erfüllen scheint, dass sie beinahe zur Inszenierung gerät, zeigt der Etang de Berre die Realität einer südeuropäischen Industriegesellschaft: Im Spannungsfeld zwischen Tradition und Fortschrittsglauben sucht sie ihren Weg in die Zukunft. So hat sich vielleicht das Neue vor das Alte geschoben, doch ohne es ganz zu zerstören. Der Verkehrsknotenpunkt zwischen Marseille und Rhô-

Blick auf den Etang

ne, in dem heute die Natur strapaziert wird, hat schon vor über zwei Jahrtausenden Menschen angezogen. Spuren finden wir manchmal in Sichtweite der Industriewüsten.

Wirtschaft und Ökologie

Der Etang de Berre entstand durch eine Absenkung des Bodens aufgrund von Erderosion und dessen spätere Überschwemmung durch das Meer. Der salzhaltige See weist eine Tiefe von nur sechs bis neun Metern auf und hat mehrere Zuflüsse, an deren jeweiligem Delta Sümpfe, Lagunen und Salinen liegen. Seine Fläche beträgt etwa 155 km^2 bei einer Küstenlinie von etwa 75 km Länge.

Der Mensch hat den Etang de Berre schon früh wirtschaftlich genutzt: zur Salzgewinnung und für Muschel- und Fischfang. Gründlich verändert hat sich die Situation in den 20er Jahren des letzten Jahrhunderts. Eine Eisenbahnstrecke hatte es zwar schon seit ein paar Jahrzehnten gegeben, aber nun wurden Teile des Etang de Berre (Port-de-Bouc, Martigues, Berre) dem gewaltigen **Hafen von Marseille** zugeschlagen. Später kam noch Fos hinzu, und es entstand der heutige „Europort Sud".

Marseille, eingezwängt zwischen Meer und Bergketten, erhielt in den 1930er Jahren durch den Canal de Marseille au Rhône direkten Zugang zu diesem wichtigen Fluss. Der über sieben Kilometer lange Tunnel, der dafür gegraben wurde, ist nach Einstürzen allerdings längst außer Betrieb.

338pr Foto: bm

Gleichzeitig vertiefte man die – ursprünglich natürliche – Verbindung zwischen Etang und Meer in Martigues. So konnten große Schiffe den See erreichen – beispielsweise die Erdöltanker, die über den Suezkanal aus dem Nahen Osten kamen.

Zudem eignete sich der Etang mit seinen niedrigen, unverbauten Ufern ideal zur Anlage großer Öldepots, die sich, durch staatliche Programme gefördert, schnell zu riesigen **Raffinerien** auswuchsen: zuerst 1931 in Berre, kurz darauf in Lavéra und La Mède. Natürlich nahm mit der rasant steigenden Abhängigkeit Europas vom Erdöl auch die Bedeutung dieser wichtigsten französischen Einfuhrschleuse gewaltig zu.

Und wo der Landstrich schon einmal brummte, siedelten sich weitere Industrien an. Die kleinen, alten Orte vervielfachten ihre Einwohnerzahl, der zentralistische Staat reagierte und stampfte in den 1960er Jahren ganze **Villes nouvelles** aus dem Boden – nach dem Muster der Pariser Banlieues: Vitrolles, Istres, Miramas und vor allem Fos. Städteplaner, Architekten und Soziologen verwirklichten ihre Visionen – viele davon erwiesen sich als naive Experimente. Entwurzelte Neuankömmlinge fanden Arbeit, Wohnung und Konsum, nur eines nicht: Identität.

Und die Umwelt? Der Etang de Berre war Anfang der 1970er Jahre so gut wie tot. Seitdem sind Kläranlagen gebaut und natürlich auch Vorschriften gegen industrielle Verschmutzung erlassen worden. Doch nach wie vor kommt viel Dreck aus den einmündenden Flüssen. Schädlich bleibt auch die Durance: Sie ist mit dem Etang über den Canal EDF verbunden, der bei St. Chamas zur Stromerzeugung dient und zuviel Süßwasser einleitet, obendrein noch verschmutztes. Der Etang verschlammt und verliert gleichzeitig an Salz.

Messungen seit Beginn des 19. Jahrhunderts zeigen, dass auch die Tiefe des Sees ständig abnimmt, und zwar um etwa einen Zentimeter pro Jahr. Aale soll es noch geben, aber sie dürften sich allmählich einsam fühlen. Es sei denn, sie vertragen sich mit den Algen, denn die blühen förmlich auf im Etang de Berre.

Salon de Provence

↗X/B3

Mit seinen Brunnen und Cafés, schattigen Boulevards und pittoresken Gassen ist Salon eine Provencestadt wie aus dem Bilderbuch. Von den großen Touristenströmen eher vernachlässigt, zeigt dieser junge und schicke Ort ganz den modernen provenzalischen Alltag.

Geschichte

Ausgehend von einem keltoligurischen Oppidum entwickelte sich Salon dank seiner verkehrsgünstigen Lage schon in der Antike zu einer **Handelsstadt.** Es war auch Stützpunkt der römischen Legionen an der Via Aurelia.

Berühmt geworden sind vor allem zwei Bewohner der Stadt: der in St. Rémy geborene Astrologe *Michel de Notredame,* genannt **Nostradamus,** der sich hier niederließ, und der Ingenieur *Adam de Craponne,* der von *Nostradamus* gefördert wurde und ein Bewässerungssystem zwischen St. Rémy und Salon anlegte, wodurch sich das Umland der Stadt in einen fruchtbaren Flecken verwandelte. Noch mehr als anderswo in der Provence symbolisieren die vielen Brunnen in Salon die Bedeutung des Wassers für das Leben der Menschen.

Im 19. Jh. profitierte Salon von einer frühen Industrialisierung, die Reichtum brachte und jene prächtigen Bürgerhäuser entstehen ließ, die heute das

Stadtbild prägen. Hergestellt wurde vor allem **Seife** nach Art der „Savons de Marseille". Eine Flugschule des Militärs, 1935 gegründet, hat zum weiteren wirtschaftlichen Aufschwung beigetragen. Ein Zehntel der Bevölkerung lebt davon.

Sehenswertes

Auf einem Felsen über der Altstadt liegt das **Château de l'Emperi,** eine mächtige befestigte Anlage, die zwischen dem 12. und 16. Jh. entstanden ist. Heute ist darin ein Waffenmuseum untergebracht. Diese Anhöhe war im Übrigen schon in keltoligurischer Zeit besiedelt und gilt daher als die Keimzelle Salons.

Heute bilden der **Cours Victor Hugo** und der **Cours Gimon** mit ihren Geschäften, Cafés und Platanen den charmant-lebhaften Mittelpunkt der Stadt. Wo beide Boulevards aufeinanderstoßen, fällt die elegante Fassade des **Hôtel de Ville** auf, ein typisch barockes *Hôtel particulier* von 1664.

Die **Porte du Bourg Neuf** gleich daneben, eines der Tore, die an die einstige Stadtmauer erinnern, bewacht den Zugang zur Altstadt. Wenige Ecken weiter liegt die **Kirche St. Michel** am gleichnamigen Platz. Im 13.Jh. erbaut, ist vor allem die Fassade noch der späten Romanik zuzuordnen. Das Portal zählt zu den schönsten seiner Art in der Provence.

Das zweite wichtige Tor zur Altstadt ist die **Porte de l'Horloge**, wiederaufgebaut im 18. Jh. und gekrönt von einem eleganten Campanile. 1909 blieben die Zeiger der Turmuhr auf 21.16 Uhr stehen – es ereignete sich ein verheerendes Erdbeben, von dem sich die Stadt erst langsam erholte. Hinter dem Tor liegt die **Place Crousillat** mit dem ganz und gar bemoosten Brunnen **Fontaine Moussue,** ein Wahrzeichen von Salon.

Von hier sind es nur ein paar Schritte zur **Collégiale St. Laurent,** einer Kirche im Stil der provenzalischen Gotik, die der gern in Superlativen schwelgende *Ludwig XIV.* etwas übertrieben zur „schönsten Kapelle meines Königreiches" kürte. Ein Seitenportal der

341pr Foto: bm

Hôtel de Ville

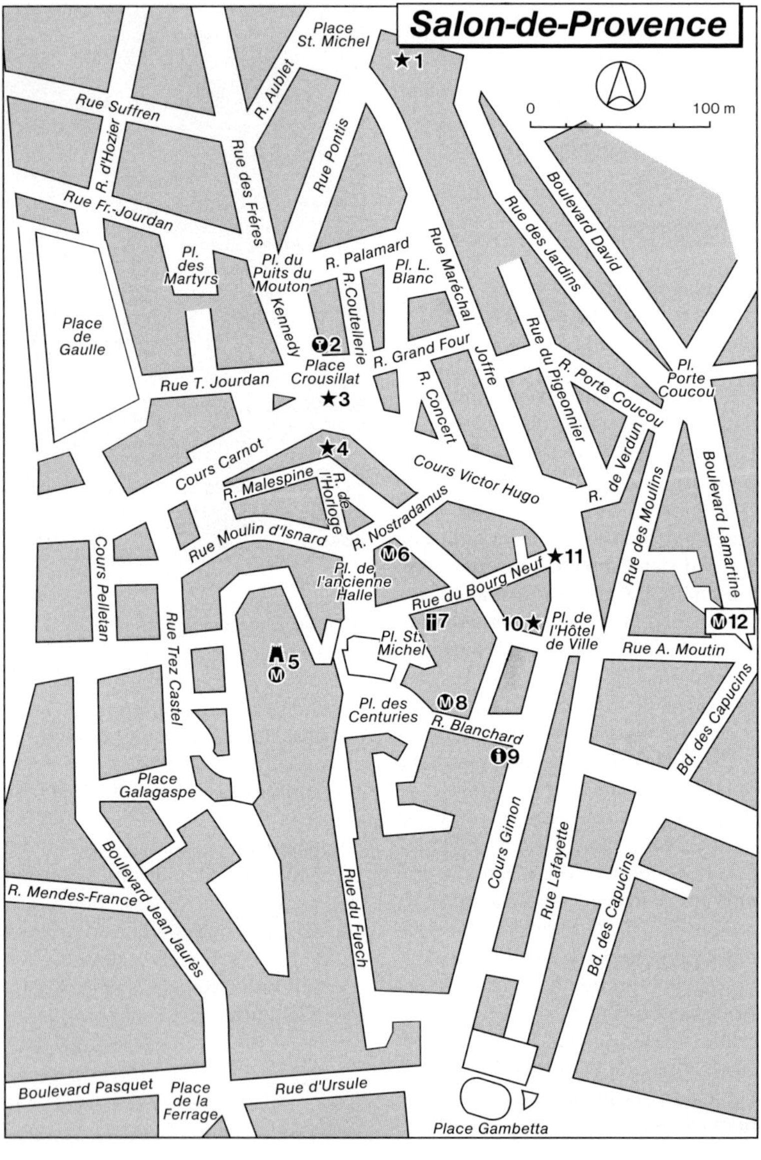
Salon-de-Provence
0
100 m
Place St. Michel
★1
Rue Suffren
R. Aublet
R. d'Hozier
Rue des Frères
Rue Pontis
Rue Fr.-Jourdan
Boulevard David
Rue des Jardins
Rue Maréchal Joffre
Pl. des Martyrs
Pl. du Puits du Mouton
R. Palamard
Pl. L. Blanc
R. Coutellerie
Kennedy
Place de Gaulle
2
Place Crousillat
R. Grand Four
Rue du Pigeonnier
R. Porte Coucou
Pl. Porte Coucou
Rue T. Jourdan
★3
R. Concert
★4
Cours Carnot
R. Malespine
R. de l'Horloge
Cours Victor Hugo
R. de Verdun
Rue des Moulins
Boulevard Lamartine
Rue Moulin d'Isnard
R. Nostradamus
6
★11
Cours Pelletan
Pl. de l'ancienne Halle
Rue du Bourg Neuf
7
10★
Pl. de l'Hôtel de Ville
12
Rue Trez Castel
5
Pl. St. Michel
Rue A. Moutin
Pl. des Centuries
8
R. Blanchard
Bd. des Capucins
9
Place Galagaspe
Cours Gimon
Rue Lafayette
Boulevard Jean Jaurès
R. Mendes-France
Rue du Fuech
Bd. des Capucins
Boulevard Pasquet
Place de la Ferrage
Rue d'Ursule
Place Gambetta

★	1	Collégiale St-Laurent
	2	Café des Arts
★	3	Fontaine Moussue
★	4	Porte de l'Horloge
	5	Château de l'Empéri, Musée de l'Empéri
	6	Musée de Nostradamus
	7	Kirche St-Michel
	8	Musée Grévin
	9	Office de Tourisme
★	10	Hôtel de Ville
★	11	Porte du Bourg Neuf
	12	Musée de Salon et de la Crau

zwischen 1344 und 1580 errichteten Kirche stammt noch vom romanischen Vorgängerbau. Die meisten Besucher zieht das **Grab des Nostradamus** hierher, es befindet sich in einer der linken Seitenkapellen.

Museen

- **Musée de Salon et de la Crau:** Ein Heimatmuseum, das Entstehung und Geschichte des Landstrichs mit einer Vielzahl von Exponaten veranschaulicht. Die umfangreiche Sammlung umfasst Archäologie, Brauchtum und altes Handwerk, außerdem sind Gemälde ausgestellt. Avenue Roger Donnadieu, Tel. 04.90.56.28.37. Geöffnet täglich außer dienstags und feiertags 10–12 Uhr und 14–18 Uhr, samstags 14–18 Uhr.
- **Musée Grévin:** Eines der beiden mit besonderem didaktischen Geschick aufgebauten Museen der Stadt. Es stellt die wichtigsten Legenden der Provence in Szenen nach, ein Tonband (auch auf deutsch) erzählt dazu die Geschichten. Das alles ist ebenso liebevoll wie professionell gestaltet und eignet sich ganz besonders für Kinder. Es stellt aber auch für Erwachsene eine hübsche Einführung in die Verflechtung von Historie und Sage in zweieinhalb Jahrtausenden provenzalischer Geschichte dar. Place des Centuries, Tel. 04.90.56.36.30. Geöffnet täglich 9–12 Uhr und 14–18 Uhr, Samstag/Sonntag nur 14–18 Uhr, im Juli/August 10–18 Uhr, Samstag/Sonntag 12–18 Uhr. Eintritt ca. 4,50 €. Dazu Kombitarif mit dem Musée de Nostradamus: ca. 7 €.
- **Musée de Nostradamus:** Alles Lob für das Musée Grévin gilt auch für dieses Museum. Im Haus des *Nostradamus,* der von 1547 an in Salon wohnte, sind Szenen seines Lebens nachgestellt. Das vermittelt einen Einblick in Persönlichkeit und Denken des rätselhaften Astrologen. Rue Nostradamus, Tel. 04.90.56.64.31. Geöffnet täglich 9–12 Uhr und 14–18 Uhr. Samstag/Sonntag nur 14–18 Uhr, im Juli/August 10–18 Uhr, Samstag/Sonntag 14–18 Uhr Eintritt: ca. 4 €. Kombitarif mit dem Musée Grévin (siehe dort).
- **Musée de l'Empéri:** Eine der umfangreichsten militärgeschichtlichen Sammlungen Europas. Wer sich für Uniformen, Abzeichen, Schlachtordnungen und dergleichen mehr interessiert, wird begeistert sein. Der Fundus reicht von der Zeit *Ludwigs XIV.* bis ins 20. Jh. mit einem Schwerpunkt für, wen wundert's, die Zeit der napoleonischen Eroberungen. Im Château de l'Empéri, Tel. 04.90.56.22.36. Geöffnet: täglich außer Dienstag 10–12 und 14–18 Uhr, im Juli/August 10–18 Uhr, Dezember und Januar 10–12 und 14–17 Uhr. Eintritt ca. 4 €.

Praktische Hinweise

Information

- **Office de Tourisme,** 56, Cours Gimon, 13300 Salon-de-Provence, Tel. 04.90.56.27.60, Fax 04.90.56.77.09. www.salon-de-provence.org.

Hotels

- **Abbaye de Ste. Croix******/€€€€€, Route du Val de Cuech, Tel. 04.90.56.24.55, Fax 04.90.56.31.12. Das Hotel, drei Kilometer

345pr Foto: bm

außerhalb der Stadt sehr ruhig in der Natur gelegen, bezieht Teile einer Abtei aus romanischer Zeit ein. Mit ausgezeichnetem Restaurant, ab etwa 40 €.

- **Le Mas du Soleil******/€€€€€, 38, Chemin de Ste. Combe, Tel. 04.90.56.06.53, Fax 04.90.56.21.52. Ein hübsches, sehr komfortables Hotel auf dem Land. Menü ab etwa 30 €.
- **Domaine de Roquerousse*****/€€, Route d'Avignon, Tel. 04.90.59.50.11, Fax 04.90.59.53.75. Schönes altes Landhaus inmitten eines 550 Hektar großen Geländes. Restaurant mit hübscher Terrasse. Menü ab 15 €.

Camping

- **Nostradamus*****, Route d'Eyguières, Tel. 04.90.56.08.36, Fax 04.90.56.65.05. Geöffnet von März bis November.

Restaurants

- **Café des Arts,** 20, Place Crousillat, Tel. 04.90.56.00.07. Mit Terrasse an einem der schönsten Plätze Salons. Ab etwa 20 €.

Märkte und Feste

- **Wochenmarkt,** mittwochmorgens.
- **Weitere Märkte** dienstags und freitags im Quartier des Canourges; samstags im Quartier des Bressons; sonntags auf der Place Louis Blanc.
- **Foire de la St. Michelet de Bel Air,** am 29. September.
- **Salon zur Zeit des Nostradamus,** historische Rekonstruktion, erste Juliwoche.
- **Jazzfestival,** zweite Juliwoche.
- **Straßentheater** (Festspiele), letzte Juliwoche.
- **Chanson-Woche,** Mitte August.

Fahrradverleih

- **Dany Cycles,** 100, Boulevard de la République, Tel. 04.90.56.28.04.

Anreise/Weiterreise

- **Mit dem Auto:** Von Norden und Süden über die A 7, von Norden auch über die N 7/N 538, von Westen und Süden über die N 113.
- **Mit dem Bus:** Gare routière, Place Morgan, Tel. 04.90.56.50.98. Verbindungen in die wichtigsten Nachbarorte und die großen Städte der Provence.
- **Mit der Bahn:** Gare SNCF, Place Pierre Senard, Tel. 04.36.35.35.35. Verbindungen in alle wichtigen Nachbarstädte.

Umgebung von Salon

Château de la Barben

Wer von Aix über die D 572 nach Salon kommt, findet zehn Kilometer vor der Stadt am Wegesrand dieses idyllisch gelegene **Schloss,** das hoch über dem Tal des Touloubre aufragt. Es geht zurück auf eine mittelalterliche Befestigung auf einem Felsen und wurde dann vor allem im 18. Jh. umgebaut. Innen ist es sehr schön dekoriert. Von der Aussichtsterrasse fällt der

343pr Foto: bm

Blick auf Gärten, die niemand Geringeres als *Le Nôtre* entwarf. Dazu gibt es einen **Zoo,** der zu den größten im ganzen Midi zählt.

- **Château de la Barben,** Tel. 04.90.55. 19.12. Öffnungszeiten: 10–12 und 14–18 Uhr. Eintritt: 5 €.

Von Salon zum Etang de Berre

Grans ist St. Rémy in Klein. Ein Ringboulevard oder besser eine Ringstraße umschließt den Kern und ersetzt, genau wie in der kleinen Metropole der Alpilles, die einstige Stadtmauer. Platanen spenden Schatten für die feinen Fassaden aus dem 18. Jh. Über ein idyllisches Sträßchen, die D 70a, durch das kleine Le Pont-de-Rhaud erreicht man ein Dörfchen mit dem viel versprechenden Namen **Cornillon-Confoux,** das verschlafen wirkt, aber eine romanische Kirche aus dem 11. Jh. besitzt. Wie ein Balkon thront es über dem Etang de Berre, dem man sich nun nähert.

Château de la Barben

Fontaine Moussue in Salon-de-Provence

Die Ostseite des Etang de Berre ⇗XX/B1

St. Chamas ⇗XX/B2

Über die D 15 geht es nach St. Chamas, der Brücken wegen. Die kleinste und wichtigste, der **Pont Flavien,** ist 2000 Jahre alt, also römisch, und überspringt in einem einzigen Bogen den Touloubre. Das ist zwar ein ziemlich unbedeutender Bach, aber dafür macht die Brücke mit zwei Ehrenbögen umso mehr Aufhebens.

Die zweite Brücke ist ein **Aquädukt** und überspannt das Wahrzeichen des Ortes, einen zweigeteilten Felsen, dessen Gestein so weich ist, dass vorgeschichtliche Menschen Grotten hineingruben und er im 19. Jh. schließlich einstürzte. Daraufhin baute man, als Ersatz für einen unterirdischen Kanal, den Aquädukt zwischen den nunmehr zwei Teilen des Felsens, denen im Übrigen auch zwei Ortsteile entsprechen: das Viertel der Fischer am Hafen, der schon in der Antike bestand, und das gutbürgerliche Wohnviertel dahinter.

Die dritte Brücke, für die Eisenbahn bestimmt, ist mit einander kreuzenden Bögen aus Ziegelstein ein kleines Meisterwerk des 19. Jh.: Ausgeglichen in den Proportionen und scheinbar voller Leichtigkeit, ist sie den schneller gewordenen Zügen aber kaum mehr gewachsen.

Die Einwohner von St. Chamas gingen jahrhundertelang einem einigermaßen explosiven Broterwerb nach – sie arbeiteten für eine große und traditionsreiche Pulverfabrik. Seit ihrer Schließung lebt es sich hier noch ruhiger – ganz anders als in unserem nächsten Zielort.

Vitrolles ⇗XXI/D2

Vitrolles scheint nun wirklich zum ersten Mal alle Vorurteile über den Etang de Berre zu bestätigen. Da sind sie, die Einkaufsparadiese und Schnellimbisse, die Fabriken und Wohnsilos, durchschnitten von vielspurigen Asphaltpisten.

Auf Vitrolles sah im Frühjahr 1995 ganz Frankreich, als sich hier beim zweiten Durchgang der Kommunalwahlen ein Bürgermeister der rechtsradikalen **Front National** durchsetzte. Gewaltiger Protest erhob sich, das berühmte Handballteam drohte mit Abwanderung, Politiker und Journalisten eilten herbei, die Ursachen zu erforschen.

Seit den 1960er Jahren hat sich die Einwohnerzahl von einst 3000 mehr als verzehnfacht. Der lang gezogene Ort zerfällt in öde **Hochhausviertel,** ohne ein Zentrum zu haben. Vitrolles fehlt jeglicher gewachsener Charakter. Befremdet registrierte ein Beobachter des Pariser *Monde* unzählige amerikanische Schnellimbisse und Hotelketten, doch kein einziges charmantes provenzalisches Restaurant oder Café unter Platanen. Vitrolles, das sei wie Autokino, eine Autostadt, eine einzige Kommunikationsstörung.

Doch erst in der Rezession der 1990er Jahre rächte sich die seelenlose Planung der einstigen Musterstadt des Aufschwungs. Gigantische Einkaufstempel gerieten angesichts einer **Arbeitslosigkeit von 20 Prozent** unversehens zur Provokation. Gerade die Perspektivlosigkeit der Jugendlichen bereitete den Boden, auf dem die Saat der rechten Verführer aufging: offene Fremdenfeindlichkeit, die per Handzettel („Großreinemachen in Vitrolles") in jeden Wohnblock flatterte.

Für den Reisenden bleibt zumindest eine nette Überraschung: Das ganz andere Vitrolles existiert ebenfalls. Hoch oben um seinen Felsen herum hockt es in der Sonne, ein Dorf, das der Stadt zu seinen Füßen nur den Namen lieh. Sein Blick fällt wie eh und je auf die leisen Wellen des Etang und straft den aus der Art geschlagenen Ableger mit gelassener Missachtung. Der Name ist ruiniert, sei's drum, aber das alte, das echte Vitrolles lebt weiter – Kontraste, wie sie nur der Etang de Berre bietet. Der Felsen mit einer **mittelalterlichen Befestigung** und schöner Aussicht ist über Treppen zugänglich.

Chaîne de l'Estaque ⇗ XXI/C–D3

Ganz anders zeigt sich die Chaîne de l'Estaque, jene schmale, niedrige Bergkette, die den Etang de Berre nach Süden hin von der offenen See trennt. Steil abfallende Straßen führen hinunter ans Mittelmeer, zum Beispiel in den Badeort **Carry-le-Rouet** (hier liegt der Schauspieler *Fernandel* begraben) oder **Sausset-les-Pins**. Auch diesen Städtchen haftet das Aroma der Künstlichkeit an, auch sie sind Kinder der 1960er und 1970er Jahre. Nur mit dem Unterschied, dass sie, wenige Kilometer von den großen Industriezentren am Etang und Marseille entfernt, typische Mittelmeer-Idylle pflegen: Pinienwäldchen mit gleichförmigen Ferienhäusern, die Zentren mit kaum unterscheidbaren Mittelklasse-Hotels, dazu ein kleiner Hafen mit Promenade – Endstation Urlaub. Das alles könnte fast ebensogut in Nordspanien liegen. Gelebt wird für die Saison; in den restlichen Monaten geht es, je nach Perspektive, angenehm ruhig zu oder furchtbar langweilig. Man wird diesen Küstenstreifen wohl vor allem zum Baden besuchen.

Martigues ⇗ XXI/C2

Martigues ist etwas ganz Besonderes. Die Stadt, viertgrößte des Départements, lässt sich so leicht keinem Klischee unterordnen. Ein Nadelöhr zunächst: Der **Canal de Caronte,** die einzige, übrigens natürliche Verbindung von Etang und Meer, zerschneidet Martigues in drei Teile: Ferrières im Norden, Jonquières im Süden und dazwischen die Insel mit dem eigentlichen Zentrum. Diese Stadtteile waren einmal eigenständig, bis sie sich 1581 etwas unfreiwillig zu Martigues verbanden – im Namen schwingen die *mortes aigues* mit, die „toten Wasser", ähnlich wie bei Aigues-Mortes. Dann liegt Martigues auch in der Mitte zwischen Marseille und Arles, erkennbar

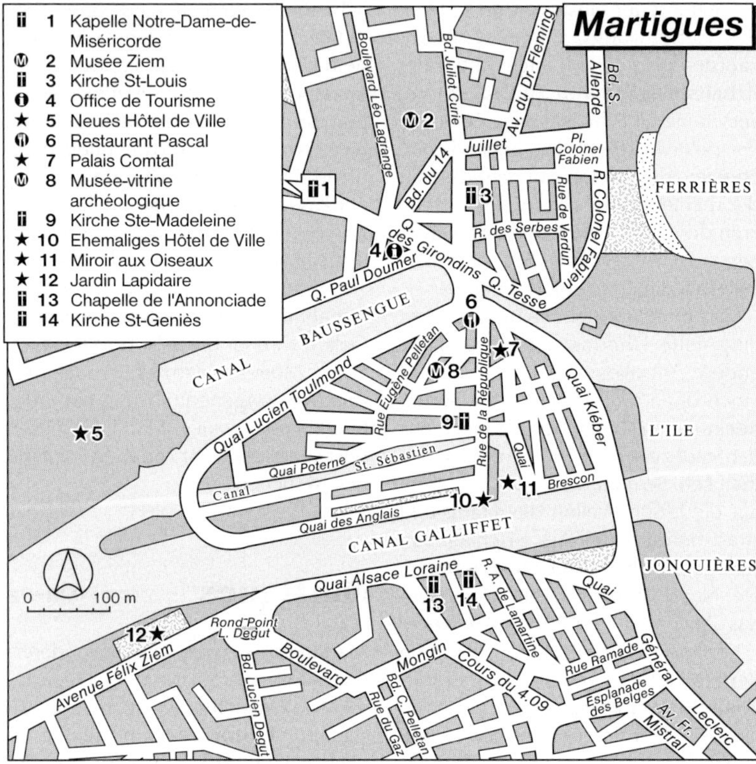

an der Autobahnbrücke, die scheinbar schwebend leicht in schwindelnder Höhe den Kanal überquert.

So ist Martigues ein Ort der Passage, eine Stadt des Wassers und der Brücken. Hell und modern, ohne verbaut zu sein, hat es viel von der Leichtigkeit jener Orte, die, nicht mehr ganz Meer und noch nicht völlig Festland, zwischen Aufbruch und Verankerung nie so recht festzulegen sind.

Martigues vereint noch andere Gegensätze: Es ist Industriestandort und doch eine Stadt mit Lebensqualität, es hält auf seine historischen Bauten und setzt dabei mit moderner Architektur städtebauliche Akzente.

Sehenswertes

Die **Insel,** schon im fünften vorchristlichen Jahrhundert besiedelt, ist in jüngster Zeit sorgfältig restauriert worden. Im Kanal gelegen, wird sie ihrerseits von einem weiteren Kanal durchschnitten, dem **Canal St. Sébastien.** Sie ist damit von jeher das Viertel der Fischer und am malerischsten dort, wo sich der kleine Kanal zu einem Bassin weitet. Dieser **Miroir aux Oiseaux** (Spiegel der Vögel) besteht aus einem Ensemble kleiner Häuser direkt am Ufer, deren Fassaden in bunten Farben angemalt sind – man sagt, mit den Resten jener Farben, die für die Fischerboote verwandt wurden. Eine provenzalische Idylle, wie man sie an diesem Verkehrsknotenpunkt gar nicht anzutreffen hoffte.

Schräg gegenüber zeigt die **Kirche Ste. Madeleine** von 1681 ihre nicht weniger bemerkenswerte Fassade, ein Beispiel von Barockarchitektur, rar in der Provence, jedoch häufig in Martigues. Reich dekoriert, gegliedert durch ein aufwendiges Portal und eine schlichtere obere Hälfte, zeugt sie vom Reichtum des Handelsortes im 17. Jh. Das gilt auch für das **ehemalige Hôtel de Ville** an der Ecke von Miroir aux Oiseaux und großem Kanal. Dieses schöne Hôtel particulier entstand ebenfalls im 17. Jh. nach dem Vorbild der Stadthäuser des Adels in Aix.

Man kann nun dem Canal St. Sébastien folgen bis zur modernen Bibliothek, ihn dann auf einer kleinen Brücke überqueren und hinüber sehen nach Ferrières, wo genau gegenüber das **neue Rathaus** von Martigues ins Auge fällt: 1983 vollendet, will dieser aufwendige Bau bewusst den in der Provence so wichtigen „öffentlichen Raum" symbolisieren, gleichzeitig in der Verschiedenheit seiner Farben die Tradition der Stadt fortführen. Die äußeren Flügel sind so gebaut, dass sie später einmal erweitert werden können – weise Voraussicht in einem Landstrich, der seine Städte so sprunghaft hat wachsen sehen.

Auf dem Rückweg zur Rue de la République kann man sich nun ein wenig nördlich halten und ein Viertel durchqueren, in dem Alt und Neu eine bunte Symbiose eingehen. Mit großem Aufwand sind heruntergekommene Häuser saniert und neue gebaut worden, wiederum verschiedenfarbig im Stil der Stadt. Dabei hat man Überreste der Besiedlung im 5. Jh. v. Chr. gefunden, die in einer Vitrine ausgestellt sind (*Musée-vitrine archéologique,* Place Maritima).

Eines der wenigen Beispiele ziviler Architektur des Mittelalters in der Provence ist schließlich der **Palais Comtal** (12. und 13. Jh.) an der Place Comtal.

Im Stadtteil **Jonquières** gibt es eine weitere Kirche mit klassischer, aber diesmal weniger aufwendiger Fassade, nämlich **St. Geniès** von 1625.

Wenige Schritte entfernt liegt die **Chapelle de l'Annonciade des Pénitents Blancs,** auch sie aus dem 17. Jh. Während die bescheidene Eingangstür mit Merkmalen der Renaissance auf eine ältere Kapelle vom Beginn des 17. Jh. zurückgeht, trägt der unvergleichlich prächtiger dekorierte Innenraum rein barocke Züge und entstand im letzten Drittel des 17. Jh.

• **Öffnungszeiten:** Von Juli bis September nachmittags, in den restlichen Monaten nur im Rahmen bestimmter Führungen. Eintritt frei.

350pr Foto: bm

Der **Jardin Lapidaire** an der Avenue Ziem enthält unter anderem Reste eines gallo-römischen Tempels.

Auch der nördliche Stadtteil **Ferrières** hat seine Kirchen, und auch sie entstanden im 17. Jh. In der **Kirche St. Louis** unterzeichneten die drei Stadtteile 1581 ihre Vereinigung zu Martigues; der heutige, nicht sehr interessante Bau stammt allerdings von 1675.

Besuchenswerter ist wegen ihrer Lage die **Kapelle Notre-Dame-de-Miséricorde,** deren Innenraum jedoch nicht zugänglich ist. Von ihrem Ausguck hoch über der Stadt überblickt man den Landstrich zwischen Etang de Berre und Mittelmeer.

● **Anfahrt:** Von der Avenue Francis Turcan abbiegen auf den Boulevard des Rayettes, dann auf die Route de la Vierge. Der Fußweg ist wenig reizvoll.

Museum

● **Musée Ziem:** Gemälde von *Felix Ziem* und anderen Künstlern, die in Martigues arbeiteten, dazu archäologische Funde. Boulevard du 14 Juillet, Tel. 04.42.80.66.06. Öffnungszeiten: Juli und August täglich (außer dienstags) 10–12 Uhr und 14.30–18.30 Uhr, September bis Juni täglich (außer montags und dienstags) 14.30-18.30 Uhr. Eintritt frei.

Praktische Hinweise

Information

- **Office de Tourisme,** 2, Quai Paul Doumer, 13500 Martigues, Tel. 04.42.42.31.10, Fax 04.42.42.31.11.

Hotels

- **Le Cigalon****/€€€, 37, Boulevard du 14 Juillet, Tel. 04.42.80.49.16.

Camping

- **Le Cap*****, Vallon du Petit-Mas, La Couronne, Tel. 04.42.80.73.02.

Restaurant

- **Pascal,** Quai Toulmond, Tel. 04.42.42.16.89. Rustikal-traditionell, eines der ältesten der Stadt. Fischspezialitäten und Meeresfrüchte. Ab etwa 15 €.

Feste

- **Folklore-Festival** Anfang August.

Anreise/Weiterreise

- **Mit dem Auto:** Von Marseille über die A 55, von Arles über die N 568.
- **Mit dem Bus:** Quai Paul Doumer, Info: Office de Tourisme.
- **Mit der Bahn:** Gare SNCF, Lavéra, die Verbindung Miramas – Marseille führt an der „Blauen Küste" vorbei.
- **Mit dem Schiff:** Quai de l'Hôtel de Ville, Auskunft: Office de Tourisme.

Umgebung von Martigues

Die romanische Kapelle St. Blaise, reizvoll gelegen zwischen den Teichen **Etang de Lavalduc** und **Etang de Citis,** hat ihren Namen einer Ausgrabungsstätte geliehen. In den auf einem Felsplateau gelegenen **Fouilles de St. Blaise** wurden in den 1930er Jahren Reste eines keltoligurischen Oppidums zutage gefördert. Es entstand wohl schon im siebten vorchristlichen Jahrhundert, nahm dann mit dem Aufschwung des hellenisierten Marseille an Bedeutung zu, erhielt im 3. oder 2. Jh. v. Chr. eine Art Stadtmauer, deren Bautechnik griechischen Einfluss nahelegt, und könnte schließlich Opfer der römischen Expansion geworden sein. Es ist durchaus typisch für solche Siedlungen und so auch für St. Blaise, dass die Menschen des Mittelalters, bedroht durch die germanischen Einwanderer, hier wieder Zuflucht suchten und eigene Verteidigungsmauern über den alten bauten. Jedenfalls haben die Grabungen mehrere **Schichten aufeinanderfolgender Besiedlungen** freigelegt, u.a. Reste eines christlichen Friedhofes mit Gräbern, die in den Fels gegraben sind.

Ein Besuch des hübsch gelegenen Plateaus lohnt sich nicht nur für archäologisch Interessierte. Typische Kontraste des Landstrichs zeigt im Übrigen auch dieser stille Platz: Im Hintergrund zeichnet sich schon die Silhouette der Industriestadt Fos mit ihrem Mittelmeerhafen ab, während auf der anderen Seite der Landstraße der charmante Ort **St. Mitre-les-Remparts** sein ganz provenzalisches Ortsbild behalten hat.

- **Öffnungszeiten der Ausgrabungsstätte:** In der Hochsaison täglich 9–12 Uhr und 14–19 Uhr; in der Nebensaison täglich außer dienstags 14–17 Uhr. Tel. 04.41.44.01.68.

Istres

↗XX/B2

Auch Istres liegt an einem der für die Westseite des Etang de Berre so charakteristischen Teiche, am **Etang de l'Olivier** und geht ebenfalls auf eine keltoligurische Siedlung zurück, das **Oppidum du Castellan,** vermutlich aus dem 7. Jh. v. Chr. Wer den Hügel über dem Etang erkundet, kann wieder Reste von Felsgräbern entdecken.

Der Ort selbst zeigt sich, wenn man erst einmal die wuchernde Banlieue überwunden hat, mit seiner sympathischen mittelalterlich geprägten **Altstadt** ganz von der provenzalisch-heiteren Seite: Platanen, Brunnen und Cafés, dazu eine geschäftige Einkaufszone beleben diese kleine Stadt, die von einer renommierten Raumfahrtindustrie profitiert.

353pr Foto: bm

Museen

- **Musée d'Istres:** Archäologische Funde der nahen Ausgrabungsstätten, römische Wracks und eine der vollständigsten Amphorensammlungen Frankreichs. Place du Puits Neuf, Tel. 04.42.55.50.08. Öffnungszeiten: täglich außer sonntags 14–18 Uhr. Eintritt ca. 3 €.
- **Centre d'Art contemporain:** Zentrum der Gegenwartskunst, Thema: „Gärten und Landschaften". Das Zentrum präsentiert temporäre Ausstellungen regionaler und nationaler Künstler. 1, Boulevard Painlevé, Tel. 04.42.55.17.10. Öffnungszeiten: täglich 10–18 Uhr, dienstags, samstags und sonntags 14–18 Uhr. Eintritt ca. 3 €.
- **Chapelle St. Sulpice:** Wechselnde Ausstellungen in einer sehenswerten romanischen Kapelle. Chemin de Tivoli, Tel. 04.42.55.17.10. Öffnungszeiten: 15–19 Uhr, der Eintritt ist frei.

Praktische Hinweise

Information

- **Office de Tourisme,** 30, Allées Jean-Jaurès, 13800 Istres, Tel. 04.42.55.51.15, Fax 04.42.56.59.50.

Hotels

- **Aux Deux Toques**€, Rue Hèlène Boucher, Tel. 04.42.55.16.01. In einem Innenhof mit Terrasse im Zentrum.

Camping

- **Vitou*****, Route de St. Chamas, Tel. 04.42.56.51.57.

Märkte und Feste

- **Wochenmarkt,** dienstags auf dem Boulevard de la République.
- **Fête de la St. Jean,** am dritten Juniwochenende, großes Straßenfest.

- **Kunsthandwerker-Markt,** am ersten Juliwochenende.
- **Fest der Wanderschäfer,** am 2. Wochenende im Dezember, traditioneller provenzalischer Schaftrieb durch die Altstadt mit Folklore und Jahrmarkt.

Anreise/Weiterreise

- **Mit dem Auto:** Von Arles über die N 568/569, von Marseille über Martigues, von Salon über die D 69/N 569.
- **Mit dem Bus:** Gare routière, Tel. 04.42. 55.13.94. Nach Martigues, Fos, Marseille, Salon und Aix.
- **Mit der Bahn:** Gare SNCF, Tel. 08.36. 35.35.35. Verbindungen u.a. nach Marseille und Avignon.
- **Mit dem Schiff:** Gare Maritime, Tel. 04.91. 39.45.66. Nach Marseille.

Autoverleih

- **Europe Location,** ZI le Tubé 7, Tel. 04.42. 11.82.82.

Umgebung von Istres

Man kann nun auf der D 53 den Etang de l'Olivier umrunden oder gleich Miramas ansteuern – nicht das große und bekannte, höchstens wegen seiner modernen Architektur interessante „Haupt-Miramas", sondern **Miramas-le-Vieux:** ein Dorf, das wie im Falle von Vitrolles mit der wuchernden Siedlung in der Ebene nur den Namen teilt. Es ist ein winziger Ort, in klassischer Art eines Village perché auf seinem Felsen hockend, einer der schönsten der Provence und doch wenig bekannt. Läge das Dorf im Luberon, und da passt es wahrlich hin, es wäre eine Attraktion.

Man erreicht Miramas-le-Vieux, indem man in **Miramas** nach St. Chamas abbiegt und danach gleich wieder rechts fährt. Busse würden schon an der zweihundertjährigen Pinie scheitern, die am Ortseingang ganz ungeniert quer über die Straße wächst. Ein paar Gassen gibt es, steinerne Häuser auf felsigem Boden und altem Pflaster, alles wunderbar restauriert und doch ganz unprätentiös, in einer auffallenden, dunkel-gelblichen Farbe. Schwer fällt nur die Wahl der Terrasse – die des Eiscafés oder die der Crêperie? Auf den Etang de Berre blicken beide, und der schaut von hier oben tatsächlich so unschuldig aus, als sei er ein Ferienparadies und sonst gar nichts.

Gasse in Miramas-le-Vieux

Marseille und Umgebung

Marseille – das ganz andere Frankreich

↗XXII/A2

Wenn die meistunterschätzte Stadt Frankreichs zu ermitteln wäre – Marseille hätte lange Zeit gute Chancen gehabt. Wo immer man in Frankreich eine Reise in diese Stadt erwähnte, war Stirnrunzeln die Antwort, ganz so, als könne man seine Ferien auch gleich in der Bronx verbringen.

Marseille kennen lernen heißt, Kontrasten, ja Paradoxien zu begegnen. Die älteste Stadt Frankreichs, erste Überbringerin griechischer Hochkultur, ist, allem Geschichtsbewusstsein zum Trotz, nicht der Stolz der Franzosen.

Ihre Lage, Auge in Auge mit Afrika und weit geöffnet zum Mittelmeer, musste im 20. Jh. zur erdrückenden Last werden. Jede Krise, sei es in Armenien oder in Algerien, modellierte getreulich Falten ins Antlitz der Stadt: Mit den Flüchtlingen kam die Armut, mit der Armut die Gewalt. Und wo es ohnehin so viele Probleme gab, da gedieh auch das typische südlich-mafiöse Geflecht aus Politik und Korruption zu voller Blüte. Machte Marseille Schlagzeilen, dann meist unter „Vermischtes": Raubüberfälle, Morde, offener Rassismus, Drogen, Organhandel und andere aparte Dinge mehr.

Und Frankreich seufzte auf: Ach, man hatte es gewusst, was soll von da unten schon kommen. Dabei war das alles bei *Pagnol* noch so romantisch gewesen, diese kleinen Gauner vom Alten Hafen, die sich lamentierend, palavernd dem Müßiggang hingaben, kleine, gutmütige Choleriker allesamt.

So wie Marseille Frankreich gleichsam den Rücken zuwandte, hat sich das Land nie wirklich interessiert für das Schicksal des Molochs an seinem unteren Ende. Inmitten dieses perfekten, in sich geschlossenen Hexagons Frankreich bleibt Marseille der einzige Ort, der sich nicht einbeziehen lässt, der so sehr für sich und auf sich gestellt bleibt.

Diese Stadt ist schön, und niemand weiß es. Wenige Orte in Europa könne eine so begnadete Lage aufweisen: tiefblaues Mittelmeer, das seinen Arm hineinstreckt in die Straßen und Gassen, felsige Inseln, die im Sonnenlicht glitzern, karge Bergketten, die sich wie zum Schutz gegen das Umland erheben. Die Stadt selbst, darin Rom gleich, erstreckt sich über sieben Hügel vor einer Kulisse wie ein gewaltiges, naturgeschaffenes Amphitheater.

Nicht einmal die lokale Baumafia schaffte es, das Gesicht dieser Stadt zu verschandeln – aber bemüht hat sie sich. Gekrönt von zwei kitschigen Kathedralen, verunstaltet von monströsen Wohnblocks, wurde Marseille eine Stadt, deren Reize fast nur noch vom Meer aus offen zutage liegen.

Die Monumente, die geblieben sind, scheinen sich zu verschanzen vor einer Umgebung, in der sie nicht selten deplatziert wirken. Abweisend sind sie allesamt – die Forts, wie eh und je in militärischer Hand, der Palais Longchamp und das Hôtel Dieu, durch steile Treppen dem Geschehen enthoben, die Kirchen St. Laurent und St. Victor, die aussehen wie kleine Festungen.

Sie spiegeln eine Geschichte, die eine Geschichte der Krisen ist – und ihrer Überwindung. Auch heute durchlebt Marseille wieder schwere Zeiten. Doch denen, die sich abwenden, steht morgen Gleiches bevor.

Wo alles verloren scheint, entsteht überraschend Neues. Marseille hat Viertel, die nicht mehr Frankreich sind, sondern schon Afrika. Marseille kann pariserisch sein, wie Paris es vielleicht einmal war. Es ist eine natürliche Stadt geblieben, wo die Hauptstadt ihre Widersprüche verdrängt, in endlose Banlieues hinausgeschoben hat und sich in scheinbarer Sicherheit wiegt. Marseille stinkt, es ist dreckig und laut. Es konnte nie, wie Paris im Viertel Les Halles, einen lärmenden, lebenden Bauch durch die künstliche Welt unterirdischer Boutiquen ersetzen. Wie ein Stachel hat sich sein Hafen von jeher in die Stadt gebohrt und sie mit allem infiziert, was in der Welt krankte. So zeigt Marseille vor, was anderswo, auf Distanz gedrängt, sich überlassen bleibt. Manchem mag das Angst machen. Andere lieben es dafür.

Der Reisende, der in der Schönheit von Landschaft und Bauten der Provence schwelgt, tritt jäh in das raue Klima einer südeuropäischen Metropole. Und wählt nicht selten den sichersten Weg, Marseille grässlich zu finden: er bleibt nur einen Nachmittag lang.

Auf Marseille muss man sich einlassen, das Nachtleben mitbekommen, den Sonnenaufgang über der Stadt,

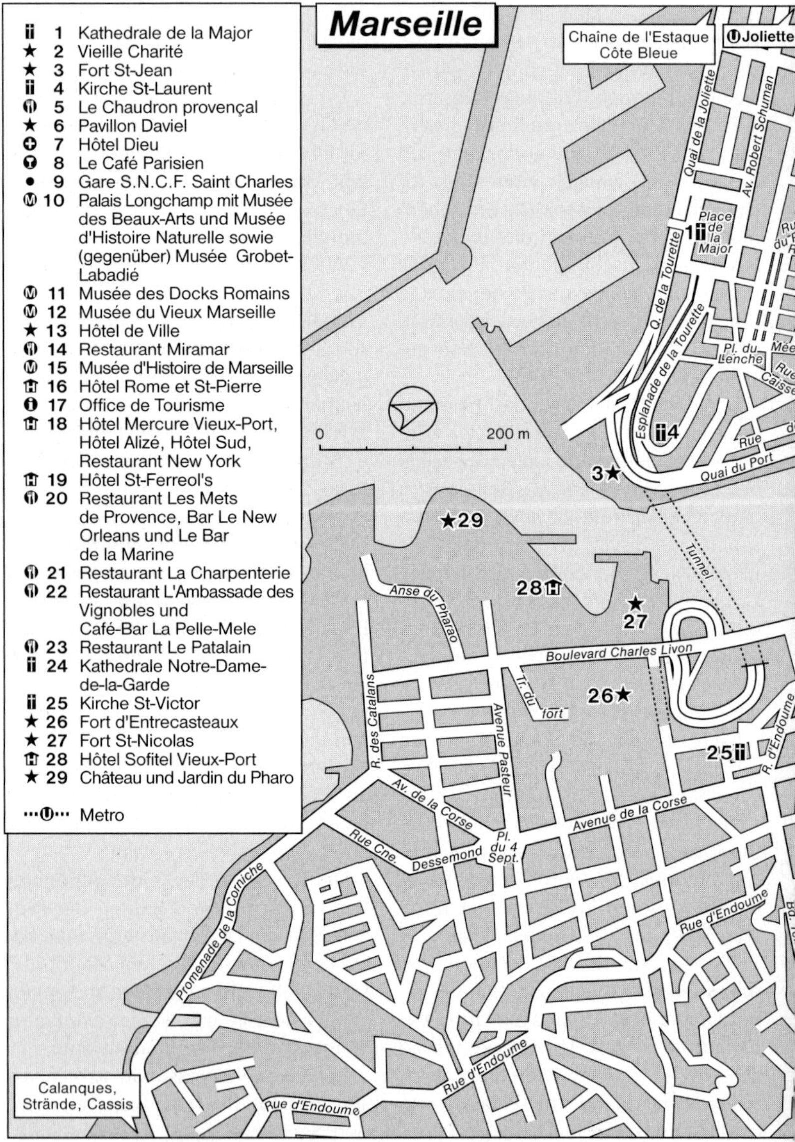
Marseille
1 Kathedrale de la Major
2 Vieille Charité
3 Fort St-Jean
4 Kirche St-Laurent
5 Le Chaudron provençal
6 Pavillon Daviel
7 Hôtel Dieu
8 Le Café Parisien
9 Gare S.N.C.F. Saint Charles
10 Palais Longchamp mit Musée des Beaux-Arts und Musée d'Histoire Naturelle sowie (gegenüber) Musée Grobet-Labadié
11 Musée des Docks Romains
12 Musée du Vieux Marseille
13 Hôtel de Ville
14 Restaurant Miramar
15 Musée d'Histoire de Marseille
16 Hôtel Rome et St-Pierre
17 Office de Tourisme
18 Hôtel Mercure Vieux-Port, Hôtel Alizé, Hôtel Sud, Restaurant New York
19 Hôtel St-Ferreol's
20 Restaurant Les Mets de Provence, Bar Le New Orleans und Le Bar de la Marine
21 Restaurant La Charpenterie
22 Restaurant L'Ambassade des Vignobles und Café-Bar La Pelle-Mele
23 Restaurant Le Patalain
24 Kathedrale Notre-Dame-de-la-Garde
25 Kirche St-Victor
26 Fort d'Entrecasteaux
27 Fort St-Nicolas
28 Hôtel Sofitel Vieux-Port
29 Château und Jardin du Pharo
Metro
Chaîne de l'Estaque
Côte Bleue
Joliette
Quai de la Joliette
Av. Robert Schuman
Place de la Major
Q. de la Tourette
Esplanade de la Tourette
Pl. du Lenche
Quai du Port
0
200 m
Tunnel
Anse du Pharao
Boulevard Charles Livon
Tr. du fort
R. des Catalans
Avenue Pasteur
Av. de la Corse
Avenue de la Corse
Rue Cne. Dessemond
Pl. du 4 Sept.
R. d'Endoume
Rue d'Endoume
Promenade de la Corniche
Calanques, Strände, Cassis

Av. du Gal. Leclerc
9
St. Charles
Jules Guesde
Place Jules Guesde
Boulevard des Dames
Bd. Charles Nédelec
Bd. Mce. Bourdet
Boulevard
Voltaire
Boulevard National
Bd. de la Liberté
Reformes-Canebière
M10
Cs. Jph. Thierry
Sq. de Stalingrad
Bd. Gal. Monsabert
Rue de la
Colbert
Rue d'Aix
Bd. d'Athènes
Bd. Dugommier
All. Ln. Gambetta
Cs. Flin. Roosevelt
Puits
Pl. du Lorette
du Panier
Place Sadi Carnot
8
Rue Colbert
7
République
Cours Belsunce
La Canebière
Rue Adolphe Thiers
Rue Saint Savournin
5
★6
Grand' Rue
12
M 13
Loce
R. Coutellerie
14
Quai du Port
Noailles
Placedu Marché des Capucins
Bd. Garibaldi
M15
H16
Cs. St. Louis
La Canebière
Vieux Port
Q. des Belges
VIEUX PORT
17
H18
Rue d'Aubagne
Cours Lieutaud
Cours Julien
Cours des 3 Images
Place Jean Jaurès
19
20
21
22
Quai de Rive Neuve
Crs. H. d'Estienne d'Orves
Cs. J. Ballard
Rue Paradis
Rue St. Ferréol
Rue de Rome
Rue Estelle
N.D. du Mont-Crs Julien
R. des 3 Fres. Barthélémy
R. Fontange
Rue Fort Notre Dame
Rue Sainte
23
Rue Grignan
Rue Breteuil
Rue Sainte
R. Armény
Place de la Préfecture
Bd. L. Salvator
R.d.Bergers
Bd. de la Corderie
Cours Pierre Puget
Estrangin-Préfecture
Rue de Lodi
Cours Lieutaud
Rue de Rome
Rue Paradis
Boulevard André Aune
Boulevard Baille
Cours Gouffe
Avenue de Toulon
Place Castellane
Castellane
Av. du Prado
Rue du Rouet
Avenue Jules Cantini
Chemin du R
24
Cité Radieuse

Marseille

die Heimkehr der Fischer, eben die ganze brodelnde, widersprüchliche, verwirrend schöne Metropole. Marseille, das ist ein Lebensgefühl, eine Stadt wie ein einziges großes Theater. Wie sagte ein Schriftsteller: Um Marseille nicht zu lieben, müsste man das Leben selbst nicht lieben.

Immer mehr haben dies in den vergangenen Jahren auch die Franzosen erkannt. Marseille, lange verrufen, wird allmählich zu einer der angesagtesten Städte des Landes. Die blitzschnelle TGV-Verbindung nach Paris hat ihren Teil dazu beigetragen, dass viele Nordfranzosen Klima, Kulturszene und Lebensqualität rund um den Alten Hafen schätzen lernen.

Geschichte

Marseille verstehen heißt, seine Geschichte verstehen. Vieles, dem mit Unverständnis zu begegnen man sich angewöhnt hat, erwächst aus der natürlichen Lage der Stadt, und die Probleme wie die Chancen, die ihr daraus entstehen, sind die gleichen geblieben wie vor zweieinhalb Jahrtausenden.

Marseille ist die **älteste Stadt Frankreichs.** Gegründet wurde sie von Einwanderern, genauer: Sie ist Kind einer Liebesheirat zwischen denen, die da waren und denen, die kamen. Im Jahre 600 v. Chr. segelten die **Phokäer,** Griechen aus Kleinasien, an der Mittelmeerküste entlang. Sie entdeckten das natürliche Hafenbecken des späteren Marseille, die Hügel am Meer und die schützende Bergkette im Hintergrund. Sie gingen an Land, und zwar – nun beginnt die Sage – ausgerechnet an jenem Nachmittag, da der König der im Landesinneren wohnenden Keltoligurer seine Tochter vermählte. Nach alter Sitte durfte sich *Gyptis* aus den vollzählig versammelten Adeligen ihren Bräutigam aussuchen, indem sie ihm einen Pokal überreichte. Ihre Wahl fiel auf einen der Gäste, den schönen Anführer der Griechen. *Protis* und *Gyptis* vermählten sich, und die Mitgift der Prinzessin war jener Hügel, auf dem heute die Kirche Notre-Dame-de-la-Garde steht.

Soweit die Sage. Dass die Fremden und die Einheimischen miteinander auskamen, beweist jedenfalls der Name der Stadt: *Massalia* ist eine Schöpfung aus dem noch gebräuchlichen *Mas* für Haus oder Siedlung und *Salier* oder *Saluvier*, dem Namen des Keltenstammes.

Bald siedelte fast die ganze Stadt Phokäa, von den Persern bedroht, nach Massalia über. Die neue Siedlung blühte auf, griechische Stadtkultur wuchs, der Geldverkehr hielt Einzug. Und die Griechen erwiesen sich – anders als später die eroberungslustigen Römer – als gute Nachbarn, von denen die Keltoligurer vieles lernten.

Das **griechische Massalia** war natürlich viel kleiner als die heutige Stadt. Es erstreckte sich, etwa 50 Hektar groß, auf dem Gebiet nördlich des Vieux Port. (Die Besiedlung des südlichen Ufers begann erst im 17. Jh.) Das Meer selbst ragte in der Antike noch weiter in die Stadt hinein, und zwar in Form eines Horns, welches sich, den

360pr Foto: bm

heutigen Hafen verlängernd, nach Norden bog und über die Jahrhunderte allmählich versandete.

Wie mag diese Stadt ausgesehen haben? Sie wird mindestens drei Tempel besessen haben, für Artemis, Apollon und Athena, die auf den drei Hügeln der Nordseite gestanden haben dürften, dazu ein Theater, vielleicht eine Arena. Ganz sicher war die gesamte Stadt von einer Mauer umschlossen.

Wenn das antike Massalia eine blühende Stadt war, so deshalb, weil seine Lage es zum Handelsplatz prädestinierte. Der unabhängige Stadtstaat, der sich damals im **äußersten Nordwesten der zivilisierten Welt** befand, bewahrte über fünf Jahrhunderte hinweg ein typisch griechisches Gesicht.

Blick auf den Alten Hafen

Massalia und Rom – Geschichte einer Unterwerfung

Was das aufsteigende Rom betrifft, so war Massalia zunächst mit ihm verbündet. Rom hatte, um seine Landverbindung nach Spanien zu sichern, die **Saluvier** im nahen Oppidum Entremont, dem heutigen Aix-en-Provence, unterworfen, einen Stamm, mit dem die Massalioten regen Handel trieben, der ihnen aber auch immer wieder in die Quere kam, wenn es um Expansion etwa in Richtung der Rhône ging.

Als nun 49 v. Chr. der Bürgerkrieg zwischen *Caesar* und *Pompeius* tobte, hielten sich die Massalioten weise heraus. Zu ihrem Unglück empfingen sie trotzdem *Domitius* mit seiner Flotte – und dieser war ein Freund des *Pompeius. Caesar* zog daraufhin gegen Massalia, griff vom Meer und vom Land an und erzwang nach sechs Monaten die Aufgabe. Er zerstörte dann die griechisch geprägte Stadt mit ihren Tempeln und Mauern weitgehend; die Massalia gehörenden Gebiete bis hinauf nach St. Rémy fielen als römische Kolonie an Arles.

Massalia kam unter **römische Herrschaft,** bewahrte eine gewisse Selbstständigkeit, geriet aber in Konkurrenz zu Narbonne und Arles und fand sich innerhalb der Gallia Narbonensis isoliert. Mit der Gründung von Fréjus sicherte sich Rom zudem einen Hafen unabhängig von Marseille.

Im 1. Jh. nach der Zeitenwende stand Marseille so zwar wirtschaftlich geschwächt da, gleichzeitig begann aber die ungeheure kulturelle und intellektuelle Ausstrahlungskraft der nominell römischen, aber von der Zivilisation her griechischen Stadt neu zu wirken.

Eine weitere Stadtmauer, der Anschluss an das römische Straßennetz, die Trockenlegung benachbarter Sümpfe und natürlich neue, nun römische Bauten (alle nicht mehr erhalten) zeugten von dieser zweiten Blütezeit.

310 geriet Marseille ein zweites Mal zwischen die Fronten rivalisierender Römer. Die Stadt nahm *Maximian* auf, den Schwiegervater und Gegner des Kaisers *Konstantin,* der Marseille daraufhin belagerte und einnahm. Die Folgen blieben allerdings gering, verglichen mit dem verheerenden Feldzug *Caesars.*

Mittelalter – Zeit der Unsicherheit

Viel wichtiger war ein anderer Einfluss, der die Geschichte Marseilles und Frankreichs prägen sollte. Als Hafenstadt und als intellektuelle Metropole nahm Marseille sehr früh das **Christentum** auf; schon nach dem Edikt von Mailand 313 gab es eine christliche Gemeinde mit einem Bischof und bald auch eines der ersten Klöster Galliens: St. Victor. Trotzdem vermochte der Bischofssitz später nie aus dem Schatten von Arles oder Aix herauszutreten.

Die Jahrhunderte der Völkerwanderung liegen im Dunkel historischer Ungewissheit. Sicher ist, dass Marseille nacheinander von verschiedenen **germanischen Völkern** angegriffen und auch erobert wurde, etwa von den Ostgoten, doch ohne dass die neue Herrschaft von Dauer gewesen wäre.

Die Geschichte des Mittelalters ist bestimmt von Unsicherheit und Konflikten. Eine Rebellion gegen den fränkischen Hausmeier Karl Martell 714 zusammen mit Arles und Avignon endete verlustreich; dies und Epidemien sowie Überfälle etwa durch die Normannen ließen die Stadt schrumpfen und die verbleibenden Einwohner auf dem befestigten St-Laurent-Hügel Schutz suchen.

Im **Königreich Burgund** unterstand Marseille als Grafschaft dem alten Konkurrenten Arles. Im 11. Jh. regierten Graf und Bischof jeweils über einen Teil der Stadt, ein Zustand, der zu ständigen Zänkereien führte und alsbald gar zum Bau einer Mauer, die zeitweilig beide Teile trennte.

1214 errang die Unterstadt für ein paar Jahrzehnte eine Art Selbstverwaltung durch die Bürger, ein Experiment, das dann *Karl von Anjou* zwischen 1252 und 1257 beendete: Er eroberte die ganze Stadt. 1481 fiel mit der übrigen Provence auch Marseille an die **französische Krone.**

Noch im Mittelalter entstanden die heute zu sehenden Befestigungen am Hafen: Die Tour St. Jean an der Nordseite und im damals noch unbesiedelten Süden eine Mauer, die die Tour St. Nicolas und das wehrhaft ausgebaute Kloster St. Victor einbezog.

Neuzeit – Aufschwung durch Handel

Im französischen Königreich blitzte der rebellische Geist der Marseillaiser immer dann auf, wenn sie ihre Privilegien bedroht sahen – vor allem die Interessen als Hafen- und Handelsstadt. So kam es zu Aufständen gegen *Mazarin,* die erst der Einzug *Ludwigs XIV.* beendete. Er errichtete dann die Forts, die so zu Symbolen nicht Marseillaiser, sondern königlicher und also zentralistischer Macht gerieten. Marseille profitierte aber auch, etwa von der Wirtschaftspolitk *Colberts,* die dem Hafen einen neuen Aufschwung bescherte.

So kam es in diesem 17. Jh. zum ersten großen **Aufschwung** Marseilles in der Neuzeit. Die Stadt vergrößerte sich beträchtlich. Das südliche Ufer etwa, an dem mittlerweile Weinbauern und Fischer wohnten, wurde als neuer Stadtteil einbezogen; das nördliche um St. Charles (am Bahnhof) herum erweitert – daher die rechtwinklig verlaufenden Straßenzüge – und Vorstädte eingegliedert. Mit von der Partie war der Architekt *Pierre Puget,* der unter anderem die Charité konstruierte.

In der Revolution schickte Marseille die Jakobiner nach Paris und mit ihnen ihr Kampflied, die **Marseillaise,** heute französische Hymne. Doch in der aufständischen Stadt erhob sich bald auch die Konterrevolution, die Zentralgewalt setzte sich erst 1793 wieder durch.

Das 18. Jh. brachte, städtebaulich gesehen, wie auch anderswo in Frankreich **breite Boulevards,** die wie Schneisen teilweise mitten durch bestehende Wohnviertel vorangetrieben wurden.

Der zweite große Aufschwung fiel aber ins 19. Jh. Wieder verbanden sich die Geschicke Marseilles mit dem **Hafen.** Der gewann durch die französische Eroberung Algiers 1830 und den Bau des Suez-Kanals eine ganz neue Bedeutung. Es war die Zeit der ersten Eisenbahnen und Dampfschiffe, der beginnenden Industrialisierung. In einem Zug mit dem wirtschaftlichen Boom erlebte Marseille ein starkes **Bevölkerungswachstum.** Beides zusammen brachte der Stadt beträchtlichen Reichtum – den sie natürlich vorzeigen wollte.

Doch die älteste aller französischen Städte stand da ohne Monumente, ohne gebaute Erinnerung an die glanzvolle Vergangenheit. Da lag es nahe im 19. Jh., architektonisch das historisierende Zeitalter, die Vergangenheit einfach neu zu erfinden: Überall entstanden **romano-byzantinische Prunkbauten,** etwa die beiden Kathedralen, die uns heute nur noch als kitschig und geschmacklos erscheinen. Es ist die Ironie der Geschichte, dass für die Kathedrale Nouvelle-Major ausgerechnet ein wirkliches Juwel romanischer Kunst zerstört wurde – die Petite Major.

Die „Hausmannisation" (in Anlehnung an den Pariser Stadtplaner) war in vollem Gange, klassizistische Protzbauten wie der Triumphbogen an der Porte d'Aix zeugen davon. Der größere Hafen am Viertel La Joliette entstand und nahm 1863 die ersten **Ölimporte** entgegen, der Bau der Corniche, der Küstenstraße, wurde vorangetrieben.

In dieser Zeit, als die ganze Stadt eine Baustelle gewesen sein muss, bildeten sich auch die heutigen Viertel. So verließ etwa die Bourgeoisie ihr angestammtes Quartier Belsunce und zog nach Osten – heute ist Belsunce eines der ärmsten Viertel der Stadt, aber die Fassaden lassen den einstigen Glanz noch erahnen.

Zur wirtschaftlichen Blüte kam politische Gunst: *Napoleon III.,* ein großer Freund Marseilles, plante zeitweilig sogar die Verlegung der Hauptstadt ans Mittelmeer. Auf seinen Wunsch entstand der Palais du Pharo, bald darauf der Palais Longchamp. Die monumentale Börse an der Canebière geriet zum Symbol des goldenen Zeitalters schlechthin.

Wer sein Vermögen gemacht hatte, legte es oft in einem Hôtel particulier an, diskret nach außen, luxuriös nach innen. An der Corniche wuchsen prachtvolle, bisweilen verspielte Villen aus dem Boden.

Mit **Reichtum und Handel** änderte sich das Bild der Stadt im übrigen Frankreich. Teilweise war Marseille à la mode – zuerst bei Intellektuellen, die dem „Vorzimmer zum Orient" Inspiration abgewannen – teilweise entstand aber auch das Bild einer zwar bunten, doch gefährlichen Metropole, die es mit der südländischen Gelassenheit etwas übertrieb.

Die Marseillaiser strickten selbst mit an diesem Klischee und ließen sich auch gern darstellen als Bonvivants, freundlich und schlitzohrig, geschwätzig und ein wenig faul. In den 30er Jahren des 20. Jahrhunderts betrat ein Künstler die Bühne, der mit diesem Klischee zu Weltruhm kommen sollte: **Marcel Pagnol.** Selbst Sohn eines Lehrers aus dem nahen Aubagne und ein disziplinierter Arbeiter, der in Paris um seine Karriere kämpfte, stilisierte er in „Marius" den Marseillaiser Nichtstuer, den fröhlichen, aufbrausenden, großsprecherischen, aber gutherzigen Kartenspieler in der *Bar de la Marine.* Selten hat ein literarisches Klischee derartige Wirkung entfaltet. *Marius* ist in Frankreich noch heute der Marseillaiser schlechthin.

Marseille ist nach Paris die zweitgrößte Stadt Frankreichs

362pr Foto: bm

Zeit der Flüchtlinge

Im 20. Jh., dem Zeitalter der Kriege, kehrte Marseille an den Ursprung seiner Geschichte zurück. Wieder kamen Flüchtlinge übers Meer: Armenier, Italiener, Türken, Araber, schließlich, nach dem Algerienkrieg, Maghrebiner, dann Vietnamesen. So entstand **Belsunce,** der Unterschlupf der Gestrandeten.

So entstanden aber auch, allzuoft vergessen, Wohnviertel wie **Beaumont,** wo die Neuankömmlinge nach Feierabend in unermüdlicher Kleinarbeit ihre Häuser errichteten. Viele, die hier wohnen, sind längst nicht mehr Hafenarbeiter, sondern Anwälte oder Ärzte. Und manche, die hier wohnen, sind schon längst für eine radikale „Lösung" des Ausländerproblems. Nicht umsonst sagt man in Marseille: Wer als Letzter kommt, schließt die Türe.

Eine Wahrheit, die sich in den Wahlergebnissen widerspiegelt. *Le Pens* rechtsradikaler **Front National** verbucht regelmäßig Erfolge in Marseille, aber mitunter weniger in gutbürgerlichen Vierteln als dort, wo Ausländer der zweiten oder dritten Generation leben. Die Verteilungskämpfe des kommenden Jahrhunderts sind also in Marseille schon voll entbrannt: Arme gegen noch Ärmere, ehemals Arme gegen neue Arme.

Was diese Stadt trotz allem noch zusammenhält, ist ihre starke Identität. Sie wurzelt in jener uralten **Tradition der Weltoffenheit,** die mit den Griechen kam und die nicht gehen wird mit *Le Pen.*

Immer waren es in Marseille auch die Symbole, die über alle Grenzen und Feindschaften hinweg zu einen vermochten. Etwa *Olympique Marseille, l'OM,* der legendäre Fußballclub. Eine ganze Stadt leidet und triumphiert im Rhythmus seiner Auftritte, die Feste sind oder Dramen, doch immer Kämpfe.

Oder die *Bonne Mère,* die goldene Madonna auf der Kathedrale, zu der sie dann alle pilgern, wenn *OM* wieder schwere Zeiten durchlebt. Geholfen hat sie bisher noch immer, ganz egal, von wem sie darum angefleht wurde. Christen, Juden oder Moslems – vor dem Fußball und der Schutzpatronin sind sie alle gleich.

Von 1945 bis heute – zwischen Stadtplanung und -verwüstung

In den Nachkriegsjahren zwischen 1947 und 1953 baute *Le Corbusier* seine **Cité Radieuse,** damals ein vielbeachtetes Modell neuen Wohnens in der Stadt, das aber heute eher wie ein böses Omen für die danach einsetzende Verunstaltung ganzer Stadtteile wirkt. Von 1955 bis weit in die 70er Jahre verdingten sich Architekten als Handlanger eines einzigartigen Bauprogramms, das jährlich bis zu 10.000 neue Wohnungen zustande brachte – die meisten davon eine architektonische Bankrotterklärung. An den Folgen dieser monströsen Aktion wird Marseille bis weit ins 21. Jahrhundert laborieren. Allein die Metro und der Autotunnel unter dem Alten Hafen lösten tatsächlich Probleme, anstatt neue zu schaffen.

In den 1970er Jahren schien das **architektonische Dilemma** zumindest erkannt, wenngleich die Antwort der Stadtverwaltung unter dem legendären Bürgermeister *Gaston Defferre* mitunter abenteuerlich ausfiel. So wollte man das verwüstete Zentrum neu beleben und baute – ein Einkaufszentrum, jenes hinter der Börse an der Canebière. Bei den Bauarbeiten entdeckte man, zur Freude der Historiker, zum Leidwesen aber der Planer, **Teile des Alten Hafens,** deren Existenz überhaupt nicht bekannt war und darin auch ein antikes Schiff, das mit dem Hafen versandet war. *Defferre,* dem Arbeitsplätze und Geschäfte über alles gingen, strebte ernsthaft die Verlegung der Funde auf das Dach (!) des zu errichtenden Einkaufszentrums an. Das ging ihm zwar nicht durch, wie das Historische Museum beweist, trotzdem entstand das Centre Commercial ein paar Meter weiter als neues Mitglied in der Phalanx monströser Betonklötze.

Wenn etwas uneingeschränkt gelang, wie die Neugestaltung des Cours d'Estienne-d'Orves, so auf Initiative nicht der Verwaltung, sondern von Intellektuellen und Bürgern. Dieses Projekt war schon die Frucht einer neuen Philosophie, die mit dem historischen Erbe behutsam umgeht und auch den Tourismus im Auge behält.

Dazu gehört, dass renommierte Architekten mit der Instandsetzung des völlig heruntergekommenen Viertels um die Porte d'Aix beauftragt sind.

Dazu gehört auch, dass 1988 eine riesige Kläranlage in Betrieb ging und die Strände seitdem nicht mehr Kloaken gleichen.

Die überlange **Regierung Gaston Defferres,** der bis zu seinem Tod 1986 in typisch südlicher Manier eines Übervaters sein Marseille beherrschte, der Widerspruch nicht duldete und Fantasie und Kreativität lähmte, diese Regierung entpuppte sich als eine Bürde, von der die Stadt sich langsam erst befreit.

Chicago am Mittelmeer – mafiöses Marseille

Wo sich das erste „moderne" Kidnapping Europas ereignete, mit Pistole und davonbrausender Gangsterlimousine, das ist eine dieser Fragen, die sich wahrscheinlich ernsthaft gar nicht beantworten lassen. Aber natürlich soll es in Marseille passiert sein – 1935. Marseille gilt seit langem als eine Stadt, in der Überfälle zum Tagesgeschäft gehören. Und in der Tat: Es gibt kaum einfachere Methoden, sich lächerlich zu machen, als bei der Marseillaiser Polizei einen Autodiebstahl zu melden. Nur passiert einem so etwas auch anderswo im Süden, vom beschaulichen Arles bis zum feinen Aix.

Den Ruf aber hat Marseille, und das nicht ganz zu Unrecht. Sprechen wir nicht von der ordinären Straßenkriminalität. Sprechen wir auch nicht von Korruption und gewöhnlichen mafiösen Verhältnissen, wie sie einer Hafenstadt dieser Lage und Größe zukommen. All das gibt es in Marseille mehr als genug.

Nehmen wir statt dessen die Berufsgruppe, die anderswo das höchste aller Ansehen genießt, die Ärzte. Voilà, Marseille bietet dazu – den **Klinikenkrieg.** Der liegt noch gar nicht so lange zurück, ein paar Jahre nur. Als Feldherren wirkten Klinikbesitzer, die um Betten rivalisierten, an der Front arbeiteten ganz gewöhnliche Killer. So kam es, dass ein gewisser *Dr. Jean-Jacques Peschard* eines Abends beim Verlassen einer Pizzeria erschossen wurde – „abgeknickt", wie die Schützen später zu Protokoll gaben, obgleich der Auftraggeber nur „angeknickt" bestellt haben wollte.

Das Opfer war Chirurg und Bezirksbürgermeister, der als Auftraggeber verdächtigte Mann war Verwaltungsdirektor einer Klinik. Zu allem Überfluss wurde Letzterer zur Entourage des späteren Bürgermeisters *Vigouroux* gezählt, eben jenes Politikers, der sich im Wahlkampf nachsagen lassen musste, von dem panamaischen Politkriminellen *Manuel Noriega* finanziert zu werden, der aber gleichwohl aufzuräumen versprach mit dem „System D" – D für *Defferre* und System für ein undurchschaubares Geflecht von Beziehungen zu Gott und der Halbwelt.

Das Image der Ärzte ist besonders schlecht in Marseille. Aber natürlich gab es nicht nur den Klinikenkrieg. Man denke an den Limonadenkrieg der 1970er Jahre (60 Tote) oder an das Massaker in der *Bar du Téléphone* 1979 (zehn Tote).

Wichtig ist nur dies: Natürlich gibt es Kleinkriminalität in ungeheurem Ausmaß, natürlich gibt es Handtaschenräuber, und natürlich sind „die Araber" daran überproportional beteiligt. Allerdings bleibt diese Kriminalität auch oft im Ghetto selbst, insofern als zwar die Täter ausländisch sind, aber auch die Opfer.

Die ganz großen Fälle haben mit Ausländerkriminalität nicht im geringsten zu tun. Wohl aber mit Politik. So wunderte sich niemand, wenn es ausgerechnet der Sozialist *Defferre* war, der in Zeitungen, die von ihm herausgegeben wurden, gegen „algerische Diebe, algerische Verrückte, algerische Mörder" polemisieren ließ.

Wirtschaft – im Auf und Ab des Hafens

Es ist müßig zu sagen, dass viele Marseillaiser Zukunftspläne vor allem am fehlenden Geld scheitern. Als Folge ständig **abnehmender Lebensqualität** wanderten vor allem gut Verdienende ab – sie arbeiten zwar in Marseille, verlegten aber ihren Wohn- und Steuersitz nach Aix oder anderswo. Zwischen 1982 und 1990 verlor Marseille 70.000 Einwohner. Viele, die blieben, hatten keine andere Wahl: Sie sind arm.

Natürlich zählt die Stadt zu den höchstverschuldeten Frankreichs. Statistisch sind die Marseillaiser im Durchschnitt älter, schlechter ausgebildet und häufiger arbeitslos als die meisten ihrer Landsleute.

366pr Foto: bm

Fischer am Alten Hafen

Dazu kommen **politische Fehler.** Die engere Zusammenarbeit mit den Nachbarstädten hatte Marseille lange verweigert, eine Folge auch Defferre'scher Selbstherrlichkeit. Doch natürlich schliefen diese Städte nicht, und die Arbeitsplätze, die in Vitrolles oder Aubagne entstanden, gingen oft genug Marseille verloren.

Die wirtschaftliche Situation insgesamt war lange Zeit bedrückend. Doch die Hoffnung aufgeben, das widerspräche zutiefst dem Naturell der Marseillaiser, die, so ein Journalist, zwar mühelos jedes Wehwechen zur Katastrophe hochreden können, umgekehrt aber jedem wirklichen Problem mit unerschütterlichem Optimismus gegenübertreten. Heute sind die **neuen Technologien** in der Informatik, der Biologie und der Medizin die große Hoffnung.

Von der Eröffnung der neuen **TGV-Verbindung** nach Paris hat Marseille ungemein profitiert. Die Stadt ist damit auf drei Stunden Fahrzeit an Paris herangerückt und wird als Firmensitz plötzlich sehr attraktiv. Das hat einen neuen Optimismus ausgelöst und das wirtschaftliche Klima nachhaltig belebt.

Entscheidend aber könnte, wie schon so oft in der Geschichte der Stadt, die geographische Lage sein und damit der **Hafen.** Noch hat er sich nicht erholt vom Ende des Kolonialreiches, den Konflikten am Golf und den Erdölkrisen. Genua und Barcelona wuchsen zu starken Konkurrenten heran. Binnen zwei Jahren sank Marseille, was die Abfertigung von Containern betrifft, von Rang eins auf Rang fünf in Europa.

Doch vom Hafen könnte in diesem Jahrhundert auch die Rettung kommen, wenn ein vereintes Europa den vergessenen schwarzen Kontinent neu entdecken sollte und Marseille der Dreh- und Angelpunkt würde.

Sehenswertes

Der Alte Hafen und die Forts

Wo die Canebière auf den Alten Hafen trifft, am **Quai des Belges,** pulsiert das Herz Marseilles. Hier breiten Fischer morgens ihren Fang aus, hier legen die Boote zu den Inseln ab, hier gehen die Marseillaiser ihrer angeblichen Lieblingsbeschäftigung nach: dem Flanieren, dem Müßiggang, dem Palaver.

Hunderte von Segelbooten drängen sich zu einem Meer von Masten zusammen. Bewacht von mächtigen Forts, flankiert von den beiden Hügeln zur Rechten und zur Linken, gesäumt von belebten Boulevards ist der **Vieux Port** schön wie kaum ein anderer Hafen. Ein Hafen ist stets Mittelpunkt einer Stadt, in Marseille aber ist er mehr: Geschichte, Seele, darum Zukunft.

Wirtschaftlich hat der Alte Hafen längst ausgedient. Der Neue Hafen und noch weiter westlich der Europort Sud sind die Zentren des Warenumschlags. Der Alte Hafen dient den Fischern und dem Vergnügen. Bis vor gar nicht langer Zeit ankerte hier noch die „Phocäa", protziges Schiff des Aufschneiders *Tapie.* Und noch immer gilt ein adäquates Boot im Vieux Port als Statussymbol der Betuchten.

Alle anderen können wie eh und je mit der alten **Fähre** von einer Seite zur anderen schippern – ein liebenswürdiges Relikt aus den Zeiten *Pagnols,* das den Heimweg aus der Bar am Rive Neuve ins gegenüberliegende Wohnviertel Panier außerordentlich erleichtert. Natürlich gibt es für das „Ferry Boat" ein Jahresabo.

Als wichtigster Verkehrsweg am Alten Hafen dient aber längst der **Autotunnel St. Laurent,** der das Becken unterirdisch durchquert. Aber so geht das eben an diesem Vieux Port: Die hässliche, hektische, eben die moderne Seite der Metropole lässt sich so wunderbar ignorieren.

An der schmalsten Stelle des Hafens, da, wo sich der Übergang aufs offene Meer andeutet und die Boote unversehens in die grandiose Bucht von Marseille hinausgleiten, liegen sich als zweifache Wächter die Forts gegenüber. Im Mittelalter wurde dieser Engpass mit einer gigantischen, aus 226 Gliedern bestehenden Kette versperrt.

Das **Fort St. Jean** entstand von 1668 an auf Anweisung des Sonnenkönigs. Die deutschen Sprengungen im Panier-Viertel 1944 beschädigten es teilweise. Noch aus dem 15. Jh. stammt die mächtige, eckige **Tour du Roi René,** die das gesamte Fort überragt. Von der obersten Plattform eröffnet sich ein wunderbarer Ausblick.

Gegenüber drängt sich auf einem Felsvorsprung das **Fort St. Nicolas,** darüber das Fort d'Entrecasteaux, beide zwischen 1660 und 1668 entstanden. *Ludwig XIV.* veranlasste ihren Bau, weniger, um den Hafen zu sichern, denn als Symbol königlicher Macht in der traditionell aufmüpfigen Stadt. Eigentlich handelt es sich um ein und dasselbe Fort, die zweifache Bezeichnung kaschiert nur die Tatsache, dass es der Bau des Boulevards Charles Livon war, der die zusammengehörigen Teile trennte. Überhaupt tut sich an dieser Stelle wieder die ganze Misere Marseillaiser Stadtplanung auf. Den unteren Teil der Anlage, St. Nicholas mit seiner begnadeten Lage, hat die **Fremdenlegion** in Beschlag genommen und damit der Öffentlichkeit versperrt, gleichsam, als habe die Stadt immer noch nicht Macht gewonnen über dieses Symbol zentralistischen Gebietens des Sonnenkönigs.

Tag und Nacht geöffnet ist das Anwerbebüro, rund um die Uhr kann, wer ein „richtiger Mann" ist, jung genug und bereit zu bedingungslosem Gehorsam, über diese Schwelle in ein neues Leben eintreten und das alte abstreifen wie eine Hülse. Der Preis ist härtester Drill, völliger Verlust der Freiheit und die Aussicht, im Falle eines Einsatzes ohne Zögern in den Tod geschickt zu werden „pour la France". *Ernst Jünger* schildert in seinem autobiographischen Roman „Afrikanische Spiele", wie er vor dem Ersten Weltkrieg hier ankam, abenteuerlustig und zu allem bereit. Sein Vater holte ihn schließlich zurück.

Der obere Teil, das **Fort d'Entrecasteaux,** ist trotz seiner herrlichen Terrassen hoch über dem Hafen vernachlässigt und verkommen. Welch eine Bühne für Konzerte etwa gäbe diese Anlage ab. Seinen ganzen Reiz entfaltet der Platz, wenn am Abend die Sonne über dem Meer niedergeht, während um das Hafenbecken herum die Lichter aufflammen.

Was sie am Fort versäumte, holt die Stadt im **Jardin du Pharo** nach. Für diesen noch höheren und weit größeren Felsvorsprung begeisterte sich *Louis Napoléon* 1852. Er ließ auf dem brachliegenden Gelände ein Schloss errichten, das **Château du Pharo.** Der Kaiser bewohnte es nie, so fiel es an die Stadt, die nun dabei ist, das ganze Areal umzubauen, unter anderem mit unterirdischen Sälen.

●**Château du Pharo,** Boulevard Charles-Livon, 13007, Tel. 04.91.52.06.00. Das Schloss ist nur von außen zu sehen. Öffnungszeiten des Parks: täglich bis etwa 20.30 Uhr. Eintritt frei.

Nördlich des Hafens – Zeugnisse einer launischen Geschichte

Marseille galt lange als antike Stadt ohne antike Denkmäler. Im Bereich des griechischen Massalia auf der Nordseite des Hafens lässt sich wenig mehr entdecken als Zeugnisse der letzten Jahrhunderte. Den Charakter des Viertels St. Jean bestimmen vielmehr noch immer die **Zerstörungen,** die die deutsche Wehrmacht 1943 angerichtet hat. Das Nebeneinander weniger verschont gebliebener oder wiedererrichteter alter Gebäude und vieler gesichtsloser Wohnblocks der Nachkriegszeit macht einen disparaten Eindruck. Wie es hier einmal ausgesehen haben mag, zeigen, ein wenig weiter nördlich, die malerischen Gassen im Panier um die Vieille Charité: eine wirkliche Altstadt voller Charme.

Die Stadtverwaltung hat mit einer roten Linie einen Weg markiert, der zu den wichtigsten Monumenten führt und an der sich auch der folgende Rundgang orientiert.

Vom **Hôtel de Ville** aus, einem barocken Gebäude aus dem 17. Jh., gelangt man zu der inzwischen neugestalteten **Place Villeneuve-Bargenon,** die noch einige Fassaden der früheren herrschaftlichen Häuser bewahrt hat. Vollständig erhalten ist das gotische **Hôtel de Cabre** (27 bis, Grand' Rue) aus dem Jahre 1535, heute das älteste Haus der Stadt. Es blieb zwar von den deutschen Zerstörungen verschont, wurde aber nach dem Krieg in seiner Gesamtheit um 90 Grad gedreht, um in die neue Straßenplanung zu passen. Unangetastet blieb dabei die Grand' Rue selbst, die als einzige Straße noch so verläuft wie in der Antike.

Von der nahen Place du 23 Janvier 1943 führen Treppen hinauf zum mächtigen **Hôtel Dieu,** das 1593 aus der Zusammenlegung zweier Hospitäler entstand und einen der Hügel des Viertels beherrscht. Das heutige Gebäude, im 18. Jh. erbaut, wurde im 19. Jh. umgestaltet. Dabei verschwand die südliche Fassade und mit ihr der für solche Hospitäler typische Innenhof. Der Chirurg *Daviel* machte hier im 17. Jh. von sich reden, als er erstmals einen Grauen Star entfernte. Nach ihm ist der nahe gelegene Platz benannt und der dazugehörige **Pavillon Daviel,** ehemals Justizpalast. Die elegante Fassade mit einem kunstvollen Balkon ist ein schönes Beispiel provenzalischer Architektur des 18. Jh. Die unterirdischen Gefängnisse lagen, wie der Name der angrenzenden Rue de la Prison bezeugt, gleich um die Ecke.

Geprägt wird die Place Daviel aber durch den **Clocher des Accoules,** einziger Überrest einer in der Revolution zerstörten gotischen Kirche. Die malerischen Treppen rechts der Accoules führen schon ins Panier-Viertel hinauf. Ein Abstecher in die Rue de la Prison auf der anderen Seite des Platzes erlaubt einen Besuch des **Musée du Vieux-Marseille,** das im Maison Dia-

370pr Foto: bm

mantée aus dem späten 16. Jh. untergebracht ist.

Ausgehend von der Place Daviel, verbindet die **Rue Caisserie** die ganze Zerrissenheit des Viertels: links die gesichtslose Betonarchitektur der Nachkriegszeit, rechts Reste verwinkelter, malerischer Häuserzeilen. Kontraste, wie sie typisch sind für diese Stadt. An der **Place de Lenche** könnte sich der antike Hauptplatz, die Agora, befunden haben. Hier lebte auch die Familie des *Grafen Mirabeau*.

Fast verloren wirkt auf ihrem Ausguck über dem Alten Hafen die **Kirche St. Laurent,** versehrtes Überbleibsel eines weggebombten Viertels. Durch die deutschen Sprengungen schwer beschädigt und erst in jüngster Zeit restauriert, bietet dieses noch aus dem Mittelalter stammende Bauwerk seine trutzigen Mauern der hässlich gewordenen Umgebung dar. Ursprünglich stand hier einer der griechischen Tempel, und als um 850 eine erste Kirche errichtet wurde, diente sie auch zum Schutz der Bevölkerung vor Invasionen. Die heutige Kirche erhielt ihr wehrhaftes Aussehen im 12. Jh., wurde dann im 17. Jh. umgestaltet, mit der Seitenkapelle Ste. Catherine versehen und um einen Turm ergänzt. Im Innenraum, der in schlichtem romanisch-provenzalischen Stil gehalten ist,

Cathédrale de la Major

weisen nummerierte Steinplatten im Boden auf alte Gräber hin. Die Restaurierungsarbeiten sind noch nicht abgeschlossen.

Bei St. Laurent gelangt schon die riesige **Cathédrale de la Major** in Sichtweite und damit ein weiterer Sündenfall der städtischen Baugeschichte. Um diesen neobyzantinischen Protzbau zu ermöglichen, zerstörten die Marseillaiser Mitte des 19. Jh. einen Teil der Reste der alten Kathedrale gleichen Namens.

Diese **Vieille Major,** derzeit wegen Restaurierungsarbeiten geschlossen, stammt aus dem 12. Jh. Einst besaß die Bischofskirche romanischen Stils fünf Langhausjoche. Von den drei übriggebliebenen fielen zwei dem Bau der neuen Kathedrale zum Opfer, so dass heute nur noch eines erhalten ist. Zerstört wurde auch der Kreuzgang. Im Inneren findet sich ein Reliquienaltar, in den ein Teil eines romanischen Sarkophages, wohl aus dem 12. Jh., einbezogen wurde. Ausgrabungen im Inneren sollen Aufschluss geben über das **frühchristliche Kloster,** das sich an dieser Stelle befunden hat. Reste waren schon beim Bau der neuen Kathedrale entdeckt, aber gleich wieder zugeschüttet worden.

Die **Nouvelle Major,** der größte französische Kathedralenbau des 19. Jh., mit 140 Metern Länge knapp den Kölner Dom übertreffend, symbolisiert den Aufschwung der Stadt unter *Napoleon III.* Dieser legte 1852 den Grundstein zu dem kostspieligen Projekt, das sich freilich bereits bei der Fertigstellung 40 Jahre später als grandioser architektonischer Fehlschlag entpuppte. Romanische und byzantinische Formen nachahmend, ähnelt der Bau in seiner Konzeption der zeitgleich entstandenen Kathedrale Notre-Dame-de-la-Garde, profitiert aber nicht von einer ähnlichen Lage und wirkt, umgeben von Hafenanlagen und Schnellstraßen, ungleich deplatzierter. *Les monstres sacrés,* die beiden „heiligen Monster", avancierten dennoch zu Wahrzeichen Marseilles.

Umso stolzer ist die Stadt auf die **Vieille Charité.** Dieses zwischen 1671 und 1749 entstandene Armenhospiz ist ein meisterhaftes Beispiel französischer Hospitalarchitektur, das in den letzten Jahren restauriert wurde und heute als Museums- und Kulturzentrum dient.

Der Architekt *Pierre Puget,* selbst ein paar Straßenecken weiter geboren, schuf ein Ensemble aus Arkadengalerien über drei Stockwerke hinweg, die einen geschlossenen Innenhof um eine Kapelle herum bilden.

In einem solchen **Armenhospiz,** wie es seit 1662 für alle großen Städte Frankreichs vorgesehen war, arbeiteten Hilfe und Unterdrückung Hand in Hand. Stadtstreicher und Vagabunden, standen unter Kontrolle, gleichzeitig lernten Kinder lesen und schreiben und Bettler ein Handwerk. Die Großzügigkeit und Transparenz der heutigen Anlage ist eine Folge allmählicher Veränderung; ursprünglich waren die Geschlechter durch eingezogene Mauern und Gitter ebenso streng getrennt wie in der Kapelle die gemeinen Insassen von ihren Wohltätern.

Die Fassade der Kapelle mit ihren korinthischen Säulen stammt aus dem 19. Jh., einer Zeit, als die Charité in eine Kaserne umgewandelt wurde. Nach dem Krieg fanden Opfer der deutschen Zerstörungen hier Aufnahme, und bald nisteten sich Besetzer in dem ehrwürdigen Gebäude ein. Als die letzten 1965 hinausgeworfen wurden, hielten die wenigsten eine Restaurierung der völlig heruntergekommenen Anlage noch für möglich.

Die Charité ist heute Mittelpunkt des charmanten Panier-Viertels mit seinen verwinkelten engen Gassen. Sehenswert sind dort zum Beispiel die **Place de Lorette** mit der malerischen Passage de Lorette oder die kleinstädtisch anmutende **Place des Moulins.**

Südlich des Hafens – Nachtleben zu Füßen der Kathedrale

Das südliche Ufer hat mehr zu bieten als die **Kathedrale Notre-Dame-de-la-Garde,** jenes kitschige neobyzantinische Monument aus dem 19. Jh., das nur dank seiner Lage zum Wahrzeichen der ganzen Stadt werden konnte. Und doch lohnt der Aufstieg, allein wegen des einzigartigen Blicks von diesem Kalkfelsen, mit 150 Metern der **höchste Hügel der Stadt** und der Legende nach jener, den vor 2700 Jahren die Keltin *Gyptis* als Mitgift in die Ehe brachte.

Traditionell ein Schiffsausguck und später Posten der königlichen Nachrichtenverbindungen, wurde der Hügel im 16. Jh. mit einem Fort befestigt (das nicht erhalten ist) und spielte noch während der deutschen Besatzung im Zweiten Weltkrieg eine strategisch wichtige Rolle. Im Laufe der Jahrhunderte standen auch verschiedene Kirchen hier, bis *Napoleon* 1853 die heutige Kathedrale errichten ließ.

Die untere Kirche, die **Krypta,** beherbergt unter anderem eine marmorne Madonnenfigur. In der darüber liegenden oberen Kirche fallen Mosaike und die reichliche Verwendung verschiedenfarbigen Marmors auf. Bemerkenswert sind die zahlreichen Votivbilder, Bilder also, die zum Dank für erhörte Gebete gestiftet wurden. Sie legen beredtes Zeugnis des Volksglaubens ab und zeigen vor allem die mystische Verehrung, die die Marseillaiser der Notre-Dame-de-la-Garde entgegenbringen, der schützenden Gottesmutter. Die *Bonne Mère* wacht auch in Form einer zehn Meter großen, **vergoldeten Statue** hoch oben auf der Kathedrale über die Geschicke von Hafen und Stadt. Als Schutzpatronin der Gläubigen und Ungläubigen ist sie hier Symbol nicht einer Konfession, sondern der rätselhaft unerschütterlichen Zuversicht einer ganzen Stadt.

● **Notre-Dame-de-la-Garde,** zu erreichen mit dem Bus 60 vom Alten Hafen, mit dem Wagen oder zu Fuß (in einer reichlichen halben Stunde). Geöffnet: täglich bis etwa 17.30 Uhr, im Sommer zwei Stunden länger.

Zu Füßen der Notre-Dame-de-la-Garde hat die Hoffnung auf ein erneuertes Marseille Gestalt angenommen. Wenige Schritte vom alten Hafen entfernt staunt der Besucher zwischen Quai und Rue Sainte über ein Viertel, das geradezu italienisches Flair entfaltet: Straßencafés, schicke Bars und originelle Restaurants – mag die Canebière tot sein, ihre Flaneure gibt es noch.

Musterbeispiel dieses anderen Marseilles ist der **Cours d'Estienne d'Orves,** ein großer, heiterer Platz mit Straßencafés und mehreren vorzüglichen Restaurants, Sitz einer Zeitung und

372pr Foto: bm

Turm von Notre-Dame-de-la-Garde

Die Charité

Marseille

des Intellektuellen-Treffs *Les Arcenaulx* (Buchhandlung, Teesalon, Restaurant und anderes mehr). Dessen Leiterin, der Verlegerin *Jeanne Laffitte,* ist es maßgeblich zu verdanken, dass der Platz von einem mehrstöckigen Parkhaus befreit wurde und unter der Regie des Architekten *Charly Bové* zu einem Mittelpunkt mediterraner Stadtkultur gedieh.

Von hier aus ist es nicht weit zur **Kirche St. Victor,** die vor allem ihrer frühchristlichen Unterkirche wegen zu den sehenswertesten Monumenten der Stadt zählt.

Über dem Grab eines Märtyrers aus Marseille entstand St. Victor am Beginn des 5. Jh. als eines der **ersten Klöster Frankreichs** und das erste der Provence. Die frühchristliche Basilika blieb teilweise in Form einer Krypta erhalten, als im 12. und 13. Jh. die heute zu sehende Kirche über den Resten der alten erbaut wurde. Wenn St. Victor äußerlich eher einer kleinen Festung ähnelt, so deshalb, weil die Kirche im 14. Jh. zu einem Bestandteil der Hafenbefestigungen ausgebaut wurde.

Die Krypta enthält Särge aus dem 3. bis 5. Jh., dazu ein **Atrium,** wie es für frühchristliche Kirchen typisch ist. Anfang Februar, zu Mariä Lichtmess, führt eine Prozession zur Schwarzen Jungfrau. Diese viel beachtete Marseillaiser Tradition schließt die Segnung der ehemaligen Klosterbäckerei *Four des Navettes* ein und endet mit einer Dégustation der *Navettes,* aromatischer Biskuits. Außerdem finden in St. Victor Konzerte geistlicher Musik statt.

- **Abbaye St. Victor,** Place St. Victor, 13007, Tel. 04.91.54.23.37. Öffnungszeiten: täglich bis etwa 18 Uhr.

Die Canebière

La Canebière – das war einmal ein **Prachtboulevard,** auf dem Tag für Tag die heitere Lebenskunst der Provence zelebriert wurde. Den Hafen gewissermaßen in die Stadt hinein verlängernd, verbindet sie schon der Name mit dem Meer. Canebière, das steht für den Hanf, der hier einst zu Stricken für die Segler verarbeitet wurde. Seine große Zeit erlebte dieser Boulevard im 19. Jh. als Schlagader einer blühenden Stadt.

Eine solche Canebière existiert nicht mehr. Der Besucher findet eine Straße dieses Namens, eine lärmende, **verkehrsreiche Stadtschneise,** auf der es keine Flaneure mehr gibt, nur noch Passanten, keine Straßencafés, nur noch Schnellimbisse, keine Blumenmädchen, aber Pornokinos. Von allen Sünden Marseillaiser Nachkriegspolitik ist der Verfall der Canebière die schlimmste. Er raubte der Stadt die Identifikation, derer sie so dringend bedurft hätte, und gab ihr statt dessen Büroräume, Geschäftsflächen, Einkaufszentren. Die Canebière wieder zu dem zu machen, was sie war, das ist neuerdings ein Ziel der Politik.

In seinem jetzigen Zustand spiegelt der Boulevard auch die Zerrissenheit der Stadt wieder. Er bildet nämlich die Scheidelinie der Quartiers Nord von den Quartiers Sud, von Armut und bürgerlichem Wohlstand. Es ist fast symbolisch, dass die Kreuzung der Canebière mit Cours Belsunce auf der einen und Cours St. Louis auf der anderen Seite den Kilometer Null von Marseille bildet, also den theoretischen Mittelpunkt der Stadt. An dieser vom Verkehr umbrandeten Ecke stoßen die Gegensätze Marseilles jäh aufeinander. Hier das verkommene, schmutzige, ja elende Belsunce, verunglimpft und gehasst, dort das in bestem Sinne volkstümliche Noailles mit seinen malerischen Gassen und Geschäften.

An der Fortsetzung der Canebière (Boulevard de la Libération) liegt auf einem Hügel der imposante **Palais Longchamp.** Mit seiner Galerie ionischer Säulen, die zwei symmetrisch angelegte Flügel verbindet, reiht er sich in die Gruppe historisierender Prestigebauten des 19. Jh. ein. Die eigentliche Bestimmung des Bauwerks, das auch zwei **Museen** beherbergt, ist auf Anhieb gar nicht zu erkennen: Es handelt sich um einen **Wasserverteiler** *(Château d'Eau),* in dem nach einem Weg von 84 km durch den Canal de Marseille das Frischwasser aus der Durance ankommt. Diese Anlage bestand schon, wurde aber im Rahmen der Stadtverschönerung der Marseillaiser Blütezeit sozusagen verkleidet, indem man den heute zu sehenden Palais darüber errichtete. Der Architekt *Henri-Jacques Espérandieu* konstruierte auch die Kathedralen Major und La Garde. Die mittlere Statue über dem **Wasserfall** verkörpert übrigens die großzügige Durance. Man wird den Palais und seine Museen nicht verlassen, ohne den blühenden **Park** besucht zu haben – in Marseille mehr als anderswo seltener Luxus.

Belsunce

Sie wollten nach Frankreich und blieben in Belsunce: Zwischen Hafen und Bahnhof, dort, wo alle Neuankömmlinge irgendwann vorbeikamen, liegt das **Viertel der Gestrandeten,** begrenzt von der Canebière, dem Cours Belsunce und dem Boulevard Athènes. Es ist ein Ghetto der Armen und der Ausländer, für viele ein lebenslanger Wartesaal im vermeintlichen Tor zu Frankreich – Wohnung, nicht Heimat, Ankunft in der Endstation.

Belsunce ist ein Reizwort geworden. Mit dem gleichnamigen Boulevard fängt es schon an: Vor mehr als 300 Jahren angelegt, um es dem noblen Aix mit seinem Cours Mirabeau gleichzutun, später nach einem wohltätigen Bischof benannt, bildet der **Cours Belsunce** heute die Schwelle zu einem Marseille, das mehr Afrika ist als Frankreich. So konsequent das Viertel zur Sprache kommt, wenn es die Gefahren vermeintlicher Überfremdung zu schildern gilt, so konsequent wird es totgeschwiegen, wenn es um Tourismus geht.

Das macht neugierig. Doch allen Warnungen zum Trotz ist ein Spaziergang über den Cours Belsunce Richtung Porte d'Aix ganz unspektakulär. Staunen macht nur die Schärfe, mit der in diesem vermeintlichen Schmelztiegel Marseille ungeschriebene Grenzen gezogen sind. Alles ist anders hier, ein paar Meter hinter der Canebière. Afrikanische Gewänder, arabische Schriftzeichen, Fetzen unbekannter Sprachen, der schwere Duft exotischer Gewürze, schrille Musik. Sogar die

Bettler und die Huren haben plötzlich dunkle Hautfarbe.

Gegenüber der **Place Jules Guesde** spielt das Leben. Da stehen Araber, Männer, allein oder in Gruppen, stundenlang. Sie diskutieren oder schweigen, scheinen auf irgendwas zu warten. Bedroht fühlen muss sich da keiner.

In der Rue du Bon Pasteur mit einer der etwa 90 **Moscheen** der Stadt scheint Frankreich weit weg. *Islam Viande,* ein schlauchartiges Geschäft, quillt über vor Menschen. Wäsche wird quer über die Straße gespannt. Der Lärm ist unglaublich. Afrikanische Musik dröhnt aus billigen Lautsprechern, ein nicht abreißendes Hupkonzert auf der verstopften Straße, dazu das Geschrei der Händler. Ein paar Schritte weiter werden Hühner in schmutzigen Käfigen verkauft. Atemberaubender Gestank entströmt dem Laden. Für die Menschen hier das ganz normale Leben, für den Fremden aber von einer verwirrenden Sinnlichkeit, abstoßend und anziehend zugleich.

Tausende **Nordafrikaner** kommen Woche für Woche mit der Fähre herüber und kaufen ein in Marseille, jeder für ein paar Tausend Euro im Schnitt, oft Unterhaltungselektronik. Sie kaufen nicht bei französischen Händlern, sondern hier, wo Stereoanlagen metallisch plärren und die Plakate immer etwas zu grell geraten. Wenn Belsunce noch immer am Leben ist, dann auch dank dieser **Einkaufstouristen.**

Doch selbst deren Geld ändert nichts am desolaten Zustand des Viertels. Belsunce, das sind malerische, verfallende Fassaden und verdöste, sonnenüberflutete Plätze. Belsunce, das sind aber auch düstere, muffige Gassen wie die Rue Thubaneau, wo jeden, der nicht hierhergehört, bohrende Blicke warnen, wo der Müll in den Gossen verrottet.

Und plötzlich versteht man, dass die Feindseligkeit gegen Belsunce geboren ist aus Angst, Angst vor dem Anderen, dem Fremden, Angst aber auch vor der Armut, die manchem in dieser Stadt wie ein höhnisch grinsender Spiegel der eigenen Zukunft entgegentritt.

Noailles

Das verachtete und das verklärte Marseille trennen nur ein paar Schritte. Einmal die Canebière überquert, entdeckt man zwischen Boulevard Garibaldi und Cours St. Louis das urtypische Viertel Noailles, ein Marseille von fast pagnoleskem Charme. Und in der Tat liegt an der **Place du Marché-des-Capucins** der kleine Bahnhof von Noailles, von wo *Marcel Pagnol* in seine Geburtsstadt Aubagne aufbrach.

Noch idyllischer zeigt sich der **Cours Julien,** mit seinen Straßencafés, Bäumen, Spielplätzen und der fast kleinstädtischen Atmosphäre vielleicht die freundlichste Ecke Marseilles. Das alles erinnert etwas an den Cours d'Estienne-d'Orves, ist aber unkonventioneller, man könnte sagen, alternativ angehaucht, sofern das in Frankreich existiert. In den Kneipen und Jazzclubs rundherum verkehrt zudem ein jüngeres Publikum als in Hafennähe.

Über malerische Treppen geht es herab in die **Rue Estelle,** eine Passage, die den Cours Lieutaud einfach überquert und in das Marseillaiser Einkaufsviertel rund um die **Rue Ferréol** führt. Hier, im Viertel der legendären Oper mit dem großen Art-Déco-Saal der 1920er Jahre, gibt sich Marseille als wohlhabende, lebensfrohe Metropole des Südens.

Die Küste

Die Uferstraße, mitunter auch Prachtstraße, führt am Meer entlang oder hoch darüber, vorbei an edlen, zum Teil pompösen Villen. Und doch drängt sich auch hier der Eindruck einer Stadt auf, die sich versteckt, sich zurückzieht, anders ist als ihre Nachbarn an der Côte d'Azur. Keine Uferpromenaden unter Palmen, kein Zugeständnis an den flüchtigen Reisenden. Spröde oder gleichgültig vielleicht, genügt diese Stadt doch in jedem Fall zuerst sich selbst.

Die Verbindung zwischen Zentrum und Meer stellt **Le Prado** her, eine große und schicke Straße, die auch zur **Cité Radieuse** führt. *Le Corbusier* baute zwischen 1947 und 1952 diese damals futuristische Wohnanlage für 1600 Menschen, die zwar eine Reihe origineller Einfälle zum kollektiven Großstadtwohnen umsetzte, in der Gesamtheit heute aber kaum mehr überzeugt.

Die eigentliche Küstenstraße ist **La Corniche,** die vom Jardin du Pharo mit vielen Aussichtspunkten direkt am Meer entlang in Richtung der Calanques und Cassis führt. Wo sie mit der Avenue du Prado zusammentrifft, liegen die wichtigsten **Strände:** Plage de la Corniche, Plage du Grand Roucas-Blanc, Plage du Petit Roucas-Blanc und Plage du Prado. Es folgen mehrere **kleine Häfen,** so der Port de la Pointe Rouge für Segler, La Madrague de Montredon für Fischer oder, am Cap Croisette, wo die Bucht von Marseille mit riesigen Felsen im offenen Meer endet, der Port des Goudes als beliebtes **Tauchrevier** und Ausflugsziel mit Restaurants und Cafés.

Auf der anderen Seite des Hafens beginnt die **Côte bleue,** über die man nach kurzer Fahrt vorbei an Hafenanlagen, fast kleinstädtischen Vierteln und einem Knäuel von Straßen die **Estaque-Bergkette** erreicht (s. Kapitel „Etang de Berre").

Man gelangt hier auch ins Gebiet des **Port Autonome.** Größter Hafen Frankreichs, drittgrößter Europas, zeigt dieses Industriegebiet eine ganz andere Facette der Metropole: ihre immer noch gewaltige Bedeutung als Handelsstadt. Im Port de la Joliette kann man die Hafenanlagen des 19. Jh. entdecken; einiges ist inzwischen sehr schön restauriert worden.

L'Estaque selbst, von *Zola* beschrieben und gemalt von seinem Freund *Cézanne,* war einmal eines der malerischsten von über 100 zu Marseille gehörenden Dörfer.

Museen

Soweit nicht anders angegeben, gilt für alle Museen ein Eintritt von 2 € und folgende Öffnungszeiten: Juni bis September: 11–18 Uhr, Oktober bis Mai: 10–17 Uhr. Montags geschlossen.

- **Musée d'Histoire de Marseille:** Eine unbedingt sehenswerte Sammlung. Archäologische Funde und gute Erklärungen machen die Geschichte Marseilles verständlich. Zu sehen ist unter anderem das antike Schiff, das man bei Bauarbeiten entdeckt hat. Centre Bourse, 13001 Marseille, Tel. 04.91.90.42.22. Metro Vieux Port. Öffnungszeiten: 12–19 Uhr, außer sonntags.
- **Musée de la Marine et de l'Economie de Marseille:** Ein anderer Aspekt der Lokalgeschichte - alles über Hafen und Seefahrt. Palais de la Bourse, 13001, Tel. 04.91.39.33.33. Metro Vieux Port.
- **Musée des Docks romains:** Geschaffen von niemand Geringerem als dem Historiker *Fernand Benoît,* zeigt es Ausgrabungen aus der Antike an ihrer Fundstelle. Sehr sehenswert, vor allem als Ergänzung zum historischen Museum. Place Vivaux, 13002, Tel. 04.91.91.24.62. Metro Vieux Port.
- **Galerie des Transports:** Im einstigen Ostbahnhof, heute zur Metro gehörig, Sammlung historischer Gefährte, z.B. ein von Pferden gezogener Omnibus. Place du Marché des Capucins, 13001, Tel. 04.91.54.15.15. Metro Noailles. Sonntags geschlossen.
- **Musée du Vieux-Marseille:** Noch ein anderer Aspekt lokaler Geschichte, das Volkstümliche, von Santons bis hin zu Spielkarten, dazu Möbel, Fotos und vieles andere, kurz: ein Bilderbogen des täglichen Lebens. Maison Diamantée, Rue de la Prison, 13002, Tel. 04.91.55.10.19. Metro Vieux Port.
- **Musée des Arts et Traditions populaires du terroir marseillais:** Eine Ergänzung zum Museum des Alten Marseille. Auch hier geht es um Volkstümliches. 5, Place des Héros, Chateau-Gombert, 13012, Tel. 04.91.68. 14.38. Öffnungszeiten: täglich außer Dienstag 14.30–18.30 Uhr.
- **Musée de la Mode de Marseille:** Ein ganz neues Museum im Vorzeigekomplex der Stadt, dem Espace Mode Méditerranée. 11, La Canebière, 13001, Tel. 04.91.14. 92.00. Metro Vieux-Port. Geöffnet nur für Ausstellungen.
- **Musée des Beaux-Arts:** Dieses älteste Museum von Marseille wurde nach der Revolution gegründet und unter anderem mit Gemälden bestückt, die in den Kirchen konfisziert worden waren. Die bedeutende Sammlung umfasst französische Malerei des 17.–19. Jh., dazu italienische und mitteleuropäische Werke *(Rubens* oder *Jordaens)* und Skulpturen, auch von *Pierre Puget.* Palais Longchamp, 13004, Tel. 04.91.14.59.30. Metro Longchamp Cinq-Avenues.
- **Musée d'Histoire naturelle:** Bedeutende Sammlung zu Geologie, Vorgeschichte, Zoologie und Botanik. Skelette, Dinosaurier-Eier und ein ausgestopfter Riesen-Gecko machen dieses liebenswert verstaubte Museum auch für Kinder interessant. Palais Longchamp, 13004, Tel. 04.91.14.59.50. Metro Longchamp Cinq-Avenues.
- **Musée Grobet-Labadié:** In einem außerordentlich schönen Hôtel particulier des 19. Jh. sind die Sammlungen einer reichen Kaufmannsfamilie zu sehen: Malerei, Skulpturen, Möbel, Teppiche. 140, Boulevard Longchamp, 13001, Tel. 04.91.62.21.82. Metro Longchamp Cinq-Avenues.
- **Musée Cantini:** Moderne und zeitgenössische Kunst in einem längst zu klein gewordenen Hôtel particulier. Werke unter anderem von *Miro, Ernst* und *Balthus,* aber auch *Yves Klein* oder Fotos des Meisters *Henri Cartier-Bresson.* 19, Rue Grignan, 13006, Tel. 04.91. 54.77.75. Metro Estrangin-Préfecture.
- **Musée d'Archéologie méditerranéenne:** Es enthält die umfassende und wertvolle Sammlung des reichen Kaufmanns *Borély* und in der Revolution beschlagnahmte Objekte. Ägypten, Griechenland und Rom sind vertreten, dazu die Keltoliguren mit Funden aus Roquepertuse und etruskische Hinterlassenschaften. Vieille Charité, 2, Rue de la Charité, 13002, Tel. 04.91.14.58.59. Metro Joliette.
- **Musée d'Arts Africains, Océaniens, Amérindiens:** Eine Vielzahl von Zeugnissen teils untergegangener, teils bedrohter Kulturen. Zu sehen sind unter anderem sehr beeindruckende und wertvolle Totenmasken und Schrumpfköpfe. Vieille Charité, 2, Rue

376pr Foto: bm

de la Charité, 13002, Tel. 04.91.56.28.38. Metro Joliette.

- **Musée provençal du Cinéma:** Die jüngere Geschichte Marseilles ist auch eine Geschichte des Kinos, denn nur in Paris sind noch mehr Filme gedreht worden. 3, Rue Colbert, 13001, Tel. 04.91.90.24.54. Geöffnet nach Vereinbarung.

Praktische Hinweise

Information

- **Office de Tourisme,** 4, La Canebière, 13001 Marseille, Tel. 04.91.13.89.00, Fax 04.91.13.89.20.www.marseille-tourisme.com.

Blick auf die nahegelegenen Frioul-Inseln

- **Comité départemental du Tourisme des Bouches-du-Rhône,** 13, Roux de Brignoles, 13006, Tel. 04.91.54.92.66, www.mairie-marseille.fr.

Hotels

- **Le Petit Nice******/€€€€€, Corniche Kennedy, 13007, Tel. 04.91.59.25.92. Der luxuriöseste Ort in Marseille, abseits vom Getriebe der Großstadt an der Küstenstraße. Klein und sehr exklusiv. Das Restaurant ist ebenso berühmt.
- **Sofitel Vieux-Port******/€€€€, 36, Boulevard Charles Livon, 13007, Tel. 04.91.15.59.00, Fax 04.91.15.59.50. Großes, eher unpersönliches Haus, das man nicht der großzügigen, aber uniformen Zimmer wegen wählt, sondern aufgrund des Blickes. Die Hälfte der Zimmer schaut nämlich von der Meeresseite aus in den Hafen hinein.
- **Hôtel Mercure Vieux-Port*****/€€€€, 4, Rue Beauvau, 13001, Tel. 04.91.54.91.00, Fax 04.91.54.15.76. Der große Klassiker am Ha-

fen mit dem Charme eines Grand-Hôtel. In den mit Antiquitäten möblierten Zimmern, von denen keines dem anderen gleicht, steigen gern Künstler ab, früher auch *Chopin* oder *Cocteau*.

● **Saint Ferreol's*****/€€€, 19, Rue Pisançon, 13001, Tel. 04.91.33.12.21. Der Geheimtipp: Zwar ohne Hafenblick, aber absolut zentral. Alle Bäder aus Marmor und auch sonst ausgesprochen geschmackvoll, dazu persönlich und sehr liebevoll geführt bis hin zum Duft der Räume.

● **Rome et St. Pierre*****/€€€€, 7, Cours St. Louis, 13001, Tel. 04.91.54.19.52, Fax 04.91. 54.34.56. Traditionell-gemütliches, für die Kategorie eher einfaches Haus.

● **Alizé****/€€€, 35, Quai des Belges, 13001, Tel. 04.91.33.66.97, Fax 04.91.54.80.06. Die günstige Alternative zum benachbarten Beauvau: Das komfortable und gepflegte Haus liegt direkt am Hafen. Klimatisiert.

● **Sud****/€€, 18, Rue Beauvau, 13001, Tel. 04.91.54.38.50. Die Zimmer sind etwas eng geraten und mangels Klimaanlage mitunter stickig. Dafür sind die Preise günstig.

Jugendherbergen

● **Auberge de Jeunesse de Bois-Luzy,** Château de Bois-Luzy, Allée des Primevères, 13012, Tel. 04.91.49.06.18.

● **Auberge de Jeunesse de Bonneveine,** 47, Avenue Joseph-Vidal, 13008, Tel. 04.91. 73.21.81.

Restaurants

Allgemein gilt: Nie eine billige Bouillabaisse irgendwo essen. Die Zubereitung ist aufwendig und teuer, Angebote unter etwa 30 € pro Person entpuppen sich meist als Nepp.

● **Miramar,** 12, Quai du Port, 13002, Tel. 04.91.91.10.40. Der ewige Klassiker unter den Restaurants. Seit vielen Jahren wird hier die über jeden Zweifel erhabene Bouillabaisse serviert. Um 60 €.

● **New York,** 33, Quai des Belges, 13001, Tel. 04.91.33.60.98. Der ewige Klassiker unter den Brasserien. Hier kehren Marseillaiser Flaneure ein, zum Sehen und Gesehenwerden. Das Restaurant bietet eine typische Brasserie-Küche auf hohem Niveau, die Küche hat für Nachtschwärmer lange geöffnet. Menü um 25 €.

● **Le Patalain,** 49, Rue Sainte, 13001, Tel. 04. 91.55.02.78. Sehr in und sehr schick ist dieses kleine Restaurant, in dem eine charmante Patronne regionale Spezialitäten, gelegentlich auch zu Live-Jazz serviert. Menü ab ca. 45 €.

● **Le Chaudron provençal,** 48, Rue Caisserie, 13002, Tel. 04.91.91.02.37. Elegantes kleines Restaurant, das ebenfalls Spezialist für eine gute Bouillabaisse ist. Menü ab etwa 40 €.

● **Les Mets de Provence,** 18, Quai de Rive Neuve, 13001, Tel. 04.91.33.35.38. Ein originelles, eigenwilliges Restaurant, sehr traditionell, fast schon legendär. Strikt provenzalische Küche, die hier in einem gewaltigen Menü zelebriert wird. Ab etwa 45 €.

● **L'Ambassade des Vignobles,** 42, Place aux Huiles, 13001, Tel. 04.91.33.00.25. Der Name trügt nicht, die beiden Betreiber verstehen sich tatsächlich als Botschafter der Weinberge. 25.000 Flaschen harren in den Kellern der Gourmets, die zu jedem Gang des Menüs einen anderen, perfekt abgestimmten Tropfen genießen. Ab 30 € ohne Wein.

● **La Charpenterie,** 22, Rue de la Paix, 13001, Tel. 04.91.54.22.89. Deftiges von Hochprovenzalen, die es nach Marseille verschlagen hat. Wir raten ab von den *Pieds et Paquets*. Menü ab etwa 25 €.

Cafés/Bars

● **Le New Orleans,** 1, Quai de Rive Neuve, 13001, Tel. 04.91.33.87.27. Jazzbar zum Tanzen.

● **Le Pelle-Mele,** 8, Place aux Huiles, 13001, Tel. 04.91.54.85.26. Berühmte Piano-Bar, Jazzkonzerte.

● **Le Café Parisien,** 1, Place Sadi-Carnot, 13002, Tel. 04.91.90.05.77. Café mit Dekor und Atmosphäre der Wende vom 19. zum 20. Jahrhundert.

● **Le Bar de la Marine,** 14, Quai de Rive Neuve, 13007, Tel. 04.91.54.95.47. Das Marseille *Pagnols* lebt auf in dieser Bar, die ihn zum berühmt gewordenen Kartenspiel in „Marius" inspiriert haben soll.

Feste

- **Mittelmeer-Festival** mit Tanz, Theater und Musik im Juni.
- **Inselfestival** mit Theater auf dem Archipel du Frioul im Juli.
- **Folklore-Festival** im Château Gombert im Juli.
- **Festival geistlicher Musik** in St. Victor im Herbst sowie Anfang April.
- **Fiesta** mit Musik, Tanz und Konzerten in den Bodega-Bars an den Alten Docks im Oktober.

Anreise/Weiterreise

- **Mit dem Flugzeug:** Aéroport Marseille-Provence, Tel. 04.42.14.14.14.
- **Mit dem Auto:** Von Norden über die A 7 oder N 7. Von Montpellier über die A9, A 54 und N 113.
- **Mit dem Bus:** 3, Place Victor Hugo, Tel. 04.91.08.16.40. Verbindungen in alle Nachbarstädte und natürlich in alle wichtigeren Städte der Provence.
- **Mit der Bahn:** Gare St. Charles, Tel. 08.36.35.35.35.
- **Mit dem Schiff:** SNCM, 61, Boulevard des Dames, Tel. 08.36.67.95.00, Metro Joliette. Fähren nach Korsika oder Nordafrika.

Autoverleih

Jeweils mit mehreren Filialen:

- **Avis,** Tel. 04.91.08.41.80.
- **Europcar,** Tel. 04.91.99.40.90.
- **Budget,** Tel. 04.91.64.40.03.
- **Citer,** Tel. 04.91.83.05.05.

Segeln

- **Association voile impulsion,** 110, Boulevard Chieusse, 13016, Tel. 04.91.03.71.56.
- **Comité départemental de Voile des Bouches-du-Rhône,** Boulevard Touret de Vallier, 13500 Martigues, Tel. 04.42.80.12.48.
- **Société Nautique de Marseille,** Pavillon Flottant, Quai de Rive Neuve, 13007, Tel. 04.91.54.32.03.
- **Soleil Rouge,** 74, Quai du Port, 13002, Tel. 04.91.90.60.67 (Verleih, mit und ohne Mannschaft, für ein Wochenende oder länger, auch Motorboote).

Sportfischen

- **Le Yachting Club de la Pointe Rouge,** Port de la Pointe Rouge, 13008, Tel. 04.91.73.06.75 (Wettbewerbe).
- **Société Mare Nostrum,** 165, Rue St. Jean-du-Désert, 13005, Tel. 04.91.73.05.08 (Einführungskurse).

Tauchen

- **Club du Vieux Plongeur,** 116, Cours Lieutaud, 13006, Tel. 04.91.48.79.48 (Anfänger und Fortgeschrittene).

Wasserski

- **Jet Sea Club Marseillais,** 61, Boulevard des Neiges, 13008, Tel. 04.91.72.62.23.

Rudern

- **Cercle de l'aviron de Marseille,** 1, Plage de l'Estaque, 13016, Tel. 04.91.46.00.66.

Frioul-Inseln ⇗XXII/A3

Der angemessene Weg nach Marseille führt über das Wasser. Nirgends offenbart sich die Schönheit des Ortes vollkommener als bei der Einfahrt in die weite Bucht mit den dahinter aufragenden Bergen, dann in das Hafenbecken, an den trutzigen Forts vorbei, hinein in die Metropole, die sich auf ihren Hügeln zusammenballt unter einem Himmel von unglaublicher Klarheit. Man stelle sich die Griechen vor, wie sie vor über zweieinhalb Jahrtausenden die gleiche grandiose Landschaft entdeckten. Heute kommt kaum mehr ein Besucher vom Meer. Aber ein Ausflug lässt sich unternehmen, ein Abstecher zu den Inseln, die die Natur wie einen Wachtposten vor die Tore der Stadt gelegt hat.

Die Boote ankern am Quai des Belges. Die meisten laufen das **Château d'If** an, jene legendäre Felsenfestung, in der *Alexandre Dumas* seinen *Grafen von Monte Christo* einsitzen ließ. Schon *Julius Cäsar* erwähnte eine Insel gegenüber der Stadt, vor der seine Flotte vor der Eroberung Marseilles lag, wahrscheinlich dieser drei Hektar große Felsen.

Franz I. kam 1516 hierher und traf ein Rhinozeros an. Als Geschenk eines Maharadschas an den portugiesischen König und von dem an den Papst fristete es hier friedlich grasend seine Tage. Beeindruckt von der Lage der Insel, ordnete der König den Bau des Forts an. Ein Bollwerk entstand, mit mächtiger Ummauerung, einem quadratischen Bau darin und drei Türmen.

Allerdings gewann es mehr strategische als unmittelbar militärische Bedeutung. Nie erlebte die 1531 vollendete Festung eine Belagerung, und da die dicken Mauern schon nicht nach außen schützen mussten, so sollten sie es wenigstens nach innen tun: Das Château d'If wurde ein **Gefängnis.** 1689 etwa warf man die Protestanten hinein; das ungesunde, feucht-muffige Klima in den Türmen raffte sie alsbald dahin. Besser erging es dem jungen *Mirabeau,* der auf Geheiß seines Vaters kurz hier einsaß. Er verführte ein Küchenmädchen und fühlte sich auch sonst ganz wohl. Ein gewisser *José Custodio Faria,* geistlichen Stands, inspirierte dann *Alexandre Dumas* zu seiner Figur des *Abbé Faria* im **Grafen von Monte Christo.** *Edmond Dantès,* der Graf von Monte Christo selbst, ist in den Archiven nicht verzeichnet. Obwohl – das Loch in einer Zelle ist noch zu sehen. Wer weiß?

Legendär ist auch ein anderer Gefangener: Der **Mann mit der eisernen Maske.** Dieser Häftling, dessen Gesicht nicht einmal die Wärter schauen durften, lebte zur Zeit des Sonnenkönigs. Dass er tatsächlich im Château d'If gesessen hat, wird von der heutigen Forschung aber bestritten. Seine Gestalt ist noch immer unerklärt.

Der Marseillaiser *Marcel Pagnol,* gestandener Künstler schon und wohl von einer Sinnkrise befallen, machte sich zum allgemeinen Unverständnis an eine historische Untersuchung des Mysteriums. Sein – später bestrittenes – Ergebnis: Es handelte sich um einen Zwillingsbruder des Sonnenkönigs,

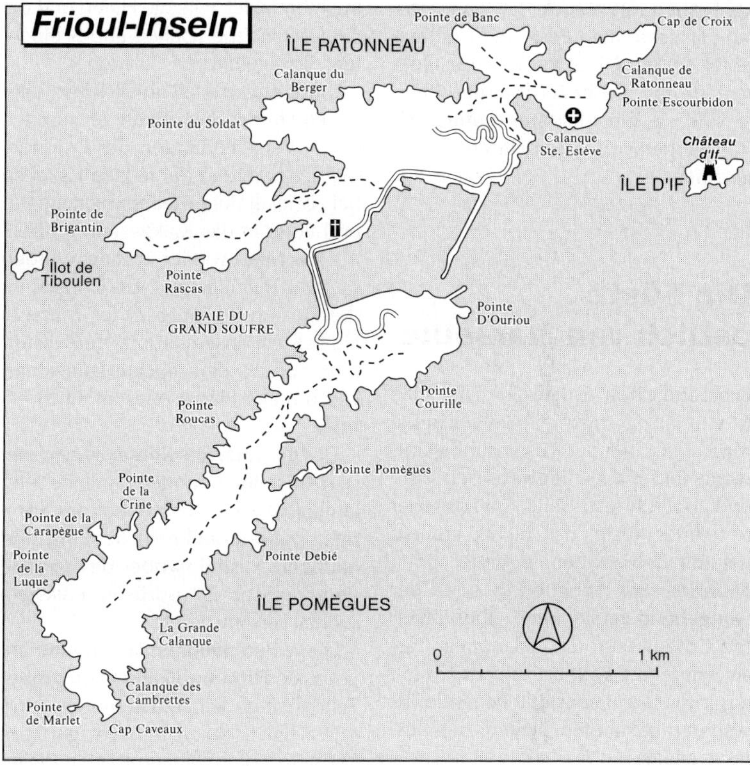

der als Erster geboren wurde, deshalb Thronrecht hatte und wegen der offensichtlichen Ähnlichkeit zu *Ludwig XIV.* die eiserne Maske tragen musste bis ans Ende seiner Tage.

Historisch oder nicht, der Rundgang durch das Château d'If führt auch in die **Verliese.** Ein kleines Restaurant verkürzt die Zeit bis zum Rücktransport.

Weitere Inseln sind **Ratonneau** und **Pomègues,** verbunden durch die Mole des gemeinsamen Hafens **Port-Frioul,** sowie **Tiboulen.** Alle zusammen bilden sie das 200 Hektar große **Archipel du Frioul.** Die hellen Kalkfelsen im tiefblauen Mittelmeer mit zum Teil weißen Stränden und frischer Meeresluft wirken wie ein Flecken Paradies, und doch waren sie, genauso wie If, einst ein Hort der Verdammten. Im gleichen Maße nämlich, wie Marseille seine Handelsschiffe in alle Meere schickte, brachten sie Seuchen und

Epidemien mit zurück. Jahrhundertelang schickte man Pest- und Choleraopfer auf die Frioul-Inseln – zur Quarantäne, meist aber zum Sterben. Heute sind sie ein beliebtes Auflugsziel und werden vom **Alten Hafen** aus angelaufen.

Die Küste östlich von Marseille

Die Landschaft östlich von Marseille ist von einzigartigem Charakter in Europa. Zwischen der Küstenstraße Corniche und Cassis liegt das schönste und unberührteste Stück französischer Mittelmeerküste, das nichts gemein hat mit den großen, mitunter öden Stränden des Languedoc oder der weitgehend zersiedelten, übervölkerten Côte d'Azur: die Calanques. Cassis, ein feiner Badeort und La Ciotat, das idyllische Hafenstädtchen, sind die weiteren bekannten Ziele dieses Küstenstreifens.

Die Calanques ⇗XXII/A–B3

Die Calanques, geologisch ungenau **Fjorde der Provence** genannt, erstrecken sich auf 20 Kilometern Länge: eine raue, zerklüftete Landschaft von wilder Schönheit.

Es handelt sich um ein ausgedehntes, bis zu 565 Meter hohes Massiv aus hellem Kalkstein, das abrupt und bis zu 400 Meter in das tiefblaue Mittelmeer abfällt, dabei kleine Sandbuchten bildet, winzige Häfen und tief eingeschnittene Spalten und Schluchten: die eigentlichen Calanques.

Diese engen, steil abfallenden Täler waren einmal Flussbetten, entstanden durch Verschiebungen der Erdrinde, die sich während der letzten Eiszeiten bei absinkendem Meeresspiegel tiefer und tiefer in das Kalkgestein gruben. Als das Meer wieder anstieg, wurden sie zum Teil überspült. Ein Übriges tat die Erosion im Inneren des Massivs. Sie ließ ein Ensemble bizarrer Felsformen zurück, eine nackte Landschaft von brutaler Härte. Alles an ihr ist extrem.

Das gilt auch fürs **Klima:** Es zeichnet sich aus durch ungewöhnliche und langanhaltende Trockenheit im Sommer, starke Sonneneinstrahlung und häufigen Mistral, wobei das wenige Regenwasser im porösen Kalkstein schnell verschwindet.

Diese Bedingungen lassen eine angepasste **Flora und Fauna** von großer Seltenheit gedeihen. Da gibt es garrigue-artige Flecken mit einzigartigen Kräutern, wilde Ölbäume, Alep-Pinien und Myrten, dann, direkt am Meer, Arten, die nur auf dem stark salzhaltigen Boden wachsen.

Die Calanques bieten Schutz für **seltene Vögel** wie den Bonelli-Adler, für Fledermäuse, aber auch für Füchse und Steinmarder und vor allem für Insekten und Reptilien. Hier leben riesige Eidechsen und Schlangen furchteinflößender Länge wie die Montpellier-Natter.

Diese naturgemäß sehr fragile Landschaft hat so viele Bedrohungen über-

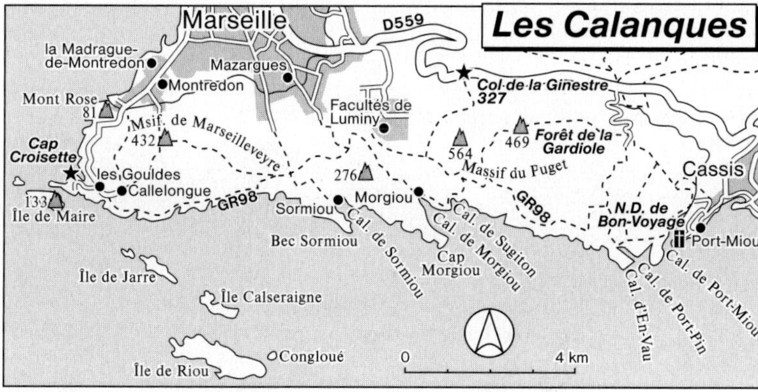

standen, dass ihr heutiger Zustand schon ein kleines Wunder ist. Durch Feuer (zuletzt 1990) und Rodung verschwanden Steineichenwälder; die zahllosen, zum Teil in der Vorgeschichte besiedelten Grotten wurden schon im 19. Jh. unsystematisch erkundet und beschädigt. Man nutzte die Calanques als **Steinbrüche** und plante, sie mit Immobilien gewinnbringend zu vermarkten. Weitere Straßen sollten her, obgleich schon die Feuerwehr-Wege von Erholung suchenden Autofahrern missbraucht werden. Zu den bestehenden *Cabanons,* den Ferienhäuschen der Marseillaiser, kamen neue, illegale hinzu.

Heute sind die Calanques unter Schutz gestellt, und dass Marseille wie Cassis sie eifersüchtig jeweils für sich beanspruchen, macht diesen Schutz nur sicherer. Wie immer man die Calanques entdecken will, man sollte selbst dazu beitragen, dass dieses Paradies erhalten bleibt.

Die Buchten

Mounine, Marseilleveyre, les Queyrons, Podestat, l'Escu und Cortiou hinter dem noch per Auto zu erreichenden **Callelongue** sind am kleinsten – kaum mehr als größere Felsspalten.

Sormiou ist dagegen die größte Calanque von allen, mit Fischerhäuschen an einem kleinen Hafen und Sandstrand. Sie ist gut zu erreichen und entsprechend besucht.

Morgiou, versteckt hinter einem kleinen Cap, zeigt sich fast genauso groß und ebenfalls mit Hafen.

Sugiton liegt gleich daneben, viel kleiner und mit einem FKK-Strand ausgestattet. Östlich davon erhebt sich 454 Meter hoch der Felsen La Grande Candelle.

Le Devenson und L'Oule bilden ein weniger tief eingeschnittenes Küstenstück mit den hoch aufragenden Felsen von Devenson dahinter.

En-Vau, schmal und tief, wirkt vielleicht am eindrucksvollsten von allen

384pr Foto: bm

Calanques. Das flache Wasser bietet ein unglaubliches Farbenspiel. Wegen ihrer Form und Schönheit nennt man En-Vau auch den „Finger Gottes".

Port Pin trägt ihren Namen der Pinien wegen, die am Strand wachsen. Direkt neben En-Vau ist sie weniger spektakulär, aber fast genauso schön.

Hafen in den Calanques

Port-Miou, die längste aller Calanques, hat durch Steinbrüche und den Brand von 1990 am meisten gelitten. Sehenswert bleibt sie ihrer Form wegen. Im Osten münden kleine Wasserläufe, etwas übertrieben „Fluss von Cassis" genannt.

Tauchen

- Für Taucher bietet das Massiv mit seinem klaren Wasser und vielfältiger Tier- und Pflanzenwelt eines der schönsten Reviere überhaupt. Tauchvereine mit **Kursen** s. Marseille.

Anreise

- **Mit dem Auto/zu Fuß:** Noch mit dem Wagen erreichbar sind die Strände **Les Goudes** am Cap Croisette, wo die Surfer ins Wasser steigen, und **Callelongue**, wo die Straße endet an einem idyllischen, winzigen Hafen mit einer Handvoll Häuser. Eines schmückt sich mit dem Schild „Les Insouciants" – und man glaubt gern, dass in diesem einfachen, verschlafenen Ort ein sorgloses Dasein geführt wird.

Man muss nun zurückfahren bis kurz vor Marseille und dann die D 559 nach Cassis nehmen, denn eine Küstenstraße im eigentlichen Sinn gibt es nicht. Von dieser Landstraße zweigen aber kleinere **Stichstraßen** ab, die an Parkplätzen in relativer Küstennähe enden: Chemin de Sormiou, Chemin de Morgiou, Avenue de Luminy. Je nach Absperrung muss man dann noch ein oder zwei Kilometer laufen. Die weiterführenden Straßen führen zwar näher heran, sind aber strikt reserviert für Anlieger.

- **Mit dem Bus/zu Fuß:** Von Marseille aus fahren folgende Linien: 19 (Metro Castellane bis Madrague), 20 (Madrague de Montredon bis Callelongue), 21 (Canebière an der Börse bis Luminy), 23 (Metro Rond-Point du Prado bis Beauvallon mit Haltestellen für die Calanques von Sormiou und Morgiou), 45 (Metro Rond-Point du Prado bis Marseilleveyre).
- **Mit dem Schiff:** Die Ausflugsschiffe von Marseille nach Cassis legen am Vieux Port ab (Quai des Belges); die meisten laufen auch einen Strand der Calanques an. Auch von Cassis aus fahren Boote, etwa nach Port-Pin. Auskunft über die wechselnden Abfahrtszeiten erteilen die jeweiligen Tourismusbüros.
- **Zu Fuß:** Am reizvollsten ist es, von vorneherein einen **Wanderweg** parallel zur Küste zu nehmen. Der GR 98 von Montredon teilt sich in GR 98a (durch das Massiv) und GR 98b (direkt an der Küste).

Die bequemste Möglichkeit ist, in Callelongue auf den **GR 98b** zu stoßen und in zweieinhalb Stunden bis zur Calanque de Cortiou zu gehen, oder umgekehrt von Cassis aus in noch kürzerer Zeit bis Port-Pin. Für die gesamte Strecke sollte man dagegen auf jeden Fall einen ganzen Tag einplanen.

Der **GR 98a** überquert den 432 Meter hohen Gipfel Marseilleveyre und bietet einen besonders schönen Blick auf Marseille und die den Calanques vorgelagerten Inseln Maïre, Jarron, Jarre, Plane, Calseraigne und Riou.

Im Sommer kann es vorkommen, dass wegen der Brandgefahr Wanderwege teilweise gesperrt sind.

Cassis

⇗XXII/B3

Über die D 559 nähert man sich Cassis, zunächst durch Garrigue-Landschaft, bis sich unversehens hinter einer Kurve das großartige Panorama der Bucht von Cassis auftut. Der Ort selbst, bekannt für seinen ausgezeichneten trockenen Weißwein, ist außerhalb der Hochsaison ein Hafenstädtchen voller mediterranem Charme. Viele betuchte Marseillaiser haben hier ihr Wochenend-Domizil.

Der Hafen Carsicis Portus bestand schon in der Antike. Der heutige Ort lebte aber erst im 17. Jh. neu auf und zeigt weitgehend ein modernes Gesicht. Nur einige Gassen und Plätze wirken typisch provenzalisch. Das Leben spielt sich überwiegend um den Hafen herum ab, im Sommer ist der Ort überlaufen.

Für die Weiterfahrt nach La Ciotat bietet sich die **Route des Crètes** an (D 141), die hoch über der Küste immer wieder herrliche Aussichtspunkte eröffnet und sicher zu den schönsten Straßen Frankreichs zählt. Am **Cap Canaille** blickt man in die Bucht von Cassis, wenig später in 399 Metern Höhe aufs offene Meer (Aussichtspunkte Grande Tête, Falaises du Soubeyranes, gut zehn Kilometer weiter dann Le Sémaphore). Es ist auch die höchste Steilküste Frankreichs.

Information

- **Office de Tourisme,** Place Baragnon, 13260 Cassis, Tel. 04.42.01.71.17.

Hotels

- **Roches blanches*****/€€€€, Route de Port-Miou, Tel. 04.42.01.09.30. Dieses schöne, von Weinlaub überwachsene Hotel bietet Schwimmbad, eigenen Strand und den Blick über die Bucht.
- **De la Rade*****/€€€€, 1, Avenue des Dardanelles, Tel. 04.42.01.02.97, Fax 04.42.01.01.32. Ebenfalls mit Schwimmbad und Panorama-Terrasse.
- **Le Provençal****/€€, 7, Rue Victor Hugo, Tel. 04.42.01.72.13. Ein Haus am Hafen mit schönen Zimmern, mitunter etwas laut.

Jugendherberge

- **La Fontasse,** Tel. 04.42.01.02.72. Im Calanques-Massiv (von Marseille aus am Col de la Gardiole rechts abbiegen, dann etwa 5 km). Sehr schönes, provenzalisches Haus, sympathisch geführt.

Camping

- **Les Cigales,** Avenue Marne, Route de Marseille, Tel. 04.42.01.07.34. Sehr nah zum Meer.

Restaurant

- **Le Clos des Aromes,** 10, rue Paul-Mouton, Tel. 04.42.01.71.84. Oberhalb des Ortes liegt dieses Haus mit schönem Innenhof und raffinierter Küche zum günstigen Preis. Menü ab etwa 15 €.

Markt

- **Wochenmarkt** mittwochs und freitags.

Anreise/Weiterreise

- **Mit dem Auto:** Von Marseille oder La Ciotat über die D 559, von Norden auch über die A 50, dann D 41e.
- **Mit dem Bus:** Von Marseille (s. dort).

La Ciotat

↗XXIII/C3

La Ciotat selbst mag auf den ersten Blick enttäuschen mit seinen modernen Außenbezirken. Das **Hafenstädtchen** hat seine Lage genutzt und Industrie angesiedelt, vor allem Werften. Von deren Krise in den 1970er Jahren hat es sich noch nicht erholt. Mit dem Tourismus versucht sich der Ort nun ein zweites Standbein zu schaffen, er profitiert dabei von mehreren Sandstränden.

Besuchenswert ist vor allem der **Alte Hafen** mit seiner, jedenfalls in der Nebensaison, provinziell-verschlafenen Promenade. Von beschaulichen Straßencafés aus lässt sich das ruhige Hafenleben verfolgen. Übermäßig viel zu sehen gibt es hier aber nicht, wenn man einmal absieht von pastellfarbenen Fassaden und dem **Hôtel de Ville,** das wegen seines runden Eckturms zum Wahrzeichen wurde.

Das **Hôtel de Grimaldi-Régusse** (18, Rue Abeille) mit einer außergewöhnlichen Barocktreppe zeugt noch vom Reichtum La Ciotats im 17. Jh., wie auch die klassische **Kirche Notre-Dame-du-Port** mit schönem Portal und die Chapelle des Pénitents-Bleus.

In zweifacher Hinsicht kommt La Ciotat welthistorische Bedeutung zu. Zum einen soll hier 1910 das Pétanque-Spiel erfunden worden sein, zum anderen drehten die Brüder *Lumière* im Bahnhof 1895 den ersten Kinofilm: „Ankunft eines Zuges im Bahnhof". Bei der Vorführung löste das Werk Panik im Kino aus, weil das Publikum glaubte, ein Zur rase auf es zu. Die

386pr Foto: bm

Leute versteckten sich hinter den Sitzen. Dem **Kino** fühlt La Ciotat sich noch immer verbunden, und das *Eden* behauptet sogar, das älteste noch bestehende Kino der Welt zu sein.

Neben den *Lumières* lebten auch der Maler *Georges Braque* und der Schriftsteller *Stendhal* hier eine Zeitlang.

Einst hatte La Ciotat einen Schwesterort, **Ceyreste,** heute ausgegliedert und nur mehr ein benachbartes Dorf. Seine Ummauerung ist noch teilweise erhalten.

Information

- **Office de Tourisme,** Boulevard A. France, 13600 La Ciotat, Tel. 04.42.08.61.32, Fax 04.42.08.17.88.

Hotels

- **La Croix de Malte****/€€, 4, Boulevard Jean Jaurès, Tel. 04.42.08.63.38, Fax 04.42.71.97.55. Familiär geführtes Haus am Hafen.
- Außerdem zahlreiche **weitere Hotels,** vor allem der unteren und mittleren Preisklassen, die größtenteils nicht besonders hervorstechen.

Camping

- **Saint Jean*****, 30, Avenue de St. Jean, Tel. 04.42.83.13.01, Fax 04.42.71.46.41. Schattig, direkt am Wasser unter Bäumen.
- **De Ceyreste*****, Tel. 04.42.83.07.68, Fax 04.42.83.19.92. In einem schönen Pinienwald.

Die Bucht von Cassis

388pr Foto: bm

Nachmittag an der Uferpromenade

Restaurant

- **Auberge des Grands Pins,** Route de Marseille, Tel. 04.42.83.48.70. Fisch und andere provenzalische Spezialitäten. Menü ab etwa 16 €.

Märkte und Feste

- **Wochenmarkt** dienstagmorgens auf der Place Evariste und sonntagmorgens am Alten Hafen.
- **Fischmarkt** täglich gegen 10 Uhr am Alten Hafen.
- **Festival du Cinéma** meist im Juni.

Anreise/Weiterreise

- **Mit dem Auto:** Von Cassis über die D 559 oder von Norden (Aubagne) ebenfalls über die D 559 oder die A 50.
- **Mit dem Bus:** Gare routière, Boulevard A. France, Tel. 04.42.08.90.90. Regelmäßige Verbindungen nach Marseille, Aix, Cassis und Aubagne.
- **Mit der Bahn:** Gare SNCF, Gare de La Ciotat, Tel. 08.36.35.35.35.

Autoverleih

- **Hertz,** Station Shell, Tel. 04.42.83.47.23.

Wassersport

- **Wassersport-Möglichkeiten** sind schier unerschöpflich. Port de Plaisance, Tel. 04.42.08.62.90 oder über das Office de Tourisme.

Das Hinterland von Marseille

Das Massif de la Ste. Baume ⇗XXIII/C-D1-2

Über **Gémenos** mit seiner Mairie, ein ehemals dem *Marquis d'Albertas* gehörendes Schloss des 17. Jh., erreicht man den **Parc de St. Pons** an der D 2, einen über 50 ha großen Naturpark inmitten eines riesigen Waldes, der sich über fast 380 ha erstreckt. Garrigue, Steineichen und Kiefern, dazwischen kleine Bäche, bilden ein paradiesisch unberührtes Stück Provence-Landschaft. In der Nähe der Quelle von St. Pons liegen die Ruinen einer **Zisterzienser-Abtei** aus dem 13. Jh. – ein Ort so recht geschaffen für Weltentzug und Meditation.

Die Straße schlängelt sich nun höher ins immer karger werdende Massiv, gibt ständig neue Ausblicke frei und erklimmt schließlich den **Col de l'Espigoulier** in 728 Metern Höhe. Das Panorama zählt zu den schönsten der Provence, der Blick reicht bis nach Marseille und zum Meer. Ein paar Kurven weiter öffnet sich die Sicht auf die Bergkette Ste. Victoire im Norden.

Mit dem Weiler **Plan d'Aups** (700 m) und seiner schlichten romanischen Kapelle erreichen wir einen geradezu verwunschenen **Wald,** der seit Jahrhunderten strengen Schutz genießt und sogar den Kelten schon heilig war. Auf feuchtem Boden, in neblig-dunstiger Umgebung wachsen hier vor allem Buchen, aber auch Linden, Ulmen, Ahorne, Eschen, Eichen, Fichten und Tannen. Sie bilden ein grünes Dach, unter dem ein Geflecht aus Farnen, Kräutern und Blumen gedeiht.

Das ganze ist völlig naturbelassen wie ein Urwald, und einige sonst ausgestorbene Arten haben sich hier gehalten. Von Süden schirmen die Felsen des eigentlichen Massivs übermäßige Sonne ab, auch ein Grund für die Präsenz von Pflanzen, die sonst nur weiter nördlich anzutreffen sind.

Mehrere Quellen entspringen hier und fließen wie an einer Wasserscheide in verschiedene Richtungen, um unter anderem die Calanque von Port-Miou bei Cassis zu speisen. Das begründet auch die religiöse Verklärung des Waldes, die ja zumindest in keltischer Zeit mit dem Wasser und der davon ausgehenden Fruchtbarkeit zusammenhing.

In einer bemerkenswerten Kontinuität hat das Christentum auf seine Weise die keltischen Mythen wiederbelebt und so dem Massiv erst den Namen gegeben. In einer **Grotte** *(Baume)* dieses Waldes soll die heilige Maria Magdalena gestorben sein. Der Legende nach kam sie, von den Pharisäern im gelobten Land ausgesetzt, nach einer Irrfahrt über das Meer in die Provence, eben durch die gleiche Fügung, die einst die Griechen nach Marseille führte. Sie blieb zunächst in Les-Saintes-Maries-de-la-Mer, durchquerte dann diesen Wald, wo sie an die 30 Jahre in der Grotte zubrachte, mit nur den Engeln als Gesellschaft. Die transportierten sie regelmäßig zum Gebet auf den Gipfel St. Pilon in fast tausend Metern Höhe.

Vor allem nach dem Aufleben der Magdalenen-Verehrung im 13. Jh. (siehe St. Maximin) pilgerten unablässig Menschen zu dieser Stätte. Eremiten ließen sich nieder und bald auch eine Mönchsgemeinschaft. Selbst für gekrönte Häupter war eine Wallfahrt hierher selbstverständlich.

Man erreicht die Grotte entweder vom Friedhof in Plan d'Aups aus (das ist weiter, aber weniger steil) oder von der Gabelung der D 80 und der D 95. Dort geht man nach rechts in den Wald hinauf, kommt nach einem Stück an ein Oratorium, das 1516 der Erzbischof von Arles errichten ließ, und begibt sich dann über 150 Stufen zur Grotte selbst. Das Ganze dauert etwa 40 Minuten. Die Heilige hatte sich, wie man nun erkennt, ein Plätzchen mit Panoramablick ausgesucht. Noch weiter reicht die Aussicht vom eigentlichen **Gipfel St. Pilon** in 994 Metern Höhe, den man nach etwa einer weiteren Stunde erreicht.

Wieder an der Straße zurück, führt die D 95 über das charmante **Nans-les-Pins** nach St. Maximin.

Unterkunft

- **Domaine de Chateauneuf******/€€€€€, 83860 Nans-les-Pins, Tel. 04.94.78.90.06. Luxuriöses, wunderbar ruhig gelegenes Haus der Kette *Relais&Chateaux* an einem Golfplatz.

390pr Foto: bm

Altstadt-Fassaden in St. Maximin

St. Maximin-la-Ste. Baume ⇗XVII/D2

Der kleine, geschäftige Ort ganz im Osten unseres Reisegebiets vermittelt schon mehr als nur eine Ahnung vom **Charme der Côte d'Azur.** Italienisches Flair strahlt die Altstadt aus, deren Fassaden in allen Farbtönen wechseln von zartrosa bis leuchtend ocker, mit grünen, blauen und gelben Fensterläden. Doch St. Maximin ist mehr als dies. Es ist vor allem einer der frommsten Orte der Provence mit seiner imposanten Basilika und den darin verehrten Reliquien.

Geschichte

Obgleich schon zu Zeiten des Neolithikums besiedelt und im römischen

Reich ein Handelsort mit zahlreichen Villae in der Umgebung, erhielt St. Maximin seine Bedeutung im beginnenden Mittelalter mit der Gründung eines **Klosters,** vermutlich durch St. Victor in Marseille im 5. Jh. Damals bestand schon ein Grabbau (heutige Krypta), in dem nach der Überlieferung Reliquien Heiliger verehrt wurden.

Im Hochmittelalter gab es nicht weniger als vier den entsprechenden Gestalten geweihte Kirchen. Eine davon, die des St. Maximin, verlieh dem Ort endgültig seinen Namen. Regelrecht entdeckt wurden die mutmaßlichen Gebeine vor allem der heiligen Maria Magdalena aber erst im 13. Jh.

Basilika Ste. Madeleine

Sie ist die größte und schönste gotische Kirche der Provence. Mit dem Bau wurde 1295 begonnen, 16 Jahre, nachdem man bei Grabungen in der Krypta **Reliquien** entdeckt hatte. Sie werden der heiligen Maria Magdalena zugeschrieben, die in der Grotte des Ste.-Baume-Massivs gestorben sein soll, außerdem ihren Begleitern, unter anderem Maximin. Der Fund löste sogleich einen gewaltigen Pilgerstrom aus, den die bestehende romanische Kirche nicht aufnehmen konnte.

Gefördert durch *König Karl II.,* Neffe des heiligen *Ludwig,* schritten die Arbeiten zunächst zügig voran bis zu einer ersten Weihe 1300, schleppten sich aber nach dem Tod *Karls* über ganze zwei Jahrhunderte hinweg. 1404 waren Chor und östliches Langhaus fertig, allerdings nur mit fünf Jochen. Das sechste benötigte allein ein Jahrhundert, und erst der letzte Bauabschnitt zwischen 1513 und 1532 vollendete das westliche Langhaus. Das mittlere Portal blieb unvollständig, die Fassade schmucklos.

So fällt die Basilika heute durch ihre Dimensionen – 72 m Länge und 29 m Höhe – und durch ihre raue, etwas ungeschlacht wirkende **Fassade** auf. Im Vergleich zum nackten Hauptportal stechen nur die Nebeneingänge im Flamboyant-Stil hervor. Von der Seite zeigt sich eine sehr regelmäßige Silhouette, ohne den bei gotischen Kirchen sonst üblichen Formenreichtum. Hier macht sich einerseits die romanische Tradition der Provence bemerkbar, andererseits die Einhaltung des einmal festgelegten Plans während der überlangen Bauzeit. Die ganze Architektur ist klar gegliedert und beschränkt sich im Wesentlichen auf notwendige Grundstrukturen.

Unter Verzicht auf ein Querschiff grenzt die Apsis gleich an das Langhaus, welches betont dreistufig aufgebaut ist: Seitenkapellen mit durchgehendem Dach, gut zehn Meter hoch, dann die Seitenschiffe, mehr als 17 Meter hoch, schließlich das Hauptschiff mit fast 29 Metern. Die Schönheit des Baus und der Raumeindruck beruhen auf der **schmucklosen Strenge** und Schlichtheit der Formen. Auffallend ist der **Hochaltar,** barock aus dem späten 17. Jh.

Der fast quadratische Raum der **Krypta** entstand schon im 4. Jh., womöglich damals noch ebenerdig. Unter anderem aufgrund der Nischen

390pr Foto: bm

und Vertiefungen in den Wänden lässt sich annehmen, dass er von vornherein als Grabraum bestimmt war.

Die **Marmorsärge** stammen ebenfalls aus frühchristlicher Zeit (4. oder 5. Jh.). Seit wann sich die Reliquien darin befinden, ist nicht geklärt, auch nicht mit letzter Sicherheit die Frage, ob diese tatsächlich von den angegebenen Heiligen stammen.

Der Sarg der Maria Magdalena mit fünf Arkaden stellt unter anderem Wunder Christi dar (am Ende des Raumes), derjenige des Maximin die Überreichung der Gesetze an Petrus und Paulus (der zweite von links). Beide stammen wohl aus Rom, hingegen der des Sidonius (rechts) wahrscheinlich aus Südwest-Frankreich. Ein weiterer Sarg soll die Gebeine der Heiligen Susanne und Marcella enthalten, Gefährtinnen Maria Magdalenas (der erste von links).

● **Öffnungszeiten der Basilika:** täglich 9–12 Uhr und 14–18.30 Uhr, Eintritt frei. In den Mittagsstunden ist die Kirche über den Couvent Royal zugänglich (dort aber Eintritt).

Die Kathedrale

Couvent Royal

Der Bau des **Klosters** begann gleichzeitig mit der Basilika, so dass es sich durch gotischen Stil von ebenso klarer Schlichtheit auszeichnet. Im Mittelpunkt steht der **Klostergarten** mit Zedern und einem Brunnen, dazu der sehr einfach gehaltene Kreuzgang aus dem 15. Jh.

Der Ostflügel enthält die Sakristei, den Kapitelsaal mit reicher Ornamentik sowie einen heizbaren, später als Küche genutzten Raum, jeweils mit Kreuzrippen-Gewölben. Der Nordflügel, einfacher, aber mit ebensolchen Gewölben, vereint Anbauten der Küche und zwei Säle, die als Refektorien genutzt wurden. Einer davon diente seit dem 17. Jh. als Kapelle.

Der Westflügel, ursprünglich aus dem 15. Jh., wurde zerstört und erst um 1860 wieder aufgebaut. Die Aufbauten stammen aus dem 15. Jh., als das Kloster wuchs und mehr Platz benötigte.

- **Öffnungszeiten:** Täglich 9–18 Uhr, im Juli und August bis 18.30 Uhr. Eintritt frei.

Das prächtige **Hôtel de Ville** von 1750 gleich neben der Basilika war zunächst Gästehaus des Klosters, bis es die Stadt kurz nach der Revolution kaufte.

Information

- **Office de Tourisme,** Hôtel de Ville, 83470 St. Maximin, Tel. 04.94.59.84.59, Fax 04.94.59.82.92.

Hotel

- **Le Plaisance****/€€, 20, Place Malherbe, Tel. 04.94.78.16.74. Ein kleines, hübsches Hotel im Herzen der Stadt.

Camping

- **Le Provençal*****, Route de Mazaugues, Tel. 04.94.78.16.97.

Märkte und Feste

- **Wochenmarkt** mittwochmorgens.
- **Fêtes patronales de Ste. Marie-Madeleine** in der letzten Juliwoche.
- **Foire aux Santons de Provence et Artisanat de Prestige** am dritten Wochenende im November.
- **Festival de Musique** am dritten Wochenende im August.

Anreise/Weiterreise

- **Mit dem Auto:** Von Aubagne über die D 2, D 80 und N 560 durch das Ste.-Baume-Massiv oder über die A 501 und N 560. Von Aix über die N 7 oder A 8.
- **Mit dem Bus:** Haltestelle an der Place Maréchal de Lattre Tussigny, Verbindung nach Aix und Marseille. Information: Office de Tourisme.

Aubagne

↗XXII/B2

„Je suis né dans la ville d'Aubagne, sous le Garlaban couronné de chèvres, au temps des derniers chèvriers." – Ich bin geboren in Aubagne, unter dem von Ziegen gekrönten Felsen, zur Zeit der letzten Ziegenhirten. – Mit diesen Worten beginnen die berühmten Kindheitserinnerungen des *Marcel Pagnol,* der 1895 in Aubagne zur Welt kam und dort noch immer regelrecht verehrt wird.

Der **Garlaban,** der turmartige, 715 m hohe Felsen, ist in der Tat Wahrzeichen von Aubagne, das man nach einem Blick auf die Landkarte ganz zu Unrecht meiden möchte: Das Städtchen liegt förmlich umzingelt von Autobahnen, was seinem heiteren und lebhaften Charakter aber keinen Abbruch tut.

Schon der Name (*Albania,* die Weiße) deutet auf die hellen **Bergketten aus Kalkstein,** die Aubagne umgeben. Die intakte Natur in so zentraler Lage zwischen Marseille und Aix hat viele Großstädter hierher gezogen, und entsprechend strahlt der ganze Ort gediegenen Wohlstand aus.

Vom mittelalterlichen Aubagne ist wenig erhalten: Eines der ehemals sieben Stadttore, die **Porte Gachiou** aus dem 14. Jh., außerdem einige aus dem 11. Jh. stammende Teile der **Kirche St. Sauveur,** die im 17. Jh. umgebaut und im 19. Jh. mit einer neoromanischen Fassade versehen wurde.

Aubagne ist einer der Hauptorte der **Santon-Herstellung,** jener typisch provenzalischen Krippenfiguren, die von den Santonniers handgefertigt werden.

Das eigentlich Sehenswerte an Aubagne ist seine Umgebung. Weil niemand sie besser geschildert hat als **Marcel Pagnol** und weil niemand mehr Reisende anzieht als er, gibt es einen ganzen **Circuit Marcel Pagnol,** den zu erfahren und zu erwandern für Kenner seiner Filme eine wahre Freude ist. Eine Vielzahl von Drehorten sind zu entdecken, so auch jene Gelände, die *Pagnol* eigens für seine Produktionsfirma kaufte. (Ausführliche Beschreibung der Route mit allen Relikten aus Filmen und Romanen beim Office de Tourisme.)

La Treille

Wir begnügen uns mit einem Besuch in La Treille, einem kleinen Dorf, das nominell schon zu Marseille gehört. Nicht nur liegt *Marcel Pagnol* auf dem Friedhof begraben, hier lebte er auch zeitweilig. *La Bastide Neuve* war das **Ferienhaus der Pagnols,** man erreicht es über den Chemin des Bellons. Eineinhalb Kilometer nördlich des Ortes gibt es einen kleinen Parkplatz, der zum Haus 50 m dahinter führt (Gedenktafel am Haus). Von hier aus kann man dann ein Stück jene wilde Landschaft erwandern, die *Pagnol* in seinen Kindheitserinnerungen zum Inbegriff provenzalischer Naturschönheit stilisiert hat.

Information

- **Office de Tourisme,** Avenue Antide Boyer, 13400 Aubagne, Tel. 04.42.03.49.98, Fax 04.42.03.83.62.

Markt

- **Marché du terroir** mit Produkten aus der Region, täglich außer montags und mittwochs, sehr schön.

Anreise/Weiterreise

- **Mit dem Auto:** Von Cassis über die D 559 oder D 41e; von Norden über die A 501 oder die N 96.
- **Mit dem Bus:** Mehrmals täglich Verbindungen nach Cassis oder Marseille.

Le Pays d'Aix – Aix-en-Provence und Umgebung

Aix-en-Provence – die sinnliche Stadt

↗XVI/A–B2

„Wer hier geboren wurde, ist verloren. Nichts anderes gefällt einem mehr." Es war **Paul Cézanne,** der einst diesen Seufzer ausstieß, und das, obwohl seine Vaterstadt ihn zeitlebens verkannte.

Was der Maler vor über hundert Jahren feststellte, gilt heute mehr denn je: Aix-en-Provence ist die **Lieblingsstadt der Grande Nation,** und die 130.000 privilegierten Einwohner registrieren nicht ohne Stolz, dass die meisten Franzosen nur zu gern mit ihnen tauschen würden.

Doch woher nur rührt die Faszination dieser relativ kleinen Stadt, die noch im vergangenen Jahrhundert – in Lethargie verfallen – als todlangweiliges Provinznest verspottet wurde?

Aix ist einfach schön, und es verkörpert den ganzen Lebensgenuss des Südens. Nirgendwo sonst in der Provence gibt es so viele prachtvolle Barockpaläste, keine Flaniermeile ist so unvergesslich wie der **Cours Mirabeau,** und kaum eine Altstadt paart auf dieselbe Weise nobles Flair mit Gemütlichkeit. In Aix pulsiert das Leben, jedoch mit Gelassenheit: Ob in den schicken Brasserien auf dem Cours, den ungezählten Studenten-Cafés an platanenbestandenen Plätzen oder im Trubel der bunten Märkte, die von frischem Obst und Gemüse über Blumen und Stoffe bis hin zu Trödel einfach alles bieten.

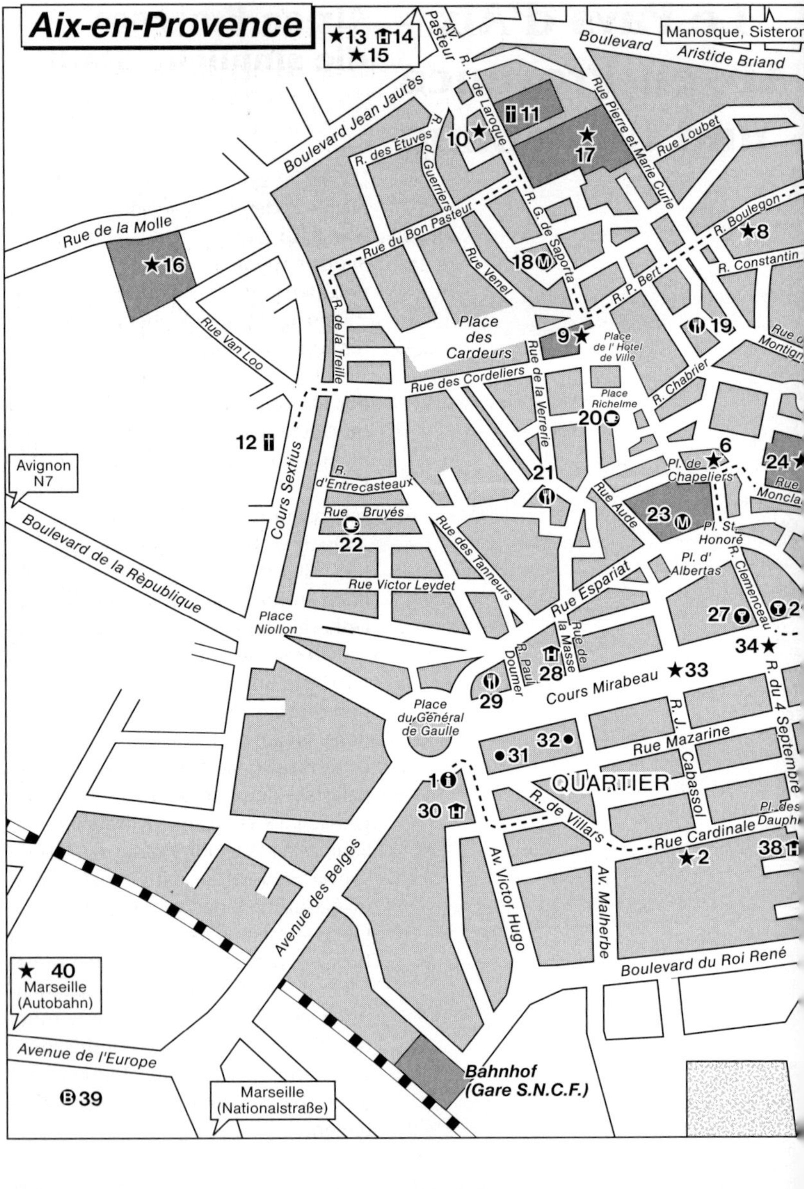
Aix-en-Provence
★13 H14 ★15
Manosque, Sisteron
Boulevard Aristide Briand
Av. Pasteur
R. J. de Laroque
Boulevard Jean Jaurès
11
10 ★
★ 17
Rue Pierre et Marie Curie
Rue Loubet
R. des Étuves
R. d. Guerriers
R. G. de Saporta
Rue du Bon Pasteur
R. Boulegon
★8
R. Constantin
Rue de la Molle
★16
18
Rue Venel
R. P. Bert
R. de la Treille
Rue Van Loo
Place des Cardeurs
9 ★
Place de l' Hotel de Ville
19
Rue de Montigny
Rue de la Verrerie
Rue des Cordeliers
R. Chabrier
Place Richelme
20
12
Cours Sextius
6
Pl. de Chapeliers
24
Rue Monclar
Avignon N7
R. d'Entrecasteaux
21
Rue Aude
23
Pl. St. Honoré
Rue Bruyés
22
Rue des Tanneurs
Pl. d' Albertas
R. Clemenceau
Boulevard de la Rèpublique
Rue Victor Leydet
Rue Espariat
27
34 ★
Place Niollon
R. Paul Doumer
Rue de la Masse
28
★33
Cours Mirabeau
29
Place du Général de Gaulle
R. du 4 Septembre
32
31
R. J. Cabassol
Rue Mazarine
1
QUARTIER
30
R. de Villars
Pl. des Dauphins
Rue Cardinale
★2
38
Avenue des Belges
Av. Victor Hugo
Av. Malherbe
Boulevard du Roi René
★ 40 Marseille (Autobahn)
Avenue de l'Europe
Bahnhof (Gare S.N.C.F.)
39
Marseille (Nationalstraße)

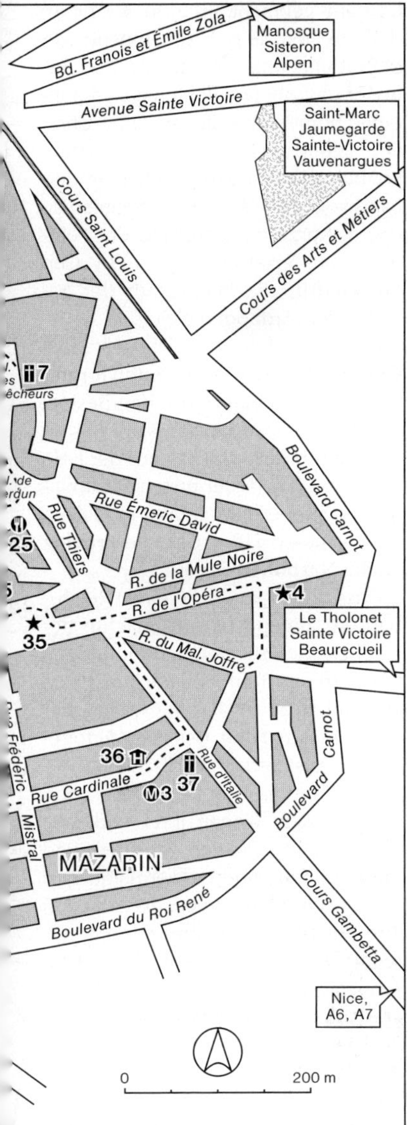

Cézanne-Rundgang:

1 Office de Tourisme
★ 2 Lycée Mignet
3 Musée Granet
★ 4 Geburtshaus Cézannes
★ 5 „Chapellerie Cézanne“
★ 6 Fontaine
7 Église de la Madeleine
★ 8 Haus, in dem Cézanne starb
★ 9 Hôtel de Ville
★ 10 Ehemalige juristische Fakultät
11 Kathedrale St.-Saveur mit Kreuzgang und Baptisterium
12 Église St.-Jean-Batiste-du-Faubourg

Sonstiges:

★ 13 Atelier Cézanne
14 Hôtel Villa Gallici
★ 15 Oppidum Entremont
★ 16 Pavillon Vendôme
★ 17 Ehemaliger Erzbischofspalast und Musée des Tapisseries
18 Musée du Vieil Aix
19 Restaurant Chez Féraud
20 Café-Rest. Le Pain Quotiden
21 Restaurant Le Bistroquet
22 Café Chimére
23 Musée d'Histoire Naturelle
★ 24 Palais de Justice
25 Brasserie Le Verdun
26 Bistro Les Deux Garçons
27 Le Café Grillon
28 Hôtel des Augustins
29 Restaurant L'Amphitryon
30 Hotel St. Christophe
• 31 Kino Cézanne
• 32 Kino Mazarin
★ 33 Fontaine des Neuf-Canons
★ 34 Fontaine Mossue
★ 35 Fontaine du Roi René
36 Hôtel Le Cardinal
37 Kirche St-Jean-de-Malte
38 Hôtel des Quatre Dauphins
39 Busbahnhof (= Gare routière)
★ 40 Espace Culturel und Bibliothèque Méjanes

Und dann die Kultur: In einer Stadt, die lange Zeit Sitz des provenzalischen Parlaments war, begegnet man ihr natürlich auf Schritt und Tritt. Noblesse und Reichtum gehören zu Aix wie der Eiffelturm zu Paris. Und um diesem Ruf alle Ehre zu machen, findet hier jedes Jahr eines der renommiertesten **Opernfestivals** Frankreichs statt.

Dass die gehobene Marseillaiser Gesellschaft zu diesem Festival anrückt, gibt schon einen Hinweis auf die Rolle beider Städte: Aix und Marseille sind die Antipoden in diesem Département Bouches-du-Rhône, das für beide eigentlich zu klein ist; ihr Konkurrenzkampf ist schon legendär. Aix wurde so zur intellektuellen und kulturellen Hauptstadt und bildete jenen Snob-Appeal aus, der ihm noch heute die unverwechselbare Atmosphäre verleiht, während Marseille immer zwischen Moloch und Metropole schwankt. Erst im Kontrast zu Marseille wirkt Aix wie eine künstliche Idylle, die das Leben nur zulässt, wenn es genussvoll ist, gediegen, eben einfach schön.

Geschichte

Ganz im Gegensatz zur Geschichte Marseilles, die der Legende nach mit einer Liebesheirat einsetzte, markiert eine gnadenlose Zerstörung den Beginn der Stadt Aix. Die griechischen Begründer Marseilles hatten lange recht friedlich mit den Ureinwohnern zusammengelebt und ihnen einen Großteil ihrer hoch entwickelten Kultur nahe gebracht. Im 2. Jh. v. Chr. jedoch fühlten sie sich zunehmend von dem benachbarten Stamm der **Saluvier** bedroht und flehten die verbündeten Römer um Hilfe an (125 v. Chr.). Die ließen sich nicht lange bitten, konnten sie so doch gleichzeitig den Landweg zu ihrer Provinz Spanien sichern. Kurzerhand machte der Feldherr *Gaius Sextius Calvinus* 123 v. Chr. **Entremont,** die Hauptstadt der Saluvier, dem Erdboden gleich.

Im Tal gründete er ein Jahr später die **Colonia Aquae Sextiae Salluviorum,** benannt nach ihm selbst, den Besiegten und dem wertvollen Nass, das an diesem Ort heiß und kalt aus der Erde sprudelte. Mit dieser ersten Stadt hatten die Römer Fuß gefasst in Gallien und richteten 118 v. Chr. die **Provinz Gallia Narbonensis** ein.

Dass dieser die Rolle einer Reichsbarriere zugedacht war, machte der Feldherr *Marius* den landhungrigen Cimbern und Teutonen nachdrücklich klar, indem er sie 102 v. Chr. in einer Schlacht am Fuße des Ste. Victoire-Bergmassivs vernichtend schlug.

Die Colonia Aquae Sextiae entwickelte sich wegen ihrer verkehrsgünstigen Lage an der Via Aurelia und ihrer bedeutenden Thermalquellen sehr rasch. Unter *Augustus* erhielten ihre Bewohner das römische Bürgerrecht (15 v. Chr.). Im 3. Jh. n. Chr. schwang sie sich sogar zur **Hauptstadt der Narbonensis Secunda** auf und damit zum Rivalen des mächtigen Arles.

Obwohl die römischen Zentren in der Spätzeit des Reiches sich üblicherweise auch zu christlichen Zentren entwickelten, wurde Aix erst recht spät, am Ende des 4. Jh. n. Chr., zu einem **Bischofssitz.** Von den nicht enden wollenden Germanen- und Sarazeneneinfällen erholte sich die Stadt erst an der Wende vom 12. zum 13. Jh., als sie zur **Residenz der Grafen** der Provence wurde. Neben der römischen Keimzelle, einem kleinen Bezirk um die heutige Kathedrale St. Sauveur und den Bischofspalast, entstand die *Ville Comtale*, die gräfliche Stadt, etwa im Bereich des heutigen Rathauses und des Justizpalastes.

Schon unter *Raymond Bérenger V.* und zwei aufeinanderfolgenden Häusern der *Anjou* erlebte die Stadt einen Aufschwung, die Verdoppelung ihrer Fläche und die Gründung einer **Universität** (1409). Doch zu voller Blüte erwuchs sie erst, als sich der „gute König" *René d'Anjou* zwischen 1471 und 1480 hier niederließ. Nach der Herrschaft dieses Liebhabers schöner Künste und alten Brauchtums, der aber leider kein ebenso guter Politiker war, endete die Zeit der Provence-Grafen.

Nach seinem Tod fiel Aix an Frankreich. Von nun an tagte hier das **provenzalische Parlament,** eine Art oberster Gerichtshof, der sich praktisch als Regierung gebärdete und der neben dem Mistral und der Durance als eine der „drei Geißeln der Provence" galt. Im 17. und 18. Jh. erlebte die Stadt ihr goldenes Zeitalter, von dem besonders die *Nobles de Robe*, die Amtsadligen und privilegierten Parlamentarier, profitierten. Ihre edlen barocken Wohnsitze, die **Hôtels particuliers,** prägen das Stadtbild bis heute, vor allem das ab 1646 entstandene Quartier Mazarin.

Gegen Ende des Ancien Régime verlor Aix diese Dynamik, das Parlament trat am 27. September 1790 ein letztes Mal zusammen. Zehn Jahre später fand sich die Stadt auf den Rang einer Sous-Préfecture herabgewürdigt, denn an ihrer statt wurde Marseille Hauptstadt des **Départements Bouches-du-Rhône.**

Im 19. Jh. verfiel Aix in einen langen Dornröschenschlaf, und man sprach nur noch selten von der *Belle endormie,* der „verschlafenen Schönen". So erklärt sich auch, dass die lokale Bourgeoisie den großen Meister *Cézanne* völlig ignorierte.

Die Wiedererweckung der Stadt, die im Zweiten Weltkrieg so gut wie gar nicht zerstört worden war, begann in den 50er und 60er Jahren des letzten Jahrhunderts. Nach dem Algerienkrieg siedelten sich viele **Nordafrikaner** und *Pieds Noirs,* heimkehrende Kolonisten, hier an. Zu diesem Bevölkerungswachstum kam die zunehmende Vorliebe vieler **Studenten** für Aix.

Die **Thermen** wurden in den letzten Jahren komplett restauriert. Sie befinden sich in einem Gebäude aus dem 18. Jahrhundert, in das bei der Restaurierung moderne Architekturelemente integriert wurden.

Des Weiteren wurde das ehrgeizige Projekt *Sextius-Mirabeau* fertiggestellt, womit nun eine Verbindung zwischen der Altstadt und neueren Vierteln im Westen hergestellt ist.

Sehenswertes

Cours Mirabeau und Quartier Mazarin

Die Altstadt von Aix ist von einem Boulevard-Ring umgeben, an dessen Knotenpunkt, der Place du Général-de-Gaulle oder **Rotonde,** wir unseren Rundgang beginnen. In ihrer Mitte thront die prunkvolle **Fontaine de la Rotonde** von 1860. Der Blick von hier auf den Cours Mirabeau ist unvergleichlich und dementsprechend berühmt: Mächtige Platanen bilden einen silbrig-grünen Baldachin über der 440 Meter langen Scheide zwischen der Altstadt und dem Quartier Mazarin, gesäumt von prächtigen, vornehmen Gebäuden aus dem 17. und 18. Jh. Aix besitzt etwa 190 dieser **Hôtels particuliers,** oft mit Ockergestein aus Bibémus und Rognes erbaut.

Der Cours à carrosses, umbenannt 1876 in Cours Mirabeau, entstand ab 1651 und entwickelte sich im 18. Jh. zu einer schicken Flaniermeile. Bald öffneten auf der Nordseite die ersten Cafés. Das berühmte **Les Deux Garçons,** kurz *Deux G's,* war mit von der Partie und ist seit seiner Eröffnung im Jahre 1792 unverändert geblieben. Bis heute ist nur diese nördliche Sonnenseite von Cafés, Restaurants und Boutiquen gesäumt, das Leben spielt sich hier ab. Schon *Cézanne* und *Zola* plauderten miteinander auf der Terrasse des *Deux G's,* und heute trifft sich hier halb Aix, wenn es nicht gerade von der Rotonde aus – die **Fontaine des Neuf-Canons** (1691) und die warme, grün überwucherte **Fontaine Mossue** (1734) passierend – bis zur Brunnenfigur des „guten Königs" *René* flaniert. In der Hand hält dieser das Zeugnis einer seiner guten Taten: eine Muskatellertraube, deren Anbau er in der Provence eingeführt hat.

Die Südseite des Cours präsentiert sich ruhig und nobel, nur abends in

400pr Foto: bm

Café Les Deux Garçons

milde Sonne getaucht. In ihren majestätischen Hôtels haben heute Banken, Confiserien und ein Teil der Universität ihren Sitz. Eine ausgewogene Schönheit zeigt das größte unter ihnen, das **Hôtel Forbin,** 1656 von Pierre Pavillon erbaut. Von dessen Eckpfeiler beobachtet eine Jungfrau das Treiben auf dem Cours; seinen Balkon mit schmiedeeisernem Gitter stützen kunstvoll in den Stein gehauene Blätter.

Zwei mächtige Atlanten hingegen tragen den Balkon des ältesten Herrenhauses des Cours, des **Hôtel Maurel de Pontevès.** Erbaut wurde es 1647 von *Jean Lombard,* welcher zu jener Zeit gerade dabei war, das **Quartier Mazarin** zu entwerfen.

Auf Initiative *Michel Mazarins,* damaliger Erzbischof von Aix, entstand zwischen 1646 und 1653 dieses völlig neue Viertel südlich des Cours Mirabeau, angelegt im Sinne der Stadtplanung des 17. Jh.: Im Gegensatz zum Gassengewirr der Altstadt verlaufen seine geraden Straßen ausschließlich parallel und in rechten Winkeln. Biegt man vom Cours in die Rue Joseph Cabassol ein, so findet man an der nächsten Kreuzung gleich einen der schönsten Paläste des Viertels: das **Hôtel de Caumont** (um 1720) mit einem großzügigen Ehrenhof und einer prächtigen Vorhalle, deren Decke Atlanten stützen. Keine Umgebung könnte besser die angehenden Musiker inspirieren, die hier das „Konservatorium Darius Milhaud“ besuchen, benannt nach dem berühmten Aixoiser Komponisten (1892–1974).

Ein paar Schritte weiter erstreckt sich die hübsche **Place des Quatre Dauphins,** ein Platz, der nie Handel und Markttreiben diente, sondern von Anfang an nur der Erbauung vorbehalten war. Seinen Namen erhielt er von dem in seiner Mitte sprudelnden Barockbrunnen mit vier Delphinen von *Jean-Claude Rambot* (1667).

Auf der gleichen Achse, der Rue Cardinale, liegt die so ins Viertel integrierte **Kirche St. Jean-de-Malte.** Im späten 13. Jh. vom Malteserorden errichtet, stellt sie eines der seltenen Werke gotischer Baukunst in der Provence dar. Der angrenzende ehemalige Palais de Malte beherbergt das **Kunstmuseum Granet.**

Die Altstadt

Ein Altstadt-Rundgang kann an der Fontaine Mossue beginnen, von wo man über die Rue Clemenceau zur Rue Espariat gelangt. Im Hôtel Boyer d'Éguilles von 1675 ist das **Musée d'Histoire Naturelle** mit seinen Dinosauriereiern untergebracht.

Ganz in der Nähe kann man den vielleicht schönsten Platz von Aix bewundern, die **Place d'Albertas,** um 1745 von der Parlamentarierfamilie gleichen Namens als private Terrasse erbaut. Das harmonische Ensemble mit seinen eleganten Fassaden bildet heute einen idealen Hintergrund für sommerliche Konzerte *(Aix en Musique).*

Die ausgedehnte **Place Richelme** dagegen, zu erreichen über die Rue Aude und die Rue Maréchal Foch, wird jeden Morgen von Markthänd-

402pr Foto: bm

lern eingenommen, ebenso wie die **Place de l'Hôtel de Ville** (Rathausplatz), die dem Blumenhandel vorbehalten ist. Hier fällt zunächst der Giebel der ehemaligen Kornhalle auf, den *Jean Pancrace Chastel* Mitte des 18. Jh. mit personifizierten Darstellungen der männlichen Rhône und der weiblichen Durance schmückte – letztere streckt kokett ihr Bein über den Steinvorsprung. Die ehemalige Kornhalle wird heute von der Post und der Bibliothek genutzt und wirkt, obwohl nur ein Jahrhundert jünger, graziöser als das **Hôtel de Ville** an der Westseite des Platzes. Das zwischen 1655 und 1670 von *Pierre Pavillon* errichtete Bauwerk besticht dennoch durch seine vom italienischen Barock inspirierte Fassade, seine geschnitzten Portale und den schön gepflasterten Innenhof, den man durch ein kunstgeschmiedetes Tor erreicht.

Place d'Albertas

An das Rathaus grenzt die **Tour de l'Horloge,** ein auf römischen Fundamenten errichtetes Stadttor, dessen **astronomische Uhr** von 1661 den

Bauern die Pflanztermine setzte. Der Rathausplatz und die angrenzende **Place des Cardeurs** mit einem schönen, modernen Keramikbrunnen von *Jean Amado* (1978) sind neben dem Cours Mirabeau die Treffpunkte der Studenten; stundenlang kann man hier bei einem *Petit Noir*, dem kleinen schwarzen Kaffee, plaudern, sehen und natürlich gesehen werden.

Auf der leicht ansteigenden Rue Gaston de Saporta liegt das Hôtel d'Estiennes de St. Jean (1680), in dem stilvoll das **Heimatmuseum** untergebracht ist. In diesem schon zu Römerzeiten bestehenden Teil der Stadt erhebt sich auch der ehemalige **Erzbischofspalast** aus dem 17. Jh. Jedes Jahr im Juli wird sein großer, 1600 Zuschauer fassender Innenhof zur Bühne des renommierten **Opernfestivals,** des *Festival d'Art Lyrique et de Musique*. Das 1948 aus der Taufe gehobene französische Pendant zu Salzburg und Bayreuth ist zum Sommertreffpunkt der Pariser und Marseillaiser High Society geworden. Das lag ur-

Hôtel de Ville

sprünglich daran, dass es nur sehr teure Eintrittskarten gab. Seit einiger Zeit werden jedoch auch günstige Tickets für 12 bzw. 25 € angeboten. Die teuersten Karten kosten zurzeit 185 €.

Die **Kathedrale St. Saveur** erscheint wegen ihrer verschiedenen Bauphasen etwas unharmonisch. Sie wurde an der Stelle eines römischen Bauwerks errichtet, wahrscheinlich eines Apollon-Tempels, von dem ein Mauerstück rechts am Außenbau sowie die Säulen des frühchristlichen Baptisteriums (Taufkapelle, 4./5. Jh.) stammen dürften. Steht man vor der Kirche, so kontrastieren sehr deutlich das schlichte romanische Seitenportal und das prächtige gotische Hauptportal. Dessen Türflügel von 1508–1510, unter anderem mit Darstellungen der vier alttestamentarischen Propheten, sind so kostbar, dass sie meist durch einen Vorsatz verdeckt sind. Der vorwiegend gotische Innenraum mit seinem romanischen rechten Seitenschiff und einigen Kapellenanbauten aus dem 15. und 16. Jh. wirkt entsprechend uneinheitlich. Die Ausstattung ist jedoch umso reicher: Wertvolle Wandteppiche zieren das Chorrund, und im Mittelschiff kann man das **Triptychon „Maria im brennenden Dornbusch"** (1475/76) bewundern, ein Werk *Nicolas Froments,* der ein Vetreter der Schule von Avignon war und zu den bedeutendsten provenzalischen Malern des 15. Jh. zählt. Da der „gute König" *René* Auftraggeber dieses Flügelaltars war, verewigte der Künstler ihn und seine Frau *Jeanne de Laval* auf beiden Seitenflügeln. Bemerkenswert ist schließlich auch der **Kreuzgang,** dessen schöne, schlanke Doppelsäulen – keine der anderen gleich und zum Teil mit szenischen Kapitellen geschmückt – dem romanischen Bau eine ungewohnte Leichtigkeit und Transparenz verleihen.

Von der römischen Keimzelle wandern wir weiter zu dem im Mittelalter entstandenen Stadtviertel. Im Kern dieser **Ville comtale** erhob sich einst das Schloss der Grafen der Provence, dessen Platz gegen Ende des 18. Jh. der protzig-imposante **Palais de Justice** (Justizpalast) nach Plänen von *Claude-Nicolas Ledoux* einnahm. Unweit von hier, in der **Église de la Madeleine** (Ende 17. Jh.), ist ein weiteres wichtiges Triptychon der Schule von Avignon zu sehen, die „Verkündigung" *(L'Annonciation)* aus der Mitte des 15. Jahrhunderts. Über den Meister des Werks, dessen Seitenflügel fehlen, ist viel spekuliert worden; wahrscheinlich stammt es von *Guillaume Dombet* oder *Jehan Chapus* oder gar von beiden gemeinsam.

Die am westlichen Ende der Altstadt liegenden **Thermen,** bekannt für ihre Kreislauf- und Rheumatherapien, waren einige Jahre wegen Umbaus geschlossen. Das Gebäude aus dem 18. Jh. wurde mit moderner Architektur kombiniert und erstrahlt jetzt in neuem Glanz. Die Anwendungen des Kurzentrums, z.B. Massagen und Wassergymnastik, stehen unter medizinischer Kontrolle.

●**Thermes Sextius,** 55, Cours Sextius, 13100 Aix-en-Provence, Tel. 08.00.63.96.99, www.thermes-sextius.com.

Auf den Spuren von Cézanne

Für Cézanne-Liebhaber hat das Fremdenverkehrsamt von Aix einen speziellen **Rundgang** ausgearbeitet. Kleine, runde Bronzeplättchen mit einem großen „C" darauf führen quer durch die Stadt zu Lebensstationen des großen Malers. Wer Wert auf eine geführte Tour legt, sollte sich am Samstag um 9.30 Uhr am Atelier Cézanne einfinden. Für diejenigen, die auf eigene Faust die Stadt *Cézannes* entdecken wollen, bietet das Fremdenverkehrsamt eine umfangreiche Broschüre an (auch auf Deutsch). Hier seien nur einige Stationen erwähnt. Ausgehend von der Rotonde (Nr. 1, siehe Stadtplan), führt uns der Weg ins Herz des Quartier Mazarin: Im **Collège Royal-Bourbon** (Rue Cardinale, heute Lycée Mignet) erhielt der spätere Maler eine solide Bildung und absolvierte sein Abitur 1858 mit der Note *assez bien,* befriedigend (Nr. 2). Dort entwickelte er sich auch zum Protégé eines jungen italienischen Einwanderers, *Émile Zola,* dessen Bekanntschaft *Cézannes* Vater für nicht standesgemäß hielt. Nicht zum letzten Mal widersetzte sich der Sohn – zwischen den zukünftigen Nationalgrößen entstand eine innige Freundschaft.

Im **Musée Granet** (Nr. 3), das damals noch eine Malschule beherbergte, belegte *Cézanne* einige Kurse und erhielt bei einem Wettbewerb den zweiten Preis. Sein **Geburtshaus** steht in der Rue de l'Opéra Nr. 28, ist jedoch – wie auch das Sterbehaus – innen nicht zu besichtigen (Nr. 4). An der Nummer 55 des Cours Mirabeau entziffert man mit Mühe ein altes Ladenschild: „Chapellerie Cézanne du Cours Mirabeau, gros et détail". Hier führte sein Vater von 1825 an ein **Hutgeschäft** (Nr. 5).

Über die Rue Clemenceau und die Rue Bagniers erreicht man die Place des Chapeliers und einen Brunnen aus dem 18. Jh., dessen Bronzemedaillon *Cézanne* nach einem Bildnis von *Renoir* zeigt (Nr. 6). In der **Kirche La Madeleine** an der Place des Prêcheurs erhielt der künftige Künstler am 22. Februar 1839 die **Taufe** (Nr. 7). Von der Rue Mignet zweigt links die Rue Boulegon ab, in dessen Haus Nr. 23 er am 23.10.1906 mit 67 Jahren starb (Nr. 8).

In derselben Straße besaß sein Vater ab 1848 mit seinem Partner *Cabassol* eine **Bank.** Die nächste Station ist das Rathaus (Nr. 9), in dem der Maler am 28. April 1886 um genau elf Uhr *Hortense Fiquet* ehelichte. Gegenüber der Kathedrale, in der ehemaligen **Rechtsfakultät,** hörte *Cézanne* auf Wunsch seines Vaters – und entgegen den eigenen Neigungen – ein Jahr lang Jura-Vorlesungen (Nr. 10). Die Kathedrale selbst (Nr. 11) besuchte er besonders gegen Ende seines Lebens sehr oft, lag sie doch auf halbem Weg zwischen seinem Wohnhaus in der Rue Boulegon und seinem Atelier am Nordhang der Stadt.

Oppidum Celto-Ligure d'Entremont

Die Geschichte des Oppidum Entremont, jenes **keltischen Vorläufers** von Aix auf einem Kalksteinplateau etwa drei Kilometer nördlich der Stadt, ist von Vergessenheit geprägt. Ganze

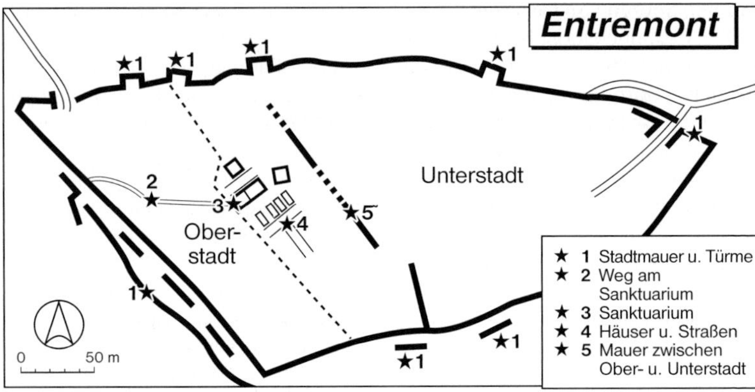

zwei Jahrtausende war es verschwunden, bis im Jahre 1817 ein junger Seminarist aus Aix beim Spazierengehen über alte Steine stolperte. Ein profunderes Interesse erwachte jedoch erst viel später: Ausgerechnet während der Besetzung des Plateaus durch die deutsche Luftwaffe im Zweiten Weltkrieg fand man eine Zisterne und Teile von Skulpturen. Weil die französische Luftwaffe die Nachfolge der deutschen antrat, steht der Komplex in seiner Gesamtheit erst seit 1973 Archäologen und Öffentlichkeit offen.

Seine Geschichte der Vergessenheit macht Entremont heute jedoch zu einem seltenen Glücksfall für die Archäologie. Die **Hauptstadt des Saluvierstammes** entstand wohl im 3. Jh. v. Chr. und wurde im 2. Jh. wegen seiner strategisch günstigen Lage zu einer mächtigen Bastion ausgebaut. Ihr war nur eine kurze Lebensdauer beschieden: 123 v. Chr. schon legten die Römer sie in Schutt und Asche und ließen nie wieder eine Besiedlung zu.

Was bleibt, sind die Grundmauern einer Eingeborenenstadt in Reinkultur ohne jegliche Überbauungen in der Form eines unregelmäßigen Dreiecks mit zahlreichen Wehrtürmen. Entremont war nicht, wie viele andere keltische Oppida, nur zu rein strategischen Zwecken konzipiert, sondern gleichzeitig religiöses und wirtschaftliches Zentrum, in dem man ständig lebte. Abgesehen von dem griechisch geprägten Marseille ist Entremont die erste urbane Siedlung in Gallien. Trotzdem muss das Leben in dieser Stadt noch reichlich primitiv gewesen sein: Die winzigen Häuschen bestanden aus nur einem Raum, es gab weder Kanalisation noch Müllabfuhr.

Eine Trennmauer im Inneren der Stadt war wahrscheinlich gleichzeitig eine soziale Mauer: Sie trennte die **Oberstadt** mit dem Heiligtum, in der die privilegierte Oberschicht entsprechend großzügig wohnte, von der **Unterstadt,** die von Bauern und Handwerkern bevölkert war. Man vermutet, dass eine keltische Oberschicht ein Volk ligurischer Herkunft beherrschte, worauf der keltische Name des Königs der Stadt, *Teutomalius,* und Funde von Waffen, Schmuck und Keramik keltischen Charakters hinweisen. Schon seit langem ist hier ein Museum geplant, was bisher jedoch nicht verwirklicht werden konnte.

●**Anfahrt:** Bus Nr. 21 vom Cours Sextius aus, Haltestelle Entremont, Tel. 04.42.63.13.20. Öffnungszeiten: 9–12 Uhr und 14–18 Uhr, dienstags geschlossen. Eintritt frei.

Museen

●**Musée Granet:** Das Museum, eines der reichsten und ältesten Frankreichs (1765), ist in der alten Priorei des Malteserordens direkt neben der Kirche St. Jean-de-Malte untergebracht. Zurzeit ist es jedoch wegen Renovierungsarbeiten geschlossen; die Wiedereröffnung ist für 2006 geplant. Die bedeutende **archäologische Sammlung** umfasst Reste aus römischer Zeit und keltoligurische Funde aus Entremont, darunter beeindruckende Kopfskulpturen, wohl die künstlerische Umsetzung des Schädelkultes (siehe Exkurs „Schädelkult der Kelten").

Überdies besitzt das Musée Granet einen großen Fundus an **Gemälden** des 17. und 18. Jh., z.B. der flämisch-holländischen und der italienischen Schule. Es finden sich einige Arbeiten von *François Marius Granet* (1775–1849), einem der Mäzene des Museums und sein Namensgeber, welcher der provenzalischen Schule zugerechnet wird.

Lange Zeit fehlten dem bedeutendsten Museum von Aix Gemälde des bedeutendsten Malers der Stadt, *Paul Cézanne* (1839–1906), worin sich ziemlich exakt das Unverständnis widerspiegelt, das die Heimatstadt dem Künstler entgegenbrachte. Dank einer ständigen Leihgabe der nationalen Museumsverwaltung kann man seit 1984 acht Werke bewundern, von denen zwar kein einziges das berühmte Ste.-Victoire-Motiv zeigt, die jedoch *Cézannes* künstlerischen Werdegang widerspiegeln. Zumindest aber ist ein Bild aus der *Baigneuses*-Serie zu sehen, die im Tal des Flusses Arc entstand.

Place St. Jean-de-Malte, Tel. 04.42.38.14.70.

●**Musée du Vieil Aix:** Eines der typischen herrschaftlichen Häuser vom Ende des 17. Jh. beherbergt dieses kleine, jedoch charmante Heimatmuseum. Anhand von Möbeln, Kleidungsstücken und sonstigen Gegenständen des täglichen Lebens vergegenwärtigt es Geschichte, Volkskunst und Sitten der Stadt und ihres Umlandes.

17, Rue Gaston-de-Saporta, Tel. 04.42.21.43.55. Öffnungszeiten: 10–12 Uhr und 14–17 Uhr (Winter), 14.30–18 Uhr (Sommer), montags geschlossen. Eintritt 3 €.

●**Atelier Cézanne:** Von der Kathedrale aus führt ein etwa 15-minütiger Marsch den Berg hinauf zum Atelier des Malers, das – umgeben von zahlreichen Hochhäusern – in einer recht verunstalteten Gegend liegt. Hinter dem Holztor, durch das sich das Grundstück von der Außenwelt abschottet, eröffnet sich jedoch ein kleines Paradies in Gestalt eines charmanten Häuschens inmitten eines wilden, verwinkelten Gartens. Leider gibt es im Haus selbst nur einen einzigen Raum zu sehen, der jedoch die Arbeitsatmosphäre nachzustellen versucht.

9, Avenue Paul Cézanne, Tel. 04.42.21.06.53, www.atelier-cezanne.com. Öffnungszeiten: Oktober bis März 10–12 und 14–17 Uhr, April, Mai, Juni, September 10–12 und 14–18 Uhr; Juli und August 10–18 Uhr. Eintritt 5,50 €.

●**Pavillon de Vendôme:** Der barocke Adelspalast wurde 1665 von dem Architekten *Antoine Matisse* im Auftrag des Herzogs von Vendôme konzipiert; man behauptet, er habe damit seinen zwei Geliebten ein angemessenes Heim schaffen wollen. Ursprünglich war das Gebäude eingeschossig, erst im 18. Jh. kam das obere Stockwerk hinzu. Die Fassade weist die drei klassischen antiken Säulenordnungen auf, also dorische, ionische und korinthische Pilaster (Wandpfeiler). Sie ist reich geschmückt mit Skulpturen; die Eingangstür zieren schwere Fruchtgebinde, und zwei mächtige Atlanten tragen den darüberliegenden Balkon.

Im Inneren kann man unter anderem Möbel aus der Zeit *Ludwigs XIII.* und *Ludwigs*

Im Garten des Pavillon Vendôme

XIV. bewundern, außerdem Arbeiten des Malers *Jean-Baptiste van Loo,* der den Pavillon bis 1745 bewohnte. In dem geometrisch angelegten Park mit seinen spiralförmigen Bäumchen zeigt sich die französische Gartenkunst.

32, Rue Célony (erreichbar über den Cours Sextius und die Rue Van Loo), Tel. 04.42. 21.05.78. Öffnungszeiten: 10–12.30 Uhr und 13.30–17.30 Uhr, dienstags geschlossen, Eintritt 2 €.

● **Musée des Tapisseries:** Im ersten Stock des ehemaligen Erzbischofspalastes wurde 1910 das Wandteppichmuseum eingerichtet. In den prunkvollen Wohnräumen ist eine reiche Sammlung von Gobelins aus dem 17. und 18. Jh. (vor allem aus Beauvais) zu sehen, mit denen die Bischöfe ihre Residenz ausgestattet hatten.

Palais de Archevêché, 28, Place des Martyrs de la Résistance, Tel. 04.42.23.09.91. Öffnungszeiten: 10–12.30 und 13.30–17.00 Uhr, dienstags geschlossen, Eintritt 2 €.

● **Musée d'Histoire Naturelle:** Seit „Jurassic Parc" können zwar die ausgestellten Modelle der Urtiere nicht mehr so recht begeistern, dafür sind die echten, wenn auch natürlich versteinerten Dinosauriereier, die man am Fuße des Bergmassivs Ste. Victoire gefunden hat, umso beeindruckender und in Fachkreisen bekannt. Das Museum ist stilvoll untergebracht im Hôtel Boyer d'Eguilles, einem im späten 17. Jh. erbauten Stadtpalais mit kolossaler korinthischer Pilasterfassade.

6, Rue Espariat, Tel. 04.42.27.91.27. Öffnungszeiten: September bis Mai 10–12 Uhr und 13–17 Uhr, Juni bis August 10–18 Uhr. Eintritt 2 €.

● **Cité du Livre/Bibliothèque Méjanes:** Der Name verspricht nicht zu viel: Die kleine „Bücherstadt" ist tatsächlich ein Paradebeispiel für den vorbildlichen Umgang der Franzosen mit ihren Bibliotheken. Hier in der ehemaligen Streichholzfabrik finden auch zahlreiche kulturelle Veranstaltungen statt wie Kunstausstellungen und Kinovorstellungen.

8–10, Rue des Allumettes, Tel. 04.42.25. 98.88. Öffnungszeiten: dienstags, donnerstags, freitags 12–18 Uhr, mittwochs und samstags 10–18 Uhr. Eintritt frei.

Praktische Hinweise

Information

● **Office de Tourisme,** 2, Place du Général-de-Gaulle (an der Rotonde), 13100 Aix-en-Provence, Tel. 04.42.16.11.61, Fax 04.42.16. 11.62, www.aixenprovencetourism.com. Das Office de Tourisme bietet zum Preis von 2 € einen Pass an, mit dem sich der Eintritt für viele Museen verbilligt. Außerdem bekommt man damit auch die Tageskarte für die Stadtbusse preiswerter sowie Führungen für die Hälfte.

Hotels

●**Villa Gallici******L/€€€€€, Avenue de la Violette (Impasse des Grands Pins), Tel. 04.42. 23.29.23, Fax 04.42.96.30.45, www.villa gallici.com. Es gibt Hotels, die man nicht vergisst, weil hier die Zeit eine Ruhepause einzulegen scheint. Wenn sich drei fantasiebegabte Männer aus alten Hotelierfamilien zusammentun, von denen zudem zwei Designer und Künstler sind, dann kommt als Resultat ihrer Bemühungen eine solche Oase mit individuell gestalteten Zimmern, florentinischem Garten und großzügigem Swimming-Pool heraus. Die *Villa Gallici* gehört zur Kette *Relais & Château* und liegt ruhig am Rande des Stadtzentrums.

●**Hotel des Augustins*****/€€€€€, 3, Rue de la Masse, Tel. 04.42.27.28.59, Fax 04.42.26. 74.87. Nur ein paar Schritte vom Cours Mirabeau liegt das wohl charmanteste Drei-Sterne-Haus von Aix. Es ist in einem ehemaligen Kloster aus dem 15. Jh. untergebracht.

●**Hotel des Quatre Dauphins****/€€€, 54, Rue Roux Alphéran, Tel. 04.42.38.16.39, Fax 04.42.38.60.19. Im Herzen des Quartier Mazarin gelegen, verbirgt sich hinter einer der typischen Fassaden ein kleines Hotel mit schönen, provenzalisch dekorierten Zimmern. Wenn es schon nicht die *Villa Gallici* sein kann, so bietet das *Quatre Dauphins* einen kleinen, aber feinen Ersatz. Zimmer klimatisiert, kein Aufzug

●**Hotel St. Christophe****/€€€€, 2, Avenue Victor Hugo, Tel. 04.42.26.01.24, Fax 04.42. 38.53.17, www.hotel-saintchristophe.com. Das *Saint-Christophe,* in der Nähe des Cours Mirabeau gelegen, bietet hübsche klimatisierte Zimmer (einige mit Terrasse), Menüs für ca. 25 € und die nette *Brasserie Léopold* im Art Déco-Stil.

●**Hotel Cardinal****/€€€, 24, Rue Cardinal, Tel. 04.42.38.32.30, Fax 04.42.26.39.05. Wie das *Quatre Dauphins* im Mazarin-Viertel gelegen und genau wie dieses untergebracht in einem alten Patrizierhaus, ist dieses durchaus charmante Hotel etwas weniger aufwendig renoviert als sein Nachbar. Dafür ist es auch etwas preiswerter.

Jugendherberge

●**Auberge de Jeunesse,** 3, Avenue Marcel Pagnol, Quartier Jas de Bouffan. Tel. 04.42. 20.15.99, Fax 04.42.59.36.12.

Camping

●**Chantecler******, Val-Saint-André (zu erreichen über die Straße nach Nizza). Tel. 04.42. 26.12.98, www.airotel-chantecler.com. Ganzjährig geöffnet.

●**Arc en Ciel******, Pont des Trois Sautets, Tel. 04.42.26.14.28. Geöffnet von Mitte März bis September, ebenfalls an der N7 nach Nizza gelegen.

Restaurants

●**L'Amphitryon,** 2, Rue Paul Doumer, Tel. 04.42.26.54.10. Für *Bruno Ungaro,* den *Chef de cuisine,* ist sein Beruf gleichzeitig seine Liebe und Leidenschaft. Unermüdlich forscht er nach neuen kulinarischen Geheimnissen, wobei er nie von seinen drei Basiselementen abweicht: „Olivenöl, Knoblauch, ebenso kräftig wie fein, Kräuter und Gewürze des heimischen Bodens, dürr und trocken, so scheint es, in Wahrheit so großzügig". Die Schenkel vom jungen Kaninchen, ebenso wie die Seezungenröllchen, sind eine Offenbarung. Menü ca. 30–45 €, in der Woche mittags ca. 18 €.

●**Chez Féraud,** 8, Rue du Puits-Juif, Tel. 04.42.63.07.27. Provenzalische Gerichte „wie bei Muttern", allerdings mittlerweile mit zwei Sternen von den Michelin-Testern belohnt. Die Preise sind aber weiterhin moderat, Menü ca. 26 €.

●**Le Bistroquet,** 27, Place Ramus, Tel. 04.42. 26.75.55. Auf der gemütlichen Place Ramus sitzt man im Sommer an hübsch dekorierten Tischen und kann recht preiswert regionale Spezialitäten genießen. Mittagsgericht ab 10 €, Menüs abends ca. 20–25 €.

●**Chimère Café,** 15, Rue Bruyès, Tel. 04.42. 38.30.00. Dieses in einem ehemaligen Nachtlokal untergebrachte Restaurant hat sich zu einer neuen „In-Adresse" in Aix ge-

Place Richelme nach dem morgendlichen Markt

mausert. Den Gast erfreut aber nicht nur die außergewöhnliche Dekoration, sondern auch die marktfrische Küche. Es gibt nur ein Menü für ca. 20 €, Reservierung unbedingt nötig!

Cafés/Bistros/Brasserien

- **Les Deux Garçons,** 53, Cours Mirabeau, Tel. 04.42.26.00.51. Sicherlich das bekannteste Bistro mit der meistbesuchten Terrasse des Cours Mirabeau, wo man zudem auch gut speisen kann. Menü bei den „2G" um 20 €.
- **Le Café Grillon,** 49, cours Mirabeau, Tel. 04.42.27.58.81. „In"-Café und Studententreff mit Brasserie-Küche, z.B. Salate, Quiches und Crêpes.
- **Le Verdun,** 20, Place de Verdun, Tel. 04.42. 27.03.24. In dieser netten kleine Brasserie mit schattiger Terrasse kann man Menüs für ca. 15 € essen.
- **Le Pain Quotidien,** 5, Place Richelme, Tel. 04.42.23.48.57. Reiche Auswahl an Frühstück, kleinen Speisen und Salaten, Brunch am Wochenende für 18 €. Es handelt sich hierbei zwar um die Filiale einer belgischen Restaurant-Kette, aber diese hier ist besonders schön gelegen auf der Place Richelme, auf der der Gemüsemarkt stattfindet. Außerdem freut man sich als Nicht-Franzose in Frankreich zuweilen auch einmal über ein ordentliches Frühstück mit kräftigem, dunklen Brot.

Märkte und Feste

- **Gemüsemarkt,** jeden Morgen auf der Place Richelme; dienstags, donnerstags und samstags auch auf der Place de la Madeleine und der Place des Prêcheurs.
- **Blumenmarkt,** dienstags, donnerstags und samstags auf der Place de la Mairie, an den übrigen Tagen auf der Place des Prêcheurs.
- **Floh- und Kleidermarkt,** dienstags, donnerstags und samstags, Place de Verdun.
- **Antiquitätenmarkt,** jeden ersten Sonntag im Monat auf der Place de l'Hôtel de Ville.
- **Kunsthandwerkermarkt,** im April, Juni, September, November, Cours Mirabeau.
- **Festival International d'Art Lyrique et de Musique,** das große Opernfestival findet gewöhnlich im Juni/Juli im ehemaligen Erzbischofspalais statt, Tel. 04.42.17.34.34, www.festival-aix.com.
- **Festival Côté Cour,** das „Off-Programm" zum Opernfestival, ebenfalls mit Opernaufführungen, anders als beim offiziellen Festival jedoch mit jungen, unbekannten Künstlern. Auch Weltmusik ist im Angebot. Tel. 06.82.17.65.75.

Kinos

- **Cézanne,** Rue Guillaume, Tel. 08.92.68.72.70 (Programmkino).
- **Mazarin,** 6, Rue Laroque, Tel. 08.92.68.72.70 (Programmkino).

Autoverleih

- **Avis,** 11, Boulevard Gambetta, Tel. 04.42.21.64.16.

Fahrradverleih

- **Avis,** siehe oben.
- **Cycles Zammit,** 27, Rue Mignet, Tel. 04.42.23.19.53.

Anreise/Weiterreise

- **Mit dem Flugzeug:** Aéroport Marseille-Provence, etwa 30 km südwestlich von Aix, Tel. 04.42.14.14.14.
- **Mit dem Auto:** Aix liegt an der A 8 (La Provençale, Salon-Fréjus) und an der A 51 (Durance-Tal und Marseille). Die D 9 und die

Feine Nascherei einer feinen Stadt: der Calisson

Ein kleiner Rhombus aus goldgelber Mandelpaste, am Boden ein feines Oblatenblatt, obenauf schneeweißer Zuckerguss – das ist der Calisson. Und doch nicht ganz, schließlich hat jede Spezialität ihre kleinen Geheimnisse: Beim Calisson wird der milde Geschmack süßer Mandeln durch einen Hauch bitterer Mandeln unterstrichen; seine Originalität liegt in dem Zusatz kandierter Melonen und Orangen, begleitet von süßem Fruchtsirup.

Kurzlebig, kostspielig und delikat, blickt dieses Konfekt auf eine lange Geschichte zurück. Schon die antiken Gourmets waren auf die Idee gekommen, Mandeln und kandierte Früchte zu vermischen, auf griechisch *Kalitsounia* genannt, auf italienisch *Calisone*. Der Aixoiser Calisson in seiner heutigen Form ist zum ersten Mal um 1473 belegt: Niemand geringerer als der „gute König" *René* genoss ihn zum Abschluss seines Hochzeitsmahls.

Der Name der Köstlichkeit findet sich schon in einem alten Brauch. Im Gedenken an die große Pest von 1630 ließ der Bischof jedes Jahr am 1. September das Konfekt verteilen. Die Zeremonie wurde mit dem Gesang „Venite ad Calicem", „Kommet zum Abendmahl" begleitet, was die schelmischen Provenzalen mit „Venes toui i calissoun!", „Kommet alle zum Calisson!" übersetzten.

Da der Mandelgroßhandel sich in Aix jedoch erst ab dem 16. Jh. entwickelte, ließ eine Calisson-Produktion im größeren Stil noch einige Zeit auf sich warten. Erst im 19. Jh. entstanden die ersten Fabriken, deren Zahl bis heute auf zwanzig stieg.

Erwerben kann man das Konfekt, das in seiner Form an die Weber-Schiffchen erinnert, heute in aller Welt. Es in Aix zu tun, ist natürlich stilechter, zumal man hier auch der aufwendigen Produktion beiwohnen kann, zum Beispiel jeden Freitag ab elf Uhr in der seit 1830 bestehenden *Confiserie Brémond* (16, Rue d'Italie, Tel. 04.42.38.01.70).

Siegeszeichen und Schutzgeist: der Schädelkult der Kelten

„Der ganze Volksstamm, welchen man jetzt den Gallischen oder Galatischen nennt, ist kriegerisch und mutig und rasch zum Kampfe geneigt, übrigens aber aufrichtig und nicht bösartig. Deshalb laufen sie, zum Zorn gereizt, scharenweise zum Kampfe zusammen, offen und ohne Vorsicht, so dass sie (...) leicht besiegbar werden. (...) Zu ihrer Torheit gehört auch der barbarische und fremdartige Gebrauch (...), dass sie, aus der Schlacht zurückkehrend, die Köpfe der Feinde über den Hals der Pferde hängen, mit sich nehmen und vor der Haustür annageln."

Bemüht um Objektivität, jedoch im Bewusstsein, selbst einer höher entwickelten Kultur anzugehören, beschrieb der griechische Geschichtsschreiber *Strabon* (ca. 23 v. bis 28 n. Chr.) nicht ohne Grauen den Brauch der gallischen Kelten, ihren Feinden die Köpfe abzuschlagen und sie als **Siegestrophäen** – ihre Spieße krönend oder am Haarschopf unter den Pferdehalftern baumelnd – nach Hause zu führen.

Unter furchtbarem Geschrei und dröhnenden Siegeshymnen kehrte eine solche Kriegerschar in die Stadt zurück, um die Köpfe als **Zeugnisse der Tapferkeit** an den Türen zur Schau zu stellen. Und da man mit getöteten Tieren ebenso vorging, gemahnte eine keltische Siedlung nicht selten an ein Leichenfeld.

Später wurden die Köpfe der besiegten Anführer und anderer wichtiger Krieger sorgsam einbalsamiert und ruhten dann, nach Datum geordnet, in großen Truhen. Das Sammeln dieser *Têtes coupées* erscheint wie eine primitive Form von Geschichtsschreibung: Je mehr und je bedeutendere Köpfe eine Familie besaß, desto höher war ihr Ansehen.

Auf den ersten Blick weniger spektakulär, auf den zweiten dafür umso aufschlussreicher ist die Verbindung des Kopfkultes mit den keltischen Heiligtümern, den **Sanktuarien.** Die Türstürze dieser steinernen Säulenhallen, damals bedeckt von Astwerk und Ton, weisen in Entremont und Roquepertuse eingearbeitete Nischen auf, in welche die Kelten die abgetrennten Schädel einließen. Man geht davon aus, dass es sich bei den *Têtes coupées* der Sanktuarien ebenfalls um die abgeschlagenen Köpfe von Feinden, jedoch auch um solche von bedeutenden Stammesangehörigen handelte.

Anstelle der Nischen finden sich teilweise auch Gravuren (Mouriès), also in den Stein gemeißelte **Totenmasken** mit geschlossenen oder halb geöffneten Augen, hart nach unten gezogener Nase und meist ohne Mund: Der Atem des Toten ist ausgehaucht, seine Sprache verstummt.

Der Totenschädelkult, der zunächst wie primitive Barbarei erscheinen mag, steht tatsächlich im Zentrum der **keltischen Religion und Magie,** ist Ausdruck eines in Bildern und Symbolen denkenden Volkes, dessen Sinnen und Trachten so sehr um den Krieg, um die Schwelle von Leben und Tod kreiste. Die Platzierung der Schädel und Schädeldarstellungen ausgerechnet am Eingang der Sanktuarien weist auf zweierlei hin: Einerseits hatten sie das Heiligste zu bewachen, andererseits sollten sie zur jenseitigen Welt im Inneren des Tempels hinüberleiten.

Für die Kelten war die Seele des Menschen untrennbar mit dem Schädel verbunden, und damit die Seele nicht entkommen konnte, wurden die Schädel mumifiziert und angenagelt. Der abgeschlagene Schädel war so nur in zweiter Linie ein Siegeszeichen: In der keltischen Geisteswelt spielte er die Rolle des Todessymbols schlechthin, jedoch die eines dem Leben zugewandten, sollte es doch seinem Besitzer Schutz gewähren und die in ihm wohnende Geisteskraft übermitteln.

Zeugnisse dieses Kultes: Vor allem im *Musée Granet* in Aix und in der *Vieille Charité* in Marseille. Die wichtigsten Sanktuarien: Entremont, Roquepertuse (Pays d'Aix) und Mouriès (Alpilles).

D 10 führen zum westlichen Étang de Berre, die N 7 zum östlichen St.-Maximin-la-Ste.-Baume.

● **Mit der Bahn:** Gare S.N.C.F., Avenue Des-Places, Tel. 08.92.35.35.35. Die Strecke Paris - Aix dauert mit dem TGV 2 Stunden und 50 Minuten. Aix liegt auf der Linie Grenoble - Marseille.

● **Mit dem Bus:** Gare routière, Avenue de l'Europe, Tel. 04.42.27.17.91. Aix liegt auf den Linien Marseille - Forcalquier - Manosque - Gap - Digne - Grenoble und Nizza - Aix - Marseille - Avignon. Verbindungen auch nach Lambesc, Cavaillon, L'Isle-sur-Sorgue und Carpentras.

Umgebung von Aix-en-Provence

Südliche Gelassenheit und pulsierendes Leben, Kultur und Café-Schwätzchen, gemütliche Bummel durch enge Gassen und vorbei an noblen Fassaden mit Schattenmustern hoher Platanen – für all das steht Aix-en-Provence, Inbegriff der südfranzösischen Stadt, an Schönheit kaum zu übertreffen. Der Traum wäre perfekt, läge Aix noch dazu inmitten der schönsten Landschaft der Provence. Doch bis auf die wunderbare Montagne Ste. Victoire kann das Pays d'Aix leicht zur herben Enttäuschung werden. Besser ist es, keine zu hohen Erwartungen zu hegen – dann nämlich werden Entdeckungen zu wirklichen Überraschungen.

Es bietet sich an, das Gebiet in drei Teile aufzugliedern, in drei von Aix ausgehende Rundfahrten: Die erste Route führt rund um das Ste.-Victoire-Massiv. Auf der zweiten sind wir unterwegs im Gebiet nördlich von Aix bis zur Durance und suchen Spuren des aristokratischen Lebens auf dem Land, die so genannten Bastiden. Und weil diese typisch sind für das Pays d'Aix, fehlen sie auch nicht in der letzten Rundfahrt, die nach Westen und Süden führt. Am Schluss des Kapitels steht die Abtei Silvacane im Tal der Durance.

Die **Bastiden** waren vor allem im 18. Jh. die Land- und Sommersitze adliger und Parlamentarierfamilien aus Aix. Ebenso prunkvoll wie die Hôtels

414pr Foto: bm

particuliers in der Stadt, dienten sie denselben Repräsentationszwecken. Schlossähnlich war jedoch meist nur das Innere ausgestattet; außen überraschen die Bastiden durch Strenge und Schlichtheit, weshalb sie auch nach heutigem Geschmack sehr anziehend wirken. Der Vorteil gegenüber dem Stadthaus war natürlich der Park, zumeist mit Bassins, Brunnen, Terrassen und Skulpturen ausgestattet. Früher lagen sie im Zentrum weiter landwirtschaftlich genutzen Domänen. Einige – wie das Château de Fonscolombe – bauen noch heute Wein an, andere haben ihren Landbesitz im Laufe der Zeit verkauft und finden sich – wie das Château de la Pioline – inmitten eines Einkaufzentrums wieder.

Rund um die Montagne Ste. Victoire

XVI/B-C2

Die Bergkette Ste. Victoire und die angrenzende kleinere **Montagne de Cengle** sind die einzigen Erhebungen des weit ausgedehnten Beckens von Aix. Bekannt geworden ist die Victoire durch *Paul Cézanne,* der sie wieder und wieder malte und auf diese Weise ihr Geheimnis zu ergründen suchte, und in Deutschland nicht zuletzt durch *Peter Handke* und sein Buch „Die Leh-

Montagne Ste. Victoire

re der Sainte-Victoire". Irgendetwas also müssen diese Berge haben, etwas Faszinierendes, ja Magisches, wie sie sich da so abrupt in der Landschaft erheben, in den verschiedensten Farben schillernd, schroff und unwegsam hier, tiefgrün und weich bewaldet dort.

Rundfahrt

Wir verlassen Aix über die D 17, die vom Boulevardring in Richtung Le Tholonet abzweigt. Das ist die so genannte **Route Cézanne,** die der Künstler immer wieder einschlug, um sein Lieblingsmotiv zu malen. Zwischen Aix und Le Tholonet liegt links am Hang das **Château Noir** (19. Jh.), in dem *Cézanne* zwischen 1887 und 1906 zwei Zimmer mietete – schließlich war der weite Weg zu Fuß von Aix unter heißer Sommersonne mit all den Mal-Utensilien reichlich beschwerlich. Dennoch muss der Weg sehr schön gewesen sein: Während des gesamten Marsches gab er den Blick auf das Bergmassiv frei. Heute kann man es, vor allem wegen der Wälder, die den Weg säumen, erst hinter Le Tholonet sehen.

Kurz vor diesem Ort zweigt der Chemin de la Paroisse ab, der zur **Barrage Zola** führt. Der Ingenieur *François Zola,* italienischer Einwanderer und Vater des berühmten *Émile Zola,* errichtete die gebogene Staumauer zwischen 1843 und 1854 für die Wasserversorgung von Aix.

Ein Besuch von **Le Tholonet** mit seinen schönen Platanenalleen lohnt vor allem wegen des **Château Gallifet.** Ursprünglich eine Bastide, erbaut im 17. Jh. von der gleichnamigen Aixoiser Parlamentarierfamilie, wurde es im 18. Jh. in ein Wasserschloss umgestaltet und ist heute Sitz der Kanalgesellschaft *(Société du Canal de Provence).* Zumindest von der Straße kann man es gut sehen, denn leider erlaubt die *Société* nicht einmal den Besuch des wunderschönen Parks mit Kanälen und Bassins unter hohen Bäumen, geschweige denn des Schlosses selbst.

Am Ortsausgang erinnert eine Tafel am Fuße einer alten Windmühle an *Paul Cézanne.* Doch folgen wir lieber seinem Weg zur Montagne Ste. Victoire. Der Name bedeutet „Siegesberg", wohl als Erinnerung an *Marius,* der hier 102 v. Chr. die Barbaren bezwang. Auf provenzalisch heißt der Berg jedoch *Santa Ventura,* hergeleitet vom gallischen *Ventour* für „Wind", das auch den Ursprung von Ventoux bildet.

Der Weg führt zunächst weiter durch dichte Eichen- und Pinienwälder bis zur Abzweigung nach Beaurecueil. Die Landschaft öffnet sich jetzt zu einer weiten Ebene und gibt endlich den Blick frei auf die imposante **Südseite** der Victoire. Schroff erheben sich ihre Kalksteinspitzen über wenig begrünten Bergfüßen und rötlicher Erde. Mit dem Licht wechselt der nackte, karstige Stein auf wundersame Weise seine Farben, erscheint weiß unter strahlender Sonne, unter bedecktem Himmel violett bis dunkelgrau. Wie alle provenzalischen Gebirgszüge ist die Victoire in ost-westlicher Richtung aufgefaltet; sie erstreckt sich über 12 km bis hinter Puyloubier.

415pr Foto: bm

Etwa zwei Kilometer hinter der Abzweigung nach Beaurecueil liegen der Wald und das Ausflugsareal von **Roques-Hautes.** Ganz in der Nähe wurden die berühmten Dinosauriereier gefunden, die jetzt im Museum von Aix zu sehen sind. Die genaue Stelle wird heute nicht mehr verraten – zu viele Dilettanten schon haben sich auf die erfolglose Eiersuche begeben ...

Château Gallifet

Man sollte sich lieber an die vielen schönen Wege halten, die von hier in das Massiv hineinführen. Man kann zum Beispiel zum Refugium *Cézannes* wandern oder die Bergspitze erklimmen.

Das **Croix des Provence** (945 m) liegt nicht wirklich auf dem höchsten Punkt; der echte Gipfel ist der **Pic des Mouches** (1011 m) etwas weiter östlich bei Puyloubier. Von beiden hat man einen wunderbaren Blick auf die Chaîne de l'Étoile, die Ste. Baume, die Camargue, das Rhône- und Durance-Tal, den Luberon, den Ventoux, sogar bis zum Mittelmeer und zu den Alpen kann man sehen. Errichtet wurde das Kreuz 1871 übrigens aus Dankbarkeit, weil die Provence von der preußischen Besatzung verschont geblieben war. Der Sockel trägt vier Inschriften, die die Richtungen anzeigen: Richtung Paris auf Französisch, Marseille erscheint auf Griechisch, Rom natürlich auf Lateinisch und Aix auf Provenzalisch. Etwas unterhalb des Kreuzes liegt die **Prieuré de Ste. Victoire** aus dem 17. Jh.

Weiter auf der D 17, die sich in Kurven um die Bergfüße windet, erreichen wir den winzigen Weiler **St. Antonin-sur-Bayon.** Der Ort erscheint wie eingezwängt zwischen den Bergketten Victoire und Cengle, besteht aus einer einzigen Straße, die im Flussbett des Bayon endet: eine frische Oase unter dichtem Blätterdach.

Hinter St. Antonin wird die Vegetation immer karger; wo vorher noch Pinien, Eichenwäldchen und Sträucher wuchsen, gibt es jetzt nur noch Flechten, Kräuter und vor allem Stein. Zwar war die Südseite niemals so dicht bewaldet wie die Nordseite, doch ganz natürlich ist diese Kargheit nicht. Tatsächlich zerstörte 1989 ein **verheerender Brand** die Flora von 5000 Hektar im Süden des Massivs, das sind 60 % des Gebietes rund um die Dörfer Beaurecueil, St. Antonin und Puyloubier. Seit 1992 hat man mit umfassenden Wiederbepflanzungen und Aufforstungen begonnen, doch nur sehr langsam gewinnt die Südseite ihre ursprüngliche Gestalt zurück.

Richtung Rousset zweigt die D 56c ab. Diese schmale Straße durchquert die **Montagne du Cengle,** windet sich durch rote Erde, bräunliche Garrigue und grüne Weinfelder hinab ins **Tal des Arc** (Vallée de l'Arc), nicht ohne vorher weite Blicke darauf freizugeben. Fährt man die Straße in umgekehrter Richtung, erscheint sie wie eine verheißungsvolle Leiter zur Victoire.

Auf roter Erde, die übrigens in den Ziegeleien von Les Milles verarbeitet wird, ist auch **Puyloubier** erbaut. Bei diesem Ort mit kleinen Gassen, bunt bemalten Häusern und einem mittelalterlichen Castrum beginnen die weiten Weinfelder. Mittendrin liegt etwas weiter das malerische Dörfchen **Pourrières.**

Von hier führt ein Abstecher nach **Trets** im Tal des Arc. Teile der alten Stadtmauer (14. Jh.) umschließen eine mittelalterliche Altstadt mit engen Gassen, romanischen Häusern und einer Synagoge, deren älteste Teile aus dem 13. Jh. stammen. Das Bild vervollständigt sich mit dem hoch aufragenden Schloss (15. Jh.) sowie der romanischen Kirche.

Schön ist auch die Fahrt hinauf auf die **Montagne de Régagnas** (D 12 Richtung St. Zacharie) und zur **Hermitage St. Jean-du-Puy** (658 m). Der Ausblick tröstet über die Massen von Ausflüglern und Picknick-Profis hinweg: im Osten auf den Mont Aurélien (875 m) und den Mont Olympe (880 m), ebenso auf die Ste. Victoire und die Ste. Baume, schließlich bis zu den Alpen.

Von Pourrières schlängelt sich die Straße (D 23) nach **Le Puits-de-Rians** in unzähligen Kurven durch die östlichen Ausläufer der Victoire. Kurz darauf, Richtung Vauvenargues (D 10),

418pr Foto: bm

erreicht man eine Landschaft, wie sie idyllischer kaum sein könnte: Dichte, tiefgrüne Wälder wellen sich an der **Nordseite,** die viel sanfter ins Tal abgleitet als die bizarre Südwand. Natürlich hat jede dieser beiden Seiten für sich ihren Reiz und Zauber, doch gerade ihre extreme Unterschiedlichkeit hat etwas Magisches, so als ob sie nicht zueinander gehörten.

Renaissanceschloss von Vauvenargues

Entlang eines dieser schön bewaldeten Täler erstreckt sich **Vauvenargues.** Vor dem Dorf thront stolz, ja abgekehrt von diesem, ein **Renaissanceschloss** aus dem 14. Jh., das die Marquis de Vauvenargues errichteten und im 17. Jh. noch einmal renovierten. Einer von ihnen, der Moralist und Voltaire-Freund *Luc de Clapiers,* erdachte hier im 18. Jh. seine berühmt gewordenen Maximen.

Viel später dann, im Jahre 1958, kam ein Maler, sah das Schloss und kaufte es. Dabei handelt es sich **Pablo Picasso,** der zumindest zeitweilig genug hatte von der Künstlichkeit und Überbevölkerung der Côte d'Azur und bis 1961 in Vauvenargues weilte. Zu seinem Freund *Kahnweiler* soll er damals gesagt haben: „Ich habe die Montagne Ste. Victoire gekauft." Der antwortete im Glauben, *Picasso* habe ein Bild *Cézannes* erworben: „Herzlichen Glückwunsch - aber welche?" *Picasso* konnte ihn jedoch davon überzeugen, dass er tatsächlich einen Besitz von über 800 Hektar besaß, fast völlig bewaldet und mit einem Schloss. Hier entstanden unter anderem einige Porträts seiner zweiten Frau *Jacqueline Roque*. Sie und der Meister selbst liegen heute im Garten des Schlosses begraben. Besichtigen kann man es nicht: Verrammelt und verriegelt wird es von scharfen Hunden bewacht.

Vor einigen Jahren plante *Jacquelines* Tochter *Cathérine* ein ehrgeiziges Projekt: ein Picasso-Museum. Daraus wurde jedoch nichts, und zwar wegen der Bewohner von Vauvenargues, die um ihr beschauliches Dorfleben fürchteten und sich mit aller Macht widersetzten.

Etwa einen Kilometer hinter Vauvenargues Richtung Aix liegt links der **Stausee Bimont.** Er übernahm 1952 anstelle des Zola-Stausees die Wasserversorgung von Aix und ist zudem ein beliebtes Ausflugsziel der Städter - trotzdem bleibt das Baden in dem türkisblauen Wasser verboten. Kurz vor dem Aqueduc du Petit-Roquefavour zweigt der Chemin de Bibémus zum gleichnamigen Plateau ab, aus dessen Stein Aix zum großen Teil gebaut wurde. Von hier kann man einen letzten Blick auf die Barrage Zola und die Ste. Victoire werfen, bevor man vorbei an dem schicken Vorort St. Marc-Jaumegarde zurück nach Aix fährt.

Information

- **Office de Tourisme,** Place du Général-de-Gaulle, 13100 Aix-en-Provence, Tel. 04.42.16.11.61, Fax 04.42.16.11.62.

Das Office de Tourisme von Aix ist auch zuständig für die meisten Orte der beiden folgenden Routen. Es organisiert eintägige **Bustouren mit fachkundiger Führung:** „Auf den Spuren Cézannes" (Le Tholonet, Montagne Ste. Vicoire, St. Maximin-la-Ste. Baume) und „Schlösser, Bastiden und Gärten im Land von Aix" (La Gaude, La Fonscolombe, La Pioline etc., s.u.).

Hotel-Restaurants

- **Relais Ste. Victoire*****/€€€€, 13100 Beaurecueil, Tel. 04.42.66.94.98, Fax 04.42.66.85.96. Sehr schönes, stilvoll möbliertes Anwesen, das inmitten von Feldern liegt. Mit Schwimmbad und raffinierter Küche der Spitzenklasse. *René Jugy-Bergès* ist Maître Cuisinier de France und gilt bei vielen Köchen der Region als Vorbild. Menü ab 40 €.
- **La Galinière****/€€€, Route Nationale 7, 13790 Châteauneuf-le-Rouge, Tel. 04.42.53.32.55, Fax 04.42.53.33.80. Hübsches Landhaus aus dem 17. und 18. Jh., eingerichtet in rustikalem Stil, mit Schwimmbad. Das Restaurant - ein gemütlicher Raum mit Kamin - bietet keine ausgesprochen provenzalische Küche, dafür aber Spezialitäten, wie z.B. Wachteln, Schnecken, Fasane oder Kalbfleisch in Estragonsoße. Menü um 30 €.

Camping

- **Le Cézanne****, Camping municipal, 13110 Puyloubier, Tel. 06.80.32.11.10. Geöffnet von April bis Oktober.
- **Sainte Victoire****, 13100 Beaurecueil, Tel. 04.42.66.91.31. Ganzjährig geöffnet.

Wandern

- Von **Puyloubier** (337 m) kann man über den GR 9 in zwei Stunden den **Pic des Mouches** (1011 Meter) besteigen. Ausgangspunkt ist die Rue du Portalet am Dorfrand.

Paul Cézanne und sein Berg

Am 15. Oktober 1906 wurde *Paul Cézanne* (1839–1906) beim Malen auf einem Hügel im Aixer Land von einem Unwetter überrascht: Tief berührt vom kürzlichen Tod seines Freundes **Pissarro,** verharrte er mehrere Stunden im strömenden Regen und wurde schließlich bewusstlos nach Hause gebracht. Wenige Tage später, am 22.10.1906, starb der Vater der modernen Malerei.

So eng verknüpft *Cézannes* Leben und Tod mit seiner **Heimatstadt Aix** und deren Umgebung waren, so prägte diese Landschaft auch in hohem Maße das Schaffen des Künstlers. Zwar ging er für einige Zeit nach Paris, wo er sich den Impressionisten anzunähern versuchte und besondere Zuneigung zu *Pissarro* fasste. Doch da sein Können dort verschmäht wurde, zog er sich wieder nach Aix zurück, wo er seinen ureigenen Stil fortentwickelte, der die Tore zur Malerei der Moderne öffnen sollte.

Durch *Cézannes* Bilder ist die **Montagne Ste. Victoire,** das Bergmassiv östlich von Aix, weltberühmt geworden. Der Künstler hat sie, in zahlreichen Variationen, in Serie gemalt. Dies diente nicht etwa als Vorarbeit für ein übergeordnetes Werk, sondern etablierte eine selbstständige Kunstrichtung, die untrennbar mit der Fortentwicklung der Fotographie (1887 erfand Etienne-Jules Marey die Chronofotografie) und der Erfindung des Kinos (1895 durch die Brüder *Lumière)* verbunden war. Mittels der **Serie** fragt der Künstler immer wieder neu nach dem Wesen seines Objektes, und er eröffnet gleichzeitig mit der stets wechselnden Sichtweise eine neue Konzeption des Raumes, ohne die Kubismus, *Mondrian* oder *Klee* nicht denkbar wären.

Betrachtet man die Wege, die *Cézanne* bei der Motivsuche zurücklegte, so bemerkt man ein systematisches Vorgehen, eine regelrecht strategische Einkreisung des Ste.-Victoire-Massivs: Er malte im Süden bis Gardanne und im Tal des Arc, im Westen an verschiedenen Orten auf der Straße nach Le Tholonet, im Norden auf der Straße nach Vauvenargues. *Pissarro* sagte über ihn zu *Matisse:* „Cézanne ist ein Klassiker, (...) er malt sein ganzes Leben dasselbe Bild." Und *Matisse* fügte hinzu: „Er malt immer wieder dieselbe Landschaft, doch jedesmal ist sein Gefühl ein anderes." In diesem Sinne sagte man oft von ihm, dass er nicht malte, was er *sah*, sondern was er *wusste*, denn er kannte die Ste. Victoire seit seiner frühesten Kindheit: ihre Täler und Faltungen, die Wellenfolge der Hügel bis zum letzten Ausläufer.

Hat man jedoch die Ste. Victoire erlebt, so weiß man, dass sie ihr Gesicht mit dem Lichtwechsel von einem auf den anderen Augenblick ändert: von bleichem Grau bis zu strahlendem Weiß, rosig oder bläulich schimmernd, ockerbraun oder mattgrün, tiefrot in der Abendsonne. Die Serie *Cézannes* kleidete diese verschiedenen Erscheinungen in eine Form, wobei er in deutlicher **Abgrenzung von den Impressionisten** nicht dem Licht- und Schattenspiel, sondern den bis ins Kleinste aufeinander abgestimmten Farben den Vorzug gab.

Man kann die Arbeitsorte des Künstlers besuchen, doch Spuren wird man nicht finden. Was bleibt, sind der Berg, das Licht, der Mistral, die Farben, der brüske Wechsel des Wetters, die Düfte der Landschaft, der Gesang der Zikaden. Um *Cézanne* verstehen zu können, müssen wir uns auf diesen Berg einlassen.

- Ein anderer Ausgangspunkt für die Wanderung auf den Pic des Mouches ist der **Col des Portes** (631 m) auf der D 10 zwischen Vauvenargues und Le Puits-de-Rians. Hin- und Rückweg etwa zwei Stunden, durch Eichen- und Pinienwald, rote Markierung.
- Vom **Lac de Bimont** über den Sentier Imouche in knapp drei Stunden zum **Croix de Provence** (Zugang zum See: März bis Oktober 7–22 Uhr, November bis Februar 9–18 Uhr, blaue Markierung).
- Von **Les Cabassols** (369 Meter, an der D 10 von Aix kurz vor Vauvenargues) über den GR 9 zur **Prieuré** und zum **Croix de Provence.** Der Chemin des Venturiers ist weiß-rot markiert, der Aufstieg dauert etwa zwei Stunden.
- Rundweg von etwa eineinhalb Stunden von **St. Antonin-sur-Bayon** zu Resten des keltoligurischen **Oppidums d'Utinos.** Ausgangspunkt: Parkplatz Deux Aiguilles, 500 m hinter St. Antonin.
- Ebenfalls von **St. Antonin** (450 Meter) kann man zum **Col de Bayle** (518 Meter) in der Montagne de Cengle wandern. Hin- und Rückweg dauern zusammen nur eine Stunde, Ausgangspunkt hinter dem Flüsschen Bayon.
- Von **Le Tholonet** führt ein zweistündiger Rundweg zur **Barrage Zola** und zur **Barrage Romain** (römische Staumauer). Ausgangspunkt ist der Chemin de la Paroisse 200 m rechts vor dem Dorf Richtung Aix.
- Zur **Pèlerinage Ste. Victoire** gibt es im April eine Pilgertour hinauf auf den magischen Berg bis zur Priorei.

Weiterreise

- **Mit dem Auto:** Sehr schön und einsam ist die kurvige Passstraße kurz vor Vauvenargues (D 11) durch die Montagne des Ubacs nach Jouques und ins Tal der Durance.

Auf den Spuren der Bastiden nördlich von Aix ⇗XVI/A–B1

Wieder von Aix ausgehend, schlagen wir die Straße nach Manosque (N 96) ein. Schon sehr bald führt rechts eine Abzweigung nach Les Pinchinats (D 63c). Direkt an dieser Kreuzung liegt der **Pavillon de Lenfant** vom Ende des 17. Jh. mit einem Obergeschoss aus dem 18. Jh. Vom großzügigen Park blickt man durch eine zentrale Allee auf eine strenge Fassade, hinter der sich heute das *Centre de Droit International* der Universität Aix verbirgt. Im Inneren sollte man sich das von *Jean-Baptiste Van Loo* gestaltete Treppenhaus (1712) ansehen.

- **Pavillon de Lenfant:** 346, Route des Alpes, Tel. 04.42.21.44.73. **Führungen** von Juli bis September über das Office de Tourisme von Aix, sonstige Besuche nur nach Anmeldung.

Ehe unsere Zeit das Pays d'Aix mit den Segnungen moderner Architektur und Infrastruktur bedachte, war die Landschaft überall so schön wie im **Vallée des Pinchinats** – ein steter Wechsel von Feldern, Alleen, Bastiden und Schlössern. Die beiden schönsten, La Mignarde und La Gaude, sind direkte Nachbarn. 1775 entstand aus einer schlichten Bastide jenes wundervolle Herrenhaus, als das sich **La Mignarde** heute zeigt. Die reich ausgestatteten Salons, darunter das Appartement von *Napoléons Pauline,* sind leider nicht zu besichtigen. Doch schon der Anblick des Parks mit Skulpturen und mächtigen Platanen lässt neidisch werden auf die heutigen Mieter der Mignarde, die

421pr Foto: bm

in einem der verschiedenen Appartements logieren.

Im Weinschloss **La Gaude** kann man sich zwar nicht einmieten, doch zumindest eine Weinprobe genießen. Die schöne, streng symmetrische Fassade auf ihrem Hügel sieht man am besten von der Mignarde aus. Unterhalb erstreckt sich der Garten mit Bassins und einem Labyrinth aus kunstvoll gestutzten Buchsbäumchen.

La Gaude

Lambesc: Eglise de l'Assomption

● **La Mignarde:** Les Pinchinats, Tel. 04.42.96.41.86. **La Gaude:** Les Pinchinats, Tel. 04.42.96.41.80. Besichtigung: Siehe Pavillon de Lenfant.

Die N 96 führt zur Abzweigung nach **Venelles.** Dieses einst schöne *Village perché* erlitt – wie mehrere andere Dörfer der Gegend – ein schlimmes Schicksal: 1909 bebte die Erde so stark, dass das Dorf wie ein Kartenhaus in sich zusammenfiel. Die Einwohner waren gezwungen, ein neues Dorf zu gründen und entschieden sich für einen Platz in der Ebene; schließlich waren die Zeiten der Bedrohung passé, die die mittelalterlichen Menschen gezwungen hatten, in sicheren Höhen zu siedeln.

Dem **Château de Fonscolombe** dagegen (an der D 13), errichtet 1720 von der betuchten Parlamentarierfamilie *Boyer de Fonscolombe,* konnten die Naturgewalten wenig anhaben. Das prächtige Anwesen ging 1810 durch Heirat in Besitz der Familie *Saporta* über. Der heutige *Marquis de Saporta* blickt auf einen riesigen Park, Skulpturengärten à la française und 105 Hektar Weinberge zwischen Durance und der Trévaresse-Bergkette, die einen guten A.O.C. Côteaux d'Aix hervorbringen.

• **Château de Fonscolombe:** 13610 Le Puy-Ste. Réparade, Tel. 04.42.61.89.62. Besichtigung: siehe Pavillon de Lenfant.

422-2pr Foto: bm

Ein Abstecher nach **Meyrargues** verspricht einen schönen Blick auf das Tal der Durance, und zwar von dem mittelalterlichen Schloss aus, das nicht nur im 17. Jh. von den *Albertas* (ebenfalls einflussreiche Aixoiser Parlamentarier) umgestaltet wurde, sondern nochmals in jüngster Zeit zu einem hübschen Hotel.

Weiter auf der D 13 passiert man Le Puy-Ste. Réparade und sollte danach den Umweg durch Felder und Alleen zum malerischen Örtchen **St. Estève-Janson** im Durance-Tal nicht auslassen: Von hier führt eine schöne Passstraße (D 66) durch bergige, wilde Garrigue-Landschaft mit Blick auf Durance und Luberon nach **Rognes.** Das Erdbeben zu Anfang des letzten Jahrhunderts zerstörte auch den Vorgänger dieses Dorfes, von dem Ruinen – darunter Reste der mittelalterlichen Festung – auf dem Plateau de Foussa zeugen. Berühmt geworden ist das Örtchen durch seinen ockerfarbenen Stein, der zusammen mit dem *Bibémus* (im Victoire-Massiv) den Aixoiser Hôtels ihre warme, leuchtende Farbe verlieh. Schlägt man die D 15 Richtung Lambesc ein, kann man noch heute den Abbau besichtigen.

Lambesc zehrt vor allem von der Zeit zwischen 1646 und 1786, als es Sitz der *États Généraux* war, der Generalstände der Provence. Das brachte ihm nicht nur den Namen „le Versailles Aixois" ein, sondern bescherte dem Städtchen auch seinen bis heute

424pr Foto: bm

sehr urbanen Charakter mit einem Platanenboulevard, prächtigen Hôtels particuliers, großen Plätzen und schönen Brunnen. Vieles wurde jedoch zerstört, nicht nur durch das Erdbeben von 1909, sondern auch im Zweiten Weltkrieg von den Deutschen.

In der Blütezeit entstand auch die **Eglise de l'Assomption** (1700–1741) an der Stelle einer romanischen Kirche. Für die großen Zeremonien während der Zusammenkünfte der Generalstände war diese einfach zu klein geworden, der Glockenturm blieb ihr einziger Überrest. Die neue Kirche dagegen ist eins der seltenen Beispiele für religiöse Barockbauten in der Provence und besitzt im Innern mehrere Altaraufsätze und Gemälde (17.–19. Jh.), darunter eins von *Nicolas Mignard* (1630).

Auch der Campanile auf der **Porte de Salon,** einem der alten Stadttore, ist eine Seltenheit. Im Gitterkäfig ist seit dem 17. Jh. die Familie *Jacquemart* eingesperrt, ein Schmied mit seiner Gattin samt Kindern, die für das Läuten der Glocke zuständig sind – allesamt Holzpuppen des Aixoiser Künstlers *Mouttet.* Sehenswert schließlich sind die **Bonne Fontaine** (1500), der älteste Brunnen der Stadt, und ein kurioser **Lavoir** (Waschhaus) von 1785, beide neben dem Office de Tourisme.

Von hier geht es über die Straße Richtung La Roque D'Anthéron (D 67a) hinauf zur romanischen **Kapelle Ste.-Anne-de-Goiron** auf dem Plateau de Manivert. Die kurvige Waldstrecke durch die Chaîne des Côtes steigt extrem an (bis zu 21 Prozent) und bietet schließlich einen wundervollen **Panoramablick.** Hier oben in den Bergen liegt die winzige Kapelle, verlassen, verfallen und entrückt. Die wuchernde Vegetation hat sich ihrer bemächtigt, genau wie die Zeit die Felsgräber in bemooste Becken verwandelt hat, die den Regen aufnehmen. Ein verwunschener Ort, der Ort eines Dramas der jüngsten Vergangenheit zudem: Daran erinnert ein ganz anderes Grab, jenes für die Widerstandskämpfer, die sich im Zweiten Weltkrieg hier versteckt hielten, verraten und von Deutschen ermordet wurden. Ein paar Schritte von der Kapelle hält ein riesiges **Mahnmal** das Gedenken wach an den Mut der „Héros et Martyrs de la Résistance".

Das von Lambesc über die N 7 erreichbare Örtchen **Vernègues** hat dasselbe Schicksal wie Venelles und Rognes erlitten; auch hier liegt der durch das Erdbeben zerstörte Vorgänger des heutigen Dorfes nebenan auf einem Hügel. Einen Besuch lohnt vor allem das nahe **Château Bas** – ein Weingut wie aus dem Bilderbuch. Inmitten seines romantischen Parks stehen Reste eines **römischen Tempels** (1. Jh. v. Chr.), die eine sinnträchtige Verbindung mit denen einer romanischen Kapelle aus dem 13. Jh. eingehen, in deren Bau Steine des Tempels einbezogen wurden. (Besichtigung möglichst nach Absprache, Tel. 04.90. 57.43.16.)

Zwar könnte man von hier Éguilles auf direktem Wege über die N 7 erreichen, sollte jedoch der schönen Fahrt von Rognes durch die **Chaîne de la Trévaresse** (D 543) den Vorzug geben, einer kurvigen, waldreichen Strecke, deren höchster Punkt bei 362 m liegt. Wieder in der Ebene angekommen, säumen Felder und kleine Wälder den Weg. **Eguilles** liegt auf einem Ausläufer der gleichnamigen, winzigen Bergkette und gruppiert sich um das riesige, mittelalterlich anmutende **Château des Boyer d'Éguilles.** Die D 17 führt zurück nach Aix.

Kapelle Ste.-Anne-de-Goiron

Information

- **Office de Tourisme,** 5, Place de la Fontaine, 13840 Rognes, Tel. 04.42.50.13.36.
- **Office de Tourisme,** 2, Avenue de la Résistance, 13410 Lambesc, Tel. 04.42.17. 00.62.

Camping

- **Le Messidor****, Route de St. Canadet, 13610 Le Puy-Ste. Réparade, Tel. 04.42. 61.90.28. FKK-Camping *(Centre naturiste).* Geöffnet von April bis Mitte Oktober.
- **Provence Camping****, 13310 Lambesc, Tel. 04.42.57.05.78. Ganzjährig geöffnet.

Restaurant

- **Les Olivarelles,** Chemin Font-du-Vabre, Rognes, Tel. 04.42.50.24.27. Hier kann man deftige Fleischgerichte vom Spieß probieren. Menü 18–35 €.

Märkte

- **Wochenmärkte** mittwochs in Rognes, freitags in Lambesc.
- **Trüffelmarkt** im Dezember in Rognes.

Anreise/Weiterreise

- **Bahn/Bus:** Mehrmals täglich Bus- und Bahnverbindungen von Aix nach Meyrargues (etwa 15 Min. Fahrt), von dort weiter nach Pertuis, Cheval Blanc, Manosque, Sisteron und Digne. Täglich auch mehrere Busverbindungen von Aix nach Venelles.

Westlich und südlich von Aix

Wir beginnen unsere Rundfahrt am Ende der vorherigen, in Eguilles, und fahren nach Süden über die D 543 bis nach **St. Pons.** Sein malerisches Schloss, heute grün überwuchert, entstand an der Wende vom 16. zum 17. Jh. Über die D 65 gelangt man zum **Aquädukt von Roquefavour,** der imposanten Brücke des Kanals von

425pr Foto: bm

Marseille über dem Tal des Arc. Erbaut zwischen 1842 und 1847 von *Franz Mayor de Montricher,* versorgte er allein bis 1973 Marseille mit Wasser von der Durance.

Ohne Zweifel ist seine Konstruktion angelehnt an den römischen Pont du Gard; dennoch ist er längst nicht so faszinierend wie das Original, obwohl er wesentlich über dessen Dimensionen hinausgeht (82 m hoch und 375 m lang). Ein Spaziergang zur obersten Etage (erreichbar von Ventabren, Hin- und Rückweg etwa eine Stunde) geht durch eine schöne Landschaft und bietet einen Blick auf die Schluchten des Arc.

Aquädukt von Roquefavor

Etwas weiter nordwestlich erhebt sich **Ventabren,** ein außerordentlich schönes Village perché, über dem Flusstal. Im Mittelalter muss die weite Sicht von der Schlossruine (12. Jh.) auf die Chaîne de l'Étoile, die Chaîne de Vitrolles und den Etang de Berre strategisch sehr von Vorteil gewesen sein.

Die Vorzüge der Gegend hatten sich schon die Kelten zunutze gemacht: Unweit von Velaux liegt das bedeutende **Felsheiligtum Roquepertuse** samt Resten eines Oppidums. Antike Geschichtsschreiber sagten den in ihren Augen verrohten Barbaren nach, dass sie einen Kult mit Totenschädeln betrieben – und in Roquepertuse fanden sich tatsächlich Bestätigungen dafür. Aufschlussreich ist vor allem ein so genannter Portikus mit eingelassenen Schädelnischen, der wahrscheinlich von einem ebenfalls aufgefundenen steinernen Totenvogel gekrönt war. Die Funde sind größtenteils in Marseille zu bewundern.

In **Les Milles,** einem wenig anziehenden Vorort von Aix, stellt die alte Fabrik am Ortsausgang heute wie eh und je Ziegel her. Von außen erinnern nur ein alter Bahnwaggon und eine unscheinbare Tafel daran, dass die Ziegelei im Zweiten Weltkrieg ein **Konzentrationslager** war. 1939/40 internierten die französischen Behörden hier viele Deutsche und Österreicher, die vor den Nazis geflohen waren, als so genannte „feindliche Ausländer", unter ihnen Künstler und Intellektuelle wie *Max Ernst, Lion Feuchtwanger, Golo Mann* oder *Alfred Kantorowicz.*

Feuchtwanger erinnert sich in seinem Buch „Der Teufel in Frankreich" an diese Zeit: „In einem Ziegelbau waren wir untergebracht, und die Ziegel waren das Merkmal dieser Zeit. Ziegelmauern, durch Stacheldraht gesichert, schlossen unsere Höfe von der schönen, grünen Landschaft draußen ab, zerbröckelnde Ziegel waren überall gestapelt, sie dienten uns als Sitze und als Tische, auch dazu, das Strohlager des einen von dem des anderen abzutrennen. Ziegelstaub füllte unsre Lungen, entzündete unsre Augen."

In dieser frühen Phase des Lagers hatten die Internierten immerhin noch die Chance auf Entlassung oder Flucht. Vor allem dem Amerikaner **Varian Fry** vom *Emergency Rescue Committee* kommt der Verdienst zu, viele bedeutende deutschsprachige Intellektuelle über Marseille aus Frankreich gerettet zu haben. Der Schriftsteller *Walter Hasenclever* beging jedoch 1940 in Les Milles Selbstmord, weil er, als die deutschen Truppen näher rückten, Angst vor der Deportation hatte. Diese war keineswegs unbegründet, entwickelte sich die Ziegelei doch im August und September 1942 unter dem Vichy-Regime zu einem **Zentrum der Deportation.** Fast 2000 jüdische Männer, Frauen und Kinder wurden von dort über Drancy in die Todeslager im Osten gebracht, auch nach Auschwitz.

An diese traurige Vergangenheit Les Milles' erinnerte lange Zeit nur ein Bahnwaggon; die Ziegelei war für Besucher nicht zugänglich. Seit 2002 kann nun der frühere Speisesaal der Lagerwachen besichtigt werden, in dem sich **Wandmalereien** internierter Künstler befinden. Von wem genau die modernen Gemälde stammen, ist unter Kunsthistorikern umstritten, vielleicht sind es auch Gemeinschaftswerke. Jedenfalls erzählen sie vom Hunger und den entbehrungsreichen Umständen der Internierung und geben der Hoffnung auf Frieden Ausdruck.

• **Site Mémorial des Milles,** 2, Rue Adrien Duberc, 13290 Les Milles, Öffnungszeiten der Gedenkstätte: Montags bis freitags 9–12 Uhr und 12.45–17 Uhr. Der zuständige Verein öffnet auf Anfrage auch den Eisenbahnwaggon, in dem eine kleine Ausstellung zur Deportation untergebracht ist, Tel. 04.42.24. 34.68. Im Anhang dieses Buches finden sich mehrere Lesetipps zu den Themen Les Milles und Exilliteratur.

26pr Foto: bm

Pavillon de Chasse du Roi René

Fast scheut man sich, nach diesen Eindrücken weiter auf den Spuren schöner Schlösser zu wandeln. Dennoch sei das **Château de la Pioline** erwähnt, ein hochherrschaftliches Gebäude aus dem 16. bis 18. Jh., direkt neben dem Industrie- und Einkaufsgebiet von Les Milles gelegen. Einst gehörte das gesamte angrenzende Areal zum Schloss, wurde jedoch nach und nach zu lukrativen Preisen verkauft. Das seit 1991 bestehende Hotel kann nur noch ganze vier Hektar sein Eigen nennen.

Weitere vier Schlösser bilden den Abschluss unserer Rundfahrt: Südlich von Les Milles, an der D 59, steht das **Château Lenfant** aus dem 18. Jh. in einem schönen Park, der jedoch von den Gärten der nahen **Domaine d'Albertas** noch übertroffen wird. 1751 entschloss sich *Jean-Baptiste d'Albertas,* erster Mann am gräflichen Hof, auf seinem Familienbesitz bei Bouc-Bel-Air ein repräsentatives Schloss zu errichten. Als der angehende Schlossherr 1790 ermordet wurde, waren bis dahin nur die Gärten fertig geworden; das Schloss wurde nie vollendet. Das Ensemble von Jagdpavillon, Terrassen, Brunnen und Statuen lässt nur erahnen, wie es hätte aussehen können.

An der D 7 Richtung Gardanne ist jedoch schon seit Jahrhunderten das Schloss der Parlamentarierfamilie *de Gueidan* auf der **Domaine de Valabre** zu bewundern. Ursprünglich eine Bastide vom Ende des 16. Jh., wurde es später umgestaltet. Nicht jedoch der 1573 errichtete viertürmige Jagdpavillon, seit dem 19. Jahrhundert **Pavillon de Chasse du Roi René** genannt – obwohl der „gute König" beim Bau längst tot war. Der Pavillon dient heute, völlig modernisiert, Austellungen zum Thema Wald und Natur.

- **La Pioline,** die **Jardins d'Albertas** und der **Pavillon de Chasse du Roi René** können im Rahmen von organisierten Ausflügen des Office de Tourisme von Aix besucht werden, Tel. 04.42.16.11.61.

Information

- **Office de Tourisme,** Grande Rue, 13122 Ventabren, Tel. 04.42.28.76.47.

Hotel-Restaurants

- **Le Château de la Pioline******/€€€€€, Rue Guillaume du vair, 13546 Aix-Les Milles, Tel. 04.42.52.27.27, Fax 04.42.52.27.28. Von dem einst stolzen Anwesen dieser *Bastide* sind nur noch 4 ha geblieben, als Hotelpark ist das jedoch sehr angenehm. Der Rest der Domaine ist heute ein umtriebiges Gewerbegebiet, wogegen die *Pioline* jedoch recht gut abgeschottet ist. Betonte Schloss-Atmosphäre, antikes Mobilar, das alles in nur 3 km Entfernung von Aix. Menü um 45 €.
- **Auberge Bourrelly*****/€€€€, 13480 Calas-Cabriès, Tel. 04.42.69.13.13, Fax 04.42.69.

13.40 (Calas liegt in der Nähe von Bouc-Bel-Air). Dieses charmante Hotel ist in einer *Bastide* untergebracht und liegt im Schatten uralter Platanen. Mit Schwimmbad inmitten eines schönen Parks. Menü um 35 €.

● **L'Étape Lani****/€€, Route de Marseille CD 6, 13320 Bouc-Bel-Air, Tel. 04.42.22.61.90, Fax 04.42.22.68.67. Einfaches, doch schönes und vor allem familiäres *Logis-de-France*-Hotel (mit Schwimmbad), kombiniert mit einer Küche der Spitzenklasse. Seit nunmehr über 30 Jahren kümmert sich die Familie *Lani* um das Wohl ihrer Gäste – mit Erfolg! Menü ca. 27–48 €.

● **Arquier****/€€, 2980, Route du Petit Moulin, Roquefavour-Les Milles, 13290 Aix-en-Provence, Tel. 04.42.24.20.45, Fax 04.42.24.29.52. Ein nettes kleines Hotel, das direkt am Fuße des Aquäduktes von Roquefavour in einem großen Park am Flussufer liegt. Menü um 25–40 €.

Die Abtei Silvacane ⇗XI/D2

Im Durance-Tal, direkt bei dem Städtchen **La Roque-d'Anthéron** mit einem schönen Renaissance-Schloss, liegt die Zisterzienserabtei Silvacane. Zwar längst nicht so berühmt und schön gelegen wie ihr Schwesterkloster Sénanque, ist die Abtei dennoch eine Erkundung wert.

Geschichte

Gegründet wurde Silvacane um 1130 von Morimond aus, einem der ersten Klöster, das direkt aus dem Mutterkloster Cîteaux bei Dijon hervorgegangen war. (Genaueres zu den Zisterziensern im Kapitel Sénanque.) Bereits ein Jahrhundert zuvor hatten sich in dem unwegsamen Sumpfland an den Ufern der Durance Mönche niedergelassen, die es nach und nach trockenlegten und bebauten. Wahrscheinlich bedeutet der Name *Silvacane* „Schilfrohrwald". *Raymond des Baux, Raymond Bérenger II.* und *Guillaume de La Roque* bedachten die Neugründung mit großzügigen Schenkungen. Ebenso wie der Besitz wuchs im 12. und 13. Jh. auch der Wohlstand. Die Kirche entstand zwischen 1175 und 1230. *Raymond des Baux,* der als Gründer des Klosters gilt, wurde hier bestattet. Die übrigen Klosterbauten waren gegen 1300 vollendet.

Doch vor allem ein Streit mit der mächtigen Abtei Montmajour bei Arles, die Silvacane zeitweilig besetzten ließ, sollte der sorgenfreien Zeit ein Ende setzen. Zwar gaben die Benediktiner den Zisterziensern ihre Abtei 1289 zurück, doch wirklich erholen konnte sie sich nie mehr. Im 14. Jh. war sie fast bedeutungslos geworden. Während einer letzten kurzen Blüte entstand im 15. Jh. das Refektorium.

1443 gab Silvacane seine Eigenständigkeit auf und kam an das Domkapitel von Aix, seine Klosterkirche wurde zur Pfarrkirche von La Roque-d'Anthéron. Während der Revolution wurde es wie so viele andere Klöster verkauft, danach 1846 vom Staat erworben, der es restaurierte.

Besichtigung

Die schlichte romanische **Kirche** steht, wie bei den Zisterziensern üblich, auf der höchsten Stelle des Geländes. Die handwerkliche Perfektion und die geometrischen, blockartigen Teile spiegeln nicht nur die Strenge der Ordensregel, sondern auch die Vorliebe der Zisterzienser für Zweckmäßigkeit wieder. Schon von außen kann man erkennen, dass es sich um eine **dreischiffige Basilika** mit sehr breit angelegtem Querschiff handelt, deren Chor nicht rund, sondern gerade geschlossen ist.

Der schmucklose Innenraum ist heute völlig leer; umso eindringlicher wirken die wuchtigen Steinmassen, ihre ausgewogenen Proportionen und ihre perfekte Bearbeitung auf den Besucher. Die Fenster, vor allem die **Rundfenster über dem Altar** und an der Westseite gegenüber, erzeugen zudem eine geglückte Lichtsituation.

Das hohe Langhaus ist durch Pfeiler und Gurte gegliedert und von einer Spitztonne überwölbt, was die Kirche weniger schwerfällig als etwa die von Sénanque wirken lässt. An den Seiten des Chores, ebenfalls von einer Spitztonne überwölbt, schließen sich je zwei Kapellen an. Links sind der Zugang zur Sakristei und die Treppe zum Dormitorium. Der wegen der Geländeneigung mehr als eineinhalb Meter tiefer liegende **Kreuzgang** weist einfache rundbogige Arkaden auf, die ursprünglich alle mit einer Doppelsäule und einem Rundfenster *(Okulus)* unterteilt waren. Mit seinen Rundtonnengewölben und seinen dicken Mauern wirkt der Kreuzgang sehr romanisch. Doch an den Gurten, Rippen, Konsolen und Kapitellen erkennt man, dass er erst in gotischer Zeit entstanden ist.

Noch tiefer liegen die übrigen Konventsbauten. An den **Kapitelsaal,** mit schönen kreuzgewölbten Jochen, die auf Pfeilern ruhen, schließt sich der Schlafsaal an, der gleichzeitig, weil beheizt, als Schreibstube diente. Der **gotische Speisesaal** schließlich, der am spätesten errichtete Teil des Klosters, zeigt wiederum ein Kreuzrippengewölbe, dazu hohe, lichtdurchlässige Fenster und feinen Blattschmuck an den Säulenkapitellen.

In der Abtei Silvacane herrscht längst nicht mehr – wie in *Sénanque,* wo heute wieder Mönche leben – das Gebot des Schweigens. Im Sommer erfüllen die Klänge des *Festival International de Piano* seine alten Mauern. Dennoch ist es hier im Allgemeinen wesentlich ruhiger, da nicht mit dem gleichen Besucherstrom wie in Sénanque gerechnet werden muss.

● **Abbaye de Silvacane,** Tel. 04.42.50.41.69. Öffnungszeiten: Juni bis September täglich 10–18 Uhr, Oktober bis Mai tägl. außer dienstags 10–13 und 14–17 Uhr. Eintritt 6 €, ermäßigt 5 €.

Information

● **Office des Tourisme,** Hôtel de Ville, 13640 La Roque-d'Anthéron, Tel. 04.42.50.70.74.

Camping

● **Silvacane******, Camping municipal, La Roque-d'Anthéron, Tel. 04.42.50.40.54. Geöffnet von März bis Mitte Oktober.

● **Domaine des Iscles*****, Le Plan d'Eau, La Roque d'Anthéron, Tel. 04.42.50.44.25. Geöffnet von April bis Oktober.

Märkte und Feste

● **Wochenmarkt** donnerstags in La Roque-d'Anthéron.

● **Festival International de Piano,** Klavier-Festival im Parc de Fleurans und in der Abtei Silvacane in den ersten drei Augustwochen.

Der Luberon

Überblick

Verträumte Dörfchen und wilde Schluchten, liebliche Weinfelder und verwunschene Hochebenen, trutzige Kirchen und elegante Schlösser, üppige Natur und karge Gipfel, einfache Lebensart und künstlerisches Schaffen – all diese Gegensätze vereint der Luberon. Er ist mehr als nur ein Gebirge: Der alte Mythos des „Zauberbergs" beseelt eine ganze Landschaft, entrückt manchmal, als sei die Zeit darin stehengeblieben.

Ein Ferienparadies? Sicher nicht. Doch eine Gegend zum Entdecken und Genießen: Alte Kirchen und verfallene Grabstätten wollen gefunden, Bergkämme erstiegen und stille Felsdörfer still erkundet werden – nichts für eilige Touristen.

Wer dem Luberon an einem heißen Sommertag begegnet, Weinfelder durchfährt und charmante Dörfer mit schattigen Marktplätzen, der wird kaum jenen herben Charakter wahrnehmen, der dem Landstrich nachgesagt wird. Doch im Herbst, wenn apokalyptisch wirkende Gewitter toben und der Mistral durch enge, leere Gassen bläst, enthüllt sich diese andere Seite – entlegen, einsam und rau.

Orientierung

Sechzig Kilometer lang ist der Luberon und verläuft, wie die anderen Bergketten der Provence auch, in Ost-West-Richtung. Zwischen den Flüssen Durance im Süden und Coulon/Calavon im Norden gelegen, grenzt er im Osten an Manosque, während seine westlichen Ausläufer in die fruchtbare Comtat-Ebene um Cavaillon münden. Die Nationalstraße 100, die den Luberon nach Norden gegen das Bergland des Vaucluse abgrenzt, entspricht in ihrem Verlauf der römischen **Via Domitia.**

Etwa in der Mitte durchtrennt die Schlucht *(Combe)* von Lourmarin das Gebirge und bildet damit die einzige natürliche Nord-Süd-Verbindung durch den Luberon. Diese Schlucht, durch

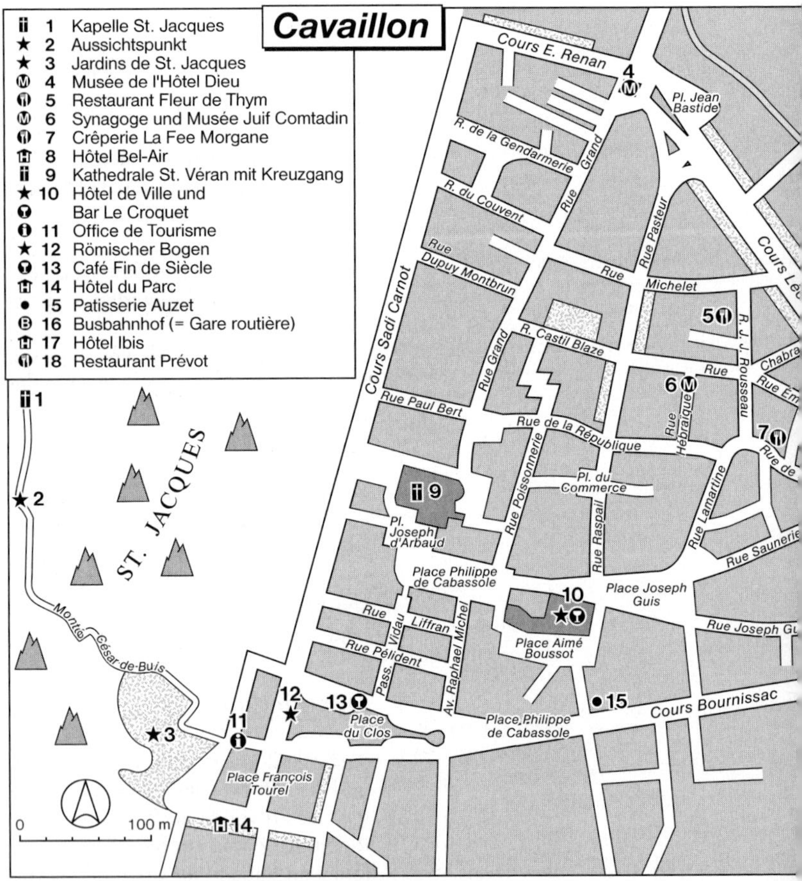

die der Aigue Brun fließt, ist auch Scheidelinie zwischen dem **Kleinen Luberon im Westen** und dem **Großen Luberon im Osten.**

Der Große Luberon erreicht mit dem Mourre Nègre eine Höhe von 1124 Metern, während es der Kleine Luberon nur auf 726 Meter bringt. Ein weiterer Unterschied: Die Dörfer des Kleinen Luberon schmiegen sich an die Nordseite des Gebirges, jene des Großen Luberon befinden sich auf der Südseite.

Die Stadt Apt liegt nördlich des Gebirges im Tal des Calavon und ist Einkaufs- und Verwaltungszentrum. In Apt hat auch der Parc Naturel Régional du Luberon seinen Verwaltungssitz.

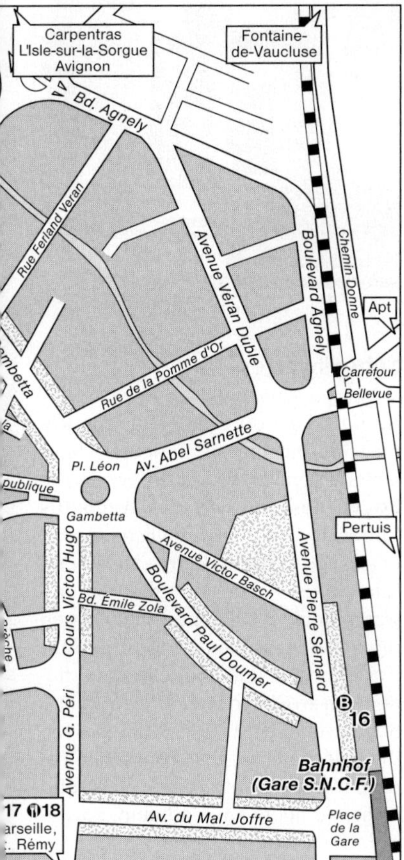

Cavaillon

⇗X/B1

Cavaillon? Den Namen bringt man sogleich mit den aromatischen, süß duftenden Früchten in Verbindung, jenen kugelrunden, orangefarbenen, fleischigen **Cavaillon-Melonen.** Die Stadt gilt als Heimat derselben, bietet, in der fruchtbaren Ebene der Durance liegend, ideale Bedingungen für den Anbau von Obst und Gemüse. Einiges davon wandert in Konserven, das meiste aber wird frisch angeboten auf dem zweitwichtigsten Exportgroßmarkt Frankreichs, dem *Marché d'Interêt National.*

Obwohl westliches „Tor" des Luberon, strahlt Cavaillon (23.000 Einwohner) doch so einen ganz anderen Charme aus als die Dörfchen des magischen Gebirgszuges, ist auf den ersten Blick sogar wenig anziehend. Auf den zweiten jedoch besticht die Atmosphäre einer typisch provenzalischen Kleinstadt.

Geschichte

Der über der Stadt emporragende **Hügel St. Jacques** war bereits im Neolithikum (2. Jh. v. Chr.) bewohnt. Im 5. Jh. v. Chr. gründete der keltoligurische Stamm der **Cavarer** dort oben ein Oppidum, eine in knapp 200 m Höhe liegende, leicht zu verteidigende Stadt mit eigenem Schutzwall. Die römischen Eroberer bedurften dieser Vorsichtsmaßnahmen nicht und siedelten in der Ebene. Aufgrund ihrer Lage an der Durance und an der Via Domitia zwischen Italien und Spanien entwickelte sich **Cabellio** rasch zu einem bedeutenden Handelsort mit einem wichtigen Hafen.

Als die Römerzeit dem Ende entgegenging, öffnete sich Cavaillon wohl als eine der ersten Städte der Region dem Christentum und wurde um 395 **Bischofssitz.** Mit der Grafschaft Venaissin gehörte es von 1229 bis 1791 dem Heiligen Stuhl.

435pr Foto: bm

Römischer Bogen

Blick auf Cavaillon

Sehenswertes

An der Place du Clos haben die Römer ihre einzige monumentale Spur hinterlassen, einen schön verzierten **Bogen aus der Zeit des Augustus** (um 10 n. Chr.). Ursprünglich bestand er aus vier in einem Karree stehenden Rundbögen (zwei sind erhalten) und war mit einem Dach bedeckt. Dessen originales Aussehen ist nicht geklärt, Zeichnungen und Modelle dazu finden sich im *Musée de l'Hôtel Dieu.* Der Bogen stand einst in der Nähe der Kathedrale, wohl auf dem römischen Forum, also im Zentrum der Stadt und nicht wie heute am Stadtrand. So waren seine Funktion und sein Dekor vermutlich anders als die der übrigen gallorömischen Triumphbögen: Es brauchte kein Römer mehr dargestellt zu werden, der einen Gallier unterwarf; vielmehr ging es hier bereits um die Etablierung der politischen Macht und den Ausdruck dieses Machtwillens im Stadtbild selbst. 1880, als die Stadt über ihre Jahrhunderte alten Grenzen hinauszuwachsen begann, wurde das zu einem großen Teil unter der Erde liegende Monument Stein für Stein auf die eben neu errichtete **Place du Clos** verlegt.

Direkt hinter dem Bogen erhebt sich abrupt das Wahrzeichen der Stadt, der in der Ebene wie ein Fremdkörper anmutende **Kalksteinhügel St. Jacques.** Der Aufstieg zunächst über Treppen, dann durch Olivenhaine und Garrigue, dauert etwa 20 Minuten. Die oben thronende romanische **Kapelle St. Jacques** (12. Jh.) scheint, der Stadt zugeneigt, sie beschützen zu wollen. Die Aussicht ist verblüffend: Ventoux, Luberon und Alpilles, die Comtat-Ebene und das Durance-Tal fügen sich zu einem großen Panorama-Bild zusammen. Der sich recht weit ausdehnende Hügel ist auch mit dem Auto über die Straße nach Avignon zu erreichen (St. Jacques ist beschildert). Viele Spazierwege und Picknickmöglichkeiten sind vorhanden, außerdem das nette Restaurant *La Colline,* (Tel. 04.90.71.44.99, mit Freibad).

Die **Kathedrale St. Véran,** ab dem Ende des 12. Jh. im provenzalischen Stil der Romanik errichtet, macht von außen einen verbauten Eindruck, denn sie erlebte im Laufe der Zeit viele Veränderungen. Aus romanischer Zeit

434pr Foto: bm

stammen aber noch das sechsteilige Mittelschiff, die Apsis sowie der Glockenturm über dem Kuppelgewölbe des Chors. Die Kapellen dagegen entstanden um die Wende vom 14. zum 15. Jh. Ein besonders reizvoller Ort ist der angrenzende Kreuzgang aus dem 13. und 14. Jh.

● **St. Véran,** Place Joseph d'Arbaud, Tel. 04.90.76.00.34. Öffnungszeiten: April bis September dienstags bis samstags 8.30–12 Uhr und 14–18 Uhr, Oktober bis März dienstags bis samstags 10–12 Uhr und 13.30–17 Uhr.

Wie in Carpentras, Avignon und L'Isle-sur-la-Sorgue gab es in Cavaillon ein Judenghetto, eine *Carrière* genannte Straße, wo eine jüdische Gemeinde in einem streng abgegrenzten Mikrokosmos lebte und arbeitete. In dieser Rue Hébraique zeugt die äußerlich unscheinbare, doch innen prachtvoll ausgestattete **Synagoge** (1772–74) von der Verbindung der jüdischen mit der provenzalischen Kultur. Ganz nach der Mode der Zeit ist sie prachtvoll eingerichtet mit einem geschmiedeten Eisengeländer, aufwendigen Holzschnitzereien und einem neoklassizistischen Tabernakel (darin Schriftrollen der Thora) und ausgemalt in leuchtenden Mittelmeerfarben. Der kleine Sessel, der den Propheten Elias symbolisiert, ist eine Besonderheit hebräisch-comtadinischer Tradition.

Das **Musée Juif Comtadin** in der alten Bäckerei zeigt den Backofen für das ungesäuerte Brot sowie jüdische Grabsteine, Kultobjekte und Bücher. (Genauere Informationen zu den Juden in der Grafschaft Venaissin im Kapitel „Carpentras").

• **Synagoge/Musée Juif Comtadin,** Rue Hébraïque, Tel. 04.90.76.00.34. Öffnungszeiten: täglich außer dienstags, April bis September 9.30–12.30 Uhr und 14.30–18.30 Uhr, Oktober bis März 9–12 Uhr und 14–17 Uhr. Eintritt 3 €, Schüler und Studenten frei. Der Eintritt ins *Musée de l'Hôtel Dieu* ist im Preis inbegriffen.

Unweit von hier zeigt das kleine **Musée de l'Hôtel Dieu,** untergebracht in der barocken Kapelle des ehemaligen Hospitals (1755–1758), die Sammlung der Cavailloneser Familie *Jouve,* die sie Anfang des 20. Jahrhunderts der Stadt schenkte: Funde zur Vorgeschichte des Luberon aus Grotten der Umgebung, darunter ein weibliches Skelett aus der Nähe von Robion, griechische, keltische und römische Gegenstände vor allem vom St.-Jacques-Hügel, Zeichnungen und Modelle des römischen Bogens.

• **Musée de l'Hôtel Dieu,** Porte d'Avignon, Tel. 04.90.76.00.34. Öffnungszeiten: täglich außer dienstags, April bis September 9.30–12.30 Uhr und 14.30–18.30 Uhr, Oktober bis März nur mit Voranmeldung. Eintritt siehe Synagoge.

Die Cavaillon-Melonen

Die **Herkunft** der Melonenfrucht ist ungewiss. Für manche kommt sie aus Afrika, andere behaupten, dass Indien oder auch China ihr Vaterland sei. Sicher ist nur, dass sie recht spät in der Melonen-Stadt Cavaillon ankam. Während sie rund um das restliche Mittelmeer bereits im **5. Jh.** verbreitet war, musste Frankreich noch warten, bis *Charles VIII.* gegen Ende des 15. Jh. die Melone aus Neapel mitbrachte.

Viele weltliche Herrscher und hohe Geistliche liebten das Kürbisgewächs, von dem man gar nicht genau weiß, ob es Obst oder Gemüse ist. *Katharina de Medici* zum Beispiel aß sich regelmäßig krank an Melonen; als Grund ihres Unwohlseins sah sie jedoch die Sorgen um ihr Königreich an – und nicht etwa die 27 auf einmal verdrückten süßen Früchte. Hätte sie vom Melonentod gewusst, der den Päpsten *Paul II.* und *Clemens VIII.* sowie dem Herzog *Albert II.* von Österreich nachgesagt wird, so hätte sie vielleicht die delikate Frucht von ihrer Speisekarte gestrichen.

Die Melone braucht zum Gedeihen sehr viel Sonne, reichlich Wasser und einen guten Boden, den sie so sehr aussaugt, dass ein Feld nur zwei bis drei Jahre mit Melonen bebaut werden kann. Ihr ärgster Feind ist der Mistral, vor dem Pappeln, Zypressen und Schilfrohrhecken, die so genannten *Cannes*, schützen.

Die **Ernte** läuft in drei Etappen ab: Von April bis Mai kommen die Melonen aus dem beheizten Treibhaus, von Mai bis Mitte Juni kauft man solche, die unter Plastikschläuchen gereift sind, und schließlich bieten die Bauern von Mitte Juni bis Ende September die von der Sonne verwöhnten Freilandmelonen an.

Es existieren viele, extrem unterschiedliche **Melonenarten,** die einen klein wie Pflaumen, andere bis zu 30 Kilogramm schwer. Während im Garten des Sonnenkönigs *Louis XIV.* noch sieben sprossen, findet man heute vor allem drei Sorten in Frankreich: den allgegenwärtigen Cantaloup-Typ mit gelbem bis orangefarbenem Fruchtfleisch, dessen Name von der Sommerresidenz der Päpste *Cantalupi* in der Nähe Roms herrührt, die *Melon brodé* mit dem charakteristischen Gitternetzmuster und schließlich die Wintersorte *Melon d'Hiver* mit weniger aromatischem Geschmack als die Cantaloup-Melone.

Ein Problem ist und bleibt die **Auswahl** einer guten Melone: Sie muss schwer sein, sich leicht vom Stiel lösen und überdies eine geschmeidige Schale ohne Flecken aufweisen. Der starke, süße Geruch ist wichtig, jedoch keine

436pr Foto: bm

Garantie für Qualität – denn auch überreife Melonen duften gut. Selten genug bietet eine Melone die von ihr stets erwartete Geschmacksoffenbarung. Noch weniger wahrscheinlich ist jedoch, dass man sich zu Hause mit einem steinharten, geschmacklosen Etwas wiederfindet.

Beim „michelin-besternten" **Kochkünstler Jean-Jacques Prévot** im gleichnamigen Restaurant erlebt die erdverbundene Kürbiskugel Ausflüge

Kunst an der Melone

in kulinarische Höhen: Als Bett der Sardine schwimmt sie in feinster Soße oder garniert, fein gekugelt, raffinierte Salate. Die Melone ist *Monsieur Prévots* ganze Leidenschaft: Er kocht nicht nur mit ihr, sondern er sammelt und malt sie auch, schnitzt kunstvolle Skulpturen aus ihr und mag seine Frau besonders, wenn sie „au melon" frisiert ist: Auf ihrem Kopf trohnt dann ein saftiges Melonenstück, kein ganz echtes jedoch, sondern eines, das aus ihrem Haar geformt und farbig besprüht ist. Diesen Aufwand betreibt *Madame Prévot* allerdings nur, wenn das große „Festival der Melone" im Juli stattfindet (siehe unten).

In Cavaillon wird die Melone nicht auf ihr bloßes Dasein als Frucht reduziert – nein, sie ist ein **Kult,** stiftet Identität. Das zeigt sich nirgendwo besser als in der Gründung der *Confrérie des Chevaliers de l'Ordre du Melon de Cavaillon,* jener Bruderschaft der Ordensritter zur Bewahrung der Ehre und des guten Rufes der Cavaillon-Melone. Darauf wird sogar der Melonen-Eid geschworen ...

Einen lukrativen Tausch machte die Stadt Cavaillon übrigens 1864, als **Alexandre Dumas senior,** der Autor der „Drei Musketiere", der örtlichen Bibliothek seine gesammelten Werke hinterließ – gegen eine **Jahresrente von zwölf Melonen,** Fracht auf Kosten des Gourmets. Die Stadt ist dem Schriftsteller treu geblieben und schickt bis heute jährlich zwölf Melonen an die Dumas-Stiftung.

Praktische Hinweise

Information

- **Office de Tourisme**, Place François Tourel, 84300 Cavaillon, Tel. 04.90.71.32.01, Fax 04.90.71.42.99, www.cavaillon-luberon.com.

Hotels

- **Hôtel du Parc****/€€€, 183, Place François Tourel, Tel. 04.90.71.57.78, Fax 04.90.76.10.35, www.hotelduparc.fr. Das hübsche Hotel mit Zimmern überwiegend im Provence-Stil und großer Terrasse liegt zentral und doch ruhig gegenüber dem römischen Bogen unter dem Hügel St. Jacques. Das Gebäude stammt aus dem 19. Jahrhundert.
- **Hotel Ibis*****/€€€, 601, Avenue Boscodomini, Tel. 04.90.06.18.88, Fax 04.90.71.03.50, www.accor-hotels.com. Dieses *Ibis,* untergebracht in zwei Etagen des etwas teureren *Mercure*-Hotels, verfügt über 62 schön modernisierte Zimmer. Ca. 2 km vom Stadtzentrum entfernt, Richtung St. Rémy (D 99). Abendessen ca. 15–20 €.
- **Hôtel Bel-Air**€€, 62, Rue Bel-Air, Tel. 04.90.78.11.75. Kleines, freundliches Haus in der Innenstadt mit nur sieben Zimmern.

Camping

- **Camping de la Durance*****, Digues des Grands Jardins, Tel. 04.90.71.11.78, Fax 04.90.71.98.77. Großer, gut ausgestatteter Platz. Leider wegen des nahen Großmarktes zuweilen etwas laut. Schöner z.B. **Les Cérisiers** im nahen Robion *(Camping à la ferme).*

Restaurants

- **Prévot,** 353, Avenue de Verdun, Tel. 04.90.71.32.43. *Jean-Jacques Prévot* ist der „König der Melone": In der Saison von Juni bis September ist bei ihm das *Festival du Melon* angesagt – ein Menü auf der Basis von Melonen. Doch auch abgesehen von seinen Melonen-Künsten ist er ein wahrhaftes Talent und ein „vrai passioné". Menü ab etwa 27 € (mittags), Abendessen ab 45 €.
- **Fleur de Thym,** 91, Rue Jean-Jacques Rousseau, Tel. 04.90.71.14.64. In einem urigen

Kellergewölbe bietet das junge Paar *Jean-Yves* und *Minna Benoit* eine rustikale und dennoch leichte Provence-Küche an. Menü etwa 20-30 €.

- **La Fée Morgane,** 33, Rue Bel-Air, Tel. 04.90.71.14.10. Nette Crêperie für den kleinen Hunger. Um 15 €.

Cafés/Bars/Salons de Thé

- **Le Coquet Bar,** 57, Place Aimé Boussot, Tel. 04.90.71.30.85. Bar mit schattiger Terrasse neben dem Rathaus, empfehlenswert für kleine Snacks.
- **Fin de Siècle,** 46, Place du Clos, Tel. 04.90.71.12.27. Schickes Café im Originaldekor der vorletzten Jahrhundertwende. In der ersten Etage gutes Restaurant gleichen Namens (allerdings anderer Besitzer), Menü ca. 15–30 €.
- **Patisserie Auzet,** 61, Cours Bournissac, Tel. 04.90.78.06.54. Genießen Sie vorzügliches Gebäck und einen guten Tee in dieser alteingessenen Konditorei. Wundern Sie sich nicht, wenn Sie sich unter Engländern oder Japanern wiederfinden sollten: Der englische Autor *Peter Mayle* hat der mindestens dreißig (wirklich gute!) Brotsorten anbietenden Bäckerei zu einer gewissen Berühmtheit verholfen – einige Patentrezepte sind bereits nach Japan verkauft worden. Verdient hat er's, der *Monsieur Auzet,* zählt er doch zu der etwa zwanzigköpfigen Elite mit dem Titel *Maître Boulanger de France* („Meisterbäcker Frankreichs").

Märkte und Feste

- **Festival der Melone (Melons en fêtes),** im Juli wird eine Woche lang rund um das Kürbisgewächs gefeiert mit Festessen, Straßenrummel, Ausstellungen und Königskrönung.
- **Marché Provençal,** montagmorgens in der ganzen Stadt.
- **Foire St. Véran,** großer Markt mit regionalen Köstlichkeiten, Mitte November.
- **Festival des Humors,** im Mai.
- **Internationales Folklore-Festival,** Juli und August.
- **Corso,** Christi Himmelfahrt und am darauffolgenden Samstag im Mai, ähnlich einem Karnevalsumzug.

Anreise/Weiterreise

- **Mit dem Auto:** Cavaillon liegt direkt an der A 7. Orange im Norden und Salon, Marseille und Aix (ab Coudoux A 8) im Süden sind so schnell zu erreichen.

In etwa 20 Min. führt die D 973 nach Avignon sowie die D 99 nach St. Rémy und in die Alpilles. Über die N 100 gelangt man nach Apt, in den Luberon und das Vaucluse-Hochland. Die D 973 führt ins Durance-Tal.

- **Mit der Bahn:** Gare S.N.C.F. Avenue du Maréchel Joffre, Tel. 04.90.71.04.40. Die großen Linien Marseille – Lyon, Paris – Avignon, Digne/Alpen halten hier regelmäßig.
- **Mit dem Bus:** Gare Routière. Avenue du Maréchel Joffre, Tel. 04.90.78.32.39. Mehrmals täglich fahren Busse nach Avignon. Verbindungen auch nach L'Isle-sur-la-Sorgue, Fontaine-de-Vaucluse, Gordes, Bonnieux, Goult, Roussillon, Apt, Pertuis, Manosque und Digne.
- **Mit dem Fahrrad:** Gut ausgewiesene Fahrradroute (blaue Schilder mit weißem Strichmännchen) durch den Luberon über Apt bis nach Forcalquier.

Autoverleih

- **Europcar-Berbiguier,** 70, Cours Carnot, Tel. 04.90.71.20.44.

Fahrradverleih

- **MP Cycles Rieu,** 25, Avenue du Maréchal Joffre, Tel. 04.90.71.45.55.
- **Cyclix,** 166, Cours Gambetta, Tel. 04.90.78.07.06.

Apt

⇗XI/D1

Der erste Anblick von Apt lässt den Gedanken aufkommen, der Stadt sogleich wieder den Rücken zu kehren. Wer jedoch die Barriere aus Supermärkten, Hochhäusern und Verkehrsstaus einmal überwunden hat, findet sich in einer hübschen Altstadt wieder. Umtriebig geht es hier zu, denn Apt ist nicht nur Sitz der Verwaltung *(Sous-Préfecture),* sondern auch Einkaufszentrum für sein schönes Umland. Belebte Gassen und Boutiquen laden zum Bummeln ein, ruhige Plätze mit plätschernden Brunnen zum Verweilen.

Geschichte

Wie die meisten Städte der Region kann Apt auf eine bewegte Vergangenheit zurückblicken. Schon die Keltoligurer siedelten in der Nähe auf dem **Perréal-Hügel.** Mehr als dieser Hügel interessierte später die Römer ein acht Kilometer südlich gelegenes Tal, eingebettet zwischen dem Vaucluse-Hochland und dem Luberon. Hier, am Flüsschen Calavon, bot es sich an, ein Militärlager zu errichten: Die **Colonia Apta Julia** (45–30 v. Chr.). Sie lag an einer der wichtigsten Straßen der antiken Welt, der Landverbindung zwischen Italien und Spanien. Über diese **Via Domitia** kamen viele Reisende und Händler und mit ihnen auch der Reichtum nach Apt. Mit 10.000 Einwohnern (mehr als doppelt so viele wie heute) war es bald eine der bedeutendsten Städte der Narbonensis. Es gab alle üblichen Einrichtungen des öffentlichen Lebens: Forum, Theater, einige Tempel sowie Geschäfte, die sich an derselben Straße sammelten wie heute, der Rue des Marchands.

Schon ab 260 n. Chr. begann für Apt die Zeit der Zerstörungen; für etwa sechs Jahrhunderte war die Stadt immer wieder dem Sturm der landhungrigen Barbaren ausgesetzt. Merkwürdig ist, dass die Aptoiser sich im Mittelalter nicht in sichere Höhen flüchteten, sondern in der Ebene blieben und die **römischen Ruinen** überbauten. So kommt es, dass Apt voller Römerschätze ist, man davon aber nichts sieht – sie schlummern in vier bis zehn Metern Tiefe unter der Erde.

Sehenswertes

An der heutigen Place de la Sous-Préfecture vergnügten die Römer sich einst in ihren Thermen. Schon bald aber hielt hier ein strengerer Geist Einzug: Apt wurde – logische Konsequenz seiner Bedeutung in der Römerzeit – schon im 3. oder 4. Jh. n. Chr. einer der ersten Bischofssitze der Provence. Einziger Rest des mittelalterlichen Bischofsgebäudes ist der **Tour de l'Evêché** aus dem 13. und 14. Jh. Der **Palais Episcopal** mit klassischer Fassade wurde zwischen 1754 und 1789 fertiggestellt, gerade rechtzeitig also, um seine neuen Herren aufzunehmen, natürlich Republikaner. Im Eifer der Säkularisation während der Revolution hoben sie 1801 den Bischofssitz vollends auf. Heute dient das Gebäude als Rathaus und Gericht.

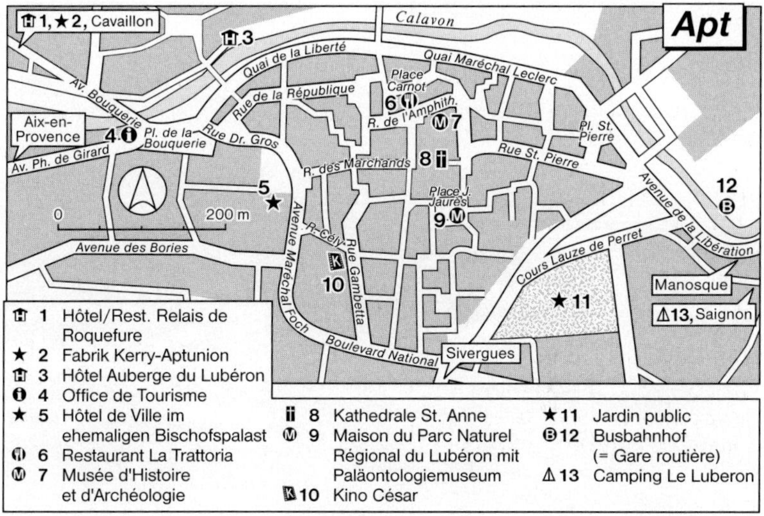

Betritt man die ehemalige **Kathedrale Ste. Anne,** so hört man vielleicht keine Orgelmusik, sondern Gitarrenklänge, weil ein Straßenmusiker gerade die Akustik unter dem benachbarten **Uhrturm** (1561–1568) auf der Rue des Marchands ausnutzt.

Die einstige Bischofskirche ist hauptsächlich romanisch. Den Bauten aus dem 12. Jh. wurden jedoch im 14. und 17. Jh. weitere hinzugefügt, weshalb das Äußere kein einheitliches Bild bietet. Am auffälligsten ist, dass das romanische Portal durch ein barockes ersetzt worden ist. Doch auch im Inneren ist das Raumbild des 12. Jh. durch die Umbauten stark verändert worden, vor allem durch das Kreuzrippengewölbe aus dem 18. Jh. (welches das typisch romanische Tonnengewölbe ersetzte) und das große, barocke Stuckrelief an der Ostwand des Langhauses.

Im 12. Jh. erhielt die Kirche zunächst nur ein Schiff, doch schon in einer zweiten Bauphase im selben Jahrhundert entstand das rechte (südliche) Seitenschiff. Im 14. Jh. kam das nördliche Seitenschiff mit Rippengewölbe hinzu, wesentlich schmaler und höher als das ältere. Die angebauten Kapellen stammen alle (bis auf eine aus dem 14. Jh.) aus dem 17. Jh., in einer davon steht ein schöner, romanischer Marmorsarkophag. Im Mittelschiff sieht man einen der berühmten frühchristlichen Sarkophage aus Arles (Anfang 5. Jh.).

In der linken Kapelle neben dem Haupteingang sind die **Reliquien** der Kirchenpatronin untergebracht, wahrscheinlich aus dem 5. Jh. Möchte man

441pr Foto: bm

den Anna-Schatz mit dem so genannten Anna-Schleier ansehen, wende man sich an den Küster. Die klassische Kapelle von 1660 ist ein Kuppelbau mit aufwendiger barocker Dekoration, die übrigens eine glückliche Mutter stiftete: Im Jahre 1623 wartete *Anna von Österreich* dringend, doch vergeblich auf einen Thronfolger und unternahm in ihrer Not eine Pilgerfahrt zu ihrer Namensheiligen nach Apt. Tatsächlich gingen daraus die ersehnte Schwangerschaft und der zukünftige *Louis XIV.* hervor – allerdings, die Wunder des Himmels wollen Weile haben – erst fünfzehn Jahre später.

Zum Schluss sollte man sich die zweigeschossige **Krypta** ansehen. In der oberen, aus dem 12. Jh., steht ein wahrscheinlich karolingischer Tischaltar, als Fuß dient ein römisches Kapitell. Die untere Krypta ist nicht mehr als ein kleines Gewölbe. Ihr Alter ist schwer zu bestimmen; und auch die römische Inschrift in der Wand kann bei der Datierung nicht weiterhelfen. Sicher ist nur, dass in die Decke Platten aus karolingischer Zeit eingearbeitet sind.

Blick auf Apt

Nicht weit von der Kathedrale, an der Place Jean-Jaurès, liegt die **Maison du Parc Naturel Régional du Luberon.** Hier, in einem schönen klassischen Gebäude, sind das Büro des regionalen Naturparks, eine Informationsstelle, ein Saal für wechselnde Ausstellungen und das **Paläontologiemuseum** untergebracht. In der *Boutique de Dégustation-Vente,* einer Probier- und Verkaufsstube, kann man sich von Mitte Juni bis Mitte September regionale Produkte schmecken lassen wie Lavendelhonig, Ziegenkäse, Konfitüren oder Wein. Im Sommer veranstaltet die *Maison* Theater- und Musikabende in ihrem Garten.

●**Maison du Parc mit dem Musée de la Paléontologie,** 60, Place Jean Jaurès, Tel. 04.90.04.42.00, www.parcduluberon.com. Öffnungszeiten: Oktober bis März: Täglich außer sonntags und samstags nachmittags 8.30–12 und 13.30–18 Uhr, April bis September: Täglich außer sonntags: 8.30–12 und 13.30–19 Uhr. Eintritt 1,50 €, bis 18 Jahre frei.

Bei einem Bummel durch die **Rue des Marchands** laden unzählige Konfiserien zum Naschen ein: Neben vielen Gebäckspezialitäten sind besonders die **kandierten Früchte** zu empfehlen, als deren Welthauptstadt Apt gilt. Das hochmoderne Unternehmen *Kerry-Aptunion* ist tatsächlich die größte Fabrik der Welt für *Fruits confits* und der erste Arbeitgeber am Platze.

●**Kerry-Aptunion** liegt an der N 100 Richtung Cavaillon. Eine Besichtigung der Fabrikation ist möglich, allerdings nur mit mindestens einwöchiger Voranmeldung, Tel. 04.90. 76.31.43.

●Auch ein Besuch kleinerer Konfiserien, die nach alter Tradition arbeiten, lohnt sich, zum Beispiel bei **Jean Ceccon,** 24, Quai de la Liberté, Tel. 04.90.74.21.90.

Die alte Kapelle Ste. Catherine beherbergt ein **Museum mit Ausgrabungsfunden** aus Apt und dem Luberon, wertvollen Fayencen (denn Apt steht in einer bedeutenden Keramiktradition) und Resten des gallo-römischen Theaters.

●**Musée d'Histoire et d'Archéologie,** 27, Rue de l'Amphithéâtre, Tel. 04.90.74.78.45 (Mairie). Zurzeit leider wegen Renovierungsarbeiten geschlossen.

Praktische Hinweise

Information

●**Office de Tourisme,** 20, Avenue Philippe de Girard, 84400 Apt, Tel. 04.90.74.03.18, Fax 04.90.04.64.30, www.ot-apt.fr.

Hotels und Restaurants

●**Auberge du Luberon*****/€€€, 8, Place Faubourg du Ballet, Tel. 04.90.74.12.50, Fax 04.90.04.79.49, www.auberge-luberon-penzin.com. Direkt im Stadtzentrum gelegenes, aber trotzdem ruhiges Haus. Im Restaurant kann man Spezialitäten mit kandierten Früchten probieren. Menü ab ca. 25 €.

●**Relais de Roquefure****/€€€, Le Chêne, Tel. 04.90.04.88.88, Fax 04.90.74.14.86, www.relaisroquefure.com. 6,5 km vom Stadzentrum auf der N 100 Richtung Cavaillon liegt dieses hübsche Landhaus mit Restaurant, Schwimmbad und Reitstall. Menü ab 20 €, Mittagessen nur sonntags.

●**Restaurant Le Platane,** 8, Place Jules Ferry, Tel. 04.90.04.74.36. Kleines Restaurant an einem ruhigen Platz mitten in der Stadt, mit Terrasse. Traditionelle Küche mit internationalem Einschlag, Mittagsmenü für ca. 15 €, abends ab 20 €.

Die blutige Woche von 1545

Im Jahre 1545 wurden **elf Waldenser-Dörfer** rund um das Luberongebirge innerhalb von nur sechs Tagen „hingerichtet“: Im Pays d'Aigues waren dies Cabrières, La Motte, Peypin, St. Martin-de-la-Brasque, unweit davon Villelaure und Lourmarin, auf der anderen Seite der Durance La Roque d'Anthéron, südlich des Kleinen Luberon Mérindol, schließlich Lacoste und im Norden Cabrières d'Avignon und Murs. Dort, in den nahe gelegenen Grotten von Barigoule, verbrannten etwa zwanzig Frauen, Greise und Kinder bei lebendigem Leibe. Mehrere hundert Waldenser kamen in diesen Tagen auf ähnlich grausame Weise um. Überlebende fanden sich auf den Galeeren von Marseille wieder.

Die **Waldenser** – doch so wurden sie nur von ihren Verfolgern genannt – waren ursprünglich Anhänger eines reichen Kaufmanns aus Lyon, eines gewissen *Valdes*. Ergriffen vom Armutspostulat des Matthäus-evangeliums, verkaufte dieser um 1170 all sein Hab und Gut an die Armen und machte sich auf, nach seiner Façon das Evangelium zu verkünden. Seine Anhänger nannten sich denn auch die **Armen von Lyon** und lebten als Laienbruderschaften zusammen. Ihr allzu ungezwungener Umgang mit der Verkündigung des Evangeliums wurde den Waldensern jedoch bald zum Verhängnis: Papst *Lucius III.* verurteilte 1184 ihre Praxis der **Laienpredigt,** exkommunizierte *Valdes* und seine Brüder und konnte sogar *Kaiser Friedrich Barbarossa* für einen Kreuzzug gegen sie und andere religiöse Gruppen gewinnen. Aus Lyon vertrieben, breiteten sich die Waldenser weit in Europa aus.

Der Grund für die Ansiedlung von Waldensern im **Luberon-Bergland** ist nicht weniger traurig als ihre eigene Tragödie: In der Mitte des 15. Jh. war das heute so satt und lieblich daliegende Land nichts als gebrannte Erde. Der schwarze Tod hatte gewütet, plündernde Söldnerheere hatten den Rest besorgt – Menschen auf der Flucht, verödetes Land. Wer sollte es wieder zu neuem Leben erwecken? In den Alpen, im Dauphiné, im Briançonnais, im Piemont, wo das Leben hart ist und es zu wenig fruchtbare Erde gibt, fanden die Landherren solide, arbeitsame Waldenser-Bauern, die sich schon bald gut im Luberon einbürgerten. Ihre Religion übten sie unauffällig aus, wussten sie doch nur zu gut, dass die Verfolgungen ihrer Brüder bereits begonnen hatten. Die *Barbes,* ihre Priester, hielten den Gottesdienst ganz privat im Hause eines der Ihren ab. Einzig folgende Haltungen konnten einen Nicht-Waldenser aufhorchen lassen: Sie weigerten sich zu schwören, zu lügen und die Jungfrau Maria anzubeten, glaubten genauso wenig an Hierarchie und leere Tradition wie an den Sinn von Ablasszahlungen oder das Fegefeuer.

Modern, mag man meinen, in jedem Fall aber bei weitem zu modern für die **Inquisition.** Im Rahmen einer systematischen Ketzerverfolgung wurde 1530 der Inquisitor *Jean de Roma* in Apt eingesetzt. Er besiegelte das Schicksal der Waldenser. Neben ihm hatte auch der Baron von Oppède großen Einfluss kraft seiner Amtswürde als Präsident des Parlaments von Aix. Letzteres erließ 1540 im „Arrêt de Mérindol“, die Waldenser-Ketzer auf dem Scheiterhaufen zu verbrennen, ihre Familien zu verbannen und ihre Güter zu beschlagnahmen. Doch erst 1545 konnte dem alternden *König Franz I.* die dafür notwendige Unterschrift entrissen werden, woraufhin der Baron von Oppède umgehend Truppen versammelte und am 16. April 1545 die Strafexpedition begann, die mit einem gnadenlosen Blutbad und dem Ende der Waldenser im Luberon endete.

•**La Trattoria**, 35, Place Carnot, Tel. 04.90. 04.60.80. Ein kleines italienisches Restaurant, das zu günstigen Preisen eine wirklich ausgezeichnete Küche bietet: Ganz frisch und mit den Aromen der Provence. Im Sommer auch draußen.

Camping

•**Le Luberon*****, Quartier Cape, Route de Saignon, Tel. 04.90.04.85.40, Fax 04.90.74. 12.19, www.camping-le-luberon.com. Ruhig inmitten der Natur gelegen, mit schönem Blick auf die Vaucluse-Berge und den Mont Ventoux. Mit Schwimmbad und Vermietung von Mobile Homes. Geöffnet von April bis September.

Weinverkauf

•**Château de l'Isolette,** Tel. 04.90.74.56.79.
•**Château de Mille,** Tel. 04.90.74.11.94. Beide liegen an der D 3 Richtung Bonnieux.

Märkte

•**Bauernmarkt,** Cours Lauze de Perret, dienstags morgens.
•**Provenzalischer Markt,** jeden Samstag Morgen im Stadtzentrum.
•**Töpfermarkt,** im August.

Kino

•**Kino César,** Rue Cély, Tel. 08.36.68.69.20. Drei Säle, Filme in Originalversion mit französischen Untertiteln.

Anreise/Weiterreise

•**Mit dem Auto:** Über die A 7 bis Cavaillon oder über die A 51 bis Forcalquier. Von dort jeweils über die N 100 nach Apt. Von der N 100 hat man stets sehr schöne Blicke auf den Luberon, teilweise auch auf die Vaucluse-Berge. Sie führt westlich in etwa 45 Minuten nach Avignon, östlich nach Manosque, Forcalquier und Valensole in der Haute-Provence. Nach Aix-en-Provence im Süden führt eine sehr schöne Strecke (etwa 60 Min.) durch den Luberon (D 943, Schlucht von Lourmarin) und das Land von Aix (D 543, N 7).

442pr Foto: bm

•**Mit dem Bus:** Busbahnhof, Avenue de la Libération, Tel. 04.90.74.20.21. *Ligne Verte* Apt – Avignon über Bonnieux und Oppède.
•**Mit dem Fahrrad:** Gut ausgewiesene Fahrradroute (blaue Schilder mit weißem Strichmännchen) von Cavaillon über Apt bis nach Forcalquier. Sie führt stets über schöne Strecken abseits der N 100.

Fahrradverleih

•**Cycles Agnel,** 27, Quai du Général Leclerc, Tel. 04.90.74.17.16.

Rue des Marchands

Der Große Luberon

Saignon ⇗XII/A2

Von Apt und den Hochhäusern seiner Randgebiete kommend, erblickt der Besucher gleich ein typisches Luberon-Dorf: Saignon ist unverkennbar eines jener Villages perchées, die wie Vögel auf ihren Nestern zu kauern scheinen. Gewundene Gassen mit glucksenden Brunnen, verfallenden Torbögen und efeu-überwuchertem Gemäuer drängen sich um zwei *rochers,* skurril aufragende Felsen, deren vordersten man ersteigen kann - der weite Blick über Apt und sein Umland ist die Attraktion von Saignon, das ansonsten auf den stillen Charme der Luberon-Dörfer einstimmt. Die schlichte Kirche steht seit dem 12. Jh., sie ist eines der schönsten Beispiele romanischer Baukunst der Gegend.

Saignon durchfährt, wer von Apt auf das **Plateau des Claparèdes** hinauf will und dazu die immer enger werdende Straße Richtung Bonnieux wählt. Wenn es ein Herz des Luberon gibt, so heißt es, dann dort oben auf dem Plateau, dieser geheimnisvoll-verwunschenen Hochebene mit ihren wilden Düften und Kräutern, mit verträumten Plätzen, um die sich allerlei Sagen und Mythen ranken. Eine solche Sage behauptet, die Mandragora-Wurzel sei hier zu finden, und wer sie in Neumond-Nächten sammele und auf der Brust trage, verdoppele seinen Reichtum - und verringere dabei seine Lebenszeit.

Inmitten von Lavendelfeldern liegen immer wieder **Bories,** jene mysteriösen Trockensteinbauten, die auch das Umland von Gordes auszeichnen (siehe auch Kap. „Gordes"). Mit einem Ferienzentrum, das die Firma *Mercedes-Benz* ausgerechnet hier für erholungsbedürftige Mitarbeiter aus dem Boden stampfen wollte, schien das Ende der Idylle besiegelt, doch fiel der Proteststurm heftig genug aus, um die Schwaben umzustimmen.

445pr Foto: bm

Felsendorf Saignon

Unterkunft

- **Chambre de séjour avec vue Kamilla Regent et Pierre Jacaud,** 84400 Saignon, Tel. und Fax 04.90.04.85.01. Künstlerisch und ungewöhnlich eingerichtete Gästezimmer, nicht unbedingt praktisch, aber mit einem besonderem Flair. Das Haus hat einen schönen Garten, in dem das Frühstück serviert wird. Preise differieren, bitte erfragen.

Jugendherberge

- **Auberge Regain,** Rióute d'Auribeau, 84400 Saignon, Tel. 04.90.74.39.34. Dieses alte provenzalische Landhaus, gegen einen Felsen gebaut, liegt etwa 2,5 km oberhalb des Dorfes. Der Inhaber, ein ehemaliger Kino-Projektionist, besitzt eine Sammlung alter Filme und organisiert von Zeit zu Zeit Vorführungen. Geschlossen vom 10. Januar bis zum 15. Februar. Zu beachten: Es gibt keine Busverbindung nach Apt.

Wanderung auf den Mourre Nègre

Von **Sivergues** lässt sich eine Wanderung auf den höchsten Berg der Luberon-Kette unternehmen. Der winzige Ort (erreichbar über die D 232 und D 114 von Saignon) liegt außerordentlich einsam auf dem Plateau des Claparèdes. Man erreicht ihn nach umständlicher, aber reizvoller Kurvenfahrt beispielsweise von Apt aus. Die D 114 endet in Sivergues. Über eine schmale Piste geht es weiter bis zur *Ferme du Castellas* und von hier aus zu Fuß. Der Weg ist durch gelbe Pfeile markiert. Nach dem Pas des Ensarri, einem Engpass zwischen Felsen und abfallendem Hang, stößt der Weg nahe einer Zisterne auf die **Route de Crètes,** die nun in östlicher Richtung den Berg erklimmt. Weiterhin gelten die gelben Pfeile. Ungefähr an der zweiten Zisterne erreicht man den **Zedernwald,** man folgt dem Weg (die gelben Punkte sind bedeutungslos). Die gelben Pfeile hören schließlich auf. Vorbei an einer dritten Zisterne, gelangt schon der Gipfel mit seinen Radaranlagen in Sichtweite. Für den Aufstieg sind gut zwei Stunden vorzusehen.

Buoux ↗XII/A2

Der benachbarte Hundert-Seelen-Ort Buoux erfreut sich ruhiger Abgeschiedenheit und seines originellen Namens (gesprochen: Bjux). In gewissen Kreisen ist dieser Name europaweit bekannt – bei den **Kletterern** nämlich, denen Felswände gar nicht steil genug sein können. Wer in Buoux nur sanfte Rundungen statt schroffer Abhänge erblickt, lasse sich nicht beirren: die Schlucht öffnet sich erst außerhalb der Siedlung, dafür umso spektakulärer.

Seit Menschengedenken wird sie vom **Fort de Buoux** bewacht, einer hoch auf einem Felsschiff hockenden Festungsanlage ungewöhnlichen Ausmaßes. Bis zu 70 Meter tief fallen die Wände an allen Seiten des langgestreckten Plateaus ab, und ein Blick in die Tiefe zeigt, warum das Fort stets als uneinnehmbar galt. Schon in **kelto-ligurischer Zeit** wusste man die Vorzüge des Platzes zu schätzen, und die Menschen des Mittelalters schufen sich hoch über grandioser Landschaft eine kleine Stadt. Bastei und Kirche, Wälle und Schutzgräben, ein Dorf und sein Rathaus, vorgeschichtliche Korngruben und schließlich die eigentliche Burg aus dem 12. Jh. sind als **Ruinen**

447pr Foto: bm

Eldorado für Kletterer

noch geblieben. Im Zuge der Religionskriege zerstört und aufgegeben, ist das Fort de Buoux heute ein Ort melancholischer Schönheit, verfallen und zur Bedeutungslosigkeit gesunken zwar, doch in der gleichen überwältigenden, unberührten Landschaft wie vor Jahrhunderten.

Der Aufstieg zum Fort dauert 20 Minuten, bis zu seiner höchsten Stelle sind es 40. Vorsicht: Alle Abhänge sind völlig ungesichert!

● **Fort de Buoux,** Tel. 04.90.74.25.75. Öffnungszeiten: Sonnenaufgang bis -untergang. Eintritt: ca. 1,50 €.

Am Fuße des Fort serviert der Bürgermeister von Buoux mit seinem nicht weniger originellen Namen *Pierre Pessemesse* seit mehr als drei Jahrzehnten neben provenzalischer Küche deutschsprachige Zeitungen und deutschsprachige Kommentare – in seiner **Auberge des Seguins,** nur zu erreichen über eine Schotterpiste.

Ungleich lieblicher als das Fort bietet sich übrigens das **Château de Buoux** dar, dessen Inneres aber nur für Tagungen geöffnet wird.

Am Rande der unzugänglichen Wildnis dieser Schlucht ragt aus dem Blätterdach ein Turm hervor: Einziges Überbleibsel der **Abtei von St. Symphorien,** die wohl im 10. Jh. gegründet wurde. Der Turm, 23 m hoch, stammt aus dem 12. Jh., ein schönes und seltenes Beispiel für romanische Campanile.

Hotel

● **Auberge des Seguins**€, 84480 Buoux, Tel. 04.90.74.16.37. Wunderbar gelegene Herberge mit Zimmern und Schlafsälen für Gruppen. (Zimmer mit Halbpension). Menü ab etwa 15 €.

Restaurant

● **Auberge de la Loube,** 84480 Buoux. Tel. 04.90.74.19.58. Wenn nicht kulinarisch, so doch vom Ambiente her eines der besten Landrestaurants der Provence. Innen urgemütlich, außen mit einer wunderbaren Terrasse. Die Küche bereitet eher einfache Rezepte, aber mit Zutaten erlesener Qualität. Vom Lammfleisch bis zum Olivenöl stammt fast alles aus den umliegenden Dörfern. Es gibt nur ein Menü um 25 € mit einer Ehrfurcht gebietenden Vorspeisenplatte. Der Patron *Maurice,* ein Pferdenarr, veranstaltet im Sommer Ausritte mit anschließendem Luxus-Picknick auf dem kräuterduftenden Plateau des Claparèdes.

Schlucht von Lourmarin

Die Durchquerung der **Combe de Lourmarin** (von Buoux Richtung Lourmarin) lässt erahnen, dass das Fort de Buoux nicht nur auf einem außerordentlichen Felsen lag, sondern strategisch insgesamt sehr günstig angelegt war. Es bildete die Krönung in einer ganzen Reihe ehemaliger Befestigungen, die der Schlucht einst die Bezeichnung *valle speculum* verliehen (etwa: „Tal der Beobachtung").

Zu beobachten gab es eine ganze Menge: Als einzige natürliche Nord-Süd-Verbindung durch den 60 km breiten Gebirgszug erlebte die Straße entlang der Aige Brun Truppenbewegungen und regen Handelsverkehr zwischen Mittelmeer und Hinterland. Doch nicht nur **Festungen** säumten dieses Nadelöhr: Wegelagerer und Straßenräuber machten die Gegend unsicher, und so kämpften sich besonders Kaufleute, die den begehrten Rohstoff Salz vom Etang de Berre ins Hinterland transportierten, auf schwerer zugänglichen Pfaden durch. Überraschen können die Schauergeschichten von einst freilich nicht: Schließlich schuf ja, so will es die Mythologie, ein Drache höchstselbst die heutige Schlucht. Gefangengenommen vom Bischof von Cavaillon, grub sich das schwerverletzte Monstrum heftig zuckend tiefer und tiefer in den Luberon – die Combe de Lourmarin war geboren.

Lourmarin

⇗XII/A3

So unvermittelt das felsige Tal der Aige Brun begann, so abrupt bricht es ab und entlässt den Besucher in die ungleich lieblicher wirkende Landschaft des **Süd-Luberons.** Lourmarin ist das erste Dorf und steht in eigenartigem Kontrast zu der nach ihm benannten Schlucht. Man sollte sich ein wenig Zeit nehmen, diesen sonnigen Ort mit seinen Gassen und Plätzen zu entdecken – so wie es einst **Albert Camus** tat. Nach seiner Emigration aus Algerien ließ sich der spätere Literaturnobelpreis-Träger hier nieder, und seit 1960 liegt er auf dem kleinen Friedhof am Ausgang des Ortes begraben. Sein **Grab** ist nicht ganz leicht zu finden, es ist eines der schlichtesten. Unweit davon ruht auch der Provence-Dichter *Henri Bosco,* der zuletzt als Konservator des Schlosses arbeitete.

Das Haus *Camus'* inmitten des Dorfes hat man mit Rücksicht auf die dort noch ansässige Familie nicht touristisch ausgeschlachtet; wer es trotzdem finden möchte, der frage einen der Alteingesessenen, der vielleicht antworten mag: „Ah, la maison d'Albert!" und sich dabei mancher Plauderei mit dem Schriftsteller erinnern wird.

Größerer Aufwand wird um das **Schloss** getrieben, das am Rand des Ortes liegt. Seine Innenräume sind in einem geführten Rundgang zu besich-

449pr Foto: bm

tigen – jedenfalls die Teile, in denen nicht gerade Studenten wohnen und arbeiten: Wie es sein letzter privater Besitzer verfügt hatte, gehört der Renaissance-Bau heute der Akademie der Künste und Wissenschaften in Aix-en-Provence, deren Stipendiaten nun in stilvoller Umgebung und schöner Landschaft studieren dürfen. Um die Jahrhundertwende, als das Schloss nahezu aufgegeben war, richteten sich junge Leute hier ein, um ein bohèmisches Leben zu führen. Seit man sie hinauswarf, soll ein Fluch auf dem Gemäuer lasten.

Lourmarin

● **Château de Lourmarin,** Tel. 04.90.68.15.23. Öffnungszeiten: Täglich 11–12 Uhr und 14.30–17.30 Uhr, im Sommer bis 18.30 Uhr. Von November bis März dienstags geschlossen. Eintritt: ca. 4,50 €, ermäßigt ca. 3 €.

Information

● **Office de Tourisme,** Avenue Ph. de Girard, 84160 Lourmarin, Tel. 04.90.68.10.77.

Hotel

● **Le Moulin de Lourmarin******/€€€€€, 84160 Lourmarin, Tel. 04.90.68.06.69. Ein traditionsreiches, größeres Luxushotel am Dorfrand. Mit renommiertem Restaurant. Menü ab etwa 30 €.

Restaurant

- **La Fenière,** Route de Lourmarin, 84160 Cadenet, Tel. 04.90.68.11.79. Die Köchin steigert alte provenzalische Rezepte in erlesene Spezialitäten. Ab etwa 45 €.

Märkte und Feste

- **Wochenmarkt,** freitags.
- **Rencontres méditerranéennes,** im August.
- **Concert au château et au temple** (Schlosskonzert), Juli/August.
- **Foire artisanale** (Kunsthandwerkermarkt), dritter Sonntag im Juli.

Anreise/Weiterreise

- **Mit dem Auto:** Durch die Schlucht von Lourmarin – entweder von Bonnieux oder von Süden (Durnace/Aix) über Pertuis.
- **Mit dem Bus:** Eine Linie führt von Marseille und Aix durch die Schlucht nach Apt, Informationen: Busbahnhöfe in Aix oder Apt.

Cucuron

⇗XII/A3

Auch Cucuron, das man nach kurzer Fahrt durch reizvolle **Weinbaugebiete** erreicht, ist in die Literaturgeschichte eingegangen – ob zur Freude seiner Bewohner, bleibt fraglich. In den „Briefen aus meiner Mühle" schildert *Alphonse Daudet* es als *Cucugnan*, dessen Pfarrer seinen Schäfchen die Schrecken von Fegefeuer und Hölle ausmalt. Catarinet, die kleine Hure, Pascal, der Olivendieb, Dauphine, der Wucherer und wie sie alle hießen ...

Heute lässt sich Cucuron kaum als Sündenbabel denken, es ist einer jener provenzalischen Orte, die stets heitere Beschaulichkeit ausstrahlen – Cucuron mehr noch als benachbarte, denen es eine kleine Kostbarkeit voraushat: Den **Dorfteich** mitten im Ort, in Stein gefasst und von Schatten spendenden Platanen umgeben. Die *Bar de l'Etang* ist ideal, um bei Pastis oder *Perrier* das Dorfgeschehen am ehemaligen Löschteich vorüberziehen zu lassen.

Nicht, dass es hier keine alten Bauwerke zu sehen gäbe: Der Ort weist sogar zwei **Stadtmauern** auf, von deren jüngerer (16. Jh.) noch zwei Tore und ein Turm übrig sind, während die ältere aus dem 12. Jh. weitgehend erhalten ist. Überhaupt war, so vermerken die Dorfchronisten nicht ohne Stolz, das 12. Jh. die Blütezeit, als Cucuron der Größe nach an 52. Stelle in der Provence kam! Pest und später Cholera, dann Landflucht und Weltkrieg verdarben die Statistik. Von der Terrasse des Donjon St. Michel bietet sich der berühmte, in Kinofilmen verbreitete Blick über die Dächer von Cucuron.

Das **Museum Marc-Deydier** zeigt die Fotos eines Notars aus Cucuron, der 1920 gestorben ist – eine Sammlung, die über alle Aspekte lokalen Lebens unterrichtet. Außerdem archäologische und geologische Funde.

- **Musée Marc-Deydier,** Rue de l'Eglise (in der Nähe der Kirche), Cucuron, Tel. 04.90.77.25.02 oder 04.90.77.20.82. Öffnungszeiten: täglich außer donnerstags 10–12 Uhr und 15–19 Uhr. Eintritt frei.

Cucuron ist auch Ausgangspunkt für eine kleine Expedition zum **Mourre Nègre,** der, wenn ihn nicht gerade Dunst und Wolken einhüllen, aus 1124 Metern Höhe auf den übrigen Großen Luberon herabblickt. Ein Weg führt hinauf, für den Autoverkehr ist er offiziell gesperrt: Hinter dem Ort in Richtung Cabrières d'Aigues biegt links ein Sträßchen ab, das schließlich zu einer Schotterpiste wird, die bis zum Gipfel mit seinem *Observatoire* führt. Das **beeindruckende Panorama** von den Alpen übers Zentralmassiv bis ans Mittelmeer tut sich nur an klaren Tagen auf. Konditionsstarke Wanderer überqueren den Mourre Nègre in sechs Stunden und begegnen dabei vielleicht einer Schafherde, die auf dem Kamm des Gebirgszuges weidet. Diese Grasflächen oberhalb der bewaldeten Hänge sind nicht nur Heimat seltener Pflanzen, Insekten und Vögel, sondern dienen traditionell der Brandbekämpfung. (Wanderweg auf den Mourre Nègre siehe „Saignon".)

Information

- **Office de Tourisme,** Rue Léonce Brieugne, 84160 Cucuron, Tel. 04.90.77.28.37.

Hotel

- **L'Etang****/€€€, Place de l'Etang, 84160 Cucuron, Tel. 04.90.77.21.25. Ein einfaches Logis-de-France-Haus direkt am Wasserbassin des Dorfes.

Markt

- **Wochenmarkt,** dienstags.

Ansouis ⇗ XII/B3

In Ansouis dreht sich alles um das **Schloss** – selbst die engen Straßen. Seit gut tausend Jahren überragt es den kleinen Ort, zuerst als eine richtige Burg, die dann im Laufe der Jahrhunderte allmählich zu einem eleganten Anwesen mit klassisch-französischem Garten umgestaltet wurde. Reste der alten Anlage sind geblieben, so die düstere **romanische Kirche** des 13. Jh., die mit ihren Schießscharten eigentlich selbst eine Festung bildet.

- **Château D'Ansouis,** Tel. 04.90.09. 82.70. Öffnungszeiten: 14.30–18 Uhr, im Sommer bis 20 Uhr. Ab Allerheiligen dienstags geschlossen. Eintritt: ca. 5 €.

In dem mit aufdringlicher Reklame das halbe Dorf verunstaltenden privaten **Museum** zeigt der Maler und Meeresforscher *Georges Mazoyer* Erinnerungen an seine beiden Berufe – zum Beispiel gemalte Unterwasser-Landschaften, die einen kitschigen Eindruck machen.

- **Musée extraordinaire,** Avenue du Vieux-Moulin, Ansouis, Tel. 04.90.79.20.88. Öffnungszeiten: täglich außer dienstags 14–18 Uhr, im Sommer bis 19 Uhr. Eintritt: ca. 3 €.

Man kann nun einen Abstecher über Sannes machen bis hin zum **Etang de la Blonde,** einem 33 Hektar großen Teich, von Alep-Pinien und Steineichen umstanden und beliebtes Picknick-Ziel. Der Teich befindet sich zwar genau genommen in Privatbesitz, dennoch wird hier gern gebadet.

Markt

- **Wochenmarkt,** donnerstags.

La Tour d'Aigues

⇗XII/B3

Das nächste Ziel ist ein größerer Ort, dessen Schloss noch etwas nobler daherkommt als jenes in Ansouis – zumindest seine Fassade, und die ist auch schon beinahe alles, was von dem **prächtigsten Renaissancebau der Provence** erhalten blieb. Ein provenzalischer Baron verwandelte die mittelalterliche Anlage im 16. Jh. in ein strahlendes Schloss nach dem Vorbild von Fontainebleau und Louvre, das *Franz I.* und *Katharina von Medici* beherbergte. Später ließ man einen Kanal graben, der zwar prächtige Wasserspiele ermöglichte, aber nicht verhinderte, dass das Schloss anno 1780 in Flammen aufging. Zwölf Jahre danach betätigten sich Revolutionäre als Brandstifter und gaben dem maroden Bau endgültig den Rest. Durch das monumentale Eingangstor schreitet der heutige Besucher deshalb nicht in die Empfangshalle, sondern gleich wieder ins Freie. Auch jener mächtige Turm, der Schloss und Städtchen einst den Namen gab, ist nur noch auf alten Bildern zu bewundern. Die Behörden haben das Beste daraus gemacht: Seit 1974 wird restauriert, und im Ehrenhof sind Tribünen errichtet, auf dass an warmen Sommerabenden **Festspiele und Konzerte** dort stattfinden können.

Schloss von La Tour d'Aigues

Neben **Ausstellungen** und Weinproben erwartet den Besucher eine „musikalische Promenade", für die, so radebrecht der Prospekt, „das alte Gebäude sich der neuersten Techniken versichert" hat. Außerdem gibt es eine Sammlung von **Fayencen** (wertvolles Steingut) in dieser bedeutendsten Ruine des Luberon.

Ein **Museum des regionalen Naturparks** *(Musée de l'Histoire du pays d'Aigues)* befindet sich ebenfalls im Schloss. Es zeigt, wie der Landstrich entstand: Von vorgeschichtlicher Zeit über die Keltoligurer bis heute.

- **Château de La Tour d'Aigues,** Tel. 04.90. 07.50.33. Öffnungszeiten: Juli und August: 10–12 und 15.30–19.30 Uhr; sonst 9.30–11.30 und 15–18 Uhr, von Oktober bis März nur bis 17 Uhr. Außer im Juli und August dienstags nur vormittags, samstags und sonntags nur nachmittags. Eintritt: ca. 3 €.

Information

- **Office de Tourisme,** Le Château, 84240 La Tour d'Aigues, Tel. 04.90.07.50.29, Fax 04.90. 07.35.91.

Weinkauf

- **Château de Sannes:** Dieses Schloss produziert einen ausgezeichneten Weißwein. 84240 La Tour d'Aigues, Tel. 04.90.77.77.23.

Fest

- **Festival du Sud-Luberon** im Schloss von La Tour d'Aigues von Ende Juni bis Mitte August.

Über den Pass von Vitrolles

Wenn La Tour d'Aigues ein für den Luberon recht lebhaftes Talstädtchen ist, so scheint **Grambois** um so entrückter. Abends macht es einen geradezu ausgestorbenen Eindruck und verbreitet einen speziellen Reiz, der es als Kulisse melancholischer Filme prädestiniert. **Marcel Pagnols** „Kindheitserinnerungen" wurden hier gedreht.

Je mehr man die sonnige Ebene wieder in Richtung Gebirge verlässt, desto einsamer werden die Orte. Dies gilt auch für **Vitrolles,** die letzte Siedlung vor der etwas umständlichen, aber schönen Passfahrt über den Großen Luberon. Auf der anderen Seite angekommen, führt die N 100 umso schneller zurück nach Apt.

Der Kleine Luberon

Kleiner sind im Kleinen Luberon nur die Berge. Die Dörfer klettern eher noch steiler an Felsen und Hängen hinauf als etwa Saignon oder Grambois. Es sind alte Dörfer in einer geschichtsträchtigen Gegend, und so scheint es passend, bei der Anfahrt von Apt nach Bonnieux nicht den direkten Weg, sondern jenen über den **Pont Julien** zu wählen. Seit 2000 Jahren überspannt die unscheinbare Brücke den Calavon, und ebensogut, wie sie damals Marseille mit Arles verband, dient sie heute dem Autoverkehr.

Bonnieux ⇗ XI/C1

Schon Bonnieux ist charakteristisch für den Kleinen Luberon: Straßen und Häuserzeilen klammern sich an einen

453pr Foto: bm

Berg, und über allem thront die schlichte Kirche mit ihrem alten Friedhof dahinter. Doch noch mehr als andere ist Bonnieux ein Ort wie aus dem Bilderbuch, der am hübschesten aussieht, wenn man ihn von oben in der Abendsonne betrachtet: Die untergehende Sonne taucht Kalksteinmauern in ein goldenes Licht, Zedern und Zypressen werfen lange Schatten, und ungezählte farbige Ziegeldächer leuchten um die Wette.

Blick auf Bonnieux

Museum

- **Musée de la Boulangerie:** Eine historische Bäckerei mit einer Vielzahl alter Werkzeuge. 12, Rue de la République, 84480 Bonnieux. Tel. 04.90.75.88.34. Öffnungszeiten: Durchgehend, von Juni bis September täglich außer dienstags, sonst nur am Wochenende. Auch nach Vereinbarung. Eintritt: ca. 1,50 €.

Information

- **Office de Tourisme,** 7, Place Carnot. 84480 Bonnieux. Tel. 04.90.75.91.90, Fax 04.90.75.92.94.

Hotels

- **La Bastide de Capelongue******/€€€€, 84480 Bonnieux. Tel. 04.90.75.89.78. Fax 04.90.75.93.03. Ein noch junges Luxushotel mit Blick über Bonnieux in traumhafter Lage. Das Ambiente ist sehr schön, allerdings erscheinen die Zimmerpreise etwas hoch. Es gibt nur Halbpension. Zum Glück muss man aber nicht übernachten, um die Küche zu genießen. Und die dürfte, wenn sie ihren Standard halten kann, zu einer der besten im ganzen Luberon werden. Menu ab 50 €.
- **Hostellerie du Prieuré*****/€€€€, 84480 Bonnieux. Tel. 04.90.75.80.78. Großzügige, stilvolle Zimmer in einem ehemaligen Kloster mitten im Ort. Das Restaurant mit schönem Garten hat sich sehr verbessert und ist eine Empfehlung wert. Menü ab etwa 25 €.
- **Hôtel César****/€€, Place de la Liberté. 84480 Bonnieux. Tel. 04.90.75.80.18. Einfaches, freundliches Hotel, das durch seine Lage über dem Dorf besticht. Wählt man ein Zimmer mit Terrasse, hat man einen wundervollen Blick über die gesamte Ebene im Norden.

Restaurant

- **Le Fournil,** 5, Place Carnot. 84480 Bonnieux. Tel. 04.90.75.83.62. Ein junges, engagiertes Team verwöhnt hier zu fairen Preisen mit raffinierter und sehr frischer Provence-Küche. Das in eine natürliche Höhle gebaute Lokal und die als Terrasse genutzte Place Carnot bilden den idealen Hintergrund für ein ausgedehntes Menü. Unbedingt vorbestellen, hier scheint jeder essen zu wollen! Menü ab etwa 20 €.

Camping

- **Le Vallon,** Bonnieux, Tel. 04.90.75.86.14, geöffnet 15. März bis 30. September.

Weinkauf

- **Château la Canorgue:** Ein vielfach ausgezeichnetes Weingut, das kontrolliert biologischen Anbau praktiziert und auch sonst mit höchster Sorgfalt vorgeht. Sehr schön gelegen am Fuße von Bonnieux. Route du Pont-Julien, 84480 Bonnieux, Tel. 04.90.75.81.01.
- **Cave de Bonnieux:** Die Winzergemeinschaft verkauft auch Wein *en vrac*, in großen Beuteln zum Zapfen. An der Straße von Bonnieux nach Goult, kurz vor dem alten Bahnhof. Quartier de la Gare, 84480 Bonnieux, Tel. 04.90.75.80.03.

Märkte und Feste

- **Wochenmarkt** freitags.
- **Dorffeste,** u.a. mit Boules-Wettbewerben im Juli und August in den meisten Dörfern des Kleinen Luberon.

Anreise/Weiterreise

- **Mit dem Bus:** Von Avignon über die Ligne Verte nach Bonnieux und Apt, außerdem Verbindung von Marseille über Aix nach Bonnieux und Apt. Auskunft: Busbahnhöfe in Avignon, Aix, Marseille und Apt, siehe dort.
- **Mit dem Fahrrad:** Der kleine Luberon ist ideal zum Fahrradfahren geeignet. Am besten, man folgt der Ligne Verte, einer gut beschilderten Strecke von Cavaillon nach Forcalquier, die durch Oppède, Ménerbes, Lacoste und Bonnieux führt.

Wanderung durch den Zedernwald

Oberhalb von Bonnieux, auf dem Kamm des Kleinen Luberon, liegt der herrliche **Forêt des Cèdres,** der auch im heißesten Sommer Gelegenheit zu einer kühlen Wanderung bietet.

Der Weg ist mehr ein Spaziergang als eine Wanderung, also auch geeignet für Familien mit Kindern. Von der Straße Bonnieux – Lourmarin biegt rechts eine schmale Straße ab, die hinauf zum Kamm führt. Der Parkplatz ist bisweilen kostenpflichtig. Von dort folgt man dem Weg durch den Zedernwald. Nach einiger Zeit erreicht man das Gemeindegebiet von Ménerbes. Wer kurz hinter diesem Schild den Weg verlässt und links ins Gehölz abbiegt, trifft nach gut 100 Metern auf einen Aussichtspunkt mit Blick ins Tal der Durance.

Lacoste ⇗XI/C1

Mitten durch Weinfelder, vorbei an steinernen Gehöften windet sich die Straße nach Lacoste – eine Landschaft wie ein einziger großer Garten. Lacoste erhebt sich darin als eines der kuriosesten Nester. Nicht die Kirche beherrscht den Ort, sondern ein **Schloss** – und was für eins! Einst ein Hort der Gottlosigkeit, Fluchtburg des großen Lüstlings **Marquis de Sade,** scheint es selbst im Verfall noch zu gewaltig für den kleinen Ort, scheinen sich kopfsteingepflasterte Gassen und eng beieinander stehende Häuser immer noch zu ducken unter diesem düsteren Gemäuer.

Wer von Lacoste aus das **Kloster St. Hilaire** besucht und das gewaltig aufragende Anwesen derer *von Sade* mit den schlichten Stätten des Betens und des Arbeitens vergleicht, mag darüber nachsinnen, was einst die Mönche über ihren berüchtigten Nachbarn

455pr Foto: bm

gedacht haben. Der jedenfalls erwähnte in seinen Briefen, dass in St. Hilaire nur mehr ein paar Mönche beschäftigungslos ausharrten. Nun, wo *de Sade* tot ist und die Mönche verschwunden, mühen sich die Privatbesitzer der Abtei um Instandhaltung und Restaurierung.

St. Hilaire zählt zu den ganz frühen Klosterstätten der Christenheit: Schon im 4. Jh. stand hier eine Eremitage, aus der allmählich die Abtei entstand, wobei sie immer wieder verändert, aufgegeben und neu belebt wurde. Auch wenn heute als Erstes eine bäuerlich anmutende Fassade aus dem 19. Jahrhundert ins Blickfeld rückt, so gibt es neben dem schmucklosen Kloster selbst noch eine schlichte Kirche aus dem 13., eine gotische Kapelle aus dem 14. Jh. und eine winzige romanische, zum Teil in den Felsen gehauene Kapelle. Die heutigen Besitzer lassen die Gebäude fast immer für Besucher geöffnet.

Hotel

● **Relais du Procureur**/€€€€€, Rue Basse, 84710 Lacoste, Tel. 04.90.75.82.28. Einige luxuriös ausgestattete Zimmer im eigentlichen Hôtel particulier, andere, bescheidenere im Anbau. Nur die der ersten Kategorie sind ihren Preis auch wert. Der Pool ähnelt mehr einer Badewanne, weil das Haus mitten im alten Dorf liegt.

Restaurant/Café

● **Café de Sade,** 84480 Lacoste, Tel. 04.90.75.82.29. Einfache, traditionelle Küche – liebevoll zubereitet von einer „echten" Provenzalin. Ab ca. 12 €.

Markt

● **Wochenmarkt,** dienstags.

Ménerbes

↗XI/C1

Der Ort liegt langgestreckt auf einem Bergrücken und wird deshalb gern mit einem gewaltigen Schiff verglichen. Sein gestreckter, 500 m langer, aber oben kaum 50 m breiter Felsen war schon zwei Jahrtausende vor Christus bewohnt. Die privilegierte Lage wies dem römischen **Minerva** einen unruhigen Platz in der Geschichte zu: 1578 ging hier die längste Belagerung der Religionskriege zu Ende – 14 Monate hatten die Protestanten den königlichen und päpstlichen Truppen stand-

Dorf-Idylle in Lacoste

Luberon

Marquis de Sade (1740–1814)

Ein hoch aufragendes Gemäuer, bizarr und ohne jede Symmetrie, mächtig und verfallen zugleich, steinern und dabei längst überwuchert vom ganzen Wildwuchs des Luberon, immer noch das kleine Lacoste beherrschend, es mehr bedrohend denn schützend, so wie es stets mehr Geißel des Dorfes als seine Zierde war – darin also hauste *Donatien Alphonse François Marquis de Sade*. Hinter diesen Mauern also trieb es der Weltgeschichte berühmtester Lüstling, und die Töchter dieser Gassen dort unten waren es, welche der sinnenfrohe Adelsmann als Dienstmägde einstellte, um sie missbraucht und geschändet zurückzuschicken, um Erfahrungen reicher, deren bloße Erahnung die braven Leute von Lacoste in tiefster Scham und ohnmächtigem Zorn erzittern ließ.

Man kann sich vorstellen, wie der Marquis von den Zinnen seines mächtigen Anwesens herab die Meute der Bauern erblickte, wenn sie mit Mistgabeln bewaffnet den Berg heraufstürmte – er mag sie verachtet haben, gefürchtet hat er sie wohl kaum. *De Sade* war anderes gewohnt, weit Ärgeres:

„Ja, ich gestehe, ich bin ein Wüstling, alles, was man sich auf diesem Gebiet vorstellen kann, habe ich mir vorgestellt, aber ich habe durchaus nicht alles getan, was ich mir vorgestellt habe, und werde es auch nie tun. Ich bin ein Wüstling, aber ich bin weder ein Verbrecher, noch ein Mörder", verteidigte sich *de Sade*, als er 1780 im berüchtigten Kerker von Vincennes einsaß – ausgerechnet in einem Brief an seine Frau. „Hinter 19 Türen eingesperrt" fand sich der Marquis im Übrigen auf Betreiben seiner Schwiegermutter, die er weniger durch den Skandal um eben jene Dienstmägde von Lacoste vergrämt hatte, als vielmehr wegen seiner leidenschaftlichen Affäre mit der Schwester seiner Frau.

Neben der einflussreichen Schwiegermutter hatte der Marquis noch ein zweites Problem: Der dekante Adel des Ancien Régime benutzte ihn als Prügelknaben, um von der eigenen Doppelmoral abzulenken. Ganz unschuldig war *de Sade* freilich nicht. Zum Beispiel der Skandal von Marseille: Obwohl er dort nur eine Geldsumme abholen wollte, ließ er sich zu einer Orgie mit seinem Diener und vier Prostituierten hinreißen und wurde später beschuldigt, seine Liebesdienerinnen mit Aphrodisiaka regelrecht vergiftet zu haben.

In insgesamt 27-jähriger Haft in Kerkern und Irrenanstalt verfiel *de Sade* nicht etwa in Resignation, sondern fühlte nun sein „Gehirn in Glut" geraten – die 16 dicken Bände, die hinter diesen Mauern entstanden, sollten ihm zu literarischer Unsterblichkeit verhelfen. Was sein ganzes Leben lang immer wieder Anlass zu Aufsehen erregenden Skandalen gewesen war, das ungehemmte Erproben und Ausleben seiner Fantasien, goss *de Sade* nun in ein systematisches Gedankengebäude von Relativität und Willkür aller Moral.

Vereinfacht formuliert, vertrat der Marquis *Rousseaus* Maxime „Zurück zur Natur": Erst durch das hemmungslose Ausleben der Sexualität erreiche der Mensch die persönliche Freiheit, weshalb er sich nicht nach Kategorien wie „normal" oder „pervers" zu richten habe. Für *de Sade* waren sowohl die Zufügung von Schmerz als auch die Erduldung von Grausamkeit legitime Formen der Sexualität, weshalb man den modernen Begriff *Sadismus* nach ihm prägte.

In den Revolutionswirren erlangte der Marquis zeitweilig seine Freiheit zurück, doch wegen der Veröffentlichung seiner frivolen Werke wurde er alsbald wieder verhaftet und 1803 in die Irrenanstalt Charenton eingeliefert, wo er 1814 starb.

Das **Schloss von Lacoste,** in vergangenen Jahrhunderten eine Stätte ausufernder Sinneslust, bot bis vor kurzem noch ein Bild vollständigen Verfalls. Es gehörte einem Lehrer aus der Gegend – er soll so besessen gewesen sein von diesem Gemäuer, dass er sein gesamtes Vermögen opferte, um im Laufe der Jahrzehnte alle Parzellen zu kaufen, bis er das ganze Schloss besaß. Als er vor ein paar Jahren starb, hatte er die Sisyphusarbeit der Restaurierung nicht entscheidend vorantreiben können.

Seine Witwe verkaufte das Schloss an den, wie sie sagte, „einzigen Mann, der eines solchen Ortes würdig ist": den Pariser Modeschöpfer *Pierre Cardin.* Als alleiniger Besitzer des von ihm geschaffenen Mode-Imperiums mit weltweit etwa 200.000 Mitarbeitern verfügt er über ausreichende Mittel, das Gemäuer vor dem Verfall zu bewahren. Dem alten Herrn wird auch seit Längerem eine Vorliebe für den Hochadel nachgesagt – sicherlich hat ihn Geschichte von Lacoste fasziniert. Nach seinem Tod soll das Schloss an das *Institut de France* fallen. Vorher aber möchte *Cardin* ein Kulturfestival in den Ruinen etablieren. Es gab bereits eine Aufführung von „Tristan und Isolde" und dazu, für den internationalen Jet-Set, ein rauschendes Fest. Lacoste, das fast verloren schien, wird damit wieder ein Schauplatz von Ausschweifung und Lebenslust. Ein bisschen wie damals, zu Zeiten des *Marquis de Sade.*

gehalten. Das Dorf, in Schutt und Asche gelegt, wurde in den folgenden Jahrzehnten neu aufgebaut.

Dieser alte Teil des Dorfes, gewissermaßen auf dem Kamm von Ménerbes, zeigt denn auch eine ganze Reihe schöner Gebäude aus dem 16. und 17. Jh., errichtet nach den Religionskriegen. Efeubewachsene Torbögen gewähren Einblick in so manche familiäre Idylle, die zu respektieren den neugierigen Betrachter dann ein Schild „Privé" gemahnt.

Der **Glockenturm** der schlichten Kirche trägt, obgleich romanischen Ursprungs, das Datum 1594 – Zeitpunkt seiner Instandsetzung. Die Kirche selbst, aus dem 14. Jh. stammend, grenzt an einen verwunschenen **alten Friedhof** am äußersten Rand des Felsens, der einen weiten Blick in die Ebene freigibt.

Von hier lässt sich das **Castellet** betrachten, ein auf den Ruinen der alten Festung entstandenes Schloss, das gleichwohl ein paar wehrhafte Züge bewahrt hat. Militärisch gibt sich auch die **Zitadelle,** die kurz nach der Belagerung entstand. Sie hat sich freilich nie bewähren müssen. Ein Hort des Widerstandes war das Dorf erst wieder im Zweiten Weltkrieg, und Straßenschilder künden davon, dass Einwohner von Ménerbes Opfer des Nationalsozialismus wurden.

Heute ist Ménerbes, das Festungsdorf, längst eingenommen von faszinierten Reisenden, allen voran jenen Engländern, die auf den Spuren ihres hier kurzzeitig ansässig gewesenen Landsmannes **Peter Mayle** wandeln.

458pr Foto: bm

Neben dem kitschigen Terrassen-Restaurant mit Panoramablick treffen sich aber immer noch, gleich nebenan, die Alteingesessenen im *Café du Progrès,* das seinen Namen vor 50 Jahren gewiss einmal verdient hatte. Die Stammgäste verfolgen dann im Sommer leicht misstrauischen Blickes die Invasion Reisender in ihr Dorf, das für so viel Autoverkehr viel zu eng ist.

Museum

- **Musée du Tire-Bouchon:** Vermutlich das einzige Korkenzieher-Museum der Welt. Domaine de la Citadelle, 84560 Ménerbes, Tel. 04.90.72.41.58. Öffnungszeiten: 10–12 Uhr und 14–19 Uhr. Eintritt: ca. 3 €.

Kirche von Ménerbes

Hotel

- **Hostellerie Le Roy Soleil*****/€€€€€, Route des Beaumettes. 84560 Ménerbes. Tel. 04.90.72.25.61. Sehr ruhig im Tal gelegenes Gebäude aus dem 17. Jh., eingerichtet mit schönen Antiquitäten, die angeblich teilweise aus dem Besitz *Ludwigs XIV.* stammen. So sind auch die Zimmer nach den Maitressen des Sonnenkönigs benannt. Schöne Gartenanlage mit Pool.

Restaurant

- **Le Calendal,** 104, Avenue Marcellin Poncet. 84560 Ménerbes, Tel. 04.90.72.36.08. Einfache Gerichte, mit Sorgfalt verfeinert. Ab etwa 15 €.

Fahrradverleih

- **Les Roues du Luberon,** Route de Lacoste,84560 Ménerbes. Tel. 04.90.72.37.45.

Anreise/Weiterreise

- **Mit dem Bus:** Von Avignon über die Ligne Verte nach Ménerbes und Apt, außerdem Verbindung von Marseille über Aix nach Bonnieux und Apt. Auskunft: Busbahnhöfe in Avignon, Aix, Marseille und Apt, siehe dort.

Oppède-le-Vieux

X/B1

Das Nachbardorf Oppède-le-Vieux hat längst die Schwelle zum Museum überschritten. Der Beiname „das Alte“ entstand, als die Bewohner zu Anfang des 20. Jahrhunderts ihre heruntergekommenen Häuser verließen und weiter unten das neue Oppède gründeten. Danach verfiel dieser großartig gelegene Ort.

Seine Rettung verdankt er der Faszination, die die Provence gerade auf Intellektuelle auszuüben begann. Noch im Zweiten Weltkrieg richtete sich die Frau des Schriftstellers *Antoine de Saint-Exupéry* mit anderen Künstlern eine Zeitlang hier ein, dann kamen Pariser Kunststudenten und bald auch ein paar später prominente Deutsche. Das Dorf, heute also teilweise wieder bewohnt, hat wenig von seinem Mythos verloren.

Schon die Lage gibt Rätsel auf: Ganz dicht, so dicht wie kein anderer Ort an der Bergkette gelegen, die hier schroff und felsig ist, verglichen mit der sanften Bewaldung bei Bonnieux, öffnet sich das Dorf zur anderen Seite hin, nach Norden. Im Rücken nur noch die Wildnis und dem eisigen Mistral zugewandt, scheint es aller Weisheit der provenzalischen Baumeister zum Trotz die Naturgewalten herauszufordern.

Sein Name – vielleicht von **Oppidum** abgeleitet – bleibt verbunden mit der blutbefleckten Gestalt des *Jean Meynier d'Oppède,* seinerzeit verantwortlich für das grausame Niedermetzeln der Waldenser. Allerdings hatte die Familie *Meynier,* hier gewiss so verachtet wie die *Sades* im nahen Lacoste, Oppède erst 1501 vom Papst erhalten und führte den Ortsnamen als Titel, ohne dass *Accurse* und Sohn *Jean,* beide Präsidenten des Parlaments von Aix, hier oft gewohnt hätten.

Wer Oppède-le-Vieux erkundet, stößt auf ein leicht verwirrendes Ensemble aus engen Gassen, Torbögen und hohen Fassaden. Das Hôtel de Ville, 1909 aufgegeben, trägt einen **Campanile,** und vor allem im westlichen Teil des Dorfes finden sich herrschaftliche Häuser, darunter solche mit schönen **Renaissancefassaden.**

Ausgetretene Stufen führen an der kleinen Büßerkapelle vorbei ins teilweise gespenstisch-verfallene **Oberdorf.** Überall scheint die Natur wieder Besitz zu ergreifen vom Stein, scheint, was mühsam Zivilisation wurde, wieder in Wildnis zu verwandeln. Stollen und Grotten, abbröckelnde Bögen und niedrige Gewölbe – alles ist überwuchert und dem Verfall preisgegeben. Dabei ist es noch nicht ewig her, dass in der Kirche die letzte Messe gelesen wurde. Nach und nach wanderten die Menschen ab ins Tal, und dieses Monument, einst romanisch, doch immer wieder verändert, blieb zurück – nutzlos geworden in seiner Massivität, doch abweisend geblieben noch in seiner Einsamkeit.

Über allem Verfall thront hoch oben die mächtige **Burg** aus dem 13. Jh., auch sie nur mehr eine Ruine, entlegen und entrückt. Durch bröckelndes Mauerwerk fällt der Blick in eine wilde, großartige Landschaft, die Berge des Luberon.

Camping

- **Aire Naturelle,** Oppède, Tel. 04.90.76. 96.10.

Markt

- **Wochenmarkt,** samstags.

Vom Kleinen Luberon ins Tal der Durance

Auch den Kleinen Luberon kann man überqueren. Am besten geht dies zu Fuß (möglich ist es aber auch mit dem Wagen) über die Route forestière de Vidauque, eine schmale Pass-Straße, die in das Tal der Durance führt.

Die Route forestière beginnt in **Vidauque,** das man über die D 2 Richtung Cavaillon erreicht. Zwei Minuten nach dem Ortsausgang Les Taillades links abbiegen Richtung Vidauque, dann rechts dem Schild „Le Luberon, Route forestière de Vidauque" bzw. „La Combe de Vidauque" folgen. Bis zum Kamm besteht Einbahnverkehr, von da an geht es über die Route forestière du Trou-du-Rat. Der höchste Punkt ist die **Tête des Buisses,** ca. 619 m. Die Fahrt dauert gut 30 Min. und ist etwa 15 km lang. Zu Fuß nicht unter vier bis fünf Stunden zu schaffen.

Zwischen Luberon und Durance

↗ XI/C2

Diese Fahrt führt von Cavaillon nach Pertuis, zunächst durch einige Dörfer in der Nähe von Cavaillon, dann über die D 973 an der Durance entlang.

Von allen Dörfern dieser Fahrt hat **Les Taillades** am meisten Ähnlichkeit mit den alten, engen, charmanten Orten des Kleinen Luberon. Das alte Taillades, das Oberdorf, schmiegt sich dicht ans Gebirge, und entstanden ist es überhaupt erst auf Grund dieser Lage. Hier lieferten große **Steinbrüche** einen der hochwertigsten Baustoffe der Gegend. Entsprechenden Reichtum strahlt denn auch das kleine Oberdorf aus: Durch einen massiven Turm und über eine Art Brücke gelangt man zum ehemaligen **Schloss,** das längst privater Besitz ist. Die Mauern des Dorfes stehen zum Teil auf den ehemaligen Steinbrüchen.

Es machen sich in diesem Teil des Luberon die Nähe zu Cavaillon und die schnellen Straßenverbindungen etwa nach Aix bemerkbar. Ganz anders als etwa in Ménerbes, Oppède oder Bonnieux hat sich noch nicht die völlige Trennung von Wochenendhausbewohnern und ausharrenden Bauern und Handwerkern vollzogen. So sind die Orte hier meist zweigeteilt wie Les Taillades: Neben dem alten Oberdorf liegen in der Ebene moderne Wohnviertel, nicht unbedingt reizvoll für den Reisenden, aber ein Zeichen dafür, dass hier auch junge Familien leben, deren Arbeitsplatz in der nächsten

Stadt liegt. Die eigentlichen Luberon-Dörfer sind dafür zu entlegen.

In **Cheval-Blanc** treffen wir auf die Durance, die gemeinsam mit einigen Bewässerungskanälen einen fruchtbaren Obst- und Gemüsegarten geschaffen hat. Der Name erinnert an eine Fähre über die Durance, die angeblich einst von einem weißen Pferd mit Seilen gezogen wurde.

Die Strecke zwischen Cheval-Blanc und Mérindol eignet sich vor allem als Ausgangspunkt für **Wanderungen** ins Luberon-Gebirge. Von einer ganzen Reihe von Parkplätzen an der D 973 kann man durch die **Schluchten des Régalon** in den kleinen Luberon hinaufsteigen; die Wege sind jeweils vom Parkplatz aus markiert. Sie führen meist zunächst durch Felder glitzernder Ölbäume, die hier, an der Südseite des Luberon, vor dem Mistral relativ geschützt sind, erreichen dann sehr schnell die eigentlichen, tief eingeschnittenen Schluchten und erklimmen schließlich durch dichten Wald das Gebirge. Einige der Felsspalten sind 30 m hoch, andere nur einen halben Meter breit. Doch nicht nur die Geologie tritt spektakulär in Erscheinung, die Schluchten bieten mit ihrem bis in den Sommer hinein kühlen, frischen Mikroklima seltenen Tieren und Pflanzen Schutz, darunter vielen Reptilien. Im Frühjahr können die Wege auf Grund des Hochwassers unpassierbar sein.

Mérindol, dieser so klangvolle Name symbolisiert wie kein anderer das Massaker des Jahres 1545 an den **Waldensern** (siehe Exkurs „Die blutige Woche von 1545“). Von allen Dörfern des Luberon traf es dieses am schlimmsten. Mérindol wurde nahezu dem Erdboden gleichgemacht, die Häuser verwüstet und niedergebrannt, die Menschen verjagt, vergewaltigt, niedergemetzelt. Die **Ruinen im Oberdorf** von Mérindol sind alles, was uns von den Waldensern geblieben ist. Über das Leben dieser Menschen und ihre Verfolgung informiert **La Muse,** das Haus der *Association d'Etudes Vaudoises* (Tel. 04.90.72.88.50).

Puget auf seinem Felsen, **Lauris** über der Durance, schließlich **Cadenet,** das schon den Eingang zur Schlucht von Lourmarin bewacht, all das sind sehenswerte Orte, die einst angelegt wurden wegen ihrer strategisch günstigen Lage zwischen Bergen und Fluss. Das größere und lebhafte **Pertuis** zählt schon zum Pays d'Aigues, dem Land südlich des Großen Luberon. Seine reiche **Altstadt,** zu Teilen noch aus dem 16. Jh. und mit schönen klassischen und Renaissance-Bauten, zeigt die wirtschaftliche Bedeutung als Umschlagplatz der natürlichen Reichtümer des Luberon. Die **Kirche St. Nicolas** aus dem 14. und 15. Jh. ist ein Beispiel spätgotischer Architektur.

Praktische Hinweise

Information

- **Office de Tourisme,** Cavaillon, siehe dort.
- **Office de Tourisme,** Rue du Four, 84360 Mérindol, Tel. 04.90.72.88.50, Fax 04.90.72.90.66.
- **Office de Tourisme,** 12, Place de l'Eglise, 84360 Lauris, Tel. 04.90.08.39.30.

● **Office de Tourisme,** Le Donjon, Place Mirabeau, 84210 Pertuis, Tel. 04.90.79.15.56, Fax 04.90.09.59.06.

Camping

● **Les Cérisiers*****, Chemin de la Four de Sabran, 84440 Robion, Tel. 04.90.20.24.25. Camping *à la ferme*. Wie der Name schon andeutet, liegt dieser Platz unter Kirschbäumen. Mit Schwimmbad.

Märkte

● **Wochenmarkt,** montags in Lauris und Cadenet, mittwochs in Mérindol, freitags in Pertuis.

● **Bauernmarkt,** mittwochs und samstags in Pertuis sowie samstags in Cadenet.

Gegen den „mal-bouffe" – französische Revolution oder Folklore?

Mit großer Politik, mit Globalisierung gar hatte der gute Mann noch nichts zu tun gehabt. Er arbeitete als Stellvertreter des Filialleiters für eine Supermarktkette in Cavaillon im Herzen der Provence. Ein beschauliches Dasein. Bis zu jenem Tag, an dem die Bauern kamen. Das Geschäft stürmten. Und ihn in Geiselhaft nahmen. An jenem Tag lernte er, dass stellvertretender Filialleiter ein hochpolitischer Job sein kann.

Damit es jeder sehen konnte, hängten ihm die Angreifer ein Schild um: „Ich kidnappe das Einkommen der Bauern". Dann schleppten sie ihn hinaus aus der Stadt auf die Obstplantagen und zwangen ihn, mitzumachen bei der Apfelernte.

Ein bizarrer Vorfall, der da gemeldet wurde aus dem Städtchen vor den Toren des Luberon. Doch für Südfrankreich ist er nicht einmal so ungewöhnlich. In den vergangenen Jahren ist dort eine Bewegung entstanden, die gegen die Globalisierung – die *mondialisation* – kämpft, und zwar durchaus militant. Das Bemerkenswerteste aber ist, woran sich die Wut konkretisiert: Es geht ums Essen. Die weltweite Wirtschaftsordnung verdirbt immer mehr Franzosen den Appetit. Ihr Verdacht: Die traditionellen Künste der Bauern, die althergebrachten Produkte, die sorgfältigen Produktionsweisen werden verdrängt von einer Art internationaler Lebensmittel-Mafia, die nur einem Gesetz folgt: Immer einheitlicher, immer billiger, immer schlechter.

Le mal-bouffe, den miesen Fraß nennt das einer, der mittlerweile die Ikone dieser Art Globalisierungskritik ist: *José Bové.* Auch er ein Südfranzose, aber nicht aus der Provence, sondern aus dem wilden Larzac, einer Hochebene südlich der Cevennen. Ein Intellektueller, der einst ausgezogen war, Schafe zu züchten, und der sich gewaltig ärgerte, als die Amerikaner ihm mit Schutzzöllen auf Roquefort-Käse das Geschäft verdarben. In einer Art Vergeltungs-Aktion verwüstete *Bové* mit Gesinnungsgenossen die Baustelle eines McDonald's-Restaurants in Millau. Der anschließende Prozess geriet zur Schauveranstaltung, *Bové* verließ den Gerichtssaal als Volksheld. Und als er 2002 unmittelbar nach den Wahlen eine mehrmonatige Haftstrafe antreten musste, steigerte *Bové* die Inszenierung noch. Er fuhr mit dem Traktor los, so würde er ganz sicher zu spät kommen, denn es sind 160 Kilometer von seinem Hof zum Gefängnis. 160 Kilometer, die ein Triumphzug wurden durch jubelnde Dörfer und Städte.

Politiker distanzieren sich, wenn überhaupt, halbherzig. Denn *Bové* genießt die Sympathien vieler Franzosen. Mit der Amerikanisierung der Vorstädte, mit der Verbreitung einer neuen Unkultur des Konsums geht, so fürchten viele, die traditionelle Lebensart verloren. Die Globalisierung bekommt ein Gesicht. Und zwar ein hässliches. Der Protest, der auf den ersten Blick wie Folklore wirkt, hat also durchaus eine politische Dimension. Auch wenn der stellvertretende Filialleiter eines Supermarktes in Cavaillon für die weltweite Wirtschaftsordnung doch eigentlich gar nichts kann.

Südlich der Vaucluse-Berge

Überblick

Zwischen dem **Plateau de Vaucluse** und dem Luberon liegt ein leicht bergiger Landstrich mit zahllosen malerischen Dörfern, die, auf ihren Felsen hockend, den Blick auf fruchtbare Ebenen oder karges Bergland freigeben und vor allem selbst eine Augenweide sind. Genau wie im Luberon waren diese Dörfer einst verlassen, und genauso wurden sie wiederentdeckt – nur dass diese Wiederentdeckung weitaus weniger sanft vonstatten ging. Zu den illustren Persönlichkeiten, die vor etwa dreißig Jahren begannen, vor allem Gordes und Roussillon für sich zu entdecken, gesellen sich in der Saison auch Scharen von „Normaltouristen", denen man ihre Liebe für dieses Land kaum verdenken kann. Die Sehenswürdigkeiten, zweifellos spektakulärer als die des Luberon, üben eine ungeheure Anziehungskraft aus: die **Quelle der Sorgue,** die Zisterzienserabtei **Sénanque,** das Schloss von **Gordes** mit dem Museum *Victor Vasarélys,* das Dorf der Bories oder der **Ocker von Roussillon.**

Und doch, es gibt sie noch, die stillen Flecken, die verschlafenen Örtchen mit alten Kirchen, beschaulichen Marktplätzen und verfallenen Schlossruinen, wegen derer diese Gegend einst ihr Revival erlebte. Zu einigen von ihnen werden wir Sie hinführen. Doch am schönsten ist es, wenn man sie selbst entdeckt, rein zufällig und überraschend – und am besten zu Fuß.

Fontaine-de-Vaucluse ⇗X/B1

Sehenswertes

Mitten im Ort erhebt sich die kleine **Kirche St. Véran,** wahrscheinlich von der Wende vom 11. zum 12. Jh. Wie so viele romanische Kirchen der Provence ist sie einschiffig und besticht durch ihr schlichtes Äußeres. Im Inneren befindet sich der Sarkophag des Heiligen Véran. Der Legende nach soll dieser einen Drachen bezwungen haben. Der hauste einst in einer Berghöhle, erschreckte die Bauern und verschlang ihre Schafe. Mit dem Kreuz in der Hand bannte St. Véran den Störenfried und jagte ihn in den Luberon. Ob von dort ein weiterer Held das Tier nach Tarascon schickte, damit es sich da als Rhône-Ungeheuer aufspielte, verrät die Legende allerdings nicht.

Der Wahrheit entspricht ohnehin mehr, dass der heilige Véran um 570 einer der frühen Bischöfe Cavaillons war, als Erster einen Weg zur Sorgue-Quelle anlegte und in der Nähe eine Hermitage gründete.

Ab dem 13. Jh. bewohnten St. Vérans Nachfolger auf Cavaillons Bischofsstuhl das **Schloss** von Fontaine-de-Vaucluse. Und auch *Petrarca* soll hier ein- und ausgegangen sein. Auf einem Felsen hoch über der Sorgue erheben sich noch die Ruinen des einst prächtigen Baus, der im 16. Jh. aufgegeben wurde und seitdem immer mehr verfällt.

Die Quelle der Sorgue

Wo Wasser entspringt, zieht es seit jeher Menschen hin. Ob es gleich so viele sein müssen, fragt sich wohl jeder, der den Ort Fontaine-de-Vaucluse im Sommer besucht: Im schlimmsten Fall bekommt man die Quelle der Sorgue kaum mehr zu sehen. Den Reisetermin in die Nebensaison zu verlegen, ist ratsam, zumal das **Vallis clausa** wirklich ein Naturerlebnis ersten Ranges ist. Ein „geschlossenes Tal" verspricht der Name; er stand auch Pate für das Departement Vaucluse.

Der kurze Spaziergang zur Quelle führt durch ein enges, grünes Tal; mittendrin bahnt sich die Sorgue, in Türkistönen glitzernd, über Geröll ihren Weg. Abrupt ragen am Ende schroffe Felsen empor, 230 m hoch, und schließen die Schlucht rundherum ab. In der Tiefe gewahrt man ein rundes Loch mit smaragdgrünem Wasser: die Quelle, ein **senkrechter Trichter,** schlundartig, das Geheimnis ihrer Tiefe nicht preisgebend. Nichts sieht man von dem immensen **Kanalnetz,** das sie unterirdisch speist. 630 Mio. Kubikmeter Wasser pro Jahr verlassen von hier das Gebirge: Die Fontaine de Vaucluse ist somit die größte Quelle Frankreichs und die fünftgrößte der Welt!

Sie ist der einzige Wasserausgang eines 1100 km² großen Gebietes: Regenfälle und Schneeschmelze der Vaucluse-Berge und des Mont Ventoux versickern und fließen unter der Erde zur Sorgue-Quelle. So bricht im Frühjahr das Wasser am gewaltigsten aus ihr heraus, bis zu 90 Kubikmetern pro Sekunde. Im Sommer dagegen dümpelt sie friedlich vor sich hin.

Um das Netz der unterirdischen Kanäle zu erforschen, wagten sich seit dem Ende des 19. Jahrhunderts immer wieder Taucher in die obskure Tiefe. Den Anfang machte 1878 der Marseillaiser *Otonelli.* Er kam 23 m tief. 1983 gelang dem Deutschen *Hasenmeyer* mit 205 m der Rekord. Gebrochen wurde er bisher nur sechs Jahre später von *Spélénaute,* einem Tauchroboter, der in **308 m Tiefe** auf sandigen Boden stieß – vielleicht der Quellboden. Mit demselben Gerät entdeckte man 1996 eine große unterirdische Höhle in 174 Metern Tiefe.

Die Papiermühle

Schon den Weg zur Quelle muss man sich durch ein Spalier von Souvenirläden, Straßencafés und Snackstuben bahnen, die man wegen ihrer gesalzenen Preise getrost ignorieren kann. Den Rückweg sollte man zumindest nutzen, um die Papiermühle (Moulin à Papier Vallis Clausa) zu besuchen. Das klappernde, bemooste Rad von sieben Metern Durchmesser sieht reichlich betagt aus und stammt tatsächlich vom Ende des Mittelalters. Für das 16. Jh. ist die erste Papierfabrik Fontaines bezeugt.

Die **Papierindustrie** war – mit bis zu sieben Mühlen – ein wichtiger Arbeitgeber, erlebte eine wechselvolle Geschichte, bis schließlich die Konkurrenz in den 1960er Jahren zu groß wurde: Die letzte Fabrik schloss 1968.

Heute wird Papier wieder auf die traditionelle Art handgeschöpft – für die Touristen. Jedoch fast größer als die Mühle selbst ist die Verkaufsfläche für das hochwertige Papier, für Gedichtbände, Grußkarten, Briefpapier oder Visitenkarten.

464pr Foto: bm

Im Tal der Sorgue

- **Moulin à Papier Vallis Clausa,** Chemin de la Fontaine, Tel. 04.90.20.34.14. Öffnungszeiten: Januar, Februar, November und Dezember 9–12.30 Uhr und 14–18 Uhr, März bis Mai und Oktober 9–12.30 Uhr und 14–18.30 Uhr, Juni und September 9–12.30 Uhr und 14–19 Uhr, Juli und August 9–20 Uhr. Eintritt frei.

Francesco Petrarca im Vaucluse: Lyrik für Laura

Eigentlich hieß er *Francesco Petracco,* als **Dichter** nannte er sich selbst Petrarca – und für die Franzosen heißt er *François Pétrarque.* Tatsächlich können diese den italienischen Dichter mit einigem Recht für sich beanspruchen, denn der junge *Francesco,* zwar 1304 in Arezzo geboren, wuchs im Umfeld des **päpstlichen Hofes** in Avignon auf. Sein Vater, ein florentinischer Notar, hatte nämlich Italien verlassen müssen und die Papststadt als Exil gewählt. Gemäß dessen Wünschen studierte *Francesco* zunächst Jura in Montpellier und Bologna, als der Vater aber starb, begann er, seinen eigenen Weg zu gehen. Ab 1326 trat er als **Geistlicher** in die Dienste des Kardinals *Giovanni Colonna* ein, der viel Sinn für die literarische Begabung seines Schützlings hatte und zu seinem Gönner wurde.

Ein Jahr später kam es zu einer folgenreichen Begegnung für den Dichter und die abendländische Literatur: In einer Kirche in Avignon sah der Jüngling **Laura de Noves** zum ersten Mal – und sein Herz geriet in Wallung. Die blühende Schönheit war die Gattin *Hugues de Sades;* doch sonst ist über ihr Leben kaum etwas bekannt, außer dass sie schon 1348 an der Pest starb. Umso mehr wissen wir aber über ihre Anziehungskraft, denn *Petrarca* verehrte sie glühend in zahllosen Gedichten, Sonetten und Kanzonen.

Statt sie jedoch in der Art der provenzalischen Troubadoure zu stilisieren oder gar formelhaft zu verherrlichen, beschrieb er sein ganz persönliches Begehren nach dieser Frau. Dass er dafür als **Wegbereiter der Renaissance** gelten würde, hätte er vermutlich nicht geglaubt, hielt er seine Leidenschaft doch eher für Spielerei und schätzte sein lateinisches Epos „Africa" wesentlich höher ein. Das gerade ist heute vergessen – ganz im Gegensatz zu seinem *Laura* gewidmeten Gedichtzyklus „Canzoniere".

Das Leben in Avignon wurde *Petrarca* über; außerdem wollte er die unerreichbare *Laura* vergessen. Und so zog er sich in die Stille des **Vallis Clausa** zurück, zunächst von 1337 bis 1341 und dann bis 1353 noch weitere fünf Jahre. Zwar war diese Abgeschiedenheit notwendig für sein Schaffen, weltabgewandt und unpolitisch war *Petrarca* jedoch nie. So kämpfte er zum Beispiel für die Einheit Italiens und versuchte in mitreißenden Briefen, die Päpste zur Rückkehr nach Rom zu bewegen.

Schon zu seinen Lebzeiten galt er als **Wiederentdecker der lateinischen Sprache** und der römischen Antike. Darauf fußten seine Werte und seine Moral – allerdings immer in Verbindung mit dem Katholizismus. Dieses seltsame Spannungsverhältnis ist es auch, das den Beginn des Humanismus kennzeichnet. Mit Verwunderung schrieb der Greis in seinem „Brief an die Nachwelt": „Die Mächtigen meiner Zeit verehrten mich – den Grund kenne ich nicht." Er konnte schließlich nicht wissen, dass er später als Vater jener Bewegungen gelten sollte, die die Neuzeit einleiteten.

Museen

Von der Mühle aus wird der Besucher automatisch durch eine klimatisierte Kunsthandwerker-Galerie samt Santon-Museum geschleust. Im Museum gibt es nicht nur Szenen von *Marcel Pagnol* zu sehen, sondern auch stecknadelgroße Santonwelten in Nussschalen. Konkurrenz macht eben erfinderisch ...

- **Santon-Museum,** Chemin de la Fontaine, Tel. 04.90.20.20.83. Öffnungszeiten: täglich 10–12.30 Uhr und 14–18.30 Uhr. Eintritt 4 €, Kinder 2 €.

Anschließend kann man noch die unterirdische Welt des *Norbert Casteret* erforschen, genauer: eine vollständig rekonstruierte Höhlen- und Grottenwelt mit Quellschlund, Wasserfall, unterirdischem Fluss und sogar Fresken und prähistorischen Spuren. Dennoch: Die echte Quelle wirkt ungleich faszinierender, auch wenn die unterirdische Welt dort ein Geheimnis bleibt.

- **Ecomusée du Gouffre/Collection Norbert Casteret,** Chemin de la Fontaine, Tel. 04.90.20.34.13. Öffnungszeiten: Juli/August 9.30–19.30 Uhr, sonst 10–12 und 14–18 Uhr, im Dezember und Januar geschlossen. Eintritt: 5 €, Kinder 3,25 €.

Auf der gegenüberliegenden Flussseite liegt das 1990 eröffnete Geschichtsmuseum, das Musée d'Histoire 1939–1945. Im Untertitel deutet sich das Anliegen an: „L'Appel de la Liberté" – der Ruf der Freiheit, die Résistance. 10.000 Gegenstände und schriftliche Zeugnisse dokumentieren – lehrreich und trotzdem lebendig – die Widerstandsbewegung im Vaucluse. In den anderen Ausstellungsteilen: das Alltagsleben der Menschen im besetzten Frankreich und das Engagement von Dichtern und Künstlern. Das Museum besitzt u.a. Schriften von *René Char* und Werke von *Henri Matisse* und *Joan Miró.*

- **Musée d'Histoire 1939–1945,** Chemin du Gouffre, Tel. 04.90.20.24.00. Öffnungszeiten: Juni bis September 10–18 Uhr, April, Mai, Oktober 10–12 und 14–18 Uhr, November bis März nur am Wochenende 10–12 und 14–17 Uhr. Eintritt: 3,50 €, Kinder bis 12 Jahre frei.

Nur ein paar Schritte entfernt vom Chemin de la Fontaine – aber weitab vom Rummel – liegt ein kleines Museum, das **Francesco Petrarca** (1304–1374) gewidmet ist. Es ist nicht im Wohnhaus des Dichters, sondern in einem hübschen Gebäude aus dem 19. Jh. untergebracht. *Petrarcas* Haus soll hier jedoch einst gestanden haben, als der Ort noch Einsamkeit und unberührte Natur bot. Fontaine-de-Vaucluse hat den **700. Geburtstag Petrarcas** 2004 mit einem vollen Veranstaltungskalender natürlich gebührend gefeiert.

Im Museum sieht man Gemälde und Stiche, die den Gelehrten selbst, seine Angebetete *Laura,* Avignon und Fontaine-de-Vaucluse zeigen. Es besitzt zahlreiche alte Ausgaben von *Petrarcas* Werken; angeschlossen ist eine spezialisierte **Bibliothek.** Eine kleine Sammlung moderner Kunst rundet den Besuch ab: In Verbindung mit Gedichten und Schriften von *René Char* sind Werke seiner Freunde ausgestellt, zum Beispiel von *Joan Miró, Georges Braque, Alberto Giacometti* und *Pablo Picasso*.

● **Musée Pétrarque,** Rive gauche de la Sorgue, Tel. 04.90.20.37.20. Öffnungszeiten: April bis Oktober 10–12 und 14–18 Uhr, November bis März 10–12 und 14–17 Uhr. Eintritt 3,50 €, ermäßigt 1,50 €.

Praktische Hinweise

Information

● **Maison du Tourisme,** Chemin de la Fontaine, 84800 Fontaine-de-Vaucluse, Tel. 04.90. 20.32.22, Fax 04.90.20.21.37, www.oti-delasorgue.fr.

Camping

● **La Folie,** Quartier Les Grés, 84800 Lagnes, Tel. 04.90.20.20.02. Einfacher Campingplatz bei einem Bauernhof etwa 4 km von Fontaine-de-Vaucluse (D 186). Geöffnet von April bis September.

● **Les Prés,** Route de Cavaillon, Fontaine-de-Vaucluse, Tel. 04.90.20.32.38, gelegen am Flussufer am Ortsrand. Ganzjährig geöffnet, mit Schwimmbad (gebührenpflichtig).

Jugendherberge

● **Quartier la Vignasse,** Tel. 04.90.20. 31.65. Die *Auberge de Jeunesse* liegt an der Panoramastraße von Fontaine-de-Vaucluse nach Gordes. Geöffnet von Mitte Februar bis Mitte November. **Fahrradverleih** und Campingmöglichkeit. Um 8,50 €, Frühstück ca. 4 €.

Hotels/Restaurants

● **Hôtel du Poète*****/€€€€€, Tel. 04.90.20. 34.05, Fax 04.90.20.34.08, www.hoteldupoete.com. Schönes, geschmackvoll eingerichtetes Haus mit 26 Zimmern und Pool. Das Frühstücksbuffet wird auf einer netten Terrasse am Flussufer aufgebaut.

● **Le Mas des Grés****/€€€€, Route Nationale 100, Route d'Apt, 84800 Lagnes, Tel. 04.90. 20.32.85, Fax 04.90.20.21.45, www.masdesgres.com. Hübscher Mas auf dem Land mit 14 Zimmern, Schwimmbad (nur für Gäste), Garten und Restaurant.

● **Hostellerie du Château,** Quartier Petite-Place, Tel. 04.90.20.31.54. Schönes, altes Gebäude direkt am Flussufer mit nur fünf Zimmern, von denen aus man die Wasserräder in der Sorgue sieht. Denselben Blick genießt man von der Terrasse des Restaurants, Menü (provenzalische Küche) ca. 22–36 €.

● **Philip,** Chemin de la Fontaine, Tel. 04.90. 20.31.81. Das älteste Restaurant Fontaines ist der Quelle am nächsten. Natürlich wird hier auch Forelle, die regionale Spezialität, angeboten. Große Terrasse zur Sorgue hin. Menü ca. 23–32 €.

Märkte und Feste

● **Wochenmarkt,** dienstagmorgens.

● **Festival de la Sorgue,** großes Fest in Fontaine, L'Isle-sur-la-Sorgue, Lagnes, Le Thor und Saumane-de-Vaucluse. Mit Ausstellungen, Folklore, Tanz, provenzalischem Markt, Konzerten, Boules-Turnier, Radrennen, Pistou-Suppe und vielen Wettstreiten rund ums Wasser. Den gesamten Juli über.

Kanu- und Kajakverleih

● **Kayak Vert,** unweit des südlich von Fontaine liegenden Aquäduktes gelegen, Tel. 04.90.20.35.44. Touren mit Begleitung nach L'Isle-sur-la-Sorgue (8 km). Für die Rückkehr im Mini-Bus ist gesorgt. Auch Forellen-Fischen ist hier möglich.

Wandern

● **Zum Schloss:** Von der Place de la Colonne im Ortszentrum aus die Sorgue überqueren. Kurz vor dem Petrarca-Museum dem Hinweis „Vers le Château" folgen und die Treppe hinaufsteigen. Von dort führt ein Weg zum Schloss und daran vorbei, bis er auf den GR 6 stößt. An der Kreuzung geht es rechts nach Gordes und links zurück nach Fontaine. Der Weg dauert etwa eine Stunde.

● **Zur Abtei von Sénanque:** Für geübtere Wanderer bietet sich die viereinhalbstündige Tour (nur Hinweg) von Fontaine nach Sénanque an. Sie führt über den großen Wanderweg GR 6. Der höchste Punkt liegt bei 647 m, Fontaine selbst ist 80 m hoch.

Radfahren

- **Tagestour,** etwa 110 km lang, von Fontaine über Saumane, St. Didier, Malemort-du-Comtat, Méthamis, Villes-sur-Auzon, die **Nesque-Schluchten,** Monieux, den Hof St. Hubert, Murs (Col de la Ligne), Gordes und Cabrières d'Avignon zurück nach Fontaine.
- **Für einen halben Tag**, etwa 55 km lang, von Fontaine über Saumane und St. Didier bis nach **Mazan.** Rückweg über Malemort-du-Comtat und wieder über St. Didier und Mazan.

Anreise/Weiterreise

- **Mit dem Auto:** Fontaine-de-Vaucluse erreicht man am einfachsten über L'Isle-sur-la-Sorgue (D 175 oder D 25), das an der N 100 liegt. Östlich geht es auf derselben Straße nach Avignon, westlich nach Apt. Nach Norden führt die schöne D 57 nach La-Roque-sur-Pernes und Carpentras. Cavaillon erreicht man über die D 24. Sehr hübsch ist die Panorama-Straße D 100a über Cabrières d'Avignon nach Gordes und Sénanque.
- **Mit dem Bus:** Auf der Linie Luberon Nr. 3 von Avignon nach Cavaillon liegen folgende Orte: Morières, Châteauneuf-de-Gadagne, Le Thor, L'Isle-sur-la-Sorgue, Fontaine-de-Vaucluse und Lagnes. Von Avignon gibt es täglich acht Verbindungen nach Fontaine, von Cavaillon sechs. L'Isle-sur-la-Sorgue wird noch öfter angefahren.

L'Isle-sur-la-Sorgue

X/B1

Die Stadt nennt sich selbst „La Venise Comtadine" – wie viele Städte dieser Welt behaupten wohl von sich, wie Venedig zu sein? Um diese Ähnlichkeit zu entdecken, braucht es freilich ein bisschen Fantasie. Doch wollen wir nicht ungerecht sein: Auch die **Inseln auf der Sorgue** haben ihren Reiz ...

Ungezählte Flussarme und Verästelungen durchziehen den kleinen Ort, **Brücken** verbinden ein Inselchen mit dem anderen, winzige Wellen brechen sich an den Häusersockeln, und tiefgrüne Pflanzen schlängeln im Wasser wie das lange Haar einer Meerjungfrau. Am Ortsrand schaukeln bunte Boote vor den Veranden der Häuser im Schutz dichter Blätterdächer.

Bei L'Isle teilt sich die Sorgue in zwei Arme, die das Städtchen umschließen. Zu dieser **Partage des Eaux,** der „Teilung der Wasser", führen die Avenue du Général de Gaulle und der Cour Salviati. Hotels, Restaurants, und Besuchermassen, die den Ort in Besitz nehmen, können das Naturschauspiel schon ein bisschen trüben. Dennoch lohnt sich ein Spaziergang zu dieser grünen Oase, an heißen Tagen auch ein **Bad** in dem seichten Wasser.

Sehenswertes

Im Herzen des Städtchens liegt die hübsche **Place de la Liberté** mit einladenden Cafés unter Platanen. Schon in romanischer Zeit stand hier eine **Kirche,** von der allerdings nichts mehr übrig ist. Der heutige Bau stammt aus dem 17. Jh. nach Plänen des Avignoneser Architekten *La Valfenière*. Der spätgotische Chor (um 1500) und der Glockenturm von 1460 wurden in den Neubau integriert. Die Fassade ist eine Mischung aus Elementen des italienischen Barocks und der französischen

In der Kirche von L'Isle-sur-la-Sorgue

Klassik, Letzteres erkennbar an der strengen Gliederung mit Halbsäulen und Pilastern. Im Inneren erschlägt den Betrachter die barocke Dekoration aus farbigem Stuckmarmor, geschnitzten Holzverkleidungen, Wandmalereien und vergoldeten Figuren, darunter die Jungfrau Maria und die zwölf Apostel. Letztere werden dem Meister *Jean Péru* zugeschrieben. Der imposante Hochaltar soll ein Werk *La Valfenières* sein (um 1660). Überfüllt erscheint das Innere nicht zuletzt darum, weil während der Revolution die Ausstattung von fünf aufgegebenen Klöstern hierher wanderte.

● **Öffnungszeiten:** 10–12 und 15–17 Uhr, sonntags und montags geschlossen, Juli und August auch montags 10–12 und 14–18 Uhr.

Ein Spaziergang durch die Rue Danton und die Rue Jean-Roux führt zum **Hôtel Dieu** aus der Mitte des 18. Jh., das noch heute als Krankenhaus dient. Die Pläne stammen von niemand Geringerem als *Jean-Baptiste Franque,* dem Architekten des Hôtel Villeneuve-Martignan (heute Musée Calvet) in Avignon. Durch ein schönes schmiedeeisernes Tor (1762) betritt man den Hof. Sehenswert sind neben dem Treppenhaus in der Halle vor allem die **alte Apotheke** mit Original-Einrichtung von 1763 und die Rokoko-Kapelle.

● **Hôtel Dieu,** Place des Frères-Bruns, Tel. 04.90.21.34.00. Öffnungszeiten: Montags bis freitags 9–19 Uhr.

Hinter dem Hôtel Dieu liegen der **Quai des Lices** und der **Quai Berthelot,** erreichbar über die Rue Théophile. An der einen Seite der Uferpromenade erstreckt sich leider ein moderner, stimmungsloser Gebäudekomplex. Dafür haben die Senioren, die hier wohnen, eine umso schönere Aussicht: Platanen säumen die andere Flussseite, moosbegrünte Wasserräder drehen träge ihre Runden. Sie erinnern an die Zeit vom Mittelalter bis zum 19. Jh., als die Bewohner von L'Isle die Kraft des Wassers nutzten, um Tücher, Seidenstoffe und Papier herzustellen.

Zum Trödeln nach L'Isle

L'Isle-sur-la-Sorgue ist besonders für Antiquitäten- und Trödelliebhaber eine Reise wert. Das Örtchen ist übersät von **kleinen Läden und Galerien.** Die Höhepunkte des Jahres sind die großen **Antik- und Trödelmärkte** zu Ostern und Mitte August. Dann ist die kleine Stadt mit ihren knapp 20.000 Einwohnern nicht nur von Wasser durchflutet, sondern auch von Unmengen an Besuchern. Ein kleinerer Trödelmarkt findet zudem sonntags das ganze Jahr über statt.

Der Ort bietet darüber hinaus aber noch eine besondere Spezialität: Etwa 350 **Antiquitäten-, Kunst- und Trödelhändler** haben sich in insgesamt sieben **Villages** zusammengeschlossen, kleinen „Dörfern" an ungewöhnlichen Orten mit viel Atmosphäre und Ruhe zum Stöbern:

- **Le Village des „Antiquaires de la Gare",** 2 bis, Avenue de l'Égalité, Tel. 04.90.38. 04.57. Das erste Antiquitäten-Dorf von L'Isle ist in einer alten Fabrikhalle in der Nähe des Bahnhofs untergebracht. Auf 3500 m^2 sind Möbel und Objekte aller Epochen ausgestellt. Mit Restaurant und Teesalon. Geöffnet samstags, sonntags, montags und an Feiertagen 10–19 Uhr.
- **L'Ile aux Brocantes,** 7, Avenue des Quatre-Otages, Tel. 04.90.20.69.93. Von der Avenue des Quatre-Otages überquert man eine Brücke und gelangt auf eine richtige kleine Insel. Hier kann man inmitten von Möbeln aus dem 18. und 19. Jh. flanieren und alte Bilder und Teppiche bewundern. Mit Restaurant und Terrasse am Sorgue-Ufer. Das ganze Jahr über samstags, sonntags, montags und an Feiertagen 9.30–19 Uhr geöffnet.
- **L'Espace Béchard,** 1, Avenue Jean Charmasson, Tel. 04.90.38.25.40. Vor allem auf außergewöhnliche Objekte spezialisiert, auch afrikanische, orientalische oder zeitgenössische Kunst. Geöffnet samstags, sonntags und an Feiertagen 9.30–19 Uhr.
- **Le Quai de la Gare,** 4, Avenue Julien Guigne, Tel. 04.90.20.73.42. In einer alten Lagerhalle am Bahnhof. Schwerpunkte sind Gegenstände aus Bronze, Wäsche, Puppen und Waffen. Mit Restaurant und Teesalon *Le Jardin du Quai* inmitten eines schönen Gartens. Geöffnet samstags, sonntags, montags und an Feiertagen 10–19 Uhr.
- **La Cour de François,** 16, Rue Rose Goudard, Tel. 04.90.20.88.70. Am Sorgue-Ufer kurz vor dem Dorf gelegen und auf Möbel, Musikinstrumente sowie Werbeplakate spezialisiert. Geöffnet samstags, sonntags und an Feiertagen 9.30–19 Uhr.
- **Hôtel Dongier**, 15, Esplanade Robert Vasse, Tel. 04.09.38.63.63. Neben Möbeln aus der Region des 18. und 19. Jhs. werden hier auch kostbare Fayencen und Raritäten aus China und anderen fernöstlichen Ländern angeboten. Geöffnet samstags, sonntags, montags und an Feiertagen 10–19 Uhr, freitags 14–19 Uhr.
- **Rives de Sorgues,** Avenue de la Libération, Tel. 04.90.38.06.72. Geöffnet samstags, sonntags, montags und an Feiertagen 10–19 Uhr.

Praktische Hinweise

Information

- **Office de Tourisme,** Place de la Liberté, 84800 L'Isle-sur-la-Sorgue, Tel. 04.90.38. 04.78, Fax 04.90.38.35.43, www.oti-dela sorgue.fr.

Hotels

- **Mas de Cure Bourse*****/€€€€, Route de Caumont, Carrefour Velorgues, L'Isle-sur-la-Sorgue. Tel. 04.90.38.16.58, Fax 04.90.38. 52.31. Hôtel-Restaurant auf dem Land, 3 km vom Stadtzentrum inmitten der Obstplantagen gelegen. Das Gebäude selbst stammt aus dem 18. Jh. und ist typisch provenzalisch eingerichtet. In dem riesigen Park gibt es ein Schwimmbad und Spielmöglichkeiten für Kinder. Menü um 26–45 €.
- **Les Névons****/€€€, 205, Chemin des Névons, Tel. 04.90.20.72.00, Fax 04.90.20. 56.20, www.hotel-les-nevons.com. Modernes, komfortables Haus mit 26 Zimmern im Stadtzentrum, am Ufer der Sorgue. Es ist trotzdem ruhig; mit Schwimmbad auf der Dachterrasse.

Camping

- **La Sorguette*****, Route d'Apt (Route Nationale 100), Tel. 04.90.38.05.71, Fax 04.90.20.84.61, www.camping-sorguette.com. Mitten im Grünen am Ufer der Sorgue gelegen. Mit Kinderspielplatz und Sportmöglichkeiten. Vermietung von Hütten und Mobile Homes. Geöffnet vom 15. März bis zum 15. Oktober.

Restaurants

- **La Prévôté,** 4, Rue Jean-Jacques-Rousseau, L'Isle-sur-la-Sorgue. Tel. 90.38.57.29. Direkt hinter der Kirche gelegen, bietet dieses Restaurant mit kleiner Terrasse eine feine Provence-Küche. Mittagsmenü ab ca. 25 €, abends ca. 40 €.
- **Bistrot de l'Industrie,** 2, Quai de la Charité, Tel. 04.90.38.00.40. Gute Auswahl an Salaten, Pizza und Crêpes, mit Terrasse am Ufer der Sorgue. Tagesgericht ca. 12 €.

Märkte und Feste

Das Angebot an Märkten und Festen im Ort ist sehr umfangreich und interessant. Am besten besucht man vor einem Aufenthalt die lokale Website, auf der man einen guten Veranstaltungskalender gibt.

- **Antiquitätenmesse mit Trödelmarkt,** Ostern und Mitte August jeweils für vier Tage.
- **Kleinerer Trödelmarkt,** jeden Sonntag auf der Avenue des Quatre-Otages.
- **Festival de la Sorgue,** während des gesamten Monats Juli (s. Fontaine-de-Vaucluse).
- **Wochenmarkt,** donnerstags und sonntags.

Kanu- und Kajakverleih

- **C.C.K.I.,** La Cigalette, Avenue Charles de Gaulle, Tel. 04.90.38.33.22.

Reiten

- **Poney-Club de Mousquety,** Tel. 04.90.20.30.86.
- **La Montagnotte Poney-Club,** Route du Petit Palais, Tel. 04.90.20.72.56.

Golf

- **Provence Country Club,** Route de Fontaine, Tel. 04.90.20.20.65.

469pr Foto: bm

Fahrradverleih

- **Loca Bike,** 1081, Chemin de la Muscadelle, Tel. 04.90.38.65.99.

Autoverleih

- **Avis,** 21, La Grande Marine, Tel. 04.90.38.59.34.
- **Budget,** 21, Place Emile Char, Tel. 04.90.20.64.13.

Anreise/Weiterreise

- **Mit dem Auto:** L'Isle-sur-la-Sorgue liegt direkt an der N 100, so dass gute Verbindungen nach Avignon, zum Luberon und nach Apt bestehen. Die D 938 führt südlich nach Cavaillon, nördlich nach Pernes-les-Fontaines.
- **Mit dem Bus:** Siehe Fontaine-de-Vaucluse.

Café in L'Isle-sur-la-Sorgue

Gordes

↗XI/C1

Man erreicht das Land von Gordes am Fuße der Vaucluse-Berge entweder von Süden über die N 100 oder aber von Norden über die reizvolle Route Touristique von Fontaine-de-Vaucluse her. Wir entscheiden uns für Letztere und stoßen auf dem Weg auf **Cabrières-d'Avignon,** das in der Sonne döst. Kaum vorstellbar in dieser Ruhe ist der **blutige Tag des Jahres 1545,** als das Schloss (heute Privatbesitz und nicht zu besichtigen) von Söldnerheeren des französischen Königs und des Papstes unter dem Kommando von *Meynier d'Oppède* gestürmt wurde. Hier hatten sich unter *Eustache Marron,* einem Mann aus Cabrières, die letzten **Waldenser** verbarrikadiert. Dieser Schlag gegen die „Ketzer" endete mit ihrer völligen Ausrottung. (Siehe Exkurs im Kapitel „Luberon".)

Von Oliven- und Mandelbäumen gesäumt, windet sich die Straße nach Gordes steil den Berg hinauf. Kurz vor dem Dorf eröffnet sich der klassische Blick: Hoch auf seinem Felsen über dem **Tal des Coulon** thront das Dorf – ein goldenes Steingewirr mit Terrassen und Treppchen, Gewölben und engen Gassen. Wie Ménerbes im Luberon gehört es zu den Dörfern, die als schönste Frankreichs betitelt sind. Die Gemeinde versucht in den letzten Jahren verstärkt, von diesem Kapital zu profitieren. Ungerührt von Bürgerprotesten gegen die „Côte-Azurisierung" fördert Bürgermeister *Chobert* den Massentourismus und lässt dafür sogar zwei Feriendörfer unterhalb von Gordes bauen.

Sehenswertes

Schon von weitem malt sich die Silhouette des trutzigen **Renaissance-Schlosses** ab. *Bertrand de Simiane* errichtete es Mitte des 16. Jh. an der Stelle der mittelalterlichen Burg der Familie *Agoult.* Nicht zu übersehen sind Anlehnungen an die strenge Verteidigungsarchitektur des Mittelalters. Im Inneren dagegen ziert ein prachtvoller Renaissance-Kamin von 1541 eine ganze Wand des großen Schlosssaals.

Lange Zeit war der Bau dem Verfall überlassen, bis der ungarische Künstler und Wahlfranzose *Victor Vasarély* sich an seine Restaurierung machte. Bis kurz nach dem Tod des Op-Art-Mitbegründers beherbergte das Schloss von Gordes dessen Didaktisches Museum. Seit 1997 hat ein anderer Künstler hier Einzug gehalten: der flämische Maler **Pol Mara,** der bis zu seinem Tod 1988 in Gordes lebte. Im Zentrum seiner collagenartigen, farbenfrohen Kunst steht der weibliche Körper, welcher auf den Bildern eingebettet wird in die verschiedensten Zusammenhänge der Welt, der Natur und des Alltags. Insgesamt sind in Gordes 200 Gemälde des Künstlers zu sehen.

- **Öffnungszeiten:** 10–12 Uhr und 14–18 Uhr. Eintritt 4 €, ermäßigt 3 €.

An der Straße nach St. Pantaléon liegt eine vollständig erhaltene **Ölmühle**

473pr Foto: bm

aus dem 16. Jahrhundert. Die Moulin des Bouillons mit ihrer zehn Meter langen und rund sieben Tonnen schweren Presse aus einem Eichenstamm funktioniert nach uraltem greco-romanischen Prinzip.

● **Moulin des Bouillons,** Route de St. Pantaléon, Tel. 04.90. 72.22.11. Öffnungszeiten: Von April bis Oktober täglich außer dienstags 10–12 Uhr und 14–18 Uhr. Eintritt 4,50 €, ermäßigt 3 €.

Village des Bories – das Dorf der Trockensteinbauten

Nachdem man treppauf, treppab die gepflasterten Gässchen und die Lädchen mit Kunst und Kunsthandwerk erkundet hat, mag man vielleicht einen Besuch im **Museumsdorf** Village des Bories, das vor Gordes liegt, machen. Den Namen leitete der Provence-Dichter *Mistral* vom mittellateinischen Wort *Boria* für „Ochsenstall" oder „Hütte" ab.

So sind die Bories tatsächlich **einfache Häuschen,** oft rundlich oder nach oben spitz zulaufend, aus trockenen, ohne Mörtel aufeinandergeschichteten Steinen. Kunstvoller als sie auf den ersten Blick aussieht, ist dabei die Technik des so genannten „falschen Gewölbes" ohne Verschalung oder Gerüst: Als Werkzeug einzig den unerlässlichen Hammer benutzend, lässt der Maurer die Reihen der Kragsteine immer ein wenig enger werden, bis sie schließlich zum Dach zusammenwachsen.

474pr Foto: bm

Während Bories auch andernorts, aber meist einzeln zu finden sind, existiert hier gleich ein ganzes Dorf dieser merkwürdigen Bauten. Das Geheimnis des Ortes lüftete der Schauspieler *Pierre Viala*. 1960 kaufte er ein Stück Land bei Gordes, wo er im Gewirr einer wuchernden Vegetation verfallene Trockensteinbauten entdeckte. Von 1969 bis 1977 dauerte die **mühevolle Restaurierung,** erschwert vor allem durch die Folgen von Erdbeben zwischen 1886 und 1909.

Das Resultat ist dieses Museumsdorf der Bories mit Gässchen, Umfriedungen und Dreschplätzen im Originalzustand, genauso, wie es um die Mitte des vergangenen Jahrhunderts verlassen wurde: Es gibt **fünf Wohneinheiten,** die sich je um einen Hof mit Nebengebäuden scharen. So finden sich neben Ställen, Heuböden und Vorratskammern noch Feuerstellen, Wasserbecken, Weintröge und Backöfen im Inneren der Wohn-Bories. Wahrscheinlich schliefen die Bewohner auf

Bänken, die man gefunden hat. Allein stehende Bories dagegen dienten höchstens als zeitweilig Herberge, als Kornspeicher oder Geräteschuppen. Solche finden sich zum Beispiel auf der Straße von Gordes nach Sénanque, um Cabrières d'Avignon und auf der anderen Seite der N 100 auf dem Plateau des Claparèdes zwischen Bonnieux und Auribeau.

Schwieriger zu bestimmen als der Zweck dieser eigenartigen Hütten ist die Zeit, aus der sie stammen. Das Fehlen schriftlicher Quellen erlaubt eine grob geschätzte Datierung ins 14. bis 18., wahrscheinlich sogar 19. Jh. Erschwert wird die Datierung durch die Tatsache, dass die mörtellose Baukunst schon für das **Neolithikum** (ca. 2000 v. Chr.) nachweisbar (Funde im Languedoc) und dass sie keinesfalls einzigartig ist, sondern Zeugnisse ihrer Art im ganzen Süden Frankreichs, im Mittelmeerraum und selbst in Irland und Schottland zu finden sind.

Die Bories von Gordes geben noch viele ungelöste Rätsel auf: Warum nur bauten die Bewohner des Dorfes ihre Häuser mit dieser doch reichlich primitiven Technik? Wer und was waren sie? Aus welchem Grund siedelten sie fernab von den „normalen“ Städten und Dörfern? Sicher ist nur, dass das Dorf der Bories, voller Mystik und Faszination, eine Jahrtausende alte Tradition bewahrt hat.

• **Village des Bories,** 2 km südlich des Dorfes (ausgeschildert), Auskunft: Mairie de Gordes, Tel. 04.90.72.02.08. Öffnungszeiten: täglich von 9 Uhr bis Sonnenuntergang. Eintritt 5,50 €.

Kloster Sénanque

Die berühmteste Sehenswürdigkeit der Gegend ist die Abtei Sénanque nördlich von Gordes. Die schmale Straße (D 177) windet sich durch steinige, wilde Garrigue, und mitten in dieser öden Berglandschaft taucht auf einmal tief unten im Tal das **romanische Zisterzienserkloster** auf. Im Juli ist es am schönsten, dann wellen sich leuchtende Lavendelfelder vor der strengen Würde der Steine.

Die Lage des Klosters ist klassisch, forderte doch Sankt Bernhard in seiner Ordensregel völlige Abgeschiedenheit von der Welt, urbar zu machende Erde und ein fließendes Gewässer. Das **Flüsschen Sénancole** (von lat. *sine aqua* = ohne Wasser) gab der Abtei ihren Namen.

Äußerst schlicht und klar in seinen Formen, fügt sich das Bauwerk harmonisch in die Landschaft ein, verkörpert durch seine **Schmucklosigkeit und Strenge** die asketische Ordensregel der Zisterzienser. Für die Wirkung kaum weniger wichtig ist die Verwendung von schönen Quadersteinen und ihre handwerklich perfekte Verarbeitung. Weitgehend verschont von Veränderungen, gilt Sénanque als eines der reinsten Zeugnisse klösterlicher Architektur des 12. Jh.

Geschichte

Mönche aus Mazan (Vivarais) gründeten 1148 die Abtei im Zuge der großen **Zisterzienserbewegung.** Deren Fundament hatte 1098 *Robert von Cîteaux* (nahe Dijon) gelegt; wirklich

476pr Foto: bm

bahnbrechend für den neuen Orden aber wurde der charismatische **Bernhard von Clairvaux** (gestorben 1153). Die Wiederbelebung und die neue, sehr strenge Auslegung der **Benediktiner-Regel** sind vor allem ihm zu verdanken. Nach seinem Vorbild lebten immer mehr Zisterzienser in Abgeschiedenheit und Armut nach dem Grundsatz „Ora et labora" – eine gewollte Oppositionshaltung gegenüber der Verweltlichung der Kirche und dem ausufernden Reichtum des mächtigen Klosters Cluny. Im Verlauf des Mittelalters gingen mehr als 700 Klöster in ganz Europa von dieser Bewegung aus. Sénanque bildet zusammen mit den Klöstern Silvacane (im Durance-Tal) und Le Thoronet (im Département Var) die so genannten **„drei Zisterzienserschwestern der Provence"**.

Die meisten Gründungen begannen mit einer **Schenkung.** Im Fall von Sénanque vermachte die Familie von *Agoult-Simiane* den Mönchen jenes abgeschiedene Tal, wegen dessen Enge man die Apsis der 1160 begonnenen Kirche nicht wie üblich nach Osten ausrichtete, sondern nach Norden.

Am Ende des 12. Jh. entstanden der Kreuzgang und die angrenzenden

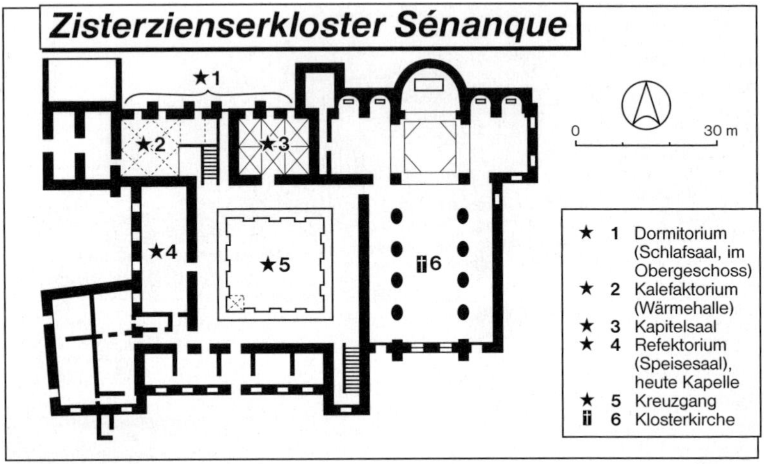

Konventsgebäude. Im 14. Jh., als mit Benedikt XII. ein Zisterzienser zum Oberhaupt der Christenheit im nahen Avignon geworden war, erlebte das Kloster seine Blütezeit, danach – der Reichtum verdarb die strengen Sitten – seinen **Niedergang.** Von den Plünderungen und Zerstörungen durch die Waldenser im Jahre 1544 und der kurz darauf folgenden Pest erholte sich das Kloster nicht mehr. Während der Französischen Revolution wurde es ganz aufgelöst und an einen Privatmann veräußert. 1854 erwarben Zisterzienser die schwer beschädigte Abtei zurück und renovierten sie gründlich. 1969 gingen die Letzten von ihnen nach Lérins, einer Insel vor Cannes, und Sénanque führte bis 1988 ein Museumsdasein. Seitdem aber leben, beten und arbeiten hier wieder zisterziensische Mönche.

Rundgang

Der Bauplan von Sénanque ist streng funktional. Wie bei allen europäischen Zisterzienser-Anlagen üblich, passt er sich ganz dem reglementierten Lebensstil der Mönchsgemeinschaft an. Vom **Dormitorium,** dem Schlafsaal, führt eine Treppe hinunter in die **Kirche.** Sie musste einfach erreichbar sein, da zwei nächtliche Gottesdienste den Schlaf der Mönche unterbrachen. In der **dreischiffigen Basilika** mit ihrer ungewöhnlichen achteckigen Vierungskuppel fehlt jeglicher Schmuck wie bunte Fenster, Freskenausmalungen oder figürliche Darstellungen – ein bewusster Verzicht, um das fromme Gebet der Mönche nicht zu stören.

Sowohl Kirche und Schlafsaal als auch die übrigen Räume sind verbunden mit dem **Kreuzgang,** dem Zentrum des Klosters. Er diente als Ort der Begegnung und Erbauung, war aber auch ein Symbol für die göttliche Ordnung. Sehr harmonisch wirken die jeweils vier großen Entlastungsbögen der Flügel; dazwischen tragen je zwei zierliche Doppelsäulen drei kleinere Rundbögen. Schlichte Blattkapitelle sind der einzige, für ein Zisterzienserkloster allerdings schon recht reiche Schmuck.

Im **Kapitelsaal** aus dem 13. Jh. stützen zwei mächtige Säulen ein Gewölbe mit Kreuzrippen. Rundherum sind Steinbänke zum Sitzen angelegt, da die Mönche sich hier täglich zu einer kommentierten Vorlesung der Ordensregel trafen, überdies an diesem Ort ihre Gelübde ablegten, sich gegenseitig für Verfehlungen anklagten und ihre Arbeit zugewiesen bekamen.

Das **Kalefaktorium,** die Wärmehalle, war neben der Küche der einzige beheizbare Raum des Klosters. Er diente vor allem als Schreibstube und zur Krankenpflege. Das **Refektorium,** der ehemalige Speisesaal, wurde im 16. Jh. zerstört, in jüngster Zeit jedoch vollständig restauriert. Heute nutzen ihn die Mönche als Kapelle. Die übrigen, nicht zur Besichtigung freigegebenen Klosterbauten stammen weitgehend aus dem 17. bis 19. Jh.

- **Abbaye de Sénanque,** Tel. 04.90.72.05.72, www.senanque.fr. Öffnungszeiten: März bis Oktober 10–12 und 14–18 Uhr, November bis Februar 14–17 Uhr, samstags, sonntags, an katholischen Feiertagen und während der französischen Schulferien 14–18 Uhr, Messen: sonntags 9 Uhr, in der Woche 12 Uhr, Vesper täglich 18 Uhr. Eintritt: 5 €, ermäßigt 4 €, Kinder 2 €.

- **Weiterreise:** Die schöne D 177 führt kurvenreich durch die Vaucluse-Berge bis nach Venasque.

Praktische Hinweise

Information

- **Office de Tourisme,** Le Château, 84220 Gordes, Tel. 04.90.72.02.75, Fax 04.90.72.02.26, office.gordes@wanadoo.fr.

Hotels und Restaurants

- **La Bastide de Gordes******/€€€€€, Tel. 04.90.72.12.12, Fax 04.90.72.05.20, www.bastide-de-gordes.com. Alte aristokratische Residenz im Dorf, wo einst die lokale Polizei untergebracht war. Jetzt völlig renoviert und umgebaut in ein diskret luxuriöses Hotel. Zimmer teilweise mit sehr schönem Blick. Schwimmbad auf einer Aussichtsterrasse, mit Sauna.
- **Les Bories******/€€€€€, Route de Sénanque, Tel. 04.90.72.00.51, Fax 04.90.72.01.22, www.lesbories.com. Luxushotel mit Blick auf den Luberon, umgeben von Garrigue-Landschaft und Bories-Bauten, mit Schwimmbad und Gourmet-Küche. Menü ab etwa 50 €, mittags um 35 €.
- **Le Gordos*****/€€€€€, Route de Cavaillon, Tel. 04.90.72.00.75, Fax 04.90.72.07.00, www.hotel-le-gordos.com. Ca. 1,5 km vom Zentrum gelegenes, ruhiges Hotel im Landhausstil mit Blumengarten und Schwimmbad.
- **La Gacholle*****/€€€€€, D 15, Route de Murs, Tel. 04.90.72.01.36, Fax 04.90.72.01.81, www.lagacholle.com. Ruhiges, freundliches Hotel mit Blick auf den kleinen Luberon, schön möblierten Zimmern, dazu Garten, Schwimmbad und Tennisplatz. Menü ab 30 €.
- **Auberge de Carcarille****/€€€, Les Gervais (D 2, etwa 2 km von Gordes), Tel. 04.90.72.02.63, Fax 04.90.72.05.74, www.auberge-carcarille.com. Kleiner, restaurierter Mas auf dem Land mit elf Zimmern; Schwimmbad. Menü um 17–28 €.
- **Restaurant Comptoir des Arts,** Place du Château, Tel. 04.90.72.01.31. Günstig kann man in Gordes gar nicht mehr speisen. Hier ist die Qualität von Menüs (um 30 €) oder kleinen Speisen (10–12 €) jedoch ordentlich.

Umgebung von Gordes ⇗XI/C1

479pr Foto: bm

Von Gordes aus lohnen sich einige reizvolle Abstecher zu kleinen Dörfern und Weilern: südlich liegen Goult, Les Beaumettes und St. Pantaléon, nördlich Murs, Lioux und Joucas. Doch schon die Straßen zu diesen Orten führen durch schöne Felder und Haine und an Höfen vorbei.

Über die D 104 erreicht man **Goult.** Das Dörfchen liegt so versteckt, dass man es beim Herankommen fast nicht sieht. Seine Diskretion geht sogar so weit, dass das alte Oberdorf nicht einmal vom Ortskern um den Kirchplatz herum zu erahnen ist. Das untere Dorf nämlich ist - bis auf die romanische Kirche mit ihrer gotischen Kapelle - erst im 19. und 20. Jh. entstanden. Um so mehr gerät ein Spaziergang auf die Felsspitze zur Überraschung, wo man auf **Reste eines Schlosses** und mittelalterlicher Befestigungen stößt, alles liebevoll restauriert und mit Blumen geschmückt. Durch ein altes Stadttor gelangt man auf den Felsen. Auch hier soll sich einst ein Schloss erhoben haben, verteidigungstechnisch sehr günstig gelegen, was der **weite Blick bis hin zum Luberon** beweist. Von diesem höchsten Punkt des Ortes aus, der mit dem Auto erreichbar ist (Parkplatz neben der alten Windmühle), ist nicht nur ein schöner, sondern auch informativer Spaziergang zu unternehmen. Folgt man dem Hinweisschild „Conservatoire des terrasses de cultures", so kann man aus der Nähe bewundern, wie die provenzalischen Bauern **Terrassen** anlegten, um das bergige Land zu kultivieren. Für den **Lehrpfad** Chemin de la Carredone (oder de la Roche Redone) ist festes Schuhwerk erforderlich. Siehe zu diesem Thema auch den Exkurs „Terrassen - Die Architektur des kleinen Mannes".

Goult

St. Pantaléon

Les Beaumettes liegt im Tal an der N 100 Richtung Cavaillon. Der Name kommt vom provenzalischen Wort *Bauma* für „Grotte". Tatsächlich sieht man in dem Felsen, der sich schroff über dem Dorf erhebt, einige **Höhlen-**

wohnungen. Schon im Neolithikum (5000–2000 v. Chr.) dienten sie den Steinzeitmenschen als Behausung.

St. Pantaléon, erreichbar über die D 103 und die D 104, ist eines der wenigen Dörfer der Gegend, die in der Ebene liegen und nie befestigt waren. Der kleine Weiler, umgeben von weiten Weinfeldern, ist seit eh und je eine Ansammlung weit verstreuter Höfe, und birgt zudem noch eine weitere Besonderheit: Seine **Kirche** ist eines der schönsten romanischen Gebäude der Umgebung und besitzt ein mit Voluten aus Akanthusblättern dekoriertes Kranzgesims nach antikem Vorbild. Im Hauptschiff vom Ende des 12. Jh. mit seiner halbrunden Apsis fällt vor allem das ausgewogene System von tragenden Bögen und Doppelbalken auf. Die Seitenschiffe wurden im 13. Jh. hinzugefügt.

Rund um die Kirche sind eigenartige Nischen in den Fels gehauen, **Steingräber,** die so klein sind, dass sie nur Kinder oder Babys aufnehmen konnten. Der Kirchenpatron *Pantaléon,* ein Arzt und Märtyrer aus Nikomedien (3. Jh. n. Chr.), soll nämlich die Wunderkraft besessen haben, Kinder wieder zum Leben zu erwecken. Allerdings nur für einige Minuten – gerade so lange, um ihnen die Taufe zu spenden und sie zum ewigen Leben zu führen. Es war im Jahre 1722, als man *Pantaléon* die Kapelle weihte, denn seit 1720 wütete die Pest in der Provence – ein letztes, jedoch viele Opfer forderndes Mal.

In großer Panik errichtete man damals eine 100 km lange **Pestmauer** im Vaucluse-Hochland, die das Comtat Venaissin vor der Seuche bewahren sollte (vgl. Exkurs). Reste von ihr kann man unter anderem in der Nähe von **Murs** sehen. Vorher sollte man jedoch einen Blick auf den malerisch gelegenen Weiler selbst werfen mit seinem Schloss aus dem 13. Jh. (in Privatbesitz) und seiner teilweise noch romanischen Kirche. Von hier führt die Straße Richtung Sault auf das Plateau de Vaucluse hinauf (D 15). Auf dem **Col de la Ligne** kann man direkt neben der Pestmauer durch die Garrigue-Landschaft spazieren, wo man nur das Summen der Insekten hört und einen herrlichen Ausblick auf das Plateau und den Mont Ventoux genießen kann.

480pr Foto: bm

Die Pestmauer in den Vaucluse-Bergen

Am 25. Mai 1720 fuhr das **Schiff Le Grand St. Antoine** in den Marseillaiser Hafen ein. An Bord hatte es nicht nur eine wichtige Fracht syrischer Textilien, sondern auch – die **Pest.** Ordnungsgemäß erstattete *Kapitän Chataud* der Gesundheitsbehörde Bericht. Und ebenso ordnungsgemäß entschied man zunächst, dass Teile der Besatzung und der Fracht in **vierzigtägige Quarantäne** auf die Ile de Jasse geschickt werde sollten, jene Händler und Stoffe nämlich, die am verdächtigsten waren, die Krankheit zu transportieren. Gemäß einer neuen Anordnung vom 3. Juni sollten jedoch plötzlich alle Händler auf dem Festland medizinisch behandelt werden. Ein humanitärer Akt etwa? Schon eher rein wirtschaftliches Interesse. Befand sich doch unter den verantwortlichen Stadtverordneten ein gewisser *Monsieur Estelle* – und dem gehörte ein wichtiger Teil der Fracht ...

Er schaffte es tatsächlich, seine zweifellos **verseuchten Stoffe** schon nach 26 Tagen – statt nach 40 – ausgeliefert zu bekommen und weiterzuverkaufen, denn schließlich fand im Juli die Messe von Beaucaire statt, die größte der Provence. Die Marseillaiser Verantwortlichen zu überzeugen, war nicht schwer, litt doch die 80.000 Einwohner zählende Stadt unter einer schweren wirtschaftlichen Krise, und die Fracht der Grand St. Antoine versprach zumindest Linderung.

Schon ab dem 20. Juni wurden die ersten Opfer publik; die Pest breitete sich wie ein Lauffeuer in den Armenvierteln aus. Doch erst am 31. Juli, 67 Tage nach Ankunft des Schiffes, gaben die Senatoren die Seuche offiziell bekannt. Bis dahin hatte sie sich jedoch längst über die Handelsstraßen ausgebreitet, vor allem in Aix, dem Luberon und den Alpilles. Überall in der Provence errichtete man **Barrieren,** und Soldaten bewachten die Flussübergänge.

Am 21. August verbot der Vize-Legat *Rainier d'Elci* der päpstlichen Grafschaft Venaissin jeglichen Handel mit der südlichen Provence und verbot kurz darauf auch jeden Verkehr in den Vaucluse-Bergen. Damit nicht genug: Im Februar 1721 einigten sich Vertreter des Venaissin und des Königreichs Frankreich, eine **Mauer quer durch die Berge** zum Schutz ihrer Gebiete zu errichten. Sie sollte von Monieux bis zur Schlucht von Cabrières den Bergkämmen folgen. Die Arbeiten, meist ausgeführt von Landarbeitern, Vagabunden und sogar Kindern, gingen wegen der Unwegbarkeit des Gebietes nur langsam voran. Im Juli 1721 schließlich stand die Mauer, schwer bewacht von tausend Soldaten des Papstes.

Trotzdem erreichte die Pest kurz darauf, Ende August, Avignon und das Comtat Venaissin. Die königlichen Truppen lösten die päpstlichen an der Mauer ab, deren Bestimmung nun umgekehrt verlief: Statt des Comtats schützte sie die Provence, wo die Seuche schon fast wieder erloschen war! Erst im Januar 1723 war die Pestgefahr auch im Comtat völlig gebannt.

Reste dieser einst 2 m hohen und 25 km langen Mauer, wegen der Hast recht unsolide gebaut, sowie viele kleinere Hütten für die Wachposten finden sich bei **Cabrières d'Avignon** und nördlich von **Murs.**

Unweit des Dorfes bei der *Ferme de la Barigoule* liegen auch die gleichnamigen **Grotten,** in deren Schutz sich 1545 Waldenserfrauen mit ihren Kindern geflüchtet hatten. Der *Capitaine de Mormoiron* spürte sie jedoch auf und ließ sie brutal ausräuchern.

Auch ein Ausflug in die **Schlucht des Véroncle** westlich von Murs lohnt sich: Hier begegnet man alten Windmühlen und wandert auf der ehemaligen Salzstraße, einem Handelsweg zwischen Provence und Comtat. Für die Wanderung sollte man einen Tag veranschlagen.

● **Weiterreise:** Eine spektakuläre Bergstraße (D 4) führt über das Plateau de Vaucluse (Col de Murs, 627 m) und durch Schluchten bis zu dem schönen Felsdörfchen Venasque (siehe Kapitel „Comtat Venaissin").

482pr Foto: bm

Das winzige **Lioux,** erreichbar von Murs über die D 4 und die D 60, ist mehr Stein denn Dorf; es duckt sich unter der Madeleine, einer imposanten **Felswand von 700 m Länge** und 100 m Höhe.

Joucas (D 60, D 102) dagegen ist gekrönt von einer alten **Festung der Tempelritter** aus dem 12. Jh. (in Privatbesitz) und besitzt eine aufwendig ausgemalte Barockkirche (St. Jean Baptiste) von 1766–1770.

Hotels

● **Le Crillon****/€€€, Murs, Tel. 04.90.72.60.31, Fax 04.90.72.63.12, www.le-crillon.com. Einfaches *Logis de France*-Hotel mit elf Zimmern und familiärer Atmosphäre. Das Restaurant bietet rustikale Spezialitäten und zur Saison Trüffelgerichte an. Menü um 14–25 €.

● **Le Mas du Loriot*****/€€€€, Route de Joucas, Murs, Tel. 04.90.72.62.62, Fax 04.90.72.62.54. Kleines Hotel mit acht hübschen Zimmern in der Garrigue-Landschaft. Mit Schwimmbad und Blick auf den Luberon.

Camping

● **Les Chalottes****, La Jaumière, Murs, Tel. 04.90.72.60.00, Fax 04.90.72.61.73. Kleiner kommunaler Campingplatz mit 50 Plätzen, denen ein Kiefernwald Schatten spendet.

Restaurants

● **Auberge de la Bartavelle,** Rue du Cheval-Blanc, Goult, Tel. 04.90.72.33.72. Dieses Haus im Herzen von Goult aus dem 18. Jh. bietet eine gemütlich-liebevolle Atmosphäre. Mit provenzalischem Dekor und regionaler Küche. Unbedingt reservieren, denn mittlerweile trägt das Restaurant zwei Michelin-Sterne. Menü um 35 €.

Pestmauer bei Murs

● **Auberge du Fiacre,** Route Nationale 100, Goult, Tel. 04.90.72.26.31. Von der Lage an der N 100 sollte man sich nicht abschrecken lassen: In der schön renovierten Herberge mit gemütlich-rustikaler Atmosphäre gibt es eine deftig-raffinierte Provence-Küche. Menü ca. 17–30 €.

Weinkauf

● **Domaine de la Verrière,** bei Goult, 2 km von der N 100 zwischen Apt und Lumières gelegen, Tel. 04.90.72.20.88.

Das Land des Ockers

Roussillon

⇗ XI/C1

Roussillon sollte man lieber malen, als es zu beschreiben. Man würde eine große Farbpalette voller Ockertöne von leuchtend-warmem Gelb bis hin zu erdig-flammendem Rot wählen und lauter Häuser damit kolorieren, die sich dichtgedrängt rund um eine Kuppe schmiegen. Vielleicht liegt es an der Leuchtkraft des Ockers, dass in Roussillon nicht nur die Häuser bunter als in der übrigen Provence erscheinen, sondern auch der Himmel blauer und die Bäume grüner.

Seine Erde ist es, die Roussillon einst reich und berühmt gemacht hat. Der Name kommt aus dem Lateinischen, von *viccus russulus* – „roter Berg". Dabei kann das Farbspektrum des **natürlichen Ockers** sogar bis dunkelviolett und grüngelb gehen, dazwischen ist alles möglich.

Geschichte

Ocker, ein **mineralischer Farbstoff,** ist schon seit Urzeiten bekannt; die Römer nutzten denjenigen von Roussillon unter anderem zur **Bemalung von Töpferwaren.** Danach geriet er völlig in Vergessenheit, bis ein gewisser *Jean-Etienne Astiers* Ende des 18. Jahrhunderts auf eigene Faust mit dem **Ockerabbau** begann – und zunächst dafür verlacht wurde wie alle Pioniere.

Roussillon wandelte sich jedoch tatsächlich vom verschlafenen Dörfchen zu einem Industrieort und exportierte Ocker nach ganz Europa. Zwischen 1910 und 1930, auf dem Höhepunkt der Produktion, baute man **jährlich 35.000 Tonnen** des Gesteins ab. Wegen seiner Unschädlichkeit verwendete man ihn nicht nur als **Häuserputz** oder für **Malfarben,** sondern auch für Backteig, Schokolade, Lippenrot und Make-up.

Der Boden von Roussillon war nun durchhöhlt, und die Bewohner klagten über den lästigen Ockerstaub, der sich in allen Ritzen festsetzte. Vielleicht sehnt sich aber trotzdem der eine oder andere nach der Zeit zurück, als es noch keine synthetischen Farbstoffe gab. Seit der Zeit zwischen den Kriegen wurde deren Konkurrenz nämlich immer drückender, so dass die **Ocker-Industrie** Roussillons in den 1950er Jahren einging und heute nur noch Erinnerung ist.

Sehenswertes

Den schönsten Blick auf Roussillon hat man von der Stelle vor dem Dorf, wo es zur **Chaussée des Géants,** auch *Sentier des Ocres* genannt, geht. Das ist der berühmte Spaziergang durch die alten **Ockersteinbrüche**

483pr Foto: bm

Roussillon

(Eintritt 2 €, Parken im Ort 3 €). Der Abbau hat merkwürdigerweise die Landschaft nicht verschandelt, sondern sie zu einer bizarren Märchenwelt gemacht, zu „Felsen aus Gold und Blut“. Von bestechender Schönheit ist vor allem der Kontrast der tiefgrünen Pinien und Sträucher zur Wärme dieser Wüstenfarben.

Man sollte keinen Ocker mitnehmen, dies ist strengstens verboten – wenn jeder der unzähligen Besucher das täte, wäre es bald aus mit all der Pracht. Außerdem ist er in der Rohform unbrauchbar: Um den reinen **Farbstoff** zu erhalten, muss das Gestein von Lehm, Sand und Erde freigewaschen werden. Dann wird es getrocknet, zerstoßen, gesiebt und verpackt. Man kann den Ocker, fein geschichtet oder mit marmoriertem Muster, in kleinen Gläsern erwerben.

Im Dorf selbst sollte man vor allem die Gassen erkunden und die hübschen Häuser aus der Nähe bewundern. Auch gibt es noch Reste der alten **Stadtmauer** sowie eine **Kirche** aus dem 12. Jh., allerdings stark verändert und mit einer Fassade aus dem 17. Jh. versehen. An der höchsten Stelle des Ortes stand einst ein mittelalterliches Schloss. Die **Aussicht** bis zum Mont

Ventoux und zum Mourre Nègre, dem höchsten Berg des Luberon, entschädigt, dass vom Castrum nichts mehr übrig ist (den Wegweisern „Belvédère du Château" folgen). Auf dem Weg passiert man einen schönen **Uhrturm** aus dem 14./15. Jh.

Etwa einen Kilometer außerhalb des Dorfes, an der D 104 Richtung Apt, liegt *Okhra,* eine Art **Öko-Museum,** das ganz dem Ocker gewidmet und deshalb natürlich in einer ehemaligen Ockerfabrik untergebracht ist. Man erfährt dort alles über die Weiterverarbeitung des Stoffes. Für Profis und interessierte Laien werden auch ein- bis vierzehntägige Workshops angeboten. Tel. 04.90.05.66.69, Öffnungszeiten: 9–19 Uhr im Sommer, im Winter 9–18 Uhr. Eintritt 5 €, Kinder bis 9 Jahre kostenlos.

Information

- **Office de Tourisme,** Place de la Poste, 84220 Roussillon, Tel. 04.90.05.60.25, Fax 04.90.05.63.31, www.roussillon-provence.com.

Hotels

- **Les Sables d'Ocre****/€€€, Route d'Apt, Tel. 04.90.05.55.55, Fax 04.90.05.55.50. Provenzalisch dekoriertes, modernes Haus etwas außerhalb des Dorfes gelegen, mit 22 Zimmern, Pool.

Restaurants

- **David,** Place de la Poste, Roussillon, Tel. 04.90.05.60.13. Alteingesessenes Restaurant mit ebenso guter Küche wie schönem Blick auf die Ockerfelsen. Menü ab 30 €.
- **Piquebaure,** Quartier les Estroyas, Route de Gordes, Tel. 04.90.05.79.65. Hübsch dekoriertes Restaurant mit marktfrischen provenzalischen Menüs ab ca. 30 €.

Camping

- **L'Arc-en-Ciel****, Route de Goult, Roussillon, Tel. 04.90.05.73.96. Etwa 2,5 km von Roussillon unter schönen Kiefern gelegen. Planschbecken für Kinder. Geöffnet von Mitte März bis Ende Oktober.

Markt

- **Wochenmarkt** donnertagmorgens auf der Place du Pasquier.

Reiten

- **Le Trèfle à 5 Feuilles,** Hameau les Madons, Roussillon, Tel. 04.90.05.63.90. Daneben auch Restaurant, um 25 €, einige Gästezimmer, Malkurse und **Fahrradverleih.**

Wie der Ocker nach Roussillon kam

Viel schöner als jede wissenschaftliche Erklärung für die Entstehung des Ockers ist diese uralte **Legende:**

In einer längst vergangenen Zeit wollten die Titanen sich der Provence bemächtigen. Das war jedoch gar nicht so einfach, leisteten doch die hartgesottenen Provenzalen Widerstand mit all ihren Kräften. Die Titanen sannen nach. Schließlich zogen sie sich in eine Grotte im Vaucluse-Hochland zurück und bauten eine riesige Feuerkanone, um die Provenzalen zu besiegen. Das glühende Wurfgeschoss traf an der Stelle den Boden, wo heute Roussillon steht. Seitdem ist die Erde dort rot.

485pr Foto: bm

St. Saturnin-lès-Apt

Östlich von Roussillon

St. Saturnin-lès-Apt ↗XII/A1

Die D 227 führt von Roussillon nach St. Saturnin-lès-Apt, das sehr zu Unrecht wenig besucht ist. Hinter den hübschen Häusern und Gassen des Dorfes erhebt sich ein langer, hoher **Fels mit Burgruinen** und einer Kapelle. Der Aufstieg lohnt sich unbedingt. Fahren Sie dazu über die Rue de la Combe bis zum Parkplatz am Fuße des Felsens, der durch eine hohe Staumauer begrenzt ist. Der Fußmarsch auf den Felsen (Vorsicht: keine Befestigungen!) bis hin zu einem kleinen **Stausee** in luftiger Höhe dauert nur einige Minuten. Nach dem Überqueren der Brücke beginnt die Entdeckung der Ruinen einer Festung vom Anfang des 11. Jh., die sich über die ganze Länge des Felsens erstrecken. Das ehemalige Schloss wurde schon im 15. Jh. aufgegeben und in den Religionskriegen dann zerstört. Die Dorfbewohner aber zogen erst im 17. und 18. Jh. vom Felsen zu dessen Füßen. An das längst vergessene Dorf erinnert allein die romanische **Chapelle du Calvaire** von 1056, auf der Spitze des Felsens einsam dem Wind ausgesetzt.

486pr Foto: bm

Genau an dieser Kapelle soll sich im 19. Jh. ein **Wunder** von überregionalem Interesse zugetragen haben: Eine gewisse *Rose Tamisier,* bereits bekannt durch allerlei wunderliche Taten und nach eigenen Aussagen in direktem Kontakt mit der Heiligen Familie stehend, schlief in der Nacht vom 10. September 1850 vor der Kapelle. Angetrieben durch göttliche Inspiration, umarmte sie den am Kreuz hängenden Christus, der blutige Tränen weinte. Drei Tage später läuteten die Glocken der Kapelle ganz von selbst, und das Wunder wiederholte sich – diesmal für eine geschlagene Stunde und im Beisein aller Stadtautoritäten – des Priesters, des Arztes, des Bürgermeisters und des Gendarms. Der Bischof wurde alarmiert, schenkte der Geschichte keinerlei Glauben und setzte die gotteslästerliche Lügnerin sofort für mehr als ein Jahr hinter Gitter. Immer wieder beteuerte die moderne *Jeanne d'Arc* ihre Unschuld, starb jedoch trotzdem ohne das Pardon der Kirche. Jedenfalls gab es nach ihr keine Wunder mehr in St. Saturnin – und das Christusbild verschwand auf unerklärliche Weise. Noch heute strahlt der Ort eine gewisse Magie aus ...

- **Hotel/Restaurant:** *Le Mas de la Tour***/€€€, Perrotet, 84400 Gargas, Tel. 04.90.74.12.10, Fax 04.90.04.83.67. *Logis de France*-Hotel, untergebracht in einem echten Mas aus dem 12. Jh., der einst zur Abtei Sénanque gehörte. Mit hübscher Frühstücksterrasse und Schwimmbad. Vom Restaurant Blick auf den Luberon. Menü ab ca. 25 €.
- **Camping:** *Les Chênes Blancs****, Route de Gargas, 84490 St. Saturnin-lès-Apt, Tel. 04.90.74.09.20. Großer Campingplatz (fast 200 Plätze) mit einigem Komfort. Zwei Schwimmbäder, **Fahrradverleih.** Geöffnet von Mitte März bis Oktober.
- **Olivenöl:** *Moulin Julien,* Route d'Apt, St. Saturnin-lès-Apt, Tel. 04.90.75.56.24. Hier wird hochwertiges Olivenöl nach alter Tradition hergestellt. Öffnungszeiten: Juli, August 9–12 und 15–18 Uhr, sonst nur nachmittags 14–16 Uhr, sonntags geschlossen.
- **Weiterreise:** Die wunderschöne Straße nach Monieux und Sault und zu den Nesque-Schluchten (D 943) führt mitten durch die Verlassenheit der Vaucluse-Berge und des Landes von Sault. Auf dem Weg liegen weite Lavendelfelder, liebliche Olivenhaine und Trüffelwälder.

Rustrel

↗XII/B1

Etwas weiter östlich, an der D 179, liegt Rustrel an der Dôa, einem Zufluss des Calavon. Verschlafen schmiegt es sich an den Fuß des **Plateau d'Albion**

487pr Foto: bm

an, das Zentrum der Force de Frappe. Auf dem beschaulichen Dorfplatz deutet allerdings nichts darauf hin, dass hier in der Nähe bis vor kurzem Atomraketen stationiert waren und eine militärische Sperrzone galt.

An einen kurzen industriellen Traum erinnert die **alte Fabrik** von Rustrel. Denn genau wie in Roussillon blühte hier einst die Ockerindustrie und ließ große Areale von teils abgebauten Steinbrüchen zurück. Der **Colorado Provençal,** ein kurzes Stück östlich des Dorfes an der D 22 gelegen, ist sogar noch ausgedehnter und bizarrer als die Ockerfelsen von Roussillon und sehr gut zum Wandern geeignet. Um das Geheimnis der Farben des Ockers – offiziell 25, durch das Licht- und Schattenspiel jedoch weitaus mehr – wandernd zu erkunden, sollte man festes Schuhwerk einpacken, denn die Wege führen teils durch Wald, und stellenweise sind **steile Ockerfelsen** zu erklimmen. Der Colorado ist in Privatbesitz, das Parken daher kostenpflichtig (bis etwa 19 Uhr).

• **Camping:** *Le Colorado***, Route d'Apt, 84400 Rustrel, Tel. 04.90.04.90.37. Sehr schön und ruhig inmitten von Ocker und Pinien am Colorado Provençal gelegen. Mit Schwimmbad, Restaurant und Bar. Geöffnet von Mitte März bis Oktober.

Chapelle du Calvaire

Colorado Provençal

Die folgenden drei Orte unserer Reiseroute, Caseneuve, St. Martin-de-Castillon und Viens, haben einiges gemeinsam: Alle liegen sie weitab, in luftiger Höhe und muten wehrhaft, doch heute sehr ländlich an. Über ihre verwinkelten Stiegen und Gassen sollte man sie erkunden, denn eines sind sie vor allem: unentdeckt.

Caseneuve ⇗XII/B2

Von Caseneuve aus hat man einen schönen Blick auf Apt, den Luberon und die Vaucluse-Berge. Auch der winzige Ort selbst ist sehr malerisch inmitten wunderbarer Vegetation gelegen – die Geschichte ging jedoch mehr oder weniger an ihm vorbei. Zwar errichtete die Familie *Agoult* im 10. Jh. hier ein Schloss (nur von außen zu sehen), doch residierte sie später nie mehr in ihrer „kleinen Hauptstadt".

Kurios ist, dass ausgerechnet in dieser Verlassenheit das größte **Oratorium** (Betkapelle) der Provence steht. Die Fassade des Baus aus dem 19. Jh. schmücken zwei große Säulen mit Kapitellen aus Akanthusblättern und der Sankt-Jakobs-Muschel.

St. Martin-de-Castillon ⇗XII/B2

Im Nachbarort St. Martin-de-Castillon gibt es eine ursprünglich **romanische Kirche,** die einst Teil der mittelalterlichen Stadtmauer war, in der Mitte des 19. Jh. allerdings völlig umgebaut wurde. Ansonsten scheint in St. Martin die Zeit stehengeblieben zu sein, und seit eh und je blickt es auf die wunderschönen, sanften Wellen des großen Luberon.

Der Name des Dorfes birgt jedoch noch ein kleines Geheimnis. **Reste des alten Castillon,** Ende des 14. Jh. von *Raymond de Turenne* in Schutt und Asche gelegt, sollen sich noch außerhalb des Ortes irgendwo unter der Erde verstecken. Damals waren die übriggebliebenen Bewohner von Castillon gezwungen, sich mit denen von St. Martin zusammenzutun.

Viens ⇗XII/B2

Eine wirkliche Überraschung ist Viens. Man erreicht es über eine schöne Kammstraße; wo der Kamm sich zu einem Plateau ausweitet, liegt dieser stille Ort mit seinem außergewöhnlichen architektonischen Erbe. Dieses stammt aus dem Mittelalter, genauer aus dem 13. bis 15. Jh., als Viens seine kulturelle und wirtschaftliche Blüte erlebte und einen besonderen politischen Status hatte mit eigener Legislative und gut organisierter Verwaltung. Der **Erzabbau** im 16. Jh. (vor allem Silber) konnte den Reichtum nur noch vermehren. Nach der Revolution jedoch verlor Viens seine Privilegien.

Das **Schloss** vereinigt Elemente aus dem 13., 16. und 18. Jh. Es ist nur von außen anzuschauen. Einige Schritte davor, in der Rue du Château, kann man einen Blick in den schönen Innenhof des Palais des Monnier d'Arnaud im Stil der Renaissance werfen.

Überall trifft man auf Türme und Ruinen der **Stadtmauer,** auf außergewöhnlich hohe, prachtvolle Häuser. Im

Oberdorf stehen die Reste einer romanischen Kapelle sowie des **Turmes** der *Königin Jeanne,* die sich einst in Viens versteckt haben soll. Von hier oben hat man wieder einmal einen sehr schönen Blick, und zwar auf die Hügel von Oppedette und die Montagne de Lure.

- **Anreise/Weiterreise:** Südlich der N 100 liegt der Große Luberon. Über die Nationalstraße erreicht man auch die Haute-Provence (Forcalquier, Manosque, Valensole, Verdon-Schluchten).

Die Haute-Provence

Überblick

Die Hochprovence ist eine Landschaft für sich, einsam und herb, mit keiner anderen im Midi vergleichbar. Das ist nicht mehr jener kultivierte, in immer neue Einheiten gegliederte, durch Zypressenhecken, Olivenfelder und Weinberge bestimmte Garten. Nichts von alledem gedeiht im **rauen Klima der Bergketten.** Stattdessen finden wir hier eine Natur von ungeheurer Weite und Größe, endlose Lavendelfelder, Hügel und Bergkämme, auf denen nur Schafherden umherziehen, riesige Wälder, die in kahle Gipfel übergehen.

Die Dörfer bleiben klein, viele sind nie über die Größe eines Weilers hinausgewachsen, andere verfallen, vor Jahrzehnten schon verlassen, den meisten sieht man ihre Armut überdeutlich an.

Für die Bewohner der Küsten sind die Menschen des Hochlandes *gavots,* eine Bezeichnung, die ursprünglich Kröpfe kennzeichnete – Folge der einseitigen Ernährung – die heute aber allgemein auf diejenigen angewandt wird, die deutlich höher leben als man selbst und damit schon einer anderen Zivilisation zugeschrieben werden.

Für die Hochprovenzalen wiederum sind *gavots* erst die Bewohner der Alpen. Das ändert nichts daran, dass die Hochprovence einen anderen Menschenschlag hervorbrachte, weniger urban geprägt als in der übrigen Provence, konservativer, ohne den auffallenden, mediterranen Drang in den öffentlichen Raum, so still und verschwiegen wie ihr Land. Niemand hat das besser beschrieben als *Jean Giono,* der Schriftsteller aus Manosque, der auf seinen Streifzügen durch das Hochland die ehrlichen, gläubigen, tiefen Charaktere seiner Romane fand.

Streifzüge durch die Natur seien auch dem Reisenden empfohlen, denn der Zugang zur Hochprovence erschließt sich nicht leicht. Das heißt nicht nur, dass die touristische Infrastruktur mit all ihren Annehmlichkeiten weitgehend fehlt. Die Hochprovence ist ein verschlossener Landstrich, dem die Leichtigkeit der Küsten ganz und gar abgeht, eine Gegend für Menschen, die Einsamkeit suchen und Ruhe, die Zeit und Geduld haben, eine Landschaft zu erwandern, nicht programmgemäß abzuhandeln. Die Städte, Manosque ganz am Rande oder das kleine Forcalquier, sind nur Ausgangspunkt, nicht Ziel einer solchen Reise.

Manosque

⇗ XIII/C-D2

Es war in den 1960er Jahren, als sich **Jean Giono,** der große Sohn der Stadt, zu einer wichtigen Entscheidung gezwungen sah: Er drehte seinen Schreibtisch herum. All die Jahre hatte er tagaus, tagein hinter dem hölzernen Pult gesessen und in seiner ordentlichen, regelmäßigen Schrift Romane zu Papier gebracht, immer die Heimatstadt im Blick. Doch was er sah, ärgerte ihn nun mehr, als dass es ihn inspirierte. Hochhäuser, charakterlose Betonklötze allesamt, wuchsen eins nach dem anderen in das vertraute Bild hinein. *Giono* zog da den Anblick seiner Bücherwand vor.

Es ist wahr: Manosque, von des Schriftstellers Mont d'Or aus betrachtet, hat viel eingebüßt von seiner Schönheit. Das Wirtschaftszentrum der stillen Hochprovence war in seinem Ehrgeiz auch nicht maßvoller als vergleichbare Städte.

Aber wahr ist auch: Die Altstadt zählt zu den schönsten in der Provence, sie ist voller Atmosphäre.

Sehenswertes

Die Altstadt war einst geschützt durch einen Befestigungswall aus dem späten Mittelalter, der, wie so vieles im 19. Jh., der Modernisierungswut zum Opfer fiel. Übriggeblieben sind allein zwei Stadttore, die **Porte Saunerie** (14. Jh., später etwas ungeschickt restauriert) und der untere Teil der **Porte Soubeyran** aus der gleichen Zeit, heute von einem Campanile gekrönt. Von einem dieser Stadttore zum anderen schlängelt sich eine gemütliche Einkaufsgasse (Rue Grande, Rue des Marchands, Rue Soubeyran), die sich in angemessenen Abständen zu kleinen Plätzen weitet.

Der hübscheste davon ist die Place de l'Hôtel de Ville. Die **Kirche Notre-Dame-de-Romigier** ist zwar romanischen Ursprungs, wurde aber mannigfach verändert. So zeigt sie heute ein Renaissanceportal und eine gotische Apsis. Als Altar dient ein frühchristlicher Sarg aus einer arlesischen Werkstatt des 4. oder 5. Jh.; außerdem ist eine schwarze Madonnenfigur aus Holz zu sehen, die im 7. Jh. entstand. Ebenfalls an einem Platz, der Place St. Sauveur, liegt die gleichnamige **Kirche St. Sauveur.** Auch sie ist romanischen Ursprungs, wovon unter anderem der schöne achteckige Kuppelbau zeugt. Die Seitenschiffe kamen später hinzu, ebenso der Glockenturm (16. Jh.).

Der Mont d'Or

Er ist nur einer der **fünf Hügel,** die Manosque umgeben, aber zweifellos

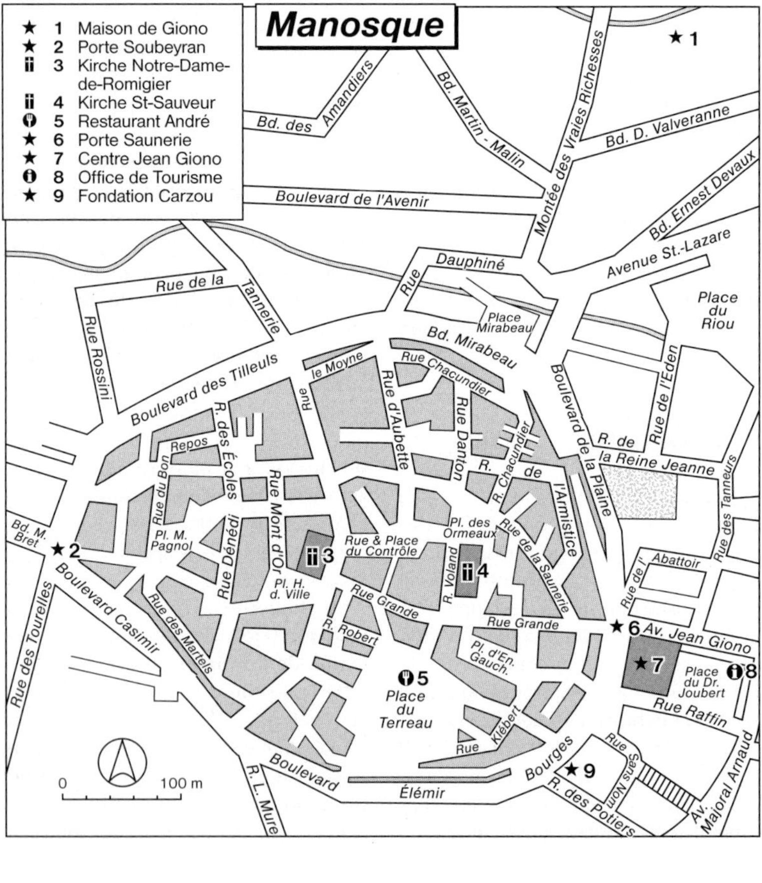

Manosque – „die Prüde"

Als *König Franz I.* 1516 Manosque besuchte, soll sich folgende Episode zugetragen haben: Der hohe Gast verschlang ein Mädchen förmlich mit seinen Blicken, und dieses, fromm, aber voller Furcht, den lüsternen Monarchen abzuweisen, setzte ihr Gesicht Schwefeldämpfen aus, bis es ganz aufgedunsen und hässlich war. *Franz I.* zeigte sich, als er davon erfuhr, als guter Verlierer und beschenkte die Begehrte reichlich. Ob die Geschichte nun stimmt oder nicht, Manosque hatte den Spitznamen weg: *La Pudique,* die Prüde.

der bekannteste – durch *Jean Giono,* der hier lebte. Sein Haus liegt, wie sinnig, an einer Straße namens *Montée des Vraies Richesses.* Wer sich hier auf die Suche macht nach den wahren Reichtümern, kann in *Gionos* Haus und Bibliothek fündig werden (siehe Museen).

Ganz oben auf dem 528 m hohen Hügel steht inmitten von Ölbäumen ein einzelner **Turm** als Rest des früheren Schlosses. Der Blick reicht über die Stadt bis zur Durance und zur Südflanke des Luberon.

Museen

- **Centre Jean Giono:** Ausstellung über Leben und Werk des Schriftstellers, der seine Geburtsstadt kaum verließ und auch dort starb. Dazu gibt es eine Bibliothek, die unveröffentlichte Texte zeigt, sowie eine Videothek. Boulevard E. Bourges, Tel. 04.92.70.54.54, Öffnungszeiten: täglich außer montags und sonntags 14–18 Uhr, Eintritt 4 €.
- **Fondation Carzou:** Der Maler *Carzou* hat die neoklassische Chapelle du Couvent de la Présentation mit riesigen Bildern ausgemalt; Thema ist die Apokalypse. An der Ecke Boulevard E. Bourges/Rue des Potiers, Tel. 04.92.87.40.49. Öffnungszeiten: Freitag bis Sonntag 10–12 und 14.30–18.30 Uhr, 25.12.–1.1. geschlossen. Eintritt ca. 4 €.
- **Maison de Giono:** Das Haus des Dichters auf dem Mont d'Or ist einmal wöchentlich für das Publikum geöffnet. Wer die Romane *Gionos* liebt, hat Gelegenheit zu Gesprächen mit seinen Bekannten und zum Stöbern in seiner Bibliothek. Ausgedehnte, interessante Führung. Montée des Vraies Richesses (an der rechten Seite, gegenüber der Wohnblocks). Öffnungszeiten: freitags 15–17 Uhr, nur nach Anmeldung zu besuchen, Tel. 04.92.87.73.03.

Praktische Hinweise

Information

- **Office de Tourisme,** Place du Docteur Joubert, 04100 Manosque, Tel. 04.92.72.16.00, Fax 04.92.72.58.98, www.ville-manosque.fr.

Hotels

- **Hostellerie de la Fuste******/€€€€, Route d'Oraison, Tel. 04.92.72.05.95. Eines der renommiertesten und traditionsreichsten Häuser der Provence. Es liegt einige Kilometer außerhalb von Manosque in einem Park. Große und schöne Zimmer.
- **Relais Mercure****/€€€, Av. du Général de Gaulle, Tel. 04.92.87.78.58. Im Stadtzentrum.

Jugendherberge

- **Auberge de Jeunesse,** Parc de La Rochette, Tel. 04.92.87.57.44, Fax 04.92.72.43.91. Etwa 800 m vom Stadtzentrum gelegen, mit Campingmöglichkeit. Übernachtung mit Frühstück um ca. 10 €.

Restaurants

- **Hostellerie de la Fuste,** (s. Hotels) auch unter den Restaurants erste Wahl. Der Besit-

Raketen und Plutonium – womit die Hochprovence ihr Geld verdient

Von allen Orten der Hochprovence ist Manosque der wirtschaftlich bedeutendste und verkehrsmäßig am besten angebundene. Das ist natürlich kein Zufall. Das Tal der Durance ist ein **Nadelöhr,** eingezwängt zwischen dem Plateau von Valensole und dem Bergland von Forcalquier. Parallel zum Fluss verlaufen die Eisenbahnlinie, eine Autobahn, eine National- und eine Landstraße und dazu der Kanal des Stromriesen EDF.

Wer über die kleine Landstraße am Canal EDF entlang von Manosque nach **Ste. Tulle** fährt, kann diese intensive Nutzung der Landschaft beobachten. Ste. Tulle selbst, mit einem hübschen Dorfkern, lebt von der **Elektrizität.** Zwei Anlagen, eine ältere von 1916 und eine neuere, gewinnen Strom aus den Fluten der Durance. Bis in die 1960er Jahre hinein wurde hier auf andere Weise Strom erzeugt: Man verbrannte Kohle, die ein paar hundert Bergarbeiter im Becken von Manosque zutage förderten.

Weiter südlich, abgeschirmt am linken Ufer der Durance, liegt das riesige *Centre d'études nucléaires de Cadarache,* ein **Atomforschungszentrum,** (größtenteils der zivilen Nutzung gewidmet), das sich mit Plutonium beschäftigt, aber auch Solarenergie erforscht. Der Standort war günstig, weil sich die weit über 3000 Angestellten gerne im schönen Manosque ansiedelten oder auch in Aix – und weil die Pariser Planer die Hochprovence mit ihrer geringen Bevölkerungsdichte angesichts möglicher atomarer Unfälle einem Standort etwa in der Umgebung von Paris vorzogen ...

Dann gibt es da noch **St. Martin-les-Eaux** nordwestlich von Manosque. Auch dieser kleine Ort ist Bestandteil der nationalen Verteidigung. Wo früher Kohle gefördert – damals hieß es noch St. Martin-le-Charbonnier – und dann die schwefelhaltigen Quellen genutzt wurden, lagern heute unterirdisch die **Treibstoffreserven** des Landes. 10 Millionen Kubikmeter, in 300 m Tiefe gut geschützt, könnten den Bedarf Frankreichs drei Monate lang decken. Über Röhren ist dieses Lager mit den Raffinerien am Etang de Berre verbunden.

Es versteht sich, dass dies alles nicht zugänglich ist, ebenso, dass *Jean Giono* zeitlebens dagegen protestierte, und klar ist auch, dass er erfolglos blieb. So wenig die stille Hochprovence politischen Einfluss besitzt, so sehr ist sie auch auf Arbeitsplätze angewiesen. Daher ist es abermals kein Zufall, was mit dem gar nicht fernen **Plateau d'Albion** geschah. Dort hat sich die *Force de Frappe* eingerichtet. In tiefen unterirdischen Silos lagerten die einzigen landgestützten **Atomraketen** Frankreichs. 18 Systeme des Typs S3 bildeten einen Teil der französischen „Abschreckungs-Triade". Seit den 1970er Jahren waren die Zweistufen-Raketen stets einsatzbereit; 2000 Soldaten in permanenter Alarmbereitschaft bewachten sie. S3-Raketen haben eine Reichweite von 3500 km, sie hätten also knapp Moskau erreichen können. Sie waren bestückt mit jeweils einem einzelnen 1,2 Megatonnen-Sprengkopf – das entspricht etwa der 60-fachen Zerstörungskraft der Hiroshima-Bombe. Zwei unterirdische Kommandoposten verbanden die Anlage mit dem Kommandobunker „Jupiter" unter dem Elysée-Palast in Paris. Nur der codierte Befehl des Präsidenten der Republik hätte sie zum Einsatz gebracht.

Der Trend in der Rüstungstechnik ließ solche Systeme veralten. Kleinere und präzisere strategische Offensiv-Waffen – in schwer zu ortenden U-Booten oder Mirage-2000-N-Kampfflugzeugen – sind jetzt angesagt. Dies und die Sparzwänge der Regierung veranlassten Präsident *Chirac* dazu, die Schließung des Plateau d'Albion anzukündigen. 1996 begann die umgerechnet mehr als 50 Millionen Euro teure Vernichtung.

Heute erinnern nur noch die breiten, mitunter autobahnähnlich ausgebauten Straßen an den Stützpunkt.

zer und sein Schwiegersohn garantieren das Niveau. Menü ab ca. 55 €.

- **Le Luberon,** 21 bis, place du Terreau, Tel. 04.92.72.03.09. Menü in der Woche schon ab 12 €, sonst ab 20 €. Die Küche ist rustikal.

Markt

- **Marché Provençal,** samstags.

Anreise/Weiterreise

- **Mit dem Auto:** Von Norden und Süden über die A 51 oder N 96, von Westen über die N 100 durch den Luberon, in Les Granons abzweigen auf die D 907.
- **Mit dem Bus:** Gare routière, Avenue Charles de Gaulle, Tel. 04.92.87.55.99, Verbindungen nach Marseille und Avignon. Nach Forcalquier, Aix und Marseille Tel. 04.92.75. 16.32.
- **Mit der Bahn:** Gare SNCF, Place Frédéric Mistral, Tel. 04.92.72.00.60 (nach Marseille).

Die Hochebene von Valensole

Östlich der Durance erhebt sich eine Hochebene, die weiter, größer und stiller ist als andere: das **Plateau de Valensole.** Ein armer Landstrich, der reine Natur und Ruhe bietet, gleichzeitig der einzige unseres gesamten Reisegebiets, für den wir eine ganz spezielle Reisezeit empfehlen: Das Land von Valensole muss man einfach im **Juli** besuchen, bestenfalls im fortgeschrittenen Juni oder im jungen August. Dann blüht der **Lavendel,** und davon gibt es hier reichlich. Mehr noch: Die violett blühende Pflanze ist der einzige Reichtum dieses Fleckens; er allein vermochte am Anfang unseres Jahrhunderts die gänzliche Entvölkerung aufzuhalten. Doch der Lavendel ist nicht der einzige Reiz der Hochprovence. Reisenden außerhalb der Saison sei vor allem das Frühjahr mit der Blüte der **Mandelbäume** empfohlen.

Schmale Straßen laufen über die Hochebene, mitten durch riesige Felder und ganz selten von Orten unterbrochen. Nur die Natur selbst und einzelne, verstreut liegende Höfe gliedern dieses Land, dessen Weite nie in Ödnis umschlägt. Im Norden und Osten schieben sich schon die Berge der **Voralpen** in den Horizont, im Westen begrenzt die Durance den Landstrich und im Süden der Verdon.

Valensole

↗XIV/A2

Valensole ist, wie der Name der Gegend ahnen lässt, der Hauptort und in den touristisch und landwirtschaftlich interessanten Lavendelmonaten ein lebhaftes Dörfchen. Ganz typisch drängen sich die mittelalterlichen Gassen kreisförmig um die **Kirche,** mit deren Bau schon kurz nach der vorletzten Jahrtausendwende begonnen wurde. Die Seitenflügel der ursprünglich einschiffigen Kirche kamen später hinzu, ebenso das Deckengewölbe und viele weitere Elemente. Der Glockenturm hingegen war ursprünglich höher und wurde gestutzt, um weniger dem Mistral ausgesetzt zu sein. Das kleine Wahrzeichen von Valensole aber ist der **Brunnen** an der Place Thiers, der aus dem 17. Jh. stammt und heute unter Denkmalschutz steht.

496pr Foto: bm

In und um Valensole arbeiten acht **Lavendel-Destillerien;** die meisten sind auf Anfrage durchaus bereit, Touristen einen kleinen Einblick zu gewähren.

Information

- **Office de Tourisme,** Avenue Segond, 04210 Valensole, Tel. 04.92.74.90.02.

Hotel

- **Hôtel-Restaurant Piès****/€€, Route de Puimoisson, Tel. 04.92.74.83.13. Ein *Logis-de-France*-Haus außerhalb des Ortes.

Auf dem Plateau de Valensole

Forcalquier

Anreise/Weiterreise

- **Mit dem Auto:** Von Manosque über die D 6.
- **Mit dem Bus:** Von Manosque, Busbahnhof: siehe dort.

Östlich von Valensole

Wer von Valensole aus das Plateau weiter erkundet, kommt unweigerlich nach **Puimoisson,** ein verschlafenes, dabei aber charmantes Dorf. Wer es über die Landstraße nach Norden verlässt, stößt kurz darauf an die Abzweigung nach **St. Jurs.** Dieser winzige Ort liegt, wenn nicht am Ende der Welt, so doch am Ende unseres Plateaus, genauer: schon in den Hügeln darüber. Dahinter erheben sich die Berge, während der Blick zurück über violett leuchtende Felder unter einem tiefblauen Himmel fällt.

Diese drei Orte seien als Ausgangspunkte für eigene Streifzüge empfohlen. Die einsame Hochebene bietet Platz genug, um zu Fuß, mit dem Fahrrad oder teilweise auch mit dem Wagen idyllische Flecken zu finden, etwa für ein Picknick im betörenden Lavendelduft.

Forcalquier

⇗XIII/C1

Bei Forcalquier beginnt die eigentliche, einsame und herbe Hochprovence. Wie ein letzter Vorposten pflegt das große Dorf – oder die kleine Stadt, ganz wie man will – die angestammte Rolle als zivilisatorischer Kristallisationspunkt eines ansonsten **unwirtlichen Landstrichs,** der bis hinauf zu den stillen Gipfeln der Montagne de Lure reicht.

In Forcalquier kann man so mit dem gleichen Recht eine Insel menschlichen Schaffens erkennen wie schon den Vorboten abgründiger Einsamkeit und unberührter Weite. Das ist eine ganz eigene, eine ganz andere Provence, vor deren Tor man hier steht – um umzukehren in vertrautere Gefilde oder um es aufzutun und Zugang zu suchen.

Geschichte

So mag es gar nicht verwundern, dass dieses entlegene Forcalquier einst **Mittelpunkt eines kleinen Staates** war. Das antike Dorf, im Mittelalter zu

500pr Foto: bm

einem bedeutenden Marktplatz aufgeblüht, regierte im 12. Jh. selbstständig über die umliegenden Dörfer und rivalisierte mit den Grafen der Provence, denen es aber bald darauf zufiel. Vorher führte es einen Hof mit allem, was dazugehörte: Diplomaten, Troubadouren und eigener Währung. Zudem hatte der Bischof von Sisteron hier seinen zweiten Sitz. Dass diese Blüte also in das 12. Jh. fiel, ist erfreulich deswegen, als es eine Reihe **romanischer Bauwerke** in der Umgebung hinterließ.

Nun ist Forcalquier einer jener wenigen Orte, die seitdem nicht gewachsen sind, sondern an Einwohnern verloren haben – Folge einer Reihe von Krisen. Es ging los mit der **Pest von**

Lavendel gegen die Landflucht

Lavendel ist, so schrieb *Jean Giono,* die Seele der Haute-Provence. In der Tat: Überall, wo karge Hügel die fruchtbaren Ebenen ablösen und das Dasein der Bauern ein stetes Ringen mit der Natur ist, schafft der Lippenblütler prächtigen Ausgleich – landschaftlich und wirtschaftlich. Der **echte oder feine Lavendel** wächst in 600 bis 1500 m Höhe und liefert ein außerordentlich aromatisches Öl, weit besser als das des **Aspik,** seiner größeren Schwester. Ihrer beider Kreuzung, der **Lavandin,** gedeiht in 300 bis 600 m Höhe. Gegenüber dem feinen Lavendel ist er fünf- bis zehnmal ertragreicher, aber nicht ganz so aromatisch.

Lavendel, obgleich auch in Nordamerika oder Australien vertreten, wird doch gerade in der Provence als Element der eigenen Zivilisation empfunden. Wie Ölbaum und Weinstock war er den Griechen schon bekannt. Das aus ihm gewonnene **Öl** diente damals medizinischen Zwecken und in römischer Zeit zur **Körperpflege.** *Lavare,* lateinisch „waschen", gilt als Ursprung des Wortes.

Jene schier endlosen Anpflanzungen, die heute etwa das Plateau von Valensole bedecken, sind das Produkt zweier Trends des ausklingenden 19. Jh. Viele Bauern aus der Haute-Provence wanderten ab in die Städte, auf ein leichteres Leben hoffend. Ihre Felder verödeten, und es siedelte sich der anspruchslose Lavendel an. Gleichzeitig wuchs in den Städten selbst die Nachfrage nach Parfum und Körperpflege. In **Grasse,** nahe der Côte d'Azur, entstand eine regelrechte **Industrie,** die ihren wichtigsten Grundstoff, eben den Lavendel, in der Haute-Provence einkaufte.

Den übrig gebliebenen Bauern, die den kargen Hügeln oft nur abtrotzen konnten, was zum Überleben reichte, muss die plötzliche Nachfrage wie ein Geschenk des Himmels erschienen sein. Zunächst waren es die Frauen, die im Hochsommer in den ersten Stunden des Tages mit großen Sicheln die wild wachsenden Pflanzen schnitten. Die Ernte fiel in eine Periode, in der kaum andere Arbeiten anstanden – und es gab bares Geld dafür. Eine ganz neue Erfahrung der bisher in ärmlicher Autarkie werkelnden Familien.

So entstanden Anfang der 1920er Jahre erste **große Anpflanzungen,** und langsam begann auch die Ablösung des echten Lavendels durch den Lavandin. Von dieser **Hybridpflanze** gibt es mehrere Züchtungen, deren erfolgreichste einem gewissen Herrn *Grosso* aus Goult im Luberon gelang. Der hatte während des großen Lavendelsterbens in den 1960er Jahren eine einzige blühende Pflanze auf einem sonst toten Feld entdeckt. Wegen ihrer Produktivität und Widerstandskraft gegen Schädlinge ist diese „Grosso" heute auf dem Plateau von Valensole fast exklusiv vertreten. **Echter Lavendel,** zu erkennen daran, dass die Anpflanzung sehr viel weniger regelmäßig ist, wird heute nur noch auf wenigen kleineren, meist schwer zugänglichen Bergstücken gezüchtet.

Fast völlig verdrängt ist auch die mühsame **Handernte.** Als Anfang der 1950er Jahre die ersten Maschinen einsatzbereit waren, sollen italienische oder spanische Saisonarbeiter sie mit Erde in den Tanks lahmgelegt haben. Völlig zu Recht fürchteten sie um ihren Broterwerb: Drei bis vier

Hektar schafft ein solches Gerät pro Tag, das entspricht der Gesamtfläche vieler kleinerer Anbauer und ersetzt über 20 Arbeiter. Allerdings schädigen die Maschinen die Pflanzen und machen sie zudem, weil sie ganz regelmäßig gesetzt werden müssen, anfälliger für ansteckende Wurzelkrankheiten.

Destilliert wird dagegen wie eh und je: Wasserdampf steigt durch ein mit Lavendel gefülltes Gefäß und wird anschließend abgekühlt. Die **Lavendelessenz** setzt sich dabei vom schwereren Wasser ab. Weil indes die Apparaturen, **Alambic** genannt, immer größer und teurer wurden, haben sich die Bauern in Kooperativen zusammengeschlossen. Destilliert wird ab Anfang August, im September wenden sich die Bauern wieder anderen Aufgaben zu. Reine Lavendelbauern gibt es ohnehin kaum.

Das Ergebnis des Aufwands sind 50 bis 80 Tonnen Lavendelöl und bis zu **1000 Tonnen Lavandinöl pro Jahr** in Frankreich. Ein kleiner Teil der Pflanzen wird nicht destilliert, sondern wandert in allerlei Souvenirprodukte; ein noch kleinerer Teil dient heilenden Zwecken, denn Lavendel soll, ganz wie die Frucht des Ölbaums, gegen fast jedes Wehwehchen helfen.

1348, dann mit der gewaltsamen Eingliederung auch dieses Landstrichs zu Frankreich – *Ludwig XI.* ließ Forcalquier von einem Hügel aus beschießen, der noch heute *La Bombadière* heißt –, es setzte sich fort mit den blutigen Religionskriegen. Als habe es seine einstige Unabhängigkeit auf ewig zu aufständischem Eigensinn bestimmt, blieb in diesem herben Land ein **widerständischer Geist** lebendig: Gegen den Staatsstreich *Napoleons III.* organisierte sich eine wichtige republikanische Erhebung im unscheinbaren Mane. Das war 1851, und natürlich flohen die Unterlegenen in die Wildnis. Auch im Zweiten Weltkrieg, der Zeit **deutscher Besatzung,** organisierte sich Widerstand in Forcalquier.

Sehenswertes

Forcalquier, dieser markante Name leitet sich ab von seiner markanten Lage – an einem Felsen, dessen Spitze aus **Kalkgestein** *(calquier)* besteht. Unter diesem Kalkgestein nun kondensierte aus tieferen Schichten aufsteigendes Wasser, man legte einen Brunnen an – die *fontaine* des Kalkfelsens oder **Font calquier.**

Auf dem Felsen stand einst die Zitadelle, Sitz eben jener Grafen, die über den Mini-Staat Forcalquier herrschten. Bis auf einige Ruinen ist davon heute nichts mehr zu sehen. Heute krönt den mit 620 m höchsten Punkt des Ortes die neobyzantinische **Kapelle Notre-Dame-de-Provence** von 1875 mit einer goldenen Madonnenstatue –

Kitsch, wie das 19. Jh. ihn uns schon häufiger hinterlassen hat, etwa in Marseille. Jedenfalls lohnt der knapp zehnminütige Aufstieg schon wegen des schönen **Rundblicks.**

Mittelpunkt des Ortes, gleich am Fuß des Hügels, ist die **Place du Bourguet** mit der angrenzenden mächtigen Seitenfassade der **Kirche Notre-Dame.** Vorherige Bauten ersetzend, stammen ihre ältesten Teile aus dem Übergang vom 12. zum 13. Jh. Das romanische Hauptschiff, der schon gotische Chor und schließlich die Seitenschiffe aus dem 17. Jh. erzeugen einen etwas disparaten Gesamteindruck. Ähnliche Verwirrung stiften indes die Öffnungszeiten, auch hier wäre noch manches Rätsel zu entschlüsseln. Nichtsdestotrotz genoss Notre-Dame den Status einer Konkathedrale, da Forcalquier Zweitsitz des Bischofs von Sisteron war.

Ansonsten gibt es Geschäfte am Platz, abends mobile Pizzabäcker und ein **Kino.** Das mochte in einer Gegend voller Kapellen auch nicht zurückstehen und hat sich in einer eingerichtet: Mit klassischer Fassade bestückt, gehörte sie zu einem im 17. Jh. errichteten Kloster. In Teilen davon ist auch die **Mairie** untergebracht.

Die eigentliche **Altstadt** liegt unmittelbar am Fuße des Hügels, sie wirkt ebenso gemütlich-verschlafen wie heruntergekommen. Feucht ist es in den Gassen und bestimmt nicht eben gesund für die Bewohner. Dementsprechend bilden die kaum restaurierten Altbauten auch ein sozial schwaches Viertel. Das bürgerliche Forcalquier ist in schmuckere Einfamilienhäuser am gegenüberliegenden Hang emigriert. Dennoch ist der Ort offenbar alles andere als reich. Der Tourismus hat hier die Landflucht noch nicht finanziell wettgemacht.

Wer noch etwas mehr Zeit hat, könnte sich den **Couvent des Cordeliers** anschauen, der im 13. Jh. entstand, allerdings durch Religionskriege und Revolution stark beschädigt wurde. Die mittelalterlichen Teile sind restauriert. (An der Rückseite der Kathedrale vorbeigehen und dann geradeaus. Geöffnet nach Absprache mit dem Touristenbüro.) Fast gegenüber liegt das gleichnamige **Tor,** als einziges von sechs Stadttoren erhalten.

Der **Friedhof** schließlich, ein wenig außerhalb, steht unter Denkmalschutz und lohnt einen Besuch. (Man folgt der Straße, die der Kirche gegenüber an der Place du Bourguet rechts abgeht, überquert die Place Martin Bret und folgt dann der Avenue Fontauris bis zur *Cimétière.*)

Praktische Hinweise

Information

- **Office de Tourisme,** 13, Place du Bourguet, 04300 Forcalquier, Tel. 04.92.75.10.02, Fax 04.92.75.26.76, www.forcalquier.com.

Hotels

- **Hostellerie des Deux-Lions****/€€€, 11, Place du Bourguet, Tel. 04.92.75.25.30, Fax 04.92.75.06.41. Untergebracht in einer alten Poststation aus dem 17. Jh., bietet dieses Hotel rustikal eingerichtete, große Zimmer zu einem günstigen Preis.

• **Le Grand Hôtel****/€€, 10, Boulevard Latourette, Tel. 04.92.75.00.35, Fax 04.92.75.06.32. Einfaches Hotel mit netter Atmosphäre. Vom Garten schöner Panorama-Blick.

Camping

• **Camping Lac du Moulin de Ventre******, 04300 Niozelles, Tel. 04.92.78.63.31, Fax 04.92.79.86.92. Gut ausgestatteter Platz mit Bademöglichkeit. Geöffnet von April bis zum 25. September.

Restaurants

• **Hostellerie des Deux-Lions,** Adresse siehe Hotels. Mehr noch als das Hotel ist das Restaurant zu empfehlen: Feine, ideenreiche Küche und regionale Spezialitäten, Menü um 30 €.

Patisserie

• **La Fontaine Sucrée,** Schwelgen in Schokolade, die ganze Welt des Kakaos und des Karamels, zarter Schmelz für den einzig wahren, den süßen Gaumen: edle Patisserie, die hier oben in der Hochprovence auch bezahlbar geblieben ist.

Märkte und Feste

• **Wochenmarkt,** montagmorgens.
• **Fête patronale,** im September.
• **Trödelmarkt,** sonntags im Juli und August.
• **Rencontres musicales** mit Kammermusik, im Juli.
• **Musikfestival,** im Juli.

Anreise/Weiterreise

• **Mit dem Auto:** Von Westen über die N 100 am Luberon vorbei; von Manosque über die N 96 und D 13; von Sisteron über die A 51 und D 12 oder über die N 85, N 96 und D 12.
• **Mit dem Bus:** Abfahrt an der Place Martial Sicard, außer montagmorgens, dann gegenüber der Kathedrale. Verbindungen nach Aix, Manosque und Marseille (Tel. 04.92.75.16.32), nach Sisteron (Tel. 04.92.75.33.74), nach Pertuis (Tel. 04.91.49.44.25), nach Digne und Avignon (Tel. 04.92.75.00.68).
• **Mit dem Fahrrad:** Von Cavaillon durch den Luberon, siehe dort.

Autoverleih

• **Ada Location,** Tel. 04.92.75.04.14.

Fahrradverleih

• **Moto Culture,** Tel. 04.92.75.12.47.

Dörfer und Kirchen – das Land von Forcalquier

Bevor wir aufbrechen in die Einsamkeit, noch ein Blick auf drei Dörfer zwischen Forcalquier und Manosque. Südöstlich von Forcalquier liegen die beiden sehenswerten Villages perchés **Dauphin** und **St. Maime** einander gegenüber.

Mane ↗XIII/C1

Ein paar Kilometer südlich der Stadt findet sich das leider von der N 100 zerschnittene Mane. Diesem Ort ergeht es ganz wie Forcalquier: Das muffig-feuchte und enge Oberdorf, schön anzusehen, aber mindestens ebenso ungesund, verkommt zugunsten neuer, bequemerer Wohnviertel. Dabei besitzt diese Ville haute durchaus wertvolle **Bürgerhäuser** aus dem 15. und 16. Jh.

Der Tourist streift durch abweisende Gassen, und oben erwartet ihn eine noch abweisendere **Zitadelle.** Die mittelalterliche Ummauerung, gleich doppelt angelegt, bewacht aber nur

502pr Foto: bm

mehr Reste des eigentlichen Schlosses, das heute in Privatbesitz ist.

Die große Sehenswürdigkeit des Dorfes liegt außerhalb, gleich an der N 100, die den Ort als herrliche Allee nach Süden verlässt. Die **Priorei Salagon** zählt, zusammen mit Ganagobie (s.u.), zu den schönsten romanischen Sakralbauten der Gegend, vornehmlich durch seine Kirche Notre-Dame aus dem 12. Jh.

Priorei Salagon

Im Übergang vom 11. zum 12. Jh. übernahmen Mönche von St. André in Villeneuve-lès-Avignon diesen schon in gallorömischer Zeit bebauten Ort und gründeten die Priorei. Die **Kirche Notre-Dame** entstand so im späten 12. Jh.; der Chor stammt noch aus dem 11. Jh. Außen ist vor allem das gewollt asymmetrische **Portal** sehenswert. Weitere Gebäude, zum Teil schon gotischen Stils, kamen im späten Mittelalter hinzu, außerdem landwirtschaftliche Nutzbauten zwischen dem 16. und 19. Jh. In der Tat verfiel das Kloster im 19. Jh. gänzlich, so dass seine Gebäude bis 1981 rein landwirtschaftlichen Zwecken dienten. Erst die **Organisation Alpes de Lumière,** die sich hier niederließ, erkannte seinen kunsthistorischen Wert und restaurierte es in den letzten Jahren, um es Besuchern zugänglich zu machen.

Der **Jardin ethnobotanique** ist angelegt wie ein Garten des Mittelalters, mit heilenden Pflanzen und Kräutern, die damals als Medizin Verwendung fanden. Außerdem gibt es eine kleine, aber feine **Buchhandlung** mit eigenen und anderen Veröffentlichungen zur Provence; ferner eine **Bibliothek,** die aber nur für professionelle Zwecke offensteht, außerdem Archive.

- **Association Alpes de Lumière,** Maison du Patrimoine, 04300 Forcalquier, Tel. 04.92.75.22.01. Öffnungszeiten: Mai bis 15. September 10–12 und 14–18 Uhr, im Juli und August bis 19 Uhr. 16. September bis 11. November. Am Wochenende von 14–18 Uhr. Eintritt ca. 4 €.

St. Michel l'Observatoire ⇗XIII/C1

Der Ort trägt seinen ungewöhnlichen Namen wegen einer **Sternwarte,** die hier ansässig ist. Dieses Observatorium der Haute-Provence beobachtet seit den 1930er Jahren den Sternenhimmel. Der Standort wurde gewählt wegen der ungewöhnlich reinen und klaren Luft der Gegend; ein Vorzug, den dieses zumindest früher weltberühmte Institut im Zeitalter sich ausbreitender Luftverschmutzung nur mehr eingeschränkt beanspruchen kann.

- **Observatoire de Haute-Provence,** Tel. 04.92.70.64.00. Öffnungszeiten: April bis September mittwochs 14–16 Uhr, Juli und August zusätzlich mittwochmorgens, Oktober bis März mittwochs bis 15 Uhr. Eintritt ca. 2,50 €.

Sehenswert ist aber auch das Dorf selbst, das um einen Felsen herum gebaut ist. Der bot einst einem **keltischen Oppidum** Schutz; im 12. Jh. errichteten darauf dann Mönche, wiederum aus Villeneuve-lès-Avignon, die schlichte romanische **Kirche St. Michel.** Trotz späterer Anbauten blieb der Charakter des massiven Hauptschiffes gewahrt. Zu sehen sind auch Fresken des späten 13. oder 14. Jh. (über dem Bogen des Kirchenschiffes) und ein schöner marmorner Weihwasserkessel aus dem 12. Jh.

Banon ⇗IV/B3

Durch ein reizvolles Tal mit knorrigen Eichen, Lavendelfeldern und weiten Wiesen, die übergehen in sanfte Hügel, erreicht man schließlich Banon, das vor allem als Heimat des gleichnamigen **Käses** hervorgetreten ist. Er wird hergestellt aus Ziegen- und Schafsmilch, mariniert in Eau-de-Vie, dann eingewickelt in Kastanienblätter und mit Bast verschnürt.

Das mittelalterliche Oberdorf klettert an einem Bergkamm hinauf; die hohen Fassaden seiner Häuser drängen sich, wie es charakteristisch ist für solche Dörfer, zu einer Art Schutzmauer zusammen. Das „neue" Dorf entstand im 19. Jh. Auf dem **Friedhof** im oberen Teil liegt ein gewisser *Elzéard Bouffier* begraben, das ist jener Hirte, der im Laufe seiner Wanderungen ganze Wälder pflanzte, dies *Jean Giono* erzählte und damit die Vorlage für dessen Geschichte vom „Mann mit den Bäumen" abgab.

„Les Alpes de Lumière" – Schutz und Erforschung der Hochprovence

Zwölf Freunde – Bauern und Handwerker, Priester und Lehrer – gründeten am 22. Mai 1953 die Vereinigung *Alpes de Lumière*. Ihr Ziel: Zu einem besseren Kennenlernen und Liebenlernen von **Hochprovence und Südalpen** beizutragen, ganz speziell im Landstrich zwischen Lure, Ventoux und Luberon.

1953, das war die Zeit beginnenden Aufschwungs, als auch der Tourismus an Bedeutung gewann und sich Besucher für die Hochprovence zu begeistern anfingen. Vielleicht bot auch hier erst das faszinierte Staunen der Fremden den Einheimischen Anlass, sich ihrer Heimat bewusst zu werden. Das **ethnologische Erbe** der Gegend studieren, es bewahren und präsentieren, das ist das dreifache Ziel von *Alpes de Lumière;* erreicht werden soll es in gemeinsamer Arbeit von Einheimischen und Besuchern und vor allem von jungen Menschen.

1953, das war aber auch die Zeit, als die **Landflucht** ganze Dörfer im Hochland zu entvölkern drohte, als Höfe und Kirchen dem Verfall preisgegeben schienen und sich mit dem Tourismus erst ein ganz schwacher Silberstreif am Horizont abmalte. Da galt es erst einmal, zu sammeln. In einsamen Weilern traten Konferenzen zusammen, um Wissen und Mythen der Alten dem Vergessen zu entreißen. Ein breites Beschäftigungsfeld wurde abgesteckt, von der Ethnologie über Kultur und Architektur bis zu Geschichte und Ökologie.

In einer eigenen kleinen **Zeitschrift** erscheinen seit 1954 die Ergebnisse wissenschaftlicher Suche. Schöne Sonderausgaben sind darunter, wie etwa über Trockensteinbauweise, über den Sommer eines Bauern im Hochland, vergessene Handwerke oder die Kochkunst der Südalpen.

Alpes de Lumière, das ist auch ein typisches Beispiel französischer **Heimatliebe:** die Suche nach den Wurzeln, der Stolz auf die Eigenheiten eines Landstrichs, das Interesse an Erfahrungen und Lebensweise der Vorfahren.

Im **Kloster Salagon** ist der Verein erst 1979 sesshaft geworden. Es hatte bis dahin 60 Jahre lang als Bauernhof gedient – fast symbolisch für die *ethnologie rurale,* die nun hier Einzug hielt.

Le Contadour ⇗IV/B2–3

Jean Giono ist es auch, der uns von hier aus weiter in die einsame Wildnis des Hochlandes vordringen lässt, nach Le Contadour, einem winzigen Weiler am Ende eines Stichsträßchens und, wie es scheint, gar am Ende der Welt. Schäfereien gibt es hier und **Mühlen,** und in einer von ihnen quartierte sich der Schriftsteller mit Anhängern ein, um Expeditionen in die unberührte Natur zu unternehmen. Wir tun es ihm gleich und wandern, wo ohnehin keine Autos mehr fahren. Bestenfalls **Hirten** begegnen einem hier oben und erinnern daran, dass im Namen „Contadour" das Wort *compter* steckt, „zählen": Hier zählten die Schäfer ihre Tiere, wenn sie im Herbst zurückkehrten.

Revest-du-Bion ⇗IV/A–B3

Hinter Revest-du-Bion kommt man schon auf das Plateau d'Albion. Dass hier einmal Atomraketen lagerten, verraten breit ausgebaute Straßen und ab und an Schilder, die das Anhalten verbieten. Auf makabere Weise dazu passend sind die Konsolenfiguren in der vorromanischen Apsis der **Kapelle Notre-Dame-de-l'Ortiguière** (gleich an der Straße nach St. Christol): Sie stellen den Kampf von Mensch und Monster dar. Allerdings ist die Kapelle für gewöhnlich nicht zugänglich.

St. Christol ⇗IV/A3

Gut und Böse ist auch das Thema der **Kirche** von St. Christol, eines kleinen Ortes, der durch die *Force de Frappe* etwas an Bedeutung gewonnen hat. Sechs Säulen, von Bögen gekrönt, bilden die Chorapsis dieser Prioratskirche aus dem dritten Viertel des 12. Jh. Im Zentrum steht der **Altar mit drei Brunnenmündungen** (Symbol für die Ströme des ewigen Lebens), die sich in halbkreisförmige Becken ergießen (die Erde), aus der dann die Efeublätter des ewigen Lebens wachsen.

Interessant sind auch die **Säulen** selbst mit ihrem Figurenschmuck. So ist auf der dritten von links ein **Ungeheuer** dargestellt mit doppeltem Körper – ein Löwe –, aber mit einem einzigen Kopf, dem eines Greises. Der Löwe ist Symbol der Macht, der Greis steht für Ruhe und Weisheit. Die vierte Säule von links zeigt einen Löwen, der eine Schlange verschlingt, die wiederum ihn selbst beißt. Man erkennt darin den Kampf von Christus und Satan, von Gut und Böse. Der Lichtschalter befindet sich übrigens links vom Eingang.

Simiane-la-Rotonde ⇗XII/B1

Der romanischen Kunst wegen geht es auch weiter nach Simiane-la-Rotonde, ein Ort, der seinen Namen gleich zweifach rechtfertigt: Er selbst drängt sich kreisförmig an einen Felsen, und sein Wahrzeichen bildet ein ganz ungewöhnliches Meisterwerk der Romanik, eben die Rotonde. Dieser **runde Turm** aus dem späten 12. Jh. liegt im obersten, noch mittelalterlich geprägten Teil des Ortes als markantester Rest eines Schlosses und gilt als eines der **rätselhaftesten Monumente der**

506pr Foto: bm

Provence. Wozu diente er? Man weiß es nicht. Der obere Innenraum, dem heute der Fußboden fehlt, ist mit seinen zwölf Säulen und der Kuppel jedenfalls nicht als rein militärisches Bauwerk vorstellbar.

● **Rotonde:** Der Rätselhaftigkeit des Bauwerks entsprechen die Öffnungszeiten: 1. April bis 15. Juni 15–17.30 Uhr außer dienstags, 15. Juni bis 15. September 10–12.30 und 15–19 Uhr, 1. Oktober bis 1. April nach Vereinbarung; Tel. 04.92.75.91.40, 04.92.75.90.47 oder 04.92.73.21.43.

Unsere Rundfahrt könnte damit enden. Reisenden mit Zeit und Gefallen an winzigen Dörfern (an ebensolchen Straßen) haben wir noch eine Schleife quer durch unberührte Landschaft anzubieten.

Wir steuern zuerst **Carniol** an, nicht wegen seiner wenigen Häuser, sondern, weil erst das in Kurven ansteigende Sträßchen dorthin den angemessenen Blick zurück freigibt – auf Simiane, das nun wahrlich postkartenreif daliegt.

Oppedette ⇗ XII/B1

In Carniol zweigt die D 201 ab und durchquert bewaldete Hügel, bis unversehens Oppedette aus felsiger Landschaft herauswächst. Überaus malerisch bewacht es auf seinem Ausguck den Calavon. Der kommt von Banon herab und muss sich, bevor er friedlich am Luberon entlangfließen darf, erst noch durch die **Schlucht von Oppedette** hindurchzwängen. 150 Meter tief und über zwei Kilometer lang, ist dieser Canyon eine der nahezu unbekannten Naturschönheiten des Hochlandes. Man kann also wandern oder auch mit den **38 Einwohnern** ins Gespräch kommen, die 1995 in Oppedette registriert wurden.

Vachères ⇗XII/B1

In jedem Fall wird man weiterfahren in das mit über 200 Seelen vielfach größere Vachères. Die Straße dorthin erfreut wiederum mit einem wunderbaren Blick zurück auf **pittoreske Fassaden,** klettert dann mehr als 300 m höher und bietet die ganze Zeit über so verlockende Aussichten, dass wir sie getrost den schönsten Routen unseres Reisegebietes zurechnen dürfen.

Vachères selbst nimmt sich mit seinen regelmäßigen Steinhäusern und der Schlossruine geradezu nobel aus. Das liegt am schönen **Kalkstein,** der im Steinbruch um die Ecke gewonnen wurde und also auch für ein sonst eher armes Dorf erschwinglich war. Neben der Harmonie von Farben und Formen besticht der Kalkfelsen Vachères auch durch seinen herrlichen Ausblick, der von den Bergen des Luberon bis zu denen der Lure reicht.

Reillanne ⇗XIII/C2

Das letzte Village perché ist Reillanne, das wir aber vor allem durchqueren, um im Wald die nahe **Abtei Carluc** zu erreichen oder vielmehr deren Reste, denn St. Pierre-de-Carluc, entstanden aus einer frühmittelalterlichen

506pr Foto: bm

Eremitage, ist längst aufgegeben. Von den Gebäuden, die zum Teil in den Fels geschürft wurden, stehen noch die Kapelle St. Pierre und Ruinen der Kapelle St. Jean-Baptiste. Beide sind durch einen heute freiliegenden Korridor verbunden. Carluc liegt, obwohl ruhig und isoliert, in unmittelbarer Nähe der N 100.

Simiane-la-Rotonde

Abtei Carluc

509pr Foto: bm

Rund um die Montagne de Lure ⇗V/B-C2

Was unterscheidet die Montagne de Lure vom Mont Ventoux? Nun, in der Höhe nicht einmal 100 Meter: 1826 m bietet die Lure, 1906 m der Ventoux. Umso mehr aber die Reputation. Den Ventoux erklommen nacheinander *Petrarca* (staunend), Horden von Rennwagen (dröhnend) und Reisende (beides gleichzeitig). Der Ventoux wurde zur Attraktion, die Lure blieb nahezu unbekannt. Dabei entschädigt dieses **stille Gebirge** für fehlende Höhenmeter überreichlich. Weil es weiter östlich liegt, ist der Blick auf die Alpen noch schöner, außerdem scheint es viel unberührter als der Ventoux.

Deutlich unterscheidet sich auch die Landschaft: Vergleichsweise dicht besiedelt ist die Gegend um den Ventoux, mit einer Vielzahl gepflegter kleiner Dörfer, das alles eher grün und vom Weinanbau geprägt; dagegen einsam und herb erscheinen die Lure-Berge, mit winzigen Weilern auf endlosen Feldern, durchzogen nur von Schäfern mit ihren Herden.

Blick von der Montagne de Lure

Die folgende **Rundfahrt** nähert sich der Lure von Süden über einige typische Dörfer, überquert sie an der höchsten Stelle, führt am Nordhang wieder herab, streift dabei Sisteron (dem ein eigenes Kapitel gewidmet ist), folgt auf dem Rückweg der Durance und bezieht dabei zwei romanische Monumente ein, von denen mindestens das eine – das Kloster Ganagobie – unbedingt sehenswert ist. Das alles kann man, wenn es denn sein muss, an einem Tag schaffen, sofern man sich nicht zuviel Zeit für Spaziergänge lässt und früh losfährt. Ganagobie wird man dann am Nachmittag erreichen, und das ist auch gut so, denn morgens ist dieses Kloster geschlossen.

Von Forcalquier in die Berge

Hinter Forcalquier streift die Landstraße zunächst den Barrage de la Laye, einen **Stausee,** der die Bewässerung mehrerer tausend Hektar Land um Forcalquier ermöglicht, und nähert sich dann einem Dorf. Man wird in der Provence immer wieder auf kleine, unbedeutende Orte treffen, die es in einem speziellen, manchmal ganz absurden Gebiet zu Ruhm und Ehre gebracht haben. Man denke nur an Banon und seinen Käse. Auch **Limans** ist so ein Ort.

Limans hat **Taubenschläge,** *pigeonniers,* und zwar die besten, schönsten und größten weit und breit. Teilweise stammen sie noch aus dem Mittelalter, denn in der Hochprovence war lange vor der Revolution die Taubenhaltung kein Privileg des Adels mehr. Zu sehen sind sie überall, im Ort und auf den Höfen daneben. Turmartig wachsen sie aus den Häusern heraus, öffnen sich zur Sonne hin, während die geschlossene Rückseite vor dem Mistral schützt.

Im Zentrum von Limans, wenn man es denn so nennen kann, verzeichnet ein Plan die prächtigsten Exemplare. Wenn sie nicht fast immer geschlossen hätte, würde man sich auch für die Kirche von Limans interessieren, deren Altar aus der Merowingerzeit stammen soll.

Der alte Nachbarort **Ongles** klebt auf seinem Felsen und verkörpert geradezu die arme, fast aufgegebene Hochprovence, von entrückter Schönheit oder voller Trostlosigkeit, je nach Jahreszeit und Stimmung des Betrachters.

Man kann von hier aus einen Abstecher machen durch das weite, von Lavendelfeldern durchzogene Tal bis hin zu den Weilern **L'Hospitalet** und **Saumane,** wo wieder einmal das Verkehrsnetz einfach in der Wildnis ausläuft, vorbei an Kapellen, die einsam auf ihren Hügeln hocken. L'Hospitalet in 900 m Höhe ist auch ein geeigneter Ausgangspunkt für Wanderungen in die Lure-Berge.

Überquerung der Lure ⇗V/C2

Der nächste Ort auf unserem Weg hinauf in die Lure ist **St. Etienne-les-Orgues.** Hier zweigt die enge Straße ab, die in zahllosen Windungen durch riesige Wälder das Gebirge erklettert.

Das Etappenziel ist die **Kapelle Notre-Dame-de-Lure.** Sie ist der Rest einer Benediktinerabtei aus dem 12. Jh., wurde aber vor allem im 17. Jh. umgebaut. Einst pilgerten die Menschen aus Vachères und Reillanne hierher, um Regen zu erbitten. Heute ist Notre-Dame-de-Lure ein weltvergessener Ort, wo ein Brunnen plätschert und das Sonnenlicht durch riesige Buchen fällt. Wir sind in 1200 Metern Höhe. 600 Meter trennen uns noch vom **Signal de Lure,** dem höchsten Punkt.

Der Blick vom **Gipfel der Lure-Berge** hat den weitesten Weg gelohnt. Im Süden schimmert bläulich der Luberon, dahinter liegen die Gebirgszüge am Mittelmeer, westlich ist der Ventoux mit seiner weißen Kappe auszumachen. Ins Großartige steigert sich die Landschaft im Norden, wo, gutes Wetter vorausgesetzt, die Alpen greifbar nahe liegen. Bis ins 1400 Meter tiefer liegende Sisteron schlängelt sich die Straße nun abermals kurvenreich durch ausgedehnte Wälder (siehe auch Kap. „Sisteron").

- **Hotel:** *St. Claire***/€€, Chemin Serre, 04230 St. Etienne-les-Orgues, Tel. 04.92.73.07.09. Landhotel mit *Logis-de-France*-Standard. Ausgestattet mit Sauna, Schwimmbad und Restaurant.

Im Tal der Durance ⇗V/D3

Südlich von Sisteron erreichen wir die Durance, die wir ein ganzes Stück weiter unten, nämlich südlich von Chateau-Arnoux, überqueren. Unser Ziel sind die **Felsen von Les Mées** – bizarres Ergebnis einer Laune der Natur – die in der Form großer Finger das Plateau von Valensole zur Durance hin abschließen.

Zurück auf dem westlichen Durance-Ufer, zweigt gegenüber der Brücke die D 101 ab. Nach kurzer Zeit taucht, ein paar Schritte über der Landstraße, **St. Donat-de-Montfort** auf. Hierher soll sich im 5. oder 6. Jh. der Eremit *Donatus* zurückgezogen haben. Die Kirche als Bestandteil einer einstigen Priorei stammt aus dem zweiten Viertel des 11. Jh. Sie zählt damit zu den ältesten Kirchen der Provence und sicher auch zu den schönsten. In ihrem einfachen und schmucklosen Bauplan vergegenwärtigt sie die frühe Romanik, indessen deuten die schmalen, ganz hinter das Hauptschiff zurücktretenden Seitenfluchten schon das 12. Jh. an.

Man könnte nun diesem Tal folgen und würde über die sehenswerten Dörfer **Mallefougasse, Cruis** und **Fontienne** eine sehr schöne Strecke zurück nach Forcalquier vorfinden.

Die Felsen von Les Mées

511pr Foto: bm

Das Kloster Ganagobie ⇗V/D3

Unsere Rundfahrt führt wieder zur Durance, wo einige Kilometer südlich von Peyruis ein Bergsträßchen von der N 96 abzweigt hinauf zum Plateau von Ganagobie. Die **Abtei Ganagobie** zählt kunstgeschichtlich und auch landschaftlich zu den Glanzlichtern einer Provence-Reise. Vor allem das berühmte Bodenmosaik zieht Besucher an, mit 70 Quadratmetern Fläche ist es das größte zusammenhängende der Romanik in Frankreich.

Geschichte

Das außergewöhnliche Plateau in 350 m Höhe war schon 2000 Jahre vor unserer Zeitrechnung besiedelt. Steinsetzungen zeigen, dass es damals schon ein heiliger Platz gewesen sein muss. Das Kloster gründete im **10. Jh.** der Bischof von Sisteron, dessen Familie das Gelände gehörte; er schenkte es dann dem **Kloster Cluny,** dessen damaliger Abt aus der Provence stammte. Unter dem Schutz dieses mächtigen Mutterordens gedieh Ganagobie, blieb aber mit bis zu 13 Mönchen recht klein.

Im Spätmittelalter begann der Niedergang von Ganagobie bis hin zu seiner **Plünderung durch Hugenotten 1562.** Inspektoren aus Cluny fanden 1579 das Kloster verlassen vor. Die Entwicklung beschleunigte sich noch mit Revolution und Säkularisierung zwei Jahrhunderte später. Heute wird

512pr Foto: bm

das Kloster von **Benediktinermönchen** von Ste. Marie-Madeleine aus Marseille geführt.

Sehenswertes

Die heute noch bestehenden Gebäude stammen aus der Blütezeit des Klosters und sind also romanisch; einige Nebenbauten kamen in späteren Jahrhunderten hinzu.

Für Besucher zugänglich ist die **Kirche** aus der Mitte des 12. Jh. Außerordentlich schlicht, besteht sie aus einem einzigen Schiff mit drei quadratischen Jochen, auf das ein doppeltes Querschiff folgt und schließlich der Chor mit drei Apsiden; er wurde nach Zerstörungen in der Revolution wiederhergestellt.

Was diese Kirche von anderen provenzalischen Abteikirchen unterschied, war ihre **reiche Dekoration** mit Fresken und Mosaiken. Man muss sich dazu vergegenwärtigen, dass es sich nicht, wie etwa in Sénanque, um eine zisterziensische Gründung handelte, sondern um einen Ableger von Cluny, und der Geist von Cluny verlangte, was die Zisterzienser ablehnten: prächtige Dekoration zum Lobe Gottes.

Apsis der Kirche

Geblieben ist von dieser Ausschmückung das einzigartige **Bodenmosaik** in der Apsis. Ende des 19. Jh. entdeckten es die Benediktinermönche; sie erkannten seinen Wert, fotografierten es und bedeckten es dann zum Schutz wieder mit Erde. 1976 begann, teilweise in Périgueux bei Bordeaux, die aufwendige Restaurierung, anschließend bekam das Mosaik eine neue Unterlage.

Das ganze Werk, dessen **Marmorsteine** wohl aus zerstörten römischen Bauten stammen, ist mehr oder weniger in drei Farben ausgeführt: rot, schwarz und weiß. Zu sehen sind sagenhafte Pflanzen und Tiere. Vorherrschendes Thema ist, typisch für die Romanik, der Kampf Gut gegen Böse, verkörpert etwa durch den Ritter, der seine Lanze in das Maul eines Drachen stößt. Bis in die Details steckt das Mosaik voller **Symbolik.** So umgibt die Hand jenes Ritters ein Kreis, das Symbol der Vollkommenheit.

„Me prior et fieri Bertranne jubes et haberi et Petrus urgebat Trutber meq(ue) regebat" – diese Inschrift („Prior Bertrand, Du hast angeordnet, mich zu schaffen. Pierre Trutbert leitete meine Ausführung") erlaubt es, das Werk zu datieren, allerdings ungenau. Es gab nämlich im 12. Jh. zwei Mönche namens *Bertrand,* die an der Spitze des Klosters Ganagobie standen. Folglich lässt sich nur sagen, dass das Werk **zwischen 1135 und 1173** entstanden sein muss.

Die zweite Besonderheit der Kirche von Ganagobie ist ihr **Portal.** Dessen Skulpturenschmuck zeigt, über das rein Ornamentale weit hinausgehend, eine am ehesten mit Arles oder St. Gilles vergleichbare Darstellung des Jüngsten Gerichts mit Christus, den zwölf Aposteln, Engeln und, symbolisch, den vier Evangelisten.

Das eigentliche Kloster kann man nicht besuchen, höchstens von der Kirche aus einen Blick darauf werfen. Sehr lohnend ist ein **Spaziergang über das Plateau.** An der linken Seite der Kirche beginnen zwei Wege: Nach rechts führt die Allée des Moines zu einem **Aussichtspunkt über der Durance,** die sich zwischen dem Plateau von Valensole und den Bergen der Hochprovence ihr Tal mit allen möglichen Verkehrsadern teilen muss.

Nach links geht die Allée de Forcalquier ab, die an **Steinsetzungen aus dem Neolithikum** vorbeiführt und ebenfalls einen Aussichtspunkt erreicht, diesmal über das Land von Forcalquier mit seinen Wäldern bis hin zur Montagne de Lure. Beide Aussichtspunkte verbindet ein spärlich gekennzeichneter Weg, der sich unmittelbar am Rand des Plateaus entlangschlängelt (etwa 45 Min.). Er führt auch zu den **Ruinen der Villevieille,** einer mittelalterlichen Siedlung, deren Grundriss noch erkennbar ist.

•**Monastère de Notre-Dame,** 04310 Ganagobie. Öffnungszeiten: täglich außer montags 15–17 Uhr. Die Kirche ist darüber hinaus zugänglich im Rahmen von Messen und Gebeten, an denen man teilnehmen kann: 5, 7 und 9 Uhr in der Woche sowie 9.30 Uhr sonntags, außerdem 12, 13.30, 20 Uhr und 18 Uhr im Sommer und 17 Uhr im Winter. Wer diese Zeiten nutzt, muss wissen, dass er Gast des Klosters ist und nicht Tourist.

Die „Affäre Dominici" von Lurs

Lurs war in den 1950er Jahren Schauplatz einer Affäre, die nicht zuletzt durch den gleichnamigen **Film mit Jean Gabin** von 1973 bekannt geworden ist. Im August 1952 wurde das englische Ehepaar *Drummond* mit seiner kleinen Tochter zusammen **ermordet aufgefunden** - am Rand der Landstraße und gleich neben dem Hof *La Grande Terre* der aus Italien stammenden Familie *Dominici.*

Das patriarchen-ähnliche Oberhaupt dieser Sippe, der 76-jährige **Gaston Dominici,** galt sogleich als Hauptverdächtiger. Die Tatwaffe, die ihm gehörte, fischte man kurz darauf aus der Durance. Doch die Aussagen des Familienclans blieben konfus und widersprüchlich. *Gaston Dominici* gab schließlich an, ein Schäferstündchen mit der englischen Touristin gehabt zu haben, widerrief das aber gleich darauf. Der **Indizienprozess** in Digne endete mit einem Todesurteil gegen ihn; nach langer Haft wurde er von *de Gaulle* begnadigt und starb in einem Altersheim. Er liegt in Forcalquier begraben.

Interessant ist diese Affäre, weil Richter und Angeklagter während des Prozesses einander offenbar überhaupt nicht verstanden: Nicht nur, weil der eine französisch, der andere provenzalisch sprach, sondern, weil sich hier die geradezu archaische, geheimnisvolle Welt eines **Bauern der Hochprovence** auftat. Soziologen hat der Prozess noch lange beschäftigt, ebenso übrigens **Jean Giono,** der sich dadurch in seinen Schilderungen einer abgründigen, mysteriösen Mentalität bestätigt sah.

Lurs

⇗V/D3

Vom Kloster aus folgen wir der Durance wieder ein Stück nach Süden, wo wir die nächste Siedlung auf einem Gebirgsvorsprung antreffen: Lurs. Im Mittelalter entdeckten die Bischöfe von Sisteron diesen Platz, der ihnen auf halbem Weg zwischen ihren beiden Kathedralen (Forcalquier und Sisteron) eine strategisch günstige Bleibe bot. Sie errichteten ein mächtiges **Castrum,** dessen Ruinen im Norden des Dorfes noch zu sehen sind. Der einstige Reichtum des Ortes ist unverkennbar; es lohnt sich, die engen Gassen mit ihren regelmäßigen Steinhäusern zu erkunden.

Hotel

●**Le Séminaire****/€€€, 04700 Lurs, Tel./Fax 04.92.79.94.19. Schönes *Logis-de-France*-Haus im alten Dorfkern. Mit Schwimmbad und Restaurant.

Verdon-Schlucht und Umgebung

Überblick

Im äußersten Osten unseres Reisegebietes erwartet den Provence-Besucher noch einmal ein Höhepunkt und ein unvergessliches Naturerlebnis: Hier hat sich der **Fluss Verdon** seinen Weg durch den weichen Kalkstein der Voralpen gebahnt und dabei spektakuläre Schluchten geschaffen, einen **Grand Canyon** eben – einmalig in Europa und nur vergleichbar mit seinem berühmten Namensvetter in den USA.

Die Schluchten des Verdon sind ein Eldorado für Kletterer, Wildwassersportler, Wanderer und in neuester Zeit auch Bungee-Jumper; doch selbst weniger aktive Touristen kommen auf ihre Kosten. So lädt der **Lac de Ste.**

515pr Foto: bm

Grand Canyon du Verdon

519pr Foto: bm

Lac de Gréoux

Croix – einer der Stauseen, in dem sich die Wasser des Verdon sammeln – zum Baden und seine Strände zum Sonnenbaden ein.

In hübschen Felsdörfern wie Castellane und Moustiers-Ste.-Marie kann man seine Zeit verbummeln. Viel Kultur bietet das Städtchen Riez, das auf eine römische Gründung zurückgeht und eine der seltenen frühchristlichen Taufkapellen besitzt. Schließlich statten wir den beiden Thermalbädern Gréoux und Digne einen Besuch ab, bevor wir uns – vielleicht bei der Spezialität *Pieds et Paquets* – in Sisteron von der Provence verabschieden.

Gréoux-les-Bains

↗XIII/D2

Der Kurort erstreckt sich über ein weites, grünes Tal in 400 m Höhe am Ausgang der **Basses Gorges du Verdon,** der Ausläufer der Schluchten. Gréoux bietet jedoch ein disparates Bild: Anziehend sind seine Lage und sein architektonisches Erbe aus dem Mittelalter, doch das Städtchen ist völlig eingenommen vom **Thermaltourismus** und wuchert mit Hotelanlagen und Kurzentren über seine Grenzen hinaus. Selbst in der Altstadt wird man auf Schritt und Tritt vom Angebot ungezählter Imbissstuben und Souvenirläden bedrängt, stets in Gesellschaft

Erholungssuchender im obligatorischen Jogging-Anzug, die ihrer Kurbekanntschaft nachstellen.

Die Heilkraft der Wasser von Gréoux hatten schon die Römer zu schätzen gewusst; bei Ausgrabungen sind Reste ihrer **Thermen** gefunden worden. Später geriet der Ort in Vergessenheit, bis er im 19. Jh. bei der hohen Gesellschaft *en vogue* wurde, darunter Napoléons Schwester *Pauline*. In jener Zeit entstanden schöne Hotelbauten und Villen. Die sechziger Jahre des letzten Jahrhunderts brachten einen neuen Aufschwung mit sich und einen Bauboom, der dem Stadtbild nicht gerade zum Vorteil geriet.

Sehenswertes

Gekrönt und beherrscht ist Gréoux von seiner mächtigen Schlossruine auf einem Hügel. Sie wird **Château des Templiers** genannt, weil die Stadt im 12. und 13. Jh. dem Templerorden gehörte. Doch tatsächlich stammt nur der früheste Bau aus dem 12. Jh., und bis ins 18. Jh. hinein nahmen die wechselnden Herren des Städtchens immer neue Umbauten vor, darunter die Johanniter, die Familien von *Castellane* und *Albertas*. (Das Château ist nur von außen zu besichtigen; direkt nebenan gibt es einen Parkplatz.)

An diesen Schlossberg schmiegt sich die Altstadt. Dort zeugen Ruinen von der **Stadtmauer** des 16. Jh.; der Portail du Vieil-Horloge dagegen ist Rest einer noch früheren Befestigung. Die Kirche **Notre-Dame-des-Ormeaux** entstand im 11. Jh. als Priorei der Abtei Montmajour bei Arles, wurde aber in den folgenden Jahrhunderten tiefgreifend verändert. In gotischer Zeit kamen der Chor und das südliche Seitenschiff hinzu (14./15. Jh.), im 17. Jh. entstand der nördliche Anbau. Das gegenüber liegende **Rathaus** mit einem Portal im Stil *Louis XIII.* (1610–1643) ist in einem schönen Hôtel particulier, ebenfalls aus dem 17. Jh,. untergebracht.

In der Nähe von Gréoux erstreckt sich ein See, der malerische **Lac d'Esparron,** den teils bewaldete Ufer, teils steil abfallende Felswände begrenzen.

Praktische Hinweise

Information

- **Office de Tourisme,** 5, Avenue des Marronniers, 04800 Gréoux-les-Bains, Tel. 04.92.78.01.08, Fax 04.92.78.13.00, www.greoux-les-bains.com.

Hotel

- **Villa La Castellane****/€€€, Avenue des Thermes, Tel. 04.92.78.00.31, Fax 04.92.78.09.77. Das ehemalige Jagdschlösschen des *Marquis von Castellane* ist in ein bezauberndes Hotel umgewandelt worden. Es gibt einen Park mit uralten Zedern, ein Schwimmbad und ein Restaurant nur für Gäste. Menü 20–30 €.

Camping

- **La Pinède,** Route de St. Pierre, Tel. 04.92.78.05.47, Fax 04.92.77.69.05, www.lapinede.com. Geöffnet von März bis November, 160 Plätze; mit Schwimmbad.

Restaurant

- **La Crémaillère,** Route de Riez, Tel. 04.92.74.22.29, Fax 04.92.78.19.80. Raffinierte, sehr gute regionale Küche, aber auch

520pr Foto: bm

empfehlenswertes Drei-Sterne-Hotel. Menü ab ca. 25 €.

Märkte und Feste

- **Wochenmarkt,** dienstags gegenüber der Mairie und donnerstags auf dem Parkplatz Salle de l'Étoile.
- **Printemps musical,** Tanz-, Theater- und Musikveranstaltungen im Frühjahr.
- **Theater, Tanz und Musik,** im Juli und August im Théâtre de la Cour du Château.
- **Foire aux Santons,** Markt für die provenzalischen Krippenfiguren zu Allerheiligen.

St. Martin-de-Brômes

Umgebung von Gréoux

Wir schlagen die D 952 Richtung Riez ein und durchfahren das fruchtbare Tal des Flüsschens Colostre. Auf dem Weg liegt das malerische Dörfchen **St. Martin-de-Brômes,** dessen pastellfarbene Häuser sich an einen roten Hügel schmiegen, und das gekrönt ist von seiner romanischen Kirche oben auf dem Plateau.

Wir passieren das hübsche Straßendorf **Allemagne-en-Provence,** das ganz von seinem Schloss beherrscht ist. Ursprünglich ein Verteidigungsfort aus dem 12. und 13. Jh., wurde es im 16. Jh. vergrößert und zu einem luxuriösen **Renaissance-Schloss** umgebaut, das bis heute bewohnt ist. Innen sind vor allem die gefliesten Böden und getäfelten Decken des 16. Jh. sehenswert, der Kamin im großen Salon und eine lange Wendeltreppe, die die Flügel des 12./13. Jh. mit denen des 16. Jh. verbindet.

• **Führungen:** April bis Juni und Mitte September bis Oktober samstags und sonntags 16 und 17 Uhr, Juli bis Mitte September täglich außer montags und dienstags 16 und 17 Uhr. Tel. 04.92.77.46.78. Besichtigung nur mit Führung. Es werden auch Gästezimmer angeboten.

Riez

↗ XIV/A2

Im Département Alpes-de-Haute-Provence ist Riez eine Besonderheit, weil es auf eine römische Gründung zurückgeht und von dieser sogar noch Überreste zeugen. Seine Bekanntheit – zumindest in Kunsthistoriker-Kreisen – rührt jedoch vielmehr von seiner frühchristlichen Taufkapelle her. Obwohl der Ort darüber hinaus mehrere andere Sehenswürdigkeiten bietet, malerisch am Rand des **Plateau de Valensole** gelegen ist und in seinem Ortsbild enge Gassen, hübsche Plätze und Hôtels particuliers des 16. und 17. Jh. vereint, scheint er vom großen Besucherstrom des Grand Canyon verschont zu bleiben. Oder – wenn man so will – er hat leider wenig Anteil daran, weshalb sich viele schöne barocke Fassaden in einem desolaten Zustand befinden.

Geschichte

Noch vor den Römern muss hier – auf dem Hügel St. Maxime – der keltoligurische Stamm der **Reii** gelebt haben, der der Siedlung ihren Namen gab. *Augustus* gründete dann im Tal die **Colonia Augusta Apollinaris Reiorum,** über die kaum etwas bekannt ist, außer dass sie an das römische Straßennetz angeschlossen und von Aix, Fréjus und Digne erreichbar war.

Im 5. Jh. n. Chr. gab es in Riez, wie so oft in der Nachfolge gallorömischer Kolonien – einen **Bischof.** Es soll *St. Maxime* gewesen sein, nach dem der Hügel benannt ist und der eine erste Kathedrale erbauen ließ, von deren Existenz nur noch das **Baptisterium** zeugt. Irgendwann im Verlaufe des Mittelalters dürften sich die Bewohner auf den St.-Maxime-Hügel geflüchtet haben, wo ein Castrum und eine neue Kirche entstanden. Die Stadt im Tal wurde jedoch nie ganz aufgegeben.

Spätestens in der ersten Hälfte des 14. Jh. war die Siedlung wieder ganz ins Tal verlegt, denn zu dieser Zeit umgab sie sich mit einer **Stadtmauer.** Am Ende des 15. Jh. wurde die alte Kathedrale beim Baptisterium zerstört, und man errichtete innerhalb der schützenden Befestigung eine neue Kirche.

Sehenswertes

Am **Ufer der Colostre** kann man die Reste des römischen Riez bewundern: Vier hohe, schlanke **Säulen** aus grauem Granit, die – gekrönt von korinthischen Marmorkapitellen – von einem Architrav (Querbalken) abgeschlossen werden. Sie gehörten wahrscheinlich zu einem Tempel aus dem 1. Jh. n. Chr. Man weiß zudem, dass die antike

Stadt Thermen besaß, denn auf deren Ruinen entstand im 5. Jh. das Baptisterium, in dessen Konstruktion römische Baukörper einbezogen wurden.

Diese **Taufkapelle** ist ein kunsthistorisches Kleinod und gehört zu den ältesten christlichen Bauwerken ganz Frankreichs, die noch erhalten sind. Die Kapelle, gründlich restauriert schon im 17. und 19. Jh., ist außen fast quadratisch, innen jedoch von achteckigem Grundriss. An die Seiten schließen sich im Wechsel halbrunde und rechteckige Nischen oder Apsiden an. Acht Säulen mit korinthischen Marmorkapitellen - wohl noch aus antiker Zeit - sind nicht direkt an den Ecken aufgestellt, sondern weiter zur Raummitte hin, so dass sie einen Umgang bilden. Im Zentrum ist das wiederum achteckige Taufbecken in den Boden eingelassen, darunter verlaufen Abflussrinnen für das Wasser.

Im Baptisterium ist heute das kleine **Musée Lapidaire** untergebracht mit Funden aus römischer und frühchristlicher Zeit.

- **Baptisterium,** Tel. 04.92.77.82.80. Nur auf Anmeldung beim Office de Tourisme. Eintritt 2 €.

Bei einem Stadtrundgang stoßen wir auf **Teile der alten Befestigung** aus dem 14. Jh. - Mauerreste, die Tour de l'Horloge, die Portes Sanson und Ayguière - und auf mittelalterlich geprägte Gassen, Plätze und überwölbte Passagen. In der Grand'rue stehen noch mehrere schöne, allerdings sehr erneuerungsbedürftige **Hôtels particuliers** der lokalen Noblesse und Bourgeoisie aus dem 16. und 17. Jh., zum Beispiel die Häuser Nr. 27, 29 und 31. Das schönste ist das **Hôtel de Mazan** von 1532 mit einem prächtigen Portal von 1598 (Nr. 12.).

Hinter der Stadt windet sich eine etwa 1,5 Kilometer lange Straße die **Colline St. Maxime** hinauf. Von der mittelalterlichen Festungsstadt ist nichts mehr erhalten. Die **Chapelle St. Maxime** aus dem 17. Jh. ist dem ersten Bischof der Stadt geweiht und entstand vermutlich auf den Ruinen einer frühchristlichen Basilika oder Kathedrale, in deren Bau sechs römische Granitsäulen einbezogen waren. Diese schmücken bis heute den Chor der Kapelle. Viel jünger sind die aufwendigen Wandmalereien, die erst um 1880 hinzukamen.

Bei einem Picknick auf dem Plateau kann man den schönen Blick auf das rotbedachte Häusergewirr von Riez genießen.

Praktische Hinweise

Information

- **Office de Tourisme,** 4, Allée Luis Gardiol, 04500 Riez, Tel. 04.92.77.99.09, Fax 04.92. 77.99.07, www.ville-riez.fr.

Camping

- **Rose de Provence****, Les Valvachères, Tel./ Fax 04.92.77.75.45, www.rose-de-provence. com. Ein einfacher, baumbestandener Platz ohne Schwimmbad, geöffnet von Ostern bis Mitte Oktober; Vermietung von Mobile Homes.

Fahrradverleih

- **Location VTT Cîmes,** L'Ardech des Orgues, Route des Puimoisson, Tel. 04.92.77.72.23.

Märkte und Feste

- **Wochenmarkt,** mittwochs und samstags am Rand der Altstadt.
- **Kunsthandwerkermarkt,** an Sonntagen im Juli und August.

Anreise/Weiterreise

- **Mit dem Bus:** Linie Castellane - La Palud - Moustiers - Riez - Gréoux - Aix - Marseille; weitere Verbindungen nach Manosque und Digne.

Moustiers-Ste.-Marie

↗XIV/B1

Moustiers steht in dem Ruf, das malerischste Dorf Frankreichs zu sein. Gemessen an der Fülle wunderschöner Örtchen, denen man überall in der Provence begegnet, mag das etwas übertrieben erscheinen. Doch Moustiers hat mit Sicherheit seine Reize, schon allein wegen der Nähe zu den Verdon-Schluchten - doch gerade deswegen ist es stets überfüllt.

Hinter dem Ort erhebt sich ein markanter, **karger Fels,** zweigeteilt durch eine tiefe Spalte, der die bunten Häuschen zu erdrücken scheint. Aus dem rötlichen Dächergewirr ragt einzig der mehrgeschossige Kirchturm im romanischen Stil der Lombardei hervor.

Seit dem 17. Jh. ist Moustiers zudem bekannt für seine kunstvoll bemalten **Fayencen,** heute kostbare Sammlerstücke, die überall im Ort als Kopien feilgeboten werden.

Geschichte

Moustiers verdankt seinen Namen einem **Kloster** (lat. *monasterium*), das der heilige Maxime hier in frühchristlicher Zeit gründete. Er war der erste Bischof von Riez und später Abt des Inselklosters Lérins bei Cannes. Mit einigen seiner Mitbrüder zog er sich um 435 zurück in die naturgeschaffenen Grotten des heutigen Moustiers und errichtete der Jungfrau Maria eine Kapelle wohl an derselben Stelle, wo jetzt die Notre-Dame-de-Beauvoir steht. Der Ort zog bald zahlreiche **Pilger** an, und es entstand eine erste kleine Siedlung.

Zwischenzeitlich, wohl unter dem Druck der Sarazenen-Einfälle, gaben die Mönche ihr Kloster auf, um in der Mitte des 11. Jh. erneut ein Priorat zu gründen. Im 13. Jh. unterstanden Moustiers einige benachbarte Gemeinden, die zusammen eine selbstverwaltete Einheit nach dem Muster italienischer Stadtstaaten bildeten. Im 14. Jh. fiel Moustiers an das Haus *von Anjou,* Ende des 15. Jh. mit der gesamten Provence an das Königreich Frankreich.

Einen beträchtlichen wirtschaftlichen Aufschwung erlebte das Städtchen im 16. Jh.: Es gab mehrere Papiermühlen, Gerbereien, Tuch-Fabriken und Töpfereien. Letztere konnten ab dem 17. Jh. auf die profitträchtige **Fayence-Produktion** umsteigen, die ihren Höhepunkt im Jahrhundert darauf erlebte. Alles soll damit begonnen haben, dass ein Mönch aus Faienza in Italien - seit dem 15. Jh. Hauptort der

523pr Foto: bm

Fayence-Kunst und Namensgeber für die **Tonwaren** – das Geheimnis für die Herstellung der typischen weißen Zinnglasur mit nach Moustiers brachte. Das Glück war den Pionieren hold, befahl doch *Ludwig XIV.* (1643–1715) zu jener Zeit, alles goldene und silberne Tafelgeschirr zum Nutzen der Staatskasse einzuschmelzen. Die Fayencen von Moustiers waren ein adäquater Ersatz und füllten diese Marktlücke alsbald aus. Bis heute gibt es hier an die zwanzig Ateliers.

Sehenswertes

Ein malerischer Kreuzweg führt über Steinstufen zur **Wallfahrtskapelle Notre-Dame-de-Beauvoir** hoch oben auf dem Felsen über der Stadt, wo schon die Mönche aus Lérins ihre Marienkirche errichtet hatten. Größtenteils stammt sie aus romanischer Zeit (12. Jh.), erhielt ihren gotischen Chor und die östlichen Joche jedoch erst im 15. Jh. Die kunstvoll geschnitzte Tür des Portals ist im Stil der Renaissance gefertigt. Die recht große, von einem quadratischen Turm überragte Kapelle steht im Mittelpunkt der **September-Wallfahrt** mit großem Volksfest.

Unweit der Notre-Dame hängt ein geheimnisvoller **Stern an einer Kette** zwischen den Felsen. Gemäß einer Legende des Dichters *Mistral* soll es sich dabei um eine Votivtafel handeln, die der Ritter *Blacas d'Auls* der Jungfrau um 1250 geweiht hat, weil er nach einem Kreuzzug heil wieder in die Heimat zurückkehrte. In Wahrheit wusste man in Moustiers schon im 16. Jh. nicht mehr, wer die Kette aufgehängt hatte, doch der Stern baumelt immer noch in luftiger Höhe und wird regelmäßig ersetzt oder wieder aufgehängt, wenn ihn der Wind fortgefegt hat.

Bei einem Spaziergang durch die Gassen des Städtchens findet man die **Pfarrkirche** mit Leichtigkeit, weil ihr romanischer Turm sich hoch über den Häusern erhebt. Auf einen Sockel aus Bruchstein folgen drei quadratische Geschosse, die nach oben hin immer niedriger werden, mit rundbogigen Fensteröffnungen und einem Pyramidendach. Die Kirche selbst stammt im Wesentlichen aus zwei Bauperioden: Das Schiff mit Tonnenwölbung hat seine romanische Gestalt des 12. Jh. weitgehend bewahrt, obwohl die beiden letzten Joche vor dem Chor zusammen mit diesem in gotischer Zeit eine neue Gestalt erhielten. Von einem Vorgängerbau aus dem 8. Jh. zeugt noch ein Gewölbe unter der Kirche. Als Altar dient übrigens ein Sarkophag aus dem 5. Jh., der den Zug des Volkes Israel durch das Rote Meer zeigt.

Die Fayence-Produktion hat in Moustiers nicht nur goldene Tage gesehen, und in den siebziger Jahren des 19. Jahrhunderts erlosch sie gar völlig. Erst 50 Jahre später gelang es dem Dichter *Marcel Provence,* die alte Tradition wiederzubeleben: 1929 gründete er ein **Museum,** das – stilvoll untergebracht in einem mittelalterlichen Gewölbe – eine schöne Sammlung von **Geschirr und dekorativen Gegenständen** sowie Werkzeuge zeigt.

- **Musée de la Faïence,** Place du Presbytère, Tel. 04.92.74.61.64. Öffnungszeiten: täglich außer dienstags 9–12.30 Uhr und 13.30–18 Uhr, im Juli und August bis 19 Uhr, Eintritt 2 €, Kinder bis 16 Jahre frei.

Praktische Hinweise

Information

- **Office de Tourisme,** Rue de la Bourgade, 04360 Moustiers-Ste. Marie, Tel. 04.92.74.67.84, Fax 04.92.74.60.65, www.ville-moustiers-sainte-marie.fr.

Hotel

- **Auberge de la Ferme Rose*****/€€€-€€€€, Chemin Embourgues, Tel. 04.92.74.69.47, Fax 04.92.74.60.76, www.lafermerose.fr. Charmanter provenzalischer Bauernhof, ca. 1 km außerhalb von Moustiers, geschmackvoll eingerichtet, mitten im Grünen.

Restaurant

- **La Bastide de Moustiers,** La Grisolière, Tel. 04.92.70.47.47. Der Spitzenkoch *Alain Ducasse,* bereits mit Häusern in Paris und Monaco vertreten, hat in Moustiers Ste. Marie eine weitere Filiale eröffnet. Man speist in einem umgebauten Hof aus dem 17. Jh. Nur ein Menü, mittags um 42, abends um 58 €. Auch im Angebot sind 12 luxuriöse Doppelzimmer.

Camping

- **Le Vieux Colombier*****, Tel./Fax 04.94.74.61.89, www.perso.wanadoo.fr/camping.vieux.colombier. Zwischen Moustiers und Lac de Ste. Croix, geöffnet von Ostern bis September. Vermietung von Mobile Homes.

Märkte und Feste

- **Wochenmarkt,** freitagmorgens.
- **Fête votive de Notre-Dame-de-Beauvoir,** Pilgerfest zur Notre-Dame-de-Beauvoir mit Volksfest, 31. August bis 8. September.

Die Verdon-Schlucht ⇗ XIV/B2–XV/C2

„Nichts ist romantischer als diese Mischung aus Felsen und Abgründen, aus grünem Wasser und purpurnen Schatten, aus diesem Himmel wie das homerische Meer und aus diesem Wind, der mit der Stimme toter Götter spricht." Poetischer und schöner als *Jean Giono* kann man den Verdon und seine Schluchten gar nicht beschreiben, denn die Haute-Provence war sein Land und Inspiration seiner Literatur. Doch auch der Reisende empfindet vielleicht den **Grand Canyon** als das grandioseste Naturerlebnis der Provence, das ihm am nachhaltigsten in Erinnerung bleibt.

Der Fluss Verdon entspringt in 2150 m Höhe im Massiv von Sestrière in der Nähe des Col d'Allos und mündet nach 170 km bei Cadarache in die Durance. Seinen Weg hat er sich durch den weichen Kalkstein der Hochebene von Canjuers gebahnt und dabei spektakuläre Schluchten von 250 bis 700 m Tiefe gegraben.

Auf beiden Seiten des Canyon führen Straßen mit fantastischen Aussichten entlang: Tief unten erblickt man dann den smaragdgrün schimmernden Fluss, der sich in Kurven durch das bewaldete Massiv windet. Der Name *Verdon* geht zurück auf diese außergewöhnliche grüne Farbe (franz. *vert*), die durch den hohen **Fluorgehalt** im Wasser entsteht, da dieser auf das Algenwachstum einwirkt.

Heute ist die Kraft der Wassermassen durch **Stauseen** gebändigt, vor seinem Eingang durch den Lac de Castillon und den Lac de Chaudanne und an seinem Ausgang durch den Lac de Ste. Croix, der mit 10 km Länge und einer Oberfläche von 2200 Hektar der größte der Verdon-Seen ist.

525pr Foto: bm

Ausgang der Verdon-Schlucht

Hinweise für Sportler

In den Schluchten kann man sehr viele Sportarten ausüben. Wildwasserfreunde finden überall Möglichkeiten und Ausleihstellen zum **Kanu- und Kajakfahren,** zu Rafting und Hydrospeed. Letzteres ist besonders für Anfänger zu empfehlen, denn das Schwimmen auf dem aufblasbaren, gleichnamigen Brett bereitet auf schwierigere Wassersportarten vor. Ganz ungefährlich ist der Verdon wegen seiner Felsspitzen und seines Gerölls allerdings nicht. Man sollte sich entweder einem Führer anvertrauen oder zumindest vorher den **Wetterbericht** (Tel. 04.92. 64.90.60) und den **Wasserstand** (*Électricité de France,* Tel. 04.92.83. 62.68) erfragen.

Der Verdon ist ein Paradies für **Steilwandkletterer,** allerdings nur für solche mit einiger Erfahrung, da der Schwierigkeitsgrad überall sehr hoch ist. Dagegen eignet sich für jeden (mit etwas Kondition) das so genannte **Schluchtenwandern,** wobei man die Gorges wandernd, kletternd und schwimmend durchquert. Auch hierbei sollte man die Hilfe von Führern in Anspruch nehmen. (Die entsprechenden Adressen finden sich unter „Praktische Hinweise".)

Die Nordseite der Schlucht

Diese Teilstrecke bis nach Castellane ist 70 km lang. Mit dem Auto dauert die Erkundung etwa einen halben Tag.

Von Moustiers-Ste.-Marie geht es über die D 952 zur nördlichen Uferseite der Schluchten, der Rive droite. Schon bald gibt der **Belvédère de Galetas** den fantastischen Blick auf den Schluchtenausgang frei, und es ist wirklich ein Schauspiel, wie sich die grünen Wasser des Verdon mit den blauen des Ste.-Croix-Sees verbinden.

Auf den Col de l'Olivier folgen der Belvédère de Mayreste mit einem ersten Blick über den Verdon in der Tiefe des Canyons und der Aussichtspunkt des Col d'Ayen.

Wir erreichen den kleinen Ort **La Palud-sur-Verdon,** das Basislager der Kletterer und Wildwasserfahrer, die dort campieren, oftmals in den Kneipen auf besseres Wetter warten und sich währenddessen gegenseitig ihre Heldentaten erzählen.

Kurz hinter dem Ort beginnt die **Route des Crètes** (D 23), eine 23 km lange Kammstraße, die sich spektakulär den Schluchtenabhängen nähert. Für diese Strecke sollte man etwas Zeit einplanen, weil hier ein Aussichtspunkt äußerst schnell auf den nächsten folgt: Vom Dent d'Aire hat man das beste Panorama über den Canyon, vom Belvédère de Guegues schaut man auf die Hochebene von Cajuers und die Mescla auf der anderen Seite, und an der **Felswand von Escalès** kann man mit den Kletterern zittern, die sich in schwindelerregender Höhe den nackten Fels emporarbeiten.

Am Chalet de la Maline beginnt der **Wanderpfad Sentier Martel,** der durch die Schlucht bis zum Point Sublime führt. Benannt ist er nach dem Geologen und Höhlenforscher *Édouard Martel,* der zu Anfang des 20. Jahrhunderts zum ersten Mal die Schluchten in ihrer ganzen Länge erforschte. Wer es ihm gleichtun will, sollte für den Sentier eine reine Gehzeit von sechs Stunden einplanen und sich mit festem Schuhwerk, Regenschutz, Proviant und Taschenlampen für die Tunnel ausrüsten.

Wieder auf der D 952 erreichen wir bald **Rougon,** ein Village perché auf 930 m Höhe in der Nähe des Schluchteneingangs. Normalerweise zählt der winzige Ort mit Resten einer **mittelalterlichen Burg** kaum mehr als 80 Einwohner, doch im Sommer vervielfacht sich diese Zahl, wenn erholungssuchende Städter ihre Zweitwohnsitze und Feriendomizile beziehen.

Unterhalb des Dorfes gelangt man nach einem etwa zehnminütigen Spaziergang zu dem großartigsten aller Aussichtspunkte unserer Rundfahrt, dem **Point Sublime.** Von hier aus kann man den Eingang des Grand Canyon, die Einmündung des Flusses Baou in den Verdon und die beeindruckende Spalte des Couloir Samson bewundern.

Information

- **La Maison des Gorges du Verdon,** Le Château, 04120 La Palud-sur-Verdon, Tel./Fax 04.92.77.32.02, www.lapaludsurverdon.com. Die Informationsstelle des regionalen Naturparks Verdon ist untergebracht in einem schön restaurierten Schloss aus dem 18. Jh., in dem auch Ausstellungen stattfinden, z.B. zu ökologischen Themen.

Hotel-Restaurants

- **Les Gorges du Verdon*****/€€€€, Route de la Maline, Tel.04.92.77.38.26, Fax 04.92.77.35.00, www.hotel-du-gorges-du-verdon.fr. Liegt auf einem Hügel gegenüber dem Dorf und bietet hübsche, komfortable Zimmer und Suiten sowie einen Swimmingpool. Menü um 30 €.

Camping

- **Camping Municipal****, La Palud-sur-Verdon, Tel. 04.92.77.38.13, Fax 04.92.77.38.02. Geöffnet von Mai bis September.
- In La Palud gibt es zudem mehrere *Campings à la Ferme,* z.B. **La Graou,** Tel. 04.92.77.38.22.

Märkte und Feste

- **Wochenmarkt,** sonntags.
- **Fête votive** am 15. August.

Erkundung der Schluchten/ Sportliche Aktivitäten

- **Wandern und Klettern:** Führer über *Le Bureau des Guides* im Dorf, Tel. 04.92.77.30.50.
- **Wandern, Klettern, Bergsteigen, Mountainbike-Touren, Skikurse** etc.: *Activerdon, Franck Ghini* (diplomierter Bergführer), La Palud, Tel. 04.92.77.14.22, www.activerdon.com.
- **Reiten:** *Les Pionniers Equitation Western,* La Palud, Tel. 04.92.77.38.35.
- **Mountainbike-Verleih:** *V.T.T. Cîmes,* Tel. 06.88.55.07.87; *Lou Cafetie,* Tel. 04.92.77.38.41.

Die Südseite der Schlucht

Umgeben von Wäldern und Garrigues liegt das hübsche Felsdörfchen **Trigance** in 800 Metern Höhe. Es wird von einer **Burg aus dem 11. Jh.** überragt, in der heute ein Hotel untergebracht ist. Doch eigentlich ist das ganze Dörfchen selbst schon wie eine Festung angelegt, und seine wehrhaften Häuserreihen bilden den Ersatz für eine Stadtmauer. Ein Spaziergang durch die engen Gassen, überwölbten Passagen und über Treppchen führt zu einem Beffroi, zur Kirche St. Michel und der Kapelle St. Julien (beide 15. Jh.) sowie zur Kapelle St. Roch (17. Jh.).

An den **Balcons de la Mescla** erreicht die Straße (D 71) wieder die Schluchten. Von hier überblickt man die grandiose Mescla (von provenzalisch „sich mischen"), also den Zusammenfluss von Verdon und Artuby. Bald darauf kommt der **Pont de l'Artuby** in Sichtweite, dessen Stahlkonstruktion den engen Canyon des Flusses mit einem einzigen Bogen überspannt. Zögert man gar, die 110 m lange Brücke zu überfahren, so halte man sich nur den Mut oder die Waghalsigkeit der **Bungee-Jumper** vor Augen, die sich reihenweise vom Pont in die Tiefe stürzen.

Die Straße in Richtung Moustiers verläuft weiter in Kurven hoch über dem Verdon und bietet fantastische Ausblicke, vor allem vom **Tunnel de Fayet** in 300 m Höhe über dem Verdon, der beeindruckende Windungen auf den Höhen des Étroit des Cavaliers beschreibt.

An den **Falaises des Cavaliers** beginnt die **Corniche Sublime,** die zunächst sehr nah an den Canyon heranführt. Bei Le Marges und Le Vaumale hat sich die Straße zwar von den Schluchten entfernt, dafür liegt hier der höchste Punkt der Strecke (1200 m) mit Blick über den Schluchtenausgang und den von Wäldern umgebenen Lac de Ste. Croix.

Nach dem Überqueren des Col d'Iloire (965 m) erreichen wir **Aiguines,** das mit seinem hübschen **Schloss** aus dem 17. Jh. auf Hügeln hoch über dem **See** thont. In Serpentinen führt die D 19 hinab ins Tal, stets das Blau des Ste. Croix im Blick.

528pr Foto: bm

Pont de l'Artuby

Verdon-Schlucht

Hotel-Restaurants

- **Château de Trigance*****/€€€€€, 83840 Trigance, Tel. 04.94.76.91.18, Fax 04.94.85.68.99, www.chateau-de-trigance.fr. Dieses außergewöhnliche Hotel ist untergebracht in einem mittelalterlichen Schloss, das einst von seinem Hügel aus das Dorf Trigance bewachte. Der Blick von der Terrasse über Berge und Täler der Umgebung ist fantastisch. Menü ca. 35–60 €.
- **Le Vieil Amandier****/€€€, 83840 Trigance, Tel. 04.94.76.92.92, Fax 04.94.85.68.65, www.levieilamandier.online.fr. Dieses nette *Logis-de-France*-Hotel bietet 12 Zimmer, einen Garten mit Swimmingpool und regionale Küche. Menü ca. 25–35 €.

Castellane

↗XV/D1

Fährt man den Verdon entlang in Richtung seiner Quelle (D 952), taucht inmitten bewaldeter Berge Castellane auf. Mit seinen alten Häusern und engen Gassen breitet es sich in einem 723 m hoch gelegenen Tal aus und wird beherrscht von seinem markanten, 180 m hohen Felsen. Dort oben ist seit dem Anfang des 18. Jh. die Kapelle Notre-Dame-du-Roc einsam dem Wind ausgesetzt.

Das keine 1500 Einwohner zählende Örtchen im Tal ist übersät von Hotels, Restaurants, Cafés und Andenkenläden und scheint ganz vom Tourismus zu leben, hat sich aber dennoch den Charme eines provenzalischen Bergdorfes bewahrt.

Geschichte

Einer der den Ort umgebenden Hügel muss schon die Heimat eines keltoligurischen Stammes gewesen sein, dessen Oppidum *Ducelia* hieß. Die Römer gründeten eine Siedlung im Tal und nannten sie **Salinae,** weil hier salzhaltige Quellen entsprangen.

Die mittelalterliche Stadt, im 5. Jh. Sitz eines Bischofs, war bekannt unter dem Namen **Petra Castellana,** was soviel bedeutet wie „eine solide auf Fels gebaute Festung". In den unruhigen Zeiten der Germaneneinfälle nämlich flüchteten sich die Bewohner wie die Kelten in den Schutz des Felsens und bauten erst wieder ab etwa der Jahrtausendwende eine neue

530pr Foto: bm

Stadt in der Ebene, bald unter der Herrschaft des Adelsgeschlechts der *Castellane*. Im 14. Jh., als sich bereits die Familie *Anjou* seiner bemächtigt hatte, umgab sich das Städtchen mit einer Mauer.

Während der Religionskriege hatten der *Baron d'Allemagne* und der *Duc de Lesdiguières* ein Auge auf Castellane geworfen. Es konnte ihnen jedoch trotzen dank des Einsatzes der **Widerstandskämpferin Judith Andrau,** was bis heute an jedem 31. Januar gefeiert wird (Fête du Pétardier).

Sehenswertes

Die umtriebige Place Marcel-Sauvaire ist das Ortszentrum. Von dort führt hinter der Pfarrkirche ein steiler Pfad in etwa 30 Minuten – vorbei an Ruinen der mittelalterlichen Stadt **Petra Castellana** – hinauf auf den Felsen. Die **Kapelle Notre-Dame-du-Roc** ist nicht die Erste an dieser Stelle. Ihre Vorgängerbauten, Wallfahrtsorte wie sie selbst, wurden allesamt zerstört.

Die Anstrengung des Aufstiegs belohnt ein schöner Blick über die Stadt, deren Häuser sich ringförmig um das Zentrum reihen wie eine schützende Stadtmauer. Von der regelrechten Befestigung des 14. Jh. zeugen nur noch **zwei Türme,** die Tour Pentagonale und die wehrhafte Tour de l'Horloge mit einem schönen schmiedeeisernen Campanile. Festungsähnlich wirkt auch die schmucklose **romanische Kirche**

St. Victor vom Ende des 12. Jh. Gekrönt von einem hübschen, quadratischen Turm mit drei Stockwerken, war sie ursprünglich einschiffig, erhielt jedoch später an der Nordseite ein Seitenschiff hinzu. Dieser Anbau, wie auch die Kreuzrippengewölbe im Langhaus, verändern die romanische Raumwirkung, die normalerweise durch ein einziges Schiff mit Tonnengewölbe erzeugt wird.

Praktische Hinweise

Information

- **Office de Tourisme,** Route Nationale 85, B.P.26, 04120 Castellane, Tel. 04.92.83.61.14, Fax 04.92.83.76.89, www.castellane.org.

Hotel-Restaurants

- **Nouvel Hôtel du Commerce*****/€€€, Place de l'Eglise, Tel. 04.92.83.61.00, Fax 04.92.83.72.82, www.hotel-fradet.com. Alteingesessenes Haus zu Füßen des Felsen mit 35 nicht ganz neuen, aber gepflegten Zimmern. Menü im Restaurant ca. 25 €.
- **Auberge du Teillon****/€€, Route de Grasse, Tel. 04.92.83.60.88, Fax 04.92.83.74.08, www.perso.club-internet.fr/aubergeteillon. Nettes *Logis-de-France*-Haus in dem etwa 5 km von Castellane entfernten Weiler La Garde. Menü um 20–35 €.

Camping

Castellane scheint die französische Hauptstadt der Campingplätze zu sein; es gibt mehr als 15 dort, die alle auf der Website des Ortes aufgeführt sind: Hier zwei davon:

- **RCN les Collines de Castellane******, Route de Grasse, La Garde, Tel. 04.92.83.68.96, Fax 04.92.83.75.40, www.rcncampings.fr. Vom Platz aus hat man einen schönen Blick auf die Berge. Mit Schwimmbad und Tennisplatz, 200 Stellplätze, Vermietung von Mobile Homes und Berghütten, geöffnet von Mitte April bis September.
- **Le Chasteuil Provence*****, Route des Gorges, Tel. 04.92.83.61.21, Fax 04.92. 83.75.62, www.chasteuil-provence.com. Großer, schattiger Platz an den Ufern des Verdon unweit des Schluchteneingangs, mit Schwimmbad, Kinder-Schwimmbecken, Restaurant, Fahrradverleih, Minigolf- und Tennisplatz. Vermietung von Berghütten. Geöffnet von Mitte Mai bis Mitte September.

Märkte und Feste

- **Wochenmarkt,** mittwochs und samstags.
- **Pilgerfest Notre-Dame-du-Roc,** 14.8.
- **Folklorama,** Festival internationaler Folklore, acht Tage in der ersten Augusthälfte.
- **Kunsthandwerkermärkte,** an wechselnden Terminen im Juli und August.

Kanu/Kajak/Rafting

- **Aqua Viva Est,** Route de Robion, Tel. 04.92.83.75.74, www.aquavivaest.com.
- **Aqua-Verdon,** Rue Nationale 85, Tel. 04.92.83.72.75.
- **Acti'Raft,** Route des Gorges, Tel. 04.92. 83.76.64.

Mountainbike-Verleih

- **Aqua Viva Est,** siehe oben.

Reiten

- **B. Darnaud,** Plan de la Palud, Tel. 04.92.83. 63.94. Von Mitte Juni bis Mitte September.

Anreise/Weiterreise

- **Mit dem Flugzeug:** Der Flughafen Nice/ Côte d'Azur, Tel. 04.93.21.30.30, liegt etwa 100 km entfernt, der Flughafen Marseille/ Provence, Tel. 04.42.78.21.00, ca. 160 km.
- **Mit dem Auto:** Die Route Napoléon (N 85) führt in etwa 50 km nach Digne und Sisteron, in die andere Richtung geht es über Grasse bis nach Cannes.
- **Mit dem Zug:** Castellane liegt auf der Linie Nice – Digne (von dort Busverbindungen).
- **Mit dem Bus:** Castellane liegt auf den Strecken Genève – Grenoble – Digne – Castellane – Grasse – Nice und Marseille – Aix – Gréoux – Riez – Moustiers – La Palud – Rou-

532pr Foto: bm

gon – Castellane. Diese Verbindungen bestehen jedoch nur im Sommer regelmäßig und auch dann nicht täglich.

Im Juli und August verkehren Busse zu den **Verdon-Schluchten** mit mehreren Haltestellen, zum Beispiel Point Sublime, La Palud-sur-Verdon, La Maline. Die Gesellschaft *Girieud* bietet zudem besondere Exkursionen zu den Schluchten (Rive droite und gauche). Transports Guichard, Tel. 04.92.83.64.47.

Umgebung von Castellane

Nordöstlich von Castellane liegen die beiden ineinander übergehenden Stauseen **Lac de Chaudanne** und **Lac de Castillon.** Fährt man am Ufer des letzteren entlang, so gelangt man nach **St. André-les-Alpes** und in eine Gegend, in der das Leben bis auf den heutigen Tag sehr hart ist, in eine Provence, die nicht einmal mehr mit den schon ärmeren Gegenden um Sault und Forcalquier zu vergleichen ist.

Nordwestlich von Castellane dagegen windet sich die **Route Napoléon** (N 85) Richtung Digne steil den Berg hinauf. Die Strecke gibt wundervolle Blicke auf Castellane frei, überquert den **Col des Leques** auf 1148 Metern Höhe sowie den spektakulären **Clue de Taulanne.** Sehr plötzlich endet die schroffe, zerklüftete Berglandschaft in sanften Wäldern und mündet in das liebliche Tal des Flusses Asse de Blieux, an dem **Senez** liegt, ein winziges Nest mit einer Kirche aus dem 12. Jh.

Bei St.-André-les-Alpes

Die Route Napoléon

Viele Straßen in Frankreich und auch in ganz Europa könnten den Namen Route Napoléon tragen, doch naturgemäß bekommt diejenige ihn zugeschrieben, die mit **Napoléons spektakulärster Aktion** zusammenhängt: In den Kriegen ab 1813 hatten sich die europäischen Völker von der Napoleonischen Herrschaft befreit. Die Verbündeten zwangen den Kaiser der Franzosen am 6. April 1814 zur Abdankung und wiesen ihm als Souverän mit Kaisertitel die **Insel Elba** als Wohnsitz zu.

Der ehrgeizige Emporkömmling dachte jedoch nicht daran, den Rest seines Lebens auf der Insel zu verbringen und schon gar nicht, auf die Kaiserwürde zu verzichten. Es gelang ihm mit **1200 Mann,** den französischen und englischen Flotten, die Elba bewachten, zu entkommen. Er landete am 1. März 1815 im Golfe Juan bei **Cannes.** Entschlossen, militärische Aktionen möglichst zu vermeiden, schlug er den beschwerlichen **Weg nach Paris** durch die Alpen ein, um die Provence zu umgehen, wo viele den Royalisten anhingen.

Am 2. März 1815 machte der Zug Rast in den Dünen von Cannes und auf dem Plateau de Roquevignon bei **Grasse,** wo der Kaiser mit den begeisterten Rufen „Vive l'Empéreur!" von den Menschen gefeiert wurde. Nachdem er die Nacht im Schloss des *Marquis de Gourdon,* des Bürgermeiters von Grasse, verbracht hatte, setzte sich der Zug am 3. März wieder in Bewegung und erreichte gegen Mittag **Castellane,** in dessen Sous-Préfecture der Kaiser speiste.

In **Barrême** gewährte ihm der Richter *Tartanson* ein Nachtlager. Am Mittag des folgenden Tages schon machte der Zug Halt in **Digne,** wo *Napoléon* im *Hôtel du Petit Palais* einkehrte. Nun begannen lange Stunden des Bangens, denn Sisteron, die nächste Station, war auf dem Weg nach Norden die letzte Bastion der royalistischen Provence.

Um drei Uhr nachts endlich erreichte ein Bote den Kaiser mit der Nachricht, dass Sisteron nicht bewacht und die Zitadelle sogar ohne Munition sei. Der Graf von Loverode, Départements-Verwalter im Namen *Ludwigs XVIII.,* jedoch heimlicher Napoléon-Anhänger, hatte dies befohlen und so konnte der Kaiser am frühen Nachmittag des 5. März aufatmend in **Sisteron** einziehen. „Ich bin in Paris", soll er gesagt haben, weil er sicher sein konnte, dass die dahinterliegende Provinz Dauphiné auf seiner Seite war. Dennoch gönnte er sich kaum eine Pause und traf noch am Abend in **Gap** ein.

Am Mittag des 7. März empfing den Kaiser eine begeisterte Menschenmenge, und es gesellten sich ihm viele Freiwillige zu. Das Unglaubliche geschah jedoch erst kurz darauf, als in **Laffrey** die royalistischen Truppen zu ihm überliefen. Gegen 23 Uhr zog er schließlich im Triumphzug in **Grenoble** ein und soll später gesagt haben: „Jusqu'á Grenoble j'étais aventurier; à Grenoble j'étais Prince!" – „Bis Grenoble war ich Abenteurer; in Grenoble war ich Prinz!"

In nur sieben Tagen hat *Napoléon* mit seinem gewaltigen Zug **330 Kilometer** zurückgelegt; am Abend des 20. März erreichte er die Tuilerien in **Paris.** Seine Herrschaft blieb jedoch nichts als ein Intermezzo, sie währte nur die berühmten hundert Tage – denn mit der Schlacht von Waterloo war der Traum vorbei. Großbritannien internierte *Napoléon* auf der Insel Helena, wo er am 5. Mai 1821 an Magenkrebs starb. 1840 erst wurde sein Leichnam in den Pariser Invalidendom überführt.

Digne-les-Bains

↗VII/C1

Mit Digne erreichen wir die nordöstliche Grenze unseres Reisegebietes. Der Ort liegt im Zentrum des **Naturschutzgebietes** der Haute-Provence, ist Metropole des Lavendelanbaus und – wie der Name schon sagt – **Thermalbad und Kurort,** dabei spezialisiert auf Rheuma und Erkrankungen der Atemwege.

Sehenswertes

Vom Rond-Point-du-11 Nov. 1918 geht der hübsche, durch ein dichtes Platanendach geschützte **Einkaufs-Boulevard Gassendi** ab. Rechts davon winden sich die Gassen der italienisch anmutenden Altstadt den Hügel hinauf. Die Häuser, teilweise in marodem Zustand, sind getüncht in Pastellfarben.

Auf dem höchsten Punkt der Stadt entstand zwischen 1490 und 1500 die **Kathedrale St. Jérôme** in der Nähe der – längst zerstörten – mittelalterlichen Burg, deren Platz heute das Gefängnis St. Charles eingenommen hat. Die Kirche ist im Laufe der Zeit sehr stark verändert worden, erhielt im 17. Jh. ihre Kapellen hinzu, im 19. Jh. ein zusätzliches Joch, die Fassade in neogotischem Stil und den aufwendigen Treppenaufgang. Sehr schön ist der Glockenturm aus dem 16. Jh. mit einem kunstvoll geschmiedeten, typisch provenzalischen Campanile.

St. Jérôme löste seinerzeit die **Kirche Notre-Dame-du-Bourg** aus dem 12. und 13. Jh. als Kathedrale ab (Boulevard de St. Jean-de-Chrysostome). Sie gehört zu den wichtigen romanischen Bauwerken der Provence und entspricht diesem Stil durch ihr schlichtes, schmuckloses Äußeres, wovon einzig die aufwendigere Westseite etwas abweicht. Die Kirche besitzt ein einziges Schiff mit vier Balkenfeldern. Im Inneren sind Wandmalereien aus dem 14. und 15. Jh. erhalten; das zeitgenössische Kirchenmobiliar ist ein Werk des kanadischen Künstlers *David Rabinowitsch.*

Centre de Géologie

Das Zentrum der *Réserve géologique* besitzt ein sehr sehenswertes **Museum** mit Bibliothek, Videothek und einer bedeutenden Sammlung zur Geologie der Haute-Provence, darunter ein 175 Millionen Jahre altes **Dinosaurierskelett.** Im Sommer ist auch der **Schmetterlingsgarten** geöffnet, in dem man rund 100 Arten bewundern kann.

• **Centre de Géologie:** Quartier St. Benoît (2 km vom Zentrum in Richtung Barles), Tel. 04.92.36.70.70. Öffnungszeiten: montags bis freitags 9–12 und 14–17 Uhr. Von April bis Oktober auch am Wochenende geöffnet. Eintritt 4,60 €, ermäßigt 2,75 €.

Stiftung Alexandra David-Neel

Alexandra David-Neel (1868–1969) war eine weltberühmte Orient-Forscherin und eine – für ihre Zeit – sehr außergewöhnliche Frau. Sie reiste durch ganz Asien und war die erste Europäerin, die Tibet besuchen durfte. Während mehrerer Aufenthalte lebte sie dort unter Mönchen, lernte deren

534pr Foto: bm

Philosophie kennen und machte sich mit mehreren Sprachen, unter anderem dem Chinesischen, dem Tibetischen und dem Sanskrit, vertraut. Von diesen Reisen brachte sie viele interessante Geschenke und Erinnerungsstücke mit, die man heute in ihrem früheren Haus bewundern kann.

• **Öffnungszeiten:** Das Museum ist nur im Rahmen von Führungen zu besuchen, die kostenlos sind. Juli bis September: tägl. 10.30, 14, 15.30 und 17 Uhr, Oktober bis Juni: 10.30, 14 und 17 Uhr, samstags Ruhetag, Tel. 04.92.31.04.51.

Praktische Hinweise

Information

• **Office de Tourisme,** Place du Tampinet, 04000 Digne-les-Bains, Tel. 04.92.36.62.62, Fax 04.92.32.27.24, www.ot-dignelesbains.fr.

Hotel-Restaurants

• **Le Grand Paris******/€€€€, 19, Boulevard Thiers, Tel. 04.92.31.11.15, Fax 04.92.32.32.82, www.hotel-grand-paris.com. Traditionelles Hotel, untergebracht in einem Kloster aus dem 17. Jh. und zum Teil eingerichtet mit Antiquitäten. Die Küche bietet provenzalische und französische Spezialitäten. Menü abends ca. 40 €.

• **Villa Gaia*****/€€€, Route de Nice, Tel. 04.92.31.21.60, www.hotelvillagaia.fr. Das Hotel liegt etwas außerhalb in einem ruhigen Park. Das Restaurant verarbeitet selbstgezüchtetes Gemüse und Obst. Menü ca. 25 €.

●**Le Coin fleuri****/€€, Tel. 04.92.31.04.51. Gemütliches, preiswertes Hotel im Stadtzentrum, zwei Minuten vom Marktplatz entfernt. Nettes Restaurant mit Terrasse und bodenständiger Küche, Mittagsmenü ca. 17 €, abends ca. 20–26 €.

Camping

●**Les Eaux Chaudes*****, Route des Thermes, Tel. 04.92.32.31.04, Fax 04.92.34.59.80, www.campingleseauxchaudes.com. In der Nähe der Thermen gelegen, ca. 150 Stellplätze, mit Kinderspielplatz, Bouleplatz und Volleyballfeld; Vermietung von Mobile Homes. Geöffnet von April bis Oktober.

Märkte und Feste

●**Wochenmarkt,** mittwochmorgens und samstags auf der Place du Général de Gaulle.
●**Lavendel-Fest,** mit Folklore und Wagenumzug am ersten August-Wochenende.
●**Lavendel-Messe,** am zweiten oder dritten August-Wochenende.

Bergwandern und Klettern

●**Patrick Pinchot,** Tel. 04.92.32.37.89.

Anreise/Weiterreise

●**Mit dem Auto:** Über die N 85 erreicht man Sisteron, Gap und Grenoble.
●**Mit der Bahn:** Gare S.N.C.F., Avenue Pierre Sémard, Tel. 04.92.31.00.67. Direktverbindungen nach St. Auban, von dort nach Aix und Marseille.
●**Mit dem Bus:** Gare routière, Rond-Point-du-11 Novembre 1918, Tel. 04.92.31.50.00. Linie Nizza–Digne–Sisteron–Veynes. Direktverbindung sechsmal täglich auch nach Aix-en-Provence.
●**Mit der Dampflok:** Zwischen Digne und Nice verkehrt der romantische *Train des Pignes* wie zu Pionierszeiten. Anmeldungen und Auskünfte beim Office de Tourisme.

536pr Foto: bm

Sisteron

VI/A–B1

Sisteron liegt an der Scheide von Provence und Dauphiné nördlich der Lure-Berge im Tal der Durance. Beide Seiten des Flusses – an der Stelle, wo ihn eine Brücke überspannt – säumen markante Felsen. Die Stadt, auch **Porte de la Provence** genannt, wird bewacht von der mächtigen Zitadelle, von der man auch die klassische, auf ungezählten Fotos verewigte Ansicht auf den Felsen der anderen Seite hat: Unter dem schroffen, fast in senkrechten Gesteinsschichten formierten **Rocher de la Baume** ducken sich bunte Häuschen, die den Weg zum Dauphiné säumen.

Zu Füßen der **Zitadelle** – die noch *Napoléon* bei seinem Zug von Cannes nach Paris fürchtete – zieht sich das Häusergewirr der Altstadt bis hinunter zum Fluss. Zwar ist Sisterons Umgebung von typisch provenzalischen Oliven- und Mandelbaumhainen umgeben, der Ort selbst aber mutet schon recht alpin an, liegt er doch praktisch auf halbem Weg zwischen Midi und dem Hochgebirge.

Geschichte

Schon der keltoligurische Stamm der **Vocontier** nutzte in alten Zeiten die günstige Lage der Felsen und errichtete auf dem westlichen ein Oppidum. Es bewachte den Engpass, durch den später die Römerstraße Via Domitia verlief, die die neue Siedlung **Segustero** mit Digne, Castellane und Nizza verband.

Als das römische Weltreich unter dem Sturm der Barbaren zerbrach, fiel Sisteron dem **Königreich Burgund** zu und wurde um 500 Bischofssitz. Wie so viele Orte der Provence litt es auch mehrere Jahrhunderte lang unter Germanen- und Sarazeneneinfällen, denen *Guillaume I.* erst kurz vor 1000 ein Ende setzen konnte. Im 11. Jh. gehörte Sisteron zur **Grafschaft von Forcalquier,** schloss sich aber im Jahrhundert darauf der Provence an, mit der es 1481 an Frankreich fiel.

Im Laufe der Zeit wuchs die Bedeutung seiner **Zitadelle** wegen der Grenzlage zum Dauphiné: Noch im 16. Jh. wurde sie – stark zerstört nach den Religionskriegen – zu einer modernen Verteidigungsanlage umgebaut. In den folgenden, ruhigeren Jahrhunderten hatte sie dann kaum noch militärische Bedeutung, diente aber zwischen 1914 und 1918 als **Gefängnis für deutsche Soldaten.** Im Zweiten Weltkrieg sah sie nochmals Gefangene hinter ihren dicken Mauern einsitzen, diesmal Widerstandskämpfer, die die **Résistance** im Juli 1944 in einer spektakulären Aktion befreien konnte. Nur wenige Tage später wären sie wohl dem Bombardement englischer und amerikanischer Flieger zum Opfer gefallen, das Zitadelle und Stadt im August 1944 teilweise zerstörte.

Sehenswertes

Der Fels, auf dem sich die **Zitadelle** erhebt, war zu allen historischen Zeiten befestigt, doch zeugen keine Reste mehr von dem keltischen Oppidum, der römischen Verteidigungsanlage und auch kaum mehr etwas aus dem Mittelalter. Nur die obere Mauer mit mächtigem Donjon geht auf das 13. Jh. zurück und die **Kapelle Notre-Dame-du-Château** auf das 14. oder 15 Jh. Sie erhebt sich auf dem höchsten Punkt der Festung auf einem Plateau, das von mächtigen Arkaden getragen wird. Von den Bombardierungen 1944 wurde gerade sie nicht verschont und lag zu etwa zwei Dritteln in Trümmern. Wiederaufgebaut und restauriert, birgt sie heute Werke des **Glaskünstlers Claude Courageux.**

Um 1590, nach den Religionskriegen, entstand unterhalb der Kapelle ein ausgeklügeltes System von **terras-**

senförmigen Bastionen mit mehreren Festungsmauern, an der Südseite waren es gar drei hintereinander. Das Werk wird *Jean Erard,* dem Festungsarchitekten *Heinrichs IV.,* zugeschrieben.

Zwischen 1842 und 1860 wurden nochmals Arbeiten an der Zitadelle vorgenommen, wobei eine **unterirdische Treppe** entstand, welche die Festung mit dem Nordtor der Stadt verband.

Blick von der Zitadelle

Vom Donjon und vom Vorwerk **Guérite du Diable** hat man einen fantastischen Blick auf die Engstelle des Flusses und den Rocher de la Baume. In alten Zeiten glaubte man, dass Titanen diese enge Schlucht geöffnet hätten, um der Durance Einlass in die Provence zu gewähren.

Die Altstadt

In der Unterstadt, an der Place-du-Général-de-Gaulle, erhebt sich die **Kathedrale Notre-Dame,** errichtet im 12. und frühen 13. Jh. wohl nach Plänen eines lombardischen Meisters. Dieser hat dem romanischen Bau bei der Gestaltung des Stufenportals mit schön skulptierten Friesen und Kapitellen und vor allem mit dem achteckigen

„Pieds et Paquets"– Spezialität mit Zehenknochen

Hinter diesem mysteriösen Namen verbirgt sich eines dieser **regionalen Gerichte,** das bei Kennern Gaumenfreuden auslöst, bei Uneingeweihten jedoch eher Abscheu und Ekel, und für dessen Genuss Nicht-Einheimische schon ein bisschen Mut aufbringen müssen.

Bei den *Pieds* handelt es sich nämlich um **Schafsfüße,** bei den *Paquets* um kleine Pakete aus **Schafsmagen-Lappen,** gefüllt mit einer Mischung aus Speck- oder Schinkenwürfeln, frischem Knoblauch und viel Petersilie, gewürzt mit etwas Salz und Pfeffer. Das Ganze muss dann mindestens zehn Stunden in einer sämigen Tomatensoße mit Weißwein und mitunter auch **Blut** vor sich hinköcheln. Voilà, fertig ist der Stolz der Sisteronnaiser Gastronomie: Viel bräunlich-rote Soße, in der merkwürdig geformte, weichgekochte Gebilde und manchmal Zehenknochen schwimmen.

Zwar behauptet auch Marseille, die „Füße und Pakete" seien seine Spezialität, doch schenkt man Sisteron – umgeben von den Schafweiden der Hoch-Provence – mehr Glauben, zumal eine am Ort ansässige Firma kaum anderes herstellt als eben Pieds et Paquets. Ihre **Konserven** verkauft sie sogar an Restaurantbesitzer, denen die lange und schwierige Zubereitungszeit zu heikel und aufwendig geworden ist. Auch der Reisende kann sich hier, einmal auf den Geschmack gekommen, mit einem Gläservorrat eindecken. Hat man nämlich einmal bei *Richaud und Badet* die duftende Küche besucht, ist alles nur noch halb so schlimm.

● **Richaud et Badet,** Inhaber: Gérard Berthod, 1, Place de la Grande École, Tel./Fax 04.92.61.13.63.

Turmbau seinen Stempel aufgedrückt. Der Turm ist von einer Säulenreihe umzogen. Dieses Oktogon wird nur noch von einem viereckigen Glockenturm mit spitzbogigen Öffnungen in seinem Pyramidendach überragt.

Die drei kaum erhellten Kirchenschiffe sind fünfjochig und mit spitzbogigen Tonnen überwölbt; sie schließen jeweils mit einer Apsis ab. Die Seitenkapellen, die etwas störend wirken, kamen erst im 16. Jh. hinzu. Von der reichen Innenausstattung sind vor allem Gemälde von *Nicolas Mignard* (im Chor), *Parrocel* und *van Loo* sowie der Hauptaltar und das Grabmal des *Montseigneur de Glandevès* zu erwähnen.

Neben der Kirche, an der Allée de Verdun, sind noch vier hohe Türme der ehemaligen **Stadtmauer** von 1370 erhalten. Am Ende der Allée erhebt sich der Couvent des Cordeliers, ein **Kloster** aus dem 13. Jh., das nach Verwüstungen in den Religionskriegen im Jahrhundert darauf renoviert wurde.

Bei einem Rundgang durch die verwinkelten Gassen der Altstadt stößt man nicht nur auf hübsche, mit Brunnen geschmückte Plätze, sondern auch auf die Porte de la Nière (Rue du Glissoir) und die **Tour de l'Horloge** (Place du Docteur Robert). Nebenan, in der Rue Mercerie, der Rue Saunerie und der Rue Droite, sind noch einige schöne Häuser der Bourgeosie zu sehen.

Im Ortsteil **Faubourg de la Baume** auf der anderen Flussseite sollte man sich die romanische Kapelle **St. Marcel** (12. Jh.) ansehen sowie die Kirche

St. Dominique, die zusammen mit einigen Arkaden von der Existenz eines Dominikanerklosters von 1248 zeugt.

Praktische Hinweise

Information

- **Office de Tourisme,** Hôtel de Ville, Place de la République, 04200 Sisteron, Tel. 04.92.61.36.50, Fax 04.92.61.19.57, www.sisteron.fr.

Hotels und Restaurants

- **Grand Hôtel du Cours*****/€€€, Allée de Verdun, Tel. 04.92.61.00.50, Fax 04.92.61.41.73, hotelducours@wanadoo.fr. Dieses komfortable Hotel bietet eine gediegene Atmosphäre und hübsche Zimmer direkt zu Füßen der Kathedrale. Menü 15–27 €.
- **Restaurant Les Becs Fins,** 16, Rue Saunerie, Tel. 04.92.61.12.04. Nettes kleines Restaurant mit Terrasse und familiärer Atmosphäre. Hier wird traditionell gekocht, z.B. Lammgerichte, aber raffiniert und auf hohem Niveau. Mittagsmenü um 17 €, abends ca. 22–48 €.

Camping

- **Les Prés-Hauts*****, ca. 3 km vom Zentrum am Ufer der Durance gelegen (D 951), Tel. 04.92.61.19.69. Mit Tennis-, Boule- und Kinderspielplatz sowie Swimmingpool. Geöffnet von März bis Oktober.
- **Le Jas du Moine,** 04290 Salignac, Tel. 04.92.61.40.43. Dieser ruhige und schattige Platz liegt an der D 4 zwischen Volonne und Sisteron und bietet ein Schwimmbad und eine Pizzeria. Vermietung von Bungalows und Mobile Homes. Ganzjährig geöffnet.

Märkte und Feste

- **Wochenmarkt,** mittwochs und samstags.
- **Festival des Nuits de la Citadelle,** Theater, Tanz und Musik von Mitte Juli bis Mitte August an verschiedenen Orten (Zitadelle, St. Dominique, Kathedrale, Altstadt).
- **Foire-Expo,** Ausstellung und Verkauf landwirtschaflicher und kunsthandwerklicher Produkte. Im Oktober.

Bergwandern und Klettern

- **Roc et Falaise,** 91, Rue de Provence, Tel. 04.92.61.34.18.

Paragliding

- **Club Altitude,** Tel. 04.92.62.84.07.

Reiten

- **Cavaliers de St. Geniez,** Tel. 04.92.61.00.87. Ca. 17 km von Digne in St. Geniez.

Fahrradverleih

- **Locabike,** 4 bis, Avenue de La Libération, Tel. 04.92.61.14.93, www.lokabike.com.

Anreise/Weiterreise

- **Mit dem Auto:** Die N 75 führt nach Grenoble, die N 85 (Route Napoléon) nördlich nach Gap und südlich nach Digne und Nizza. Über die D 53 erreicht man die südliche Montagne de Lure; die N 96 – ab Château-Arnoux-St-Auban – verläuft entlang der Durance bis nach Manosque.
- **Mit der Bahn:** Gare S.N.C.F, Avenue de la Libération, Tel. 08.92.35.35.35. Direktverbindungen nach Lyon, Grenoble, Briançon, Valence, Marseille und Nizza.
- **Mit dem Bus:** Place de la République, Tel. 04.92.61.22.18. Tägliche Verbindungen nach Nizza, Marseille, Genf, Gap, Briançon, Barcelonnette und Digne.

010pr Foto: ws

Anhang

011pr Foto: ws

538pr Foto: bm

Literaturtipps

Geschichte und Landeskunde

- *Agulhon, Maurice/Coulet, Noël:* **Histoire de la Provence,** Taschenbuch-Reihe Que sais-je?, Presses Universitaires de France Paris, 1. Aufl. 1987.

  Gut lesbarer Überblick, verfasst von zwei renommierten französischen Historikern. Leider keine deutsche Übersetzung im Handel.
- *Baier, Lothar:* **Die große Ketzerei. Verfolgung und Ausrottung der Katharer durch Kirche und Wissenschaft,** Wagenbach-Verlag Berlin 2001.
- *Bonneton, Christine* (Hg.): **Provence-Alpes-Côte d'Azur,** Editions Bonneton Paris 2002.

  Umfassende Landeskunde auf Französisch.
- *Braudel, Fernand/Duby, Georges/Aymard, Maurice:* **Die Welt des Mittelmeers. Zur Geschichte und Geographie kultureller Lebensformen,** Fischer-Verlag Frankfurt am Main 1987 (Taschenbuch-Ausgabe 1997, frz. Originalausgabe bei Flammarion Paris 1985).

  Anregende Abhandlung über den Mittelmeer-Raum, die „Wiege Europas" – mittlerweile ein Klassiker.
- *Clébert, Jean-Paul:* **Provence Antique,** zwei Bde., Laffont-Verlag Paris 1988.

  Geschichte und Kunstgeschichte der antiken Provence im Detail.
- *Hinrichs, Ernst* (Hg.): **Kleine Geschichte Frankreichs,** Stuttgart, 1. Aufl. 1994 (danach aktualisierte Ausgaben).

  Fundierte Darstellung deutscher Historiker der französischen Geschichte vom 9. Jh. bis heute in einem überschaubaren Reclam-Band von etwa 450 Seiten.
- *Larcena, Danièle* u.a.: **La Muraille de la Peste,** Verlag Alpes de Lumière 1993.

  Interessanter kleiner Band über die Pestmauer in den Bergen des Vaucluse von 1720.
- *Loth, Wilfried:* **Geschichte Frankreichs im 20. Jahrhundert,** Fischer Taschenbuch-Verlag Frankfurt am Main, 3. Auflage 1995.
- *Rolshoven, Johanna:* **Provencebild mit Lavendel. Die Kulturgeschichte eines Duftes in seiner Region,** edition con Bremen 1991.
- *Sieburg, Heinz-Otto:* **Geschichte Frankreichs,** Kohlhammer-Verlag Stuttgart/Berlin/Köln 1989 (danach weitere, aktualisierte Auflagen).

  Überblick von der Entstehung Frankreichs im 9. Jh. bis zur Fünften Republik.

Titel zum Internierungslager Les Milles und zur Exilliteratur

- *Obschernitzki, Doris:* **Letzte Hoffnung Ausreise – Die Ziegelei von Les Milles. Vom Lager für unerwünschte Ausländer zum Deportationszentrum,** Verlag Hentrich & Hentrich Berlin 1999.

  Historischer Überblick über die Entwicklung des Lagers, in dem auch Zeitzeugen zu Wort kommen.
- *Lion Feuchtwanger:* **Der Teufel in Frankreich,** Aufbau-Verlag Berlin und Weimar 1992 (erstmals 1942 erschienen unter dem Titel „Unholdes Frankreich").

  Der berühmte Autor vor allem historischer Romane beschreibt sein Exil in Frankreich und seine Internierung als so genannter „feindlicher Ausländer" in den Lagern Les Milles (bei Aix-en-Provence) und Nîmes. *Feuchtwanger,* dessen Bücher die Nazis verbrannt und den sie aufgrund seiner jüdischen Herkunft und linksliberalen Haltung ausgebürgert hatten, gibt in diesen Erinnerungen seiner Verbitterung über die französischen Behörden Ausdruck, die ihn als Nazi-Gegner und -Flüchtling verkannten und stattdessen einsperrten. Sehr eindringlich ist die Beschreibung des Lager-Alltags in Les Milles und Nîmes. Von letzterem Lager gelang dem Schriftsteller schließlich eine spektakuläre Flucht, die ihn – als Frau verkleidet – über Marseille, Spanien und Portugal in die USA führte.
- Ein weiterer unfreiwilliger „Gast" im Lager Les Milles war der deutsche Schriftsteller und Literaturwissenschaftler *Alfred Kantorowicz.* Auch sein Buch **Exil in Frankreich** (Schünemann-Verlag Bremen 1971) lohnt die Lektüre und enthält insbesondere interessante Kapitel sowohl über Les Milles als auch über seine Flucht aus Frankreich mit Hilfe des Amerikaners *Varian Fry* vom *Emergency Rescue Committee.* Zum Kreis der von *Fry* und seinen Helfern 1940/41 geretteten Personen gehören wiederum *Lion Feuchtwanger,* dessen

Frau *Marta, Heinrich Mann* und sein Neffe *Golo, Franz Werfel* und *Alma Mahler-Werfel,* die Maler *Max Ernst* und *Marc Chagall, Walter Mehring, Leonhard Frank* und zahlreiche andere mehr oder wenige prominente Sozialisten, Künstler und Intellektuelle.

- Die Erinnerungen *Varian Frys,* **Auslieferung auf Verlangen** (Hanser-Verlag München und Wien 1986) lesen sich spannend wie ein Kriminalroman. Mehr Respekt gebührt dem Autor jedoch für sein selbstloses Handeln, denn er half nicht nur den „Promis", sondern auch so vielen „Unbekannten", wie er konnte. Israel hat ihn posthum mit dem Titel „Gerechter unter den Völkern" geehrt.
- *Anna Seghers,* der ebenfalls mit *Frys* Hilfe die Flucht gelang, beschreibt im Roman **Transit** (Aufbau-Verlag Berlin, erstmals erschienen 1944) die qualvolle Situation der Exilanten 1940 in Marseille, die nicht wussten, ob sie es über die Grenze schaffen oder doch den Nazis in die Hände fallen würden.
- Zum Thema Exilliteratur sei auch empfohlen: *Manfred Flügge:* **Wider Willen im Paradies. Deutsche Schriftsteller im Exil in Sanary-sur-Mer,** Aufbau-Verlag Berlin 1996.

In Sanary in der Nähe von Toulon wohnte *Lion Feuchtwanger,* bevor er in Les Milles interniert wurde. Auch *Thomas Mann, Franz Werfel, René Schickele* und *Ludwig Marcuse* lebten eine zeitlang in dem damals noch kleinen und beschaulichen Fischerort an der Côte d'Azur.

Kunst und Kultur

- *Barruol, Guy:* **Provence Romane,** 2 Bde., Editions Zodiaque Paris 1981.

Detaillierte Beschreibung fast aller romanischen Bauwerke der Provence.

- *Corbin, Alain:* **Meereslust. Das Abendland und die Entdeckung der Küste,** Wagenbach-Verlag Berlin 1990. Der Sorbonne-Professor und Kulturhistoriker *Corbin* hat hier ein anregendes Werk über die Anziehungskraft des Meeres auf die Europäer und die Anfänge des Tourismus vorgelegt.
- *Duby, Georges:* **Der heilige Bernhard und die Kunst der Zisterzienser,** Fischer-Taschenbuchverlag Frankfurt 1991 (Frz. Originalausgabe von 1976).

Der berühmte Mediävist *Duby,* verstorben 1996, war einer der Gründerväter des deutsch-französischen Kulturkanals ARTE und gehörte zur französischen Historiker-Schule *Annales.* Den Autoren dieser Schule wird zu Recht nachgesagt, dass sie es verstehen, thematisch über den Tellerrand ihrer Disziplin zu blicken und noch dazu glänzende Stilisten zu sein. Dank dieser Mischung gelingt es *Duby,* spröde Themen aus der Welt des Mittelalters einem breiten Publikum zu veranschaulichen. Beispiele für Bauwerke der Zisterzienser in der Provence sind die drei berühmten Klöster Sénanque, Silvacane und Le Thoronet.

- Ders.: **Die Zeit der Kathedralen. Kunst und Gesellschaft 980–1420,** frz. Ausgabe zuerst 1976, dte. Übersetzung bei Suhrkamp, Frankfurt am Main 1989.

Das berühmteste Werk *Dubys* ist längst ein Klassiker.

- *Duval, Paul-Marie:* **Gallien. Leben und Kultur in römischer Zeit,** Stuttgart 1979.
- *Keller, Harald:* **Die Kunstlandschaften Frankreichs,** Wiesbaden 1963.
- *Nestmeyer, Ralf:* **Provence – Côte d'Azur. Ein literarischer Reisebegleiter,** Insel-Verlag Frankfurt am Main 2002.

Textauswahl von Autorinnen und Autoren, die in der Provence bzw. an der Küste lebten und/oder arbeiteten inklusive eines einführenden Kapitels in die Thematik.

- *Otto Schertler:* **Die Kelten und ihre Vorfahren. Burgenbauer und Städtegründer,** Battenberg-Verlag Augsburg 1999.

Einführung in die keltische Kultur, veranschaulicht durch viele Farbfotos und Karten.

- *Tetzlaff, Ingeborg:* **Drei Jahrtausende Provence. Vorzeit, Antike, Mittelalter und Neuzeit,** DuMont-Kunstreiseführer Köln, 1. Aufl. 1985.

Beschreibung der Geschichte der Provence anhand ihrer historischen Bauwerke und sonstigen Überreste.

- Dies. (Hg.): **Licht der Provence,** DuMont-Verlag Köln 1978. Ausgewählte Texte von Schriftstellern zum Thema Provence.

Flora und Fauna

- *Riedl, Rupert:* **Fauna und Flora des Mittelmeeres,** Parey-Verlag Hamburg und Berlin 1983.
- *Valentin, Claus:* **Faszinierende Unterwasserwelt des Mittelmeeres,** Perey-Verlag Hamburg und Berlin 1990.
- *Schönfelder, Peter* und *Ingrid:* **Die Kosmos-Mittelmeerflora.** Über 500 Mittelmeerpflanzen in Farbfotos, Kosmos-Verlag Stuttgart 2002.
- Dies.: **Was blüht am Mittelmeer?** Kosmos-Verlag Stuttgart 2000.

Essen und Trinken

- *Forbes, Leslie:* **Eine kulinarische Reise durch die Provence. Klassische Rezepte aus dem Süden Frankreichs,** DuMont-Verlag Köln 1988.
- *Maureau, Andrée:* **Rezepte aus der Provence,** Edisud-Verlag Aix-en-Provence 1995.
- *Nazet, Marion:* **Cuisine et fêtes en Provence,** Edisud-Verlag, Aix-en-Provence 1992.
- **Weinführer Frankreich,** Hachette-Verlag Paris, jährlich aktualisiert.

Reisen in der Provence

- **Die schönsten Routen durch die Provence.** Wohnmobil Tourguide, REISE KNOW-HOW Verlag, Bielefeld. Das Bordbuch für Wohnmobilisten, u.a. mit exakten Landkarten und Stadtplänen, genauen Stellplatzbeschreibungen, allen Ver- und Entsorgungseinrichtungen und wichtigen Infos zur Unfall- und Pannenhilfe.
- **Guide Bleue Provence-Alpes-Côte d'Azur.** Der französische Standard-Reiseführer.
- **Le Guide du Routard Provence.** Die praktische Ergänzung zum französischen Standard-Reiseführer.

Sprache

- **Französisch – Wort für Wort,** Kauderwelsch Band 40, REISE KNOW-HOW Verlag, Bielefeld.
- **AusspracheTrainer Französisch,** REISE KNOW-HOW Verlag, Bielefeld.

  Die Kauderwelsch AusspracheTrainer machen die wichtigsten Sätze und Redewendungen des Konversationsteils der Kauderwelsch-Bücher auf Audio-CD hörbar.
- **Kauderwelsch digital Französisch,** REISE KNOW-HOW Verlag, Bielefeld. Diese Kombination von Buch und Audiomaterial auf CD-Rom bringt den kompletten Kauderwelsch-Band Seite für Seite auf den heimischen PC.
- **Französisch – Slang,** Kauderwelsch Band 42, REISE KNOW-HOW Verlag, Bielefeld.
- **Französisch kulinarisch,** Kauderwelsch Band 134, REISE KNOW-HOW Verlag, Bielefeld. Vokabular rund ums Essen für Restaurant und Supermarkt.

Belletristik

- *Beckett, Samuel:* **Warten auf Godot,** Suhrkamp-Verlag Frankfurt.

  Becketts berühmtes Theaterstück entstand in Roussillon, wo er sich während des Zweiten Weltkriegs vor den Nazis und ihren Kollaborateuren versteckte. Mehr als zwei Jahre musste *Beckett* in dem Dorf neben den Ockersteinbrüchen ausharren, bis ihn das Kriegsende von seinem Exil, dass er als eine Art Gefangensein empfand, erlöste. Diese Erfahrung hat sein Meisterwerk des absurden Theaters entscheidend mitgeprägt.
- *Bosco, Henri:* **Der Esel mit der Samthose,** dtv München.

  Siehe Kapitel „Sprache und Literatur".
- *Daudet, Alphonse:* **Briefe aus meiner Mühle,** Reclam-Verlag.

  Siehe Kapitel „Sprache und Literatur".
- Ders.: **Tartarin von Tarascon,** Reclam-Verlag und Insel-Verlag.

  Siehe Kapitel „Sprache und Literatur".
- *Dumas, Alexandre:* **Der Graf von Monte Christo,** Fischer-Verlag Frankfurt am Main. In diesem bekannten Abenteuerroman von 1845/46 erzählt „Dumas père" *(Dumas* senior) die Geschichte des Aufsteigers Dantès, der viele Jahre unschuldig im Château d'If auf der gleichnamigen Insel vor Marseille eingesperrt war.

● *Fabre, Jean-Henri:* **Das offenbare Geheimnis. Aus dem Lebenswerk des Insektenforschers,** hg. von *Kurt Guggenheim,* Frankfurt am Main 1977.

Siehe Ortsbeschreibung von Sérignan-du-Comtat.

● *Giono, Jean:* **Der Husar auf dem Dach,** Verlag Kiepenheuer und Witsch Köln 1989. Verfilmung 1995 mit *Juliette Binoche* und *Olivier Martinez,* Regie: *Jean-Paul Rappenau;* dieser Film soll der teuerste französische Spielfilm aller Zeiten sein. Die Vorgeschichte des schönen Husaren Angelo Pardi erzählt *Giono* übrigens in dem weniger bekannten Roman „Angelo".

In der Originalausgabe erscheinen viele Werke *Gionos* beim Gallimard-Verlag Paris. Als sein „Haupt- und Schlüsselwerk" (Süddeutsche Zeitung) gilt der autobiografische Roman **Jean der Träumer** (btb-Taschenbuch, Goldmann-Verlag), in dem *Giono* seine Kindheit und Jugend in der Hochprovence schildert. Desweiteren lesenswert ist **Der Berg der Stummen,** eine poetische Liebesgeschichte, auch sie spielt natürlich in der Hochprovence. Siehe zu *Giono* auch die entsprechenden Passagen im Kapitel „Sprache und Literatur".

● *Handke, Peter:* **Die Lehre der Sainte-Victoire,** Suhrkamp-Verlag Frankfurt am Main.

In dieser 1980 erschienenen Abhandlung reflektiert *Handke* sowohl über die Werke des großen Malers *Cézanne* als auch – vermittelt durch Landschaft und Bilder – über die eigene Persönlichkeit und Entwicklung.

● *Koeppen, Wolfgang:* **Reisen nach Frankreich,** Suhrkamp-Verlag Frankfurt am Main 1979.

Auch heute noch interessante und anregende Reisebeschreibung.

● *Mayle, Peter:* **Mein Jahr in der Provence,** Knaur-Verlag München.

Der britische Provence-Liebhaber *Mayle* hat sich nicht auf dem Erfolg seines ersten Bestsellers ausgeruht, sondern produziert fleißig weiter Bücher zu seiner Wahlheimat: „Toujours Provence", „Hotel Pastis", „Ansichten eines provenzalischen Hundes", „Ein guter Jahrgang", „Cézanne gesucht" und „Trüffelträume".

● *Mérimée, Prosper:* **Carmen.**

Die weltberühmte tragische Geschichte der schönen Zigeunerin ist auf Deutsch beim Reclam-Verlag erschienen.

● *Mistral, Frédéric:* **Mireille.**

Eine deutsche Ausgabe ist nur noch antiquarisch zu bekommen. Zu Mistral siehe auch das Kapitel „Sprache und Literatur".

● *Pagnol, Marcel:* **Eine Kindheit in der Provence.**

Dieser autobiografische Roman sowie andere Werke des Autors wie z.B. „Der Ruhm meines Vaters", „Das Schloss meiner Mutter", „Jean Florette" und „Manons Rache" erscheinen auf Deutsch beim Goldmann-Verlag. *Pagnol* ist auch Verfasser des historischen Romans „Die eiserne Maske. Der Sonnenkönig und das Geheimnis des großen Unbekannten". Siehe auch das Kapitel „Sprache und Literatur".

● *Petrarca, Francesco:* **Die Besteigung des Mont Ventoux,** Reclam-Verlag Stuttgart.

Siehe dazu im Kapitel „Mont Ventoux" den Abschnitt „Hinauf zum Gipfel".

● *Schlink, Bernhard:* **Die gordische Schleife,** Diogenes-Verlag Zürich 1988. Der Autor des Bestsellers „Der Vorleser" hat hier einen spannenden Krimi vorgelegt, der zum Teil im Lubéron spielt. Es geht um den deutschen Rechtsanwalt Georg Polger, der „ausgestiegen" ist und sich in Südfrankreich mehr schlecht als recht mit verschiedenen Jobs durchschlägt. Bis zu dem Tag, als er durch merkwürdige Zufälle Inhaber eines Übersetzungsbüros wird, Spezialgebiet: Konstruktionspläne für Kampfhubschrauber ...

● *Stendhal:* **Mémoires d'un Touriste – Reisen in Südfrankreich,** dtv München.

Auswahl aus *Stendhals* Reisebeschreibungen seiner erklärten Lieblingslandschaft, zweisprachig.

Französisch lernen ohne Stress – am PC!
Kauderwelsch DIGITAL bringt das Kauderwelsch-Buch komplett Seite für Seite auf den Bildschirm, erweitert um die Möglichkeit, sich auf Mausklick jedes französische Wort vorsprechen zu lassen. Die Funktionen von Buch und Begleitkassette sind hier kombiniert.
Als Zugabe ist der Kauderwelsch AusspracheTrainer mit auf der CD, der sowohl am PC als auch in allen anderen Audio-CD-Geräten abgespielt werden kann.
Funktionen:
• Vorsprechen aller französischen Wörter auf Mausklick
• leichtes Navigieren innerhalb des Buches
• Suchfunktion
• Vergrößerte Darstellung nach Bedarf
• Druckfunktion
• Mit dem Vollprogramm Adobe Acrobat können zusätzlich Anmerkungen eingefügt, Textstellen farbig markiert und Bookmarks gesetzt werden.
• Kostenpunkt: € 14,90 [D]
Das ganze Programm unter:
http://www.reise-know-how.de/buecher/digitalindex.html
Reise Know-How Verlag, Bielefeld

Mit REISE KNOW-How ans Ziel

Die Landkarten des **world mapping project** bieten gute Orientierung – weltweit.

- Moderne Kartengrafik mit Höhenlinien, Höhenangaben und farbigen Höhenschichten
- GPS-Tauglichkeit durch eingezeichnete Längen- und Breitengrade und ab Maßstab 1:300.000 zusätzlich durch UTM-Markierungen
- Einheitlich klassifiziertes Straßennetz mit Entfernungsangaben
- Wichtige Sehenswürdigkeiten, herausragende Orientierungspunkte und Badestrände werden durch einprägsame Symbole dargestellt
- Der ausführliche Ortsindex ermöglicht das schnelle Finden des Zieles
- Wasser abstoßende Imprägnierung
- Kein störender Pappumschlag, der den behindern würde, der die Karte unterwegs individuell falzen möchte oder sie einfach nur griffbereit in die Jackentasche stecken will

Derzeit über 100 Titel lieferbar (siehe unter www.reise-know-how.de), z.B.:

- Frankreich(1:1 Mio.)
- Bretagne (1:200.000)
- Pyrenäen mit Andorra (1:250.000)
- Südfrankreich (1:425.000)
- Normandie (1:200.000)

world mapping project
REISE KNOW-HOW Verlag, Bielefeld

Alle Reiseführer von Reise

Reisehandbücher
Urlaubshandbücher
Reisesachbücher
Rad & Bike

Afrika, Bike-Abenteuer
Afrika, Durch, 2 Bde.
Agadir, Marrak./Südmarok.
Ägypten individuell
Ägypten Niltal
Alaska ⇗ Kanada
Algarve
Algerische Sahara
Amrum
Amsterdam
Andalusien
Apulien
Äqua-Tour
Argentinien, Uru., Para.
Athen
Äthiopien
Auf nach Asien!
Australien, Osten/Zentr.
Auvergne, Cevennen

Bahrain
Bali und Lombok
Bali, die Trauminsel
Bangkok
Barcelona
Berlin
Borkum
Botswana
Brasilien
Brasilien kompakt
Bretagne
Budapest
Bulgarien
Burgund

Cabo Verde
Canada ⇗ Kanada
Chile, Osterinseln
China Manual
Chinas Norden
Chinas Osten
Cornwall
Costa Blanca
Costa Brava
Costa de la Luz
Costa del Sol
Costa Dorada
Costa Rica
Cuba

Dalmatien
Dänemarks Nordseek.
Disneyland Resort Paris
Dominik. Republik
Dubai, Emirat

Ecuador, Galapagos
El Hierro
Elsass, Vogesen
England – Süden
Erste Hilfe unterwegs
Europa BikeBuch

Fahrrad-Weltführer
Fehmarn
Florida
Föhr
Friaul, Venetien
Fuerteventura

Gardasee
Golf v. Neapel, Kampan.
Gomera
Gotland
Gran Canaria
Großbritannien
Guatemala

Hamburg
Hawaii
Hollands Nordseeins.
Holsteinische Schweiz
Honduras
Hongkong, Macau, Kant.

Ibiza, Formentera
Indien Norden, Süden
Iran
Irland
Island
Israel, palästinens.
Gebiete, Ostsinai
Istrien, Velebit

Jemen
Jordanien
Juist

Kairo, Luxor, Assuan
Kalabrien, Basilikata
Kalifornien, USA SW
Kambodscha
Kamerun
Kanada Alaska, USA
Ost, NO, West
Kap-Provinz (Südafr.)
Kapverdische Inseln
Kenia
Kerala
Korfu, Ionische Inseln
Korsika
Krakau
Kreta
Kreuzfahrtführer

Ladakh, Zanskar
Langeoog
Lanzarote
La Palma
Laos
Lateinamerika BikeB.
Libyen
Ligurien
Litauen
Loire, Das Tal der
London

Madagaskar
Madeira
Madrid
Malaysia, Singapur,
Brunei
Mallorca
Mallorca, Leben/Arbeiten
Mallorca, Wandern auf
Malta
Marokko
Mauritius/La Réunion
Mecklenb./Brandenb.:
Wasserwandern
Mecklenburg-
Vorp. Binnenland
Mexiko
Mexiko kompakt
Mongolei
Motorradreisen
München
Myanmar

Namibia
Nepal
Neuseeland BikeBuch
New York City
Norderney
Nordfriesische Inseln
Nordseeküste NDS
Nordseeküste SLH
Nordseeinseln, Dt.
Nordspanien
Normandie

Oman
Ostfriesische Inseln
Ostseeküste MVP
Ostseeküste SLH
Outdoor-Praxis

Panama
Panamericana,
Rad-Abenteuer
Paris
Peru, Bolivien
Peru kompakt
Phuket
Polens Norden
Prag
Provence
Pyrenäen

Qatar

Rajasthan
Rhodos
Rom
Rügen, Hiddensee

Sächsische Schweiz
Salzburg
San Francisco
Sansibar
Sardinien
Schottland
Schwarzwald – Nord
Schwarzwald – Süd
Schweiz, Liechtenstein
Senegal, Gambia
Singapur
Sizilien
Skandinavien – Norden
Slowenien, Triest

Know-How auf einen Blick

Spaniens Mittelmeerk.
Spiekeroog
Sri Lanka
St. Lucia, St. Vin., Gren.
Südafrika
Südnorwegen, Lofoten
Südwestfrankreich
Sydney
Sylt
Syrien

Taiwan
Tansania, Sansibar
Teneriffa
Thailand
Thailand – Tauch- und Strandführer
Thailands Süden
Thüringer Wald
Tokyo
Toscana
Transsib
Trinidad und Tobago
Tschechien
Tunesien
Tunesiens Küste
Türkei, Hotelführer

Uganda, Ruanda
Umbrien
USA/Canada
USA, Gastschüler
USA, NO, S, SW, W
USA – Südwesten, Natur u. Wandern
USA SW, Kalifornien, Baja California
Usedom

Venedig
Venezuela
Ver. Arab. Emirate
Vietnam

Wales
Warschau
Westafrika – Sahel
Westafrika – Küste
Wien
Wo es keinen Arzt gibt

Yukatan

Zypern

Edition RKH

Abenteuer Anden
Burma – Land der Pagoden
Durchgedreht
Finca auf Mallorca
Geschichten/Mallorca
Goldene Insel
Mallorca, Leib u. Seele
Mallorquinische Reise
Please wait to be seated!
Salzkarawane, Die
Südwärts Lateinamerika
Taiga Tour
Traumstr. Panamerikana
Unlimited Mileage

Praxis

(Auswahl, vollständiges Programm siehe Homepage.)

Aktiv Algarve
Aktiv Andalusien
Aktiv Dalmatien
Aktiv frz. Atlantikküste
Aktiv Gardasee
Aktiv Gran Canaria
Aktiv Istrien
Aktiv Katalonien
Aktiv Marokko
Aktiv Polen
Aktiv Slowenien
Als Frau allein unterwegs
Australien: Reisen/Jobben
Australien: Outback/Bush
Auto durch Südamerika
Ayurveda erleben
Bordbuch Südeuropa
Clever buchen/fliegen
Clever kuren
Drogen in Reiseländern
Fernreisen, Fahrzeug
Fliegen ohne Angst
Fun u. Sport im Schnee
Geolog. Erscheinungen
Gesund. Dtl. Heilthermen
GPS f. Auto, Motorrad
GPS Outdoor
Inline-Skaten Bodensee
Inline Skating
Islam erleben
Kanu-Handbuch
Konfuzianismus erleben
Kreuzfahrt-Handbuch
Küstensegeln
Maya-Kultur erleben
Mountain Biking
Mushing/Hundeschlitten
Orientierung mit Kompass und GPS
Paragliding-Handbuch
Reisefotografie
Reisefotografie digital
Respektvoll reisen
Richtig Kartenlesen
Safari-Handbuch Afrika
Selbstdiagnose unterwegs
Shoppingguide USA
Sicherheit/Bärengeb.
Spaniens Fiestas
Sprachen lernen
Tango in Buenos Aires
Transsib – Moskau-Peking
Trekking-Handbuch
Trekking/Amerika
Trekking/Asien Afrika
Tropenreisen
Unterkunft/Mietwagen
Verreisen mit Hund
Wandern im Watt
Was kriecht u. krabbelt in den Tropen
Wein-Reiseführer Italien
Wein-Reiseführer Toskana
Wildnis-Ausrüst., Küche
Wohnmobil-Ausrüstung
Wohnmobil-Reisen
Wüstenfahren

KulturSchock

Ägypten
Argentinien
Australien
Brasilien
China, VR/Taiwan
Cuba
Familenmanagement
Finnland
Golf-Emirate, Oman
Indien
Iran
Islam
Japan
Jemen
Kambodscha
Kaukasus
Laos
Leben in fremd. Kulturen
Marokko
Mexiko
Pakistan
Polen
Russland
Spanien
Thailand
Türkei
USA
Vietnam

Wo man unsere Reiseliteratur bekommt:
Jede Buchhandlung Deutschlands, der Schweiz, Österreichs und der Benelux-Staaten kann unsere Bücher beziehen. Wer sie dort nicht findet, kann alle Bücher über unsere **Internet-Shops** bestellen.
Auf den Homepages gibt es **Informationen** zu allen Titeln:

www.reise-know-how.de oder **www.reisebuch.de**

Register

Die Autoren

... haben ein Jahr lang in Südfrankreich studiert, gearbeitet und gelebt. In zahlreichen kurzen und langen Reisen haben sie jeden Winkel der Provence erkundet. Von den Tantiemen dieses Buches erhoffen sie sich ein Frührentnerdasein im Luberon ...

autorinsw Foto: bm

Ines Mache, Jahrgang 1970, hat in Köln und Bordeaux Geschichte, Germanistik und Politikwissenschaft studiert. Sie lebt in Sankt Augustin bei Bonn und arbeitet als freie Autorin und Journalistin für das öffentlich-rechtliche Fernsehen, für Zeitungen und Verlage. Zurzeit bereitet sie den demnächst bei REISE KNOW-HOW erscheinenden Band „Côte d'Azur" vor.

autor Foto: bm

Stefan Brandenburg, Jahrgang 1971, lebt in Köln. Nach seinem Studium der Geschichte, Politischen Wissenschaften und Französisch arbeitet er als freier Journalist, vor allem als Autor und Reporter für das WDR/ARD-Fernsehen im Bereich Aktuelles und Politik. Daneben ist er für Rundfunk und Zeitungen tätig. Sein besonderes Interesse gilt der politischen und gesellschaftlichen Situation in der Provence.

Kartenatlas Provence

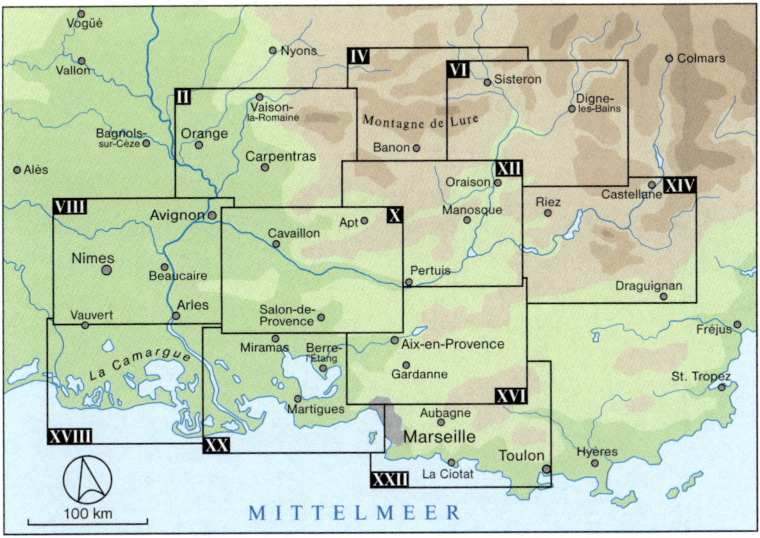

Zeichenerklärung

0 — 10 km

Maßstab 1 : 275.000

- Autobahn
- Hauptstraße
- Nebenstraße
- Panoramastr.
- Eisenbahn

1500 m
1000 m
500 m
200 m
0

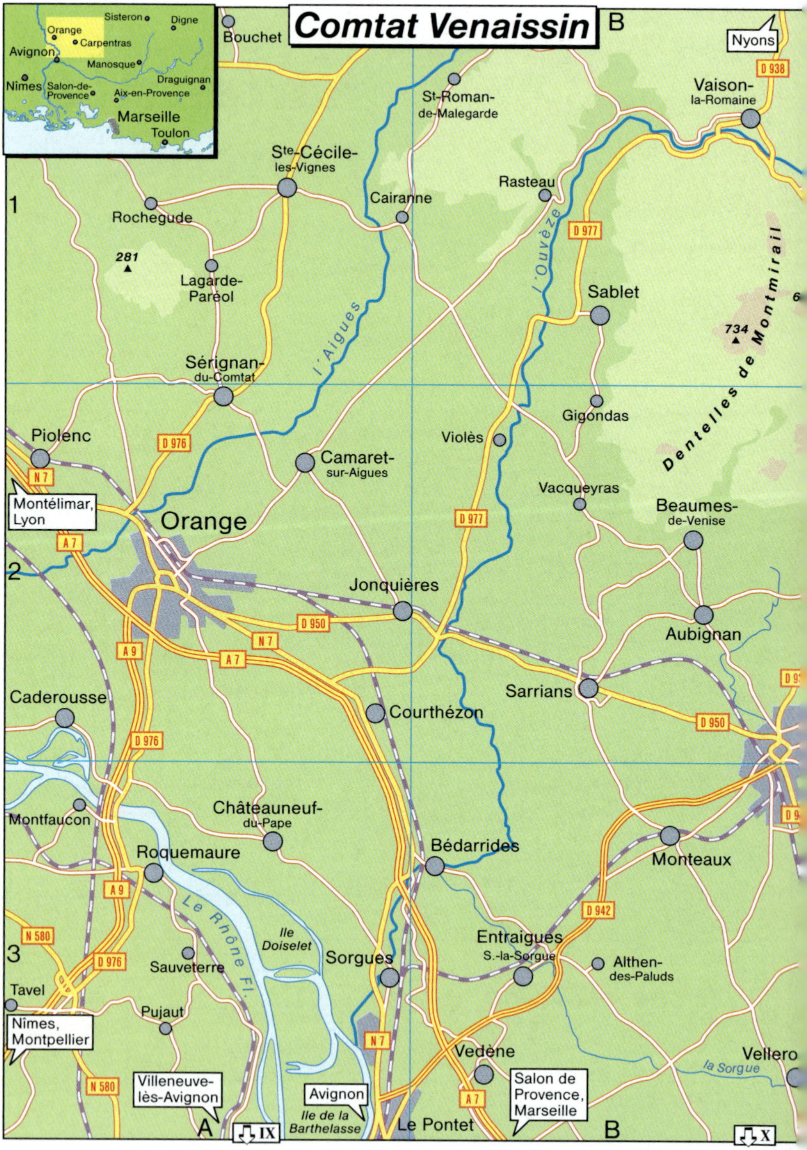
Comtat Venaissin
Sisteron
Digne
Orange
Carpentras
Avignon
Manosque
Draguignan
Nîmes
Salon-de-Provence
Aix-en-Provence
Marseille
Toulon
Bouchet
Nyons
D 938
Vaison-la-Romaine
St-Roman-de-Malegarde
Ste-Cécile-les-Vignes
Rasteau
Cairanne
Rochegude
D 977
281
Lagarde-Paréol
l'Ouvèze
Sablet
Dentelles de Montmirail
734
l'Aigues
Sérignan-du-Comtat
Gigondas
Piolenc
Violès
D 976
Camaret-sur-Aigues
N 7
Vacqueyras
Montélimar, Lyon
Orange
D 977
Beaumes-de-Venise
A 7
Jonquières
D 950
Aubignan
N 7
A 9
A 7
Sarrians
Caderousse
Courthézon
D 950
D 976
Châteauneuf-du-Pape
Montfaucon
Bédarrides
Roquemaure
Monteaux
A 9
D 942
Le Rhône Fl.
Ile Doiselet
Entraigues S.-la-Sorgue
N 580
Sorgues
D 976
Sauveterre
Althen-des-Paluds
Tavel
Pujaut
Nîmes, Montpellier
N 7
Vedène
Vellero
la Sorgue
N 580
Villeneuve-lès-Avignon
Avignon
Ile de la Barthelasse
Salon de Provence, Marseille
A 7
Le Pontet
A
B
IX
X

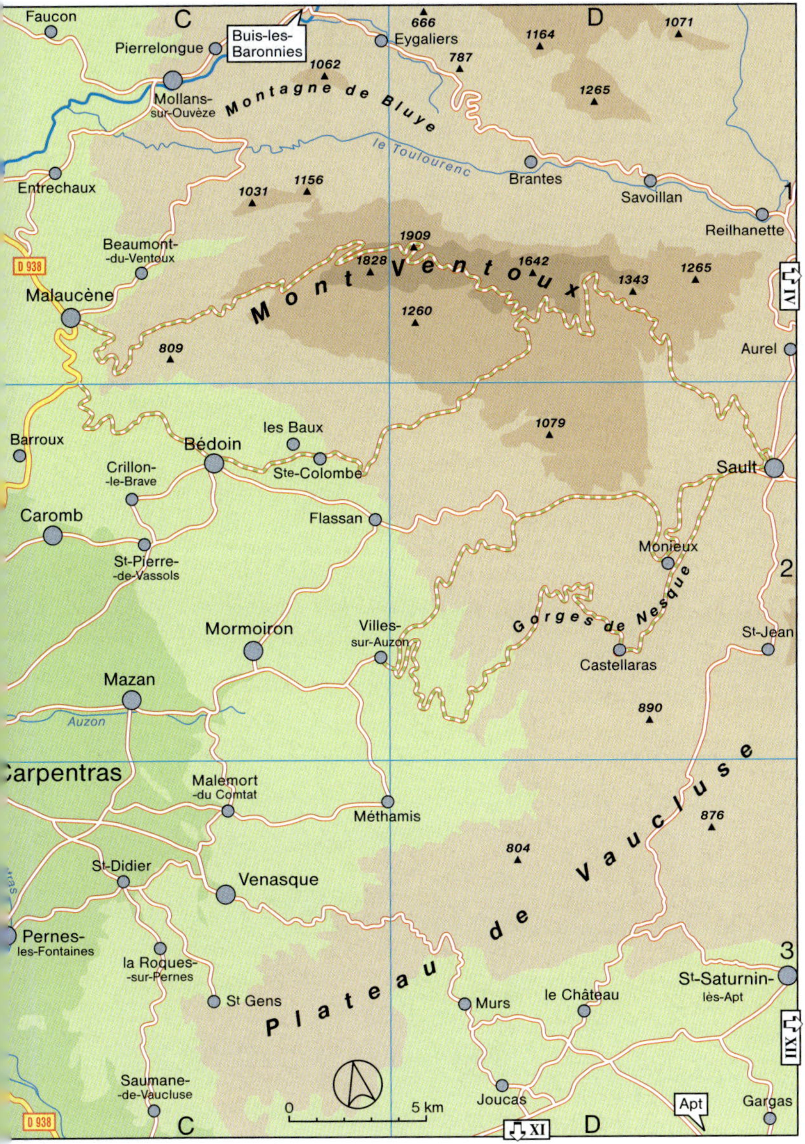

Kartenatlas

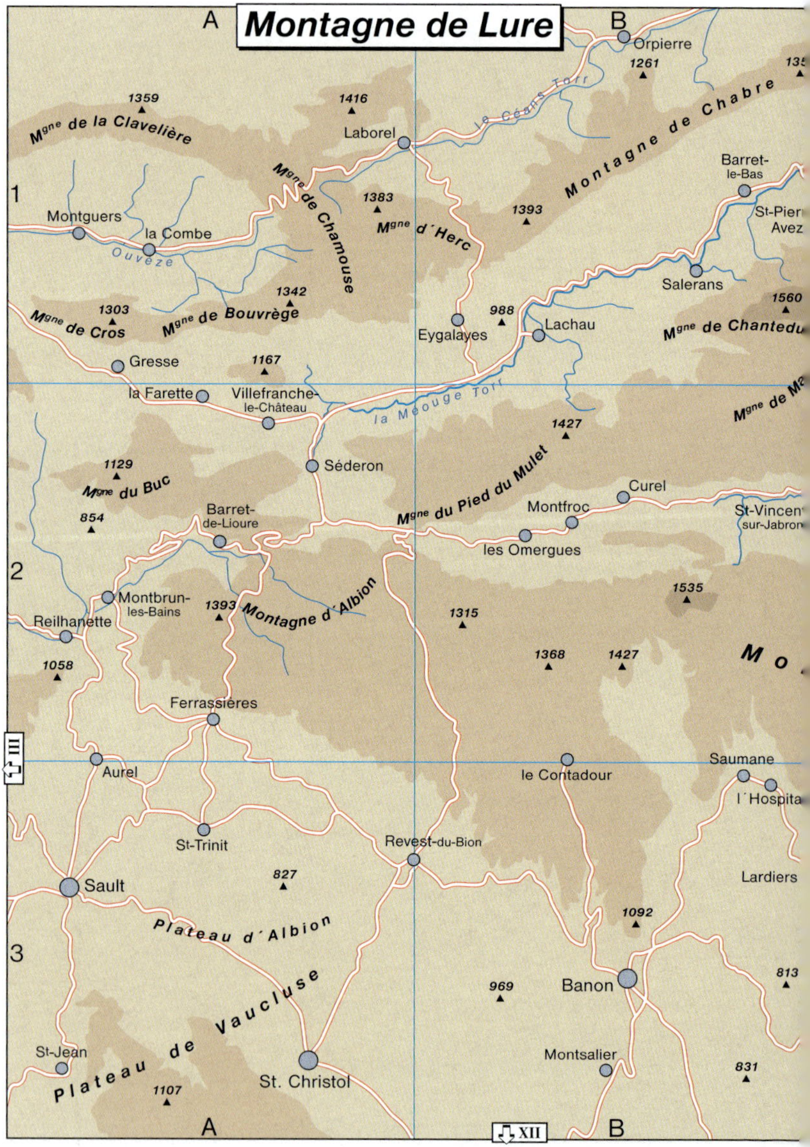
Montagne de Lure
A
B
1
2
3
Orpierre
1261
1359
1416
Mgne de la Clavelière
Laborel
le Céans Torr
Montagne de Chabre
Barret-le-Bas
St-Pierre-Avez
Mgne de Chamouse
1383
Mgne d´Herc
1393
Montguers
la Combe
Ouvèze
Salerans
1342
1303
Mgne de Cros
Mgne de Bouvrège
988
Eygalayes
Lachau
1560
Mgne de Chantedu
Gresse
1167
la Farette
Villefranche-le-Château
la Méouge Torr
Mgne de M
1427
Séderon
1129
Mgne du Buc
Curel
Montfroc
Mgne du Pied du Mulet
St-Vincent-sur-Jabron
854
Barret-de-Lioure
les Omergues
1535
Montbrun-les-Bains
1393
Montagne d´Albion
1315
Reilhanette
1368
1427
1058
Mo
Ferrassières
III
Aurel
le Contadour
Saumane
l´Hospita
St-Trinit
Revest-du-Bion
Sault
827
Lardiers
1092
Plateau d´Albion
Banon
813
969
Plateau de Vaucluse
St-Jean
Montsalier
831
St. Christol
1107
XII

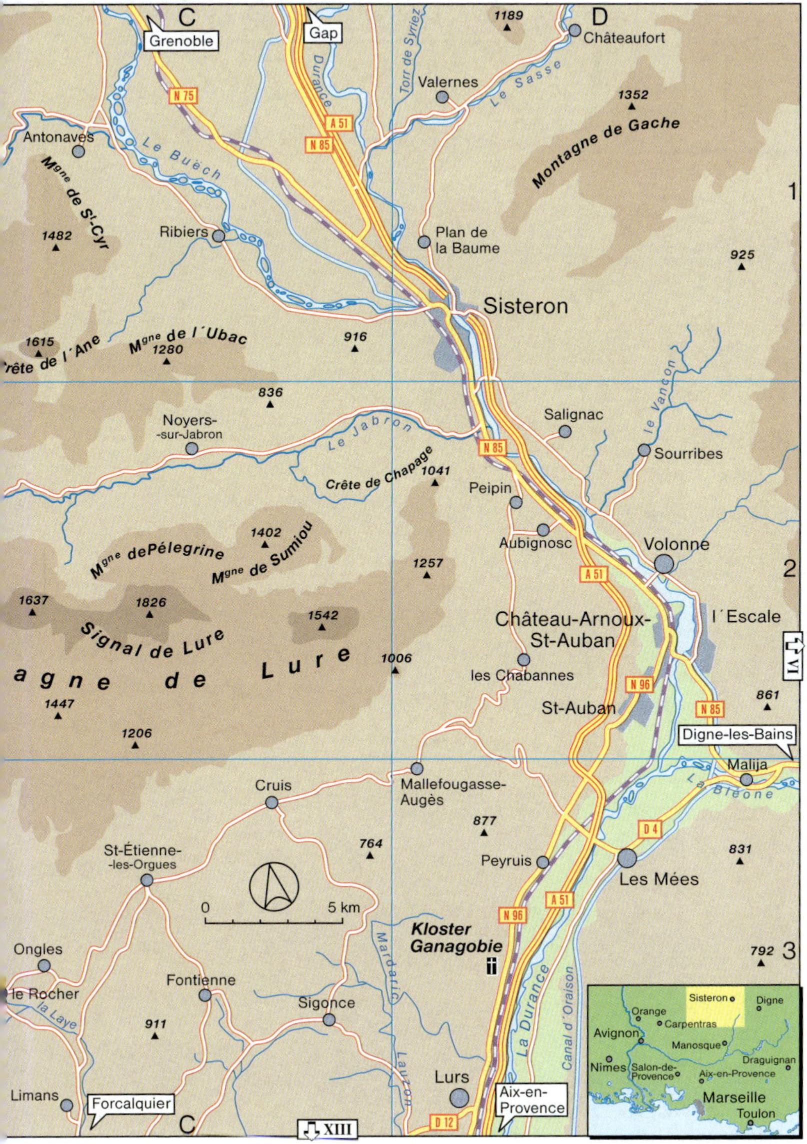
C
D
Grenoble
Gap
N 75
A 51
N 85
Durance
Torr de Syriez
1189
Châteaufort
Valernes
Le Sasse
1352
Montagne de Gache
Antonaves
Le Buëch
Mgne de St-Cyr
1482
Ribiers
Plan de la Baume
925
1
Sisteron
1615
Crête de l´Ane
Mgne de l´Ubac
1280
916
836
Noyers-sur-Jabron
Le Jabron
Salignac
le Vançon
Sourribes
N 85
Crête de Chapage
1041
Peipin
Aubignosc
Volonne
1402
Mgne dePélegrine
Mgne de Sumiou
1257
A 51
2
1637
1826
1542
Château-Arnoux-St-Auban
l´Escale
Signal de Lure
agne de Lure
1006
les Chabannes
VI
N 96
861
1447
St-Auban
N 85
1206
Digne-les-Bains
Malija
Cruis
Mallefougasse-Augès
La Bléone
877
D 4
764
St-Étienne-les-Orgues
Peyruis
831
Les Mées
0
5 km
A 51
N 96
Mardaric
Kloster Ganagobie
792
3
Ongles
le Rocher
Fontienne
la Laye
Sigonce
La Durance
Canal d´Oraison
911
Lauzon
Lurs
Limans
Forcalquier
C
XIII
D 12
Aix-en-Provence
Sisteron
Digne
Orange
Carpentras
Avignon
Manosque
Nîmes
Salon-de-Provence
Draguignan
Aix-en-Provence
Marseille
Toulon

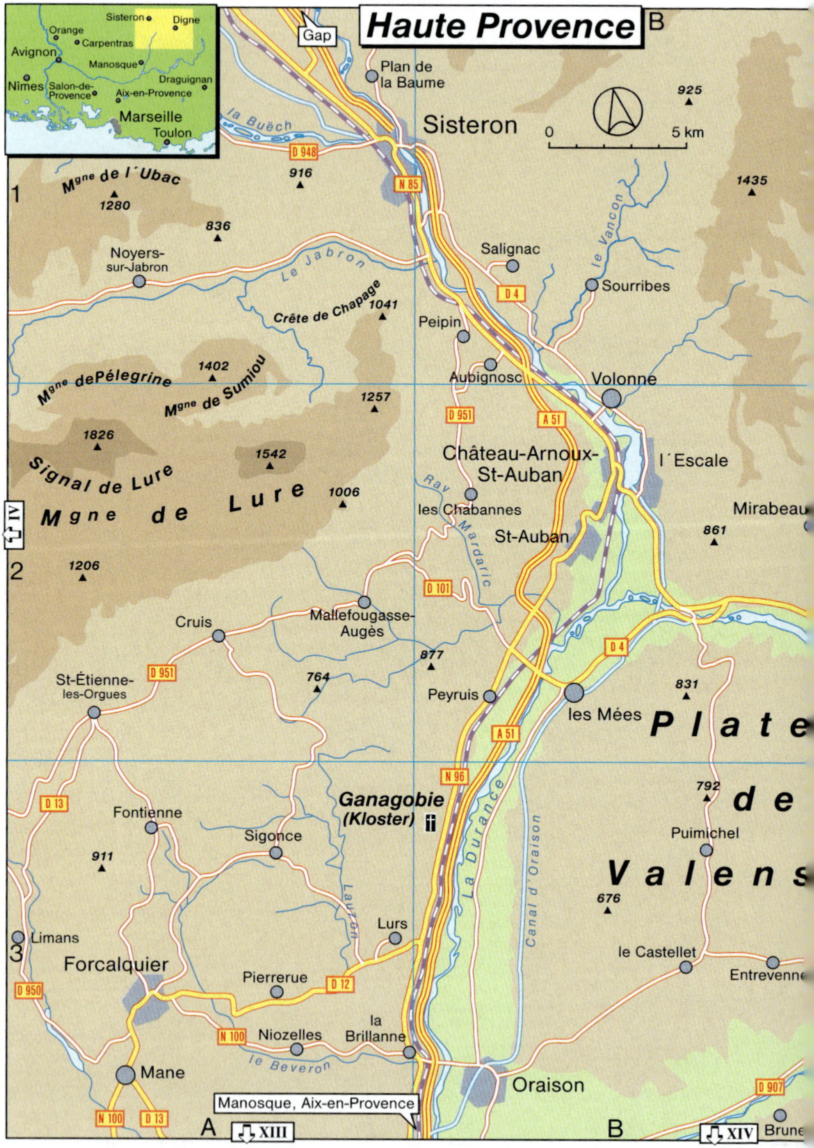
Haute Provence
Gap
Plan de la Baume
Sisteron
0 5 km
925
1435
Sisteron
Digne
Orange
Carpentras
Avignon
Manosque
Nîmes
Salon-de-Provence
Aix-en-Provence
Draguignan
Marseille
Toulon
la Buëch
D 948
916
N 85
Mgne de l´Ubac
1280
836
Noyers-sur-Jabron
Le Jabron
Salignac
D 4
le Vançon
Sourribes
Crête de Chapage
1041
Peipin
Aubignosc
Volonne
Mgne dePélegrine
1402
Mgne de Sumiou
1257
D 951
A 51
1826
1542
Château-Arnoux-St-Auban
l´Escale
Signal de Lure
Mgne de Lure
1006
Rav
les Chabannes
Mardaric
St-Auban
Mirabeau
861
IV
1206
D 101
Cruis
Mallefougasse-Augès
D 4
St-Étienne-les-Orgues
D 951
877
764
Peyruis
les Mées
831
Plate
A 51
N 96
D 13
Fontienne
Ganagobie (Kloster)
792
de
Sigonce
Puimichel
911
Lauzon
La Durance
Canal d´Oraison
Valens
676
Limans
Lurs
le Castellet
Forcalquier
Entrevenne
D 950
Pierrerue
D 12
la Brillanne
N 100
Niozelles
le Beveron
Mane
Oraison
D 907
Manosque, Aix-en-Provence
N 100
D 13
A
XIII
B
XIV
Brune
1
2
3
B

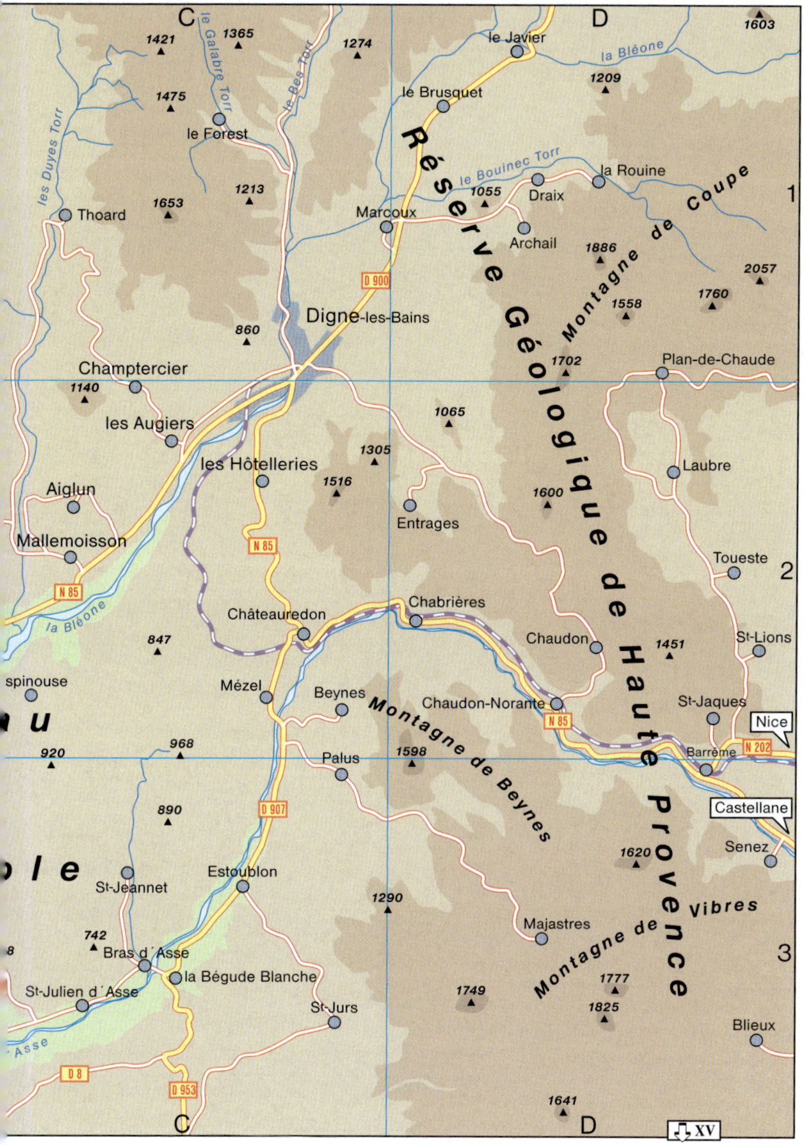

Kartenatlas

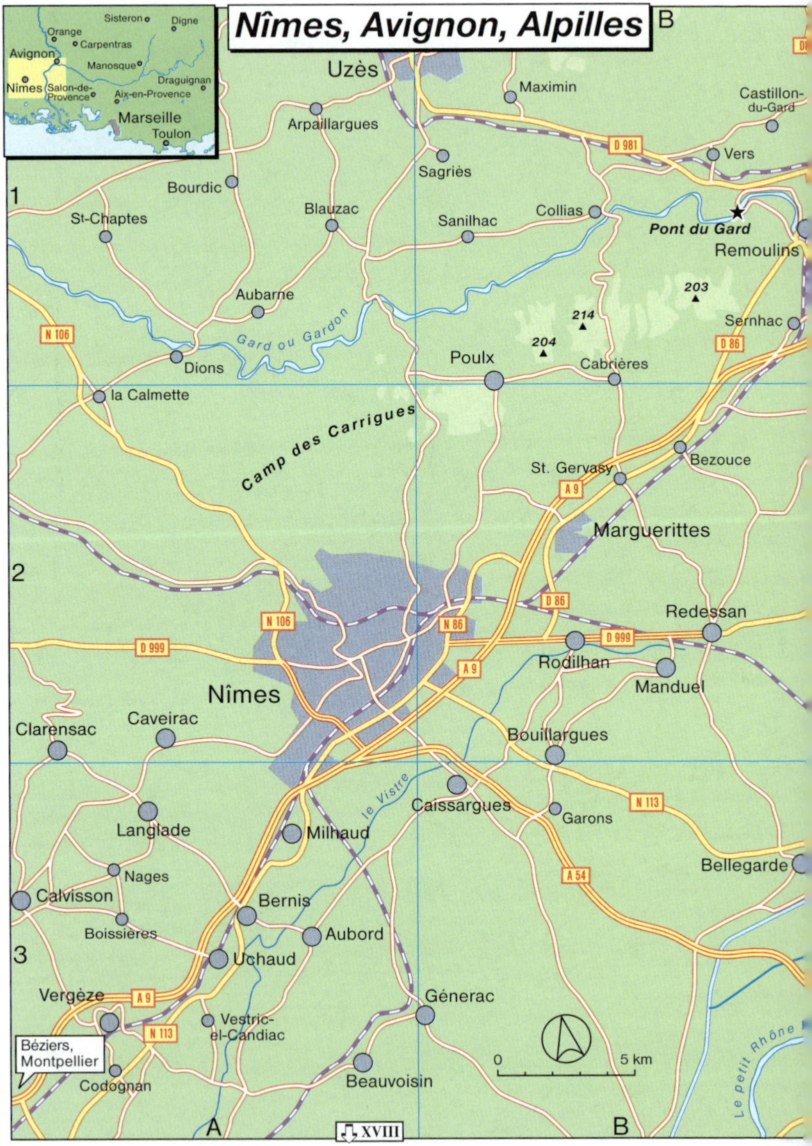
Nîmes, Avignon, Alpilles
Sisteron
Digne
Orange
Carpentras
Avignon
Manosque
Nîmes
Salon-de-Provence
Draguignan
Aix-en-Provence
Marseille
Toulon
Uzès
Maximin
Castillon-du-Gard
Arpaillargues
D 981
Vers
Sagriès
Bourdic
Blauzac
Collias
Sanilhac
St-Chaptes
Pont du Gard
Remoulins
203
Aubarne
214
Sernhac
N 106
Gard ou Gardon
204
D 86
Dions
Poulx
Cabrières
la Calmette
Camp des Carrigues
Bezouce
St. Gervasy
A 9
Marguerittes
D 86
Redessan
N 106
N 86
D 999
D 999
Rodilhan
A 9
Manduel
Nîmes
Caveirac
Clarensac
Bouillargues
le Vistre
Caissargues
N 113
Garons
Langlade
Milhaud
A 54
Bellegarde
Nages
Calvisson
Bernis
Boissières
Aubord
Uchaud
Vergèze
A 9
Génerac
Vestric-el-Candiac
N 113
Béziers, Montpellier
0
5 km
Codognan
Beauvoisin
Le petit Rhône
A
B
1
2
3
XVIII

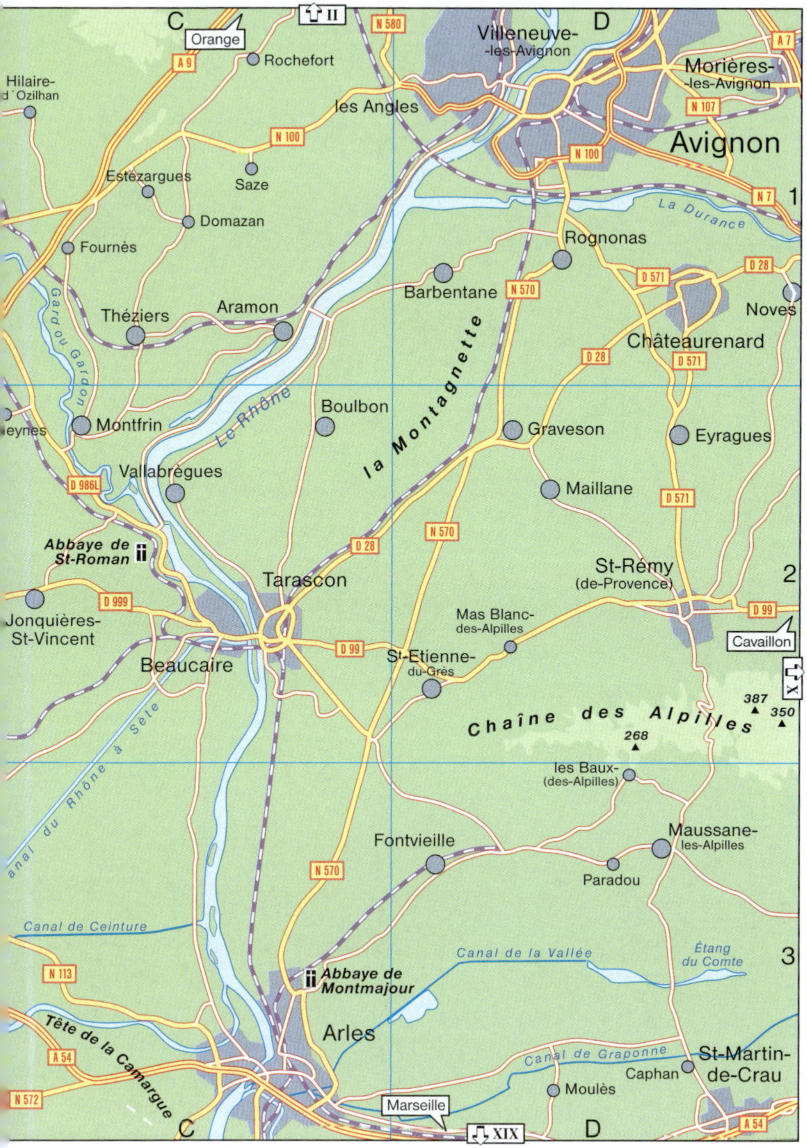

Kartenatlas

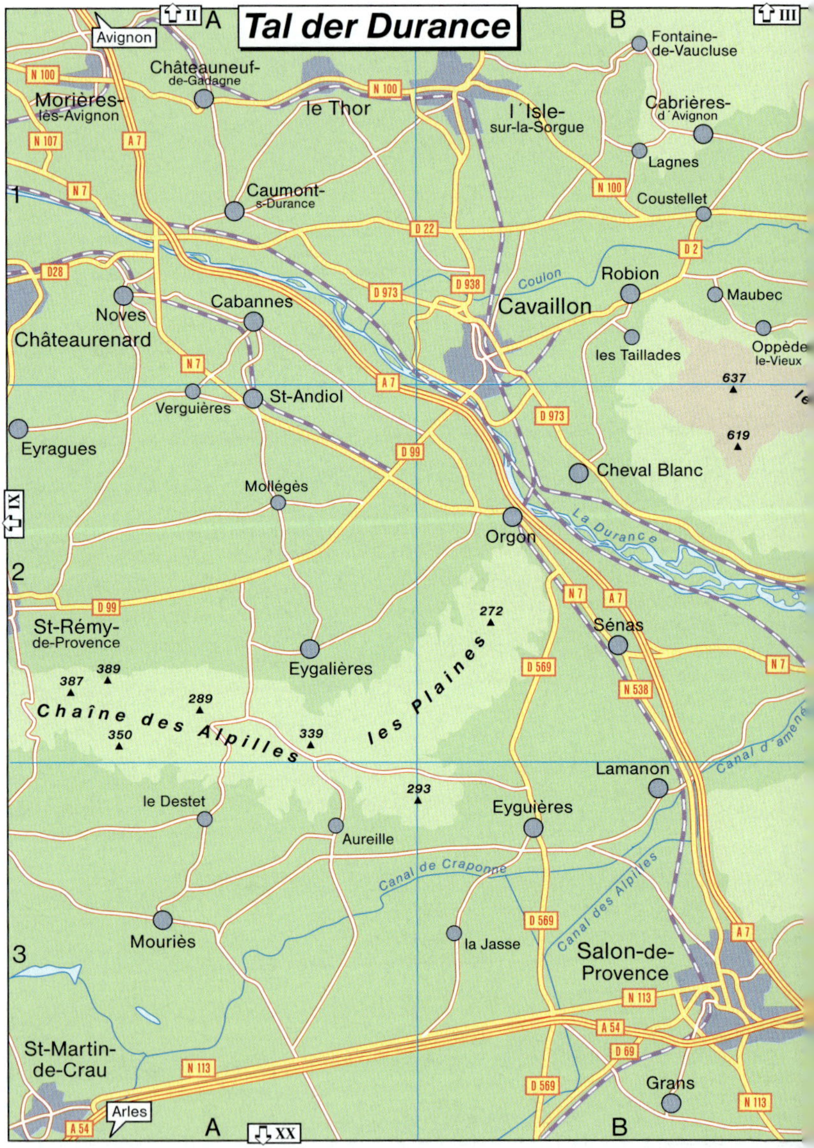
Tal der Durance
II
III
IX
XX
A
B
1
2
3
Avignon
Arles
Châteauneuf-de-Gadagne
Morières-lès-Avignon
le Thor
l´Isle-sur-la-Sorgue
Fontaine-de-Vaucluse
Cabrières-d´Avignon
Lagnes
Coustellet
Caumont-s-Durance
Robion
Maubec
Oppède-le-Vieux
Cavaillon
Coulon
les Taillades
Noves
Cabannes
Châteaurenard
Verguières
St-Andiol
Eyragues
Mollégès
Cheval Blanc
Orgon
La Durance
Sénas
St-Rémy-de-Provence
Eygalières
Chaîne des Alpilles
les Plaines
Lamanon
Canal d'amené
le Destet
Aureille
Eyguières
Canal de Craponne
Canal des Alpilles
Mouriès
la Jasse
Salon-de-Provence
St-Martin-de-Crau
Grans
637
619
272
389
387
289
350
339
293
N 100
N 107
A 7
N 7
D28
D 22
D 2
D 973
D 938
D 99
N 538
D 569
N 113
A 54
D 69

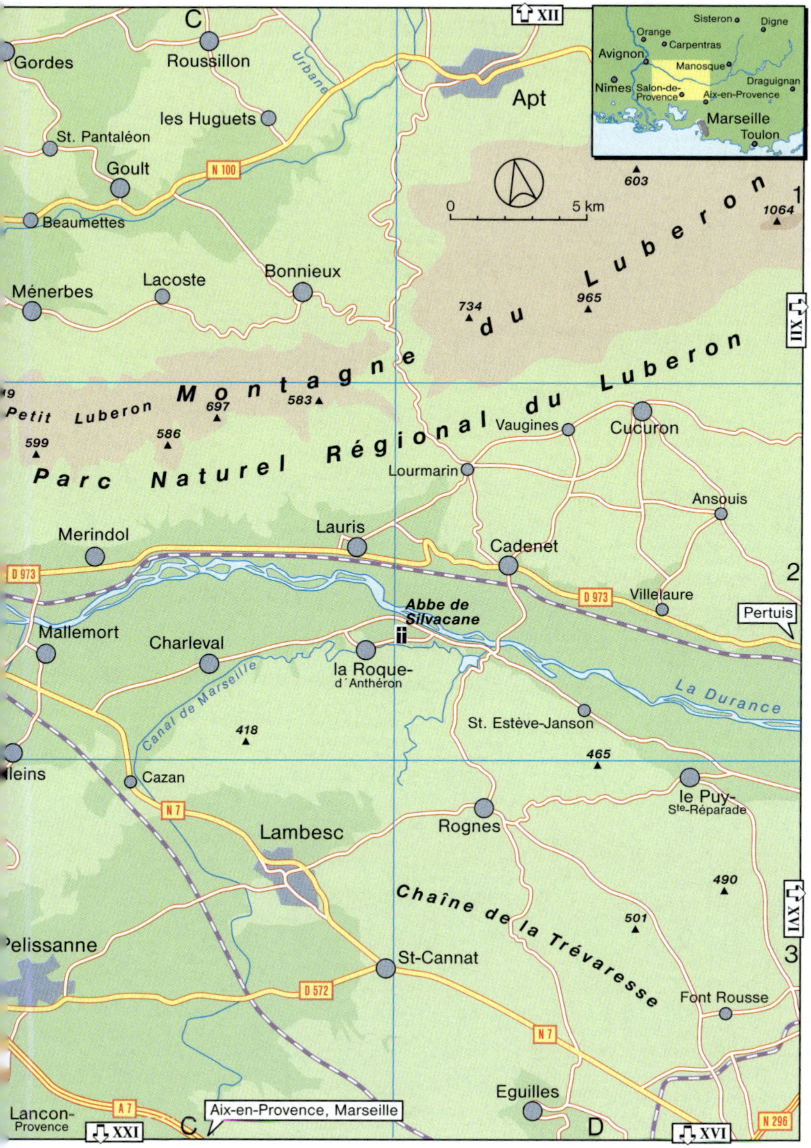

C
Gordes
Roussillon
Urbane
XII
Apt
les Huguets
St. Pantaléon
Goult
N 100
Beaumettes
Sisteron
Digne
Orange
Carpentras
Avignon
Manosque
Nîmes
Salon-de-Provence
Aix-en-Provence
Draguignan
Marseille
Toulon
603
0
5 km
1064
1
Bonnieux
Lacoste
Ménerbes
734
965
Montagne du Luberon
XII
Petit Luberon
697
583
599
586
Parc Naturel Régional du Luberon
Vaugines
Cucuron
Lourmarin
Ansouis
Merindol
Lauris
Cadenet
D 973
2
Villelaure
D 973
Pertuis
Abbe de Silvacane
Mallemort
Charleval
la Roque-d´Anthéron
Canal de Marseille
La Durance
St. Estève-Janson
418
465
leins
Cazan
le Puy-Ste-Réparade
N 7
Lambesc
Rognes
490
Chaîne de la Trévaresse
501
XVI
Pelissanne
St-Cannat
3
D 572
Font Rousse
N 7
Eguilles
Lancon-Provence
A 7
XXI
C
Aix-en-Provence, Marseille
D
XVI
N 296

Luberon
IV
Sault
A
B
Banon
St-Jean
Montsalier
Plateau de Vaucluse
1107
1108
1187
1036
Sarraud
la Garde-d'Apt
Carniol
Simiane-la-Rotonde
le Cluyer 1054
le Rouan 1024
le Buisseron 1120
1
1062
870
Oppedette
Vachères
651
693
876
St. Saturnin-lès-Apt
Gignac
III
Rustrel
Réserve Naturelle Géologique du Lubero
Villars
les Cordiers
Viens
la Riaille
Gargas
Caseneuve
Apt
St. Martin-de-Castillon
N 100
Urbane
2
N 100
Céreste
Saignon
la Bégude
Cavaillon
le Calavon
Castellett
830
Vitrolles
les Chapelins
1064
Buoux
le Grand Luberon
la Citerne 965
Montagne du Luberon
734
Bonnieux
Parc Naturel Régional du Luberon
XI
Cabrières-d'Aigues
la Motte-d'Aigues
Grambo
Cucuron
Vaugines
Lourmarin
3
Ansouis
Cavaillon
Lauris
la Tour-d'Aigues
D 973
Cadenet
La Durance
la Bastidonne
Villelaure
Pertuis
D 973
Silvacane
XVI

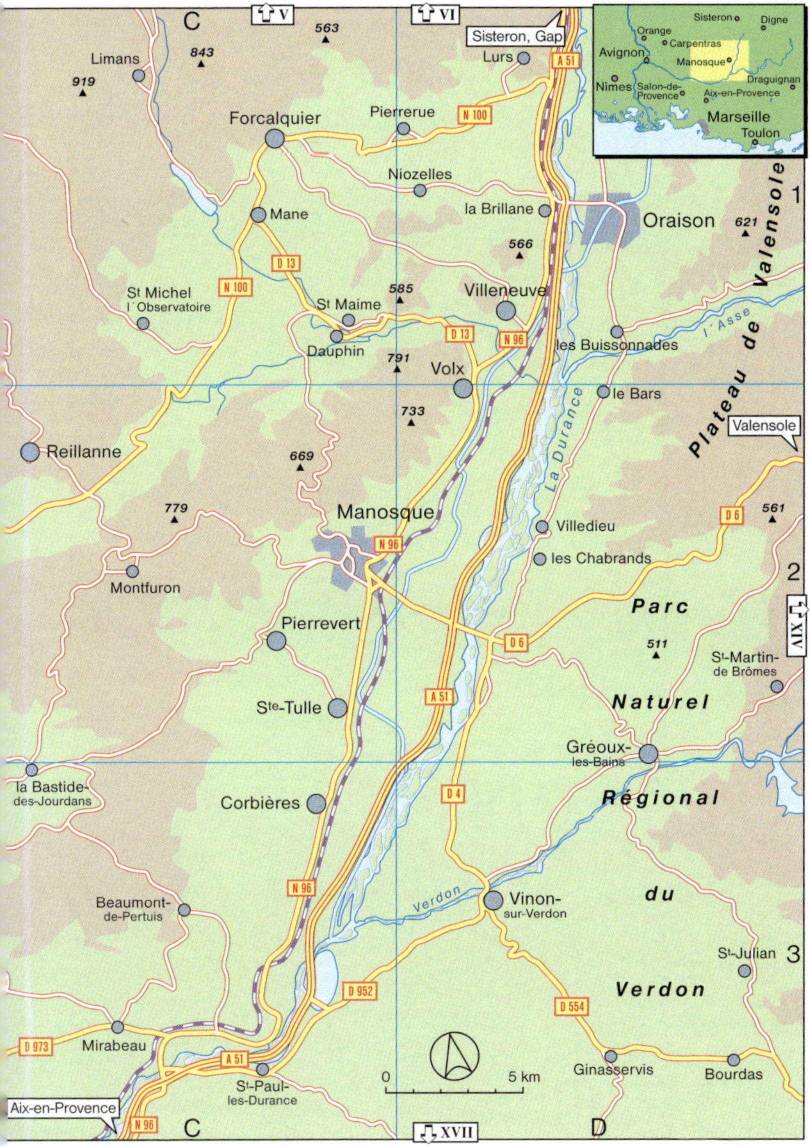

Kartenatlas

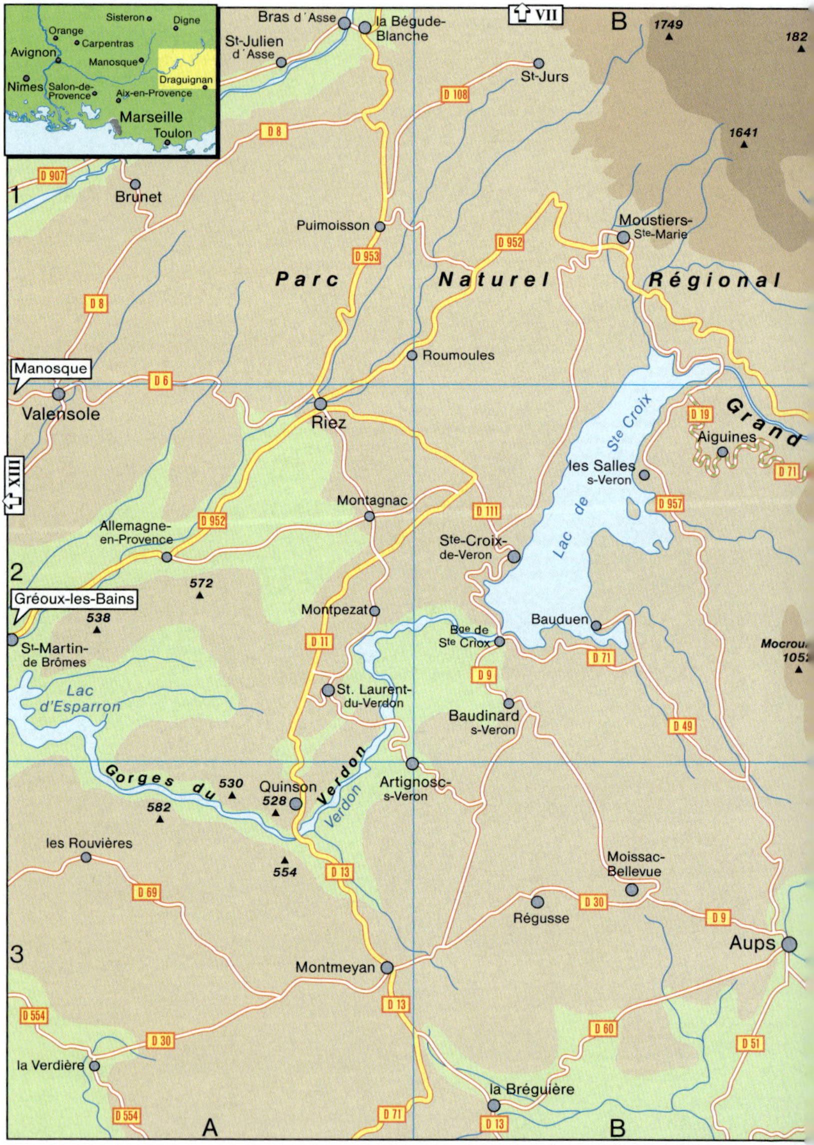

Sisteron
Digne
Orange
Carpentras
Avignon
Manosque
Nîmes
Salon-de-Provence
Draguignan
Aix-en-Provence
Marseille
Toulon
VII
B
1749
182
Bras d´Asse
la Bégude-Blanche
St-Julien d´Asse
St-Jurs
D 108
D 8
D 907
1
Brunet
1641
Puimoisson
D 953
D 952
Moustiers-Ste-Marie
Parc Naturel Régional
D 8
Roumoules
Manosque
D 6
Valensole
Riez
Lac de Ste Croix
Grand
D 19
Aiguines
les Salles s-Veron
D 71
XIII
Montagnac
D 111
D 957
Allemagne-en-Provence
D 952
Ste-Croix-de-Veron
2
572
Gréoux-les-Bains
538
Montpezat
Bauduen
Bge de Ste Criox
Mocrou
105
St-Martin-de Brômes
D 11
D 71
D 9
Lac d'Esparron
St. Laurent-du-Verdon
Baudinard s-Veron
D 49
Gorges du Verdon
530
Quinson
528
Artignosc-s-Veron
Verdon
582
les Rouvières
554
D 13
Moissac-Bellevue
D 69
Régusse
D 30
D 9
3
Aups
Montmeyan
D 13
D 554
D 30
D 60
D 51
la Verdière
la Bréguière
D 554
A
D 71
D 13
B

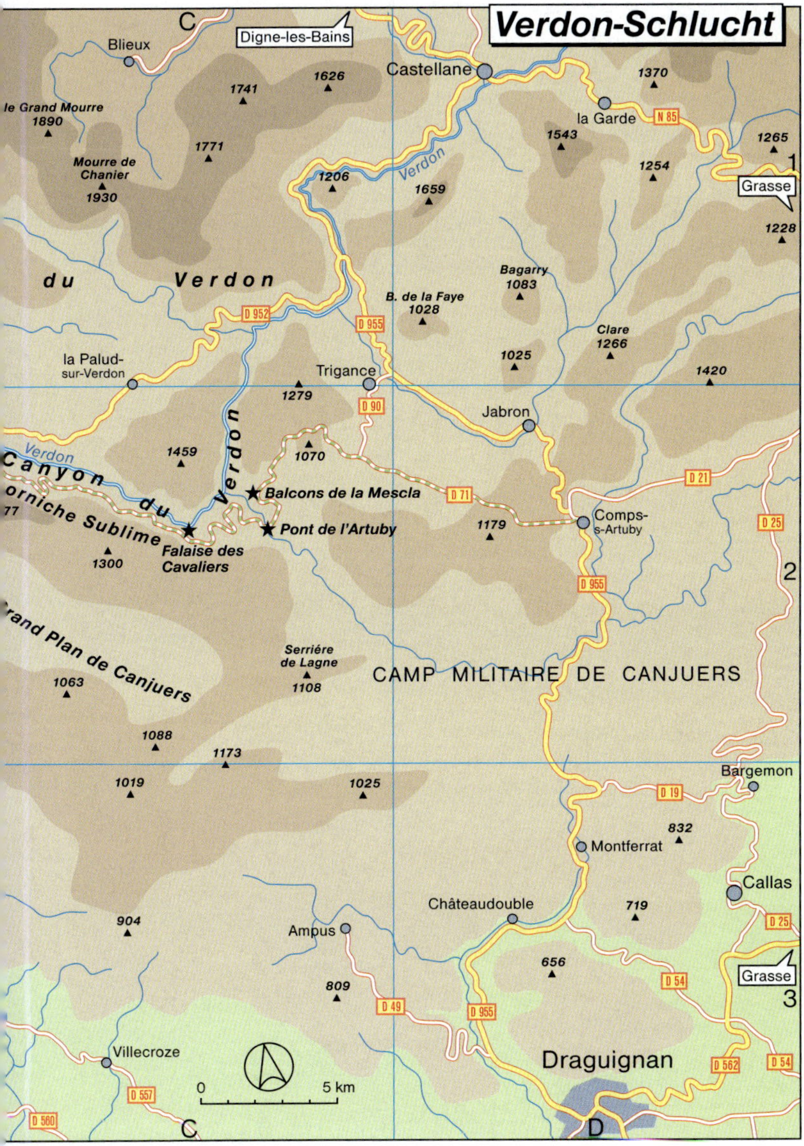
Verdon-Schlucht
Digne-les-Bains
Blieux
Castellane
la Garde
N 85
Grasse
le Grand Mourre 1890
Mourre de Chanier 1930
1741
1626
1771
1370
1543
1265
1254
1206
1659
Verdon
1228
du Verdon
Bagarry 1083
B. de la Faye 1028
D 952
D 955
Clare 1266
la Palud-sur-Verdon
Trigance
1279
1025
1420
D 90
Jabron
Verdon
Canyon du Verdon
1459
1070
Corniche Sublime
Balcons de la Mescla
D 71
D 21
D 25
Pont de l'Artuby
1179
Comps-s-Artuby
Falaise des Cavaliers
1300
D 955
Grand Plan de Canjuers
Serrière de Lagne 1108
CAMP MILITAIRE DE CANJUERS
1063
1088
1173
Bargemon
1019
1025
D 19
832
Montferrat
Callas
Châteaudouble
719
D 25
904
Ampus
656
D 54
Grasse
809
D 49
D 955
Villecroze
Draguignan
D 562
D 54
D 557
0
5 km
D 560
C
D
1
2
3

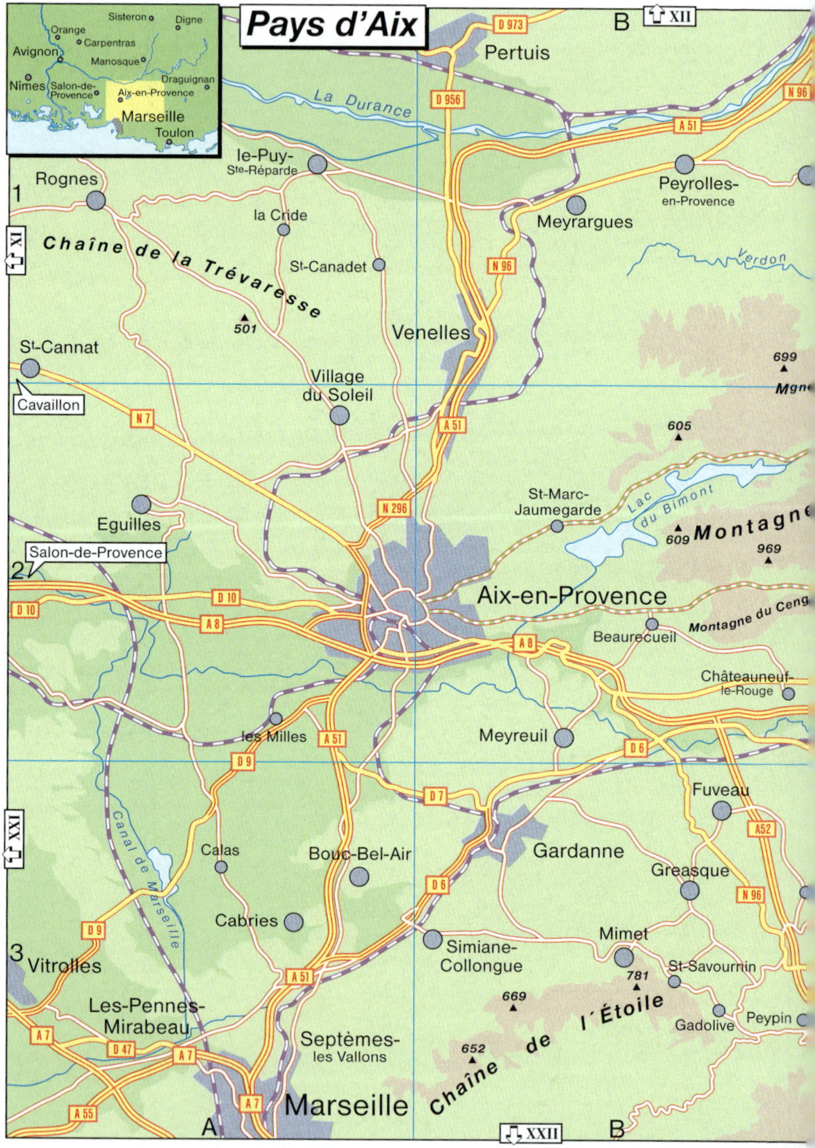
Pays d'Aix
Sisteron
Digne
Orange
Carpentras
Avignon
Manosque
Draguignan
Nîmes
Salon-de-Provence
Aix-en-Provence
Marseille
Toulon
Pertuis
La Durance
le-Puy-Ste-Réparde
Rognes
la Cride
Chaîne de la Trévaresse
St-Canadet
501
Venelles
Peyrolles-en-Provence
Meyrargues
Verdon
St-Cannat
Cavaillon
Village du Soleil
699
605
St-Marc-Jaumegarde
Lac du Bimont
609
Montagne
969
Eguilles
Salon-de-Provence
Aix-en-Provence
Beaurecueil
Montagne du Cengle
Châteauneuf-le-Rouge
les Milles
Meyreuil
Fuveau
Gardanne
Calas
Canal de Marseille
Bouc-Bel-Air
Greasque
Cabries
Simiane-Collongue
Mimet
781
St-Savournin
Vitrolles
669
Les-Pennes-Mirabeau
Gadolive
Peypin
Septèmes-les Vallons
652
Chaîne de l'Étoile
Marseille
D 973
D 956
N 96
A 51
N 7
N 296
D 10
A 8
D 9
D 7
D 6
A 52
A 7
D 47
A 55
A
B
1
2
3
XII
XI
XXI
XXII

Kartenatlas

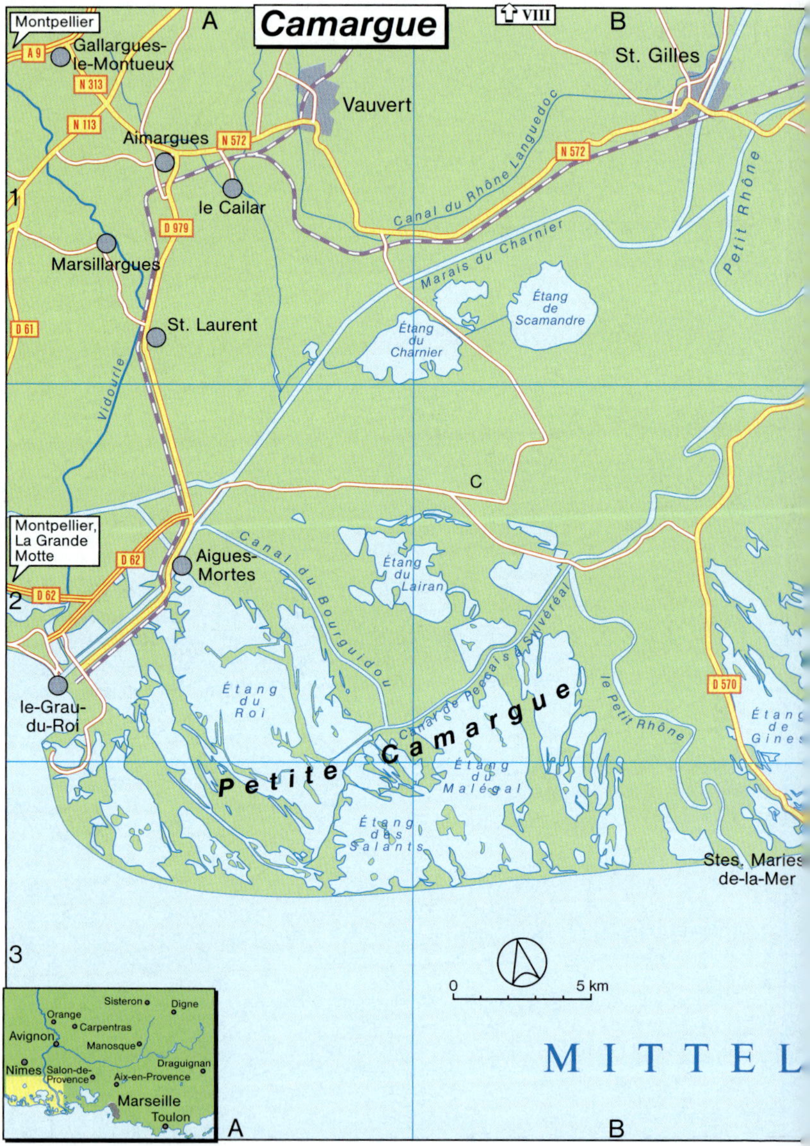
Camargue
VIII
Montpellier
A 9
Gallargues-le-Montueux
N 313
N 113
Aimargues
N 572
Vauvert
St. Gilles
le Cailar
D 979
Canal du Rhône Languedoc
Petit Rhône
Marsillargues
Marais du Charnier
Étang de Scamandre
Étang du Charnier
D 61
St. Laurent
Vidourle
C
Montpellier, La Grande Motte
D 62
Aigues-Mortes
Canal du Bourguidou
Étang du Lairan
Canal de Peccais à Sylvéréal
Étang du Roi
le-Grau-du-Roi
le Petit Rhône
D 570
Étang de Gines
Petite Camargue
Étang du Malégal
Étang des Salants
Stes. Maries de-la-Mer
0
5 km
MITTEL
Sisteron
Digne
Orange
Carpentras
Avignon
Manosque
Nimes
Salon-de-Provence
Draguignan
Aix-en-Provence
Marseille
Toulon
A
B
1
2
3

Nîmes
Tête de la Camargue
C
D 570
IX
D
St-Martin-de-Crau
Arles
A 54
A 54
Salon-de-Provence
la Dynamite
1
D 570
Gageron
N 568
Martigues, Marseille
Ibaron
Parc Naturel Régional de Camargue
D 35
Villeneuve
Mas Thibert
Mas du Cabassolle
Grand Rhône Fl
Canal d'Arles
Méjanes
Étang de Vaccarès
le Sambuc
2
Fiélouse
la Porcelette
Étang de Malagroy
Peaudure
XX
Étg. dit l'Imperial
Étang du Lion
D 35
l'Eysselle
Salin-de-Giraud
Golfe des Stes Maries ou de Beauduc
Étang du Fangassier
Faraman
Étang du Grd. Rascaillon
Salin de Girand
3
Étang du Vaisseau
Plan du Bourg
Pointe de Beauduc ou du Sablon
Étang de Beauduc
MEER
C
D

Étang de Berre
X
A
B
St-Martin-de-Crau
A54
Arles
la Dynamite
N 568
Canal de Langlade
Branche
Étang d´Entressen
Entressen
N 569
D 69
Grans
Miramas
1
Étang des Aulnes
Vergière Chau
Canal de Chauvet
les Canaux Jumeaux
St-Chamas
D 10
la Crau
Mas Thibert
D 35
Étang de l´Olivier
le Boucasson
Istres
Grand Rhône Fl
Canal d´Arles
XIX
D 5
St-Mitre-les-Rempar
Étang de Lavalduc
2
le Radeau
la Porcelette
Fos-s-Mer
N 544
Étang du Pourra
Étang d´Engrenier
Étang de l´Estomac
Peaudure
Canal du Rhône à Fos
du Relai
Salin
du Caban
N 268
Zone Industrielle de Fos
N 588
l´Eysselle
Salin de Giraud
Faraman
Port-de-Bouc
Port-St-Louis-du-Rhone
Golfe de Fos
Salin de Giraud
3
Étang de Faraman
Baisse de Quenin
Étang de Grande Palun
Sisteron
Digne
Orange
Carpentras
Avignon
Manosque
Nimes
Salon-de-Provence
Draguignan
Aix-en-Provence
Marseille
Toulon

Kartenatlas

Marseille, Calanques
XVI
XXI
Aix-en-Provence
Arles
Calas
Cabries
Bouc-bel-Air
Gardanne
Biver
la Source
Gréasque
Mimet
Belcodène
Peynier
Simiane-Colongue
les Mulières
St Savournin
la Bouilladisse
Mgne du Baou Traouqua
Mt Julian
Cadolive
Peypin
Septèmes-les Vallons
la Destrousse
Chaîne de l'Étoile
Roquevaire
Allauch
Marseille
Aubag
Carnoux-en-Provence
la Penne-sur-Huveaune
Cassis
Rade de Marseille
Ile Ratonneau
Ile d'If
Iles du Frioul
Ile Pomègues
C. Croisette
Mgne de Marseilleveyre
Ile Tiboulen
Ile Maire
Ile de Jarre
Ile Calseraigne
Ile de Riou
les Calanques
Cap Canaille
Montagne de la Canaill
MITTELMEER
Sisteron
Digne
Orange
Carpentras
Avignon
Manosque
Nîmes
Salon-de-Provence
Draguignan
Aix-en-Provence
Marseille
Toulon

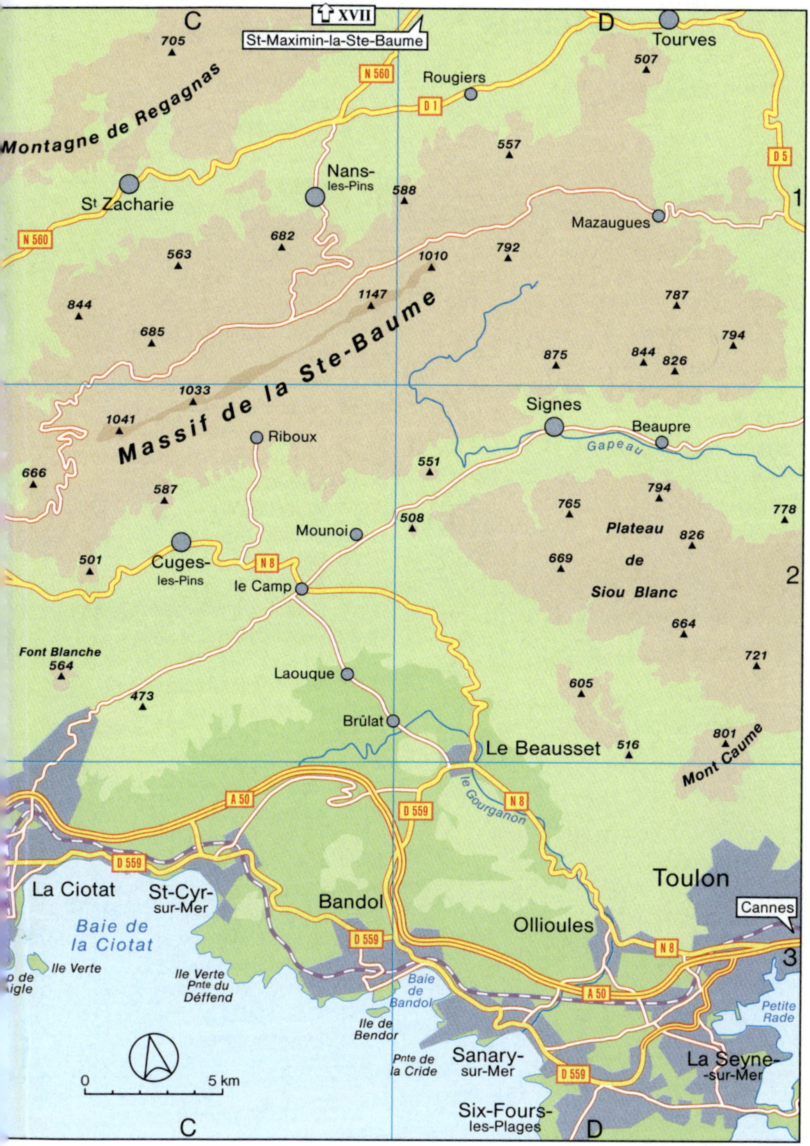
XVII
St-Maximin-la-Ste-Baume
C
D
Tourves
Rougiers
Montagne de Regagnas
St Zacharie
Nans-
les-Pins
Mazaugues
Massif de la Ste-Baume
Signes
Beaupre
Gapeau
Riboux
Mounoi
Cuges-
les-Pins
le Camp
Plateau de Siou Blanc
Font Blanche
Laouque
Brûlat
Le Beausset
Mont Caume
le Gourganon
Toulon
Cannes
La Ciotat
St-Cyr-
sur-Mer
Baie de la Ciotat
Bandol
Ollioules
Ile Verte
Pnte du Déffend
Baie de Bandol
Ile de Bendor
Pnte de la Cride
Sanary-
sur-Mer
Petite Rade
La Seyne-
-sur-Mer
Six-Fours-
les-Plages
N 560
D 1
D 5
N 8
A 50
D 559
0
5 km
1
2
3

Kartenverzeichnis

(Stadt- und Lagepläne)

1 Pont St. Bénézet
2 Hôtel Mercure Pont d'Avignon
3 Petit Palais
4 Rocher des Doms
5 Chapelle des Pénitents Noirs
6 Église und Cloître des Carmes
7 Kathedrale Notre-Dame-des-Doms
8 Hôtel La Mirande
9 Palais des Papes
10 Rest. Le Moutardier
11 Rest. Christian Etienne
12 Oper
13 Restaurant La Fourchette
14 Hôtel d'Europe
15 Restaurant Le Vernet
16 Chapelle de l'Orataire
17 Église St. Agricol
18 Hôtel de Ville
19 Maison Jean Vilar
20 Église St. Pierre
21 Palais du Roure
22 Restaurant D'Ici et d'Ailleurs
23 Restaurant Tapalocas - La Bodega des Tapas
24 Hôtel de Garlande
25 Hôtel de Blauvac
26 Musée Louis Vouland
27 Musée Calvet
28 Musée Requien
29 Musée Lapidaire
30 Livrée Ceccano (Médiathèque)
31 Église St. Didier
32 Chapelle des Cordeliers
33 Chap. des Pénitents Gris
34 Église und Cloître des Célestins
35 Couvent St. Martial
36 Office de Tourisme
37 Hospice St. Louis